MINSHANGFADIAN BIANZUAN
WENTI YANJIU

民商法典编纂问题研究

王明锁◎著

中国政法大学出版社

2022 · 北京

图书在版编目（CIP）数据

民商法典编纂问题研究/王明锁著.—北京：中国政法大学出版社，2022.12
ISBN 978-7-5764-0760-0

Ⅰ.①民… Ⅱ.①王… Ⅲ.①民商法－法典－研究－中国 Ⅳ.①D923.04

中国版本图书馆 CIP 数据核字(2022)第 252568 号

出版者　中国政法大学出版社
地　址　北京市海淀区西土城路 25 号
邮寄地址　北京 100088 信箱 8034 分箱　邮编 100088
网　址　http://www.cuplpress.com (网络实名：中国政法大学出版社)
电　话　010-58908586(编辑部) 58908334(邮购部)
编辑邮箱　zhengfadch@126.com
承　印　固安华明印业有限公司
开　本　720mm × 960mm　1/16
印　张　37.25
字　数　630 千字
版　次　2022 年 12 月第 1 版
印　次　2022 年 12 月第 1 次印刷
定　价　149.00 元

经由罗马法，超越罗马法
经由民商合一，创新民商合一
过往曾经是目标，而今完全成现实
时代给了我们许多，我们无愧这个时代
构建具有中国特色中国风格中国气派的民商法学科体系
民商法的核心是人
民商法的基础是市场经济
民商法的原理体系是主体客体权利行为责任时效
民商法的权利体系是人身权物产权知产权债承权继承权
民商法的价值体系是诚实信用平等自由公平正义良善和谐文明创新
民商法的结构体系是六编制
通则是基础理论和特色乡愁
人身权是人旺家和民族兴
物产权是富民强国财源众
知产权是励人智慧创新生
债承权是人锁交换守固有
继承权是人逝遗产留后人
中国民商法的话语体系是通则七星之道与木土火金水五行之说
谨以此书献给为民商法学已经或将要做出贡献的人
谨以此书献给强大的祖国和伟大的中国共产党
谨以此书献给所有爱我的人和我爱的人
谨以此书献给每一位诚信勤劳勇敢创造的人

前　言

古代原生文明与现代高端文明都一再表明，立国必须立法，兴国必须兴法，法治强则社稷强，法律良则社会祥，法律好则案件少，社会变则法律变。法律乃治国重器，是统治者之意旨，更是人类社会生活法理规律之智慧，是人类思想文化和制度文明之重要体现。中国古代卫鞅变法强秦，致六王灭而四海一。项羽无法，自刎别姬。高祖约法，奠汉之基。武帝成汉律，延近四百年。太宗奉法续就贞观之治，《唐律疏议》标志中华法系。宋元明清各代，法统虽被维系，然人治盛行，终致冤怨丛出、民不聊生、国破族亡。西风东渐警醒志士，主张变法修律以图强望荣。聘人助帮修法，成大清新律，惜兮中华法系一如冰山解体而融入西方法系。与社会生活、经济发展最密切之法，自属民商法律。其乃安家乐业、聚物丰财、智识盛兴、商繁畅流、遗产挪业之法，系社会平等自由、公平正义、诚信友善、文明和谐、融合进步、大同共世之法。《大清民律草案》虽因清廷大厦倾覆而未及颁行，但亦算打破旧有自然经济基础上的律法传统而成为近现代商品经济社会民商法领域良法善治之法律思想文化基因，更成为《民国民律草案》和《中华民国民法》之直接蓝本。

中国历史上一向重经厚典，然于法律规范上，则先有礼刑之制，如《禹刑》《汤刑》《九刑》《吕刑》之属，《刑书》《邢鼎》《竹刑》之类。战国有实质法典鼻祖之李悝《法经》，有彻底变法经典之卫鞅秦律。但自刑法经统律例，直至大清民律、《中华民国民法》，却皆以刑、律、法相称，形式上从未与典相连。中华人民共和国成立，沧海桑田、人间正道，1954 年、1962 年、1979 年三次起草民法，1982 年形成民法草案四稿，但因条件羁绊而未成功。在婚姻法、商标法、专利法、经济合同法、继承法等单行法基础上，1986 年颁布《中华人民共和国民法通则》，成中国民商法大厦之重要基石和立法史上之重要里程碑。后有著作权、担保、合同等法颁行，2002 年又继续民法草案，然亦徘徊未就；后再添物权法、侵权责任法；外加公司法、债券法、票据法、海商法等，终致社会主义民商法律体系形成，传统民法之干枝皆备。2014 年中国共产党第十八届中央委员会第四次全体会议《中共中央关于全面推进依法治国若干重大问题的决定》中提出“为加强市场法律制度建设，编纂民法典”的任务，决然吹响编制民法之号角，且首次与典连用。为编纂民法典，理念上仍秉民商合一，技术上分作两步。改通则为总则，2017 年 3 月第十二全国人民代表大会第五次会议颁行。各分编草案相继公布，即物权、合同、婚姻家庭、继承、侵权责任，后增人格权编，虽然人格权是否独立成编和知识产权是否入典引发了激烈争论，但最终与已颁总则合并，于 2020 年 5 月 28 日第十三届全国人民代表大会第三次会议通过，名为《中华人民共和国民法典》，分总则、物权、合同、人格权、婚姻家庭、继承、侵权责任 7 编，另加附则，共 1260 条，实现了几代人编纂民法典的夙愿，形式上也成为中国历史上第一部以典命名之法律，并将中国特色社会主义民商法律体系推升到了一个法典时代的新阶段。

然法律学术语言体系与法律国家语言体系还是会有一定差异的。编纂一部好的民法典并有效实施，加强民事法律制度研究，真正构建体现中国特色社会主义，具有鲜明中国特色、实践特色、时代特色的民法典的科学理论体系和话语体系，使之真正具有中国特色、中国风格、中国气派、崭露于世界民商法之林，亦需登步于世界法治伟岸长堤，领略多许因别样风光漾起的乡愁情思。因心胸情怀之格局不同，站着的层高角度有别，所观赏到的风景及其体感着力也必有差异。在世界法治文明中，古巴比伦汉谟拉比即位，制定人类史上首部成文法典，镌刻石柱昭然于世，推巴比伦王国进入上古两河流域全盛时代，其中极多民商法规范令人赞叹。罗马查士丁尼注重法治，编成后世所谓《民法大全》，致罗马法到达顶峰，并称罗马三次征服世界中最为平和与持久之征服。拿破仑执政，于 1804 年颁布《法国民法典》2283 条，成“典型的资产阶级社会的法典”，1807 年颁布《法国商法典》，开民商分立之先河。德国亦持民商分立，1896 年所颁五编制《德国民法典》2385 条，成罗马法系中与法国民法体系并行之范式。瑞士改复民商合一理念，定民法典为人亲属继承物权债法 5 编 2224 条，又树一新例。列宁领导制定的《苏俄民法典》则为总则物权债继承 4 编。意大利坚守罗马民商一体之古制和瑞士民商合一之新理，定民法典为序编人与家庭继承所有权债劳动权利保护，共 2969 条。1930 年代泰国编成《泰国民商法典》，为名副其实民商合一之新式。《中华民国民法》5 编 1225 条，成创民商合一之简约体例。可见世有民商立法多以典相称，其体系科学讲究、内容广泛翔实、形式庄严高贵，亦使其多获赞誉，成国家稳定强盛、民生繁荣发展、社会文明进步之治国重器，成民商法治文化之瑰宝。

民法为法，同具国家强力，体现统治者意志。然编纂法典，其成功并非重在法典之式形。如经典所言：法的关系不能从它们的本身来理解，也不能从所谓的人类精神的一般发展来理解。相反，它根源于物质的生活关系，应当由它赖以存在的经济基础加以说明。法律是社会共同的、由一定物质生产方式所产生的利益和需要的表现。无论是政治的立法还是市民的立法，都只是表明和记载经济关系的要求而已。民法只是将经济关系直接翻译为法律原则，民法准则只是以法律形式表现了社会的经济生活条件。但这种准则则可以依情况的不同而把这些条件有时表现得好有时表现得坏。因此民法典编纂重在格物，在致知揣摩经济生活关系原貌，解读社会生活本意规律，同时提升临摹翻译或再创作之技巧。故有编制民法典者尽管离离成风，但良莠高低、实果饱秕总还是大有区分的。

法典编纂者，乃以社会经济生活为标准，重新审定一法律部门的全部现行法律规范，遵成守正、废旧立新、修矛盾、补缺陷、除虚假、减烦赘、填空白、推逻辑、辨异同、究本性、磋表达、展命运、赋灵魂，使之基于共同精神原则而内容协调、严谨、周密成有机联系整体之统一法律文件，使之更为有用、管用、好用、好看，力致信达雅也。国之大事匹夫有责。国家编纂法典，志士仁人都在献智着力。余西下残晖据漫道所得，亦从头起草民商法典草案建议稿。按照整体所谋思路，守正创新并举，论证法条合一，分编修纂依序而行，2013 年至 2019 年不断撰写成稿、杀青收官，前三编时置中国民法典编汇闹热之时公开发表，故也呈有关领导机关作以参考，如“限制民事行为能力最低年龄八周岁”之规定、民事法律行为范畴之守成等，都在自己所提供草案版本中有明确论证。

《民商法典草案建议稿（黄河版）》虽不具法律效力，但却能成与罗马法学阶梯比肩并立之研法教法普法释法之参考读物。其通则、人身权、物产权、知产权、债承权、继承权 6 编，体系科学新颖，逻辑严谨周密，结构庄重大气，风格特色鲜明，内容详全惠实，条理紧凑清晰，形表秀雅通俗，堪堪 1825 条，比《拿破仑民法典》少 458 条，比《中华民国民法》多出 600 条。《民商法典草案建议稿（黄河版）》虽不能完全永固，但定会像《法国民法典》那样，不变其体于外，变亦其体之内。

《民商法典草案建议稿（黄河版）》袭承《民法通则》一代领袖学人之

魂魄气质，以通则为基础蓝本，守其成华，调其误疵，彰其亮彩，延其脉络，趋其所向，补其空白，合其群族，终其正果。称民商法典名实相符、科学简约，尚创民商合一新范式。守通则为编，保其本真特色乡愁。对其内容匠心打磨，盖市场经济结构之原则主体客体权利行为责任时效核心要素，共起统领通用之功能。人身权本为民事权利一类，将其调至权利类型之首，全合中华民族人格尊严为先、民为邦本、命至财上、家国一体、家和事兴、修齐治平之价值理念，也与罗、法、瑞、意等民法典良脉相接，更少却了突人格局部而丢人身整体的偏颇与立法技术上之无益争分和造成矛盾多出之后果。人身权后为物权，言物之类型守物权支配性质，按所有权权能与所有权人之分离状况依次表达物权范围。物质产权之后乃知识产权，将其通常顺序系统调整细化并剔除行政管理规范即是。前列支配性、静态性权利之移转变更，由债承权和继承权担当完成。债承权按债之四类，逶迤磅礴、细浪泥丸、据实走过；继承权按照当事人双方单方和有无意思表示决其效力、定其顺序，将死亡者之遗产顺利转归其他民商主体而已。《民商法典草案建议稿（黄河版）》，保民商法根本主干枝叶花果，剪其杂芜无用之繁。由其延展出的公司、破产、债券、票据、保险、海商之类，则仍留为单行法存在。

《民商法典草案建议稿（黄河版）》之完成，条条款款总关情，字字句句都认真，道不尽的官司累，说不完的世人心。所言内容均系社会生活的对照描红，规范行为都经长校短量与忖度斟酌，行为责任都再四衡量致达正义公平，所定平等、自愿、诚信、良善诸原则都通管全局一统到底。对社会主义核心价值观不着痕迹地融入，而不致意合形分，在裁判中分别对价值观念与法条精神分别论说。每个条文均为长期理论研析和学术思辨的精华与结晶，系对社会生活经验规律长期体悟的最佳总结与表达，为主体行动应当遵守的最简明的准则与规范，系司法裁判最终应当遵守的依据和标准。若以修身、齐家、治国、平天下论，品读《民商法典草案建议稿（黄河版）》者，则知如何做得一个热爱生活、珍惜自己和他人生命健康的人，一个诚信守法、惜物致富、幸福生活的人，一个知书达理、开发才智、创新创造、高尚奉献的人，一个遵法守信安全交易、行商坐贾、物流天下的人，一个心绪豁达、和谐处世、怜悯同情、不害社会无辜的人，一个明典而行、自我约束、防微杜渐、一生平安的人，一个亲民为民、公正司法、廉洁为官、清闲高贵的人。法律不该主要是制裁已然，而该主要是行动指南、防患未然；不该主要是匡正违法行为，而该主要在消磨违法之心，在扬人性之善、抑人性之恶。民商法本为文明之法，自当培塑文明之人。

《民商法典草案建议稿（黄河版）》，凡开卷者必有多益。完成九年义务教育或年满16周岁者，都能独立阅读看懂；非法律专业公职人员，谙晓通则一编，即可掌民商法典之精髓灵魂，为公务添加强臂之力；经商营运科学研发医疗教育百业千行者，均可各取所需，多多益善。其真谓市场经济、现代社会人民生活、企业生产、团体服务、机关为政之法律百科全书，可以避纠纷、免灾难、多利益、少害祸。至于专门研习法学或司操民商法律者，则须真明其大道细理，实酌其表里宏微。唯此基础上领会认判，方可共同推进我国民商法及相关科学之研究，使之更具有民族性、实践性、时代性和先进性，扎实构建具有中国特色、中国风格、中国气派的民商法学的理论体系、学科体系、学术体系和话语体系，亦重建中华法系之崭新辉煌。

《民商法典草案建议稿（黄河版）》，是真正用中国土地上长出的黍粮和流淌着的河水在中国气候环境下运用具有独创性的先进技术和传统匠心手段酿造而成的符合中国人口味并具有国际竞争力的佳酿美酒；是用道地的中国原材料中国人的匠心手艺烹饪出的适合中国人肠胃消化吸收的菜肴佳品。时间公正，时光知味，《民商法典草案建议稿（黄河版）》一定是历久弥新，愈久弥香，日久天长。

治国需重器，良法贵周全。

法正天心顺，官清民自安。

王明锁

2021年7月

目 录

上卷——基本问题研究

中卷——法典草案条文

下卷——相关专题研究

上卷

基本问题研究

大学之道，在明明德，在亲民，在止于至善。

物有本末，事有终始，知所先后，则近道矣。

——《大学》

到一九八二年起草了民法四稿，很有成绩。但是由于民法涉及各个方面，情况很复杂；我国的经济体制改革正在发展，当时要制定一个完整的“民法典”有困难。所以彭真同志、习仲勋同志（当时是法制委员会主任）决定，即先制定单行法。这几年制定了一批单行的民事法律，但还缺乏民事关系、民事活动方面需要共同遵守的规范。因此“民法通则”的制定就提到议事日程上来了。民法通则对基本的民事权利作出规定。这与传统的民法总则的内容不完全一样，所以称民法总则有点问题。我们原来想叫民法总纲，向委员长汇报后，委员长说可否叫《民法通则》。经过研究，认为委员长提的《民法通则》比“民法总纲”要好，更符合实际。为什么叫《民法通则》而不叫“民法总则”，是根据实际情况，根据我们需要规定的内容来决定的。

——顾昂然（全国人民代表大会法制工作委员会副主任）

要加快构建中国特色哲学社会科学，按照立足中国、借鉴国外，挖掘历史、把握当代，关怀人类、面向未来的思路，着力构建中国特色哲学社会科学，在指导思想、学科体系、学术体系、话语体系等方面充分体现中国特色、中国风格、中国气派。

只有以我国实际为研究起点，提出具有主体性、原创性的理论观点，构建具有自身特质的学科体系、学术体系、话语体系，我国哲学社会科学才能形成自己的特色和优势。

——习近平

第一章 民商法典编纂的重大疑难问题

第一节 中国民商法典编纂需要在世界民商法之林占有一席之地

民商法典之编纂，源于古巴比伦王国的《汉谟拉比法典》。〔1〕罗马法时期，法典编纂与研究空前繁荣，私家编纂法典者甚为常见。〔2〕至查士丁尼，集罗马法之大成，编纂成《民法大全》，〔3〕达罗马法之巅峰，对后世影响博大精深。资本主义时期，拿破仑尚在战争中，即于1804年编纂《法国民法典》，分编颁布，洋洋2283条，成为民法典编制之典范；〔4〕于1807年制定《法国商法典》，开启民商分立之模式。德国1896年颁布《民法典》2385条，并步法国民商分立之后尘，颁行《商法典》。1907年通过的《瑞士民法典》，则改采或恢复民商合一模式，民法典之外并无独立之商法典。此后，有效仿法国、德国民商分立者，如日本；有追逐瑞士民商合一者，如苏俄、泰国、越南。罗马法的直接后继者——意大利——则尊其传统，坚守民商合一，只制定《民法典》，并将劳动、公司、知识产权等编纂其中。

中国近代图强变法，曾形成《大清民律草案》。北洋政府起草《中华民国民法》，内部颁行，但模式上仿效德日，实行民商分立。至1929年南京国民党政府立法，慎重改行民商合一模式，只颁布《民法典》，而将有关公司、票

〔1〕《汉谟拉比法典》总共282个条文，属于民商法内容的条文有237条，占总条文的84%。具体条文统计分析参见王明锁：《中国民商法体系哲学研究》，中国政法大学出版社2011年版，第107页。

〔2〕如《格列奇利法典》《赫尔莫杰尼安法典》《狄奥多西法典》和以后的各种法典加以统一。参见曲可伸：《罗马法原理》，南开大学出版社1988年版；王明锁："查士丁尼与《民法大全》的编纂"，载《河南大学学报（社会科学版）》1998年第1期。

〔3〕所谓民法大全，包括查士丁尼《法典》《学说汇纂》《法学阶梯》和《新律》。

〔4〕马克思、恩格斯称之为"典型的资产阶级社会的法典"，"成为世界各地编纂法典时当做基础来使用的法典"。参见《马克思恩格斯全集》（第4卷），人民出版社1958年版，第248、484页。

据法等作为民法之特别法。美国民商立法没有民法典，只有《美国统一商法典》，但《美国统一商法典》与法国、德国所谓大陆法系的商法典完全不同。国际上，民商合一虽为主流，但唯民商合一者，法典上有民无商。故学界主张商法独立、民商分立者也未断绝。而将两者真正结合，止息其争论者，似乎仅《泰国民商法典》，该法典比《意大利民法典》更进一步，名副其实，并将保险、票据、股份与公司，囊入合同专编。是为大胆创新，值得刮目相看，但其内容仍与《意大利民法典》十分相像，过于庞杂。

我国不论古代还是现代中华法系，向有法典传统。1950 年率先颁布《婚姻法》，[1]1954 年《宪法》颁行，即开始起草中华人民共和国民法典，并于 1956 年完成。1962 年二次起草民法，1964 年完成。中国共产党第十一届中央委员会第三次全体会议后，1979 年再次起草民法典，1980 年形成民法草案稿，在此基础上，1981 年形成草案二稿、三稿，1982 年形成草案四稿。真可谓紧锣密鼓，即成现实。但社会实践快速变革，以致民法典难以有效表达，故 1985 年不得不先行单独颁布《继承法》，并于 1986 年制定了具有民商法总则或者民商法典压缩版性质的《民法通则》。直到新之千年，方重启民法典之编纂，并于 2002 年经全国人民代表大会（以下简称“全国人大”）审议《民法（草案）》。但终因问题复杂，民法典仍未成功。但值得指出的是，在民法法典化进程中，不仅颁行了大批民商单行法律，还形成了几个各具特色的民法典草案稿，[2]为中国民法法典化进程起到了积极的推动作用，对繁荣民法典的学术研究具有重要价值。特别是现今民法学研究会正起草的《民法典总则编草案稿》，更成了中国民法典编纂的现实问题。

由上可知，民商法典之编纂，既是近现代国家的普遍做法、一个国家法治完善的重要标志，也是我国法典编纂传统之延续，是新中国法治建设中的重大任务。因此，我国民商法典的编纂，不仅应当是历史赋予中国特色社会主义法治全面建设的不二选择，更应当在世界民商法之林中占有一席之地。

---

〔1〕《婚姻法》，即《中华人民共和国婚姻法》。为表述方便，本书中涉及的我国法律直接使用简称，省去“中华人民共和国”字样，全书统一，后不赘述。

〔2〕分别为中国社会科学院法学研究所梁慧星为组长形成的《民法典草案稿》，中国人民大学王利明为组长形成的《民法典草案稿》两个专家建议稿和全国人民代表大会常务委员会法制工作委员会（以下简称“全国人大常委会法工委”）在专家草案稿基础上形成的《民法典草案》，这三个草案稿通常被称为官方版本或者红色版本。除此之外，厦门大学徐国栋教授牵头形成的《民法典草案》，被称为海洋版本或者绿色版本。可参见梁慧星主编：《中国民法典草案建议稿》，法律出版社 2003 年版；王利明主编：《中国民法典草案建议稿及说明》，中国法制出版社 2004 年版；徐国栋主编：《绿色民法典草案》，社会科学文献出版社 2004 年版。

第二节 法典模式——由“民法典”到“民商法典”？

法典模式是指民法典与商法典的关系问题。自法国民法典与商法典颁布以来，即长期有民商分立与民商合一之争论，立法上各有代表。分立论者主张既要有民法典，也要有商法典；合一论者只主张有民法典，而不单独制定商法典。现在编纂法典，即使搁置不论或者不许争论，〔1〕但终究还是个难以回避的现实问题。〔2〕是坚持民法典与商法典并行，还是坚持只有民法典，抑或能有突破或创新？笔者主张突破传统民商分立与民商合一的束缚，开创民商立法的新路径。

《汉谟拉比法典》和罗马法乃民商合一之源。民商分立，本在对中世纪商人利益之特别保护。随商品经济（即市场经济）〔3〕占主导地位或具有普遍性即马克思说的那种“普照之光”的时候，〔4〕商人特殊利益便失去了其特有基础，才有历史上法国、德国民商法律制度的统一。〔5〕在我国，民商合一符合市场经济规律要求，顺应现代平等正义精神，立法司法上协调顺畅、成本节俭，适用上便捷明了。民商之关系，实难区分。“民为商之根本，商为民之生命”，〔6〕应为不争之事实，故民商合一当为固有坚定之主张。然民法本以商品经济（市场经济）为根本对象，但法典名称上却未彰显，于闻其名而晓其意，观其形而知其实论之，则甚为不利，由此长期为民商分立留下余地口实。同时社会生活中“商品、商业、商务、商城、商场、商事、商人、商贩、商标”等，亦为普遍通用范畴，不得也难以其他取替，故中国民法典制定，采“民商真正合一”当为

---

〔1〕 参见尹田：“中国民法典编纂的障碍及其克服”，载《北方法学》2015年第4期。

〔2〕 在主张制定民法典的同时，主张制定商法典或者商事通则者仍不在少数。有学者从有民法学研究会和商法研究会的角度着眼，认为民法典和商法典乃“车之两轮”和“鸟之两翼”。若以此立论，有经济法学研究会，也必然要制定经济法典。但对相关观点予以平心认真研究后即会发现，主张商法独立并不在其具有科学合理的依据，而在为其打造地盘和学术位置。参见王明锁：“论商事账簿及其法律关系的性质——兼论《商事通则》的不可行”，载《法学杂志》2011年第3期；王明锁：《票据法学》，法律出版社2007年版。

〔3〕 参见王明锁：“市场经济特质与民商法之品格”，载《河南大学学报（社会科学版）》2007年第1期。

〔4〕 王明锁：“论中国民法法典化”，载《法学研究》1995年（增总）第1期。

〔5〕 应当注意的是，法国、德国虽然在民法典之外单独制定了商法典，但其商法典只是民法典的附属性法典，其精神与民法典一致，都统一于所谓的私法范畴之内，商法典未有规定者，完全适用民法典之规定。其所谓的民商分立，也并不同于我国现代有的民商分立者的主张。

〔6〕 王明锁：“论中国民商立法及其模式选择”，载《法律科学（西北政法大学学报）》1999年第5期。

最佳选择。所谓民商真正合一，乃法典名称上取民商两意，有民有商、合而为一，谓《民商法典》。此，远者，承袭着世界古《汉谟拉比法典》和罗马法之本；近者，继载着瑞士、苏俄特别是意大利、泰国等立法的有益经验及我国传统民商法思想的价值取向，并有对民商分立教训的克服和对民商合一经验的升华；目前者，契合了大多数民商合一的立法论者，也吸纳了少数民商分立者的意愿；未来者，既容纳了传统民商合一的做法，包容了民商立法的理念，与以商盖民的做法也能调和，更与已称民商法典国家的立法拉近了距离，特别是凝聚着中国当代市场经济规律的地气和闪现着大众创业、万众创新思想的灵光。

第三节　法典对象——由笼统的民事关系到具体市场要素和民商法律行为?

我国民法理论与立法都将民法的调整对象确定为“民事关系”或“平等主体的公民之间、法人之间、公民和法人之间的财产关系和人身关系”。〔1〕而没有将行为作为民法的直接规范对象。但在法律基本理论中，都认为法律是“行为规范的总称”。〔2〕由此出现了民法的对象与法律规范的对象不一致的情形。尽管对行为的规范必然会涉及对关系的调整，对关系的调整也必须依靠对行为进行规范才能实现，但如果能将民法的调整对象直接规定为民商主体的行为则似更具价值意义。

第一，与一般法律的性质保持一致性。民法为法之一种。刑法是对刑事犯罪行为的处罚，行政法是对行政行为的规范，诉讼法是对诉讼行为的规范。如果将民法的对象也规定为对民商事行为的规范，则直接明了，也与法律的一般性质保持一致，并使整个法律体系的对象相协调。

第二，可避免民事关系类型化中的矛盾。将民法的对象规定为“民事关系”，在此基础上从权利的角度规定民事权利，并将民事权利类型化为物权、债权、人身权、知识产权和继承权。〔3〕而同时将民事关系类型化为财产关系和

---

〔1〕 参见《民法通则》第1条和第2条。

〔2〕 法律的基本概念即为国家制定或认可并由国家强制力保证实施的体现统治者（在我国为共产党领导的最为广大的人民群众）意志（该意志是由其赖以生存的社会物质文化生活条件所决定）的行为规范的总称。参见中国大百科全书总编辑委员会《法学》编辑委员会、中国大百科全书出版社编辑部编：《中国大百科全书（法学）》，中国大百科全书出版社1984年版，第76页。

〔3〕《民法通则》第五章依次规定的民事权利为物权、债权、知识产权和人身权，因《继承法》单独颁行而没有专节规定，但于物权一节用一个条文规定了继承权。

人身关系，并以此将民事权利区分为财产权和人身权两类。但于知识产权，又说知识产权既包含财产权，也包含人身权；而于人身权，本质上又与财产具有密切联系。[1]如此，知识产权、人身权是否为独立一类将成疑问。而如果将民法对象从行为角度着眼，则可避免“财产与人身”二分制方法在知识产权等领域中所遇到的逻辑尴尬。

第三，可与民法规范的实际内容更加协调一致。从民法调整的实际范围看，其内容主要是民法总则、物权、债权、亲属和继承中的各类行为。从行为的角度着眼，可包括行为之主体、行为之客体、行为之种类、行为之后果。从民法实际的规定内容看，民法首先是对民商主体资格的认定；取得民商主体资格后，民商主体享有哪些民商权利和义务，可以进行哪些具有民商法律意义或后果的行为；民商主体是通过什么样的民商行为来设定、变更或消灭民商权利和义务的；如果违反民商义务，将给民商主体带来什么样的后果，即承担什么样的民商法律责任。这样，民商主体进行商品经济的基本条件与各种行为的基本规则都将被放入其中，并使现代行为主义哲学思想得到凸显，与中国法律为“行为规范”的正统正确观点相契合。

第四，传统理论将民法的调整对象界定为平等主体之间的财产关系和人身关系，也有现实漏洞。原因在于平等主体之间的财产关系和人身关系实际上并非只是民法的调整对象。刑法、行政法对于平等主体之间的财产关系和人身关系也不无调整。刑法保护的公私财产，都是民商主体的合法财产；刑法中规定的侵害人身权利的犯罪，都是对民商主体的人身权中的生命权、健康权、自由权、名誉权、隐私权等进行的规定和保护。所以，民法与其他相关法律的区别，并非在对象上，实际上更重要的是在调整方法上；并不是简单地在规范和调整民商主体之间的关系，而是涉及和规范诸多具体行为，如民事事实层面的行为、民事权利义务方面的行为、民事客体行为、民事违法行为及民事责任行为等。[2]因此，可以把现行民法规定中的“民法调整平等主体的公民之间、法人之间、公民和法人之间的财产关系和人身关系”，改革拓展为“确定民商主体资格，规范民商法律行为，界定民商权利义务，明确民商法律责任”等。如此，更为确切明了，便于认识把握，其体例与表述也

---

〔1〕 魏振瀛主编：《民法》(第4版)，北京大学出版社、高等教育出版社2010年版，第10、36页。

〔2〕 如主体订立合同、遗嘱的行为，主体对物的占有、利用等支配行为，一方对另一方的请求行为，侵害他人权利利益的行为，应当承担的返还原物、赔偿损失、赔礼道歉等行为。另可参见王明锁：“民事法律行为范畴的守成与完善”，载《北方法学》2013年第1期。

将气派大方而不致琐碎，内容翔实明白而不致空泛含混。

第四节　法典性质——由“单纯的公”“单纯的私”到“公私须兼备”或“公私不必分”？

关于民法性质，多认为民法是私法，[1]但于法典编纂中，无须顾及于此。

首先，民法既然为法，即为公私兼容之结果。所谓民法，自当为法。既然为法，必具法律一般之属性，具有“统治者意志”之特质，为集体意志之表现。民法是私法的观点在理论和实践中之许多情况下会制造出不必要的矛盾和难题。对此，似乎没有必要强调言明民法为私法。具体理由：

第一，公法与私法划分，源于罗马法，[2]是法学理论的重要范畴。但公法私法划分，自其产生起，即从来没有停止过争论，其划分标准从未有过统一。因法律本身，乃统治阶级意志，是最为广大的人民群众的个人利益和意志上升为国家或者统治者的意志的体现，是多数人之意愿，无不是私人个人意志之间的相互表达和妥协之结果。所以，既然多数个人的意志已经上升为法律，以民法的形式出现，就不好再说民法是私法，纯属私人利益之体现。

第二，在主体体系中，国家也是民商主体，尽管在民商法关系中，国家也是以平等主体的身份出现，但国家作为民商主体，享有民商权利，参加民商活动，则是代表着国家的利益和意志，这种意志和利益并不是某个私人的利益和意志，而是全体人民的共同的或者至少是绝大多数人的共同的利益和意志。这种情况下，也不好说民商法就是对私人利益的调整，是私法。

第三，关于民法是私法的观点，曾受到诸多质疑。最著名的是列宁曾经反对私法的观点。认为“社会主义国家……无论如何不承认私法，……经济领域的一切事项属于公法的范围，不属于私法的范围”。[3]列宁的说法有两点需要推敲：一是说我们不承认私法。这里公法、私法的划分应当是一个客观存在的问题，如果客观上确实存在着科学的公法和私法的问题，不承认便是主观认识问题，而问题是客观上有没有公法和私法。如果客观上有，我们硬不承认，那是自欺欺人。二是经济领域的一切事项都是公的。在纯粹公有制年代，确实一

---

〔1〕 魏振瀛主编：《民法》（第 4 版），北京大学出版社、高等教育出版社 2010 年版，第 10 页。

〔2〕 罗马法认为：“法律学习分为两部分，即公法与私法。公法涉及罗马帝国的政体，私法则涉及个人利益。”参见［罗马］查士丁尼：《法学总论——法学阶梯》，张企泰译，商务印书馆 1989 年版，第 5 页。

〔3〕《列宁全集》（第 3 卷），人民出版社 1984 年版，第 258 页。

切都是公的，但民法里面许多也是私的东西，如财产中的生活资料仍归个人所有。列宁领导制定的苏俄民法典，除婚姻家庭问题外，物权、债和继承仍为传统法典之内容。但实际情况是婚姻家庭问题也并非全是私的东西，如婚姻年龄，本质上虽取决于人之本性，但也体现着国家整体利益，涉及人口与发展问题。婚前检查的理论与实践，也不全是私人之事，而关系到人口质量和社会问题。所以，说一切都是公的不全面，但硬要把民法说成是私的，更是片面和脱离实际。

许多民法理论教材上，都说民法是私法；许多法律院校和科研部门，也多有专门的私法研究中心或研究所之类；许多学者强调民法是私法，似乎这是绝对真理和科学定论，是解决侵犯个人权利问题的金钥匙，似乎一切社会问题只要从民法是私法的角度认识就会迎刃而解。但这种做法似乎适得其反。因为强调民法是私法，是对私人利益的保护，但突出的问题是国家利益、公的利益受侵害。强调国家财产神圣不可侵犯不尽科学，而提出或者恢复私人财产神圣不可侵犯也不可行。正确的做法似乎应当是无论是公的还是私的，只要是民商主体的合法财产，就应当给以平等的公正公平的保护。

其次，民法是私法的观点和我们的社会主义主流价值观不一致。中国传统，无不推崇修身、齐家、治国、平天下的境界，提倡先天下之忧而忧，后天下之乐而乐，倡导天下为公、为人民服务。凡被奉为英雄模范人物者，无不是大公无私、舍己为公、舍己为人。我们的法律褒扬助导见义勇为，国家财产亦为中国社会稳定发展之基础。但可惜遗憾者，于民法性质上却非要强调民法乃私法为是。谓民法商法为私法，在私有制为基础之国家，理所当然，无可厚非。因为私有制国家，本质上都是从私有出发，以私有为核心基础来构筑其整体大厦。观念上认为人的本性是私的、是恶的，由此必须以各种法律的形式来对其行为进行严密规范。而中国传统，开始就把人性看作是善的，是有良知的，只是多由环境、教育、管理和自省态度的不同，有的才由善变恶、丧失良知甚至失去人的本性。为防止人由善变恶，才需要不同类型（道德的、纪律的、法律的）、不同层次（民法、行政法、刑法）的规范对之进行约束。故提倡民法是私法的观点，即与现实生活中的公有观念相悖，是从公的极端走向私的极端，是会被社会主流观念和价值观排斥的。

最后，公法私法之划分并无价值意义。在公法和私法的划分中，通常认为诉讼法属于公法范畴。但在具体论述私法的时候，又说民事诉讼法是私法。诉讼法中设立的审判、执行，本来是为了统一国家的司法权，是通过国家的审判权来维护正常的解决纠纷秩序的，这实际上是国家利益和公共利益所在。但却又被说成是私法，是为了私人利益。至于现在有国际公法和国际私法的学科和划分标准，那只是历史习惯而已。因为如果法被一分为二，划分为公法和私法是科学的，或者说就必须将所有的法都划分成国际公法和国际私法的话，那么现在通常所谓的国际经济法又当如何解释；因为国际经济法究竟是公法还是私法的范畴，进而国内的经济法又是属于公法还是属于私法；如果是私法和公法都涵盖不了的话，或者是既有公又有私的话，那划分公法和私法又有什么价值和用途？司法适用上，在统一的法治原则下，每个法律部门又都有各自的原则，并不是所谓的公法都适用公法原则，私法都适用私法原则。如今在传统民法的基础上出现了独立的劳动法部门。民法适用的基本原则是平等、自愿、公平、诚信等，而劳动法的基本原则，[1]与民法的平等自由原则、经济法的调控原则、行政法的依法行政原则都有明显区别。如此，劳动法又是属于公法抑或私法范畴？可见，在现代社会，划分公法和私法实在没有什么值得肯定的价值和意义。特别是在我们国家，强调民法的私法性质，带来的不是正能量而是负作用。故此在制定中国民商法典的理念上，应当甩掉民法是私法传统观念的束缚，一切从实际出发，从维护所有的民商主体的利益和有利于社会全面发展来规定各项规则。

第五节　法典原则——由矛盾分散到和谐统一？

民商法原则，是民商立法、司法和行为活动的基本准则，贯穿于整个民商法律规范，为民商立法指导思想之延展、民商法精神之凝练，也是民商法观念最集中之反映。

对法律之基本原则，罗马法最早论及，认为是“为人诚实，不损害别人，给予每个人他应得的部分。”[2]对法国民法，学界多概括所有权绝对、契约自由和过失责任为其三大原则。[3]但该法典对此并无明文。一部法典，无论其是否明确其基本原则，其内容欲协调一致，各种规则与价值观念当不生矛盾，当体现和反映时代精神。

我国《民法通则》规定了其基本原则，分别为平等、自愿、公平、等价

[1] 通常认为劳动法的基本原则是维护劳动者合法权益与兼顾用人单位利益相结合，贯彻以按劳分配为主的多种分配方式与公平救助相结合，坚持劳动者平等竞争与特殊劳动保护相结合，实行劳动行为自主与劳动标准制约相结合，坚持法律调节与三方对话机制相结合的五项基本原则。参见郭捷主编：《劳动法与社会保障法》（第2版），法律出版社2011年版。

[2] [罗马] 查士丁尼：《法学总论——法学阶梯》，张企泰译，商务印书馆1989年版，第1页。

[3] 魏振瀛主编：《民法》（第4版），北京大学出版社、高等教育出版社2010年版，第20页。

有偿、诚实信用、合法民事权益受保护、遵守法律政策、尊重社会公德，不得损害社会公共利益、破坏国家经济计划，扰乱社会经济秩序。[1]体现了时代特征。而在后来的民法理论上，通常把民法的基本原则概括为平等、自愿、诚信、禁止权利滥用、公平和公序良俗。[2]《民法通则》规定的基本原则实际上对于其下属的物权法、合同法、婚姻法、继承法、公司法、证券法、票据法等，均应适用。但其中的不少单行法律，仍然规定了相应的基本原则。如物权法中的物权法定、平等保护，婚姻法、继承法中的男女平等，合同法、证券法中的诚实信用等。这使得民商法律中的基本原则或者彼此重复，或者发生矛盾冲突。对彼此重复者，在民商法典编纂中自然可以省却，而对彼此矛盾冲突者，必须有取舍选择。

大陆法系的民商法中，不论是民商合一还是民商分立，其基本原则都统一于所谓的私法范畴。但是在我国，为了使商法独立，理论上强调商法原则不同于民法原则。认为商法之所以能够独立，重要原因之一就在于它具有区别于其他部门法的基本原则。[3]认为《商法通则》应遵循的基本原则是商法通则立法时必须优先解决的几个问题之一。[4]认为商法的基本原则包括商主体法定、维护交易公平、保障交易迅捷、保障交易安全；[5]或者强化商事主体、维护交易公平、保障交易安全、提高交易效率。[6]可以看出，这些所谓的商法原则，无不是民法或者法律基本原则的具体化。

首先，任何法律主体都是法定的。民事主体的权利能力、行为能力、主体种类都是民法所重点规定的。结婚主体、收养主体、诉讼主体、选举主体、犯罪主体，哪一种主体不是由法律规定；而基本原则是贯穿于该法律部门始终的，主体法定又怎能成为其基本原则？

其次，任何法律都是讲公平、讲效率、讲安全的。如果把这些作为商法特有的基本原则的话，似乎别的法律就不讲公平、效率和安全了。就民法的基本原则而言，公平本身已经是基本原则。至于效率和安全，民事行为形式的多样化、时效制度等都是为了效率而设计，主体资格、权利登记等则无疑

[1] 参见《民法通则》第2条到第7条。

[2] 魏振瀛主编：《民法》（第4版），北京大学出版社、高等教育出版社2010年版，第22页。

[3] 雷兴虎：“略论我国商法的基本原则”，载《中外法学》1999年第4期。

[4] 范健：“我国《商法通则》立法中的几个问题”，载《南京大学学报（哲学·人文科学·社会科学版）》2009年第1期。

[5] 林敏：“商法基本原则研究”，载《中国人民大学学报》2000年第4期。

[6] 张秀全：“商法基本原则研究”，载《现代法学》1999年第5期。

是为了安全而设置。

再次，所谓商法基本原则中的公平、效率、安全，都局限于交易环节。而交易仅仅是商品经济的一个环节。因此不能成为贯彻于该法律部门始终的原则，即难为其基本原则。

最后，还有人认为商法是讲盈利的，民法不讲盈利。宏观上讲，效率、安全就是最大的盈利。微观上看，合同中的买卖、租赁、借贷等，哪一个不讲公平交易和盈利？就典型的无偿的赠与合同来看，也不是无缘无故的赠与，且往往还会给受赠人附上某种义务。"盈利"，从主客观两方面看，不仅有客观上金钱的盈利，还应包括主观上精神的盈利。

第六节　民事法律行为——守成、退却，抑或创新前行？

民事法律行为，源于法律行为。罗马法有收养、遗嘱、买卖、赠与、侵权行为等具体行为，但未抽象使用法律行为、民事行为或者民事法律行为范畴。[1]《法国民法典》有继承、赠与、契约等"取得财产的各种方法"一卷，但也没有抽象概括法律行为。[2]《意大利民法典》除续编外，第一编人与家庭、第二编继承、第三编所有权、第四编债（包括债的总论、契约总论、各类契约、单方许诺、有价证券、无因管理、非债给付、不当得利、不法行为共9章）、第五编劳动（包括企业劳动、公司合作社、企业、智力作品权和工业发明权、竞争规则等11章），第六编权利的保护（包括登记、证据、财产责任、权利司法救济、消灭时效与失权等），也没有抽象使用法律行为概念。[3]这是大陆法系的做法。

法律行为的范畴直接源于德国民法。《德国民法典》抽象和规定总则编，其中第三章为"法律行为"，以概括以后的合同、遗嘱等[4]。德国民法典也被称为潘德克吞民法典，因为"1900年的《德国民法典》终于直接运用潘德克吞体系的研究成果来进行构造"。"潘德克吞法学中的法律行为理论奠定了民法总论的逻辑基础。"[5]德国民法抽象化与体系化的典范是法律行为概念和

---

〔1〕［罗马］查士丁尼：《法学总论——法学阶梯》，张企泰译，商务印书馆1989年版。

〔2〕《法国民法典》，马育民译，北京大学出版社1982年版。

〔3〕《意大利民法典（2004年）》，费安玲等译，中国政法大学出版社2004年版。

〔4〕《德国民法典》（修订本），郑冲、贾红梅译，法律出版社2001年版。

〔5〕杨代雄："潘得克吞法学中的行为与法律行为理论——民法典总则诞生的序曲"，载《西南政法大学学报》2005年第6期。

制度。有了法律行为这一上位概念，也就有了债权行为、物权行为等下位概念，这些概念构成了一个完整的抽象概念体系。正是法律行为概念体系的产生，使得《德国民法典》所代表的严格体系化思维和立法技术都达到了一个前所未有的高度。〔1〕可见，“法律行为”成了德国民法典大厦的核心支柱，并产生了深远影响。《日本民法典》第四章规定“法律行为”。〔2〕我国《大清民律草案》第五章为“法律行为”，《民国民律草案》第三章为“法律行为”，《中华民国民法》第四章为“法律行为”。〔3〕

我国民事法律行为理论与苏联民法中的法律行为理论具有密切联系。〔4〕在社会主义民法学理论中，原先也如同苏联民法一样采“法律行为”范畴，如《民法原理》第八章为“法律行为”。〔5〕直至《民法通则》制定，始创“民事法律行为”概念，以此概括合同和遗嘱等具体行为类别。〔6〕此后，民法学说理论上始用“民事法律行为”范畴。如佟柔主编《中国民法》、〔7〕张俊浩主编《民法学原理》、〔8〕王利明主编《民法学》第七章为“民事法律行为”，〔9〕郑立、王作堂主编《民法学》第六章为“民事法律行为”，〔10〕魏振瀛主编《民法》第八章为“民事法律行为”。〔11〕特别是 2002 年形成的《民法（草案）》第一编总则第四章仍为“民事法律行为”。〔12〕当然，也有同时使用“民事行为”与“民事法律行为”两个概念范畴的。〔13〕

---

〔1〕 李少伟：“我国民法典应采用潘德克吞立法模式”，载王利明主编：《中国民法学年刊 2010》法律出版社 2011 年版，第 172 页。

〔2〕《日本民法》，曹为、王书江译，王书江校，法律出版社 1986 年版。

〔3〕 参见杨立新主编：《中国百年民法典汇编》，中国法制出版社 2011 年版。

〔4〕 笔者对我国民事法律行为与苏联民法中的法律行为理论的联系进行了研究。认为“民事法律行为”的概念是我国民法学者和《民法通则》的贡献。参见王明锁：“民事法律行为范畴的守成与完善”，载《北方法学》2013 年第 1 期。

〔5〕 佟柔主编：《民法原理》（修订本），法律出版社 1987 年版。需要说该书虽为 1987 年版，但实际上并没有把 1986 年颁行的《民法通则》的规定放进去，仍然是以前法律行为的概念。

〔6〕《民法通则》第四章第一节为“民事法律行为”。第 54 条规定：“民事法律行为是公民或者法人设立、变更、终止民事权利和民事义务的合法行为。”

〔7〕 司法部法学教材编辑部编审，佟柔主编：《中国民法》，法律出版社 1990 年版。

〔8〕 张俊浩主编：《民法学原理》，中国政法大学出版社 1991 年版。

〔9〕 王利明主编：《民法学》，中央广播电视大学出版社 1995 年版。

〔10〕 郑立、王作堂主编：《民法学》（第 2 版），北京大学出版社 1994 年版。

〔11〕 魏振瀛主编：《民法》，北京大学出版社、高等教育出版社 2000 年版。

〔12〕 参见杨立新主编：《中国百年民法典汇编》，中国法制出版社 2011 年版。

〔13〕 如《现代民法学》第三编为“民事行为论”，第九章为“民事行为”，第十章为“民事法律行为”。佘能斌、马俊驹主编：《现代民法学》，武汉大学出版社 1995 年版。

我国《民法通则》使用“民事法律行为”这一概念。与法律行为概念相比：一是将传统的法律行为界定为民事法律行为；二是认为传统民法上无效法律行为是一个自相矛盾的概念，[1]由此认为创设了民事法律行为和其上位概念民事行为；三是认为民事法律行为是合法性行为。学界给予了很高评价，认为这一制度作为观念的抽象，不仅统辖了合同法、遗嘱法和收养法等具体的设权行为规则，形成了民法中不同于法定主义体系的独特法律调整制度，它不仅可以对现有的民事主体之间的行为进行调整，而且能够涵盖许多新的交易形式，并对其进行规范；而且又以完备系统的理论形态概括了民法中一系列精致的概念和原理，形成了学说中令人瞩目的独立领域。[2]但是，我国《民法通则》中关于民事法律行为合法性的认定，在学说上也出现了新的矛盾。认为我国《民法通则》创设民事行为的上位概念，将合法的民事行为称为民事法律行为，将不合法的民事行为称为无效的民事行为或可变更、可撤销的民事行为，由此形成了与传统民法完全不同的一套概念体系。认为“这一新的概念体系纯属添乱”。[3]

随着中国民法学研究的进展，似乎中国民法学者对于民事法律行为概念的运用中出现的矛盾和问题，其思考和解决的耐心明显不足。随后便对之采取批判、抛弃的态度。其具体做法，有的是将民事法律行为重新与法律行为混同或等同，认为民事法律行为即法律行为。“行为、民事法律行为又称法律行为，它是指民事主体旨在设立、变更、终止民事权利和民事义务，以意思表示为内容的行为。”[4]有的则干脆放弃民事法律行为概念而改用法律行为，如原来使用“民事法律行为”，后改采德国民法中的法律行为。彭万林主编的《民法学》(1994年版）仍使用民事法律行为，但于1997年后改用法律行为，[5]或者简单认为“民事法律行为这一概念来源于苏联”，便放弃民事法律行为范畴，

---

〔1〕顾昂然：《新中国民事法律概述》，法律出版社2000年版，第35页。

〔2〕董安生：《民事法律行为——合同、遗嘱和婚姻行为的一般规则》，中国人民大学出版社1994年版，前言。

〔3〕柳经纬：“关于中国民法学体系构建问题的思考”，载王利明主编：《中国民法学年刊(2010)》，法律出版社2011年版，第5页。

〔4〕王利明：“关于我国民法典体系构建的几个问题”，载《法学》2003年第1期。

〔5〕司法部法学教材编辑部编审，彭万林主编：《民法学》，中国政法大学出版社1994年版，第六章为“民事法律行为”；1997年修订版，第七章为“法律行为”；1999年修订版第七章为“法律行为”；2002年（修订第3版）第七章为“法律行为”。

将其恢复至德日民法中的“法律行为”,[1]或者将民事法律行为改称为“民事行为”。[2]但在我国使用法律行为概念，又会遭遇新的更大的缺陷和矛盾。

首先，使用法律行为范畴，会使民法中的民事法律行为与法律学或者法哲学中的法律行为的一般概念成为同位概念。因为除了民法中专门的法律行为制度外，“法律行为”早已成为我国法学理论及法哲学的重要范畴。[3]

其次，在我国其他部门法中，已经有相应的法律行为概念，如经济法律行为、行政法律行为、刑事法律行为、诉讼法律行为、劳动法律行为等。如果将民法中的法律行为以法律行为替代，就会使民法中的法律行为与其他法律部门中的法律行为相冲突。[4]

最后，将我国《民法通则》创造的民事法律行为退回到法律行为，将是对我国民法学理论发展的不负责任，是一种学术自信丧失的表现。因此，我们对民事法律行为不应当是退却或放弃，而应当是坚守，更应当是对之完善改进，科学创新和稳步前行。其一，在称谓上可以将民事法律行为简称为民事行为或者民商行为。其二，在其性质上，民事行为可以包括合法的民事行为和违法的民事行为。其三，在其意蕴上，民事行为不仅包括民事事实层面的即民事主体设立、变更、终止民事权利义务关系的行为，还可以包括民事权利行为、民事义务行为、民事客体行为、民事违法行为和民事责任行为等，形成多层次、多类型的行为科学体系。[5]如此，民法典中调整和规范之民事行为，即不再局限于现在民法理论中所谓的合同和遗嘱行为，也不局限于德国民法中所谓的物权行为、婚姻行为、收养行为，而是拓展为更为广阔的行为空间，更切合民法实际规范的内容和调整的行为范围。

---

〔1〕 江平主编：《民法学》，中国政法大学出版社 2007 年版，第 145、151 页；司法部法学教材编辑部编审，彭万林主编：《民法学》（第 6 版），中国政法大学出版社 2007 年版，第 101 页。

〔2〕 魏振瀛主编：《民法》，北京大学出版社、高等教育出版社 2007 年版，第 137 页；第 2 版后记；第 4 版第 137～139 页。

〔3〕 系统的民法学著作无不涉及法律行为，另有对法律行为进行研究的理论文章或者于法哲学著作中对法律行为的专门研究。参见李林：“试论法律行为的性质和特征”，载《宁夏社会科学》1987 年第 2 期；张文显：《法哲学范畴研究》（修订版），中国政法大学出版社 2001 年版，第 67 页。

〔4〕 张文显先生认为：“法律行为应当是各部门法律行为（宪法行为、民事法律行为、行政法律行为、诉讼法律行为等）和各类别法律行为（如合法行为、违法行为、犯罪行为等）的最上位法学概念（或法学范畴）。”参见张文显主编：《法理学》，高等教育出版社、北京大学出版社 1999 年版，第 100～101 页。

〔5〕 王明锁：“民事法律行为范畴的守成与完善”，载《北方法学》2013 年第 1 期。

第七节 法典体系——《德国民法典》的五编制，抑或以《民法通则》为基础的六编制？

民法典体系结构让人称道的《法国民法典》以罗马法的人法、物法、诉讼法三分法体系为基础，将民法典定为人、财产及其权利的各种变更、财产的各种取得方法三卷。《德国民法典》分总则、债、物权、亲属、继承5编。其后，各国民商立法对法国、德国民商立法内容皆为借鉴取舍，形成自己的法典体系。《瑞士民法典》为人法、亲属法、继承法、物权法、债法（含合同、公司、有价证券）的五编制体系。《意大利民法典》除序编外，是人与家庭（含婚姻、收养、监护）、继承、所有权、债（含有价证券）、劳动（含公司、企业、作品权、发明权）、权利的保护六编制。《越南民法典》为总则、财产和所有权、民事义务和民事合同、继承、土地使用权转让、知识产权和技术转让权、涉外民事关系七编制。在我国民法典制定过程中，占主导地位者为以《德国民法典》五编制体系为基础的结构体系或其简单变体，〔1〕或者在学说上所主张体系过于分散琐细。〔2〕故笔者所主张《民商法典》是以我国《民法通则》〔3〕为基础的六编制体系。〔4〕因对此已有长期研究和成果发表，故此处只做提要性说明。

---

〔1〕如有的主张民法典体系为总则、物权、债权、亲属、继承、侵权行为；有的主张为总则、物权、债法总论、债法分论、亲属、继承、人格权、侵权行为。但似乎都放弃或者忘记了以《民法通则》的权利类型为根据来构建民法典体系。特别是关于人格权，有的主张将其归附于总则自然人主体，有的主张将其提升为单独一编，由此形成了长期激烈争论。最后人格权独立成编了，但是中国特色的统一的人身权范畴没有了，民法典中也出现了诸多的矛盾与不和谐。

〔2〕笔者曾对学说上的14种法典体系的观点进行过统计分析：主张有总则、物权的占100%；主张债编（但分歧是有债总、债分、合同各论等）的占100%；主张继承编的占85.7%；主张知识产权编的占71.4%；主张人身权编的占64.2%；主张侵权行为编的占35.7%；主张亲属编的占21.4%；主张民事主体成编的占14.2%；主张有附则、国际私法、民事行为等独立成编的占0.07%。参见王明锁：《中国民商法体系哲学研究》，中国政法大学出版社2011年版，第13~14页。

〔3〕《民法通则》在我国民商立法史上具有不可磨灭的重要价值。正如王利明教授指出的那样："1986年《民法通则》的颁布，是我国民事立法发展的一个重要里程碑。"参见王利明：《民商法研究》（第3辑），法律出版社1999年版，第12页。

〔4〕参见王明锁："论中国民法法典化"，载《法学研究》1995年（增总）第1期；"罗马法体系沿革及中国民法的法典化"，载《法律科学》1995年第5期；"论中国民商立法及其模式选择"，载《法律科学（西北政法大学学报）》1999年第5期；"人身权制度与中国民商法的法典化"，载《河南财经政法大学学报》1999年第6期；"中国民法应当具备的科学体系"，载河南省民法学研究会编：《中州民法论坛荟萃》，法律出版社1990年版；王明锁：《中国民商法体系哲学研究》，中国政法大学出版社2011年版。

第一编：通则。通则乃适用于普遍或一般情况并放在法典最前面的概括性条文，是法典内容之抽象，法典精华之浓缩，具有普遍指导意义。从国内学说和国外民法典规定看，皆为总则编。但将其称为“通则”更为科学。总则与分则相对，而民商法中向无分则概念或像刑法典中真正意义的总则、分则编，通常所说民法分则实则牵强附会。若本编名称为总则，还会与物权法、继承法中的总则重叠，在逻辑结构上发生矛盾。《德国民法典》和我国民国时期的民法典在篇章之下曾设通则，我们则完全可以把通则作为编之名称而把总则设于有关编内之首。《民法通则》自颁行已近四十年，经普法宣传、学习研究、贯彻实施早深入人心，成为中国民商立法中的一个明显标志与显著特色。因此“通则”一编，既是对民法传统的尊重继承和发展张扬，更是对传统民法典体系编名的重大创新。既是对独特乡愁的记忆，更是对未来美好的憧憬。

第二编：人身权。罗马法、法国民法、瑞士民法、意大利民法等都有人法编。其内容为主体资格与婚姻家庭内容之混合。我们对此借鉴吸收、抽象概括与科学整合，并以《民法通则》中所定人身权为基础，规定为“人身权”专编。其重要根据在于，“世间一切事物中，人是第一个可宝贵的”。〔1〕天地人，人为中心。人是现代市场经济社会最重要、最根本的资源。民商主体是商品的生产者和消费者、交换者和分配者，没有对人的生命、健康、尊严、自由等人格的规定，商品就不能从生产领域流转到消费领域，商品的研发、生产、流通、消费即无从说起；人和社会的全面发展将为空谈。人身权为人权之重要内容，《民法通则》中专门规定人身权，使世界法律界瞩目，并将其誉为中国的人权宣言。民商法典专编规定人身权，将进一步有效增强社会人权观念，丰富和发展国际人权理论。人身权编包括通常的人格内容和婚姻家庭方面的人身关系。这既有对罗马法、法国民法、德国民法、意大利民法、瑞士民法中的规定的借鉴和发展，也有对我国现实有关人身权法的变革与整合。〔2〕但就人身权编的内容，学界有的将其中的人格权与身份权分离，主张单独制订人格权法，〔3〕或者将人身权与人格权概念等同或混同使用。〔4〕如此，一是脱离了《民法通则》这一里程碑意义的法律所确立的人身权统一

〔1〕《毛泽东选集》(合订一卷本)，人民出版社 1964 年版，第 1401 页。

〔2〕我国现行民事立法中，自然人的出生、死亡、监护被规定在《民法通则》的第二章“公民”，代理被规定在第四章“民事法律行为和代理”，生命权、健康权、肖像权、姓名权、名称权、名誉权、荣誉权、婚姻自主权被规定在第五章的“人身权”专节，婚姻法、收养法都以单行法的形式存在。

〔3〕王利明：《民商法研究》(第 3 辑)，法律出版社 1999 年版，第 19 页。

〔4〕王利明：《民商法研究》(第 4 辑)，法律出版社 2001 年版，第 151 页。

范畴；二是人为阻断了人格与身份的密切联系；三是忽略了罗马法、法国、瑞士、意大利民法中关于人格与婚姻家庭身份关系的科学判定，过分关注了德国民法中亲属单独为编使人格身份分离这一并不科学合理的做法。

第三编：物权。物权的重要根据在于“人们首先必须吃、喝、住、穿”，[1]以食为天；“人类的生产活动是最基本的实践活动，是决定其他一切活动的东西”。[2]我国《物权法》的颁行，为我国民商法法典化提供了重要基础。物权为民商法典专编，无须多言。唯世界范围民法典模式中，物权与债权次序不一。但把物权置于债权之前更为合理。物权反映的是人对物进行支配的生产和消费过程，债反映的则是物的流转交换过程。而商品的生产、消费实为物的流转前提和结果。物权的产生早于债权，关系到物的归属和利用，对稳定社会关系意义重大。物权为静态权利，债权为动态权利。人类先认识或享有物权者为通常现象。于物权编，应当使所谓担保物权回归到债的担保制度。经过对物权的科学整合，应当包括自物权和他物权。自物权即所有权，有国家、集体和个人所有权。他物权中，可以其与所有权分离状况，分别规定控占权、占用权、用益权和经营权。[3]这将是法典编纂中对物权内容的原始创新，也将是对传统民法物权法理论的重大贡献。

第四编：知识产权。支配物质财富的关系反映为物权，支配精神财富的关系体现为知识产权。在精神财富或知识产品中，随市场经济发展，知识产权日益重要，作用日益突出；物质文明、生态文明、制度文明等文明建设中，要紧的是知识创新和精神文明。许多作为第一生产力的科学技术成果，其商品化日益明显。科学技术是第一生产力，应当将知识产品这一重要资源放入基本法内容的重要地位，于民商法典中专编规定。[4]近代以来，许多国家都反映了时代要求，在民法典中规定知识产权内容。我国《民法通则》于民事权利中专节规定知识产权，符合时代要求和中国国情，为其继人身权后的另一显著特色。对此应当继承完善和发扬光大。物权之后为知识产权而非债权，

---

〔1〕《马克思恩格斯选集》（第3卷），人民出版社1972年版，第574页。

〔2〕《毛泽东选集》（合订一卷本），人民出版社1964年版，第259页。

〔3〕王明锁：“论我国他物权体系的整合与重构”，载《政法论坛》2005年第2期；“论所有权占有权能与他物权控占权二元制法律体系的构建”，载《法律科学（西北政法大学学报）》2009年第6期。

〔4〕如王利明教授所言：“我国未来民法典中，应包含知识产权法的内容。”“未来制订民法典，将现行立法加以整理，即可纳入到民法典中去。”参见王利明：《民商法研究》（第3辑），法律出版社1999年版，第14、22页。

其依据在于知识产权与物权均属支配权和静态权。债适用于物权转移，也适用于知识产权转让，且债权或因物权人对物进行支配发生，或因知识产权人对知识产品进行支配发生。因此让知识产权随物权而使继承和债两种动态性权利放在一起则更显科学适当。于知识产权编，可规定知识产权一般规则、著作权、专利权、商标权和其他知识产权。[1]

第五编：继承。继承是人类社会早期移转物质财富的重要方式，古代法对其规定甚详；近现代民法编纂，将继承抽象概括为专门一编。于当今社会，继承为物权和知识产权移转的重要途径。我国《宪法》和《民法通则》都在保护公民个人财产所有权的规定之后紧接着规定继承权。从继承的起源、沿革、适用范围及功用上看，继承属民商法典之内容无争议，且于债前规定更显合理。继承制度产生较债要早。现实生活中人们最先可能享受到的权利是继承权而非债权。胎儿即可继承遗产，而极少享有债权。继承与物权和知识产权联系密切，对遗产的规定首先明确的是物权和知识产权。继承发生于家庭成员之间，与人身权中的婚姻亲属关系紧密，将继承置于债前，使继承与人身权接近，其结构合理、内容紧凑。罗马、法国、瑞士、意大利立法均将继承置于债前。我们把继承置于债前和知识产权之后，理由充分、特色明显。[2]

第六编：债。债是继承之外社会财富移转的另一重要方式。债编中，债与合同不应分开，也无须分出债之总则专编。“债是按照合同的约定或者依照法律的规定，在当事人之间产生的特定的权利和义务关系。……”[3]基于这种关系，债务人须依法律给付某物（商品）或为某行为之义务。债作为维护商品流转秩序、保护市场经济正常运行的重要法律制度，包括合同之债与非合同之债。因合同所生之债虽是最大量、最重要之债，但合同毕竟是民事法律事实层面的行为，是债的根据而非具有独特性质的能与债平行的民商权利，因此民商法典中，债应是完整统一的一编，而合同应是债编之内容。需特别说明的是，侵权行为亦属债之范畴，为债之根据。从债的三要素分析，因侵权行为而引起的权利义务关系仍然具有债的性质和特征；[4]侵权行为之债与合同之债的区别，主要在于其发生根据不同；所有民法典无不将其规定于债

---

〔1〕 王明锁主编：《知识产权法学》，河南人民出版社 1994 年版；《知识产权法学》，郑州大学出版社 2004 年版；《中国民商法体系哲学研究》，中国政法大学出版社 2011 年版，第 231~255 页。

〔2〕 继承与债的先后次序实在是个难题。为尊重事实，仍保留继承先于债的原来主张。该主张是在完成知识产权编后着手债编继承编时予以改变的。

〔3〕 《民法通则》第 84 条第 1 款。

〔4〕 王明锁：“侵权行为之债及其立法路径辨析”，载《中国法学》2007 年第 4 期。

编。尽管我国业已颁行侵权行为责任法，但从其性质特点和科学严谨的角度论，其显为侵权行为之债，当属传统债法范畴。

将债放在最后，并非债不重要，而是债具有潜在的重要的总结性质和功用。民法理论中至今尚无继承权专门保护措施，而因债包括侵权行为之债、不当得利之债、无因管理之债和合同之债，因此将侵权行为之债放在各种债之首来对前面的人身权、物权、知识产权和继承权一起共同保护，免却了并无实用价值的所谓物上请求权等繁琐学说，[1]债编中，可依次规定债的一般原则、侵权行为之债、不当得利之债、无因管理之债与合同之债。其中又可用合同之债的违约责任来对合同之债予以保护。这样会避免整部法典有虎头蛇尾或头重脚轻之感，使法典匀称美观。这似乎也是罗马法及法国、瑞士、意大利等民法典将债置于继承之后的未言理由。

通则、人身权、物权、知识产权、继承和债的六编制体系，可以共同构成中国特色社会主义民商法典完整、严密的科学体系，其既有对传统民法典体系精华的继承，更有根据当今中国社会经济生活条件及现代社会发展趋势所作的重要变革、发展或重塑；既有其坚实的理论与学术基础，还与世界民法史上几种典型民商法典体系具有重大区别；既体现其科学精细、严谨周密的立法技术，[2]也彰显其大气包容的时代气息，具有中国特色和气派。

第八节　《民商法典“通则编”草案建议稿（黄河版）》

按以上所论次序，在此拟出《民商法典“通则编”草案建议稿》。通则编设为七章：

原则与适用、民商主体、民商客体、民商权利、民商行为、民商责任、责任时效。共226条。[3]

第九节　结　语

以上226条，为民商法典通则编之内容。笔者尽力使其具有科学性、系

[1] 王明锁：“物上请求权与物权的民法保护机制”，载《中国法学》2003年第1期。

[2] 王明锁：“论法律的修改技术及其价值判断——以几部民商法的修改为例”，载《河南师范大学学报（哲学社会科学版）》2009年第1期。

[3] 原文章条文在此，现将其移挪于中卷，使全部条文集中连贯，阅读方便，也更显整体效果。

统性、抽象性、针对性、实用性、效力性、现实性、民族性；尽力切合市场经济规律，紧系社会生活实际，体现民商法品格；厉行大道致简、亲民为民、方便实用、精细立法之理念；梦想有一部不愧于中华民族传统优秀文化、不愧于改革开放发展时代要求，真正具有中国特色和中国气魄的民商法典，也使法治中国的民商法典在世界民商法史上留下应有印记。经岁半耕耘，[1]虽言辛苦，但因“条条款款皆为矩，字字句句总关情”，故极须认真，也乐在其中。

---

〔1〕 专门与几位研究生根据平等自愿原则商量此事，有的感到无望，有的因工作或经济原因未能参与。而李星、袁昊、李雪茹、李桂敏4位，积极响应，道合志同，贡献了搬砖和泥与初步垒砌之劳动，收集整理了从《民法通则》规定到关于《民法通则》的解释、公司合伙等有关资料。我负责取舍调整、修改补充、除旧构新，反反复复、切切磋磋、琢琢磨磨，不知多少早晚，不知多少遍数，成此模样。虽言辛苦，但也条条款款都有乐，字字句句总关情。

我们所适用的全部法律，或是关于人的法律，或是关于物的法律，或是关于诉讼的法律。首先考察人，因为如果不了解作为法律对象的人，就不可很好地了解法律。

——查士丁尼

世间一切事物中，人是第一个可宝贵的。在共产党领导下，只要有了人，什么人间奇迹也可以造出来。我们是艾奇逊反革命理论的驳斥者，我们相信革命能改变一切，一个人口众多、物产丰富、生活优裕、文化昌盛的新中国，不要很久就可以到来，一切悲观论调是完全没有根据的。

——毛泽东

第二章

民商法典编纂中对人身权制度的整合与完善

第一节 形势与问题

自中国共产党第十八届中央委员会第四次全体会议郑重提出“加强市场法律制度建设，编纂民法典”[1]的伟大任务后，起草编纂民法典草案的工作以多种形式呈现。编纂具有中国特色社会主义的民法典，乃市场经济规律使然，全面改革开放的必然要求，更是中国法治化进程的迫切需要和全面依法治国的逻辑结果，也是以共产党为领导的最为广大的人民群众的伟大梦想之一。民法典之编纂，三起两落，久久徘徊，于改革开放四十多年的历程虽亦取得了巨大成就，但毕竟尚未形成统一的真正的民商法典。这与中国现代市场经济的地位、民主法治国的要求、民商事司法实践需要、国际法律文化的交流等不相称。而在现代中国要编纂出一部能够坚守既有优秀成果、严谨周密、科学创新、明白易用、务实高效，真正具有中国特色、中国风格和中国气派的民商法典，实际上还面临着诸多重大的现实疑难问题。同时，在民商法典编纂中，是否应当像《民法通则》那样专门规定“人身权”，仍是一个无法回避的极具争议且需要专门进一步精细研究的重大问题。[2]如是坚守

〔1〕 这里所谓的民法典，应当是民商合一意义上的民法典。理由：一是为“加强市场法律制度建设”而编纂民法典，说明民法典与市场（商品）经济法律有密切关系；二是民法典本与市场经济同命运，在理论上民法也是被作为市场经济基本法对待的；三是我国的立法传统是民商合一的。因此如果将民法典称为“民商法典”则可从形式上更加真切而全面地反映民法典的本质内容或者其本来应有之面目。文中所说“民法典”是民商合一观念下的传统称谓，与“民商法典”同义。王明锁：“论中国民商立法及其模式选择”，载《法律科学（西北政法大学学报）》1999年第5期。

〔2〕 如以中国民法学研究会民法起草组名义起草的草案即以民法典总则和人格权编的形式出现；以中国社会科学院法学所课题组名义起草的民法典草案总则于自然人内容中包含生命、健康、名誉、婚约、婚姻等人身权内容。若依两者安排，在以后的分编中都还会像德日民法那样有亲属编的单独存在。在2016年中国法学会公布的法学论坛征文的38个题目中，并无人身权的独立范畴，而是出现了

《民法通则》确立的关于人身权为民事权利之一类的科学统一范畴，成就人身权专编，还是改弦易辙，将人身权内容规定于法典总则编，抑或改定人格权法编，并另立亲属一编？是像《法国民法典》《意大利民法典》那样将有关人格婚姻家庭亲属一起规定，还是像德国、日本民法那样将人身权问题分定于总则编的自然人和单独的亲属（家庭）编；抑或仍像我们曾经照搬的苏俄民法那样将婚姻家庭排斥于民法典之外？同时，我国《民法通则》中的监护制度，是继续保留于民事主体当中的自然人，还是应当被人身权的内容吸收规定？针对这些问题，笔者将在以往研究的基础上，进一步深入探讨。

第二节 人身权是否已成我国民商法中的科学范畴？

所谓人身，本指人之身体。于我国古语中，有人体、人品之意。于现代语境中，系指个人的生命、健康、行动、名誉等（着眼于保护或损害），如人身自由、人身攻击。[1]在古代法中，皆有对人身的法律保护。所不同者，主要在于保护人群的范围与保护方法、手段上的差异。

单就人身专门立法进行保护，当属英国《人身保护法》。自13世纪起，英国法院即发布包括审查、逮捕、羁押、拘留理由在内的各种关于刑事诉讼的令状；至1679年，代表工商业资产阶级和新贵族的辉格党援引旧例，通过议会制定了《人身保护法》，用专门的人身保护令状对刑事诉讼中嫌疑人的人身进行保护，是人民自由之保障。18世纪，法国启蒙思想家倡导“天赋人权”。受其影响，1776年美国《独立宣言》指出：“人人生而平等，他们都从他们的造物主那边被赋予了某些不可转让的权利，其中包括生命权、自由权、和追求幸福的权利。”1789年法国的《人权宣言》认为“不知人权、忽视人权或轻视人权是公众不幸和政府腐败的唯一原因，所以决定把自然的、不可剥夺的和神圣的人权阐明于庄严的宣告之中”；认为“在权利方面，人们生来是而且始终是自由平等的。只有在公共利用上面才显出社会上的差别。任何政治结合的目的都在于保存人的自然的和不可动摇的权利。这些权利就是自由、财产、安全和反抗压迫”；认为“自由就是有权从事一切无害于他人的行

（接上页）独立的人格权法概念，且将婚姻继承放在了一个题目中。而全国人大常委会法工委关于民法典总则审议的说明则只提到了合同、物权、侵权责任、婚姻家庭及继承编，未提人格权。这些都与施行了30年的《民法通则》中的规定意旨明显不合。

〔1〕 中国社会科学院语言研究所词典编辑室编：《现代汉语词典》（修订本），商务印书馆1996年版，第1064页。

为”。[1]1948 年，由联合国通过的《世界人权宣言》对人权内容进行了阐述并超越传统人权。随着形势发展和历史的变迁，人权概念不断发展和增加新的内容。但是人身——人的生命、自由、健康、身体、姓名、人身安全、荣誉名誉、家庭婚姻、追求幸福、生存发展等，始终是人权基本的核心的重要内容。这与我国语境中关于人身的内容种类和观念意识都非常契合。

与人身的概念相适应，对人身进行保护，法律上便出现了人身权范畴。生命权、健康权、自由权、姓名权、名誉权、婚姻权、生存权、发展权、劳动权等等，不仅被公认为人权的内容，也被作为重要的基础性的民商事权利。

从民商法的角度看，对人身进行规定和保护也有着悠久的历史渊源。古老的《汉谟拉比法典》即有对人的名誉、生命、身体健康、夫妻身份、监护收养等人身问题的具体规定。如其第 1~3、9~13 条就是对名誉及其保护的规定；第 14~20 条是关于主人与奴婢身份的规定；第 21 条是对他人住宅保护的规定；第 24 条是对生命的规定；第 27~34 条是对服役身份的规定；第 127 条是对毁谤自由民之妻应受处罚的规定；第 128~130 条是对夫妻身份的规定；第 131~132 条是对夫妻名誉的规定；第 133~176 条均为夫妻身份的规定；第 177 条是对监护的规定；第 185~193 条为收养关系的规定；第 194 条为婴儿与乳母身份关系的规定；第 195~214 条是对身体健康保护的规定；第 218、219 条为医生手术事故赔偿的规定；第 226、227 条为奴婢身份标志的规定；第 229~231 条为建筑师建房不固而致人死亡所负责任的规定；第 280~282 条为奴婢与主人身份关系的规定。对之统计，有关人身方面的规定共 114 条，占全部条文 282 条的 40%。[2]罗马法对人身及其利益也有明定。《十二铜表法》的第 4 表为家长身份，第 5 表为监护关系，第 8 表的第 1~5 条是关于伤害、毁谤、侮辱人身所承担责任的规定。有关人身关系的规定涉及 3 表 22 条，占总条文 104 条的 1/5。至查士丁尼立法，更从理论上概括出“所适用的法律，或是关于人的法律，或是关于物的法律，或是关于诉讼的法律”。[3]因而《法学阶梯》第一卷主要是对“人”的规定，生来自由人、被释自由人、家长权、婚姻、收养、监护、保佐、身份减等人的资格和身份关系，为其重点内容；第四卷规定侵权行为所生之债，详定侵害行为的方式、侵害的对象、

〔1〕 法学教材编辑部《外国法制史》编写组:《外国法制史参考资料选编》，北京大学出版社 1982 年版。

〔2〕 法学教材编辑部《外国法制史》编写组:《外国法制史参考资料选编》，北京大学出版社 1982 年版。

〔3〕［罗马］查士丁尼:《法学总论——法学阶梯》，张企泰译，商务印书馆 1989 年版，第 11 页。

侵害的处罚、侵害的严重性以及可提起民事或刑事的诉讼方式，对伤害、诬赖、侮辱他人人身，侵入他人住所等行为作了处罚性规定。“准侵权行为所生之债”中，对于从楼房倾注物品、在通道上置挂物品等致人死亡、伤残的应当进行的处罚赔偿也作了规定。[1]这些都使得对人身权的民法保护机制更加细致、周密。

这里要特别指出的是，罗马法已经包含了古希腊思想家倡导的自然法理论。罗马法将法区分为公法和私法，认为“私法包括三部分，由自然法、万民法和市民法的基本原则所构成”，并认为“奴役是违背自然法的（因为根据自然法，一切人都是生而自由的）”。[2]因此，至17、18世纪，罗马法得以复兴，自然法更加彰扬。“在法国，革命同过去的传统完全决裂，它扫清了封建制度的最后遗迹，并且在Code Civil中把古代罗马法——它差不多表现了马克思称之为商品生产的那个经济发展阶段的法律关系——巧妙地运用于现代的资本主义条件；它运用得如此巧妙，以致这部法国的革命法典直到现在还是包括英国在内的所有其他国家在财产法方面实行改革时所依据的范本。”[3]并认为《法国民法典》是“典型的资产阶级社会的法典”。[4]《法国民法典》在罗马法的基础上分人、财产及取得财产的方法三卷。对人的生命、自由、平等、财产等自然法观念作了表达，确立了身份平等、意思自由和所有权绝对等私法原则，并以此作为法典的灵魂。《法国民法典》既维护个人的人身权利，又从静的角度界定了财产的范围状况，从动的角度规定了自由取得财产的各种方法，从而确立了保证人类社会必须具备的物质生活条件和自身延续条件的法律制度。以后民法史上法典的体系沿革变动，其基本内容均未超出人身与财产这两个方面。[5]

近现代民法中，所谓人身或人身利益被作为人身权客体，其含义也不断丰富发展。社会观念中，有时人身被区分为人格和身份两个部分。认为人身权是“与公民人身不能分离而又不直接与经济利益相联系的民事权利，分为

---

[1] [罗马] 查士丁尼：《法学总论——法学阶梯》，张企泰译，商务印书馆1989年版，第12~47、190~223页。

[2] [罗马] 查士丁尼：《法学总论——法学阶梯》，张企泰译，商务印书馆1989年版，第6~7页。

[3] 《马克思恩格斯全集》（第22卷），人民出版社1965年版，第353页。

[4] 《马克思恩格斯选集》（第4卷），人民出版社1972年版，第248页。

[5] 唯现代民法中所论及的知识产权，因其被公认既包括人身权也包括财产权，故无法被科学地划分或归类于人身权或财产权之基本类型，乃成为民商法理论中一个难以克服的逻辑错误。

人格权和身份权两类”。[1]在法律上，我国《民法通则》继受优秀传统法律制度和文化精神，并大胆创新，于第五章的民事权利中专门规定了“人身权”一节，8个法律条文，内容包括人的生命、健康、姓名、名称、肖像、名誉、荣誉、婚姻自由、男女平等，以及婚姻、家庭、老人、妇女、儿童、残疾人权益特殊保护问题。在《民法通则》第六章中尚有20个条文涉及对人身权的保护性规定。对国人来说，对人身权进行专门的具体规定，是刻骨铭心和史无前例的，故在国际上亦产生极大反响，被认为是中国的人权宣言。[2]自此，也在中国特色社会主义民法制度和民法理论文化中形成了统一的人身与人身权的科学范畴，并落地生根，开花结果，[3]犹如“后皇嘉树”一般，具有了鲜明的国情、特色和风格、气派，国人当对此倍加珍视并引为自豪！

第三节 人身权有何社会基础与价值意义？

任何法律规则或相关权利，都一定有其存在的社会基础及相当的价值意义。因为“无论是政治的立法或市民的立法，都只是表明和记载经济关系的要求而已”。[4]上述典型法律都对人身及人身权进行了规定和保护，即在于人身及人身权具有普遍而坚实的社会基础，在于自然法思想反映了人类社会客观内在的重要规律。

第一，任何社会都存在着人身与人身权问题。任何一个社会，都不能没

---

〔1〕 中国社会科学院语言研究所词典编辑室编：《现代汉语词典》（修订本），商务印书馆1996年版，第1064页。

〔2〕 参见梁慧星：“为权利而斗争，为法律而斗争”，载《法制日报》1994年4月20日。德国一位民法学家说：“民法通则里面体现了权利宣言，但终究只是一个宣言，只不过宣示了民事权利很重要。”对此应当认为这位德国民法学家只是说对了一半，因为我们的《民法通则》不只在其第五章规定和宣示了民事权利的类型，第一次将人身权专门作为一类重要的民事权利，而且在第六章的民事责任中还对侵害民事权利和人身权的行为及其应当承担的民事法律责任作了规定。正是这样的规定成了《民法通则》颁行30年来对人身权进行实实在在的保护的强有力根据，不仅是物质方面的，还包括精神方面的赔偿。

〔3〕 如《最高人民法院关于审理人身损害赔偿案件适用法律若干问题的解释》《人身损害赔偿计算标准》等规定都用了人身的概念；国家赔偿法规定的人身权，具体涉及生命健康、人身自由、名誉荣誉。如果抛弃人身与人身权而改用人格权，则难以完整和科学地表达这一领域中的相关问题，且似有数典忘祖之嫌。故在相关著作方面，有如《人身权法·原理、规则、案例》《中国人身权的法律保护及其思考》《人身权纠纷办案必携》等，而专论“人格权法”者则绝无仅有。另外，在日本也有专门的《人身保护法》。

〔4〕 《马克思恩格斯全集》（第4卷），人民出版社1958年版，第121~122页。

有人的存在。而人的存在必须以一定的物质生活资料为基础，以人的延续为条件。人分娩于世，本无忧无虑、无知无欲、性本和善。[1]但由于生存之需而使其在世间经历不同、所教有别、习性迁异。需求之因点燃了人的欲望之火，催开了人的情感之花，磨利了人的予夺之剑。在人对物质生活和精神生活满足的追求中，有时纷争出现、侵害发生、人之本身受损，为了稳定和平，为了社会整体，统治者出现，国家诞生，法令颁行，遂将人身升为法律关系，赋予主体以人身权，对人身权进行法律保护。并且在任何社会存在中，人都是第一位的。天地万物，人乃万物之灵。人类社会以来，人为中心。天下之本在国，国之本在家，家之本在个人。“世间一切事物中，人是第一个可宝贵的。”[2]“生命诚可贵，爱情价更高，若为自由故，两者皆可抛。”比来比去，皆为人身矣！“民之轻死，以其求生之厚，是以轻死。”[3]故人之本身，当是社会一切活动行为的出发点和归属点。

第二，人与商品经济关系密切，“民为商之根本，商为民之生命”[4]当为不争之事实。人是商品的生产者和消费者，是商品的所有者，如果没有人的存在，商品的生产与消费即无从谈起。人还是商品的交换者和分配者，如果没有人，商品就不能从生产领域流转到消费领域而满足人的需要。商品是物，“商品不能自己走到市场上去，不能自己去交换，因此我们必须寻找它的监护人——商品的所有者”。[5]因此，资本主义商品经济发展的需求，乃是资本主义天赋人权理论的重要根源，是资本主义民商法发达和规定人身权的根本因素。自然法学说和人权理论本质上无不是在为商品经济的发展创造条件和开辟道路，为商品经济的发展扫清障碍和提供服务。故人身与人身权，本质上是商品经济规律和商品经济繁荣使然，是与人类社会不可逾越的商品市场经济状况相适应的。正如马克思、恩格斯所说：“无论是政治的立法或市民的立法，都只是表明和记载经济关系的要求而已。”[6]“民法准则只是以法律形式表现了社会的经济生活条件。”[7]

---

[1] 郭忠：“论中国传统性善论和法治的兼容性——兼驳‘人性恶是法治基础’的观点”，载《比较法研究》2016年第2期。

[2] 《毛泽东选集》（一卷本），人民出版社1964年版，第1401页。

[3] 《老子》第七十五章。

[4] 王明锁：“论中国民商立法及其模式选择”，载《法律科学（西北政法大学学报）》1999年第5期。

[5] 《马克思恩格斯全集》（第23卷），人民出版社1972年版，第102页。

[6] 《马克思恩格斯全集》（第4卷），人民出版社1958年版，第121、122页。

[7] 《马克思恩格斯选集》（第4卷），人民出版社1972年版，第248、249页。

第三，人身与人身权是人类社会普适性价值观的核心内容。任何社会，人身财产的安全、行为活动的自由、幸福生活的追求，都是人类所共同需要和向往的。因此，在对人的生命、健康、自由、平等、生存、发展、追求幸福的法律规定和法律保护上，尽管其具体范围、保护方法等方面具有差异，但都是各国法律所共同具备的基本特性。故《联合国人权宣言》成了没有任何一个国家所反对的国际性文件。

第四，人身权是我国《宪法》和《民法通则》中已有的重要规定。我国《宪法》在公民的基本权利中郑重规定了公民所享有的平等自由、人身自由、婚姻自由、人格尊严、通信秘密、住宅保护、劳动权利、休息休假、医疗卫生等人身方面的权利。《民法通则》更是明确具体地规定了生命、健康、名誉、荣誉、肖像、姓名、名称等具体人身权，并且在民事权利一章专门抽象概括出“人身权”一节，规定其为民事权利的基本的重要种类，已经基本形成了人身权权利体系。随着改革的深入和经济社会的发展，许多诸如关于人身健康幸福的食品卫生安全、自然环境、网络环境等人身利益、人格尊严问题，都需要得到新的补充和精细表达。2004 年《宪法（修正案）》将“国家尊重和保障人权”写入《宪法》，更为民商基本法在《宪法》人权观念指导下丰富和发展人权内容开辟了广阔空间。人身权本为人权重要内容，因此在推进全面依法治国战略、编纂中国民商法典的过程中，在坚守《宪法》和《民法通则》已经确立的人身权类型体系的基础上，当对其进一步发展完善。这对加强我国人身权法律制度，切实保护民商主体的人身及人身权利益，加强和深化市场经济法律制度，促进经济、政治、文化、社会和人的全面发展都具有重大的理论价值和现实意义。

第四节　人身权应否成为我国《民商法典》中的专门一编?

人身权有其坚实的社会基础和重大价值，在我国民商法典编纂中应当并可以成为独立的专门一编。

首先，人身权制度在我国已有相当普遍的理论基础。大多数学者都主张人身权为民法学或民法典的一编；[1] 在有较大影响的民商法论著中均主张人身权为独立一编。如《民法学》分为总论、财产所有权与其他物权、债与合

---

〔1〕笔者曾对 14 种主要教材论著进行过统计分析，主张人身权独立成编的占 64.2%。参见王明锁：《中国民商法体系哲学研究》，中国政法大学出版社 2011 年版，第 14、15 页。

同总论、合同分论、知识产权、财产继承权、人身权和民事责任。[1]《中国民法》分总论、民事主体、民事法律行为和代理、物权、债的一般原理、几种具体债、人身权、知识产权、侵权的民事责任、时效和期限。[2]《中国民法教程》分总论、财产所有权、债权、知识产权、人身权和继承权。[3]《民法学》则分为总论、人身权、物权、知识产权、债权和继承权。[4]《民法》分为总论、物权、债权、继承权、人身权、侵权行为。[5]即使在《民商法原理与实务》一书十编中，人身权仍为独立一编，并含有监护、夫妻身份、父母子女关系的内容。[6]另外，在有关专门研究中国民法体系的文章中，有的主张把民法分为总则、民事主体、物权、债与合同、知识产权、人身权、继承权和附则；[7]有的主张为通则、人身权、物权、知识产权、继承和债；[8]这些文章大多都主张人身权为单独一编。当然也有个别主张分为总则、人格法或人格权法、亲属法、物权法、合同法、继承法和侵权法的。但对人格权独立成编的反对者也不在少数，致使这次全国人大常委会法工委在关于民法典总则的说明中，没有再提人格权成编的问题。

其次，人格与身份联系甚密，人格部分理当包含于人身权专编。生命、健康、姓名等人格权制度与婚姻、亲属等身份权是难以分割的同类制度。人身权在理论上虽然有时被区分为人格权和身份权，但两者关系非常密切，实在不宜分割。婚姻产生家庭，生命源于婚姻。夫妻各人虽都有独立之人格，

---

〔1〕 李由义主编：《民法学》，北京大学出版社 1988 年版。该书为社会自学考试民法通编教材。

〔2〕 司法部法学教材编辑部编审，佟柔主编：《中国民法》，法律出版社 1990 年版。该书长期为全国法律院校法学专业权威教材。

〔3〕 全国法院干部业余法律大学民法教研组编写，马原主编：《中国民法学教程》，人民法院出版社 1989 年版。该书为人民法院系统学习民法的通编教材。

〔4〕 司法部法学教材编辑部编审，彭万林主编：《民法学》，中国政法大学出版社 1994 年版。该书为全国五大政法院校联合编写的民法权威教材。

〔5〕 魏振瀛主编《民法》，北京大学出版社、高等教育出版社 2000 年版。本书为全国高等学校法学专业核心课程教材。

〔6〕 魏振瀛主编：《民商法原理与实务》，北京大学出版社 1996 年版。该书长期作为全国高等教育自学考试教材。

〔7〕 赵中孚、郭锋："编纂中华人民共和国民法典的理论探讨"，载《中国法学》杂志社编：《中国民法经济法理论问题研究》，法律出版社 1991 年版。

〔8〕 向实："论我国社会主义民法应当具备的体系"，载《烟台大学学报（哲学社会科学版）》1994 年第 3 期（此为笔者以向实为笔名发表的关于我国民法体系的文章，郭明瑞老师对此文提出过修改建议，并使此文得以发表，多年过去，仍难忘怀，深表谢意！）；王明锁："我国民法应当具备的科学体系"，载河南省民法学研究会编：《中州民法论坛荟萃》，法律出版社 1990 年版；王明锁："论罗马法体系的沿革与中国民法的法典化"，载《法律科学（西北政法大学学报）》1995 年第 5 期。

但彼此又是最基本之身份关系，包括婚姻自由、人身自由。人格平等、姓名独立也首先在夫妻、家庭成员中体现。如果将人格与身份分离，则会为理解其统一性造成人为障碍。将人格身份一起规定为人身权专编，则浑然天成、和谐紧凑、顺理成章，在立法技术上也显得集约大气。而将人格权与婚姻亲属身份分别成编，或者将人格权规定到所谓的总则编中的自然人，把婚姻亲属身份单独成编，都将显得支离破碎并缺乏其应有的内在逻辑。

再次，将人身权进行集中规定更具历史基础和法律根据。《汉谟拉比法典》和罗马法中，对人身问题是集中规定的。《法国民法典》规定了人法一卷，包括人的资格、身份证书、住所、失踪、婚姻、血缘关系、收养、亲权、监护等内容。但《德国民法典》分总则、债的关系法、物权法、亲属、继承法 5 编，将人的资格、住所、姓名分入第一编总则的自然人，而把婚姻家庭问题单独成法典的第四编，为亲属或家庭法，含婚姻、亲属、监护三章。〔1〕日本在战争方面追随过德国，在民法方面也效仿德国，规定总则、物权、债权、亲属（包括婚姻、亲权、监护）和继承。《意大利民法典》则遵从罗马法和法国民法传统，将人与家庭定为一编，其后为继承、物权、债、劳动（含公司、企业、知识产权）和权利的保护。《瑞士民法典》第一编是人法，规定自然人和法人两种民商主体，在自然人、法人中均规定人格，但其所谓的人格是指权利能力和行为能力问题，同时对人格进行规定，也规定了身份问题。〔2〕罗马法、《法国民法典》《意大利民法典》《瑞士民法典》中关于人身权方面的规定历史久远、底蕴深厚。在我国，《宪法》是根本大法，是民法典的立法根据。《宪法》规定，公民在法律面前人人平等；公民的人身自由、婚姻自由、人格尊严等人身权利不受侵犯。《民法通则》以宪法为根据，专门规定人身权一节，系统规定了生命、健康、姓名、肖像、名称、名誉、婚姻、自由等权利，业已形成了颇具中国特色的人身权法律体系。这里，生命健康、姓名肖像、名誉荣誉、婚姻家庭、人格自由等都是放在一起的。如今编纂民商法典，理当充分尊重和坚守我国既有的科学成果，并在此基础上整合细化，规定出更加系统完备、严谨周密、明确精细、方便实用，具有中国特色、中国风格和中国气派的人身权制度。

最后，人身权编的内容和形式完全可以体现出其应有的先进性、科学性

---

〔1〕《德国民法典》第四编，原来版本译为亲属法，民法学中也普遍称之为亲属法。但有的版本译为家庭法。参见《德国民法典》（修订本），郑冲、贾红梅译，法律出版社 2001 年版。

〔2〕参见《瑞士民法典》，殷生根、王燕译，中国政法大学出版社 1999 年版。

和大众性。所谓先进性，是应当在现有基础上更进一步，建立起立于时代前沿、与时俱进的人身权理论。所谓科学性，指其以中国特色社会主义理论为指导，其逻辑严谨、系统周密。所谓大众性，指其是为中国老百姓提供服务的，是中国人好懂、好用和乐于使用的。为此，笔者认为中国民商法典的体系是通则、人身权、物权、知识产权、继承和债 6 编。其整体的特色和逻辑结构是：

（1）应当接受使用《民法通则》这一已经深入中国理论实务和老百姓心中的范畴。无论从哪个方面，中国人都已熟悉了《民法通则》，完全没有必要将之改为总则。德国第一编为总则，在编下的章中则使用通则。《瑞士民法典》物权编下面也用通则作为章的名称。为什么我们不能将通则作为首编题目，而在编下使用总则或别的称谓？继续使用“通则”一词，不仅是对国人所创优秀成果的尊重、继受了中国已有传统，还在体例上有新的突破。

（2）人身权为第二编。表明在所有民商事权利中，人身权是第一位的，是 1，其他的都是 0；[1]人身权在民商权利以致人权中都是最重要的。这既反映了实际，也提升了中国立法在此方面的影响和地位。

（3）物权为第三编。表明人要生存发展，必须对物进行支配利用。既符合逻辑实际，也承袭了传统民商法中物权这一科学制度范畴。[2]

（4）知识产权为第四编。表明人的生存发展，除了物质财富外，还必须有知识产品和精神财富。这既反映了社会生活的实际需求状况，也反映了市场经济社会发展的趋势和未来；提升了中国知识产权方面的理论观念和法律地位，同时也吸收了国外许多国家将知识产权归入民商法典的先进做法。[3]

（5）继承为第五编，有充足理由，并与法国、意大利、瑞士等国民法典中继承先于债的体例相同。

（6）债为第六编。通则的规则不只适用于整部法典内容，还对法典之外

---

〔1〕 人们已经普遍认识到生命健康自由是 1，其他的都是 0。

〔2〕 但物权制度需要改造。参见王明锁：“论物权法对和谐社会构建的价值意义——兼谈物权法之主要缺憾”，载《河南省政法管理干部学院学报》2009 年第 3 期；“论我国他物权体系的整合与重构”，载《政法论坛》2005 年第 2 期；“论所有权占有权能与他物权控占权二元制法律体系的构建”，载《法律科学（西北政法大学学报）》2009 年第 6 期。

〔3〕 我国《民法通则》第五章第三节为“知识产权”专节，确定知识产权为民事权利的一类。另见王明锁主编：《知识产权法学》，河南人民出版社 1994 年版；“经由罗马法、超越罗马法——对罗马法体系的继承与超越”“知识经济新亮点——知识产权法在民商法典体系中的地位”，载王明锁：《中国民商法体系哲学研究》，中国政法大学出版社 2011 年版，第 66~79、231~255 页。《意大利民法典》《俄罗斯民法典》等，都把知识产权列入在民法典的范畴之内。

的民商单行法起指导作用。人身权、物权、知识产权三类权利是支配权，规定的是主体对客体的支配利用，是静态性权利。继承和债是动态性的权利。通过继承，支配性的权利得以处分或转让他人。通过债的制度，支配性的权利得到保护（侵权行为之债和准侵权行为之债），所支配的客体得以交换流转（各种契约之债和准契约之债）。[1]这就是现代中国民商法典所应当具有的科学体系和先进特色。

第五节　人身权独立成编，包括的内容将具有明显特色

人身权独立成编，不仅尊重和守成了我国《民法通则》关于人身权的科学规定，同时也避免了将人格权从人身权中分离出去，并且会内容丰富，特色明显。

第一，人格权作为人身权编的第一章，包括生命、健康、姓名、名誉、荣誉、隐私、自由、生存环境等方面的内容。使人身权的科学理论与现代人的生活密切结合，有效规范人的行为，保护人身权利，促进社会进步和人的全面发展。

第二，技术上，将身体健康、姓名名称等具有密切联系的内容分别整合规定为一节（其中可分小节），而将生命权和环境权作为前后专门两节，既不致身体、健康、姓名、名称等相关问题过于分散、节数太多，又表明了生命权和环境权在现代社会的重要性，还使两者前后呼应、头尾相照，整体上内容均衡、形式优美。

第三，从环境权中的家庭环境引接出亲属、婚姻方面的身份权利，规定亲属、婚姻等家庭关系。其中对我国社会生活中长期广泛存在的婚约关系也进行规范，婚姻的缔结与解除、家庭关系中的夫妻关系与父母子女关系为本部分的重点。

第四，在婚姻家庭关系之后，规定收养及其关系。原因在于婚姻家庭方面，只有夫妻而无子女，尚不是完美或者稳固之家庭，即费孝通先生所说的夫妻为两点一线，仅构成家庭的一个基础边，只有有了子女，才构成一个稳定的三角形关系。所以收养是对不尽完美家庭的一个补缺性制度。

---

〔1〕　参见王明锁“物上请求权与物权的民法保护机制”，载《中国法学》2003 年第 1 期；“侵权行为之债及其立法路径辨析”，载《中国法学》2007 年第 4 期。可参见王明锁：《中国民商法体系哲学研究》，中国政法大学出版社 2011 年版，第 256~374 页。

第五，于收养之后，规定监护制度。因为收养是对弃婴、孤儿、残疾儿童、未成年人的收养，而这些被收养者必须要有监护制度伴随。因此把《民法通则》自然人主体制度中规定的监护制度挪移整合到专门的人身权，放在父母子女关系和收养之后。这不仅更加科学合理，而且与法国、意大利、德国、瑞士、日本的做法相同。[1]

第六，规定户主（家长）和亲属会议。主要借鉴我国传统习俗和解决家庭纠纷的实际情况，并且让家庭内的有关纠纷在立法上多一个由亲属会议进行初步解决的途径，以免所有纠纷都一起涌入诉讼渠道。这对加强和完善社会综合治理结构，促进社会和谐具有重要的理论价值和实践意义。

第七，规定人身证书。明确实际生活中诸多人格身份证书和资格身份证书，表明其在相关民商活动中具有的效力作用，让这些证书在基本法上鲜活起来，让其在百姓生活中发挥本来的功能和作用。

第六节　对于人身权专编，能否搞出个实实在在的可供立法上直接参考的东西？

笔者奉行理论实践结合、知行合一，拟就《民商法典“人身权编”草案建议稿（黄河版）》可供参考。因其内容较多，为阅读的连续效果，对必须指出或者提示的问题，将以注释方式表达。

本编人身权共 10 章，依次为：人格权、亲属、婚姻、婚姻的缔结、家庭关系、婚姻的解除、收养、监护、家户与亲属会议、人身证书。从第 227 条到第 473 条，见中卷人身权编。

第七节　人身权编之后，《民商法典》的路还有多远？

以上 473 条，除去“通则编”226 条，“人身权编”共 247 个条文。对此依然尽力，厉行大道至简、亲民为民、方便实用、精细立法之理念，谨记传统、立足当代、面向人类、面向未来，梦想有一部不愧于中国传统文化、时

〔1〕 参见《法国民法典》，马育民译，北京大学出版社 1982 年版；《意大利民法典（2004 年）》，费安玲等译，中国政法大学出版社 2004 年版；《瑞士民法典》，殷生根、王燕译，中国政法大学出版社 1999 年版；《德国民法典》（修订本），郑冲、贾红梅译，法律出版社 2001 年版；《日本民法》，曹为、王书江译，王书江校，法律出版社 1986 年版。

代要求、真正从中国国情出发，具有自身特色、风格和气派的民商法典。故此坚持以人为本，将作为生民百姓生存发展第一要素的生命、健康、自由、环境、婚姻、家庭等人格身份方面的内容整合完善，形成依据科学全面、结构周密严谨、风格简约大气、表达明晰幽美、适用方便高效的本编成果。虽然其后的“物权编”将面临更大挑战，但也因本编完成而认定在法典编纂步伐上可以加快，甚至一步告成。这有利于统一实施，但以积极稳妥、认真负责、高质高效虑，三部曲更为可取。第一步将通则和人身权一起通过。重要理由在于可有效协调其中监护制度及相关问题。第二步将物权和知识产权一起通过。理由在于两者与物质精神文明相适应，都属支配性和静态性权利。第三步将继承与债编一起通过，理由在于继承内容较少，债之内容较多，两者同属流转性、动态性权利。如此三步，每步特质鲜明、分量均衡。比一次通则、二次所剩全部要科学合理，质量上也更易把握。如果为完成任务而将现行合同、物权、侵权责任、婚姻、继承及所谓债权总则汇集在一起，则因其层次逻辑、结构顺序等方面的缺陷以及对知识产权的不够重视，很可能就步入名为编纂而实为汇编的路径了。

一兔走，百人逐之，非以兔可分以为百也，由名分之未定也，夫卖兔者满市，而盗不敢取，由名分已定也，故名分未定，尧、舜、禹、汤且皆如鹜焉而逐之；名分已定，贫盗不取。

——商鞅

马克思发现了人类历史的发展规律，即历来为繁茂芜杂的意识形态所掩盖着的一个简单事实：人们首先必须吃、喝、住、穿，然后才能从事政治、科学、艺术、宗教等等；所以，直接的物质的生活资料的生产，因而一个民族或一个时代的一定的经济发展阶段，便构成为基础，人们的国家制度、法的观点、艺术以至宗教观念，就是从这个基础上发展起来的，因而，也必须由这个基础来解释，而是不像过去那样做得相反。

——恩格斯

共产主义并不剥夺任何人占有社会产品的权力，它只剥夺利用这种占有去奴役他人的权力。

——马克思、恩格斯

第三章

民商法典编纂中对物权制度的修正整合与创新完善

第一节　引言：民商法典各分编重大疑难问题之讨论

中国民法典编纂正在进行，作为法典编纂第一步的《总则》已经颁行；从第二步公布的各分编草案看，由物权、合同、人格权、婚姻家庭、侵权责任和继承组成。就此讨论更加热烈。[1]然所论分歧仍不应忽视，诸多问题难圆其说。[2]若按正常逻辑理路，既坚持民商合一，即应将商事远虑近酌其中，故民法典编纂，实为民商法典之编纂。中国在理论与实务上，早已民商并称。故所谓民法典者，当为民商法典之简称；民商法典者，乃民法典科学完整之称谓。[3]故于立法名称上称《民商法典》者，从本质形式抑或内涵外延上皆显科学庄重、严谨周密、大气包容，且具时代风采。中国特色社会主义性质之《民商法典》，当由通则、人身权、物权、知识产权、债与继承

〔1〕 首先是全国人民代表大会常务委员会（以下简称“人大常委会”）委员对民法典分编草案的审议讨论，参见“民法典分编草案首次提请审议”，载《人民日报》2018年8月28日；朱宁宁：“多位常委会委员建议：应将人格权编放在民法典分编之首”，载《法制日报》2018年9月4日；“知识产权是否单独入‘典’引发常委会委员热议”，载《法制日报》2018年9月4日。其次是自民法典各分编草案公布后，诸多部门单位举行多种专题会议进行研讨，最广泛集中之研讨当属在郑州举行的中国法学会民法学研究会2018年年会，“民法典分编编纂中的重大疑难问题研讨会”，400余名代表参加，各路大家阐述高见，参见民商法律网2018年10月27日至11月2日信息。

〔2〕 如人大常委会委员已经提出应当将人格权放在法典各分编之首，应当将知识产权作为民法典之一编，但会议对此似无回应；王利明教授在会议上指出现草案中缺少债的总则，将无因管理和不当得利放在合同编并不恰当；三权分置备受关注，但与传统民法物权中的自物权和他物权的二分制如何协调等问题依然存在，并没有跳出既有所谓权威传统范畴理论的窠臼与束缚。

〔3〕 王明锁：“民商合一模式的演进及民法典编纂中的创新性选择”，载《北方法学》2018年第2期。

构成。[1]故我们于完成“通则编”和“人身权编”草案建议稿之后,[2]遂致力于物权一编。希冀在学术理路上为中国民法典编纂继续提供些许科学原创性的有价值之重要参考,并消弭物权制度中的诸多矛盾疑说。

第二节 物权编编纂中存在和面临的主要问题:错谬与虚置

观市场经济、大千世界,熙攘往来,无非人与非人两类。人者,主体者也,以此构成人身权(人之生命健康、婚姻自由在内)之制度。非人者,人之外一切之物(山水林田草湖沙、吃喝穿住用乐玩)也。而人之生存发展,皆赖于物,必支配于物。惜因物之稀缺有限性,故人支配物之关系,必须有合理之秩序规则。该规则者,即物权制度也。人为有效利用物等目的,必发现发明、创造竞争,此所谓知识产权制度也。人虽设法长生,但终有一死。待亡之时,而所用之物尚存,必依规转与后人之手,使物继续发挥作用,此规则乃继承制度也。人之生前之生产生活,于近现代社会,必依赖于对物之交换、保护。而交换、保护又须合理秩序,有其基本规则,此规则即契约、侵权与债之制度也。此民商法典与市场经济关系之铁律,亦构成民商法典之基本结构性制度。

故于物权,理论学说和相关草案版本及法典编纂计划莫不赞成独立成编,[3]但其问题却较明显。大要者如:其一,物权既为支配权性质,但其逻辑体系并未以此进行清晰界定,而将属于请求权性质的所谓物上请求权也包括在物权当中。其二,担保制度的本质在于债权人于债权不能正常实现时而经与担保人协商就担保物的变价享有的优先受偿权,但所谓的担保物权却被

[1] 关于债的问题,费安玲教授在名为《民法典理性与债法总则》报告中指出:“作为民法典,在处理债权债务关系设计的时候,应当彰显出来以债法总则为特征的债的制度的统一性。”参见“中国法学会民法学研究会 2018 年年会实录”,载民商法律网:http://www.civillaw.com.cn,访问日期:2018 年 10 月 31 日。

[2] 分别为王明锁:“中国民商法典编纂的重大疑难问题——附《中华人民共和国民商法典“通则编”草案建议稿》(黄河版)”,载《晋阳学刊》2016 年第 3 期;“中国民商法典编纂中对人身权制度的整合与完善——附《中华人民共和国民商法典“人身权编”草案建议稿》(黄河版)”,载《晋阳学刊》2017 年第 1 期。

[3] 关于人格权、知识产权、债与合同、债与侵权,以及亲属,是否独立成编都存在较大争议,唯物权和继承独立成编的认识比较一致,所不同意见者主要在于法典中的排位和其本身之体系内容。而就目前的物权编草案讨论稿来看,尚未得到最低认同。参见崔建远:“中国首部《民法典》正在编写,我对物权编很不满意”,载《凤凰文化综合》2018 年 1 月 3 日。

简单列入物权范畴。其三，既然担保是因债为债而设，《民法通则》将债的担保定于债权，但《物权法》却将担保制度归于物权而与债分离。其四，认为“占有”是事实，但占有游离于物权种类之外而又包含于物权法之内，且以单独之编与所有权平行。〔1〕其五，行为的目的并非法律规范之对象，但却将他物权以设立目的区分为用益物权和担保物权。其六，《民法通则》未定地役权，现行《物权法》及其追随理论均袭承德日和我旧法规定，将地役权列为用益物权，而司法实务中又难觅真实地役权案例，致权威司法考试中的地役权案例不得不编造作假，难经推敲。〔2〕其七，民法学界号称民法典是社会百科全书，但观其内容却空洞虚无，多有被骗之感。其八，说物权法乃定分止争须臾不可缺之制度，但遇母牛归属返还之争，具体条文都成了银样镴枪，法院二审不得不援引公平原则勉强结案。〔3〕诸如此类，于民商法典内部，物权制度与其他制度的逻辑关系均当科学谐调配置。对他物权之分类，理应囊括所有对他人之物进行支配的社会经济生活现象。物权制度必须更加真切地体现和反映客观的社会生活实际，并能更加简明通俗和易为民众接受，而不致出现“制定颁行一阵叫好，实际使用无啥作用”的结果。否则，仍可能是抄仿之作，而难达全面依法治国和为“加强市场法律制度建设，编纂民法典”〔4〕之目的，更难建立起科学的民商法体系和学术话语体系。故在对传统物权制度长期研究的基础上〔5〕，再行进行全面系统的认真梳理，并凝就出物权编建议草案法条，亦成此文。

---

〔1〕 参见《物权法》与物权编草案。

〔2〕 实务中难见地役权真实案例，司法考试中所谓地役权案例难经缕析，是为虚设。

〔3〕 对具体案件的裁判，最终仍得以最基本的公平原则为依据。参见王明锁：“对孳息的传统种类及所有权归属之检讨”，载《法商研究》2015年第5期。

〔4〕 参见中国共产党第十八届中央委员会第四次全体会议《中共中央关于全面推进依法治国若干重大问题的决定》。

〔5〕 笔者以往对物权的专门研究主要是：“物上请求权与物权的民法保护机制”，载《中国法学》2003年第1期；“论我国他物权体系的整合与重构”，载《政法论坛》2005年第2期；“论所有权占有权能与他物权控占权二元制法律机制的构建”，载《法律科学（西北政法大学学报）》2009年第6期；“对物权客体——物的含义与种类的新解读——就物权立法的新建议”，载《河南省政法管理干部学院学报》2005年第6期；“我国传统典权制度的演变及其在未来民商立法中的改造”，载《河南省政法管理干部学院学报》2002年第1期；“论物权法对和谐社会构建的价值意义——兼谈物权法之主要缺憾”，载《河南省政法管理干部学院学报》2009年第3期；“论添附与添附物的所有权归属——对我国《物权法》所有权原始取得制度的一项补充”，载《晋阳学刊》2015年第4期；“论无主物与其所有权归属——所有权原始取得方法之先占”，载《学习论坛》2014年第5期；“对孳息的传统种类及所有权归属之检讨”，载《法商研究》2015年第5期；王明锁等编著：《中华人民共和国民法通则条文释义》，张佩霖审订，河南大学出版社1987年版。

第三节 物权的支配性质：直接支配与间接支配

任何法律，本质上都是对人与人之间关系的规范和调整。民商法的实质与核心，是对民商主体之间的市场商品经济关系进行的规范和调整。人与人或者主体之间关系之形成，必须存有三个要素。一是人或者主体，没有了人或主体，即无所谓社会或人之关系。二是独立于人或主体之外的客体。若无客体，人或主体不可能生存和发展。三是人或主体对客体之行为。[1]行为是主体之间发生法律关系的连接线。没有了行为，人与人之间就难以产生各种关系。人与人之间正是由于主体对客体的行为才产生出各种关系的。社会的稳定、和谐与发展，关键取决于人之行为。故法律无不是对人的行为的价值进行的评认和规范。这种规范，通过法律赋予和规定主体相应的权利、义务，由此使社会关系处于一种可以预设和实施的状态。

民商法上的主体包括自然人、法人、非法人组织以及国家。[2]民商法上的客体包括人的生命、健康、自由、名誉、婚姻、荣誉等人身利益。既包括动产、不动产等物质利益，也包括作品、演技、技术、发明等主要体现为智力成果的精神利益，还包括行为上的作为与不作为以使权利人获得满足的期待利益。民商法上主体对于客体的关系，即形成相应的人身权、物权、知识产权以及继承和债的制度。

物权是民商主体对物进行支配的权利。其主体包括自然人、法人、非法人组织和国家。特别是在中国，国家掌握着经济命脉，拥有着大量重要的物质资源，为物权重要主体。在民商主体之外，存在着各种物质财富，包括自然物和人造物、动产和不动产；现代社会中，这种物基本上都以商品的形式表现出来。从生产领域到消费领域，由于商品是物，“商品不会自己走到市场上去，不能自己去交换，因此我们必须寻找它的监护人——商品的所有者”。[3]

---

〔1〕 行为包括主体对客体的支配行为、主体之间因客体而协商订立契约的行为、主体按照有效契约履行义务的行为、主体不法侵害他人客体权益的行为、主体依法应当承担的民事责任行为。对民事法律行为的专门研究主要是王明锁：“民事法律行为范畴的守成与完善”，载《北方法学》2013年第1期；“民事法律行为类型化的创新与完善”，载《北方法学》2016年第4期。

〔2〕 我国《民法通则》和《民法总则》没有在主体部分明确将国家列为主体应是一缺憾。因为没有在自然人和法人有关主体的统一规定中明确国家也可以是民商主体，那么就难以与物权制度中的国家所有权制度相衔接。

〔3〕 《马克思恩格斯全集》（第23卷），人民出版社1972年版，第102页。

即必须靠人对物进行支配，从而产生须臾不可缺的物权制度。

民商主体对物支配，具有丰富的内涵。其一，包括物的归属，要定其名分，确其归属。归属不明，争议必存；归属分明，争议难生。〔1〕其二，是主体对物的控制占据，即主体对物能够占据控制，使物服从于主体安排。这是主体对物进行利用之前提，〔2〕也是物权与债权之根本区别。〔3〕如果主体对物难以控制占据，就谈不上对物进行利用和享受利益，因此也难以发生纠纷，并丧失法律对其规范调整之必要。其三，包括主体对物进行的利用，如对房屋的居住、对车辆的使用等，这是主体对物进行支配的主要目的。其四，包括主体对物的收益。这是主体对物进行控占的另一重要目的。对物进行控占使用而又能取得新的物品利益。收益有时被使用所吸纳，有时则可独立存在，并产生或增添新的物权，如对蜜蜂的占控而取得蜂蜜、对果树的控占而收获果实、对羊群的控占而增添羔羊。其五，包括主体对物的处分。这是主体对物进行利用收益的必要方式。对物享受利益，并非都是消极、机械地取得和获得。有时欲对物享受利益，即必须对物进行处置和处分。享受肉食利益而对畜禽进行宰杀，对房屋有效利用而进行装修改造，以及对物进行抛弃或者转让等。明确物权内涵，就主体对物的支配行为进行有效的规范调整具有重大意义。总之，物权的支配当有此五项内容或权能。

但是民法传统权威理论认为“物权是权利人直接支配物的权利”，〔4〕认为所有权“是所有人对所有物直接支配的权利”，〔5〕规定了“物权，是指权利

〔1〕 商鞅说：“一兔走，百人逐之，非以兔可分以为百也，由名分之未定也。夫卖兔者满市，而盗不敢取，由名分已定也。故名分未定，尧、舜、禹、汤且皆如鹜焉而逐之；名分已定，贫盗不取。”载《商君书》。

〔2〕 如英国法谚有曰“占有者占上风（Possession is nine points of the law）”，参见［日］穗积陈重：《法窗夜话》，曾玉婷、魏磊杰译，法律出版社 2015 年版，第 291 页。

〔3〕 物权为对物支配之权，债权为对人请求之权。买卖合同成立，买受人虽已付价金，但出卖人未将物品交付于买受人时，买受人不能对物进行控制占有，而只能请求出卖人交付标的物。只有当出卖人将出卖物交付给买受人时，买受人才取得对该物的属于支配权的自物权。租赁合同成立，当出租人未将租赁物交付承租人时，承租人只能请求出租人交付租赁物，而不能对租赁物进行控制支配；只有当出租人将租赁物交付承租人时，承租人才能对租赁物进行控占使用，成立对他人所有物进行直接支配的他物权。但可惜的是，传统和现行理论都没有将此简单明白的承租人对他人之物进行支配的权利现象抽象上升和概括归属于支配权的物权范畴，而依然固守债权观念和债的范畴，更有甚者，尚撤废债之制度而将其下跌混入于债之生发原因的民事事实法律行为中的合同之中。

〔4〕 本观点可参见魏振瀛主编：《民法》，北京大学出版社、高等教育出版社 2000 年版，第 205 页。

〔5〕 本观点可参见中国人民大学法律系民法教研室：《中华人民共和国民法原理》（下册），中国人民大学校内用书 1981 年版，第 1 页。

人依法对特定的物享有直接支配和排他的权利，包括所有权、用益物权和担保物权”。[1]此处将物权定义为主体对物的“直接支配”，但并未对直接支配作出合理的解释，而有的解释则根本不合实际和不够科学完整或周密严谨。

第一，什么是直接支配？所谓支配，乃“安排、调动，指挥、控制”。[2]所谓直接，《辞海》未有解释；《现代汉语词典》解释为与间接相对，不经过中间事物。[3]根据常识，应当是没有中间环节而直达目标。如直接领导、直接到达、直接选举等。而直接支配，即应当是主体对物的直接控制，没有中间环节，没有他人隔阻，主体的支配之力直接作用于特定之物。

第二，直接支配与现实如何对接？实际的事例是，物之所有权人将自己的物出借或者出租给他人后，借用人或承租人对物直接进行着占据控制和利用，算不算是直接支配？如果算是直接支配，那为什么承租人对物的支配又不被认为具有物权性质？如果不能算作直接支配，那么对直接支配又当作何理解？这是个两难选择。

第三，有所谓直接支配，就应当有间接支配。因为直接和间接本来就是相对的概念和范畴。那么什么是间接支配呢？根据上面的解释，即应当是非直接的，是有中间环节或者他人阻隔的支配。如物之所有权人通过承租人对租赁物的承租经营而使自己的财产增值，取得相应利益；物之所有人通过中间环节的运送人将自己的某物送达给另外的人。这时，物之所有人对自己的物算不算是直接支配？如果不是直接支配，那么所有权人对自己的物难道就没有了物权？如果还是直接支配，那么什么算是间接支配呢？这里又是个两难选择。由此得出的正确结论只能是所有权人对出租出去的物仍然享有支配权——间接支配。而既然是间接支配，关于物权的定义就不能局限于直接支配了。

第四，现行民法理论中对直接支配的解释有明显的回避和歪曲。理论上有的认为物权的特征在于直接支配其标的物，可以依自己的意志就其标的物上直接行使权利，无须他人意思或义务人的行为介入，如房屋所有人对自己的房屋可以居住、出卖、出租、抵押等。这是物权和债权的不同。债权的实现必须依赖债务人的行为，否则不能也不得直接支配标的物，例如租赁合同

---

〔1〕 本观点可参见《物权法》第 2 条第 3 款。

〔2〕 参见商务印书馆辞书研究中心修订：《新华词典》（第 4 版），商务印书馆 2013 年版。

〔3〕 参见中国社会科学院语言研究所词典编辑室编：《现代汉语词典》，商务印书馆 1981 年版，第 1469 页。

成立，但在出租人交付出租物之前，承租人就不能使用租赁物。[1]这里，论者说明的是物权中的所有权，而未言他物权。同时转移论题，说债权的实现须依赖债务人的行为，否则不能直接支配标的物，而举例则说出租人交付出租物之前承租人不能使用租赁物，并未回答出租人交付出租物之后，承租人使用租赁物属何种性质之权利，是直接支配还是间接支配？根据其逻辑，正常的回答应当是债权的实现须依赖于债务人的行为，当出租人交付租赁物之后，承租人就能够和可以使用租赁物了。这时，承租人对租赁物就有一种直接支配的权利了，就成为一种他物权了。但为什么作者不如此正常思维而回避问题呢？原因在于，若照此思路，就要违反教科书，违反承租人对租赁物的使用属于债权的传统观念了。

第五，在物权和债权上，传统理论还认为物权有优先于债权的特点。而在承租人对租赁物使用的场合，当出租人将租赁物出卖后，作为所有权人的出租人与新的所有人即有依买卖合同要求承租人交付租赁物的情形。依物权优先的观念，即应保护所有权人利益而牺牲承租人继续使用租赁物之利益。这时客观上承租人就会对抗租赁物的所有权人，给司法裁判带来困难，并与物权优先理论发生冲突。面对这种情形，理论上便认为“不动产租赁权虽系债权，但为了当事人利益，兼及保护经济上薄弱者起见，该权利已被物权化。即承租人依其使用权，可以对抗他人，其中包括作为出租人的所有人”。在出租物买卖的场合，租赁合同不受影响，买受人即新的所有人须尊重标的物上的承租人使用权的原状。须取代原所有人地位而成为新的出租人。此项原则，乃为“买卖不破租赁”。[2]存在这种情况的原因，在于理论上认为“承租人应当按照约定的方法使用租赁物”仅是承租人的义务，而没有从权利的角度审视承租人对租赁物的使用权及其物权的支配性质。

第六，物权就是主体对物进行支配的权利。物权和债权理论既有区别又有联系。物权是静态性权利，债权是动态性权利。两者相互依存、转换。物权是债权发生的前提，债权是物权流转和发挥作用的桥梁和纽带。比如甲对房屋享有所有权（自物权），具有归属控占使用收益处分内容的完全支配权，故甲有权将房屋出租。但甲和乙建立租赁关系，须有一个合同，产生债的关系。依此债的关系，甲有义务将房屋按照约定期限交付给乙，乙有义务按照

---

〔1〕 参见魏振瀛主编：《民法》，北京大学出版社、高等教育出版社 2000 年版，第 205 页。

〔2〕 此观点可参见梅仲协：《民法要义》，中国政法大学出版社 1998 年版，第 381 页；张俊浩主编：《民法学原理》，中国政法大学出版社 1991 年版，第 718 页。

约定支付租金。而当甲将自己的房屋交付给乙后，乙便取得了对甲之房屋的支配权（他物权、限制物权）。租赁合同到期，乙有义务返还房屋，重回甲对房屋的所有权状态。[1]依此而论，符合生活实际与思维逻辑，通俗明了、简单实用，也免却了“债权物权化、买卖击破租赁、不得击破租赁”诸类说法，免却了对国外相关理论的生搬硬套，真正使中国的民法理论具有中国特色，为中国大众明白接受。

第七，对物权定义没有必要表述为直接支配。因为有直接支配就应当有间接支配。甲居住自己的房屋，为直接支配；甲将房屋出租给乙，乙居住房屋，也为直接支配。但甲只是转让给了乙对房屋的直接控占使用的支配权，而对房屋还具有所有权中的其他权能，故乙不能行使处分之权，仅为受限制的权利；甲对自己已经出租与人的房屋，不是天天住着，故为间接支配，但仍然具有所有权。如果将物权只理解为直接支配，就会在理论上排除甲对房屋的间接支配和所有权，从而造成麻烦。因此，最简单明晰、科学合理、严谨周密的物权定义应当是：物权是民商主体对物进行支配的权利。

第四节　物权的产生演变与两种基本体系：罗马、法国体系与德国、日本体系

物权为人对物进行支配的权利。人类社会之初，并无财产或权利概念。正如马克思所说：“私有财产的真正基础，即占有，是一个事实，是不可解释的事实，而不是权利。只是由于社会赋予实际占有以法律的规定，事实占有才具有合法占有，即私有财产的性质。”[2]故于原始社会，人对物的占据控制或支配都只是一种事实；[3]只是到了阶级社会和法律产生，才有了就人对物的关系进行调整和保护的物权制度。中外古法莫不如是。但该种制度最完善之立法当属《汉谟拉比法典》。在其282个条文中，涉及物的使用保护和流转的规定足有150条，约占总条文的53%。[4]罗马的《十二铜表法》的第六表

---

〔1〕出租人取得了租金的所有权，承租人以支付租金为代价取得了对出租人房屋的一定期限内的占用支配权。

〔2〕《马克思恩格斯全集》（第1卷），人民出版社1972年版，第382页。

〔3〕正如我国古歌谣《击壤歌》所言：“吾日出而作，日入而息，凿井而饮，耕田而食，帝力何有于我哉！”

〔4〕其中有关人身权方面的规定约占40%，物的保护、转让、使用方面的规定占53%。参见北京政法学院法制史教研室：《外国法制史参考资料汇编》（一），未刊本1981年版。

和第七表，为物的所有权、房屋和土地的使用转让的规定。至查士丁尼时期，物及其权利的规定形成了科学的体系和种类。其《法学阶梯》第一卷为人（含婚姻家庭）；第二卷为物（含遗嘱继承），其中对物的种类及所有权、地役权、用益权、使用权、居住权进行了系统规定，并在第四卷规定了对物权的保护。〔1〕罗马法关于物与物权的完善立法遂成了后世物权法体系之滥觞。

《拿破仑民法典》以《法学阶梯》为基础，沿革为人、财产及对于所有权的各种变更、取得财产的各种方法三卷。〔2〕该法典将财产及对于所有权的各种变更作为第二卷，除对财产的分类外，重点为所有权，并规定了所有权的各种变更形态，分别为用益权、使用权、居住权和地役权。〔3〕此物权体系与罗马法的规定一脉相承。由此形成了罗马法系中的法国法系。该法典历经多年，风貌依旧，依然闪烁着内容全面科学、逻辑严谨周密、表达简明通俗的光彩。《意大利民法典》追随《法国民法典》体系，于第三编以所有权为核心，规定了物、所有权、地上权、永佃权、用益权、使用权、居住权、地役权和共有，但并不包括质押、抵押之类的制度。〔4〕其理论基础和逻辑原理与查士丁尼《法学阶梯》与《拿破仑民法典》完全相同。

1896年的《德国民法典》为罗马法与日耳曼法融合的产物，分为总则、债、物权、家庭、继承5编。其最大的特点是将罗马法和法国民法中的人法卷区分成了总则和家庭；物权被明确为编名；将财产取得的方法区分成了债和继承。于物权编规定了占有、所有权、地上权、役权，以及抵押权和质权。〔5〕这里须特别指出的是《德国民法典》把罗马法和法国民法中有关债的担保制度中的物的担保（如抵押、质押）与人的担保（保证）进行了分离，挪移到了物权当中，不管其价值利弊如何，由此便形成了所谓德国法系及其物权法体系，并对后世产生影响。日本追随德国，其民法典亦分5编，于物权编规定占有权、所有权、地上权、永佃权、地役权，以及留置权、质权、抵押

---

〔1〕参见［罗马］查士丁尼：《法学总论——法学阶梯》，张企泰译，商务印书馆1989年版。

〔2〕实际上《法国民法典》在其第一卷之前，还有个规定着法律的公布、效力和适用的“总则”。故笔者不同意理论上通常认为《法国民法典》为三分法体系的看法，而是认为其实际上为四分法体系。参见王明锁：“论罗马法体系的沿革与中国民法的法典化”，载《法律科学（西北政法大学学报）》1995年第5期。

〔3〕此观点可参见《法国民法典》，马育民译，北京大学出版社1982年版。《法国民法典》第二卷的内容实际上是关于所有权和其他物权的规定。在《法国民法典》的物权体系中并不包含其第三卷取得财产的各种方法中所规定的保证、质押、优先权和抵押权。

〔4〕此观点可参见《意大利民法典（2004年）》，费安玲等译，中国政法大学出版社2004年版。

〔5〕此观点可参见《德国民法典》（修订本），郑冲、贾红梅译，法律出版社2001年版。

权。[1]

《瑞士民法典》对法国民法和德国民法皆有兼容取舍。如罗马（法国）式先定人与亲属，在物权编定所有权，限制物权先包括役权、用益权、居住权、建筑权外，则如德国式还规定了抵押、质权和留置权担保制度。[2]我国民法“多仿德日瑞民法体例”，[3]于物权编规定所有权、地上权、永佃权、典权、地役权、抵押权、质权、留置权、占有。除典权外，与德日物权别无二致。前述一个仿字，可见其心神貌相与技术水平。就罗马式（法兰西式）与德国式而言，梅仲协认为罗马式（法国式）较为合理。[4]我国民法物权法理论上是逐步接受物权范畴的。《民法通则》第五章第一节的标题为“财产所有权和与财产所有权有关的财产权”，即充分说明了当时还未接受物权概念，但除规定所有权外，由于经济生活中出现和客观存在的土地使用权、土地承包经营权、全民所有制企业的经营权以及采矿权等，则又不得不以“与财产所有权有关的财产权”概括。而这实际上又是对物权包括所有权和其他物权的传统物权体系的逻辑认可。但必须指出的是，在《民法通则》的物权体系中，并不包含抵押、留置之类，抵押、留置、保证、定金被明定于《民法通则》第89条债的担保中，并在此基础上发展出了具有中国特色的统一的债的担保制度。但随时代变迁和理论多元化，德日物权法理论认为物权不仅包括所有权（自物权）与他物权（限制物权），而且使他物权包含了用益物权和担保物权，[5]进而影响了我国的《物权法》体系。《物权法》依次为总则、所有权、用益物权、担保物权（含抵押权、质权、留置权）、占有。[6]这种观点不仅没有论证罗马式（法国式）物权类型有何弊端，也没有论证我国

---

〔1〕 可观点可参见《日本民法》，曹为、王书江译，王书江校，法律出版社1986年版。

〔2〕 此观点可参见《瑞士民法典》，殷生根、王燕译，中国政法大学出版社1999年版。

〔3〕 此观点可参见梅仲协：《民法要义》，中国政法大学出版社1998年版，第18页。谢在全：《民法物权论》，中国政法大学出版社1999年版，第5页。

〔4〕 梅仲协：《民法要义》，中国政法大学出版社1998年版，第17~18页。但梅先生将民法之编制直接区分为罗马式与德国式两种。这种区分割裂了德国民法与罗马法的联系，也忽略了德国民法在法国民法基础上的演进。没有《法国民法典》的四分制，也就不会有《德国民法典》的五分制。但法国民法所承继的罗马法基因更多、更精准。故在罗马法系下面再区分法国式和德国式似更为合理。参见王明锁：《中国民商法体系哲学研究》，中国政法大学出版社2011年版，第68页。

〔5〕 张俊浩主编：《民法学原理》，中国政法大学出版社1991年版，第346~347页；司法部法学教材编辑部编审，彭万林主编：《民法学》（修订第3版），中国政法大学出版社2002年版，第205~206页；魏振瀛主编：《民法》，北京大学出版社、高等教育出版社2000年版，第212~213页；司法部法学教材编辑部编审，梁慧星、陈华彬编著：《物权法》，法律出版社1997年版，第52~53页。

〔6〕 此观点可参见《物权法》。

《民法通则》和《担保法》关于债的统一担保制度有何不足，而是他物权似乎天然地就包括担保物权，但是当我们翻开任何一本民法学教科书或者在系统讲授民法学理论的过程中，都可明显发现以下难以解释的理论实务问题和逻辑缺陷。

第一，物权法理论和债权法理论中的重复和逻辑矛盾。民法物权理论将抵押、质押和留置作为担保物权并予详述。而在债法理论中，又认为债的担保为保证、抵押、质押、留置、定金。这样，抵押、质押和留置就有了两个位置。那么究竟当属何处？如果该在债的担保中，就当此处统论。但因重复，著作中便说由于抵押、质押和留置在本书物权编已有详述，故本节只论及保证和定金。〔1〕从理论的科学性和逻辑性来说，每个问题都该有其确切的定性和定位。抵押、质押和留置是物的担保，那么定金是不是物？如果是物，为什么不作为物的担保？有的认为抵押、质押和留置等担保方式，因债权人对担保财产有对抗不特定第三人的排他性权利，故被列入物权，称担保物权。那么，对于给付之定金，债权人对此项财产有无对抗不特定第三人的排他性权利？答案应当是肯定的，但那又为什么不把定金作为担保物权呢？这些问题似乎都未认真思考和解决。

第二，物权法中规定担保物权使担保失去了基础和背景。理论上都认为抵押、质押、留置是债的担保或债权担保，是保证债履行的一种法律形式。认为担保物权是指以确保债务之清偿为目的，而于债务人或第三人之特定物或权利上所设定的一种限定物权。〔2〕可见，担保是以债为基础和背景的，没有债，何来所谓担保？因此要论及担保，即应当以债为前提。可令人不解的是，在我们的理论中，都是在未论及债的情况下讨论担保物权的。更有甚者，尚有避弃债的制度而进行法典编纂并径直规定债的担保类型——担保物权的。造成如此情形，原因在于德国民法先规定了债法，债之后为物权，在物权中谈抵押、留置尚有相当合理性，而日本民法是先定物权后为债权。在没有债为基础的前提下规定担保物权已明显不合逻辑。但我们效仿了日本民法，以致形成了我国民法理论中违背认知常理的情形。

第三，物权法规定的担保物权对统一的债的担保制度是一种人为的割裂。

〔1〕 参见司法部法学教材编辑部编审，彭万林主编：《民法学》（修订第 3 版），中国政法大学出版社 2002 年版，第 468 页；张俊浩主编：《民法学原理》，中国政法大学出版社 1991 年版，第 616 页；魏振瀛主编：《民法》，北京大学出版社、高等教育出版社 2000 年版，第 333 页。

〔2〕 梁慧星、陈华彬编著：《物权法》（第 2 版），法律出版社 2002 年版，第 300 页。

债的担保，是保障债的履行的一种古老法律制度。至近现代，担保发展成多种形式。对债的担保在理论上多区分为人的担保和物的担保。通常情况下，被规定为保证、抵押、质押、留置、定金以及典押、押金等。〔1〕保证属于人的担保，其余皆为物的担保。在法国民法中，担保随债而定，完整统一。而德国民法则对债的担保制度进行了分裂。江平教授在《俄罗斯民法典》一书序言中指出："俄罗斯联邦民法典虽属德国民法法系，但它创造了一些独特的体系结构。"〔2〕《俄罗斯民法典》第二编为所有权和其他物权，并未规定担保物权。而于第三编债法总则债务履行的担保一章依次规定了违约金、抵押（含典当物抵押）、留置、保证（含银行保证）、定金作为债务履行的担保方式。我国《担保法》承继《民法通则》有关担保制度特色，依次规定了保证、抵押、质押、留置和定金五种担保方式，统一完整，适用方便。但至《物权法》却改步德日后尘，将抵押、质押、留置搬挪其中，使保证、定金留于债之担保。统一的担保制度被分割。由此造成了立法上的不统一，适用上的不方便以及理论上的混乱。

第四，将他物权区分为用益物权和担保物权意义不大。把物权区分为自物权和他物权，有其重要价值。因为自物权是主体对自己的物进行的一种支配，故可几乎不受任何限制地进行支配。包括控制占据、使用收益，以及事实上或法律上进行处置或处分。对自己的房屋，可以自住、与人居住、装修改建、拆毁转让等。而他物权因是主体对归他人所有的物进行的支配，故只能按照自己与物的所有权人的约定进行支配，这种支配是不完全的或者是要受诸多限制的支配，如只能对其进行控制、进行使用，而不能进行处分等方面的支配。但将他物权区分为用益物权和担保物权，其标准是从物权设立目的上进行的。〔3〕而目的、意志本不应是法律规范和调整的对象，法律所关注的只是主体的行为而已。可见从目的上区分用益物权和担保物权意义不大。故此也有理论不提分类标准而直接把物权归纳为所有权、用益物权、担保物权和占有四类；而在学术上将物权作七种区分，但却唯独不提用益物权和担保物权的分类标准。〔4〕

---

〔1〕 参见王利明、郭明瑞、方流芳编著：《民法新论》，中国政法大学出版社1988年版，第303~333页；王明锁：《中国民商法体系哲学研究》，中国政法大学出版社2011年版，第296~346页。

〔2〕《俄罗斯联邦民法典》，黄道秀等译，中国大百科全书出版社1999年版。

〔3〕 参见张俊浩主编：《民法学原理》，中国政法大学出版社1991年版，第347页。

〔4〕 魏振瀛主编：《民法》，北京大学出版社、高等教育出版社2000年版，第212~214页。

第五节　担保物权本质上并非物权

上述强调物权为主体对物的支配之权。所谓支配即主体之力作用于物，并为法律认可保护，故为支配之权。主体之力作用于物，如自然人凭自己的能力控制牛羊，占住房屋；法人控制、利用、处分其设备财产，交易商品等；国家凭其能力控制疆土河山，利用设施财物，保护文物资源等。主体对所支配之物，包括各类动产与不动产、自然物与人造物、实用物与票证物、公有物与私有物等。但其共同属性，在于物由民事法律所规定、能为民事主体所掌控支配、具有一定价值或能够满足人们的某种需要，存在于人的身体之外或能与主体分离并占有一定空间的东西。其中，主体对物能够支配，是主体享受物之利益的前提和手段，是人与物的关系产生、存在与和谐发展的关键，对社会关系的稳定有重大意义，故必须有物权法律。这包括主体对归属于自己所有的物进行的支配，也包括主体对归属于他人所有之物进行的支配，以此生发出所谓的自物权和他物权两大类型。因为主体只对自己的物进行支配，并不能满足自身需要，而需要由他人对自己的物进行必要支配，如将自己的物交与他人进行控制保管。同时，商品经济使然，某些主体也需要对他人的物进行支配利用并取得相应利益，如租赁他人之物以满足自身需要。[1]此乃客观事实、科学合理。

若以此支配含义对民法所规范之行为进行解读，就会发现两个重要问题：一是有些属于物权的东西没有被包括进来；二是有些不属于物权的东西却被包括了进去。

第一种情形。主体对自己的房屋进行居住、对自己的土地进行耕作，乃重要之自物权，没有疑问。但甲将自己的房屋出租给乙，乙居住于屋内，拿着钥匙，自由出入。租赁期内，乙之力作用于甲之屋，这种行为是否为支配？再者，乙走亲戚，借甲之衣物穿戴身上前往他处。借用期间，乙对穿戴在身上的甲之衣物是否为支配行为？当今社会，共享单车成为热门现象，甲骑车上路，观光游览，对所骑单车是否又为支配？国有房屋出租，也成新的话题，承租人不仅住入房屋，还可以房享受入学附带利益，而出租人欲进入房内，尚须经承租人同意。如此，承租人的行为是否为支配？甲将邮寄物品交付邮政或快递公司，该邮寄物品要从甲地到达乙地，邮政或快递公司对甲之物品

〔1〕 参见王明锁：“论我国他物权体系的整合与重构”，载《政法论坛》2005年第2期。

是否进行着支配行为？还有，买方向卖方交付了定金，接受定金的一方对这笔定金是否属于支配？如此等等，如果说不是支配，那实在难以理解，无法与常识对接。如果说属于支配，那为何物权法却不将这些定为物权而要定为债权？此当为物权而不为物权者是。

第二种情形。甲向乙借款，提供房屋作为担保。甲照旧居住着自己的房屋，也还拿着自己的房屋产权证书，只是进行了房屋担保登记或者只在借款契约上标明。其效果在于，甲在出售该房屋时，必须经过乙之同意，如果到期甲未向乙清偿借款，乙就该房所卖价款可以优先受偿，以保证乙之债权实现其利益。再如，甲向乙借款，甲以自己的首饰、字画作为担保，此时，乙占据控制了甲之质押物品。于借款期间，乙通常并不能对甲之物品进行使用；如果到期甲未向乙清偿借款，乙也不能直接出卖甲之物品，而须与甲协商，或经法定程序进行处分后就所卖价款优先受偿。留置场合也是如此。故现在物权法中规定的三种担保物权，其共同的特点在于，当债务人到期不履行债务时，债权人依法享有就担保物优先受偿的权利，而就担保物的价款优先受偿，并非对物的支配之权。〔1〕

第一，从抵押的效力后果看，不是对物的支配。我国《物权法》第195条规定：“债务人不履行到期债务或者发生当事人约定的实现抵押权的情形，抵押权人可以与抵押人协议以抵押财产折价或者以拍卖、变卖该抵押财产所得的价款优先受偿。……抵押权人与抵押人未就抵押权实现方式达成协议的，抵押权人可以请求人民法院拍卖、变卖抵押财产。……”同时《物权法》第186条规定，“抵押权人在债务履行期届满前，不得与抵押人约定债务人不履行到期债务时抵押财产归债权人所有”，也即禁止“流抵特约”。可见，实现抵押权时，首先是抵押权人和抵押人进行协议；其次是协商折价、拍卖或变卖；再次是协商不能达成协议的，请求法院去拍卖、变卖；最后是就拍卖、变卖的抵押财产的价款优先受偿。因抵押物始终并未转移占有，故并非对抵押财产之支配。

第二，从质押关系中债权人对担保物的权利看，主要者并非支配。质押与抵押的不同，在于担保物的占有转移，即债权人要对担保人提供的质押物进行控制和占据。但是，成立质押关系，基础在于有债的关系存在，目的在于担保债务清偿，根据在于有质押合同存在，进而根据质押合同，债务人将质押财产交付债权人占据控制和保管，待履行期届满时则仍归结为对担保物

〔1〕 我国《物权法》第170条规定：“担保物权人在债务人不履行到期债务或者发生当事人约定的实现担保物权的情形，依法享有就担保财产优先受偿的权利，……”

变价的优先受偿。《物权法》第 211 条规定，“质权人在债务履行期届满前，不得与出质人约定债务人不履行到期债务时质押财产归债权人所有”，也即“流质特约”禁止[1]。第 214 条规定，质权人对所控制保管的质押财产没有使用的权利。[2]第 219 条第 2 款规定：“债务人不履行到期债务或者发生当事人约定的实现质权的情形，质权人可以与出质人协议以质押财产折价，也可以就拍卖、变卖质押财产所得的价款优先受偿。”可见，质权人虽然控占着质押物，但对质押物不能使用、转让，也不能事先约定当债务不履行时即归债权人所有，最终仍然只能是与质押人协商并就质押物的变价享有优先受偿权，协商不成时还要向法院起诉。

第三，从留置权的效力后果看，也不是对物进行的支配。留置与质押的区别仅在所留置的财产是事先就由债权人控制占有的。[3]我国《物权法》第 236 条规定，债务人逾期未履行债务的，留置权人可以与债务人协议以留置物折价，也可以就拍卖、变卖留置财产所得的价款优先受偿。协商不成的，向法院起诉，由法院对留置物依法变价，所谓的留置权人实质上仍然是就担保物的变价优先受偿。

综上，就所谓担保物权看，其具有的物权性质，只是债务人或第三人根据合同约定或者法律规定将其担保物所有权的占有权进行一定程度的转让，在此基础上债权人对债务人或者第三人提供的担保物在一定期间内以一定的条件和方式进行的有限控制和占据，其目的在于就担保物的变价进行优先受偿，其在目的初衷、内容本质、实现方式上都只是一种优先受偿权。故此将其与债权制度分离而放在物权范围并独立成所谓的担保物权在科学理论、学术和立法司法实务上都是一种舍本求末和因小失大的举措。[4]在中国民商法典编纂过程中，将抵押、质押、留置与保证、定金以及押金、典押等一起归入债的担保制度，[5]不仅科学合理、符合逻辑，更重要的还在于坚持和创新

---

〔1〕 对于流质特约禁止的非合理性，参见王明锁：“禁止流质约款之合理性反思”，载《法律科学（西北政法大学学报）》2006 年第 1 期。

〔2〕 参见《物权法》第 214 条：“质权人在质权存续期间，未经出质人同意，擅自使用、处分质押财产，给出质人造成损害的，应当承担赔偿责任。”

〔3〕 两者的另一项区别在于产生的根据不同，抵押、质押、保证、定金等担保方式是当事人事先约定的，而留置是法律的一种直接规定。故理论上有约定担保与法定担保之分。参见王利明、郭明瑞、方流芳编著：《民法新论》，中国政法大学出版社 1988 年版，第 307 页。

〔4〕 “物有本末，事有终始，知其先后，则近道矣。其本乱而末治者否矣。”《大学》。

〔5〕 “债的担保当统一——论债的担保制度”，载王明锁：《中国民商法体系哲学研究》，中国政法大学出版社 2011 年版，第 296~347 页。

了中国民商法中担保制度的特色。否则，一是南橘北枳，亦使物权田稼稀疏，兰桂难生；另则因侵夺债之嘉树，使债园空荒，以致面临废弃之局！[1]

第六节　对国考地役权案例真实性的质疑：地役权制度的独存与容废

地役权在《民法通则》中没有规定，《物权法》将其定为重要一章。但从实践理论与我国社会主义土地公有的国情考察，地役权并没有单独存在之必要。

（一）对国家司法考试中有关地役权案例的评析

法律是人的行为规范，目的在于防止纠纷或避免纠纷，有了纠纷也能依其既定规则有效解决，以正确调整相应社会关系，实现社会公平正义，促进社会的和谐、文明与发展。普通民众了解法律规定，可以自觉规范和约束自己的行为；司法人员掌握法律规定，可以依法正确有效地裁判和解决纠纷。为实现依法治国的宏伟目标，培养更多的合格法律人才，提升高等法学教育及研究层次，完善和改进立法，进行统一司法资格考试和司法体制改革，乃是国家不断采取的重大有效措施。

司法考试的题目，须具备两个重要条件。一是题目在事实上具有真实性，其内容来源于社会实践。题目内容有时尽管不可能或者不应当与生活实践完全相同，但起码应当是真实的，在实践中是客观存在的。二是题目符合法律的规定性，题目内容与现行法律规定相符合，具有法律的现实适用性。两者之关系，如果一致，即说明法律的规定符合实际，法律也为有用之条文规则，既能解决实际问题，又运用了相应的法律规定。如果两者不一致，则会出现如下情形：第一种情形是内容事实如果真实，但与法律规定不相符，则说明法律条文的规定与实际错位，法律条文规定不合实际，不能解决实际问题。这种情形说明的是应当加强对法律规定的研究与改进。第二种情形是如果法律条文规定是符合社会实际而合理的，题目内容如果与法律规定不一致，则说明考试题目所述内容有问题，即所述的内容事实不符合真实的社会实际。这种情形说明的是对考试题目内容的撰写应当改进。第三种情形是所述内容事实不符合社会生活实际，而法律的规定也不符合社会实际和不合理。这种

[1] 公布和讨论的民法典各分编依次是物权、合同、人格权、婚姻家庭、继承、侵权责任，可见无意设立统一之债编或者债之总则，即为明证。而自罗马法沿革至今，债从来都是民法典中的鼎力之制，故民法典中若无债编，何尚为民法典乎？

情形表现的问题最糟糕，即考试题目内容虚假，相关法律规定无用。

在民法中，所谓地役权制度直接源于罗马法之不动产地役权，〔1〕并被我国民法学归为与所谓担保物权相对应的用益物权制度。我国《物权法》在第三编用益物权中专章规定地役权。该法第156条第1款规定："地役权人有权按照合同约定，利用他人的不动产，以提高自己的不动产的效益。"该法共14个条文规定了地役权。为了测试学习法律者对地役权规定的掌握及运用情况，国家司法考试中曾专门出了如下有关地役权方面的考试题目：

甲公司与乙公司约定：为满足甲公司开发住宅小区观景的需要，甲公司向乙公司支付100万元，乙公司在20年内不在自己厂区建造6米以上的建筑。甲公司将全部房屋售出后不久，乙公司在自己的厂区建造了一栋8米高的厂房。下列哪一选项是正确的？

A. 小区业主有权请求乙公司拆除超过6米的建筑；

B. 甲公司有权请求乙公司拆除超过6米的建筑；

C. 甲公司与小区业主均有权请求乙公司拆除超过6米的建筑；

D. 甲公司和小区业主均无权请求乙公司拆除超过6米的建筑。

（答案：A；该题为2007年试卷3第12题；有辅导资料上说该题考的是地役权的不可分性；所见其他地役权试题均与该题雷同，无非是工厂成了学校、观景成了海景，20年变成30年，一次交100万变成每年交10万，乙方直接违约变成乙转让后受让者违约而已。）

不知道当年考生们阅读这道题后是如何感想和判断选择的，也不知道该题目在实践中的真实情况，但可以知道和肯定的是，谁选择了符合题目设计者的A项标准答案，谁就得到了该题的分数；如果未选或者错选、多选答案者，肯定就拿不到该题的分数。很可能与合格之间也就差这一个题。所以笔者和司法备考者们交流，共同的认识就是，你就按人家的标准答案记，即使后来允许你提出异议，按照标准答案也是最为稳妥。当然，也不知道司法考试通过并参加司法工作者们日后对该题是否有过反思，还是只知道自己早已不是为司法考试准备，并不受其答案标准的评判和约束。故阅读该题后，笔者的思考和第一标准答案是：该题是虚假之题，是胡编乱造之题，不是避免和解决纠纷，而是制造隐患和制造纠纷。

---

〔1〕参见［罗马］查士丁尼：《法学总论——法学阶梯》，张企泰译，商务印书馆1989年版，第60页。

第一，甲公司会为将来业主的观景需要而向乙公司支付100万元吗？实践中，多少年来，几乎所有的房屋开发公司都是多算面积，提前收款，延期交房，垄断和提高房价，在特定土地上尽量多建房，减少绿化面积，缩小楼房间距，增加层数，甚至出现豆腐渣工程。而这家公司竟然慷慨为“满足甲公司开发住宅小区观景的需要”即将来住宅业主们的观景，去和乙公司签订协议，主动向乙公司支付100万元。

第二，乙公司会和甲公司约定20年内不在自己厂区内建造特定高度的建筑物吗？我们假定甲公司是个大慈善家，真的找到乙公司要签订合同，约定乙公司20年内不得在自己厂区建造超过6米高的建筑物。作为乙公司，除非根本就不想履行约定，一心就想着把甲公司的100万骗到手。否则，根本不可能不考虑本公司的变化与发展，用20年不能建造超过6米建筑物的约定来限制自己发展。作为甲公司，如果真的是为业主利益考虑，向乙公司支付100万，签订如此协议时会相信乙公司在20年内能遵守该协议吗？乙违反协议时又该当如何？如果不相信乙公司，就不会作出如此约定；如果相信乙公司，那甲公司的老板只可能是个无正常判断能力之人，或是个抱有其他不良目的者。

第三，约定地役权即业主观景的期限是20年，20年过后，业主就不需要观景了吗？依照法律规定，甲公司所开发的住宅小区的业主所购房屋的所有权是没有期限的，房屋所有人对土地的使用权是70年，而约定的业主们的观景期限只是20年。也就是说，20年过后，业主们对房屋的所有权还是没有期限限制的存在，对土地的使用权起码也还有50年的期限，但却不能再享受到以前的观景利益了。到时候，业主们或者再没有观景的需求了，或者需要与乙公司重新拟定地役权问题。对此，甲公司既然为业主观景支付了100万，难道就不考虑20年以后怎么办了？难道说20年后人们的观景需求不但没有增强反而降低了？

第四，约定乙公司不得建造超过6米的建筑物可信吗？按照约定，乙公司20年内不得在自己的厂区内建造超过6米的建筑，即乙公司厂区现在的建筑都不足6米，以后20年内乙公司不管在自己厂区的任何地方，建筑高度最多也只能是6米。而6米是什么概念？我们居住的楼房，每层高度一般都是3米左右。也就是说，乙公司不能在自己的厂区内建造两层楼以上的建筑。而现在的建筑，很少有楼房不超过两层。甲公司业主的楼房又都是多高，都是一两层吗？业主的楼房若为一般建筑，至少也是6层，即18米高。如果是小高层，少说也是十几层，30多米，更别说30层的建筑了。业主的楼房如果最少6层，乙公司的建筑即使超过6米，又怎么能影响全体业主的观景呢？

第五，从需役地与供役地的关系看，是在住宅区和风景区之间隔着个厂区，真实吗？后面是住宅区，前面是厂区。什么样的厂区没说，单说厂房，肯定是工厂，就是说居住区的前面是工厂生产区。这样的地理位置和环境，会有如此的规划和设计吗？住宅区和风景区中间夹一个工厂厂区，业主要观的是什么景？如果是湖海江河，或是山林草地，或是文物景点，则厂址应是违法所致，住宅当是违章建筑。如果就是一般的城镇工厂与居民住区，似乎甲公司又没有必要花那 100 万。

第六，甲公司为业主们设定 20 年的观景地役权，真的符合业主们的意愿和利益吗？甲公司向乙公司支付所谓的 100 万，这 100 万究竟是谁出的？还不是算入了房价成本，由购房者买单。如果当初甲公司明确告诉购房者与乙公司所订合同的约定情况，谁不要 20 年的观景权，房价即可少算这部分钱的话，购房者肯定多是愿意省下这笔钱的。

综上，该案例应当是假的。随后违约出现了。

“当甲公司将全部房屋售出后不久，乙公司在自己的厂区建造了一栋 8 米高的厂房。”也就是说，乙公司得到 100 万元后，等全部房屋售出后不久，便在自己的厂区内建造了一栋 8 米高的厂房。

这是什么概念？就是比规定的 6 米多了 2 米。而 2 米又是什么概念？就是比 1.7 米的身高多了 30 厘米。30 厘米又是什么概念，就是一筷子长。总之，在那高楼住宅与不知什么景物之间的厂区的建筑，就是多了篮球队员一人那么高。就这一人高的高度，却侵犯了需役地人的地役权，影响了全体业主们的观景需求和观景利益。

请看答案。给出的标准答案无任何疑义，就是“小区业主有权请求乙公司拆除超过 6 米的建筑”。就是说，甲公司这时候什么也不管了，甲公司牵头为购买甲公司房屋的业主们保卫自己合法的观景权利。花了 100 万，规定乙公司不能建造超过 6 米的建筑。现在甲公司的房子全卖完了，都有业主了，甲公司隐身而退，而乙公司违约了。甲公司没有单独请求乙公司拆除超过 6 米的建筑的权利，也没有权利和业主们一起请求乙公司拆除超过 6 米的建筑。也就是说，原告就是全体的业主们；被告就是乙公司；诉讼的标的就是要求乙公司拆除超过 6 米的那一人高的建筑。由于是建筑物，是不动产，所以业主们向乙公司进行一般的请求，结果是可想而知的。

一种情况是业主们视而不见，放弃权利。

另一种情况，如果真的是业主们的观景利益受到了影响，就要业主全体或者业主代表找到乙公司。这种情况，乙公司会答应吗？乙公司是与甲公司签的协议，并不是与业主签的协议。同时，乙公司会说，我们高出的 2 米怎么影响你们观景了，是影响哪一家观景？观什么景了？有何依据？纠纷肯定是解决不了。

还有一种情况，业主继续主张权利，就必须向人民法院起诉，要求乙公司拆除超过 6 米的建筑。这时，业主们就要推举代表，委托律师，出律师费，付诉讼费。乙公司也只得兵来将挡，水来土掩，进行对阵应诉。法院依法审理，最终按照双方所签协议判决，即乙公司应当遵守协议，应当恢复原状，拆除超过 6 米的建筑，以维护全体业主们的观景的地役权利益。乙公司会自觉履行吗？乙公司那些在该 8 米高的厂房里做工养家糊口的工人会同意吗？如果业主去找，并要求坚决执行法院判决，难道不会出现业主与乙公司工人之间的打架纠纷？如果法院强制执行，难道不会出现乙公司工人与法院之间的纠纷？法院如果事先考虑到执行的难度，会如此判决吗？至此，该考试题目的标准答案还正确吗？能够落实吗？

这样的案例，特别是司法考试中出现的这种案例，具有重要的作用和广泛的影响。人们阅读如此案例，如果像甲公司一样，与乙公司约定个观景权，实际上业主们什么实际利益也没有，并没有任何避免和防止纠纷的作用；如果按照答案标准进行判决和执行，还会使业主们和乙公司工人之间的纠纷转变为原被告双方对国家法律和国家司法执行力的对抗！在这种基础上建立的法治社会存有较大隐患。

那么为什么编造得如此虚假？因为实践中本无所谓地役权真实案例。〔1〕既然如此，又何必规定呢？

（二）对地役权与相邻权制度演变的考察

罗马的《十二铜表法》第七表主要是关于“土地和房屋”的规定，其中

---

〔1〕 笔者通过法律文书裁判网以地役权为关键词进行搜索。对搜索到的以地役权为案由的案例进行阅读分析，发现真正的所谓基于供役地、需役地的地役权案例并不存在。其基本情形是：不少案例直接被法院以裁定的形式驳回起诉，认为是土地、宅基地确权纠纷，不属于法院管辖；在被法院受理解决的案例中，实际上分别是合同纠纷、土地使用权转让纠纷、土地使用权登记纠纷、侵权纠纷、相邻关系纠纷。如经最高人民法院审理的《上诉人怀宁县兴安房地产开发有限公司与被上诉人潜山县国土资源局建设用地使用权出让合同纠纷二审民事判决书》（［2015］民终字第 345 号）；《肖某柏、新宁县人民政府再审审查与审判监督行政裁定书》［2017］行政裁定书所涉案件是颁发集体土地使用权登记问题，均非地役权问题。河南省南召县人民法院民事判决书［2016］豫 1321 民初 1960 号，实际上是相邻排水管道埋设纠纷，裁判文书网用的标题则是《王某锋等与王某等物权纠纷一审民事判决书》；江苏省东海县人民法院民事判决书［2017］苏 0722 民初 4980 号，裁判文书网也命名为《曹某景与陈某本排除妨害纠纷一审民事判决书》，判决书实际上以相邻关系认定。从这些实际案例中也可看出，使用地役权概念和规定地役权制度，不具有科学性与合理性，不符合中国国情。

涉及界墙、通道、壕沟、流水等，如规定“沿邻地挖沟，则不得越界。设置围墙，须留空地一尺；若为住所，则留二尺，若是挖井，则留出六尺；若栽橄榄树或无花果，则从邻地起留出空地九尺”。规定“允许收集从邻地树上掉落之橡实；凡树高15尺者，须加修剪，为使其阴影不至损害近邻”。〔1〕对此，民法制度学说上将之归入“相邻关系”范畴。〔2〕而至查士丁尼时期，则规定为地役权，即不动产地役权，包括通行权、驾驱权、过道和导水，以及一切附属于建筑物的权利，如邻人他方有权将其横梁架在邻人一方房屋的墙上；某人应当承受或不承受从邻屋滴落或流到自己建筑物或庭院的水；或他不得加高其建筑物以阻挡邻屋的光线。这些地役权之所以被称为不动产地役权，是因为没有不动产，就不能设定地役权。〔3〕《法国民法典》于所有权、用益权、使用权、居住权之后规定役权或者地役权。认为“役权的产生，或由于现场的自然情况，或由于法律规定的义务，或由于所有权人之间的契约”。〔4〕具体包括界墙界沟、眺望、建筑物间距、檐滴、通行等。《德国民法典》物权编于所有权、地上权之后规定役权，其中包括地役权、用益权和人役权。〔5〕《日本民法典》第二编的第六章为地役权。〔6〕中华人民共和国成立前的民法也单独规定有地役权。〔7〕《意大利民法典》则于所有权章之末规定界墙、采光、眺望、滴水等相邻权；又于他物权类别中规定地役权专章。〔8〕由上可知，地役权为相邻关系基础上的制度，两者为相互重合交叉制度。其共同特点是：权利的客体都是不动产；权利内容或是权利人对自己客体利用之延伸，或是权利人应对自己客体支配之限制；权利的产生乃是基于对不动产使用事实的存在和权利人相互之间行使权利时可能发生的利害关系之影响；权利范围之宽泛，包括通行、流水、通风、光照、眺望、房檐滴水等生产生活领域。而就相

---

〔1〕“十二铜表法”，陈筠、防微合译，载北京政法学院法制史教研室：《外国法制史参考资料汇编》（一），未刊本1981年版。

〔2〕参见中国大百科全书总编辑委员会《法学》编辑委员会、中国大百科全书出版社编辑部编：《中国大百科全书（法学）》，中国大百科全书出版社1984年版，第641页。

〔3〕［罗马］查士丁尼：《法学总论——法学阶梯》，张企泰译，商务印书馆1989年版，第60页。

〔4〕此观点参见《法国民法典》（第2卷），马育民译，北京大学出版社1982年版，具体条文为第637~710条。

〔5〕此观点可参见《德国民法典》（修订本），郑冲、贾红梅译，法律出版社2001年版。

〔6〕此观点可参见《日本民法》，曹为、王书江译，王书江校，法律出版社1986年版。

〔7〕参见谢在全：《民法物权论》（上册），中国政法大学出版社1999年版。

〔8〕此观点参见《意大利民法典（2004年）》，费安玲等译，中国政法大学出版社2004年版。

邻权与地役权之区别，实务上并无多大价值意义，〔1〕立法与理论学说上也很难判析和区分，甚至模棱两可。〔2〕我国《民法通则》只规定了相邻关系；《物权法》在所有权部分专章规定相邻关系，在用益权部分又专章规定地役权。

就上述关于相邻关系与地役权规定之法例，可见有三种模式：一是单项相邻关系或相邻权模式。此模式只规定相邻权，不另定地役权。二是单项地役权模式，即只规定地役权，而无相邻权之规定。三是相邻权与地役权双项模式。在我国民法中，《民法通则》只规定了相邻关系，而无地役权之说，简单通俗、适用方便，应当说很有自身特色。但至《物权法》，却又在规定相邻关系的情况下，也规定了所谓的地役权。应当说，中国的土地公有制为和谐社会提供了坚实基础，也使简明的相邻关系制度具有了足够的适用空间。况且，既然两者本无明显界限，为何不按自身特色的路径模式做下去？此乃不自信所致。认为别人的就是真理，就要去接别人的轨。但别人规定地役权，并没规定相邻权，而我们既定相邻权，还要叠梁架屋再定地役权。也正因在中国社会难见真实典型之地役权案例，才致使出题者往往作难。故此，在中国民商法典中，地役权没有独立存在的必要，完全可以由相邻权或相邻关系制度容纳吸收与合并。

第七节　其他几个无须回避的重要问题：应有或不应有

物权制度方面，除上述问题外，尚有以下几个问题需简略说明。

(1) 占有。是否还应有独立的占有制度？传统民法物权中，在自物权和他物权逻辑结构外，还有独立的所谓占有制度。其明显矛盾在于：说占有是事实而不是权利，那为什么又将其规定于物权法，还要对其进行法律保护？若认为属于物权法范畴，需要靠法律保护，那为什么又不是物权？其实，所谓占有生存和发展变化的根据在于：“私有财产的真正基础，即占有，是一个事实，是不可解释的事实，而不是权利。只是由于社会赋予实际占有以法律

〔1〕 如采光问题，在英国属于相邻关系，在美国则属于地役权。

〔2〕 如就二者的区别，认为相邻关系的土地必须相邻，而地役权不一定相邻；相邻关系法定，而地役权可以约定；地役权可以改变相邻权的某些规定。但同时又把《法国民法典》中明文规定的地役权表述为相邻关系，并认为某些权利是相邻权还是地役权，不同国家的规定不同。例如，采光在英国法属于相邻关系，而在美国属于地役权，应专作约定。参见中国大百科全书总编辑委员会《法学》编辑委员会、中国大百科全书出版社编辑部编：《中国大百科全书（法学）》，中国大百科全书出版社1984年版，第641页。

的规定，实际占有才具有合法占有，即私有财产的性质。”〔1〕这说明，在人类社会的初始状态，占有是而且也只能是一种事实，原始人对所支配使用的工具物品并没有私有的意识观念。当社会发展到一定阶段，人们对所支配使用的工具物品才开始有了“我的、你的或他的”的意识观念，便在事实占有的基础上产生了权利和法律，原来事实上的占有便开始获得了私有财产权利的性质。所以，自罗马法开始民法中多有关于长期占有和取得时效的规定。〔2〕但社会发展到现代，人们与物的关系已被法律所覆盖，甚至可以说已经没有了真正的无主物，〔3〕任何物都有其权利归属。由此，如果主体对物享有所有权，即可依照所有权得以保护；如果主体对物虽不享有所有权但有权支配利用，则可靠他物权给予保护。故在现代民商法中，靠自物权中的占有权能和他物权中的控占权制度已完全可就主体对物的支配进行调整，而无须另定单独占有。〔4〕但对占有这一传统制度，我国《物权法》以专编专章 5 个条文予以规定。但因其长期无用武之地，故于在实务中偶有试用者也往往是生搬硬套或牵强附会。〔5〕

（2）典权。是否还要坚持规定典权？典权被认为是我国传统民法制度中的特有制度。在物权法制定前，对是否应当规定典权，曾有两种主张。一是

〔1〕《马克思恩格斯全集》（第 1 卷），人民出版社 1972 年版，第 382 页。

〔2〕参见［罗马］查士丁尼：《法学总论——法学阶梯》，张企泰译，商务印书馆 1989 年版，第 64~67 页；《法国民法典》，马育民译，北京大学出版社 1982 年版，第 419~420 页。

〔3〕王明锁：“论无主物与其所有权归属——所有权原始取得方法之先占”，载《学习论坛》2014 年第 5 期。我国《继承法》第 32 条规定：“无人继承又无人受遗赠的遗产，归国家所有；死者生前是集体所有制组织成员的，归所在集体所有制组织所有。”

〔4〕参见王明锁：“论所有权占有权能与他物权控占权二元制法律机制的构建”，载《法律科学（西北政法大学学报）》2002 年第 6 期。

〔5〕如一家族有祖传五牛坛一尊，家族内轮流保管，祭祀使用。当地文物部门得知，借用展出，后不归还，理由是应属国家文物。该家族内生矛盾，致文物部门被起诉。加之舆论压力，文物部门最终归还。但归还之理由，某专家不承认该家族对五牛坛享有所有权，而是说可按物权法中之事实占有加以保护。文物并非只能为国家所有，祖传之物，岂无所有权？以致所有权制度也陷入无用之境地！又，对于小产权房，也不承认其所有权。故有人别出心裁，说对小产权房可以适用对占有保护之规定。小产权房，是权利人用合法财产购买原材料并人工建筑之物，为生产或加工取得财产所有权之路经取得。只因没有经过国家政府之同意而得不到房屋产权证书而已。对此，应当认为是该房屋没有建筑在合法或者经过审批的土地之上，系没有土地使用权，而不应是房屋本身之问题。如果对房屋不以所有权保护，那为什么又称为小产权？小产权和大产权在性质上不都是属于产权？为什么农民在自己集体土地上盖成的房子就是小产权，就不受保护？那集体财产所有权的性质又作何解释？所谓的平等保护又有何用？无奈之下，又搬出所谓的占有事实进行保护。小产权房没有经过政府同意，就如同没上户口的孩子一样，也像事实婚姻一般。要么依照法律予以保护，要么干脆不管。故于现代社会，不必再有事实占有之制度。

主张规定典权，二是不主张规定典权。物权法采纳了第二种观点。在民法典编纂中，还有观点不同意物权法的做法，依旧主张规定典权。笔者坚持不规定典权，主要理由是我国的经济基础发生了根本变化，传统典权已失其根基土壤。但根据社会生活状况和为交易上的方便，笔者主张把中国传统的典权改造成为典押担保制度。[1]其重要缘由在于社会经济生活中客观而真实地存在着典押担保；同时增定典押可以丰富债的担保制度。抵押担保不转移对担保物之占有，质押担保转移占有但不能使用，而典押担保转移占有，也可对典押物进行使用，有利于典押物价值之发挥，更好地满足双方当事人之合理需求。典押将和抵押、质押、留置等一起归入债的统一担保方式，建立起统一完备的具有中国特色的债的担保制度，并从立法技术上克服现行法将本来统一的担保制度进行分裂的状况。

(3) 居住权。物权法未规定居住权，物权编草案增定了居住权，但仍有不同意见。居住权在罗马法中就有规定，《法国民法典》也有。我国物权法制定过程中，对是否规定居住权有过争论。物权法没有规定居住权，问题在于当时主张规定居住权者，其所持理由主要是规定居住权有利于保护保姆的利益。认为主人过世前与保姆关系不错，愿意让保姆对主人的房屋继续居住并享有居住权。该理由混淆了相关法律关系之特质。保姆与雇主属雇佣关系，是合同之债的关系；雇主去世，保姆已无特定照顾和服务对象，即关系解除，当回归自己家庭；靠自己的子女赡养或社会养老。如果让保姆对主人生前所住房屋享有居住权，势必会影响房主继承人之利益。如果房主与保姆关系特殊，欲怜悯照顾，可采用加酬、赠与、遗赠等方式，而不是赋予保姆居住权。但是从宽泛合理的方面看，不赋予保姆居住权并不意味着不应当规定居住权。规定居住权，其关键理由在于我国现实生活中存在着诸多对房屋没有所有权而有居住权的情形。这不仅在家庭中广泛存在，同时不少单位职工集资盖房，职工对房屋虽然没有所有权，但却享有居住权，待去世后，其继承人甚至还有继承的权利，其权利内容远大于使用权。因此居住权完全应当成为当今民法典物权编中的一种他物权。[2]

---

[1] 王明锁："我国传统典权制度的演变及其在未来民商立法中的改造"，载《河南省政法管理干部学院学报》2002年第1期。

[2] 王明锁：《中国民商法体系哲学研究》，中国政法大学出版社2011年版，第221~230页。

第八节　我国物权编应有的特色与创新：自物权为基础及其权能的分离与展开

中国物权制度与传统物权制度的相通性，在于其客体为物及法律对物的规定性；[1]内容上对物的支配性；权利主体的特定性和义务主体的不特定性；调整对象上的财产关系静态性；产生途径上的原始性与继受性；保护方法上侵权行为的债权性，即侵权请求权或侵权行为所生之债。[2]

但由于社会存在与社会意识、经济基础与上层建筑的决定与被决定的关系，既为中国特色社会主义民商法典之物权，就必然会具有自身特色。中国物权制度的特色，以下几点应当最为重要和突出：其一，基础特色。中国特色社会主义经济基础，是中国民商法典物权之基础。社会主义公有财产制，决定着中国特色社会主义物权制度的容貌形态。正像黄土地养活了我们黄种人一般。其二，体系特色。中国的历史与文化，向为完整统一之价值取向，并非如《三国演义》文学作品中说的那样是“合久必分”，[3]而应当是“合”与“和”。在民商法典编纂上，不仅应是民与商之合、和，还应是通则，人身权、物权、知识产权（静态性权利）与继承权、债权（动态性权利）之谐和，[4]是人（人身权）与物质（物权）和精神（知识产权）的统一与和谐。其三，物权类型特色。物权类型，自物权和他物权是最基本最科学之分类。自物权显然会体现出中国特色社会主义市场经济关系的特点，从主体上区分其类别，如国家所有权、集体所有权等。他物权之类型，则应当从其产生根

---

〔1〕 主体有主体资格，物有物的含义标准，学界有的称之为物格。

〔2〕 王明锁：“物上请求权与物权的民法保护机制”，载《中国法学》2003年第1期。

〔3〕 民法学界针对当时合同法、侵权责任法的单行立法，曾以三国演义中所谓的“合久必分”为论据，使债的统一制度受到影响或破坏，导致了如今的民法典编纂以合同、侵权责任与物权平起平坐、平等平行单独成编的不协调结果。

〔4〕 中国民法典仍将分编定为物权、合同、人格权、婚姻家庭、继承、侵权责任编，实际上并不科学和谐，因为债权和物权是平行的权利（民事法律关系内容），而合同、侵权行为是债的产生根据，是民事法律行为（民事法律事实）方面的问题。合同、侵权与物权、继承权不是同级别同层次同辈分的，如果这样平行排位，相当于侄子与叔伯平辈。婚姻实际上属于人法之范畴，是人法中一部分。罗马法、《法国民法典》《意大利民法典》中均如此安排，德日民法典将人法分解到总则中，剩下的定为亲属，也并不科学，而苏俄立法则更是将亲属改称为婚姻家庭法并将之排斥于民法典之外，如今婚姻、收养回归民法典，当与人格权一起为人身权最为妥当。王明锁：“中国民商法典编纂中对人身权制度的整合与完善——附《中华人民共和国民商法典“人身权编”草案建议稿》（黄河版）”，载《晋阳学刊》2017年第1期。

据方面进行区分，而不应致使一方面将债的担保制度混入物权，另一方面又使债的制度被逐步掏空而失却了生命与生机。其四，内容特色。自物权是他物权的产生基础。无自物权即无他物权，一切他物权无不是由自物权的权能与自物权人分离之结果。根据自物权即所有权之内容权能与所有权人分离之状况，他物权人的权利内容可以分别为对他人财产之控占、占用、用益和经营（不包括完全之处分）几种类型。[1]因此与传统民法典中物权种类体系相比，我国他物权将会具有如下明显的类型体系和创新特色。

第一，控占权。控占权以财产所有人对自己财产占有权能的转移为根据，控占权人对由财产所有权人移转给自己的财产具有进行控制和占据的权利，即他物权中的控占权人不得对所控占之物进行使用和收益，更不得处分，其中包括因保管、运送、担保所产生的控占权类型。

第二，占用权。占用权以财产所有权人对自己财产所有权中的占有和使用两种权能的转让为根据。占用权人可以对所占财产进行占据控制和使用，但不能进行收益和处分。包括因借用、租用、典押（典用）等所产生的占用权类型。

第三，用益权。用益权以财产所有权人对自己财产所有权中的占有、使用和收益三种权能的转让为根据。用益权人对所支配的他人的财产有权进行控占、使用和取得收益，但不得处分。这种权利包括建设地用益权（建设用地使用权）、宅基地用益权、居住权之类。

第四，经营权。经营权以财产所有权人将自己财产所有权中的占有、使用、收益三种权能和部分处分权能转让为根据。经营权人对所取得的他人财产有权根据需要进行控占、使用、经营和收益。但其处分权能具有一定的来自事先与财产所有权人约定或者法律规定的限制，而不能像财产所有权人处分自己的财产那样完全处分财产。这种权利包括农业经营权、林业经营权、牧业经营权、矿业经营权、渔业经营权等。

第五，获益权。以上四种为他物权的基本类型。除此之外，人们虽然不对他人的物进行具体的占用、经营，但可以进入他人的物权客体资源，并从中获得某种天然的利益或精神享受，如狩猎、采集、探险之类，这是对他物权研究的一个新的领域。

第六，相邻权。不动产相邻，乃自然规律。在行使上述几乎所有的自物权和他物权时，都会涉及不动产相邻关系。从义务的角度思考，乃与人方便，

[1] 王明锁："论我国他物权体系的整合与重构"，载《政法论坛》2005年第2期。

自己方便，是对自己权利的某种限制。从权利的角度观察，是权利人行使权利而在他人之物上的延展。因此将之列于最后。

如此规定他物权，既有科学严密的结构体系，又有开放包容的内容类型；既可包容传统民商法中的他物权类型，也可为现代民商经济生活关系中出现的他物权新类型提供广阔的生存和发展空间。

第九节　中国物权法能否浴火重生?

2007 年颁行的《物权法》为民法典的编纂作了现实准备，但存在的诸多缺憾，使中国物权法没有能在《民法通则》物权制度基础上建立起科学的具有中国特色的物权法体系。〔1〕如今编纂民商法典，能否使物权法在浴火后获得重生？这将是一次难得的机遇和挑战。对于中国民商法典的编纂，笔者依奉理论实践结合，知行合一，拟就《民商法典“物权编”草案建议稿（黄河版）》。因内容宏阔丰富，为审阅顺畅和逻辑谨严，对其他必须指出者，将以注释方式表达。本编依次十章，为总则、所有权、所有权取得、控占权、占用权、用益权、经营权、获益权、相邻关系、物权登记。从第 474 条到第 871 条，见中卷物产权编。

第十节　结语：物权编后，路过半程?

以上“物权编”内容和所拟条文，398 条，总涉“国家集体私家物，山水林田草湖沙。占控利用全支配，格物致知财富发”。加上“通则编”226 条，“人身权编”247 条，共 871 个条文。在法典权利体系中，从功能上看，如果说人身权使国人修身齐家、良善亲和，物权使人勤物用、商达国富，那么知识产权就使民族智慧、屹立刚强，债与继承则使一切社会元素动止有序、畅通和谐。从权利属性和调整技术上说，与物权最相近者为知识产权。两者均属支配权；〔2〕其区别在于知识产权乃民商主体对知识产品之支配。如果说

---

〔1〕 王明锁：“论物权法对和谐社会构建的价值意义——兼谈物权法之主要缺憾”，载《河南省政法管理干部学院学报》2009 年第 3 期。

〔2〕 在我国民商立法史上具有里程碑意义的《民法通则》，其第五章“民事权利”规定了财产所有权和与财产所有权有关的财产权、债权、知识产权和人身权 4 节。民法典编纂中，《民法总则》于第 123 条第 1 款规定“民事主体依法享有知识产权”，并规定了作品、发明、商标、商业秘密等八类知识产权的客体。表明知识产权仍属于民事权利的重要类型。

物权是对物质产品关系的反映和调整，那么知识产权就是对精神知识和科学技术产品关系的反映和调整。故接下来应当是对知识产权编的深化研究，并希冀也能形成草案建议条文。如果因通则和人身权内容密切而应当并行进入民商法典宏伟殿堂的话，那么物权和知识产权的共通性，即应携手同行。对所剩债与继承，因其主要为前述支配权的保护和转移方式，属动态性民商权利，故一起殿后乃最好不过。对此依然期待。[1]

[1] 本章的完成，要感谢袁昊、李星、李雪茹、李桂敏、王振宇几位研究生帮我整理了相关法律条文资料。但物权编的编写由于某种原因而进行得艰辛缓慢，至今方算完成。本部分首发于易继明主编：《私法》（第16辑·第2卷）（总第32卷），华中科技大学出版社2019年版。

在没有专利法之前，随便什么人，随便什么时候，都可以使用别人的发明，这样，发明人从自己的发明中就得不到什么特别的利益了。专利制度改变了这种状况，保证发明人在一定时期内对自己的发明独立使用，因此给发现和制造实用新物品的天才火焰添加了利益的柴薪。

——林肯

尊重知识，尊重人才。

——邓小平

倡导创新文化，强化知识产权创造、保护、运用。

——习近平

4 第四章

民商法典编纂中对知识产权制度的整合与锻萃

第一节　引言：知识产权何去何从?

中国共产党第十八届中央委员会第四次全体会议提出了“加强市场法律制度建设，编纂民法典”的伟大任务。但对于编纂成什么样的民法典，各界争议较大。在中国民商法史上具有里程碑意义的1986年《民法通则》将知识产权作为民事权利的独立类型，颇具中国科学特色和重大理论实践价值。而在2002年形成的民法草案中，其结构体例则为总则、物权法、合同法、人格权法、婚姻法、收养法、继承法、侵权责任法和涉外民事关系适用法，共9编，其中未含知识产权。[1]与《民法通则》相隔三十多年，与2002年民法草案相距近20年，2017年颁布的《民法总则》的民事权利章，依然遵循《民法通则》的理论与实践，将知识产权与物权一样作为民事权利的单独类型。但于2018年8月提交审议的民法典各分编草案，则为物权、合同、人格权、婚姻家庭、继承和侵权责任，共6编；除收养被并入婚姻家庭和涉外民事关系适用被排除外，未含知识产权，此明显为2002年草案之延续，与《民法通则》和《民法总则》的立法意旨很不一致。[2]对此，全国人大常委会法工委在向常委会作草案说明时就知识产权被弃置给出的理由主要有两个：一是我国知识产权法一直采民事特别法立法方式，既规定民事权利内容，也规定行

---

〔1〕 王明锁：《中国民商法体系哲学研究》，中国政法大学出版社2011年版，第11页。

〔2〕 从民事权利类型上看，人身权被人格权替代；债权被分为合同与侵权责任；知识产权则没了踪影。有发展和值得称道的是：《民法通则》中的“财产所有权和与财产所有权有关的财产权”成了“物权编”，继承权从《民法通则》中的一个条文发展成了“继承编”。此二者为国内同仁一致赞同，也与传统民法典规定的民事权利类型吻合。而前三种情形，恰是学界激烈争论之焦点，并影响着民法典的科学性、民族性、时代性以及民法典编纂的质量与进程，使其形成具有中国特色、中国气派的民商法学的学科体系和话语体系。

政管理内容，民法典是调整平等民事主体之间民事关系的法律，难以纳入行政管理方面的内容，也难以抽象出不同类型知识产权的一般性规则；二是知识产权制度仍处于快速发展变化中，国内立法、执法、司法等需要不断调整适应。若现在就将知识产权法律规范纳入民法典，恐难保持其连续性和稳定性。〔1〕但对此理由，参加审议的多数委员持反对意见，认为现在编纂民法典，应当使知识产权成编入典，〔2〕在原有基础上更上层楼，融入中国新时期法治理念和私法法理，并使中国民法典编纂从过去的长期跟着走、学着走到现代的自主走、并着走和领着走，并能真正建立起具有中国特色、中国气派的科学严谨的民商法体系和话语体系，将来也能使中国民商法典屹立于世界民商法之林。〔3〕可见对知识产权是否独立成编入典，民法将作如何变迁等，〔4〕至今仍然是不可回避的重大疑难问题。笔者对知识产权制度进行整合锻萃，〔5〕认为应当使知识产权成为民商法典的独立一编，〔6〕让知识产权在现代中国民商法典民商事权利体系中更加灿烂多彩。

第二节 知识产权制度的法律渊源：科学技术财产化

民商法典中的人身权以人格身份为客体，物权以物质财富为客体，知识产权以精神财富（知识产品、智力成果）为客体，债权以交易给付行为为客体，继承权以取得死者所留遗产为客体。此乃市场经济基础上构筑和健全民商法典权利内容体系之五大基本制度。在人类社会发展史上，“人们首先必须

〔1〕 参见：“民法典分编草案首次提请审议”，载《人民日报》2018年8月28日。

〔2〕 朱宁宁：“知识产权是否单独入‘典’引发常委会委员热议”，载《法制日报》2018年9月4日。

〔3〕 郝铁川：“当代中国法治的路线图、面临的挑战及对策”，载《法制日报》2018年12月19日。

〔4〕 易继明：“知识经济时代民法的变迁”，载《法学》2001年第8期。

〔5〕 取“中药需九蒸九晒之熟地，经水火锻炼萃取精髓”之意。王明锁主编：《知识产权法学》，河南人民出版社1994年版；《知识产权法学》，郑州大学出版社2004年版；《中国民商法体系哲学研究》，中国政法大学出版社2011年版，第231~255页；王明锁、徐敏：“略谈著作权法中的几个问题”，载《河南大学学报（社会科学版）》1996年第1期。

〔6〕 主张将知识产权作为民法典单独一编的还有中国人民大学知识产权学院院长、中国知识产权法学研究会会长刘春田教授。参见刘春田：“我国《民法典》设立知识产权编的合理性”，载《知识产权》2018年第9期。北京大学法学院易继明教授认为：知识产权法整体纳入式的“入典”模式，既是知识产权制度自身的体系化，也是现代民法典不断自我完善的过程。参见易继明：“中国民法典制定背景下知识产权立法的选择”，载《陕西师范大学学报（哲学社会科学版）》2017年第2期。

吃、喝、住、穿”,[1]故人的资格与物权制度最先发达和被重视,先行成就了著名的《汉谟拉比法典》和罗马法。罗马法的人法、物法、诉讼法结构体系更成就了罗马法为“简单商品生产即资本主义前的商品生产的完善的立法”[2]的美誉。罗马法把物区分为有形体物和无形体物,[3]为后来的无形财产提供了概念雏形;有了把诗歌、故事和羊皮、纸张,板和画分开来看的观念;[4]我国宋代也已出现山东刘家“功夫针”铺使用的“白兔为记”——这种真正具有商标意义之标识,但都尚未有关于知识产权(版权、专利权、商标权)的规定。

资本主义的生产方式快速改变了以往的一切。“工业革命在十八世纪下半叶发生于英国,后来相继发生于世界各文明国家,工业革命是由蒸汽机、各种纺纱机、机器织布机和一系列其他机械装置的发明而引起的。”[5]“资本不创造科学,但是为了生产过程的需要,利用科学、占有科学。”[6]这使得科学发明也成了资本主义企业的宝贵财富或财产产权。在此基础上,知识产权制度产生并发展了起来。12世纪,英国出现行业协会,为鼓励和引进技术,英国王室先后授予多项技术垄断权,如1236年亨利三世曾向一位波尔多市民的色布制作技术授予15年的垄断权,以刺激经济发展。但这时的授权依据仅是以奖赏形式出现,系王权体现,故英王垄断权授予的滥用引起了市场竞争破坏和公众不满,以至于17世纪初废除了之前所授予的技术垄断权。1623年英国议会制定的《垄断法》规定了“新制造品的真正第一个发明人授予在本国独占实施或制造该产品的专利证书和特权,为期14年或以下,在授予专利证书和特权时其他人不得使用”。此《垄断法》被认为是现代专利法之鼻祖,为欧美各国效仿,建立专利制度。1709年的《安娜女王法令》则赋予了作者对其作品的独占权,成为最早的版权法渊源。美国

[1] [德]恩格斯:“在马克思墓前的讲话”,载《马克思恩格斯选集》(第3卷),人民出版社1972年版,第574页。

[2] [德]恩格斯:“致卡尔·考茨基”,载《马克思恩格斯全集》(第36卷),人民出版社1974年版,第169页。

[3] [罗马]查士丁尼:《法学总论——法学阶梯》,张企泰译,商务印书馆1989年版,第59页。

[4] [罗马]查士丁尼:《法学总论——法学阶梯》,张企泰译,商务印书馆1989年版,第55~56页。

[5] [德]恩格斯:“共产主义原理”,载《马克思恩格斯文集》(第1卷),人民出版社2009年版,第676页。

[6] [德]马克思:“政治经济学批判(1861-1863)摘选”,载《马克思恩格斯文集》(第8卷),人民出版社2009年版,第357页。

1776年独立，1787年在《宪法》中宣布“对于著作家及发明家保证其作品及发明物于限定期限内之专有权，以奖励科学与适用技艺的进步”，并于1790年制定《专利法》和《联邦版权法》。法国在1789年革命时宣布，作者和发明人的权利是公民不可剥夺的权利，并于1791年制定了《专利法》。直接以“罗马法为基础”的“典型的资产阶级社会的法典”，[1]即1804年的《拿破仑民法典》更是成了法国知识产权法的基本法理依据。1803年和1809年先后颁布两个《备案商标保护法令》，成为最早的保护商标权的成文法。[2]由此逐步形成了具有国际性的知识产权保护制度，如《保护工业产权巴黎公约》和《保护文学艺术作品伯尔尼公约》，即构成保护知识产权的国际法基本体系。

第三节　知识产权制度的社会渊源：中华民族的知识成果及其世界影响

知识产权制度之社会基础，本源于人类文明与科学技术之进步。中华民族，自古于天地、农医、工器、科技、金融、军事、文化诸领域，莫不有辉煌成就，如最古老的《周髀算经》[3]、《甘石星经》[4]，东汉末年张仲景的

---

〔1〕［德］恩格斯：“路德维希·费尔巴哈和德国古典哲学的终结”，载《马克思恩格斯选集》（第4卷），人民出版社1972年版，第248页。

〔2〕郑成思：《知识产权法——新世纪初的若干研究重点》，法律出版社2004年版，第161～162页。

〔3〕天文学和数学著作，约成书于公元前1世纪，阐明盖天说和四分历法。唐初被规定为国子监明算科教材。

〔4〕甘德、石申，战国时期卓越天文学家。甘德的《天文星占》八卷与石申的《天文》八卷被后人合为一部，称《甘石星经》，是世界上最早的一部天文学著作，宋代以后失传。从唐代的天文学书籍《开元占经》里可见到其片断摘录，表明甘德和石申系统地观察了金、木、水、火、土五大行星的运行，发现了五大行星的出没规律；记录了800颗恒星的名字，测定了121颗恒星的方位。后人将该测定记录称为《甘石星表》，这是世界上最早的恒星表，比希腊天文学家伊巴谷测编的欧洲第一个恒星表大约早二百年，后世许多天文学家在测量日、月、行星的位置和运动时，都要用到《甘石星经》中的数据。另有意思的是，甘德、石申的一次星象观察发现，还被楚、魏、齐、秦等国作了不同解读，即时开启了新一轮的战国争雄。当今《全美百科全书》（30卷）天文卷对甘德、石申的贡献有详细记载。在18世纪之前太阳系中各个星系所有的发现全是中国人，比伽利略早2000年，伽利略最重要的天文观测成就是木卫二，但是是按照甘德、石申的图看的木卫二；美国人登到月球之后对天文最大贡献的人进行定位，与国际天文学会共同决定，将月球背面一个最大的环形山定名为石申山。

《伤寒杂病论》[1]、唐代孙思邈的《千金要方》[2]等。北宋沈括的《梦溪笔谈》，全书30卷17目，凡609条，含天文、数学、物理、化学、生物等各学科，涉古代中国自然科学、工艺技术及社会历史现象，其价值非凡，具世界性影响。日本在19世纪中期对该书排印；20世纪，法、德、英、美、意等国都有学者深入研究，其前早有英、法、意、德等各种语译本，被英国科学史家李约瑟评价为“中国科学史上的里程碑”。

明朝科学家宋应星的《天工开物》，3卷18篇，全书收录农业、手工业，诸如机械、砖瓦、陶瓷、硫黄、烛、纸、兵器、火药、纺织、染色、制盐、采煤、榨油等生产技术，是世界上第一部关于农业和手工业生产的综合性著作，是中国古代一部综合性的科学技术著作，强调人类要和自然相协调、人力要与自然力相配合，更多着眼于手工业，突出反映了中国明代末期出现资本主义萌芽时期的生产力状况。该书于崇祯十年（1637年）初版发行，很快便引起了学术界与刻书界的注意，被外国学者称为“中国17世纪的工艺百科全书”。第二版于清初刊刻发行，南北各地流通，成为向国外出口书籍之一。17世纪传入日本，1771年日本书商发行翻刻本，学者佐藤信渊依据宋应星的天工开物思想提出了富国济民的“开物之学”。18世纪传到朝鲜，受到李朝后期知识界尤其是学派学者重视。18世纪至20世纪在欧美国家传播，法、英、德、意等欧洲国家和美国大图书馆都藏有此书不同时期的中文本。1830年法兰西学院汉学家儒莲将丹青章论银朱部分译成法文；1832年被转译为英文刊于印度《孟加拉亚洲学会学报》；1833年此书制墨及铜合金部分译文又发表于法国《化学年鉴》及《科学院院报》，后又被译成英文和德文。1837年《天工开物》养蚕部分及《授时通考·蚕桑门》被译成法文，由巴黎皇家印刷出版，名为《桑蚕辑要》。因其提供了一整套关于养蚕、防治蚕病的完整经验，对欧洲蚕丝业产生了很大影响。英国生物学家达尔文在读了儒莲翻译的《天工开物》中论桑蚕部分的译本后，把它称为“权威著作”。达尔文在

---

〔1〕 中国传统中医学之集大成，作者东汉南阳人，公元219年张仲景去世，该书失去作者庇护，开始了世间之旅，因书籍传播只能靠手抄，流传十分艰难。原书亡失。至晋朝一代，太医令王叔和偶然见到此书，虽已断简残章，仍兴奋难耐，便利用其身份，全力搜集《伤寒杂病论》各种抄本，并最终找全伤寒部分，加以整理，名为《伤寒论》。《伤寒论》著论22篇，记述397条治法，载方113首，总计5万余字，但《伤寒杂病论》中的杂病部分没了踪迹。就王叔和之功，清代名医徐大椿说，“苟无叔和，焉有此书”。

〔2〕 作者以人命重于千金，故取“千金”为书名。乃感于当时方药本草卷帙浩繁，求检不易，乃博采群经，去复删繁，并结合个人经验撰成 。

他的《动物和植物在家养下的变异》卷一谈到养蚕时写道："关于中国古代养蚕的情况，见于儒莲的权威著作。"他把中国古代养蚕技术措施作为论证人工选择和人工变异的例证之一。18世纪欧洲工业革命已开序幕，但农业生产十分落后，《天工开物》的传入直接推动了欧洲农业革命。欧洲从12世纪学会造纸，但一直以破布为原料单一生产麻纸，18世纪以后耗纸量激增，但破布供应有限，于是造纸业出现原料危机。1840年儒莲将《天工开物》造纸章译成法文刊于《科学院院报》，其中提到以野生树皮纤维、竹类及草类纤维代替破布造纸，还可用各种原料混合制浆。这些信息迅速得到反馈，法、英、德人皆以其他原料成功造纸，终使造纸原料危机得以缓解。1869年，儒莲和法国化学家商毕昂把《天工开物》有关手工业各章的法文摘译，集中收于《中华帝国工业之今昔》一书，在巴黎出版。1964年德国学者蒂路把《天工开物》前四章《乃粒》《乃服》《彰施》及《粹精》译成德文并加注释，题目为《宋应星著前四章》。1966年，美国宾夕法尼亚大学的任以都博士将《天工开物》全文译成英文，并加译注，题为《宋应星著17世纪中国技术书》，在伦敦和宾夕法尼亚两地同时出版。这是《天工开物》第一个英文全译本。可见《天工开物》对世界的影响长达4个世纪，受益最大最多者均为欧美今日发达国家。因此可以说欧美今日发达国家之财富，很大程度上无不受益于中华民族古代之先进科技；今日欧美发达国家在享受现代科技文明成果时，实在当扪心自问和饮水思源。

世人皆知的东汉的造纸术、北宋的印刷术、指南针和火药，此中国古代四大发明，更是中国古代人民的伟大创造，对政治、经济、文化发展产生了巨大的推动作用。这些发明经由各种途径传至欧美，对世界科学技术文明发展均产生了极大影响。1620年英国哲学家培根曾在《新工具》一书中提到："印刷术、火药、指南针这三种发明已经在世界范围内把事物的全部面貌和情况都改变了。"1861年至1863年，马克思和恩格斯更是将这些发明的意义推到了新的高峰。马克思在《机械、自然力和科学的运用》中写道："火药、指南针、印刷术——这是预告资产阶级社会到来的三大发明。火药把骑士阶层炸得粉碎，指南针打开了世界市场并建立了殖民地，而印刷术则变成了新教的工具，总的来说变成了科学复兴的手段，变成对精神发展创造必要前提的最强大的杠杆。"[1]恩格斯在《德国农民战争》中指出："一系列的发明都各

---

〔1〕［德］马克思："机械、自然力和科学的运用"，载《马克思恩格斯文集》（第8卷），人民出版社2009年版，第338页。

有或多或少的重要意义，其中具有光辉的历史意义的就是火药和印刷术的发明。现在已经毫无疑义地证实了，火药是从中国经过印度传给阿拉伯人，又由阿拉伯人和火药武器一道经过西班牙传入欧洲。”[1]英国汉学家麦都思指出：“中国人的发明天才，很早就表现在多方面。中国人的三大发明［航海罗盘（司南）、印刷术、火药］，对欧洲文明的发展，提供异乎寻常的推动力。”来华传教士、汉学家艾约瑟最先在上述三大发明中加入造纸术，他在比较日本和中国时指出：“我们必须永远记住，他们（指日本）没有如同印刷术、造纸、指南针和火药那种卓越的发明。”中华民族的这个发明清单又被后来的著名英国生化学家、历史学家和汉学家李约瑟发扬光大。

编纂于明朝永乐年间的《永乐大典》，乃为姚广孝以及内阁首辅解缙总编的一部中国古典集大成的旷世大典，是中国百科全书式的文献集，全书22 937卷，由两千名学者在1403年至1408年编成（目录占60卷），11 095册，约3.7亿字，汇集了古今图书七八千种，显示了中国古代科学文化的光辉成就。但《永乐大典》除正本尚未确定外，副本亦惨遭浩劫，多亡于战火，仅存800余卷散落于世界多地。《不列颠百科全书》在“百科全书”条目中称中国明代类书《永乐大典》为“世界有史以来最大的百科全书”。《永乐大典》已经成了中国文化的一个灿烂的符号。

中国古代先进的科学技术和灿烂的文化文明，中华民族没有独坐自享，而是贡献给了世界，奉献给了人类，并且也坚实地促进和奠定了人类知识产权法律制度的本源基础，为后世知识产权制度的产生繁荣作出了不可否认和磨灭的功绩。中国古人能够做到的事情，中华民族的后代们也一定能够做到。今世今生的我们，不可数典忘祖，也不应妄自菲薄和失却自信！

“中国应当对于人类有较大的贡献。”[2]“在科学技术方面，我国古代创造过辉煌的成就，四大发明对世界文明的进步起了伟大作用。但是我们祖先的成就，只能用来坚定我们赶超世界先进水平的信心，而不能用来安慰我们现实的落后。我们现在在科学技术方面的创造，同我们这样一个社会主义国家的地位是很不相称的。”[3]

[1] ［德］恩格斯：“德国农民战争”，载《马克思恩格斯全集》（第7卷），人民出版社1959年版，第386页。

[2] 毛泽东：“纪念孙中山先生”，载《毛泽东著作选读》（下册），人民出版社1986年版，第755页。

[3] 邓小平：“在全国科学大会开幕式上的讲话”，载《邓小平文选》（第2卷），人民出版社1994年版，第90页。

第四节　我国知识产权制度的历史渊源：挨打落后中的醒悟

“中国封建社会内的商品经济的发展，已经孕育着资本主义的萌芽，如果没有外国资本主义的影响，中国也将缓慢地发展到资本主义社会。外国资本主义的侵入，促进了这种发展。”〔1〕

（一）中国专利制度的产生

中国古代科技，遥领于先，影响后世者众。但自明朝发明牙刷之后，却思智僵化；后虽历康乾时盛，但其自傲自大、闭关锁国致随后败象丛生，洋人入侵，国将无国，民将族亡。究其缘由，有认“器不如人”，有认“制不如人”所致。〔2〕其间有知识分子将国外专利思想引入。洪仁玕在其《资政新篇》中提出：“倘有人能造如外邦火轮车，一日夜能行七八千里者，准其自专其利，限满准他人仿效。”〔3〕此即国外专利制度之翻版，亦“专利”之由来。1881年改良派郑观应在筹建上海机器织布局时，上书李鸿章，要求给织布局机器织布工业以10年专利。次年经李鸿章奏请，光绪帝御赐该局用机器织布10年专利。此后，这种工业垄断权逐渐增多，如1889年广州商人钟锡良在广州开设造纸厂，被批准专利10年；1895年，烟台开办酒厂用葡萄酿酒，被批准专利15年。后光绪接收维新派“除旧布新”之建议，于1898年颁布《振兴工艺给奖章程》。但变法失败，该章程失其意义。孙中山领导推翻帝制，遂公布《奖励工艺品暂行规章》。1944年民国政府颁布《中华民国专利法》。

中华人民共和国成立后，政务院于1950年公布《保障发明与专利权暂行条例》，1963年公布《发明奖励条例》。1978年中国共产党第十一届中央委员会第三次全体会议决定将工作中心转移到经济建设上来，提出“四个现代化，关键是科学技术的现代化”“科学技术叫生产力，科技人员就是劳动者”〔4〕等重要论断，专利制度受到重视。1979年国家科委成立专利法起草小组；

---

〔1〕 毛泽东：“中国革命和中国共产党”，载《毛泽东选集》（第2卷），人民出版社1991年版，第626页。

〔2〕 鸦片战争失败，有认为系因“器不如人”“制度不如人”“文化不如人”，甚或“字不如人”者，故欲“师以夷而治夷”。但洋务运动30年之最大成果于1894年甲午海战全军覆没，康梁变法以失败告终，文化、文字还依然存在；而洋烟洋火、洋布洋袜、洋钉洋车、洋油洋灯、洋枪洋炮则更加激烈充斥。

〔3〕 洪仁玕：“资政新篇”，载金敏黻等编辑：《太平天国史料》，中华书局1955年版，第29页。

〔4〕 邓小平：“科研工作要走在前面”，载《邓小平文选》（第2卷），人民出版社1994年第2版，第34页。

1980年建立中国专利局；1984年3月第六届全国人大常委会通过《专利法》，并于1985年4月1日正式实施；1986年颁布的《民法通则》，将专利权列入基本民事权利类型，规定“知识产权”专节；第95条规定，“公民、法人依法取得的专利权受法律保护”。第97条规定了公民的发现权、发明权和其他科技成果权及其证书和相关奖励制度。其后，《专利法》于1992年、2000年、2008年、2020年修正，以更好地适应社会发展的需要。

（二）中国商标制度的产生

先有商品，后有商标；先有器物之发明，后有器物之标识。东周时期兵器中被争相购置的“干将”“莫邪”宝剑之类，已开始具有相同产品的不同来源和质量的功能。战国时期的铜器上可见不同制作者的身份与名称。宋代山东刘家功夫针铺在功夫针包装上使用“白兔标识”，使消费者认明商品来源，当为真正意义上之商标。“杏花村”“浔阳楼”作为酒店招牌，亦具相同商品不同来源之功用。但现代意义的商标制度，则是在鸦片战争后伴随帝国主义强迫清政府签订的对外通商条约中产生的。1902年《中英续订商约》规定：“英国本有保护华商贸易牌号，以防英国人民违反迹近假冒之弊。中国现亦应允保护英国贸易牌号，以防中国人民违反迹近假冒之弊。”1903年《中美商约》规定：“美国人民之商标，在中国所设立之注册局所，由中国官员查察后，缴纳公道规费，并遵守所定公平章程，中国政府允示禁冒用。”在日本、葡萄牙等国与清政府所订不平等条约中，也有类似条款。此条约条款直接导致1904年清政府颁布《商标注册试办章程》；1923年国民政府颁布《商标法》44条；1930年国民政府另行颁布《新商标法》。依照这些商标法的规定，当时申请商标注册的多为外国商人，系为保护外国商人利益而设。

中华人民共和国成立后，1950年公布《商标注册暂行条例》，1963年公布《商标管理条例》，1982年通过《商标法》。1986年的《民法通则》也将商标权上升规定为民商事主体的基本民商权利，于第96条规定：“法人、个体工商户、个人合伙依法取得商标专用权受法律保护。”将专利权、商标权、版权及其他智力成果权一起规定于“知识产权”专节。

（三）中国版权制度之产生

中国古代具有灿烂的科学技术和思想文化。雕版印刷的采用，产生于隋唐时期。1907年英国人斯坦因（Aurel Stein）从中国敦煌千佛洞中偷盗走的唐懿宗咸通九年（公元868年）四月十五日由王印成的汉字本《金刚般若波罗蜜经》（即《金刚经》，现存于伦敦大英博物馆），被认为是世界上第一部雕版印刷书籍。在我国，由于独立方块汉字的优势，即使是雕版印刷，也可能大规模出版图书。[1]故于公元932年，朝廷明田敏在国子监主持校正《九经》并且“刻板印卖”，可认为当时的国子监乃是世界上第一个官办的以出售为目的而大量印制图书的出版社，自此“天下书籍遂广”。其中刻板、校正、印刷、出售，自然花费材料、人工、智力，且需取得利润，故版权保护已有客观需要。特别是活字印刷术对印刷业的促进，使作品得以简便传播。为谋利益，翻版印刷出现。为防止翻版，实践中已有“追版劈毁，断罪施刑”之措施，有些书籍中也有“已申上司，不许复版”之记载。故开始出现旨在保护作者、编者及出版者利益而禁止抄袭、翻版的官方榜文。但这只是对印刷出版者的控制，并无对作品创作者的保护，只在极个别情况下涉及对作品作者利益的关注和保护。[2]

中国的活字印刷术被英国引进，开始尚鼓励印刷和进口图书。至1534年英国取消图书进口自由。1556年印制图书自由也被取消。随即盗印图书活动猖獗，直接影响了出版商的利益。出版商们强烈要求能通过法律以保护他们的翻印专有权。与此同时，要求保护作者权的呼声也与日俱增。1690年，英国哲学家洛克在《论国民政府的两个条约》中指出：作者在创作作品时花费的时间和劳动，与其他劳动成果的创作人的花费没有什么不同，因此作品也应当像其他劳动成品一样，获得应有的报酬。这种要求完全符合私有财产权制度的要求。1709年，英国通过了世界上第一部版权法——《安娜女王法令》，即《为鼓励知识创作而授予作者及购买者就其印刷成册的图书在一定时期内之权利的法》，此即真正意义上的既保护出版商的利益也保护作品作者的利益的现代意义的版权法或者著作权法。

---

〔1〕 1919年五四运动时期，认为洋务运动“器不如人”和戊戌维新“制不如人”都太肤浅，中国的最大问题是思想文化不如人，因此提出打倒孔家店。先驱们曾认为导致中国落后的罪魁祸首是“汉字”，是“字不如人”，故提出要废除汉字。值得提出的是，在中国改革开放40周年100名改革先锋称号、改革先锋奖章者中，有一位是推动汉字信息化的“王码五笔字型”发明者王永民。王永民创立汉字键盘设计三原理及数学模型，于1983年发明“王码五笔字型”汉字输入法，首创“汉字字根周期表”，有效解决了进入信息时代的汉字输入难题。1998年发明“98规范王码”，该发明是符合国家语言文字规范并较早通过鉴定的汉字输入法，推动了计算机在我国的普及，其发明技术获得中、美、英等国专利40余项。

〔2〕 宋咸淳二年（1266年）六月的一份附于古书《方舆胜览》后的福建转运司的《附白》写道：创作者吴吉之父，撰有《事文类聚》等三部书，吴吉本人编撰了《朱子四书附录》。这四部书是吴吉父子“一生灯窗辛勤所就，非其他剽窃编类者比。当来累经两浙转运司、浙东提举司给榜禁辑翻刊”。于是，福建地方官也以同样“给榜”形式，“约束所属不得翻刊上述书版”。参见祝洙著，祝穆编：《方舆胜览》，上海古籍出版社1986年版；另见郑成思：《知识产权法——新世纪初的若干研究重点》，法律出版社2004年版，第268页。

中国的近现代版权制度同样是伴随着帝国主义的经济掠夺和文化入侵产生的。鸦片战争后，著作权观念与制度传入中国。1903 年的《中美续议通商行船条约》《中日续议通商行船条约》始有著作权保护条款。伴随“西风东渐”和《大清民律草案》的制定，1910 年颁布《大清著作权律》，1915 年、1928 年相应政府均颁布《著作权法》。中华人民共和国成立后，50 年代至 60 年代，主要通过相关部门规定，强调要尊重著作权和出版权，不得从事翻版、抄袭、篡改等行为。80 年代随对外开放，1981 年国务院批准《国家出版局加强对外合作出版管理的暂行规定》，1983 年颁布《关于处理中美双方目前互相翻印、翻译出版书刊版权问题的意见》，1984 年颁布《图书、期刊版权保护施行条例》。在民商基本法范围内，1986 年的《民法通则》在民事权利章规定知识产权专节，于第 94 条明确规定：“公民、法人享有著作权（版权），依法有署名、发表、出版、获得报酬等权利。”这标志着我国著作权法律制度进入一个新的层次和阶段，1990 年专门颁布《著作权法》，其中包括了著作权，还包括了邻接权（出版、表演、录音录像、播放者权）。

这里需要提出和注意的是，近代中国版权制度的产生，其开始的催生因素在于保护外国人的版权利益。改革开放之初，版权制度进步，也有首先为调整对外出版合作之需要。但当今现代市场经济条件下的版权制度，定当是全部民商主体之版权利益，而不应再有任何的局部性、应时性和片面性。

第五节　知识产权发展模式的选择：新时代民商法典编纂的应然之路

我国《民法通则》在对以科学技术和文化思想为基础的知识产权的规定和保护上，从应时性、局部性和片面性的层次将其逐步提升到了全局性、普适性、长远性的高度，于民事权利章专门规定知识产权一节，使之与物权、债权等基本民事权利并列平行。应当说，这有着十分鲜明的科学性、时代性、先进性和民族性。[1]在编纂民法典的第一步中，《民法总则》沿袭了《民法通则》的做法，依然规定“民事权利”专章，于第 123 条规定：“民事主体依法享有知识产权。知识产权是权利人依法就下列客体享有的专有的权利：

〔1〕王家福先生认为“在《民法通则》中对知识产权作出明确规定具有划时代的意义”。参见最高人民法院《民法通则》培训班编辑组、全国法院干部业余法律大学：《民法通则讲座》，北京市文化出版处 1986 年版，第 211 页。

（一）作品；（二）发明、实用新型、外观设计；（三）商标；（四）地理标志；（五）商业秘密；（六）集成电路布图设计；（七）植物新品种；（八）法律规定的其他客体。”这使得知识产权与人身权、物权、债权仍处于同等的法律地位，并且补充了知识产权客体类型。按照正常的逻辑思路，这里对民事权利类型抽象概括的宣誓和提纲挈领的规定，无疑是为民法典分编编纂中就各民事权利类型独立成编指明了清晰的方向和留下了广阔的空间，即知识产权也要与物权一样成为民法典的独立一编。但令人遗憾的是，在民法典编纂的第二步即起草的民法典各分编草案中，却没有了知识产权的踪影。为此，在全国人大常委会对民法典各分编草案的审议中自然引发了争议。〔1〕综合关于知识产权制度的现代发展模式，概有三种主要观点：一是认为知识产权仍应采取现行的单行法形式；〔2〕二是认为可先将知识产权嵌入性编入《民法典》，然后再成独立之知识产权法典；〔3〕三是认为知识产权当为《民法典》的独立一编。〔4〕对此主要主张，笔者坚持知识产权应当成为《民法典》〔5〕的专门一编。

第一，从知识产权的社会基础看，科技进步已成为我国社会发展的新亮点。在近现代社会，经济发展、民生改善、国家安全、民族复兴都离不开科技的进步。改革开放，中国在科学技术的创造创新上显现出了巨大的活力和

---

〔1〕 朱宁宁：“知识产权是否单独入‘典’引发常委会委员热议”，载《法制日报》2018年9月4日。

〔2〕 梁慧星：《中国民法典草案建议稿附理由》中为总则编、物权编、债权总则编、合同编、侵权责任编、亲属编、继承编；梁慧星：《民法典编纂若干理论问题的思考》（2016年10月17日四川大学法学院演讲，由博士生周奥杰根据录音整理、本人进行补充修改定稿，2016年12月16日）。

〔3〕 吴汉东：“知识产权立法体例与民法典编纂”，载《中国法学》2003年第1期；“民法法典化运动中的知识产权法”，载《中国法学》2016年第4期。

〔4〕 中国人民大学知识产权学院院长、中国知识产权法学研究会会长刘春田教授主张知识产权应当是民法典的一编。参见刘春田：“我国民法典设立知识产权编的合理性”，载《知识产权》2018年第9期。相同主张者，易继明教授认为：知识产权法整体“入典”，既是知识产权制度自身的体系化，也是现代民法典不断自我完善的过程。参见易继明：“中国民法典制定背景下知识产权立法的选择”，载《陕西师范大学学报（哲学社会科学版）》2017年第2期。另见王明锁：“我国民法应当具备的科学体系”，载河南省民法学研究会编：《中州民法论坛荟萃》，法律出版社1990年版；“论中国民法法典化”，载《法学研究》1995年（增总）第1期；“论中国民商立法及其模式选择”，载《法律科学（西北政法大学学报）》1999年第5期；王明锁：《中国民商法体系哲学研究》，中国政法大学出版社2011年版。另据梁慧星先生所讲，江平教授、王家福教授、魏振瀛教授均主张民法典设立知识产权编，参见梁慧星：《民法典编纂若干理论问题的思考》（2016年10月17日四川大学法学院演讲）。

〔5〕 由于我国坚持民商合一的立法模式，故现在编纂的《民法典》，从更为科学准确的角度，当被称为《民商法典》。参见王明锁：“民商合一模式的演进及民法典编纂中的创新性选择”，载《北方法学》2018年第2期。

竞争力。从社会创新土壤、创新人才、创新战略理念及政策法律导向上看，我国现代科学技术发展都有了相当深厚的基础，整体上作为一个创新型国家的格局已经形成，科技发展对国际的贡献也越来越大，开始从更多地跟人学、跟着走进入平等交流甚至领着走的阶段，也形成了当代中国对李约瑟关于“为什么近代科学蓬勃发展没有出现在中国之问”的答案。根据世界知识产权（WIPO）公布的2017年全球国际专利的统计数据，从各个国家的申请数量看，中国较上年增加了13.4%，至48 882件，超过了日本的48 208件，位于首次升至全球第二位；首位的美国申请数达到56 624件。从企业申请数量看，中国通信设备巨头华为技术与中兴通讯（ZTE）等中国企业再次占据第一位和第二位；位居第三的是美国半导体巨头英特尔。进入榜单的日本企业分别是排名第四的三菱电机和排名第九的索尼。在日本技术强国的地位发生动摇的背景下，知识产权领域逐渐走向中美两强时代。2018年中国企业500强中有382家企业提供了专利数据，比上年多了9家；共申报专利95.55万件，较上年增长29.60%，增速较上年提高15.14个百分点；共申报发明专利34.55万件，较上年大幅增长51.72%，增速提高了31.79个百分点。华为和国家电网的专利数量均超过7万件，其中华为有7.43万件，居首位。发明专利方面，华为以6.69万件高居首位。〔1〕可见，科技发明在企业法人资产及我国经济生活中已经具有十分重要的意义。此种形势下，“技术问题与法律问题总是存在交叉互动的关系”，〔2〕“在现代国家中，法不仅必须适应于总的经济状况，不仅必须是它的表现，而且还必须是不因内在矛盾而自己推翻自己的内部和谐一致的表现”。〔3〕因此于民法典的民商事权利体系中，不仅要有反映物质财富的物权制度，也要有反映知识产品或者精神财富的知识产权制度。

第二，从市场经济的构成要素看，技术市场和知识产权不应缺位。中国共产党第十八届中央委员会第四次全体会议决定指出“加强市场法律制度建设，编纂民法典”。这里的市场，理应包括人才市场、物品市场、技术市场或智力成果市场；其机制体系必然是市场主体、市场客体以及主体对客体进行支配的权利。市场客体中，科学技术和知识产品越来越凸显出其从未有过的

〔1〕“2018中国500强企业：国网蝉联榜首，华为专利数量最多”，载《北晚新视觉综合》2018年9月2日。在统计学方面，是专利申请量，还是专利批准授予量更能真实反映科技进步及其成果的问题有待得到重视和研究，但已经能从某种程度上说明中国科技进步的发展现状与前景了。

〔2〕李扬主编：《知识产权的合理性、危机及其未来模式》，法律出版社2003年版，第290页。

〔3〕［德］恩格斯：“恩格斯致康·施米特”，载《马克思恩格斯选集》，人民出版社1972年版，第483页。

重要地位。与此相适应，民商基本法应对知识产权进行确认和加强保护。习近平总书记在中国首届进口博览会致辞中指出：要营造国际一流营商环境。中国将保护外资企业合法权益，坚决依法惩处侵犯外商合法权益特别是侵犯知识产权行为。[1]因此，在全面深化改革、扩大开放，让市场在资源配置中真正起决定性作用，加强市场法律制度建设和营造诚信一流的营商环境中，知识产权绝不应当缺位或者被降低规格，不应当停留在重物质财富而轻智力成果的层次。那种“贪钱重物迷娱乐，科学巨匠无人问”的社会现象是误国、误民、误前途的。对此作为民商基本法的民法典绝不应当编而不见、视而不管或无所作为。

第三，从法典内容的逻辑结构上看，不能没有知识产权的权利类型。人才市场存在和交流的前提是民商主体人身权中的人格平等和身份自由；物品市场存在和交流的前提是物权中的财产所有权；科学技术市场存在和交流的前提乃是知识产权，如通常的专利技术版权等。[2]编纂民法典，必须按照一定的标准规则和逻辑技术，将有关的市场交易规则上升为具有科学体系的民商法律规范，而不应是简单地将现有法律汇编在一起，也不能是简单挑拣，将现成的或传统上认为正确无争议的物权入典，[3]而将个别人认为有困难的知识产权予以排除。如果将知识产权排除在民法典之外，那技术市场就没有了存在和交换的客体基础和权利结构。无论从与人身权、物权的权利类型的照应上，还是从与合同中的技术转让合同、技术使用合同、商标转让合同、商标使用合同、出版合同、演出合同等具体处分和转让权利内容的关系上，都应有知识产权编的事先存在。否则，民法典草案合同之债部分中的技术合

〔1〕 习近平：《共建创新包容的开放型世界经济——在首届中国国际进口博览会开幕式上的主旨演讲》（新华社 2018 年 11 月 5 日电）。

〔2〕 全国技术转移公共服务平台公布的专利求购信息：求购一种医疗影像，价格面议；求购化妆品 300 万元；求购一种低成本、低价格一次性卫生环保睡袋 10 万元；求购智能包装箱 10 万元；求购腰扭伤急性慢性特效药 40 万元。专利出售信息：发动机与变速箱之间的离合器片快速拆装设计，价格面议；一种治疗风湿关节痹病的膏药（公开号：CN104800823A），价格面议；汽车入水保护系统，价格面议；专利转让一种组合式不泄漏异味和尿液的狗厕所，价格面议；专利转让砻谷机 20 万元；专利转让怀菊花保健枕头，1 万元；一种多功能棒料加工装置（公开号：CN206912277U），价格面议；一种四驱越野车传动系统，价格面议；一种拼音输入法及其键盘；文字转语音识别眼镜（访问时间 2018 年 12 月 27 日 18 时）。

〔3〕 举一简单例子。有人向某著名大学一位物权法博导询问：“学生向老师借自行车一个星期，老师同意了，将车子交给学生。学生接过车子，骑上车子跑外地去了。这一星期内，学生在外地对老师的这辆自行车享不享有物权？”这位专家不能或拒绝回答，而把问题推给读者，看哪位读者愿意回答。原因在于看似简单，在教科书中毫无争议的这一问题，却会导致传统物权法理论大厦的垮塌。

同以及侵权行为之债中的侵害知识产权的行为类型就都会成为“无源之水，无本之木”，就连继承遗产种类中的知识产权也会失去前提和法律体系上的依据。

第四，从法典编纂与修订的技术上看，法律的正常修改不应成为将知识产权编入民法典的障碍。有人将知识产权法变化较快作为知识产权不应编入民法典的理由，认为知识产权法变动性大，民法典具有稳定性，如果将知识产权纳入民法典，将不利于对知识产权的修改。对此若从历史上编纂和修改法典的技术上考察，《法国民法典》从起草到颁布，历时3年7个月，2283条，分人、财产及所有权变更、取得财产的各种方法三卷。其编排体系科学、逻辑严谨、用语简明、内容确切，是一部“典型的资产阶级社会的法典”，〔1〕“成为世界各地编纂法典时当做基础来使用的法典”。〔2〕自颁布至今210多年，期间大小修改几乎难以统计，但风采依旧，仍为原本的2283条。只论其编纂修订技术，即令我国目前为编修民法典而犯难者汗颜。〔3〕即使近看眼前我国改革开放四十年，作为我国根本法的《宪法》从1982年颁布至今也已5次修正，而《专利法》《商标法》则修正4次，《著作权法》修正3次。可见根本法都比单行的专利法、商标法修改次数多，怎么能将修改次数作为编纂法典的障碍呢？因此，知识产权法变化较快而不便进入民法典的主张，只能说是其观念落后，或者说是对责任担当的一种逃避和推脱。若以此思路，必然是将民商事单行法简单汇编或选编成所谓的民法典而已，根本谈不上所谓民法典之编纂。法典编纂理应根据法律部门的性质作用进行甄别调整、补充增加、改动剔除等，使民商者归民商，行政者归行政。〔4〕如此，原来的民商事法律方能得到铅洗锻萃，相关行政法规范也将得以充实完善和升华发展。

第五，从法典编纂规范的性质上看，知识产权法具有混合规范的性质，也不应成为阻碍知识产权编入民法典的理由。有人认为，知识产权法中包含

---

〔1〕［德］恩格斯：“路德维希·费尔巴哈和德国古典哲学的终结”，载《马克思恩格斯选集》（第4卷），人民出版社1972年版，第248页。

〔2〕［德］恩格斯：“恩格斯致康·施米特（1890年10月27日）”，载《马克思恩格斯选集》（第4卷），人民出版社1972年版，第484页。

〔3〕王明锁：“论法律的修改技术及其价值判断——以几部民商法的修改为例”，载《河南师范大学学报（哲学社会科学版）》2009年第1期。

〔4〕如有的著作将著作权管理（含管理组织、行政管理、集体管理）、著作权保护（含侵权行为、侵权诉讼、纠纷仲裁、救济措施）、专利许可证贸易、注册商标的补正（含注册不当商标的撤销、争议的裁定）、商标的管理、商标权的保护等都作为单独的章来安排。参见马治国、曹新明主编：《知识产权法学》，刘春田审订，人民法院出版社、中国人民公安大学出版社2003年版。

着民事性规范和行政性、程序性、商法性规范，是公法与私法的混合；如果将知识产权编入民法典，就会破坏民法典属于民事法律规范的私法性质。此观点听起来似有道理，但根本经不起分析。其一，公法私法自古争议，哪有单纯的公与单纯的私需要截然区分？其二，我国民法典编纂，本持民商合一，代理、合同中已经包含商事在内，此处为什么认为知识产权为商事性规范而不能编入民法典？其三，行政性和程序性规范，与民法典其他内容难道就没有联系？物权中的不动产登记、婚姻中的结婚登记、合同中的审批、继承中的遗嘱公证等，并没有影响物权、婚姻、合同、遗嘱成为民法典的天然内容，而为什么知识产权因其与行政管理的联系就不能进入民法典？所谓的民法典编纂，本来就是要按照一定的理念规则，科学合理、严谨周密地对现有规范进行整合的，但有人却主张把编纂民法典简单地做成汇编，将现有规范机械地甚至原封不动地编到一起就算万事大吉或大功告成。应当说，这种主张和做法从本质上就没有把握编纂之本义，或者说依然是一种没有责任担当或者是一种不作为的态度。[1]为什么我们不能通过民法典的编纂，使知识产权法部分中的民事的归民事、行政的归行政？这不正是通过法典编纂才能解决的问题和要达到的目的吗？不愿意通过科学编纂的方式让知识产权保留并提升到与物权平行的民事基本法律制度，其真实原因是什么呢？[2]

第六，从知识产权的规范存量上看，知识产权应当而且完全可以成为民法典的独立一编。有人认为知识产权的内容分散且较少，将其编入民法典，并不会增加民法典的存量，知识产权是社会生活的很小部分，创业、创新是精英们的事情，与小企业和老百姓并无关系，并以此反对将知识产权编入民法典。应当说，此种观点更是不顾事实。其一，难道要分别为平民百姓和精英立法吗？难道立法要回到“礼不下庶人、刑不上大夫”的等级立法的历史

---

〔1〕 这种情况普遍存在。如“在不同类型的社会形态的民法典中，都可以看到关于债的规定，债在整个民法中有不可忽视的作用”。(赵中孚关于债的论述）王家福先生针对制定侵权行为法的状况曾经鲜明警醒地指出：“我国现在正在制定《侵权责任法》，这种思路是一个单行法架构的思路。应该说侵权法和合同法是相对应的，是债权篇里的主要内容，应该统一在债权篇的法律规定里。”王家福：“新中国的民事立法感言”，载《法学家》2009 年第 5 期。但是，我们的立法实践却将债砍切分割为合同和侵权责任，并将知识产权干脆排除于民法典分编之外。

〔2〕 在民法典编纂过程中迫不及待地单独对专利法进行修改，不是消减行政对知识产权私权的干预，而恰是加大加重行政管理，即可说明科学编纂民法典困难之所在。易继明：“评中国专利法第四次修订草案”，载《私法》2018 年第 2 期。此类问题在不动产统一登记方面也曾存在。如有人反对不动产统一登记，仍主张保留将不动产区分为房产、土地、农业、林业、矿产等，分别由相应不同行政主管部门进行登记的制度。

吗？其二，“人民，只有人民，才是创造世界历史的动力”，群众是真正的英雄，高手在民间。认为发明创造仅是精英的事情，乃纯粹脱离实际和无视现实，[1]与党和国家“大众创业、万众创新”的理念号召完全背道而驰。其三，知识产权由专利、商标、版权、其他知识产权部分共同组成，只现有条文即为210条。而婚姻法51条、继承法37条，人格权编加来加去也就40多条，难道将其编入民法典是因其存量大，而不能把知识产权纳入民法典反而是因其存量小？其四，在编纂民法典的开始阶段，许多人为了宣扬自己能参与编纂的民法典的重要性，就竞唱“民法典是社会百科全书”“是权利法和权利宣言”的高调，但真正静下心来认真读一读公布的民法典草案的条文内容，真的具有百科全书的内容和感受吗，并且还反对将知识产权编入民法典。其五，在中国科学院第十九次院士大会、中国工程院第十四次院士大会上，习近平总书记站在建成社会主义现代化强国的战略高度明确指出：“实现建成社会主义现代化强国的伟大目标，实现中华民族伟大复兴的中国梦，我们必须具有强大的科技实力和创新能力。”[2]这为我们提出了推进科技创新的具体要求，为我们建设世界科技强国指明了方向。而我们编纂民法典，为什么不能把在现代市场经济生活中处于核心地位的促进科学技术进步的知识产权放进民法典，从而使民法典真正具有更为充实现代的丰富内容，真正具有社会百科全书和权利法的色彩呢？

第七，从编纂民法典所处的时代看，知识产权应当成为民法典的独立一编。编纂民法典的时代，经济、政治、文化等方面都具有前所未有的机遇和挑战。“当代社会历史的客观进程、当代任何重大的科学技术问题、经济问题、社会发展问题和环境问题等所具有的高度的综合性质，不仅要求自然科学、技术科学和社会科学的各主要部门进行多方面的广泛合作，综合运用多学科的知识和方法，而且要求把自然科学、技术和人文社会科学知识结合成为一个创造性的综合体。”[3]凡著名之法典，无不带有时代特性。编纂民法典，70年“三起两落久徘徊，早过甲子未成功”。[4]如今编纂中国特色社会

---

〔1〕 诸如弹棉花机的改进，除草机、摘棉花机、做麻花机的发明，民间非文化遗产的传承等，都说明了人民群众的智慧与创造能力。

〔2〕 习近平：“在中国科学院第十九次院士大会、中国工程院第十四次院士大会上的讲话”，载《人民日报》2018年5月29日。

〔3〕 宋健主编：《现代科学技术基础知识》，科学出版社、中共中央党校出版社1994年版，第46~47页。

〔4〕 王明锁：《中国民商法体系哲学研究》，中国政法大学出版社2011年版，第6~9页。

主义的民法典，理应突出其时代性。中华民族曾为世界提供了先进的科技文明，也已为知识产权法律保护制度做出了巨大贡献和提供了新的智慧。在世界民商法方面，已有不少国家将知识产权作为了民法典的重要内容，〔1〕我国《民法通则》和《民法总则》也已将知识产权提升到了民商基本权利的高度。如果要"不忘初心、牢记使命、继续前进"的话，自然应当在此基础上把知识产权集中凝练提升为民法典的一编。如此模式，将走在世界民商法知识产权制度的前列。而如果回避问题、遇难而退，则无疑与时代精神相悖。如果在当今新时代的大背景下编纂民法典，把本来与物权具有同等权利类型、意义价值的知识产权排除在法典分编之外，不仅不能在立法上有所创新，而且仍旧与世界民商立法具有巨大的明显差距。正如在全国人大常委会审议民法典各分编草案时徐显明委员所强调的那样，权利的与时俱进，决定了民法典的与时俱进。"新诞生的权利在民法典中得不到反映，这样的立法就是落后的。所以在总体考虑上，应把眼光放得再长一些，具有一些历史感。"〔2〕

第八，从对知识产权重要价值的认知程度上，也需要将知识产权提升至基本法民商权利内容的构架层次。知识产权是市场经济和科学技术进步的直接产物，同时反过来又是科学技术进步和国强民富社会全面发展的重要法律武器与法律保障。美国总统林肯曾经说过："专利制度是为天才之火添加利益之油！"至今这句名言还被镌刻在美国国家专利局的大门上。美国、日本靠科技人才和科技实力发展成为经济强国。"现代国际的竞争，说到底是综合国力的竞争，关键是科学技术的竞争。"〔3〕中国改革开放后，已成第二经济实体，被美国视为其挑战。中美贸易之争，美国加征关税，条条针对着中国高技术制造业发展，处处针对着中国产业的转型升级，其核心问题乃为科技进步与知识产权问题。我们对此应当十分清醒和警惕，应当巧善改革和破除发展面临的体制机制上的障碍与不足，鼎力激活蛰伏的各项发展潜能，充分利用上层建筑的法律手段让各类市场主体在科技创新和国内、国际市场竞争的第一线奋勇拼搏。中国编纂民法典，是民商立法水平提升的重大举措，是百年不遇的重大事件。全国人大常委会审议民法典各分编草案，发现知识产权缺位，

〔1〕 参见《意大利民法典》，费安玲、丁玫译，中国政法大学出版社 1997 年版；《越南民法典》，米良译，徐中起校，云南大学出版社 1998 年版。

〔2〕 朱宁宁："知识产权是否单独入'典'引发常委会委员热议"，载《法制日报》2018 年 9 月 4 日。

〔3〕 江泽民："用现代科学技术知识武装起来"，载宋健主编：《现代科学技术基础知识》，科学出版社、中共中央党校出版社 1994 年版，第 i 页。

引发热烈争议。对此，我们理当胸怀全局大局，在法律制度上全力服务于社会科学技术的进步和中国所面临的空前挑战，要对民商法中的知识产权及其相关配套的侵权行为之债和契约行为之债的制度进行明确的宣誓确认和系统规范，以期为社会的全面发展和中华民族的伟大复兴提供强有力的法律服务和法律保障。

第九，从编纂法典应当具有的理念和灵魂看，应当使中国的民商法典在世界民商法之林树起一帜。中国古代在科学技术上对世界做出过重大贡献，如今在知识产权制度上也应当有所作为和创新。中华人民共和国成立使中国人民站了起来，改革开放市场经济的地位给了我们难得的发展机遇！编纂民法典是我国民商立法的大事，是建立中国特色社会主义法治体系和法治中国建设的重要步骤。编纂好民法典的各个分编是编纂好民法典的前提，形成一部科学完整、结构合理、逻辑严谨且具中国特色、中国气派的民法典，是对新时代中国特色社会主义市场经济社会生活在法律上的最集中、最系统的表达。这次民法典编纂的最大特点是其是在社会主要矛盾已经发生深刻变化的背景下进行。编纂民法典，应当从过去的重财物、轻智识，重温饱、轻幸福，重稳定、轻和谐的思路中摆脱出来，理当追求创新和发展。实现中华民族的伟大复兴，不仅要为改革开放四十年取得的社会经济、科技成果而骄傲，更要树立起中国将在世界民商法理论与实践发展方面有新的智慧和贡献的信心。《民法通则》和《民法总则》既然已经将知识产权上升为民商法基本权利类型的高度，那么在民商法典编纂中，就应当像对待物权那样对待知识产权，使其成为专门的一编。

第十，从编纂法典的技术和能力方面看，我国不仅应当而且完全能够成就知识产权编和统一的民商法典。在民法典中是否包括知识产权？有人基于国际上关于规定知识产权的立法认为“没有成功的立法例”；法典化“似乎是令人诚惶诚恐的任务”。〔1〕也有人事前询问和征求外国专家，问能不能在民法典中规定知识产权，得到的回答是“不行”，于是便不再尝试。故认为我们不能将知识产权编入民法典，就在总则中规定这么一条，表明知识产权是私权就可以了。即仍然停留在当时 2002 年民法草案的水平，或者说等以后条件成熟时再编纂专门的知识产权法典。其实这些理由也是站不住脚的。首先，既然承认知识产权是私权，那么就和物权、债权、继承权相同。既然相同，物

〔1〕［比利时］马克·苑·胡克：《比较法的认识论与方法论》，魏磊杰、朱志昊译，法律出版社 2012 年版，第 269 页。

权等可以单独成编，为什么知识产权不能单独成编？其次，《民法总则》既然规定了知识产权，那么便表明知识产权就是民事权利类型，分编就应当对此给予充实和扩展，而不是安于现状和止步不前。最后，立法例成功不成功，本来就没有统一的标准，就像鞋子只有穿在自己的脚上，才知道鞋子合适不合适。《意大利民法典》第五编为劳动，其中第九章为“智力作品和工业发明权”，第十章是竞争规则和康采恩。[1]《越南民法典》第六编为“知识产权和技术转让权”，其中包括著作权、工业所有权、技术转让三章。[2]《法国民法典》维持着200年前的古典风情，在民法典之外编有独立的知识产权法典。《俄罗斯民法典》的第七编为知识产权，是俄罗斯之特色。土库曼斯坦则将专利、商标等排除于法典之外，而将著作权作为该法典之独立一编。[3]可见，特色各异，本无统一标准。即使别国已有成功的经验，我们也定不能照抄照搬。成功不成功，路子只有自己走，事情只有自己做，然后总结才知道。[4]

第十一，从我国关于知识产权的认知和立法规定方面看，应当是更上一层楼，而不是停滞不前。在我国《民法通则》颁布后的民法理论中，通常都已包括了知识产权法，即知识产权已经成了中国民法理论的重要内容，形成了具有中国特色的民商法理论体系和权利话语体系。[5]《民法通则》作为民

---

〔1〕《意大利民法典》，费安玲、丁玫译，中国政法大学出版社1997年版。

〔2〕《越南民法典》，米良译，徐中起校，云南大学出版社1998年版。

〔3〕《土库曼斯坦民法典》的体系结构为：第一编总则，第二编物权，第三编债权，第四编著作权，第五编继承。参见《土库曼斯坦民法典》，蒋军洲校，魏磊杰、朱淼、杨秋颜译，厦门大学出版社2016年版。

〔4〕这里需指出的是：法学的保守性思维可能会使许多违反人们正常思维和不合逻辑的东西大行其道，而明白务实、通俗易懂的东西却没有市场。若按保守者的说法，南京长江大桥恐怕至今也还不会有。当时，国民党政府请教外国专家，要修南京长江大桥，得到的回答是“不可能！”即“Impossible!”但是在中国，不可能成了现实。改革开放40年的成功经验，难道不应使我们自豪和骄傲？

〔5〕在笔者对14种民法教材内容或民法专门观点所做的研析中，主张有总论（总则、通则）和物权编的占100%；主张债编的占100%（分歧在于债权、债权总论、分论、合同分论）；主张继承编的占85.4%；主张知识产权编的占71.4%；主张人身权编的占64.2%；主张侵权责任编的占35.7%；主张亲属编的占21.4%；主张民事主体编的占14.2%；主张国际私法、附则、民事行为、时效期限为编者占0.07%。参见王明锁：《中国民商法体系哲学研究》，中国政法大学出版社2011年版，第14页。另外，江平教授、李永军教授等也是把知识产权作为民法内容的。参见江平、张佩霖编著：《民法教程》，中国政法大学出版社1986年版；李永军：《民法总论》，中国政法大学出版社2008年版；刘定华、屈茂辉主编：《民法学》，湖南大学出版社2001年版。但现在的草案分编则是将占比35.4%的侵权责任、21.4%的婚姻亲属和民法教材中不存在独立成编的人格权与合同法设置成了独立编，而将占比100%的债和71.4%的知识产权排除出了独立成编的范围。

商事立法的基本法和重要里程碑，规定了知识产权专节，民法典编纂的第一步，在《总则》中又明确坚守了《民法通则》中关于知识产权的民商事权利或私权的属性；将通则中关于知识产权的四个条文合并为一个条文；丰富发展了知识产权的种类和内容，将“地理标志、商业秘密、植物新品种”都明确归入知识产权的客体范畴；仍然使知识产权与人身权、物权一样受到法律的同等重视；为《民法典》分编的编纂指明了方向和逻辑理路，为规定知识产权编留下了空间，具有十分明显的特色。因此，在民法典分编中，应当更上一层楼，将这一特色发扬光大，而不是将其抹杀或熄灭。

第十二，从立法技术与民法科学体系结构的安排上，知识产权应当成为民法典的独立一编。《民法通则》规定的民事权利章为四节，分别是财产所有权和与财产所有权有关的财产权（实为物权，并含继承权一条）、债权、知识产权、人身权。《民法总则》继续《民法通则》的技术安排，依然设立民事权利一章，依然规定民事权利的基本类型为人身权、物权、债权、知识产权、继承权。〔1〕从现在民法典分编的设置情况看，通则、总则中关于民事权利类型的规定，应当直接决定着民法典的分编结构。其一，《民法通则》中财产所有权和与财产所有权有关的财产权一节和《民法总则》中关于物权的权利规定，加上独立的物权法和部分担保法已经成为民法典的物权编，物权设编无疑义。其二，《民法通则》和《民法总则》中关于继承权的规定，加上独立的继承法也已成为民法典的继承权编，对此可谓无任何疑义。五者已有其二，完全符合正常的思路规律和技术安排。但是，关于其他民事权利的规定则出现了变化。其一，《民法通则》和《民法总则》中关于人身权的规定，加上婚姻法收养法，在民法典分编中被分编成了人格权编和婚姻家庭编。由此产生了人所共知的最为激烈的论战！其二，《民法通则》和《民法总则》中关于债权的规定，加上已有的合同法、侵权法和部分担保法，在民法典分编中分编成了合同编、侵权责任编，而不见债的统一规则。对此，关于是否需要债的总则及相关问题也引发了争论。其三，《民法通则》和《民法总则》中关于知识产权的规定，加上已有的专利法、商标法、著作权法，在民法典分编中没有了踪影！这会引发争论热议。故从符合逻辑科学、严谨的立法技术着眼，《通

〔1〕 顺便指出，这正是我国《民法通则》与传统民法总则内容的区别所在。参见最高人民法院《民法通则》培训班编辑组、全国法院干部业余法律大学：《民法通则讲座》，北京市文化局出版社 1986 年版，第 13 页。由此可以认为，中国民法典编纂将原来的《民法通则》改称为总则并不合适。

则总则》和《民法总则》中的物权规定+物权法=物权编，人身权的规定+人格婚姻收养法应当=人身权编，债权的规定+合同法、侵权法应当=债权编，继承的规定+继承法=继承权编，通则总则中对知识产权的规定+专利法、商标法、著作权法，自然应当=知识产权编。

第十三，从经济全球化的趋势看，知识产权更需要提升和加强，以营造国际一流营商环境。“中国将尊重国际营商惯例，对在中国境内注册的各类企业一视同仁、平等对待。中国将保护外资企业合法权益，坚决依法惩处侵犯外商合法权益特别是侵犯知识产权行为，提高知识产权审查质量和审查效率，引入惩罚性赔偿制度，显著提高违法成本。”〔1〕其中，知识产权制度的逻辑体系是：知识产品是企业民商主体的创造成果；取得知识产权，是民商主体自愿申请；国家对企业民商主体的申请进行审查，是国家行政行为，是行政法的事情；企业民商主体取得知识产权后，享有自由支配之权，与物权一样属于静态性权利，受法律保护；如有侵犯，侵权者需承担侵权责任，属于侵权之债的范畴；对于知识产权还可以通过契约等方式进行转让等民商事交易，属于契约之债范畴；权利人为自然人者，若逝亡之时，与物权一样按照继承处理。如此可见，在现代的营商环境与内容中，知识产权乃新的焦点。故若知识产权缺位，即市场经济残缺；若完善和提升一流的营商环境，即应当十分重视知识产权地位的提升及其在民法典中的层次。

第十四，从知识产权的特性看，知识产权属于民事权利中支配性的权利，与物权一起构成科学、完整的产权制度。民事权利以平等、自愿、诚信、公平为基本原则。在民事权利中，有请求权和支配权之分。所谓的支配权，是指民商主体对相应的客体具有占有、使用、处分、收益等支配行为。物权是民商主体对物进行支配利用的权利，为支配权；知识产权是民商主体对自己所创造的智力成果进行控制支配的权利。民商法中的产权制度包括财物产权和知识产权制度，两者构成科学、完整的产权制度体系。在民商法典中，财物产权表现为物权或者物产权，知识产权表现为智力成果权、知识产权或者知产权。知识产权主体对自己的智力成果，基于平等、自愿、诚信、公平等原则，可以自己支配利用，可以允许他人使用，也可以转让给他人所有，可以申请取得知识产权，也可以不申请。有人擅自利用自己的知识产权，权利人有权提出侵权之诉，要求侵权人承担民商责任，也可以自愿协商解决或者

〔1〕 习近平：《共建创新包容的开放型世界经济——在首届中国国际进口博览会开幕式上的主旨演讲》（新华社2018年11月5日电）。

放弃权利。对违反行政法或者刑法的侵害知识产权行为，则依法追究行政法律责任或刑事法律责任。这些权利特性与物权的权利主体、内容、保护均无区别。故将知识产权放入民法典，置于物权之后，是科学妥当的。而如果将知识产权排除在民法典之外，将会使民商权利体系遭到破坏，将会使知识产权缺少民商事法律关系的基础理论和债中的侵权行为和契约行为的制度配合，使知识产权成为独枝孤木，失去理论涵养和制度支撑。

第十五，从我国关于知识产权规定的沿革发展上看，知识产权应当被发扬光大为民商法典的独立一编。我国近代在半殖民地半封建的条件下，起步规定了专利法、商标法和著作权法。在改革开放之初，也规定了相应的专利法、商标法和著作权制度。在民法法典化过程中，《民法通则》将专利、商标和著作权制度合并归类为知识产权，与物权、债权、人身权等基本民事权利类型平行。根据中国共产党第十八届中央委员会第四次全体会议决定，重启民法典之编纂，在《民法总则》中，继承和发展《民法通则》的做法，依然规定“民事权利”专章，单条规定民事主体依法享有知识产权，权利人依法就八大类知识产品或智力成果享有专门利用的权利，使知识产权与物权等处于同等的法律地位。应当说，《民法总则》中知识产权条文减少而内容增加的举措，绝不是对知识产权的削弱或舍弃，而恰恰是为了给民法典分编留下空间，等待着在法典编纂的第二步能够作出集中统一和完善精细的科学规定。若按正常逻辑思路和已成规律的做法，知识产权无疑当与物权一样成为法典的一编。我们迈着科学技术飞速发展的新时代步伐，前瞻世界经济和世界知识产权竞争的新浪潮，应当不忘初心、坚定前行，将知识产权充实、整合、发展提升为民商法典的独立一编，让我国的知识产权之光更加灿烂光彩！让熊熊燃起的创新创造之火烧得更旺！

第十六，从知识产权对促进民商主体创新发展的价值意义和《民法通则》当时对知识产权的规定理念来看，也应当将其提升为知识产权专编。我国于50年代、60年代和改革开放初期，都是想编纂成完整民法典的。“到1982年就起草了民法四稿。[1]但是，由于民法涉及各个方面，情况很复杂；我国的经济体制改革正在发展，当时要制定一个完整的民法典有困难。所以，彭真、习仲勋（当时是法制委员会主任）决定，先制定单行法，根据需要，那个成熟了，就先制定那个。在先后制定了一批单行法律之后，又制定了《民法通

〔1〕《民法草案（第四稿）》的第五编为“智力成果权”，3章21条，为法典的独立一编。

则》。”[1]“《民法通则》专门有一章规定民事权利，这是我国民法的一个特色。”在传统物权和债权外，特别规定了知识产权和人身权。在国外，由于历史的原因，“没有哪一个国家的民法里关于知识产权的规定有咱们规定得这样完整”。“人身权一个是身份权，一个是人格权。”[2]对此王家福先生认为：《民法通则》在宪法与刑法已有规定外，又从民事的角度对人身权利作了比较完备的规定，这是我国社会主义法治的进步。人民是国家的主人、社会的支撑者、建设的主力军。人身权比财产权有更重要的地位。只有认真保护了公民和法人的人身权，才能使亿万人民、数以百万计的法人身上蕴藏的无穷无尽的创造力像火山一样迸发出来，把我国社会主义现代化建设事业生机勃勃地推向胜利的高峰。王家福先生十分重视知识产权，不遗余力地推动知识产权制度的建立，1981年在《法学研究》上发表关于专利法制定的文章，短短几年，知识产权在《民法通则》中被专节规定。王家福先生认为，“在中国《民法通则》中对知识产权作出明确规定具有划时代的意义”，认为“《民法通则》以基本法的形式，明确规定知识产权，可以促进对创造性脑力劳动者合法权益的保护，推动技术迅速转化为生产力，促进文化成果更广泛地传播，促进国际文化技术的交流”。[3]但是，斗转星移三十余年，科技超显竞争空前，如今编纂中国民法典，分编草案竟然没有知识产权的踪影，很是令人遗憾担忧，现代中国工业革命不断取得世界性的新突破，使中华民族能够吐气扬眉，但未能使知识产权在民商法典中续放光彩，有物产权而无知识产权，故在《民法通则》对知识产权专节规定的基础上，如同对待物权一样拓展为一编方为明智的最佳选择！

第十七，从民法典编纂和创新驱动发展战略看，将知识产权编入民法典是适时的和恰当的。2014年《中共中央关于全面推进依法治国若干重大问题的决定》指出，要加强重点领域立法，保障公民人身权、财产权，完善激励

---

[1] “由于与传统的民法总则内容不完全一样，所以称民法总则有点问题。原来想叫民法总纲，向委员长汇报后，委员长提出可否叫《民法通则》。经过研究，认为委员长提的《民法通则》比民法总纲要好，更符合实际。为什么搞民法通则而不是搞民法总则，是根据实际情况，根据我们需要规定的内容来决定的。”参见顾昂然：“《民法通则》的制定和立法精神”，载最高人民法院《民法通则》培训班编辑组、全国法院干部业余法律大学：《民法通则讲座》，北京市文化局出版处1986年版，第9~13页。现在看来，2017年通过的所谓的《民法总则》的内容仍然具有同样的特点，所以叫民法通则显然比叫民法总则更科学、合理和具有中国特色。

[2] 顾昂然：“《民法通则》的制定和立法精神”，载最高人民法院《民法通则》培训班编辑组、全国法院干部业余法律大学：《民法通则讲座》，北京市文化局出版处1986年版，第12~13、44~45页。

[3] 参见最高人民法院《民法通则》培训班编辑组、全国法院干部业余法律大学：《民法通则讲座》，北京市文化局出版处1986年版，第211页。

创新的产权制度、知识产权保护制度和促进科技成果转化的体制机制，“加强市场法律制度建设，编纂民法典”。〔1〕2015年《中共中央、国务院关于深化体制机制改革加快实施创新驱动发展战略的若干意见》明确指出，要根据科学技术活动特点，把握好科学研究的探索发现规律，为科学家潜心研究、发明创造、技术突破创造良好条件和宽松环境；把握好技术创新的市场规律，让市场成为优化配置创新资源的主要手段，让企业成为技术创新的主体力量，让知识产权制度成为激励创新的基本保障；要坚持全面创新，把科技创新摆在国家发展全局的核心位置；实现科技创新、制度创新、开放创新的有机统一和协同发展；到2020年，基本形成适应创新驱动发展要求的制度环境和政策法律体系，为进入创新型国家行列提供有力保障。〔2〕2016年，按照全国人大的安排，编纂民法典拟分为两步走，民法典由《民法总则》和各分编组成，《民法总则》争取在2017年全国人大通过，各分编将在2018年整体提请审议，并力争2020年提请全国人大审议通过。可见，国家的创新驱动发展战略与知识产权制度、知识产权制度与民法典编纂、民法典编纂与全面依法治国之间具有非常密切的逻辑关系和时间联系。知识产权编在民法典中缺位，将严重影响创新驱动发展战略和全面依法治国的层次和水准。因此，使知识产权依旧游离于民法典之外或安于现状的做法，以及等待所谓条件时机成熟时再编入民法典或者再专门编纂知识产权法典的说法都与新时代的中国特色要求不符，而在民法典各分编编纂之时，凝聚智慧，一鼓作气将知识产权成就为民法典的专门一编，则是适时恰当、守正创新和明智果敢之举。正如张文显教授所说：“整个法治建设和法治改革要以问题为导向，民法典的编纂更应当坚持问题导向，直面民事法律领域的突出问题，积极回应人民群众的美好期待。”〔3〕恩格斯在论述民法与社会的关系时曾经指出：“如果说民法准则只是以法律形式表现了社会的经济生活条件，那么这种准则就可以依情况的不同而把这些条件有时表现得好，有时表现得坏。”〔4〕对此，我们的选项应当是表现得好而非表现得快。因为我们面临的主要矛盾和问题不是没有一般的民商法律，而是没有体系科学、逻辑严谨、内容精当、形式优美，具有中国特

〔1〕 参见中国共产党第十八届中央委员会第四次全体会议《中共中央关于全面推进依法治国若干重大问题的决定》。

〔2〕 参见《中共中央、国务院关于深化体制机制改革 加快实施创新驱动发展战略的若干意见》。

〔3〕 张文显：“中国民法典的历史方位和时代精神”，载《经贸法律评论》2018年第1期。

〔4〕［德］恩格斯：“路德维希·费尔巴哈和德国古典哲学的终结”，载《马克思恩格斯选集》（第4卷），人民出版社1972年版，第248~249页。

色、中国气派和社会主义时代特色的高水平、高质量的民商法典。

第六节　知行合一久锻萃，成就知识产权编

无论是在社会创新土壤和创新人才上，还是在创新支持力度和政策法律导向上，我国现代科学发展都具有了广阔深厚的基础，整体上创新型国家的格局已经形成，中国科技发展对国际的贡献越来越大。在新的历史时期和历史方位，必须不忘初心、牢记使命、砥砺前行，顺应潮流、积极应变、主动求变，与新时代同行、与良法善治相应。“行之力则知愈进，知之深则行愈达。”科技创新如此，法典编纂亦如此。笔者继续知行合一，在前“三编”基础之上拟就《民商法典“知识产权编”草案建议稿（黄河版）》。其中对尚需指出之重要问题，以注释方式表达。本编为总则、专利权、商标权、作品创作者权、作品传播者权、其他知识产权、知识产权证书，共 7 章 195 条，从第 872 条到第 1066 条，见中卷知识产权编。

第七节　结语：“通、人、物、智”峰嶂过，知行百里半九十

中国民法典之编纂，是以加强和完善市场法律制度为目的的。知识产权制度与市场经济关系密切，是现代市场经济中不可或缺的重要制度。专利权关系到市场产品的先进性和创新性，商标权关系到市场商品的优劣辨别与交易的安全便捷，著作权与市场作品的创作传播关系密切。故中国民法典编纂，本质上属民商法典之编纂。故此于民商法典中缺少知识产权，必为缺憾。在相继完成“通则编”“人身权编”和“物权编”草案建议稿之后，对知识产权制度进行整合梳理与锻萃取舍，除却公法行政部分，留充私法民商规范，形成上列条文。如此，静态性权利部分全部完成；〔1〕至于物权与知识产权怎

〔1〕“通则编”226 条，“人身权编”247 条，“物权编”398 条，“知识产权编”195 条，共计 1066 条。对此有同事和学生很是惊奇：这是怎么完成的啊？国家立法机关能关注和重视吗？能不能用得上啊？也有同仁在网上直接建议：如被转载在《法学学术前沿》（2018 年 8 月 21 日）上的《民商合一模式的演进及民法典编纂中的创新性选择》（原载《北方法学》2018 年第 2 期）一文认为“观点前卫、也很合理”，希望“被编纂民法典的专家看到，切实考虑中国民法典的编纂”。另外“通则编”中关于限制民事行为能力人最低年龄为 8 周岁、坚守民事法律行为范畴、对社会主义核心价值观等方面的规定建议实际上已被采纳。对此笔者的感受和看法，若比照乐观达人孔夫子的说法即可以是：知而行之，不亦说乎？条文自生活来，不亦乐乎？民商合一楼更上，不亦远目乎？人不知而不愠，不亦君子乎？

样流转（动态性权利），则应由债和继承共同完成。[1]此两编究竟如何？特别是公布草案将其砍裁隔分为合同与侵权责任两截以及将无因管理、不当得利归于合同，[2]不能不说是更为艰巨的考验和挑战。

[1] 若从更为严谨、准确、科学、合理、齐整、大气、特色鲜明着眼，民商法典的各编名称相继应当和可以是：通则、人身权、物产权、知产权、债承权、继承权。其理由容当另述。

[2] 2019 年 12 月 16 日公布《民法典草案稿》，1260 条，为：总则、物权、合同、人格权、婚姻家庭、继承、侵权责任 7 编，仍不见知识产权踪影。其最后一条规定，法典生效施行之日，也即婚姻法、继承法、民法通则、收养法、担保法、合同法、物权法、侵权责任法、总则同时废止之时。总则于 2017 年 3 月颁布，足月可三载。倏忽间记起诗经蜀黎的一段诗来："彼黍离离，彼稷之穗。行迈靡靡，中心如醉。知我者，谓我心忧；不知我者，谓我何求。悠悠苍天，此何人哉？"

债是法律关系，基于这种关系，我们受到约束而必须依照我们国家的法律给付某物、作为或不作为的义务。

债务得再分为四种，即契约的债、准契约的债、不法行为的债和准不法行为的债。

——查士丁尼

罗马法对西欧大陆法律的影响有三种形式：一是为了小资产阶级和半封建的社会利益，简单地通过审判实践，贬低罗马法，使它适合于这个社会的状况（普通法）；二是把罗马法改造为一种适应这种社会状况的特殊法典，这个法典在这种情况下，即使以法学观点看来也是不好的（普鲁士国家法）；三是在资产阶级大革命后，以同一个罗马法为基础，创造像法兰西民法典这样典型的资产阶级社会的法典。

——恩格斯

近 125 年间在美国所制定的一切良好的法律——并且也有许多简陋的法律——大都是从废除封建时代的规则和陋俗而恢复到罗马法的原则，有时甚至还回到罗马法的字句上面去。换句话说，罗马民法和封建主义普通法之间的竞争，直到今天还继续着。

——莫里斯

许多著者，只是由于懒惰，不愿费一些力量在六百多年的混乱中从迷惑和模糊的里面寻求联系的线索，至于其余的研究者，虽然不是天然地缺乏耐性和勤奋，但由于他们对自己国内法律制度怀有无谓的自尊心，不愿承认它曾受惠于罗马法律学，他们就被引入歧途。

——梅因

5 第五章

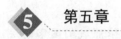

民商法典编纂中对债的制度的重认回归与聚合完善

第一节 序言：论争战犹酣

民法典制定，三起两落久久徘徊。至中国共产党第十八届中央委员会第四次全体会议，新奏“加强市场法律制度建设，编纂民法典”之号角。法典编纂被分两步行进，第一步总则已经通过；第二步尚在争论中。全国人大于2018年8月就民法典各分编草案向社会公布，标志着第二步行程开始。各分编依次为物权、合同、人格权、婚姻家庭、继承和侵权责任。对民法典整体及人格权、物权、知识产权部分，各界争论异常激烈，[1]对此笔者已有专论。

〔1〕 崔建远：“中国首部‘民法典’正在编写，我对物权编很不满意”，载《凤凰文化综合》2018年1月3日；就人格权，除是否单独成编的空前激烈争论外，见朱宁宁：“多位常委会委员建议：应将人格权编放在民法典分编之首”，载《法制日报》2018年9月4日；中国社会科学院民法典工作项目组：“民法典分则编纂中的人格权立法争议问题”，载《法治研究》2018年第3期。就知识产权，也是争论热点，见朱宁宁：“知识产权是否单独入‘典’引发常委会委员热议”，载《法制日报》2018年9月4日；诸多单位办会研讨，最广泛集中的当属在郑州举行的中国法学会民法学研究会2018年年会——“民法典分编编纂中的重大疑难问题研讨会”，400余名代表参加，各路方家纷呈高见。如孟勤国：“民法典人格权编（草案）的重大疑难问题”；崔建远：“民法典物权编（草案）的重大疑难问题”，载《中国法学会民法学研究会2018年年会会议简报》第3~17期。其后，2018年12月，常委会对合同编、侵权责任编进行二次审议；2019年4月，对物权编、人格权编进行二次审议；2019年6月，对婚姻家庭编、继承编进行二次审议；并相继公布草案二审稿，向社会征求意见。其中梁慧星教授和王泽鉴先生都坚持反对人格权独立成编，梁慧星于2019年5月28日在北京航空航天大学法学院讲座，对人格权编草案二审稿逐条评论，分15个问题，最后的结论是：建议删除人格权编。中国社会科学院学部委员、法学研究所原所长，中国法学会民法学研究会名誉会长、党中央、国务院授予的“改革先锋”称号获得者、中国法学会学术委员会主任、著名法学家王家福先生（2019年7月13日逝世）生前则一贯主张在物权后面应当加上知识产权编，认为侵权和合同应该是债的主要内容，应该包括在债的法律规定里。

而就债之部分，学界论争亦酣。概其主要表现：如是否设立债之总则，以债为编名还是以合同或合同之债为名；侵权与合同分为两编还是可成一编；传统债之无因管理和不当得利当置何处；[1]继承与婚姻家庭关系密切还是与合同属性更为接近，其内容又该如何；[2]现公布之各分编顺序是否科学合理；合同编中的诸多疑难问题又当如何解决；与传统民法典中债的制度相比，中国的债法制度又当有何特色，能否借此机遇构建或者成就具有中国时代特色和民族特色的债权制度，并为具有中国特色的民商法学科体系、知识体系及话语体系增辉添色？这些问题都依然难以回避而又当解决。若与中国共产党第十八届中央委员会第四次全体会议决定的编纂民法典的任务目标以及全国人大关于民商合一立法指导思想相协调，所谓中国民法典编纂，实为中国“民商法典”之编纂。故此在完成《民商法典草案建议稿（黄河版）》的“通则编”“人身权编”“物权编”“知识产权编”[3]之后，遂倾力于对债的制度进行进一步的深入研究，[4]且继续知行合一，聚力凝心，亦拟就《民商法典“债权编”草案建议稿（黄河版）》，以供学术和立法参照，并希冀为形成真正具有时代科学特色和中华民族思想文化特色的严谨周密、通俗易用的民商法法律规范体系作出些拓展与提升。

---

〔1〕 王利明：“民法典合同编（草案）的重大疑难问题”；张新宝：“民法典侵权责任编（草案）的重大疑难问题”，载民商法律网：https://www.civillaw.com.cn，访问日期：2018年10月30日。费安玲：“民法典理性与债法总则”，载民商法律网：https://www.civillaw.com.cn，访问日期：2018年10月31日；王利明：“关于民法典分编（草案）合同编的意见”，载民商法律网：https://www.civillaw.com.cn，访问日期：2018年11月3日。

〔2〕 夏吟兰：“民法典婚姻家庭编（草案）的重大疑难问题”；杨立新：“民法典继承编草案修改之要点”，载民商法律网：https://www.civillaw.com.cn，访问日期：2018年10月30日；孙毅：“民法典婚姻家庭编草案评析”，载民商法律网：https://www.civillaw.com.cn，访问日期：2018年11月12日。

〔3〕 王明锁：“中国民商法典编纂的重大疑难问题——附《民商法典“通则编”草案建议稿》（黄河版）”，载《晋阳学刊》2016年第3期；“中国民商法典编纂中对人身权制度的整合与完善——附《中华人民共和国民商法典“人身权编”草案建议稿》（黄河版）”，载《晋阳学刊》2017年第1期；“民商法典编纂中对物权制度的修正整合与创新完善——附《中华人民共和国民商法典物权编草案建议稿》（黄河版）”，载《私法》2019年第2期；“中国民商法典编纂中对知识产权制度的整合与锻萃——附《中华人民共和国民商法典“知识产权编”草案建议稿（黄河版）》”，载《私法》2019年第2期。

〔4〕 以往对债之研究，参见王明锁：“侵权行为之债及其立法路径辨析”，载《中国法学》2007年第4期；“物上请求权与物权的民法保护机制”，载《中国法学》2003年第1期；“禁止流质约款之合理性反思”，载《法律科学（西北政法大学学报）》2006年第1期；“我国传统典权制度的演变及其在未来民商立法中的改造”，载《河南省政法管理干部学院学报》2002年第1期；“债的担保当统一——论债的担保制度”，载王明锁：《中国民商法体系哲学研究》，中国政法大学出版社2011年版，第296~346页。

第二节 民法债之近途——分分之困境

在我国民商立法中，《大清民律草案》使用债之范畴，规定债权为独立一编。《民国民律草案》亦设债编。至《中华民国民法》，其第二编依然为债，含通则和各种之债两章。[1]我国民事立法，主要因计划经济，排斥商品经济条件下的平等自愿等自然规则而颇为坎坷。为适应一定时期、一定范围或一定程度之商品关系之需，交易规则多以单行法规形式出现。于诸多规定中，债的概念仍不少见，但逐步被契约或合同替代。[2]直至20世纪70年代末改革开放，方有《经济合同法》颁布。随后虽又有民法典制定之举步，但因条件尚不具备而转至制定并颁行《民法通则》。《民法通则》虽9章156条，但无疑成了改革开放和发展社会主义市场经济之重要法律保障，被誉为“小民法典”或“压缩饼干式的民法典”，并奠定了民法典的坚实理论基础，成了中国民商立法的重要里程碑。《民法通则》第五章民事权利以专节形式规定了“债权”。在尚未使用“物权”概念时使用债权，既大胆承继了自罗马法以来大陆法系关于债的统一普遍的科学范畴，也连接了我国传统社会关于债的观念和旧有立法中债的规定，实在为高远立意与科学践行。但后来之立法路径，却是物权被接受，而债权被弃舍。传统债之制度未被坚守凝聚，反倒是先被分出单独的《合同法》，后被分出单独的《侵权责任法》，债权中的担保，又被分出单行的《担保法》，继而学习《德国民法典》，将统一的《担保法》中

---

〔1〕《大清民律草案》《民国民律草案》《中华民国民法》，参考版本为杨立新主编：《中国百年民法典汇编》，中国法制出版社2011年版。

〔2〕如《最高人民法院关于资本家与地主及资本家之间旧债问题的批复》（1954年9月22日）、《最高人民法院关于合伙人是否负连带无限清偿债务责任的批复》（1955年6月30日）、《最高人民法院对地主欠债应如何偿还的解答》（1955年9月3日）、《最高人民法院关于不明债权人住址的债款应如何处理的批复》（1955年10月13日）、《最高人民法院关于资本家欠地主的债务与地主欠劳动人民的债务如何处理的批复》（1955年10月15日）、《最高人民法院关于担保人是否应代债务人偿还欠款问题的批复》（1957年6月25日）、《最高人民法院关于远年债务应否保护问题的批复》（1957年12月9日）、《最高人民法院关于借款合同双方当事人未经保证人同意达成延期还款协议后保证人是否继续承担担保责任的批复》（1988年1月9日）、《最高人民法院关于贯彻执行民事政策法律的意见》（1979年2月2日）、《最高人民法院关于贯彻执行民事政策法律若干问题的意见》（1984年8月30日）。从中可见几个重要特点：一是债的概念普遍存在；二是多从主体着眼；三是并非只是劳动人民欠地主的债；四是担保、保证都是从属于债的制度；五是到20世纪70年代、80年代后，开始以合同替代债的表述。参见河南省高级人民法院民事审判庭：《民事审判实用手册》（上册），人民法院出版社1989年版；《民事审判实用手册》（下册），人民法院出版社1990年版。

的抵押、质押、留置挪移于《物权法》，统一之担保制度仅留保证与定金。统一债法中所留债之履行、变更、终止等规则，也以合同之履行、变更、终止等所替代，即最终以狭隘底层之合同事实代替了宽宏高耸之债法关系。如此分割分化之结果，即形成了单独的《合同法》与单独的《侵权责任法》，乃至当今编纂《民法典》，亦以单独的“合同编”和单独的“侵权责任编”为其分编构成，〔1〕并且使债的范畴或债之总则都成了不必要，于公布的各分编草案中不见了债之影踪；传统债中之不当得利和无因管理也成了债之理论中仅存的内容，并被并入合同之门。合同、侵权本是债的原因、属民事法律事实，而债是民事法律关系，属民事法律事实之结果。〔2〕面对此情此景，是让其继续分裂，还是应当对债的制度予以科学重认与回归呢？

第三节　债的含义本性——人生之锁链

解决债之困境，须重认债之本义，知债从何而来、现处何地、将向何方。只有认知债之本性功能，方可善守其本末始终，顺达“加强市场法律制度建设，编纂民法典”之依法治国目的，使中国民商法如泰山一般屹立于世界民商法之林，并可满望复兴中华法系之辉煌地位。

中国社会，自古债即指欠人钱财。如《史记孟尝君列传》：“宜可令收债。”债亦指借债。《管子·问》：“问邑之贫人，债而食者几何家。”再如债台高筑、负债累累等皆为此意。直到近现代，生活中对债的理解，仍多限于此。凡提到债，人们就会想到欠债还钱、借钱还债，不少年长者甚至还会马

〔1〕已故著名民法学家王家福先生有言：“我们的民法典理应制定成为全世界最好的民法典。现在还存有一种观念，认为制定民法典就是搞民事单行法的汇编。这种认识不太合适。我们应该搞一个真正好的民法典。侵权法和合同法是相对应的，是债权篇里的主要内容，应该统一在债权编的法律规定里。”参见王家福：“新中国的民事立法感言”，载《法学家》2009年第5期。

〔2〕关于债的定义：①“债是法律关系，基于这种关系，我们受到约束而必须依照我们国家的法律给付某物的义务。债分为四种，即契约的债、准契约的债、不法行为的债和准不法行为的债”。参见［罗马］查士丁尼：《法学总论——法学阶梯》，张企泰译，商务印书馆1989年版，第158~159页。②“债是按照合同的约定或者法律的规定，在当事人之间产生的特定的权利和义务关系。”《民法通则》第84条；“债权是因合同、侵权行为、无因管理、不当得利以及法律的其他规定，权利人请求特定义务人为或者不为一定行为的权利”。《民法总则》第118条。③“债指特定的当事人之间请求特定行为的民事法律关系”。参见中国大百科全书总编辑委员会《法学》编辑委员会、中国大百科全书出版社编辑部编：《中国大百科全书（法学）》，中国大百科全书出版社1984年版，第721页。④“债是特定人与特定人之间的请求为特定行为的法律关系”。参见王家福主编：《中国民法学·民法债权》，法律出版社1991年版，第1页。

上想到“黄世仁、白毛女”，并由此认为债不是一个好东西。[1]但是从债字的结构和字义上分析，债由人、责两字构成。因此债的含义无疑是一种责任，[2]是人的责任。对人之外的动物来说，无责任可言。由此，在中国传统文化观念中，债又具有比较宽泛的意义，在社会生活中运用得比较普遍，即凡是答应了的、欠了别人的、没有兑现的，都可被称为债。如书债、情债、血债、“冤有头、债有主”“血债要用血来偿”、以牙还牙、以眼还眼之类，说的都有欠与还的问题，总之归纳起来都是债。《红楼梦》第一回里所隐之秘密，即为“前世的情债未偿，才有今生的纠缠”，也是一种欠，是一种责任义务和偿还，是一种关系和纠缠。恩格斯在这方面也曾使用过债的概念。他说：“同样，我认为我们还欠着一笔信誉债，就是要完全承认，在我们那个狂风暴雨时期，费尔巴哈给我们的影响比黑格尔以后任何其他哲学家都大。”[3]

当然，中国社会中也有一种无视或者不相信债的关系的认识。如同骆驼祥子那样，钱只能自己放着，天天数着；放贷的二指宽的纸条不可靠；钱是戒指，只喜欢戴在自己手指上；只能日积月累，攒够一百块，才能去买梦想中的车。如今社会，将现金装进塑料袋子并埋于地下保存者仍不鲜见。拖账赖账、新赖老赖者大有人在。[4]

---

〔1〕 1995年在海南召开的民法经济法学年会上，我向王家福先生求教：“我们一方面要制定物权法，一方面又制定合同法。而合同是债的原因，是债的一种，与物权并不平行。我们为什么不在制定物权法的同时，也制定债权法呢?”王家福先生的回答是：“可能主要是考虑老百姓的接受情况吧，制定债法，是不是不容易理解，而合同法通俗，比较容易理解和接受。”从科学理论上讲，王家福先生是主张统一的债权制度的。参见王家福主编：《中国民法学·民法债权》，法律出版社1991年版。顺便指出，《中国民法学》全书共分五卷，包括民法总论、财产所有权、财产继承权、民法债权、知识产权。民法债权卷为898页，783千字。

〔2〕 债与责任在理论上联系密切，魏振瀛先生对两者是严格区分的，认为权利、义务、责任是不同的逻辑层次关系。参见魏振瀛主编：《民法》(第6版)，北京大学出版社、高等教育出版社2016年版，第35~50页。笔者在“通则编”中专设“民商责任”一章，就是持这样的主张。但是在法典各分编中，笔者不采侵权行为责任法独立成编的做法，而承认传统上将侵权行为作为债的一种根据，成立侵权行为之债。这样有利于缓和侵权人与受害人之间的关系，所以有时候责任与债务又不作严格区别。对魏振瀛老师责任与债的观点，易继明教授有专门的深刻评析。参见易继明：“中国民事责任理论的创新——评魏振瀛新著《民事责任与债分离研究》”，载《私法》2016年第2期。

〔3〕［德］恩格斯：“路德维希·费尔巴哈和德国古典哲学的终结”，载《马克思恩格斯选集》(第4卷)，人民出版社1972年版，第208页。

〔4〕 古有高台躲债，今有“老赖”为躲债翻窗坠楼死亡之案例。(2013年借款成债，经法院判决；执行中达成分期偿还协议，债务人仍然躲债不还。偶然谋面，债权人跟随债务人，债务人进卫生间，债权人等在门外，久不见出来，进去寻找无人，查找发现窗开，债务人摔死楼下地上。死者家属起诉要求赔偿，重庆两级法院审理，债权人无罪、无责、无须赔偿。并见债之概念仍被普遍使用。)

英语中，债被称为“debt”，指债、债务、借款、欠账。“In debt to”即有欠债、欠情的意义。“The national debt”指国债；“A debt of gratitude”即是恩义的意思。“In debt”是负债、欠账。常言有“It’s much easier to get into debt than to get out of debt”。即借债容易还债难。以“debt”为词根，有“debtor”，简为“Dr”，即债务人，并引用到账簿记载制度中，即为借方；对方为“creditor”，简为“Cr”，即债权人，在账簿记载中，即为贷方。由此“借贷记账法”还成了一种普遍通用的记账方式。〔1〕

在最早体现法律文明的《汉谟拉比法典》中，债权、债务的概念已经十分普遍。该法典第117条规定：“倘自由民负有债务，将其妻、其子或其女出卖，或交出以为债奴，则他们在其买者或债权者之家服役应为三年，至第四年应恢复其自由。”于民商法之滥觞之罗马法，债（obligation）指要他人给予某物、做某事或履行某项义务。债务人（debtor），指那些可以向他们索取财物的人。债权人（creditor）不仅指那些借钱给他人的人，还指那些接受他人基于各种原因履行义务的人。罗马法中债的概念与英语中的“obligate”“obligation”相近和同义，“obligate”即指责任；“obligation”即指义务、责任，债务、合约。〔2〕罗马法中，债的理论也是长时期历史发展的结果。债（obligation）一词，尚未见于古代法。于《十二铜表法》，只知有“nexum”，实际为金钱借贷，指平民向贵族借钱而成立的铜衡行为，即债务人以自己的身体作担保，若不能清偿债务，他将被绑（nexus）而陷于被奴役状态。如根据《十二铜表法》第三表规定：债务人在其承认债务之后或裁判对他决定之后，过30天特许期，原告可以拘捕债务人。若债务人仍未自动执行判决，则原告得把债务人带到私宅，给他戴上足枷或手铐（重量不轻于15磅）进行拘禁。拘禁期内，可自费供养。拘禁期间，债务人可与原告人谋求和解。若不能和解，应继续拘禁60天。其间，须在集市日连续三次带债务人到会议场宣布所判钱数额。至第三个集市日，债务人则或被处死，或售卖于国外。若债权人为数人时，

〔1〕 在我国最早为流水记账法，后为收付记账法。借贷记账法传入，虽尚发明使用了增减记账法，但最终普遍通用的记账法还是“借贷”记账法。原来仅限于记录债务债权的“借”“贷”二字似乎有脱离或失去其本来含义之嫌，进而概括和包括全部经济活动和资金运动变化的来龙去脉，并转变为一种单纯的记账符号，成了一种专门的会计术语。

〔2〕 在我国早期，债亦为责，债责同义，故见人类诸多理念都相同相通。至今我国民法中，债务、义务、责任也常交叉或同义。有观点一定要将义务、责任作水火区分，其实没有必要。因此债、债务、责任、民事责任是可以并存的。

债务人得被切块分割。[1]呜呼！债之残忍后果，与吾《白毛女》结果相比，真乃甚过而无不及。

但同时必须注意的是：在罗马法中，债的含义和形式类型也是随社会进步和发展着的。古老的铜衡行为仪式逐渐不再举行，其应表述的词句被保留下来，由此先出现口头诺成债务。待文字书写流传，根据书写而假定铜衡仪式和口头词句表述都已完成，即产生书面诺成债务。因罗马疆界的拓展和市民法与万民法界分的消融，诺成契约债务既适用于罗马公民之间，也适用于罗马人与外国人之间及外国人之间。如此，源于诺成契约所产生的债务关系的约束被上升为普遍的法律关系。查士丁尼立法，契约债务和继承都被认为是取得物与物权的重要手段。由此也产生了有关债的抽象和普适性定义，认为“债是法律关系，基于这种关系，我们受到约束而必须依照我们国家的法律给付某物的义务”。[2]并依此将债区分为契约之债、准契约之债、不法行为之债和准不法行为之债。从此，债被规定为一种科学理论和制度体系，并对后世产生了极其深远的影响。[3]

《法国民法典》按照查士丁尼《法学阶梯》中债的性质，将债与继承一起作为取得财产的方法，为法典的第三卷。至《德国民法典》，《法国民法典》关于取得财产的方法被区分为债的关系和继承两编，使之特性更加分明。此后的《日本民法典》《瑞士民法典》《苏俄民法典》《意大利民法典》均莫不出于此。但有的似乎疏忽和忘记了债与继承的本性特质，将继承与婚姻家庭靠近。在我国社会主义民法理论中，债也是“指特定的当事人之间请求特定行为的民事法律关系”。[4]在《民法通则》中，债被定义为“按照合同的约定或者法律的规定，在当事人之间产生的特定的权利和义务关系”。《民法总则》也持同样定义。由此对债的含义特性，可概为如下几项：

第一，债是一种人与人之间的法律关系。这里的人，从罗马法最初的罗马市民拓展到了非罗马市民及外国人；从自然人拓展到了后来的法人和非法

---

〔1〕 参见“十二铜表法”，陈筠、防微合译，载北京政法学院法制史教研室：《外国法制史参考资料汇编》（一），未刊本1981年版。

〔2〕［古罗马］查士丁尼：《法学总论——法学阶梯》，张企泰译，商务印书馆1989年版，第158~159页。

〔3〕《汉谟拉比法典》和罗马法的法治思想文化影响以及对中国民商法典编纂的借鉴，很值得中国民商法学界予以高度重视。习近平总书记对《汉谟拉比法典》和罗马法的法治地位及其巨大影响进行过专门论述。参见习近平：“加强党对全面依法治国的领导”，载《求是》2019年第4期。

〔4〕 江平：“债”的词条。参见中国大百科全书总编辑委员会《法学》编辑委员会、中国大百科全书出版社编辑部编：《中国大百科全书（法学）》，中国大百科全书出版社1984年版，第721页。

人组织，甚至包括国家。这种人与人的关系根据其享有权利和负有义务的情况，被区分行债权人和债务人。前者是有权请求对方行一定行为的人；后者是有义务向债权人为一定行为的人。这两种人相互之间都是特定的，故也称债是一种对人权，是特定人之间受法律强制力约束的关系。

第二，债的关系的客体是一种行为，即债权人不是对物进行支配的权利，而是请求对方为一定行为的权利，如买方不能直接对卖方的货物商品进行支配，只能请求卖方将其货物商品交付给买方。债的制度发展到现代，债权人不再像古代罗马法那样可以对债务人镣铐拘禁，而只能请求债务人自己行所应行之行为。债务人之给付行为所指向的货物商品，乃买卖契约之标的物。对于债之客体、标的与标的物，学界多有混用。但从严格意义上来看，当有区别和可以区别。

第三，债的关系内容为特定请求与特定给付。作为债权人，只能请求债务人为特定之给付，而不能请求债务人为约定或者法律规定之外之给付。特定之给付，系指在给付的标的、质量、数量、时间、地点、方式等方面都是特定的。若债务人拒不履行或者不为特定之给付，债权人则只能向法院提起诉讼，要求依法强制债务人履行或为特定给付之行为。

第四，债之关系具有法律强制保护之效力。债务人与债权人之间的关系，非经债务人履行，不得解脱。故通常都将《法学阶梯》中的债翻译定义为："债者，依国法而应负担履行义务之法锁也。"所谓法锁，即指债权人和债务人之间的法律关系一经成立，便受其约束。〔1〕而我国民间也多有"人不死，债不烂"之说。若从这个意义上看，债即人生关系法律上之锁链耳。与罗马古代之理论现实比，所区别者主要在其由私力救助（债权人可对债务人直接拘捕、拘押、处决）转变为公力救助（由法院执行、拘捕、拘押）矣。〔2〕如若因

〔1〕 江平："债"的词条。参见中国大百科全书总编辑委员会《法学》编辑委员会、中国大百科全书出版社编辑部编：《中国大百科全书（法学）》，中国大百科全书出版社1984年版，第721页。

〔2〕 债之关系冤屈，又害怕法院执行而自杀案例。2001年9月27日，四会市人民法院法官莫某军开庭审理李某兴状告张某石夫妇等4人借款1万元债务纠纷案。李某兴持有张某石夫妇的借条，而张某石夫妇辩称借条是被李某兴及冯某雄持刀威逼所写。经审理，莫某军作出判决，认为借条有效，被告应予还钱。2001年11月14日中午，张某石夫妇在四会市法院外喝农药自杀身亡。2001年11月15日，公安机关传唤冯某雄、李某兴两人，两人承认借条系他们持刀威逼张某石等人所写。后二人分别被一审以抢劫罪判处有期徒刑。2003年4月24日，肇庆市中级人民法院开庭审理莫某军玩忽职守案；4月28日，终审驳回抗诉，维持原判，认其行为不构成玩忽职守罪。透过此案，可见债之效力、债之地位、债之重要、债之影响！无独有偶，2019年五一期间，网传王某忠法官民事枉法裁判二审开庭，该庭审在中国庭审公开网上直播，亦备受关注，起因也是一起合同债务纠纷。为何会频现此类问

判决错误和不公而被强制执行，人民法院莫不是做了小人的强手和坏人的帮凶？故当醒悟之！明辨之！谨慎之！

第五，债之关系本质系财产权益流转的方法和手段。由于物之区别和人对物之占有差异，必有互易交换的产生和存在。一方有银钱货币，另一方有车房用具。为满足双方所需，即有以一方货币与另一方物品交换之必然。于交换过程，先平等协商达成协议。根据协议，产生债之请求（债权）与履行（债务）关系。一方请求支付货币，另一方请求交付货物，使彼此之标的得以交换流转。故依此债的关系，交易秩序井然、安全顺畅，对交换目的亦有良好预期，使生产生活秩序具有保障。可见，债的制度又实乃财产流转手段和保障方法。〔1〕也正基于债的法律锁链之约束，方致财产流转有序，主体目的得以实现。

第六，债之关系因契约、侵权等民商事法律事实而发生。其中最早乃双方当事人之约定，即契约。当事人双方各有所需，平等相约、自愿交换，如达成交换之买卖契约、租赁契约、借贷契约等。因各类契约所生之关系即为契约之债的法律关系。该法律关系由当事人自愿而生，是一种自甘之束缚，故有“契约就是法律”之法谚及法律规定。〔2〕同时，社会生活中有侵害他人权益行为之存在，为维护权利人的尚存或既得利益和良好社会秩序，遂有法律直接规定侵权行为之债；进而在契约行为之债、侵权行为之债以外，有准契约之债和准侵权行为之债作为补充，以适应和调整社会关系。也正因罗马法对债作出了如此科学全面之规定，得到了马克思和恩格斯的高度评价。二人认为罗马法是“以私有制为基础的法律的最完备形式”，〔3〕说“罗马法是简单商品生产即资本主义前的商品生产的完善的法，但是也包含着资本主义时期的大多数法律关系”。〔4〕说“它对简单所有者的一切本质的法律关系（如买主和卖主、债权人和债务人、契约、债务等）”都作了“无比明确的规

（接上页）题？只能说是应了中国一句传统俗语：“种瓜得瓜、种豆得豆，种什么种子，开什么花，结什么果”；更深层次的思考当然应当是民事审判程序。

〔1〕此应为《法国民法典》将债与继承共同作为“财产取得之各种方法”一卷之科学理由。

〔2〕《法国民法典》第1134条规定：“依法订立的契约，对于缔约当事人双方具有相当于法律的效力。”

〔3〕［德］恩格斯：“反杜林论”，载《马克思恩格斯选集》（第3卷），人民出版社1972年版，第143页。

〔4〕［德］恩格斯：“致卡尔·考茨基”，载《马克思恩格斯全集》（第36卷），人民出版社1974年版，第169页。

定”,[1]“在罗马法中，凡是中世纪后期的市民阶级还在不自觉地追求的东西，都已经有了现成的了”,[2]认为罗马法是“商品生产者社会的第一个世界性法律”,[3]是“纯粹私有制占统治的社会的生活条件和冲突的十分经典性的法律表现，以致一切后来的法律都不能对它做任何实质性的修改”。[4]对于忠实继承了罗马法科学精华的《法国民法典》，美国学者艾伦·沃森指出：“在整个大陆法系的历史中，民法典诞生的深远意义，是无与伦比的。(法国)民法典的问世，开辟了一个新纪元，整个大陆法系都因而产生了深刻的变化。的确，在典型的近代形式的民法典面前，先前的法律荡然无存，就连辅助性的作用也谈不上了。”法国学者勒内·萨瓦提耶认为，财产、契约、侵权行为是拿破仑法典的三大支柱。[5]

综上，债从古到今，其形式已经从对人的执行转变成了对财产的执行，从私力执行转变成了靠公力执行。但其基本含义未变，依旧具有法律的约束与法律上的锁链之本性，以欠钱财为基本起点，向特定人行特定行为的内容拓展；以欠须还为基本含义，仍靠法律强制执行为保障。简言之，账是需要还的，债是需要偿的。当今社会老赖之现象，都是对债的观念的违背和对法律的违反，是对债的固有制度的无知忽视与歪曲抛弃，是对公平正义的挑战。故在当今编纂中国民商法典之际，必须重述债的观念本性与制度规则，宏力张扬契约和债的科学精神。唯此，方能实现科学立法与良法善治的法治目标，为严格执法、公正司法和全民守法提供普遍基础性的前提条件，并为法律的顺畅施行开辟宽广的思想道路，以及清扫掉长期以来有关债是剥削他人手段、叠床架屋之举，应以合同代替债的观念障碍。

---

[1] [德] 恩格斯：“路德维希·费尔巴哈和德国古典哲学的终结”，载《马克思恩格斯选集》(第4卷)，人民出版社1972年版，第248页。

[2] [德] 恩格斯：“论封建制度的瓦解和民族国家的产生”，载《马克思恩格斯全集》(第21卷)，人民出版社1965年版，第454页。

[3] [德] 恩格斯：“路德维希·费尔巴哈和德国古典哲学的终结”，载《马克思恩格斯选集》(第4卷)，人民出版社1972年版，第248页。

[4] [德] 恩格斯：“论封建制度的瓦解和民族国家的产生”，载《马克思恩格斯全集》(第21卷)，人民出版社1965年版，第454页。

[5] 参见徐继强：《西方法律十二讲》，重庆出版社2008年版，第90~91页。

第四节　债的功能作用——增新与固旧

债是一种法律关系，法律上之锁链，是将特定的民商主体链锁在一起的受法律保护的人与人之间的关系。但这种关系并非无缘而生，也非无故而灭。若如古人“日出而作，日入而息。凿井而饮，耕田而食。鸡犬相闻，老死不相往来”之境况，何能产生债的关系？何须法律规定？真乃“帝力于我何有哉！”〔1〕债的发生，须有民商主体相互之行为。“人群熙攘，为利来往”，必多有事情、行为发生。乘车购物、租房贷款，必与人协商，达成契约，遂生债的关系，受到约束；而依约履行，则使货物易主，增新添奇，各满所需。故债的普遍功用在于促进货物增新流转。由此可知，《汉谟拉比法典》的出现，乃因古巴比伦王国之兴盛；〔2〕民法先行发达于罗马，即早在罗马时期商品经济、生活条件便已经十分发达。公元5、6世纪，东罗马帝国已经成了一个工商业经济发达的国家，境内拥有了大大小小的城市，其居民差不多已占帝国总人口的1/4。首都君士坦丁堡已为百万居民的大都市。〔3〕这里楼房林立，成了雄伟壮丽的建筑物的巨大建造厂。〔4〕这里停泊着来自世界各地的船只，成了“东西方之间的一座金桥”。〔5〕各个城市与东方的波斯、印度、锡兰、中国及日本等国都已有频繁的商业往来和密切的贸易关系。这就必然会导致商品所有者基于买卖、借贷、租赁、合伙、诉讼等形成复杂的社会经济关系，从而需要并出现了《查士丁尼法典》中对社会经济关系进行科学调整的契约之债的制度。

人们在上述以契约为主的相互交往的经济生活关系中，有时虽然没有顾及专门的约定，但出于友谊和善，需要对特定人之事务、物品进行应急管理处置。由此产生之费用，从正义、公平、合情、合理的角度着想，即当由被管理的受益人补偿管理人所为之事前支付。由此，比照契约之债而产生所谓

---

〔1〕《击壤歌》曰：“吾日出而作，日入而息，凿井而饮，耕田而食，帝力何有于我哉！”

〔2〕《汉谟拉比法典》在民商法上的意义，通常被人们所忽略。其实，《汉谟拉比法典》正文282条，为民商法之性质者，即有237条，占全部条文的84%。参见司法部法学教材编辑部编审，梁慧星：《民法总论》，法律出版社1996年版，第3页；王明锁：《中国民商法体系哲学研究》，中国政法大学出版社2011年版，第107~108页。

〔3〕［美］汤普逊：《中世纪经济社会史》（上册），耿淡如译，商务印书馆1961年版，第198页。

〔4〕［美］沃伦·特里高德：《拜占庭简史》，崔艳红译，上海人民出版社2008年版，第12页。

〔5〕［德］马克思：“政府在财政问题上的失败”，载《马克思恩格斯全集》（第9卷），人民出版社1961年版，第263页。

的准契约之债或曰无因管理之债。该种债的功能作用也在于特定人对另一方给付的补偿，本质上也是一种利益交换，是一种财富上的增添，是对助人者的利益补偿和对友善和谐关系的激励与促进。

契约之债与准契约之债，都是一方履行义务，自然也要享有相应权利，从接受履行义务的一方获得相应利益，使付出者得到应有回报，使履行义务和付出利益者不受损失，得到其应当得到的东西，即法律“给予每个人他应得的部分”，以实现作为法律基本原则的正义和公平。〔1〕

在债的功能作用上，如果说契约之债和准契约之债是使当事人得到其“应当得到的部分”，那么私犯之债和准私犯之债就是在使当事人不能失去其“不该失去的部分”，从另一方面维护和实现着法律的公平和正义。

若从人类历史的进步发展状况看，私犯或侵权行为是先于和发达于契约行为的。在《汉谟拉比法典》中，契约行为与侵权行为难分轻重；而在罗马法的发展中，两者发达之先后却泾渭分明。于罗马法缘起的《十二铜表法》中，私犯显过契约；而在查士丁尼的《法学阶梯》中，契约则显超私犯。〔2〕这充分说明，私犯的历史比契约的历史长，古法中的侵权行为比契约行为更被重视。这完全符合社会发展的逻辑，因为契约行为与商品经济相伴，侵害行为与人类社会相随。自然经济社会会有大量侵害行为存在，但契约行为不可能普遍发生。故人类社会的进步，不仅遵循了“从身份到契约”的发展轨迹，而且也表现了“从侵权到契约、从私犯发达到契约发达、并至私犯衰减”的演变征象。法学家梅因有言：一个国家文化的高低，看它的民法和刑法的比例就能知道，大凡半开化的国家，民法少而刑法多；进化的国家，民法多而刑法少。此言虽非完全正确、可信，但从经济形态与法律文化的关系看，也确有相当道理。我国古代自然经济占统治地位，侵害行为普遍存在，故刑法早而达。〔3〕但自近代商品经济发展，遂有变法改制与民商法典编纂之事，乃至改革开放深入，市场经济繁荣，于中国共产党第十八届中央委员会第四次全体会议直接提出“加强市场法律制度建设，编纂民法典”之新论。此论

〔1〕［古罗马］查士丁尼：《法学总论——法学阶梯》，张企泰译，商务印书馆1989年版，第5页。

〔2〕《法学阶梯》第三卷的第13篇至第29篇都是关于契约和准契约之债的规定，其为17篇；第四卷的第1篇至第9篇为关于侵权行为和准侵权行为之债的规定，除去其中第6篇是对诉权的规定外，实际上为8篇，即基本上是契约和准契约之债规定的1/2。

〔3〕在中外法律史上，国外最著名、最具影响力的是《汉谟拉比法典》和以《民法大全》为代表的罗马法；在我国历史上最有影响力的为汉律与《唐律疏议》。参见习近平：“加强党对全面依法治国的领导”，载《求是》2019年第4期。

精辟，此言善哉！表现出了民法之本质，抓住了法典之真谛！故当今中国民商法典之编纂，于债的制度中，侵权行为之债与契约行为之债仍是其两大基本支柱，并当以契约之债为先重。契约若重，表征着社会的平等自愿、文明和谐与诚信友善；侵权若重，则表征着社会中恃强凌弱、黑恶欺诈者多，文明开化者少，此更需通过民商法典的手段予以指引、矫正和纠偏。

侵权行为之债的功能作用，即在于保护每个人的既得或固有之利益。古代社会，虽然没有市场和交换，但人们通过自己的劳动直接取得劳动成果，或通过继承取得遗产，其财产也理当受到法律保护。而侵害行为的发生和存在则使当事人的财产或人身受到侵害。为维护社会的安宁和秩序的稳定，即必须对侵权行为人予以制裁和对受害人利益进行保护。故于社会落后野蛮或者未开化、半开化时期，一切以人身报复或者残刑酷罚为解决问题之手段。待致社会开化文明时期，对人身或财产之侵害，则以通过金钱财物赔偿或赔礼道歉等精神补偿的方式予以解决。受害人与侵害行为人还可以协商解决所赔偿的数额和方式。这种解决侵害行为损害纠纷的方式反映在法律上即是侵权行为之债的发生和存在。受害人遵规守矩，却被他人侵害，无端遭受损失痛苦，使当事人利益受到损失，使公平正义失去平衡。〔1〕这时，借助侵权行为之债，即让侵权行为人将侵害行为所获财物返还给受害人，或对受害人所遭受的损失予以补偿，使当事人之关系重新得到一种公平正义状态。故侵权行为之债的功用效果，即在于使当事人的既有利益不受损失，使其不该失去的东西不能失去，而当使其物归原主或获得经济上的补偿或精神上的慰藉。〔2〕

与侵权行为类似的一种行为，乃不是明显的侵害行为或者违法行为，但其行为又确实使另一方特定的当事人受到了损失，而自己得到了相应的利益。如果承认其利益，则有违公平正义。故在此种情形下，法律不承认其所得利益之合法性，而要求其根据受损失一方当事人之意愿，将所得不当利益返还

〔1〕 现代生活中，出卖的物品质量有问题，向受损失人进行的赔偿，还被称为债。如旷某田被骗，向村民们出售的除草剂有假，造成村民们的绿豆绝收。发生纠纷被抓。后经调解进行赔偿。旷某田对赔偿的钱认为是在还债。“听不甚明白，他也不想去问明白，石头砌的墙就是石头墙罢了，实在看不出它能有啥真正的用处。历史上楚国的事于我有何关系？过去的楚国的事再重要，也没有我眼下挣钱还债重要，只要你们在这儿多住几天，每天给我一百五十元就行了。”周大新：《湖光山色》，人民文学出版社 2014 年版。

〔2〕 2019 年 5 月 5 日《今日说法》节目报道：三星手机夜间充电时发生爆炸，致贵州 5 岁女童严重烧伤（鉴定 8 级）。与此相似充电爆炸案件全国有几十起，但都得不到赔偿。这相当于“欠债不还，又得不到支持”，这将会成为社会不安定之因素。

给受损失人。此即所谓不当得利，并以此产生不当得利之债。其功能作用也在于使人不能失去其既得利益，是对既得利益之保护，使其不该减少的东西不能无故减少。此与侵权行为之债同旨趣。

可见，契约之债与准契约之债的功能在于使当事人得到其将要得到和应当得到的财产利益；侵权行为和准侵权行为之债的功能在于使当事人的既得利益不受损失。前者是利益的谋取者，后者是利益的保护者。两者互相配合，各司其职、各守其责，实乃科学合理、周密严谨。如同债家四弟兄，两个是往家里添财换财者，两个是家里的看财护财者！

第五节　债权为请求权——诚信与文明之光

民商主体所享有的人身权、物产权、知识产权均属支配性、对世性、静态性权利，其功用在于主体从客体享得相应利益。而债承权属于请求性、对人性、动态性权利，其功用在于使静态性权利在特定民商主体间进行流转交换，在于特定权利人向特定义务人提出请求，被请求人则应当向请求人行特定行为，以使对特定客体的支配性权利发生移转，使双方当事人之相应利益得以均衡和公平。而在民商主体之间进行客体利益之交换流转，必基于当事人之诚实信用。凡人类社会，任何交换必基于诚信无诚信即无交换。考察市场经济生活，任何当事人间之交换都不可能是绝对意义上的一手交钱和一手交货，而一定是在交付时间上先后间隔。凡先行交付其客体标的者，必担有不获对方公平对价给付之风险。因此，在当事人之间能签订契约协议，其前提是相信对方说话算数，诚实有信。如果不信对方，即不会签约立契。当契约成立，一方当事人依约先行履行义务，也是基于相信对方，在自己履行之后，对方也会依约而行。〔1〕如认为自己履行后，对方并不会履行交付，自己也定然不会先行交付履行。

当一方虽向对方表示信任，但又担心对方不能按期履约时，则会提出同时履行或者要求对方提供担保，〔2〕或者事先约定违约者应当承担的民商法律责任。就事先提出担保而言，乃是一方当事人并不完全相信另一方当事人履

〔1〕 黄狗杂儿一副贪相："只要你家的地契银两。""我给你！"汉根点头答应，"你也得把龙凤帖子大红婚书退还我，走马换将，半斤八两。"（刘绍棠《锅伙》）

〔2〕 "柳州土俗，以男女质钱，过期则没人钱主。宗元革其乡法，其已没者，仍出私钱赎之，归其父母。"载《旧唐书·柳宗元传》。此不止不信任，根本原因在于社会贫富悬殊、阶级对立。

行诚意与履行能力之结果。因此，诚信是担保的对立物。诚信度高，则担保者少。如若凡遇交易者即必须担保，则说明诚信缺失而恶化。在债法制度中，如果担保制度发达细密，则说明社会经济生活中诚信下降、道德滑坡、交易困难、成本增加、法律无力、文明失色。若于民商法典中，担保与债脱离，独立到与用益物权齐肩，且有超越复加、几占他物权半壁江山之地步，则只能说明社会诚信严重丧失，欺诈猖獗，法律对诚信者保护不力和对欺诈失约者有放纵之嫌，当事人之间的利益公平已过多危险。[1]这当是社会道德底线与法律权威悲哀之警示！

诚信与文明标示着人的素质和社会进步的水准。人们关爱互助、诚信友善，必然违约行为者寡、侵权行为者少。于民商事权利体系中，人身权、物权、知识产权均属支配性、静态性权利。而以物权为核心的这些支配性的财产性权利的取得，大多需要靠债的制度进行移转承接才能完成。

契约之债为市场经济最为普遍与常见现象。契约成立，即产生债的关系。根据其约定，一方即有权请求另一方将约定的交换对象交付给自己。当对方不按照约定为交付行为时，债权人并不能去直接支配债务人所应当交付的客体对象，而必须是请求债务人实施交付行为。如果债务人依然拒绝履行所约定行为，也只能向法院提起诉讼，要求以国家强制力强制债务人行其所当行之行为。近现代社会文明，已不能再像古代法所允许的那样，可由债权人对债务人及其物品直接采取支配性措施。当债务人拒绝履行义务时，如果允许债权人对债务人的物进行直接支配，必然会出现两种可能的不良后果。一种是因债权人力量强势，直接制服债务人，并乘机得到应得利益以外的非法利益，得理不饶人，使利益的天平失去平衡。另一种是因债权人力量弱势，在以己之力直接支配对方的客体对象时，不但没有将应得的部分拿过来，还可能在人身方面受到损失，造成虎口夺食不成、反被虎咬的更惨后果。因此，契约成立之后，在将使债务人尚支配的客体对象转变为由债权

---

〔1〕“先做好人，才能经好商，诚信经营才能站稳脚跟！”高某祥用质量过硬的产品，给公司赢得了稳固的市场和稳定的效益。随后，孔圣电缆生产的产品知名度高，市场口碑好，得到用户信赖，企业发展壮大，成为同行中之佼佼者。但因善待他人，好心帮忙背巨债：2013 年 6 月，曲阜一食品公司向银行短期贷款 1600 万元，出于好意，孔圣电缆提供了最高额保证合同，进行担保。但该食品公司因经营不善无力偿还债务、法人代表涉嫌违法被刑拘，1600 多万的巨额贷款加利息 128 万元，合计 1728 万元本息贷款落到孔圣电缆公司身上。想公司经营理念，虑企业能站稳发展的凭借依靠，最终，高某祥和企业管理层选择坚守诚信、履约担当，为被担保人还清了两家银行债权人共计本息 1728 万元的银行贷款。若如高氏所奉孔圣之诚信理念并力行之，怎怨天下和谐少，何愁法院案件多？

人所支配的过程中，债权人必须是使用“请求”这一文明的态度和手段。〔1〕这种请求，可在同一时间、地点进行，也可以在不同的时间和地点进行。如借款合同成立，借方有权请求对方按照约定将所要借贷的款项交付给自己占有支配；而贷方则有权至还款期到来之际，请求借方将借款本金及约定利息交还给自己。

在侵权行为之债方面，也是请求权。甲的人身或者财物被乙侵害，除构成正当防卫外，甲不得对乙进行报复或者去直接支配乙的财产以获得补偿。而只能依法向乙提出“请求”，要求乙返还原物、恢复原状或者赔偿损失等，以补偿损失，维护利益的公平。如果乙拒绝履行或者支付，甲即可向法院进行起诉，要求以国家强制力，强制乙进行支付，以保护受害人的利益。这也是社会文明的进步和体现。如果侵害行为已经发生，允许受害人直接向侵权行为人采取措施，也可能造成新的纠纷和不公平。一种情况是：受害人凭权利人的地位，强行追回被侵害之物，并可能多得分外之利益。另一种情况是：如果受害人力量弱势，直接进行利益追回时，有可能不仅没有追回，反而被再次侵害。同时，在强力追回时，多会产生新的矛盾和新的纠纷。故此，受害人一方虽然由于受侵害而成了债权人，但也只能向侵权行为人提出让其承担民商法律责任的请求。这应是社会文明进步的要求。〔2〕

而当契约或者侵权行为发生，债权人提出请求时，债务人如果能够自觉主动或者虽然被动但能承担应当为的支付或者应当承担的民商法律责任，也可说明社会的进步和文明。如果债务人拒绝履行，债权人向法院提起诉讼时，债务人能够在法院的解释下履行义务或为支付行为，说明法院的威信和社会

---

〔1〕 但实践中却有使用非法手段者，如山东长清张某自2014年从事高利贷业务，为向金某追索欠款；大门被焊死，有家不能归，妻子离婚，父亲去世。其父金某1证实，金某曾分两次向张某借款9万元，每月仅还利息就一万多元，后来利滚利需还款200多万元。因无法还清欠款，金某躲到广东深圳。后被当地检察院提起公诉。妻子因此与其离婚，没多久其父亲去世，落得家破人亡。2016年在金某之父葬礼时，张某等人用大喇叭喊“金某还钱”，在葬礼外聚集、放鞭炮、播放音乐《好日子》、拉横幅，直至葬礼结束。在金某住宅大门、西墙喷涂“金某还钱”。金某自述称：“我家里大门都被焊死了，父亲出丧也没敢回去。”再如，在山东源大工贸有限公司办公楼，于某及其母亲曾被催款团伙控制、侮辱，最后酿出了血案。一审被山东聊城市中级人民法院以故意伤害罪判处于某无期徒刑。并曾引发法律界争议。

〔2〕 如果不靠法院维护，即是一种私力救助之表现。2019年6月一则报道，某甲自驾游，出了一个小的交通事故，受害方多人欲打司机，吓得司机不敢打开车门下车；结果受害人一方轮流用石头将车前挡风玻璃砸碎，并将车掀翻。

尚有文明存在。[1]如果法院及时依法审理，按照事实和法律规定，判决债务人履行债务，债务人在法院判决面前，及时履行债务，也可说明法院判决的公正和法律的威信。如果对于法院的正确判决，债务人依然拒不履行，则说明法院威信的缺失和社会文明进一步的缺失。[2]如果法院不是依照事实与法律及时判决债务人履行其应当履行的债务，而是袒护债务人，进行不公正判决，免除或者减少债务人应当履行的债务，法院即会成为坏人的帮凶，成为债权人的对立物。这是社会灰暗和司法腐败的表现。[3]如果法院还顾虑着什么，将案件一拖再拖，不得已时才予判决，或者判决后又不予执行，则判决即使是正义的，也将成为非正义。因为迟到的正义就是非正义。公正的判决应当得到及时的执行。如果错误的判决则是另一种情况，对错误的判决越是强力执行越是对社会诚信文明的践踏伤害，越是对公平正义的毁灭。

总之，债的成立、债的内容、债的后果，无不体现着社会的文明与野蛮、光明与灰暗、正义与邪恶、善良与丑陋，以及诚信与欺诈的分界与浓淡程度。“知善知恶是良知，为善去恶是格物。”编纂民法典，本质上是在致良知，在格物。在格物而致知，在明德而新民，止于至善也。故扔掉或忽视篡改债之制度文明，即是对社会良心之背叛，是对民商法律之浅薄，是对法典编纂之戏耍。

---

〔1〕如果侵权行为发生，当事人寻求公力救助的途径受阻或者不畅，受害人即会靠私力解决。如丽水市缙云县周庄案，起因即是相邻关系纠纷长期未获解决。曹家阻止郑家粉墙，堵其厨房烟囱、在郑家厨房窗外造厕所，郑家从三楼往曹家茅房上扔石头被发现，曹家即对郑家打砸施暴。郑家母亲给在上海打工的儿子打电话，儿子回来后，和妹夫二人持刀进入曹家。曹家正在聚集。结果郑家出手，造成3死7伤之要案。对此类案件，人们几乎普遍认为是对报复者一方的支持与同情，甚至认为报复的结果还轻。此类问题透露着严重的社会状况和法治的薄弱环节，很值得深思。

〔2〕长期以来，所谓的执行难问题，十分明显地反映了法律的公信力问题。

〔3〕许多案件的执行难，反映了案件的判决不公。从人民法院二十多年对判决理由的改革来看，判决写得不好的根本原因在于案件审理的质量存在问题。有的法院人员认为，案件太多，怎么能顾上仔细看、认真审？笔者认为案件多的重要原因在于对案件的审理不认真，判得不公平，判决没有说服力。当事人上诉、申诉，一个案件审几次，旧的未了、新的又来，案件岂能不积、不多？不仔细看卷宗材料，怎么能以事实为根据，以法律为准绳？

第六节 债之基本核心制度——债的发生确定、履行消灭与不履行之责任

（一）债的发生

1. 债的原始发生

在债的制度中，侵权行为之债和契约之债是最基本的两种债的制度，由此构成债权制度的基本构架。侵权行为和契约行为也即成了债权发生的最为主要的两大因素。人身权、物产权、知识产权本为特定主体与非特定主体之间的民商事法律关系，是静态性权利义务的关系，属于支配权和对世权。但于不特定主体范围内往往有人因侵害权利主体之支配权的情形发生，使支配权人的利益受损，使本来和谐公平的社会关系遭到破坏。同时侵权行为人也从原来不特定的主体中凸显暴露为特定之人，使原来特定主体与不特定主体之间的关系转换成了一种特定主体与特定主体之间的关系。为使这种失去公平的社会关系重新恢复至公平状态，法律即赋予了受损失人以债权人之地位请求侵权行为人向受损害人赔偿支付或者履行纠正给受害人造成的损害后果的权利。因此从性质上说，侵权行为所产生的关系完全符合债的关系的法律特征。但从社会发展和文明进步的趋势看，侵权行为之债的地位和比例应当是逐步消减和衰弱的。如果随社会发展，某国某地区的侵权行为频繁盛行，法院的侵权行为纠纷居高不下，甚至使侵权行为之债发展为独立的“侵权行为责任法”之类，与契约行为之债能够并驾齐驱甚至超越的话，则只能证明该法赖以存在的社会生活关系恶化及社会道德与法治文明之光衰弱。

如果说侵权行为之债是对民商主体既得利益进行守护的法律制度的话，那么契约行为之债就是使民商主体吐故纳新、互通有无、彼此合作共赢的制度了。随着社会发展和人们需求的变化，人们往往需要增加新的东西或者用自己既有的或多余的东西去跟别人交换获取新的或者自己所需但是却没有的东西。这时，支配性的权利主体之间便以平等的身份和自愿的态度寻找特定的主体对象，相互间协商所要交换的客体标的，并为实现自己的预期目标而签成契约或者合同，同时还信誓旦旦，定会履行自己向对方所作出的承诺。从社会的历史发展轨迹看，契约行为之债虽然比侵权行为之债发达较晚，但却是始终与社会的和谐发展和文明进步相伴随的。如果随社会发展，契约行为之债日益发达，则当为社会经济繁荣发展和道德法治文明进步的基本表现。

在契约行为与侵权行为主要承重之柱的基础上，加上无因管理与不当得利，将使债之大厦成为“四柱四梁”的主体框架结构，其更为科学合理、功能齐全、美观气派。[1]

2. 债的变动发生

债之产生，目标已定。但尚未实现，情况可能有变。故为满足新的需要，允许对原生之债予以变动。此种变动，当有两类。一类是债的客体内容之变，如变动债之标的品种规格、数量质量、履行时间地点等。另一类是债的主体之变，亦即债的移转，系指债的主体发生变更，即由新的债权人或者债务人代替原债关系中的债权人或者债务人之情形。在债的转移中，债的客体内容未变，只是主体发生变更，债权人或者债务人将自己的债权或者债务，或者债权债务转让给另外的人，而自己则从债的关系中解脱出来，不再是债的关系人，由第三人成为债权人或者债务人。因债本为根据平等自愿而设，故在通常情况下经债权人和债务人协商同意即可转移，但在有的情况下须经法定程序，以保证债的关系的严肃性和有效性；或者需通知债务人。

3. 债的确定

债的确定是债权债务关系需在当事人之间发生确定或者变动后重新确定。通常情况下因原始发生即予确定。如果债的关系原始发生后，因某种情况，当事人在债的主体或者客体、内容方面有所变动，则按照变动情况重新确定。但凡在履行完毕前进行变动的，均可归于债的变动范畴。变动之后即可确定，不确定难以履行，因此债的关系必有确定之时。而变动者，均需双方重新协商一致，亦相当于重订协议。故此仍然可以看作为债的发生。债发生而确定后，即应当按照确定的特定主体之间特定的权利义务进行履行。债确定之后，即在当事人之间产生债之锁链关系，当事人双方受到法律约束，在行为、意志上都会受到影响，成为一种负担或责任。[2]

（二）债的履行

债的成立，即在债的当事人之间产生了相应的权利和义务关系。这种权利义务关系即是一种法律上的锁链关系，通常非经当事人履行，完成相关的权

---

[1] “四柱”乃为契约行为、侵权行为、无因管理行为和不当得利行为；“四梁”乃债的产生确定、债的正确履行、债的解脱消灭、债不履行的后果。

[2] 如某甲欲买新房，但款项不足，欲向银行贷款。待合同签订后，依合同规定，甲每月都要被从工资中扣除一定还款数额。当晚，某甲感到压力负担，整夜不眠。第二天又与银行商量，解除贷款合同。甲仍住旧房，但心里一下恢复了原有的平静和轻松，没有了锁链还款之负担。

利义务，相互间的关系不得解脱。[1]这个法律上的锁链如何得以解脱？正应了中国一句俗语："解铃还须系铃人。"只有债的关系当事人按照事先的约定或者法律的规定，特别是债务人向债权人完成了事先约定的义务或者法律所规定的义务，当事人才可重新获得自由，或者叫作"无债一身轻"。[2]故债的关系产生后，另一基本制度即债的履行制度。

债的履行系指债务人按照契约的约定或者法律的规定，全面正确地完成自己所负义务的行为。概括地说，债的履行应当遵守全面正确、诚信协作和经济合理的原则。具体而言，当合如下要求：

第一，履行的主体要正确。即由债务人亲自向债权人履行，非依特别约定不得由他人代替履行。作为接受履行一方来说，也当为约定之债权人，并应配合债务人履行。

第二，履行的标的要正确。债之客体为债务人之行为。其履行行为的对象标的要正确。如其质量、数量符合要求，支付币种符合规定。

第三，履行的时间要正确。即按照债的内容要求，在规定的时间、期限内进行履行，不得迟延，甚至不许提前履行。如有变动，也当重新协商或符合法律规定。

第四，履行的地点要正确。债的履行地点是否正确，关系到债权人利益的实现，也会影响到债的履行的费用和安全。故需按照债的内容中所定地点进行履行。事先没有约定清楚的，重新协商确定，不能确定的，按法律规定履行。如履行标的是动产的，在债权人所在地履行；标的是不动产的，在不动产所在地履行。

第五，履行的方式要正确。如运送货物的方式，是债务人亲自送货，还是邮寄送达；付款的方式，是现金支付、汇款支付，抑或现在流行开来的支付宝支付或微信支付。但以货币支付的，在日常小额的债的关系中，债权人不得拒绝以人民币现金支付履行。

---

〔1〕 在社会非常时期或者特殊情况下，非因当事人之意愿，也有不经履行而得使债的关系解除之情形。但这种情形，如果使用得不好，则往往会留下其社会观念上的弊端和实际生活中的后遗症。

〔2〕 通常也有"无官一身轻"之说。这说明官是一种责，是一种职务责任，故当官本质上也是一种债。这种债的产生，如果当官者是因百姓选举上的，即被选举者必须要对选民负责，只有按照当时的许诺履行职责才能算是尽责尽职。如果当官是上级主管任命的，被任命者就和任命者便产生了一种关系，也是一种债。另外如在改革中有的官员不愿意公开自己的收入或者财产。对此问题实际上比较容易解决的办法是，如果一位公民要走上公务员岗位，作为行政法主体的话，就应当在从事公务职务岗位时签订契约协议，放弃民商事方面的财产信息保密性，将财产公开。

依前述制度，债务人全面正确履行债务，债权人的债权即得以实现。

（三）债的消灭

债的消灭，为债的关系不复存在，即在特定当事人之间的债的锁链得以解脱，双方不再继续有何束缚，各自重新获得新的自由。[1]

使债归于消灭，最为普遍理想的原因即为债务人自觉、全面、正确地履行义务。债的履行和实现程度体现着一个社会民商主体的道德素质、法治观念和对债的认识，也体现着法律规定的优劣和对司法权威的信仰。

（四）债不履行的后果

债是因约定或者法律规定而产生的一种法律锁链关系，当事人欲得解脱或者解放，即自觉履行其应尽义务。但是，由于个别债务人会基于某种因素而不能正确履行，或者干脆拒不履行。这时，根据债权人的请求，即可要求不履行的债务人承担相应的民商法律责任。

这种责任为债不履行的民商责任，包括停止侵害、返还原物、恢复原状、继续履行、修理重做更换、支付违约金、赔偿损失、赔礼道歉等多种方式。

这种责任方式的承担，债务人本当知错改错，自觉承担。如果其不予自觉承担，债权人即有权向人民法院提起诉讼，请求人民法院进行判决，强制债务人承担责任。债务人主动履行判决的，债权人的债权也可得以实现，债务人不予主动执行判决的，则由人民法院强制执行，给予民商事裁决。这里必须说明的是，在现实经济生活中，债务人从一开始即不想履行债务，且并不担心债权人起诉和法院进行审判，以致法院案件越来越多，其根本原因在于债务人违法违约的后果太轻，法院判决的后果与当初债务人应当向债权人履行的债务完全一样。比如，债务人本应于 2015 年 12 月 31 日向债权人履行债务 10 万。债务人却拒绝履行，拖延到 2016 年 12 月 31 日还是不履行，这时，债权人只好向法院起诉，债权人要缴纳诉讼费、聘请律师、花费时间、支出成本，并影响心情和其他工作等；待法院立案、审理，如果顺利，至 2017 年 7 月判决，如果调解结案，债权人可能只能得到 10 万或者不足 10 万；如果判决则应当支付的数额是 10 万元及其银行存款利率和诉讼费。而若债务人作为被告再提出上诉，又将此简单案件折腾到上级法院，再经立案、审理，

[1] 2019 年 5 月 1 日从网上传播的王某忠法官二审案，起因就是一个民商事合同，没有按照约定履行，同时当事人之间有伪造证据之嫌，导致案件调解、受理、案外调解、撤诉、再立案、审理、上诉、申诉，并酿成二审法官被认为构成枉法裁判罪。该案又由一审到二审，历时数年，由民事到刑事，法官从审判案件者，成为被审判者。因此，不从民商事基本制度上入手，澄清其法治基础理念，仅凭枝节问题，难以制定出中国特色之法典，难为中国法治提供科学之良法。

如果调解，可能还是10万，如果判决，也还是10万加上利息。加上强制执行，最后时间上很可能就拖到了2018年年底。这时即使执行到位，也还是10万加银行利息。而这10万债务人不用作经营，就是存入银行，最后自己并没有多支付什么；更何况随着物价上涨，最后的10万元与3年前的10万元已经大不相同了。这种责任后果的规定，无疑对违法违约者的债务人更为有利，故此助长了违约违法行为的发生，并使民商事案件增加。这种关于债权债务关系的法律规定，实在不能算是良法，以这种规定进行法律治理，也绝非善治。

第七节　债之事先防患措施——债的担保

债的功能作用主要在于使民商主体对财物的支配和流转关系保持一种理想的秩序。人类社会早期，人本身也是交换对象；后来社会进步，人身从交换对象中逐渐退出，而智力成果显著增进，唯物财作为交换对象一直处于一种恒等的状态，其形式有变但实质未改。

债成立之后，按照常理，债务人当全面、正确履行义务，既满足债权人需求，也实现自身利益，致双方共赢。但是在实务中，有的债务人却背弃诚信，只享权利，不尽义务。而债权人要实现债权，即须向法院起诉，靠强制程序使债务人承担责任。这种情况下，若遇债务人破产、解散等，则债权人之目的也难以实现，落得个判决空文。因此，为了防患于未然，在债的关系成立之时，债权人即要求债务人必须提供一定的财产作为担保，或者要求第三人作为保证人，若出现债务人不履行债务时，即可以债务人事先提供的财产优先得到清偿，或者使保证人一起与债务人共负责任。如此以免得当债务人不履行债务时所造成的被动局面。

我国《民法通则》本规定了4种债的担保方式，即保证、定金、抵押、留置。1995年专门的《担保法》由抵押中分出质押，遂成5种债的担保。2007年《物权法》追随日本民法物权模式，将抵押、质押、留置谓之三种所谓担保物权，拉入《物权法》，将保证和定金留于《担保法》。[1]在立法例

---

〔1〕 在宏观发展上没有观察到民商合一模式的新演进，在微观上也没能注意到诸如债的担保制度的变化。（民商合一模式已经从瑞士、意大利只有民法典的“名不符实、内容庞杂”模式，经《泰国民商法典》的“名副其实、内容庞杂”模式，到了“名不符实、内容简约”的第三种模式，且有另一种新的模式，即“名副其实、内容简约”的珍珠般的模式等着我们选择拾取！）参见王明锁：“民商合一模式的演进及民法典编纂中的创新性选择”，载《北方法学》2018年第2期。

上，于国外而言没有注意到新的立法的新进展，于国内而言则丢掉了担保制度，真乃匪夷所思。[1]

现再从实务上举出三个所谓的司法考试案例。其一，甲（出卖人）与乙（买受人）签订买卖合同，合同总价款200万元，乙支付定金50万元。后甲只如期供应给乙一半数量的货物，剩余部分无力供应。乙要求甲双倍返还定金100万元，甲不同意，双方发生纠纷。其二，杨某与柳某之间订有买卖合同，约定杨某以30万元的对价购买柳某的一批货物且郑某为杨某的保证人，杨某同时提供价值10万元的汽车作为担保。其三，张某向王某借款1万元，约定年息为15%，并由李某提供了保证。现王某欲将该债权转移给宋某，在原保证合同对债权转移并无任何约定的情况下，李某是否还要继续承担保证责任。这里，不论案例的真假，[2]也不论对选项的分析。这里需要指明的是，三个案例的基础性法律关系都是债权债务，都是由签订合同而产生的，为担保债务的履行和债权的实现，分别采用定金、人的保证和汽车的抵押或质押作担保，保证责任是否随主债权的移转而转移？而在绝大多数的债权债务中，根本无须担保。由此可以看出，所谓的担保完全属于债的辅助手段和债的范畴，并且案例分析者所使用的法律规定，都是《担保法》及对《担保法》的解释性规定，根本没有涉及所谓物权法中的担保物权。既然如此，为什么要将与债具有主从密切关系的债的担保放到物权中呢？故应当让债的担保制度聚合回归到债族，以发挥其辅助辅佐之价值功用。

第八节　债之线外补救手段——债的保全

所谓“债的保全，是指法律为防止因债务人的财产不当减少给债权人的债权带来危害，允许债权人代债务人之位向第三人行使债务人的权利，或者请求法院撤销债务人与第三人的民事法律行为的法律制度”。[3]可见，债的保

〔1〕 参见《泰国民商法典》第二编、第三编。冯建昆主编：《泰王国经济贸易法律选编》，中国法制出版社2006年版，第131、145、173、175页。《越南民法典》第二编、第一章第五节“民事义务的履行担保”，第324条。

〔2〕 笔者曾对部分司法考试案例进行分析，得出的结论是其为虚假案例。由此从理论与实务的结合上进行分析，认为有些法律规定操作性不强。如物权法中的地役权问题，由此该种虚设重叠的制度可被相邻关系制度所吸收。参见王明锁：“中国民商法典编纂中对物权制度的修正整合与创新完善——附《中华人民共和国民商法典物权编草案建议稿（黄河版）》”，载《私法》2019年第2期。

〔3〕 魏振瀛主编：《民法》（第6版），北京大学出版社、高等教育出版社2016年版，第369页。

全不同于债的担保。在债的保全中，没有事先约定特定的财产，也没有事先约定第三人出来与债务人一起承担债务的履行，而是法律的一种直接规定，是法律主动对债权人债权的一种维护，其产生和存在的条件是法律直接规定的一种事先预测和事后措施。

债的保全的实行，实际上必须是这种预测的假设变成了现实。如果债务人并没有故意实施有损债权人的行为，并没有故意使自己的财产有什么不当的减少，债权人即谈不上采取债的保全的措施。

债的保全，学说上有所谓的债权人的代位权和撤销权两种措施。

债权人的代位权，是指当债务人怠于行使其对第三人享有的权利而害及债权人的债权时，债权人为了保全自己的债权利益，可以以自己的名义代债务人之位向第三人请求履行的权利。首先，对于债权人的代位权，《合同法》第 73 条进行了规定。但是债权人的代位权是应当适用于所有的债的关系类型的。因此，债权人的代位权应当是债的一般制度规则。其次，债是特定主体之间的法律关系。债权人以债务人的名义代债务人之位向第三人请求履行债务，其根据何在？如果当事人之间对此有约定，那将属于债权移转的问题。故此处其根据只能是法律的规定。而根据法律规定，债权人直接以自己的名义向第三人主张本应由债务人主张的权利，其债权是否正好相等？第三人如何认定是真是假？因此必须经过债权人提起诉讼才能明辨是非曲直。故所谓的代位权不应成为债权人的当然权利。

债权人的撤销权，是指债权人对于债务人所为的与第三人的民事行为危害债权利益时，可以请求法院予以撤销的权利。该种权利的成立与存在，所具备的条件：一是债务人与第三人所为的民事行为危害或者损害了债权人的债权利益，如债务人为了逃避向债权人履行债务，故意将自己的财产赠与或者以低价出卖给了第三人。这种情况下，乃是债务人以积极的、恶意的手段处置财产。而故意损害债权人之利益，债务人与第三人（新的债的关系当事人）之间的民事行为实际上是故意损害债权人（他人、第三人）的行为，故根据民事行为的有效条件，其内容因违法损害他人利益而可以被受害人提出撤销。[1]

从实务上，在此举出考试中的保全案例。

---

〔1〕 民事法律行为的有效要件包括主体合格、意思表示真实、内容不违反法律规定、形式符合法律要求。不具备此条件的，构成无效民事行为。而对无效的民事行为，自然可以请求确认其无效或者可撤销。

其一，甲厂与乙公司于1999年10月签订拆迁协议书，约定乙公司对甲厂履行安置补偿义务。因乙公司一直未履行，2000年10月3日，经法院判决，乙公司应给付甲厂安置补偿等费用99万元，但也未履行。2001年2月3日，乙公司与张某签订商品房买卖协议，约定乙公司将其所有的坐落于某小区面积为640平方米的商品房以每平方米1000元的价格转让给张某。张某在签约时即支付乙公司64万元购房款，并取得该房所有权证书。甲厂得知后，诉至法院，请求撤销乙公司与张某的商品房买卖协议。经查，该房屋在2001年时市场价为每平方米5000元，张某时任乙公司法定代表人。因此甲厂有权主张撤销权，以保全债权。[1]但对此值得怀疑和不解的是：既然法院已经判决乙公司应向甲厂给付99万元，甲厂为什么不要求强制执行而另外要主张行使撤销权进行保全，自己再以乙公司的名义去向张某主张权利呢？

其二，原告张某诉称，2002年以来，第三人（利津禹王水利建筑安装工程有限责任公司）共欠原告及其他民工各款项共计248 777.82元。在多次催要未果的情况下，其他几名民工把第三人欠其款项以债权转让的方式转到了原告的名下，并通知了第三人。经原告查明，第三人不能还款的原因是其怠于行使其享有的具有金钱给付内容的到期债权，目前被告（利津县建设局）尚欠第三人工程款1 455 276.69元。根据规定，因债务人怠于行使其到期债权，对债权人造成损害的，债权人可以向人民法院请求以自己的名义代位行使债务人的债权。原告特提起代位权诉讼，请求依法判令被告偿还原告欠款248 777.82元及利息18 135.90元，并由被告承担该案诉讼费用。被告对该案债权债务关系无异议，但辩称，原告对被告行使代位权不符合法律规定要件。一是第三人对被告并不享有到期债权，第三人与被告的建设施工合同没有约

[1] 该案例的另一版本是：乔某因老宅拆迁被A房地产公司安置到一新两室住宅居住。手续由其女婿张某全权办理。搬入新居一年后，乔某女儿与张某因离婚诉至法院，张某提出乔某现住房为张某所有，要求乔某搬出，并出示张某为所有人的该房产权证书原件（经查真实）。乔某委托律师到房地产公司调查，全部拆迁安置文件下落不明；公司开具的回迁安置单上载明的被安置人为张某。乔某遂向法院起诉，告张某与A公司恶意串通，损害其合法权益，要求法院判决张某与A公司的回迁安置关系无效，将诉争房屋产权变更为乔某所有。A公司在庭审中主张该房系该公司对张某的赠与物；并承认仍欠乔某及其他回迁住宅十几套。经查，该公司濒临破产，已无实际履行能力和可执行财产。笔者认为，真实的保全案例并不多见，实务界、学界多将此案例当作债的保全案例。实际上此例并不符合债的保全要件。乔某、公司、张某三者之间，如果乔某与公司之间存在债权债务关系，公司不积极履行或为逃避履行，而将房子无偿赠与给张某是真实关系，才可以由乔某请求采取保全措施，要求对公司与张某的赠与关系予以撤销。但此为虚假，故乔某主张公司与张某恶意串通，将本该记载房屋所有权人为乔某的房屋所有权人登记为张某，是违法行为，故因原行为违法而应当予以撤销，将诉争房屋产权变更为乔某即可。

定工程款的具体支付时间，而是依惯例由被告分期向县财政申请拨付工程款，再由被告支付第三人。二是第三人并未怠于行使其到期债权。怠于行使是指债务人应行使、能行使而不行使，其表现为既不履行又不以诉讼或仲裁的方式向次债务人主张权利，主观上表现为故意或放纵。但截至原告起诉之日，被告共欠第三人 1 377 276. 69 元。根据市中级人民法院［2007］东民一初字第 38 号判决书，被告与相关债权人达成还款协议，约定在被告欠第三人 1 377 276. 69元工程款中由被告直接支付实际施工人。就是说，第三人在被告处还有 637 728. 17 元债权。被告收到人民法院协助执行、裁定冻结第三人在被告处的债权数额已达 725 000 元。因此，第三人没有故意或放纵自己权利而对原告造成损害，而是因客观原因不能向被告行使权利。代位权只是一项从权利，并不享有优先权，事实上原告主张代位权是对已先于原告起诉并申请保全的第三人的其他债权人的损害。综上，请求法院驳回原告对利津县建设局的起诉。第三人对此未作答辩。

可见，债的保全不同于债的担保。债的担保，取决于当事人的约定，是当事人事先的自觉防范措施；债的保全则取决于法律的直接规定，是当事人事后的一种被动的补救性措施。债的保全的行使，无论是哪种措施，都必须符合法律规定的相应条件。同时，采取保全措施，必须通过法院行使。如果当事人私下协商，债务人将自己对第三人的债权转移给自己的债权人，由债权人直接向第三人请求履行，将不再是债的保全，而是债的转移。故债的保全是法律针对特定的债的关系当事人规定的有利于债权人债权实现的一种线外性补救手段。

第九节　对债的认同——债之回归与聚合

自人类社会建立市场经济以来，所有的法律体系中，民商法均已经成为法律体系的核心。在以民商法典为核心的民商法体系中，应当说，债是民商法律体系中的心脏。正是由于债的存在，在债权人的请求与债务人的履行下，才使得一切民商主体及其以外的东西都运动了起来，各种物财等从一个主体手中转移到另一个主体手中，从一个地方转移到另一个地方，想要得到的东西能够得到，被人侵害减少的东西也能物归原主或者获得相应的赔偿，从而使整个社会关系有序和谐，并充满着热情活力与幸福希望。对于债这种民商法律体系中的心脏制度，现代民法理论应当予以科学的认同，应当使债的制度切实回归与聚合到正在编纂的民商法典中。

第一，债在民商法典整体结构中处于全局的中心位置。如果观察市场经济的构成要素，在熙熙攘攘的市场上，我们看到的其一是人的来往，此即民商主体制度之根据。其二是琳琅满目的商品财物，此乃民商客体制度之依据。其三是民商主体对客体之权利，使物财等客体有其归序、有其生息。其四是民商主体所为之行为，权利发生、权利行使、权利实现，莫不赖于民商行为，才使得一切民商法律关系层次明晰、条理有序、轻重有度、亲疏有别。其五是主体行为之责任，使每个主体对其行为负责，承担责任后果。此乃使每个主体实现自己利益目的之保障。其六为责任时效，使主体对其权利的维护或对违法行为人责任之追究，当挂于心，于规定期限内进行主张，以防遇新忘旧或耿怀旧账，即久不取之，不如舍之。前加所当遵守之基本原则，乃为民商法典通则之基本原则、民商主体、民商客体、民商权利、民商行为、民商责任、责任时效之基本制度。[1]该基本制度全部关涉于债，或者说债对民商法基本制度反映和体现得最为全面深刻。

第二，在民商权利体系中，债为独立之类型。人身权最为重要，生命健康、身体自由、婚姻家庭等当比财产物品重要得多，“生命至上、安全第一”也已为当今时代之理念，人身权当居首位。同时，人赖物财生存，物产权当随其后。物质需求基本满足，当求知识精神，旺族强国，故知识产权必当于此。前述三权，为静态性、支配性和对世性之权利。然此些权利得失变更，市场经济条件下除债制莫属。债使得一切静的东西都活动起来，在主体间周转流通、变化传承，主体交会融合，社会充满生机。虽然每个人都想不老于世，但无奈终有归期，都要到一个最不情愿去达的地方。而此时，积累财物尚存，价值尚用，即需按一定规则将其转移与人，此即继承制度。五项权利特色各具，债承制度绝非可以或缺。

第三，债于科学民商法治文化中当属单独一编。在法典化运动中产生的罗马法，已对债作了完善的专门规定。在充满着理性光辉和人文情怀的第一部民法典即《法国民法典》中，债被作为人取得财产各种方法中的重要类型。20世纪伊始实施的体现着抽象严谨科学特点的《德国民法典》更是将债抽象概括成为独立的债编。其后的《瑞士民法典》《意大利民法典》《苏俄民法典》《日本民法典》《大清民律草案》《民国民律草案》《中华民国民法》无不将债作为独立、完整的一编予以规定。我国在新民主主义革命和社会主义

[1] 王明锁：“中国民商法典编纂的重大疑难问题——附《中华人民共和国民商法典“通则编”草案建议稿》（黄河版）”，载《晋阳学刊》2016年第3期。

改造过程中，仍然重视债的具体制度，只是后来有的认为债的规则主要涉及合同，设债无异于架床叠屋，[1]致理论和立法实践上债的范畴逐渐被合同替代。但明显的是，债的制度不止包括合同之债，还包括非合同之债。[2]对此，我国《民法通则》和《民法总则》给予了科学肯定和确认，应当说这是对发达国家法律文明成果的明智移植，是对现实经济生活条件规律的正确反映，也是对我国法治传统文化中债的基因的承接和续写。故在民商法典编纂中，债成为独立完整之一编理所当然，众望所归。

第四，债为民商法典独立一编，当有其完整体系。债和物权、亲属、继承为传统民法典中的独立而齐肩并列的制度。新时代之中国，人身权、知识产权成为新的科学特色，就其权利性质等方面而言，完全应当与传统物权并列。但其中不能或缺独立之债编。去掉债而留物权、继承权、合同、侵权行为责任是对现行民事单行法的简单垒砌和粗糙汇编，根本谈不上是民法典之编纂，[3]这将有悖于中国共产党第十八届中央委员会第四次全体会议所决定的编纂民法典之初衷。

第五，债的制度应当回归，更应当科学聚合。债是一种法律关系，与合同契约及侵权行为并不相同。《民法通则》重写债的范畴，是对债的认同与回归；在债的制度中规定债的概念与合同、侵权行为、不当得利、无因管理之种类，无疑是对债的聚合。对此不应当再持偏见和排斥。现在学界有的虽然主张对债进行规定，但仅是主张在现行合同、侵权行为责任之外增添所谓债权总则而已。此种编制见解，使债仍处于分散状态。不只使债的内部（债的一般原理、合同、侵权行为、无因管理、不当得利）难以科学聚合，且使债和外部的物权、继承等也难有效协调。[4]可以说，没有债编的民法典，就不算是一部真正的民法典。

---

〔1〕《法学研究》编辑部编著：《新中国民法学研究综述》，中国社会科学出版社 1990 年版，第 357 页。

〔2〕王明锁："侵权行为之债及其立法路径辨析"，载《中国法学》2007 年第 4 期。

〔3〕王家福先生曾针对制定侵权行为法的情况指出："现在还存有一种观念，认为制定民法典就是搞民事单行法的汇编，我觉得这种认识不太合适。民法典和单行法的汇编不一样，如果采用单行法汇编的方式制定民法典，不利于大众学习和实际的运用，我们应该搞一个真正好的民法典。例如我国现在正在制定《侵权责任法》，这种思路是一个单行法架构的思路。应该说侵权法和合同法是相对应的，是债权篇里的主要内容，应该统一在债权篇的法律规定。"参见王家福："新中国的民事立法感言"，载《法学家》2009 年第 5 期。

〔4〕现行没有统一债的制度，只有合同和侵权责任编的结构，使无因管理和不当得利被归进合同编；而有增加安排债的总则编者，则是要求将不当得利和无因管理从合同编拉放到债的总则编中。

第六，债编的聚合次序。将债的制度聚合一起，应有其内部的科学体系。债的一般规则或债的总则当起统领作用，为债的基本的普遍性制度，如债的发生、债的变更、债的移转、债的履行、债的消灭，以及债的辅助性制度，即为了促使债的实际履行而规定债的担保制度和债的保全制度。随后根据债的发生根据规定债的具体类型。在这些类型中，最主要的应当说明合同之债与侵权行为之债的先后次序。对此，一种方案是先定侵权行为之债。其合理根据在于首先保护前述人身权、物产权和知识产权的安全和谐。先守成正，再开取新；先保静之安全，再谋动之交换；固好已有，再说将有。此合常识观念，也合侵权行为重于契约行为之史实。第二种方案是先定契约合同之债。其合理根据在于随社会进步发展，契约合同更为普遍重要，侵权行为当随文明进步而减弱。此合现代人观念和立法现状，也合文明社会发展之趋势。两者相比，笔者原来主张采第一种方案；而在研究中，觉得第二种方案似乎也有优势，可以更好地张扬契约精神，淡控侵权意识，鼓能量之正，抑能量之负。在契约行为之债与侵权行为之债后面，自然安排无因管理和不当得利之债最为妥当。

第七，债被聚合独立成编之名称。民商法典债编之名称，颇可讲究。于著名民法典中，罗马法将债的部分多用债务表达。《法国民法典》表达为债或者债务。《德国民法典》则用债的关系。瑞士定为瑞士债务法。《日本民法典》则用债权，着眼权利，与物权一致。《意大利民法典》以债为编名。我国《大清民律草案》用债权；《民国民律草案》和《中华民国民法》用债。我国《民法通则》和《民法总则》使用债权。从权利观念和对权利保护及与物权一致的情境考虑，似用债权更为合适。但若从更为精细、科学的角度斟酌，人身权、物权、知识产权均属静态性权利，其所标示反映的是主体对客体的支配，即权利内容之行为。而债反映和体现的是动态性权利，该种权利的发生、行使、实现都在其内，即不止包括作为请求权的请求行为，还包括这种请求的根据即契约行为、侵权行为这些原因行为方面的内容；既包括作为权利人的请求行为，也包括义务人的履行行为，甚至连违反义务后所承担的责任也属于一种债的义务行为。可见债权是民商权利中层次最多、内容最丰富的权利。故只从权利的角度并不能全面、真实地反映债的本质和属性。债的最大特点功用本质上与继承相似相通，只是财物的移转路径方式有别而已。债所涉物财是在陌疏人之间的移转承接，继承所涉物财是在亲密人之间的移转承接。故如果将债称作为“债承”权，似乎更为贴切细腻和精准恰当。如此表明了债的制度的两大最为显著之特色：其一表明债是一种法律上之锁链关系的本性；二是表明债是对物财等客体进行流转承接之功用，是主体通过继受或者传来的途径取得对客体支配权的方式。其中，从权利人的角度着眼，表达为债承。其增一个承字，将十分明显准确地体现和反映出债的普世功能价值。一切的商品，流转交易，无不一个承字所能抽象表达。一手二手，一卖二卖，买卖借贷、运送保管、物归原主、损害赔偿，又无不一个承字可以巧妙概括。债与其他虽联系，但与继承性更通。支配权利往前靠，债承继承随后行。如此，前者物权还可拓展一个字，叫物产权；知识产权减一个字，叫知产权，或智产权。这两种权利正好与所谓的产权概念、产权制度、产权改革、产权保护等产权观念理论完全吻合相接。人身权、继承权依然不变。如此便可形成民商法典分论的各编名称，整体排列为：通则、人身权、物产权、知产权、债承、继承，科学端庄、典雅美观，〔1〕也完全符合中华民族传统文化语词中讲究对仗工整的特点。

第八，债编设置编章节的立法技术。关于民法典的结构，有的将一个适用解释性的条文和生效条文也列为单独一编，使其与物权并列，实在空洞乏味，有天壤之别。也有的将物权一编又分几个分编，成为编、分编、章、节之结构。如此，其他编并未如此，甚显突兀，形式架子大，而实质内容少。无论是从传统民法典的编纂技术看，〔2〕还是从笔者曾作尝试的编章结构安排看，对于债之一编，采编、章、节、分节之结构为宜。如此安排，既有《拿破仑民法典》《意大利民法典》之远体，也有中国民法典之近例，〔3〕也完全

〔1〕 中华几千年文化，甲骨文字的简洁隽永、唐诗宋词的华贵晓畅、古典辞联的高雅工整、明清小说的精巧，无不闪耀着光辉灿烂的中华文化、文明。在华夏文明的背景下，中华的法治文明自然也受到了浓郁的熏陶和渲染，并影响周边诸国，形成汉字文化和中华法系文明圈。即使于近现代，也尚如此。《日本民法典》的各编名称为总则、物权、债权、亲属、继承，都为两字符，整齐划一、简洁清秀；《越南民法典》在各编章节题目的设计上也颇为讲究。此当属长期受中国汉文化影响之结果。参见杨鸿烈：《中国法律对东亚诸国之影响》，中国政法大学出版社 1999 年版，第 173、416 页。对此我们更当保持应有的自信、自尊和自律、谨慎。

〔2〕 王明锁："论法律的修改技术及其价值判断——以几部民商法的修改为例"，载《河南师范大学学报（哲学社会科学版）》2009 年第 1 期。

〔3〕《意大利民法典》2969 条，采编、章、节、分节结构；《日本民法典》1044 条，分编、章、节结构，但在有的节下分一、二、三次序，实际也为分节；《大清民律草案》《民国民律草案》《中华民国民法》均采编、章、节结构，其中债编内容最多，但《大清民律草案》的债权编分为 8 章，《民国民律草案》的债编分为 4 章，《中华民国民法》的债编仅分通则和各种之债两章；但在各种之债一章并不包括侵权行为、无因管理和不当得利，而是将这三种行为和契约一起作为第一章通则的第一节，名为债之发生。在该节中区分为契约、侵权行为等 5 款，该"款"项下为该类条文，因此此处的"款项"不同于我们通常意义上的"条、款"之义。故本质上属于分节的性质。参见《意大利民法典（2004 年）》，费安玲等译，中国政法大学出版社 2004 年版；《日本民法》，曹为、王书江译，王书江校，法律出版社 1986 年版；杨立新主编：《中国百年民法典汇编》，中国法制出版社 2011 年版。

符合中华民族的文明文化传统。就债之契约内容，实不必太过细密。而规范细密无间，亦不能达交易事人之思意。有间刃厚，游刃有余。无间刃薄，也无游刃。中国传统文明文化中，讲名分层次、殷累实在和气场的凝聚，如此编排，就如同故宫一般，天地相接、恢宏雄伟；天人合一，结构严谨，错落有致，合理适用；庭院深深，有曲径通幽之美，有尽赏玲珑之兴；既齐整格序、大气庄严，又微宏自然、奔放浪漫。故坚守而从之。

第十节　知行合一——成就债编

本编所涉问题甚多，除对上述重大基本问题之专门论述外，对有些必须指出或者说明的问题，将以注释方式申明。[1]也有诸多问题经体悟揣摩自可豁然。本编分为九章：总则、债的变更与债的移转、债的履行与债的消灭、债的不履行与不履行的责任、债的担保与债的保全、契约行为之债、侵权行为之债，无因管理之债与不当得利之债、债的关系证书。从第 1067 条到第 1733 条，共 667 条，见中编债承权。

第十一节　结语：债为五行之金

中国古代无专门民法，所说民法系将散见民事法律规范拾捡于近代以来民法典之篮筐阶格而已。[2]民法中债之规定，亦未消化吸收，以致当今所编民法典草案中无债编，遂以合同、侵权代之。虽有以德日民法为圭臬，立主以总则、物权、债、亲属、继承数编者，但其遇债编内容繁杂，即以债做一编内容太多、不好安排为由，而粗简将债解分为债总、合同、侵权责任三编，甚或债总干脆不要。

如何把中国固有债之元素与《汉谟拉比法典》、罗马法以来债之理论结合，使之真正中国化、科学化、大众化，并得以彰畅发扬？愚以为：民商法典体系正与中国传统优秀文化之道与五行学说相应和。民商法典通则编可为道；由道而生五行万物。物有五行，金木水火土。此序乃今人所为。以其相

〔1〕 债之体系内容磅礴，致我国民法学研究扔掉总论，割分出合同与侵权责任两个部分。有的认为在体系上不好安排，拟将债的关系部分分割为债总、合同、侵权三编并列。最终我国也是将原来合同法与侵权责任法简单并入民法典而已。

〔2〕 李志敏：《中国古代民法》，法律出版社 1988 年版。

生顺序论，本为木火土金水。对之微调，以木、土、火、金、水为序，即与民商法典分编之人身权、物产权、知产权、债承权、继承权对应，且完美契合。人身为东木，生长者，茁而壮之，繁衍茂盛，世代不息。物产为中土，厚德而载物，万物之本而人生不能少，动物不可缺，青山绿水乃金山银山，更为生命之源。智识为南火，或光焰万丈，或豆火灯苗，然为夜黑暗天之光明希望，引人类奋斗前行，于千世万物间不断成为新的创造者和胜利者！债承属为西金，贝银币数，变化多端；又同于人体之肺经，主呼吸之用；致债双方，锁链法系，进出收付，买卖借还，损而赔偿，害而担责，以及不当得利、无因管理之类；其间货币，时隐时现，似人像妖，鬼使神差，诱引私欲，链锁合开，致人或行攀正道高山，或跨陷迷途深渊；今朝尚坐高堂上，明宵悔罪在牢房，高贵者忽成卑贱，卑贱者也可贵高。富贵尊卑，多在这债之言行交换之间，此即债之真谛也！继承自属北水，善利万物而不争，处众人之所恶，人之将死，其言也善，身隐于土，财承于人。“落红不是无情物，化作春泥更护花”，朽而又生，转浇浸灌于“人身”之东木。此近于道，法于自然，周而复始。民商法典为市场法律之道与行良法善治之重器，不可缺债，也不可将债任意砍分。

自 2014 年聚力，秉理论实践、法治德治、守正创新、科学民主、规则文化结合之方法，持天人合一、民商合一、知行合一之理念，《民商法典草案建议稿（黄河版）》六已有五，计总 1733 条。就整个民商法典言，尚剩继承独编。沿改上编结语之说，可谓是：通人物智峰嶂过，债岭磅礴征进难。知行百里九十半，长城望雁赏枫花。

想到人类的灭亡是一件大寂寞大悲哀的事；然而若干人们的灭亡，却并非寂寞悲哀的事。

——鲁迅

继承并不产生这种把一个人的劳动果实转移到别人口袋里的权利——它只涉及具有这种权利的人的更换问题。

——卡尔·马克思

6 第六章

民商法典编纂中对继承权制度的守正调整与发展完善

第一节 引言：继承法——晚生婚姻三十五

我国1950年颁布《婚姻法》，30年逝去，1980年重颁《婚姻法》，由此开展了大量民商立法。1981年颁布《经济合同法》，1982年颁布《商标法》，1984年颁布《专利法》，1985年颁布《继承法》。特别是1986年颁布的《民法通则》，被谓为“压缩饼干式的民法典”或“小民法典”，成为民商立法之重要里程碑。对1950年至1980年间的30载年华，学界有说“中间很长时间是荒废的，是我国出现的法治不健全的表现之一”。其实，从经济基础与上层建筑的关系看，这30年系中华人民共和国成立后并无民法产生之条件，单纯的公有决定了物权制度的贫瘠，无商品的交换决定了债权合同制度的荒芜，也自然无民法继承制度之必要。

第一，公有制计划经济不需要民法。“民法准则只是以法律形式表现了社会的经济生活条件。”〔1〕而作为民法渊源的罗马法，一开始就“是简单商品生产即资本主义前的商品生产的完善的立法，但是它也包含着资本主义时期的大多数法权关系”。〔2〕民法产生和存在的经济条件是商品经济（市场经济），是主体平等进行自由交换的经济。而中华人民共和国成立初期，30年的经济是被资本主义围剿和封闭的经济，是高度统一的计划经济。生产资料上实行公有；劳动者被计划安排，财产物品被统一分配。其社会经济生活条

〔1〕［德］恩格斯：“路德维希·费尔巴哈和德国古典哲学的终结”，载《马克思恩格斯选集》（第4卷），人民出版社1972年版，第248~249页。

〔2〕［德］恩格斯：“致卡尔·考茨基”，载《马克思恩格斯全集》（第36卷），人民出版社1974年版，第169页。

件决定着无需交换的存在，也不需要传统之民法。这就是为什么1954年、1962年两次起草民法典而不能成功的根本原因，也是为什么“六法全书”不能继续存在而被废除的缘由所在。

第二，物质财产的匮乏不需要继承法。继承向为民法之内容，而民法本质上乃是财产之法或金钱之法，是对财产进行支配、交换、继承、保护的法律。而由于历史与现实因素，中华人民共和国成立初期一穷二白，生产落后、物资匮乏，不得不统一计划、统一分配。集体生产劳动、消费定量供应。生产力落后、生活水平低下，温饱是社会的主要矛盾，而何来商品的交换与财产的继承？故民法中的所有权制度、债与合同制度、遗产继承制度，统统都似无用武之地。这就是30年间没有制定民法典和没有专门继承法之缘故。

30年艰苦奋斗，30年经验总结，封锁被打破，改革开放。集体土地被分到农户，农户有了对土地这种最重要的生产资料直接的支配权和生产自主权；劳动力有了相对的自由；产品有了一定的剩余。于是，产品向商品转变；剩余产品被用以交换；人与人之间的商品交换自然需要契约规则予以规范。于是调整交换的法律首先颁布，故1981年为《经济合同法》之颁布；交换的商品需有商标标识，故有1982年《商标法》之颁布；财产消费之后还有了剩余积蓄，不再遭遇以前的“人未死，粮没了”的苦恼，而是出现了“人死了，钱还在”的争执纠纷。钱财物品留给谁？纠纷争执如何定？继承案件一时突出，故有了1985年《继承法》之颁布。可见，正如马克思、恩格斯所言：“继承法最清楚地说明了法对于生产关系的依存性。”[1]改革开放的春风细雨，致合同法、专利法、商标法、婚姻法、继承法如雨后春笋般生出；其长势与传统民法相差无几。对此何不兴成民法典？故随改革开放，即伴有民法典之编纂，曾成民法草案四稿。但客观上尚处改革开放初期，更因主观上没有能力搞成民法典。“由于民法涉及各个方面，情况很复杂；我国的经济体制改革正在发展，当时要制定一个完整的民法典有困难。所以，彭真同志、习仲勋同志（当时是法制委员会主任）决定，根据需要和可能，把已经成熟的部分，用单行法的形式制定出来。先后制定了一批单行法律，又制定了《民法通则》。”《民法通则》包括了民法四稿中的主要内容，经26稿打磨，比传统的民法总则要宽，也比称“民法总纲”要好，故委员长提议并经研究采用

---

〔1〕［德］马克思、恩格斯：“德意志意识形态”，载《马克思恩格斯全集》（第3卷），人民出版社1974年版，第420页。

《民法通则》之称谓。[1]以此树立了中国民商立法之重要里程碑，为中国民商法典的编纂奠定了坚实基础，也留下了生动的中国民商立法的乡愁故事，为世界民商法理论提供了中国人的智慧！因《继承法》已先于《民法通则》颁布，故《民法通则》在规定个人财产所有权之后，仅以第76条规定“公民依法享有财产继承权”。

1985年的《继承法》符合中国实际，成功发挥了其重要作用。又一个30年过去，中国共产党第十八届中央委员会第四次全体会议决定“加强市场法律制度建设，编纂民法典”，继承法入编民法典被提上议程。这次编纂民法典，关键的问题不再是能不能编成民法典，而是在于编纂一部什么样的民法典？著名法学家王家福先生10年前曾经有言：中华人民共和国这么一个大国，应该有一部反映时代精神、体现中国实际的民法典。这部民法典理应制定成为全世界最好的民法典，我们应该搞一个真正好的民法典。[2]对于编纂一部什么样的民法典，有关部门以2002年草案为底稿，提出由总则、物权、合同、婚姻、继承、侵权责任为民法典各编。很明显，2002年的草案稿是一个对单行法的简单汇编，即把已有现成的各单行法作为所谓民法典的各编而已。后来又插加进了所谓人格权编，并引发激烈争论。[3]对这样一部未来的民法典，按照所谓两步走的计划，总则已经颁布。各分编草案被陆续公布征求意见和审议。而就对各分编的意见看，争议最大的是人格权、知识产权及债法总则。[4]就继承部分说，尽管理论上还有将继承与民法分立或者使继承与婚姻家庭法合并的观点，但继承成为民法典的独立一编立法上已不是问题。[5]其主要问题应该是继承于民法中的位置如何，民法典继承编应当如何继受继承法中的成熟制度，对哪些制度需要发展完善，继承部分的自身结构体系如何安排才更为妥当？就这些问题，笔者除着力论述外，依然秉持知行合一理念，拟出继承权编草案建议条文，以与已经完成的通则编、人身权编、物产

---

〔1〕 顾昂然：“民法通则的制定和立法精神”，载最高人民法院《民法通则》培训班编辑组、全国法院干部业余法律大学：《民法通则讲座》，北京市文化局出版处1986年版，第9~13页。

〔2〕 王家福：“新中国的民事立法感言”，载《法学家》2009年第5期。

〔3〕 以王利明教授为代表的学者主张规定人格权编，以梁慧星教授为代表的学者反对规定人格权编。

〔4〕 朱宁宁：“多位常委会委员建议：应将人格权编放在民法典分编之首”“知识产权是否单独入‘典’引发常委会委员热议”，载《法制日报》2018年9月4日。费安玲：“民法典的理性与债法总则”，载《经贸法律评论》2018年第1期。李永军：“民法典合同编通则疑难问题”，载《中国法学会民法学研究会2019年年会会议简报》第12期。

〔5〕 理论上还有将继承与民法分立或者使继承与婚姻家庭法合并的观点，共同为所谓的家事法。

权编、知产权编、债承权编通达呼应，亦为《民商法典草案建议稿（黄河版）》的官尾之编。

第二节 继承制度之渊源——源远流长四千年

自古人总是要死的，其所属金钱物品，“乃人世流火，生不带来，死不带去。用得其所，为无价之宝；不得其用，如铜臭粪土。可以成人，亦可毁人矣”！人生前财物，多留后人沿用。原始社会，已有其习俗规则。母系、父系氏族社会，逝者遗产去向，均依习惯维持。“当世系还是只按女系计算的时候，并根据氏族内最初的继承制度，氏族成员死亡以后是由他的同氏族亲属继承的，财产必须留在氏族以内。”〔1〕“这样就废除了按照女系计算世系的办法和母系的继承权，而确立了按男系计算世系的办法和父系的继承权。”〔2〕不过，其继承均以血缘继承为主、依习惯维持而无法律调整。严格意义上的继承当为财产继承，即遗产继承，是从法律上确认私有财产的继承开始的。自法律产生，始有继承制度存在。《汉谟拉比法典》对继承已有相当具体的规定。〔3〕罗马法中对继承的规定更为详尽、系统和占据重要地位。《十二铜表法》第五表规定监护和继承，〔4〕第六表为所有权和占有。查士丁尼《法学阶梯》第二卷共25篇，其中第1篇到第9篇主要规定物、用益权、使用权与居住权等有关物的类型与权利；其余16篇规定了遗嘱订立人、遗嘱订立程序、指定继承人及信托遗产继承等。第三卷共29篇，第1篇到第12篇则主要是对无遗嘱的遗产继承的规定；其余17篇才是关于债的原理及契约的规定。其明显特点是遗嘱继承地位突出，继承制度先于债和契约的规定。〔5〕

在以查士丁尼《法学阶梯》为蓝本，直接吸收罗马法精华基础上编纂而成的《拿破仑民法典》，第三卷为取得财产的各种方法，其前两编分别是对继

---

〔1〕［德］恩格斯：“家庭、私有制和国家的起源”，载《马克思恩格斯选集》（第4卷），人民出版社1972年版，第50页。

〔2〕［德］恩格斯：“家庭、私有制和国家的起源”，载《马克思恩格斯选集》（第4卷），人民出版社1972年版，第51页。

〔3〕其中已经有关于遗嘱、遗赠、继承份额、继承权剥夺等规定。参见“古巴比伦皇帝汉谟拉比法典”第165、168、169、171、172、178、179、180、181、182、191条等，载北京政法学院法制史教研室：《外国法制史参考资料汇编》，未刊本1981年版。

〔4〕“十二铜表法”，载北京政法学院法制史教研室：《外国法制史参考资料汇编》（一），未刊本1981年版。

〔5〕［罗马］查士丁尼：《法学总论——法学阶梯》，张企泰译，商务印书馆1989年版。

承、生前赠与及遗嘱的规定，共达 175 条；随后为债与各种契约。[1]其明显特点是继承被作为财产取得的一类方法；继承也先于债的制度。至《德国民法典》，将《法国民法典》中的财产取得方式区分为债与继承 2 编，继承编 464 条，被放至最后，债被提到物权之前，各编次序列为总则、债、物权、亲属、继承。[2]此后，《日本民法典》将物权调到债权之前，继承也被排在最后，为 163 条。[3]《瑞士民法典》则以人、亲属、继承为前三编，而后方为物权及债。[4]《意大利民法典》第一编为人与家庭、第二编为继承，多达 354 条。[5]

《越南民法典》为总则、财产和所有权、民事义务和民事合同、继承、土地使用权转让、知识产权和技术转让权、涉外民事关系，共 7 编，婚姻家庭不在其内，继承编为 56 条。[6]《土库曼斯坦民法典》为总则、物权、债法、著作权、继承法 5 编，也不包括婚姻家庭，继承为 191 条。[7]这两部法典不包括婚姻家庭在内的特点，应当说是遗留着苏俄婚姻家庭被排除在民法典之外的立法影响。

上述民法典之共同特点在于继承均为其中独立一编，没有像我国部分民法理论那样将婚姻家庭排除于民法典之外。[8]所不同者，是继承在民法典中的位置次序和条文内容的繁简多寡而已。

我国古代法律中，继承制度涉及宗祧继承、爵位继承和财产继承。宗祧继承是宗法制度中的传宗接代问题，封建制宗祧主要采立嫡与立嗣制度。立嫡是确定嫡长子为宗祧继承人。[9]如果无后，无子孙作继承人，即发生立嗣问题。有子立嫡，无子立嗣。立嗣限于同宗男子。但如为独子，不得出继。在清代，独子可以兼祧，即一子可继两房。立嗣可在被继承者生前进行，也

---

〔1〕《法国民法典》，马育民译，北京大学出版社 1982 年版。

〔2〕《德国民法典》（修订本），郑冲、贾红梅译，法律出版社 2001 年版。

〔3〕《日本民法》，曹为、王书江译，王书江校，法律出版社 1986 年版。

〔4〕《瑞士民法典》，殷生根、王燕译，中国政法大学出版社 1999 年版。

〔5〕《意大利民法典》，费安玲、丁玫译，中国政法大学出版社 1997 年版。

〔6〕《越南民法典》，米良译，徐中起校，云南大学出版社 1998 年版。

〔7〕《土库曼斯坦民法典》，魏磊杰、朱淼、杨秋颜译，蒋军洲校，厦门大学出版社 2016 年版。

〔8〕司法部法学教材编辑部编审，佟柔主编：《中国民法》，法律出版社 1990 年版。《婚姻法》长期独立于民法，《继承法》也被独立于民法，进而有的将婚姻和继承结合，认为两者为所谓的家事法，并成“婚姻家庭与继承法”，致两者齐肩并随。

〔9〕《唐律疏义》：“立嫡者，本拟承袭，嫡妻之长子为嫡子，不依此立，是名违法。”依令：“无嫡子及有罪疾，立嫡孙；无嫡孙，以次立嫡子同母弟；无母弟，立庶子，立嫡孙同母弟；无母弟，立庶孙。曾玄以下准此。无后者，为户绝。”

可在被继承者死后。如夫死无子，妻在，凭族长择嗣，谓之立继。夫妻双亡者，凭父母或族长之命立嗣者，谓之命继。爵位继承涉及爵位等级、食封的授予、课税的免除等，既具行政性质，又与民事相关。〔1〕财产继承从属于宗法制度，以宗祧继承为前提，似乎更具补充意义。因为有继承资格者方可继承财产。在财产继承中，法定继承与遗嘱继承同时存在，但遗嘱继承受到很大限制，且在继承人之间存在着明显的不平等。至清末变法，封建继承被逐步废除。当时的民法如同德日民法，继承权独立，列于亲属之后，是为第五编。《大清民律草案》继承编 110 条；《民国民律草案》继承编 225 条；《中华民国民法》继承编 88 条。〔2〕

中华人民共和国法律对继承制度的规定相对简单。先是《婚姻法》中有具体涉及。〔3〕并在《宪法》中进行确认性规定，〔4〕之外靠民事审判政策与意见调整。1985 年颁布专门的《继承法》。其第 1 条规定："根据《中华人民共和国宪法》规定，为保护公民的私有财产的继承权，制定本法。"《继承法》分总则、法定继承、遗嘱继承和遗赠、遗产的处理，附则，共 5 章 37 条。1986 年在《民法通则》第 75 条规定公民的个人财产所有权之后于第 76 条规定："公民依法享有财产继承权。"后有《最高人民法院关于贯彻执行〈中华人民共和国继承法〉若干问题的意见》64 条。此次编纂民法典，公布"继承编稿"为一般规定、法定继承、遗嘱继承和遗赠、遗产的处理，共 4 章 45 条，与《继承法》体例别无二致，把总则之名换成了一般规定，仅多 8 个条文，也应是将《继承法》汇入民法典而已。

由外到内，从古至今，法律制度，皆有继承。可见继承制度源远流长，且多为民法典重要内容。我国的继承制度相对单薄，其原因应与我国公民的私有财产制度状况以及对继承制度性质的认识密切相关。

---

〔1〕 李志敏：《中国古代民法》，法律出版社 1988 年版，第 58 页。

〔2〕《大清民律草案》对嫡子、庶子、嗣子、私生子尚有区分。《民国民律草案》中尚有宗祧继承一章，专门对宗祧继承人与继承宗祧之效力进行规定。《中华民国民法》废除宗祧继承，规定遗产继承人，除配偶外，其顺序为直系血亲卑亲属、父母、兄弟姊妹、祖父母。参见杨立新主编：《中国百年民法典汇编》，中国法制出版社 2011 年版。

〔3〕 1980 年《婚姻法》第 18 条规定："夫妻有相互继承遗产的权利。父母和子女有相互继承遗产的权利。"

〔4〕 1982 年《宪法》第 13 条规定："国家保护公民的合法收入、储蓄、房屋和其他合法财产的所有权。国家依照法律规定保护公民的私有财产的继承权。"

第三节　继承制度之性质——遗产传取两面性

遗产之去属，先与财产所有权的处分权能密切相关。继承制度定以私有财产所有权的存在为前提。法律上凡承认私有财产所有权者，无不同时承认遗产继承制度。公民对自己的财产依法享有所有权，即有权对自己的财产进行完全的支配。作为民商主体的自然人，生前对财产进行占有、使用、收益、处分，主要享有财产物品的使用价值。但是面临死亡，其对财物继续享用已无意义。此时最有意义的是对财产进行价值上的支配和法律上的处分，即订立遗嘱，将遗产转移给自己的心仪之人或者对遗产更有需求的民商主体，以使其遗产继续发挥作用或更具价值，故订立遗嘱对遗产进行处分是所有权人行使所有权的当然内容。

继受他人遗产，又与民商主体取得财产所有权联系密切。民商主体取得财产，有原始取得和传来取得两种途径。在传来取得途径中，继承或接受遗产为契约外最普遍的重要方式。这些主体取得遗产的根据，即源于死者生前所立遗嘱。无论是死者亲属，还是其他民商主体，多是通过遗嘱而获得相应财产。区别只在于，与死者具有特定血缘亲属关系的人被称为遗嘱继承人，其他民商主体被称为遗赠受领人。但凡取得遗产者，又都是获得了特定财产，取得了财产所有权。

因此，就死者生前订立遗嘱决定遗产去向归属而言，既是自然人对其财产的处分，又是民商主体取得财产所有权的途径，分别具有处分转移财产和取得承接财产两个方面的特性。

死者若未订立遗嘱，则根据法律直接规定进行继承。由法律依据天道自然和常理人情推断死者生前意思，将遗产确认给予死者最亲近、合适的人。由此根据法定继承取得遗产，与根据遗嘱取得遗产一样都发生财产所有权转移的法律后果。

而无论是遗嘱继承还是无遗嘱继承（法定继承），若从其所继承财产的类型看，则更明显地决定着继承的性质和特点。生产资料私有制社会，通过继承，继承人实际上是获得了死者生前所具有的生产资料所有权。因此马克思曾经指出："继承权之所以具有社会意义，只是由于它给继承人以死者生前所有的权利，即借助自己的财产以攫取他人劳动成果的权利。"〔1〕于不存在生产

〔1〕［德］马克思："总委员会关于继承权的报告"，载《马克思恩格斯选集》（第2卷），人民出版社1972年版，第284页。

资料私有制的社会，继承人主要是对生活资料的继承，当然主要不再是对剥削他人劳动手段的继承。在与宗教密切联系的社会，宗教还强烈地影响着继承制度。古罗马的遗嘱继承和西欧中世纪遗嘱继承的盛行，都具有浓厚的宗教意义。马克思指出：“在中世纪，遗嘱无疑具有宗教的意义，立遗嘱不是为了还活着的人，而是为了死人。”〔1〕恩格斯也说：“在德意志人中间，这种制度是由教士引入的，为的是使诚实的德意志人能够毫无阻碍地将自己的遗产遗赠给教会。”〔2〕因此遗嘱与立遗嘱人的观念意识也不无关系。

长期以来，尽管财产所有人可以通过遗嘱将自己的遗产捐赠给国家和分散于社会，但其遗产主要还是留给了自己的亲属。继承人通过继承取得死者生前财产，继续享有和行使着财产所有权。这无论被认为是死者生前处分财产的方式，是被继承人生前意思的延展，还是一种家族财产关系和共同生活，抑或被继承人死后对有关亲属抚养的继续，甚至被认为是对共同生活财产的分割，或者就是一种不劳而获，〔3〕其共同的本质特性都是从他人之处使自己增获了新的财产，并且不像通过契约取得财产那样需要支付对价。因此对于获得遗产者来说，即相当于从他人之处无偿取得了现成的财产。如果是在以生产资料私有制为基础的社会，获得遗产也即等于获得了剥削他人劳动的手段和条件。因此继承权制度的合理性与正当性曾多被质疑，以致被主张废除。

第四节　继承制度之存废——阉除宿疾理太偏

继承即继续承接、延续不断之意。遗产继承乃将死者所留财产转由其亲属继续支配。继承为上层建筑法律制度，为其赖以存在的经济基础服务，作为一种取得财产权的方式，他人自然不得侵犯。但无论是通过遗嘱继承还是通过法定继承取得遗产，客观上继承人都是一种无偿取得，往往被简单通俗地概括为“不劳而获”。因此保护继承人之继承权，也就等同于保护事实上的

---

〔1〕［德］马克思：“马克思致斐·拉萨尔”，载《马克思恩格斯全集》（第30卷），人民出版社1974年版，第607页。

〔2〕［德］恩格斯：“家庭、私有制和国家的起源”，载《马克思恩格斯选集》（第4卷），人民出版社1972年版，第173页。

〔3〕《法学研究》编辑部编著：《新中国民法学研究综述》，中国社会科学出版社1990年版，第712~714页。

不劳而获。由此继承制度颇受非议，[1]并多有予以废除的主张。空想社会主义者圣西门等曾把继承权制度视为“人类的一种宿疾”，从而提出了“废除继承权”的要求；后被巴古宁的“民主同盟”接受发展，坚持要把“废除继承权”作为社会革命的起点，并硬要国际代表大会对此进行辩论。

针对1869年巴古宁等提出废除继承权的问题，马克思在开会时作了内容丰富的发言。总委员会批准的马克思的报告认为：“同所有一般的民法一样，继承法并不是一种原因，而是一种结果，是从现存社会经济组织中得出的法律结论，这种经济组织是以生产资料即土地、原料、机器等的私有制为基础的。”“承认废除继承权是社会革命的起点，只能意味着引诱工人阶级离开那实行攻击现代社会真正应持的阵地。这同既要废除买主和卖主之间的契约法，同时又要保存目前的商品交换间的制度一样是荒谬的。”“这在理论上是错误的，在实践上是反动的。”[2]马克思认为应当同原因而不是同结果作斗争，同经济基础而不是同它的上层建筑（法律）作斗争。认为继承权的消亡将是废除生产资料私有制的社会改造的自然结果，但是废除继承权绝不可能成为这种社会改造的起点。马克思认为，在考察继承法时，必然要假定生产资料的私有制继续存在，而从以上方面考虑继承法的修改，只是所有导致同一目的的其他许多过渡性措施中的一种，且这种过渡性措施只能是更广泛地征收在许多国家中业已存在的遗产税和限制遗嘱继承权。[3]可以看出，马克思主义并不是主张废除一切私有制，废除的只是生产资料的私有制；“并不剥夺任何人占有社会产品的权力，它只剥夺利用这种占有去奴役他人劳动的权力”。[4]由此，不应当不顾社会原因条件而主张废除继承权。

实际上，马克思、恩格斯在《共产党宣言》中提出的废除继承权是有条件的。正如列宁所指出的：“遗产制度以私有制为前提，而私有制则是随着交换关系的出现而产生的。”[5]反过来，即可以说，交换关系产生了私有制，而

---

〔1〕 在莫桑泊小说《一家人》中，医生与和巴黎公社有过纠葛的主人公妹夫，认为“财产是剥削，继承遗产是可耻的”。

〔2〕［德］马克思：“总委员会关于继承权的报告”，载《马克思恩格斯选集》（第2卷），人民出版社1972年版，第284~285页。

〔3〕［德］马克思：“总委员会关于继承权的报告”，载《马克思恩格斯选集》（第2卷），人民出版社1972年版，第285~286页。

〔4〕［德］马克思、恩格斯：《共产党宣言》，载《马克思恩格斯选集》（第1卷），人民出版社1972年版，第267页。

〔5〕［俄］列宁：“什么是‘人民之友’以及他们如何攻击社会民主主义者”，载《列宁选集》（第1卷），人民出版社1972年版，第20页。

有私有制的存在也就必然有遗产继承制度的存在。如果把继承和私有制联系起来，继承在本质上就成了维护财产所有权和财产私有制的手段，在一定条件下也就会成为一种不劳而获和剥削他人劳动成果的手段。在《共产党宣言》中，马克思、恩格斯认为无产阶级在夺取资产阶级的全部资本时，必须对所有权和资产阶级生产关系实行强制性的干涉，于最先进的国家可以“废除继承权”。〔1〕马克思于《总委员会关于继承权的报告》中认为：“继承并不产生这种把一个人的劳动果实转移到别人口袋里的权利——它只涉及到具有这种权利的人的更换问题。”〔2〕马克思主义以上关于继承的观点主要是：继承是以私有制为基础的；交换关系必然产生私有制；继承是财产权利主体的更换；废除继承权是有条件的。只要继承赖以存在的经济条件存在，只要继承权消亡的历史时期还未到来，继承制度就必然存在。在没有条件的情况下，要废除继承权“只会引起困难，只会惊动和吓坏人们，而不会带来任何好处。废除继承权不会使社会革命开始，而只会使社会革命完蛋。起点应该是：为生产资料的公有化创造条件”。〔3〕

在社会主义实践中，俄国十月革命胜利后，曾经颁布“关于废除继承制度”的法令，指出“法定继承和宗教遗嘱继承一概废止”，财产所有人死后其遗产均归国有。随后是对遗产数额进行限制，即遗产数额的最高额为1万金卢布的遗产可由死者一定的近亲属继承。1922年颁布“关于遗产税”的法令。1926年转为废除遗产数额的限制，并修改课征遗产税的办法。1945年颁布“关于法定继承人和遗嘱继承人”的法令。1964年制定《苏俄民法典》，第七编对继承问题作了具体规定。〔4〕其中最重要的是把法定继承人规定为两个顺序：第一顺序是子女、配偶和父母；第二顺序是兄弟姐妹、祖父母和外祖父母。可见，在社会主义实践中，继承权制度也经历了一个从废除、限制、征税到认可恢复的曲折过程。

在我国，1982年《宪法》第13条第2款规定：“国家依照法律规定保护

---

〔1〕 废除继承权为其中实行的十项措施中的第三项。参见［德］马克思、恩格斯：“共产党宣言”，载《马克思恩格斯选集》（第1卷），人民出版社1972年版，第272页。

〔2〕［德］马克思：“总委员会关于继承权的报告”，载《马克思恩格斯选集》（第2卷），人民出版社1972年版，第284页。

〔3〕［德］马克思：“卡尔·马克思关于继承权的发言记录”，载《马克思恩格斯全集》（第16卷），人民出版社1964年版，第652页。

〔4〕 司法部法学教材编辑部编审，彭万林主编：《民法学》（修订版），中国政法大学出版社1997年版，第806~807页。

公民的私有财产的继承权。”当时对此有不同认识。如有的认为宪法规定是马克思主义财产继承观的体现，也是对我国建国三十余年来历史经验的总结，应当加深对新宪法保护公民私有财产继承权的理解，提高我们贯彻执行这一规定的自觉性。〔1〕1985年《继承法》颁布，有的认为《共产党宣言》中“废除继承权”的观点是指无产阶级在争得民主、上升为统治阶级之后，在还保存着资本主义私有制的条件下，作为对资本主义的所有权和生产关系采取强制性干涉的过渡性措施之一。〔2〕认为如何正确理解马克思关于继承权的一些论述和对待继承权的态度，对于理解我国继承法的理论依据与立法精神具有重要意义。〔3〕此后还有人认为从长远看应当废除继承权，但从近期看应当是限制遗嘱继承和征收遗产税。〔4〕除了关于是否废除继承权有热烈讨论外，社会上也不乏限制和废除继承的观点，如现在更有人通过网络媒体手段从国家的国体、反腐倡廉、社会公平、共同富裕、深化改革等方面论证和主张应当废除继承权。

对此，笔者认为应当明确：在长期的社会主义初级阶段，应当坚定保护公民的私有财产的继承权。

第一，财产继承权是私人财产所有制和所有权的必然结果。民商法中，只要承认私有财产所有权制度，就必须和应当承认财产继承权。因为在承认财产私有的前提下，不承认私有财产的继承，死者就必然会在生前早早地对自己的财产进行处分，通过生前赠与的方式将自己的财产转移给中意之人。临死之时，已无财产，结果使继承权成了一个没有任何意义的东西。

第二，保护财产继承权是调动和维护人们生产劳动积极性的有效法制手段。中国将长期处于社会主义初级阶段，总体上生产力还处于较低水平，尚属发展中国家。保护继承权，有利于人们生前节约财产、增加获取财产的积极性。若废除继承权或者不对继承权进行保护，必然会导致财产的浪费和人们的懒惰。

第三，保护财产继承权有利于传承和发扬中华民族关心后代、为后代积累财富的优良传统。“家有方寸地、留予子孙耕”“前人栽树，后人乘凉”乃

---

〔1〕王遂起：“简论马克思主义的继承观”，载《北京政法学院学报》1983年第1期。

〔2〕覃天云：“正确理解《共产党宣言》中关于‘废除继承权’的论述”，载《社会科学研究》1985年第4期。

〔3〕郭道晖：“马克思主义对继承权的态度”，载《法学》1985年第7期。

〔4〕王炼钢：“马克思恩格斯继承权理论与中国遗产税”，载《法制与社会》2006年第20期。

中华民族传统特色。保护继承权；有利于维护此特色传统和加强亲属家族的凝聚力与亲和力。如果不对继承权进行保护，其后果必然是“有酒今朝醉，顾己不顾他”，人心散漫，恒心丧失。

第四，保护财产继承权并非必然导致贪污腐败。因为保护财产继承权只是对合法财产继承权的保护。非法财产不受保护，故自不得继承。反腐倡廉是要“扎好笼子”，让人们不能贪、不敢贪、不愿贪、不想贪。生前所得财产取之正当、合法清白。正所谓“天地之间，物各有主，苟非吾之所有，虽一毫而莫取”。其所有之财产为合法财产，继承之财产自然亦为合法。

第五，保护继承权与共同富裕并不矛盾。共同富裕，乃使人生财有道，靠合法手段致富，并带领和帮助别人脱贫致富。一花独放不是春，百花齐放春满园。一人为富难长富，万民同富方安宁。故保护继承，更助帮人之力。通过捐助捐献，遗嘱遗赠，将自己的合法财产献奉于国家社会或继承人以外的民商主体，既可尊重财产所有人之意愿、提增所有权人之名声，又可推助共同富裕。

第六，保护财产继承权与民商法意思自由原则完全一致。废除继承权或者限制继承权，将死者财产直接没收归国家所有，会违背死者意愿。而违背死者生前最后意愿，当是最不人道和违背民情人性的做法。“人之将死其言也善，鸟之将死其鸣也哀”，尊重死者最后遗愿，符合民商法基本原则，符合社会主义核心价值观，符合中华民族传统习俗，符合天理人道和民情民心。

第五节　继承制度之功用——聚富散财各有道

继承制度保持着财产所有与财产转承的一致性。保护财产所有权，必然要承认财产所有权人对自己财产的处分权。处分包括事实上的处分和法律上的处分。于法律上之处分方法，分区为二，即双方的民商行为与单方的民商行为。双方的民商行为即协议（契约）行为；单方的民商行为即遗嘱行为。所以继承制度中的遗嘱处分财产是民商主体处分财产所有权的当然内容，遗嘱担当着财产所有权人对自己财产进行处分、转让的功能。继承制度促使自然人勤劳工作、聚集财富。人群熙攘、忙碌工作，首先在于保证劳动力的简单生产，恢复体能，继续奋斗。其次在于增集财富、养儿育女，保证劳动力再生产，并提升生活水准。最后是参与社会、治国理政、平安天下。此为一种大家情怀，为国为民为天下。三种目标，价值递进，前途光明远久。[1]目标理想则又反过来催人聚力奋进。

继承制度具有自然人私有财产的聚散转承功用。但从财产流通承转的整体上观察，更知继承于其中地位。总体完备的财产聚散转承，在民商法中实为以下路径。

第一，自然人做出契约行为，使财产在生前发生移转，即财产所有权人生前订立契约，把自己的财产通过买卖、赠与等契约之债的途径传承给他人。此种方式，使自然人财产所有权于其生前即发生移转他人的法律后果。

第二，自然人做出契约行为，使财产在死后发生移转。财产所有权人生前订立契约，但并不于眼下转移财产，而是待自己死后，所约定财产方移转他人。这种移转方式，为双方或多方民商行为，即遗赠扶养协议和遗产继承协议。遗赠扶养协议为遗赠人与扶养人就扶养人对遗嘱人进行扶养而待遗嘱人死后取得遗嘱人之遗产的协议。该协议双方约定，管得生死两事：遗嘱人生前被扶养；死后财产再转移。遗产继承协议是被继承人生前就其将来死后遗产去向分配与继承人达成的协议。该种情形在实践中存在，但未被重视。根据协议，其财产也为死后方移转他人。当事人意思表示，双方多方者之效力应当高于单方者之效力。故于继承法中应当首先承认遗赠扶养协议和遗产继承协议。[2]

第三，自然人订立遗嘱，财产于死后移转与人。根据遗嘱，遗嘱人可以将遗产遗赠给继承人以外的人，可以将遗产留给自己的继承人。遗嘱人仅凭自己单方意思表示，可以将遗产散与非继承人，也可以改变继承人之顺序，直接指定或决定各继承人之继承份额。遗嘱行为充分表达遗嘱人之意旨，符合民商法意思自愿与诚信原则，体现着人之自然本性与权利自由。根据遗嘱，遗产去向归属为生前意思决定，死后发生流转效力。凭遗嘱进行的继承或者接受的遗赠应当放在协议之后，这应当是继承法将遗嘱继承和遗赠放在第二位的合理依据。

第四，自然人没有意思表示，遗产依法移转与人。死者生前没有来得及

---

〔1〕 项羽入关，人劝其都关中以成霸，项羽却说："富贵不归故乡，如锦衣夜行，谁知之者！"想的是掠财回乡摆阔。而刘邦都关中约法三章，使百姓从严刑峻法中解脱出来。胸境目标不同，刘邦立汉于天下；项羽却赚个沐猴而冠之名与孤家别姬之恨。李自成事成燕京，不听李岩，任由享乐，还恋得乡土，视十燕京难抵一西京，最终落得个郭沫若笔下甲申300年祭之流传。

〔2〕 女教师魏某终生未婚，生前长期由一学生郑女士照顾。经常买菜做饭、帮助家务，生病住院都由该生悉心照料，住院费用好多都是从郑某账户支出。魏某死后留下价值四百万的遗产。魏某单位认为该遗产应当归单位所有，魏某尸体火化后骨灰由单位负责保管，但长期未安葬。因此郑某与魏某单位发生遗产归属纠纷。此例是否为事实收养、事实遗赠扶养协议，抑或帮助或者其他而已？

对遗产去向归属进行表达或者未想做出表达，其所留财产也需正常移转。这种移转为无遗嘱之继承，由法律直接规定，故亦称法定继承，该规定通常符合天理人情和世故习俗。因此在没有遗嘱的情况下，所留遗产应当给一定范围内的亲属进行继承，推断符合被继承人之意思，有利于加强和谐亲属之关系。这是继承法将法定继承放在遗嘱之后的合理依据。

第五，自然人生前没有对财产进行协议处分，也未留下遗嘱进行处分，并且没有法定继承人予以继承的情况下，该财产会成为无人继受之财产，依法确定其合理归属。根据现行法律，通常认为没人继承的遗产归国家或者集体。其实此种观点并不妥当，理论上高大，实际上有时显得空假。因为遗产种类复杂，并不适合都归国家或者集体。故此应当根据情况，可由基层组织或者单位将相应适当遗产分配散归死者的近邻或者亲朋好友。

如此，继承制度对于遗产的流转承接方能起到更加完美之功用。

第六节　继承制度之归属——流转承接唯是瞻

继承为民商法律制度，特别于近现代社会，所继承者，决非自然经济时代之狭隘财产，而包括企业商品、股票基金、商标专利、字号诚信等。但是在理论学说和立法体例上，仍将继承囿于所谓民法典，甚或归于婚姻法，抑或成单独法律。其看法并非完全一致。自罗马法以来，立法上继承属民法典内容，司法上继承案件归民事诉讼，理论上通常也是将继承归于民法学内容进行讲授。但是，在婚姻法单行立法和单独开设婚姻法或者婚姻家庭法的情形下，有的则将继承法纳入婚姻家庭法范畴。我国改革开放之初，在高等学校法学教材《民法原理》中，继承权还为民法的单独一编。[1]但是在后来的《中国民法》中，继承制度则被排除在外。其认为财产继承涉及财产所有权的转移，它历来属于民法内容，我国《民法通则》也已规定，但财产继承关系毕竟不属于商品经济关系，也不适用等价有偿等民法原则，把它归于婚姻家庭制度似更适当；继承是家庭成员相互间基于扶助、赡养、抚育而产生的财产关系在一方死亡时的体现；鉴于继承法学已另有教材，即不拟讨论财产继承制度。[2]可以直接看出，把继承排除在民法之外，重要理由是民法调整的是商品经济关系，民法适用的是等价有偿原则，而继承关系不属于商品经济

[1] 佟柔主编：《民法原理》（修订本），法律出版社 1987 年版，第 483 页。

[2] 司法部法学教材编辑部编审，佟柔主编：《中国民法》，法律出版社 1990 年版，第 6 页。

关系，不适用商品经济的等价有偿原则，由此认为财产继承不属于民法范围。同时也可间接看出，当继承被排斥到民法之外后，即单独成了继承法或者继承法学；或者基于继承与婚姻家庭的关系，又形成了包括继承在内的《婚姻与继承法学》[1]、《婚姻家庭继承法》[2]、《婚姻家庭法学》[3]等。这种影响十分深刻，在当今编纂民法典的过程中，不仅所谓的民商合一仍然被局限命名为民法典，也还有人主张婚姻法也应当独立于民法典，[4]在诸多的研讨会上婚姻继承一起被作为所谓的家事法进行研究，[5]甚至还存在不少家事法研究机构或者组织。由此继承制度何去何从也并非没有争议，以致对“加强市场法律制度建设，编纂民法典”目标的实现和构建科学的具有中国特色的民商法律科学体系具有重大影响。

第一，将民法的调整对象仅限于商品经济关系是不科学的。一种社会关系本受多个法律部门共同调整规范，刑法、行政法也无不是对商品经济关系进行调整。立法上，罗马法、《法国民法典》都被作为典型的民法看待，而这些法律的对象并非都是商品经济关系，婚姻继承本在其中。因此可以说，商品经济关系的发展催生、繁荣了民法，是民法的主要规范对象，但民法所规范的却并不仅是商品经济关系，商品经济关系也并非只是民法的调整对象。在我国，还有的将商品经济关系作为商法的规范对象，而将农业社会的自然经济作为民法的基础，更是割裂了商品经济关系的统一性和民法商品经济的本质特性。将平等主体之间的商品经济关系仅作为民法调整对象的非科学性，使笔者大胆放弃了通说中关于民法调整对象的狭隘表述。[6]

第二，等价有偿被定为民法的基本原则，有其历史局限性，同时也非民法唯一原则，其在更多情况下实际为公平原则所吸收。平等自愿公平诚信诸

[1] 司法部法学教材编辑部编审，巫昌祯主编：《婚姻与继承法学》（修订本），中国政法大学出版社 2001 年版。

[2] 夏吟兰主编：《民法学·卷五·婚姻家庭继承法》，中国政法大学出版社 2004 年版。

[3] 杨大文主编：《婚姻家庭法学》，复旦大学出版社 2002 年版。

[4] 蒋春华：“论新时代我国婚姻家庭法的功能、属性和独立性——民法典编纂之际的思考”，载《第二届民法典编纂与家事法改革研讨会在青岛大学成功举行（上）实录》。《婚姻法》脱离民法，源于苏联立法；我国学之，婚姻法长期独立。如今编纂民法典，婚姻法仍为法典之单独一编，此无疑为苏联婚姻独立之陈态旧痕。

[5] 如 2019 年 10 月 25 日至 27 日在福州举办的“中国法学会婚姻家庭法学研究会 2019 年年会暨民法典婚姻家庭编、继承编立法完善研讨会”即是明证。

[6] 王明锁：“中国民商法典编纂的重大疑难问题——附《中华人民共和国民商法典“通则编”草案建议稿》（黄河版）”，载《晋阳学刊》2016 年第 3 期。

原则完全适用于婚姻与继承。在平等自愿条件下，当事人完全可以放弃等价有偿规则，赠与捐助、放弃权利皆属无偿。因此，从科学的角度看，等价有偿并不能成为民商法的基本原则。[1]但若从更为广泛、深层的角度分析，凡是流转交易的关系又可说都是有偿的。如在赠与关系中，从金钱层面是无偿的，但从人身名誉精神方面，又是一种报偿，予人玫瑰手留余香。婚姻家庭中，父母对子女抚养教育，而成年子女对父母又赡养扶助，“养儿防老”即是一种报答，“谁言寸草心，报得三春晖”。继承关系中，对被继承人尽义务多者，可以多分遗产，能尽义务而没尽义务者，则应少分遗产，甚至不能继承。因此，不能以等价有偿作为民法的基本原则来排斥婚姻家庭。

第三，主张继承与婚姻家庭结合，有人认为在于继承只是自然人的事情，与法人无关。其实，继承所涉遗产虽然只是被继承人作为自然人的事情，但法人及其他组织甚至国家都可以成为自然人所留遗产的接受者。继承制度虽然主要发生于家庭成员之间，但并非只与家庭成员相关，也不只是限于自然人。被继承人生前订立遗嘱，根据遗嘱接受遗赠的人，就不一定是与被继承人曾经一起生活的家庭成员；如果根据遗嘱，被继承人将遗产遗赠给自己的生前单位或者组织，或者把遗产遗赠给国家，那接受遗产者，就绝非局限于自然人主体。在遗赠扶养协议的情形下，遗产的归属也不一定限于自然人。如果根据法定继承，当被继承人没有继承人继承时，按照规定该遗产将成为无人继承的遗产，无人继承的遗产根据法律的直接规定，可以归有关组织或者国家。因此，并非像有的理论上说的那样，继承与法人组织没有关系，继承仅是家庭范围内的事情。

第四，将继承划入婚姻法，似乎是犯了一种短视的方向性错误。从《汉谟拉比法典》、罗马法到法国、德国的民法典，婚姻家庭规则一直都属于民法的内容。只是至苏俄制定民法典，因公有制基础上的计划经济，劳动力、生产资料、劳动产品都由国家计划配置，社会的生产关系都是靠计划分配完成的；而唯独男女之间的婚姻关系不得不是天然的自由结合，家庭关系被自然的血缘关系所连接，不能靠计划分配，故此婚姻家庭法规范被排除在民法之外，并形成了单独的婚姻家庭法。[2]若从市场经济关系的本性看，与婚姻关

---

[1] 王明锁：“市场经济特质与民商法之品格”，载《河南大学学报（社会科学版）》2007年第1期。

[2] 这种关系最早是单独颁行的《苏维埃婚姻家庭法典》，在我国1950年最先颁布《婚姻法》；在现代也还有此种情况，如《越南民法典》《土库曼斯坦民法典》里面都不包括婚姻法。

系的本性也完全一致，无不遵循着平等、自由、公平、诚信的运行轨迹。因此可以说，将婚姻排除于民法之外是一个错，而让继承追随婚姻，继而将继承也排除到民法之外则是错上加错。如今婚姻法回归民法，继承法更需守定民法。

那么，婚姻、继承又当如何归守民法？是婚姻、继承并为一族，还是婚姻、继承依然各自为事，抑或真正通过编纂而使其各得其所、各归其位？

婚姻法回归民法有三种方式：一是简单回归，即汇编式回归，系把现成婚姻法作为民商法典的单独一篇，名称为婚姻编即可。第二种回归是抄袭式回归，即按照德国、日本民法的模式，把婚姻家庭改称为亲属编。第三种是编纂特色式回归，即按照《民法通则》确立的具有中国特色的民事权利类型体系，依照“人身权”包括人格权、身份权的科学范畴，进一步确认和扩充人格权，并将婚姻、收养的内容整合编纂，形成法典的人身权专编，使之与“物权编”齐肩并行，并置于权利类型体系之首。这种回归，不仅守正完善了《民法通则》确立的具有民族特色和时代特色的科学体系，还吸纳了罗马法、《法国民法典》《意大利民法典》中关于人的统一规定的纯真基因，并且还超越了罗马法和《法国民法典》《意大利民法典》及德国、日本民法仅定亲属身份的片面规定。

继承为民法天然内容，即使在曾经的《苏俄民法典》中，婚姻家庭被排除在外而单独立法，但继承依然为其独立一编，其他任何民法典也从未有过使继承与民法脱离的现象。继承与民法须臾不可分的根本原因当在于继承与私有财产所有权制度的天然联系，而不在于其与婚姻家事的牵连。在所有权取得方面，继承是取得财产所有权的重要方式。在民商主体行使所有权方面，遗嘱是所有权人处分自己遗产的最佳方式。特别是在资本起统治作用的社会，遗嘱更是成了资产所有者处分或者维护自身及其继承人或家族利益的理想手段，是私有财产所有权的一种转移承接，是继承人继续对被继承人生前财产的享用，是私有财产所有权制度的继续。其他任何用家庭成员之间的扶助赡养等对继承的存在和本质进行的解释都是苍白的，其他任何将遗产捐献给慈善事业或者公众基金的说法与做派也都是虚伪的。[1]但是，无论如何，继承

---

〔1〕 在资本主义社会，诸多巨头资本家均订立遗嘱，将其遗产留给所谓的慈善基金或公益组织管理，而不给自己的继承人。其被不明真相或者别有用心者鼓吹成资本家的慈善或开明之举。殊不知，将遗产捐给慈善基金首先获得了免税利益；其次这些接受遗产的慈善机构的开办者，本是遗嘱人的亲属亲戚，皆为局内之人；再次根据慈善基金规定，所有基金用于社会慈善事业的不得少于5%，也就是说，对95%的资金慈善经营者是可以继续处分的；最后是通过几次处分转承，实际的资金最终还是回到了继承人手中，继续发挥着其资本的功能。因此这种遗嘱捐赠，只是更好地维护了资本者的长远利益，防止了富不过三代的衰落悲剧而已。

与所有制、私人财产所有权的联系都是无法割断的。因此，在我国社会主义阶段，依然允许和存在着私有财产的所有权，民法中就必然和应当存在着继承制度。对此不应轻视，而只能是加以守正调整与发展完善。

第七节　继承入典之顺位——画像不识真嫱美

通过以上分析，继承本质上属于传承财产所有权的一种方式，与债承具有最多的共性和特点。应当说，这就是《法国民法典》将继承与债一起归属于取得财产各种方法的理由。也正是《法国民法典》洞察和抓住了债与继承的本性，其人、财产、取得财产方法的逻辑结构体系才奠定了《法国民法典》典型资本主义民法典的崇高地位，使之当年风采依旧在，可领风骚数百年！

如果把继承和债放在一起，显然比把继承和婚姻家庭放在一起更具科学性与合理性。如此债与继承在民法典中各自的先后顺序位置又会是一个重要问题。

在民法典中，有的将继承放在债的前面，有的则将继承放在债的后面。

关于继承在民法典中的位置顺序，有三种情形。

第一种情形是债与继承不相干，两者没有规律可言。这种立法的典型模式如《德国民法典》的各编排序是：总则、债的关系法、物权、亲属家庭法、继承法。[1]《日本民法典》各编排序是：总则、物权、债、亲属、继承。[2]其特点是债和继承被亲属隔开，表明继承与亲属婚姻关系密切；否定继承与债的共性特质。《土库曼斯坦民法典》的各编排序是：总则、物权、债法、著作权、继承法。其最大特点是没有婚姻家庭、债与继承被著作权隔离；在民法中规定著作权是半个亮点（规定了部分知识产权）。在民法学理论中，《民法原理》的体例是：总论、所有权、债、知识产权、继承权。其特点是没有婚姻、有知识产权、债在继承之前，中间有知识产权相隔。[3]在民法典制定的讨论中，对法典体例的安排，有人认为怎样排列只是个技术问题，没有优劣对错之分。这种主张应当说是一种不负责任的观点。2018 年 9 月初全国人大公布的《民法典分则编草案》采用“物权法、合同法、人格权、婚姻家庭法、继

〔1〕《德国民法典》(修订本)，郑冲、贾红梅译，法律出版社 2001 年版。

〔2〕《日本民法》，曹为、王书江译，王书江校，法律出版社 1986 年版。

〔3〕 佟柔主编：《民法原理》(修订本)，法律出版社 1987 年版。

承法、侵权责任法”的结构。对此多有批评[1]和建议改进[2]。徐国栋认为可以改变为人格权、婚姻家庭法、继承法、物权法、合同法、侵权责任法的顺序，采用“人前物后”的结构。[3]但这样的结构排序是否还与中国共产党第十八届中央委员会第四次全体会议决定所提的“加强市场法律制度建设，编纂民法典”的目标精神相一致，与民法典本是市场经济基本法的特性相一致？继承先于物权是否合理等也会成为新的问题考量。

第二种情况是债和继承相连，但继承被放在债制之后。立法上，《越南民法典》所列体系是总则、财产和所有权、民事义务和民事合同、继承、土地使用权转让、知识产权和技术转让权、涉外民事关系。[4]撇开其他编章不说，单就继承与债的关系看，继承被放在合同之后，两者关系紧密。民法理论上，《民法》的编排体例是总论、物权、债权、继承权、人身权、侵权责任。别的不说，也是继承与债相连，继承在债之后。[5]《民法学》的体例安排是总论、人身权、物权、知识产权、债权、继承权。[6]继承与债相接，继承在债之后。《民法学原理》的体例是总论、物权、知识产权、债权总论、债权各论、继承

---

〔1〕徐国栋：“中国民法典分则诸编的排序问题——民法典贯彻‘人前物后’逻辑的最后一里路”，载《法学杂志》2019年第2期。

〔2〕人大常委会对此进行讨论时，多位委员即提出应当将人格权的位次提前，参见朱宁宁：“多位常委会委员建议：应将人格权编放在民法典分编之首”，载《法制日报》2018年9月4日。王利明教授在2019年民法学年会上也表示：“应当将人格权编置于分编的第一编。因为民法总则已经把人身关系调整到了财产关系之前，与这个调整对象相适应，有关人格权保护的规则也应该放在财产权的前面。”参见《中国法学会民法学研究会2019年年会会议简报》第12期。徐国栋：“中国民法典分则诸编的排序问题——民法典贯彻‘人前物后’逻辑的最后一里路”，载《法学杂志》2019年第2期。但似乎均并未言明将人格权提前之后，婚姻、继承将置于何处？

〔3〕徐国栋：“德国《人民法典》体系及其背后民法思想的去潘得克吞化”，载《河南财经政法大学学报》2020年第1期。

〔4〕《越南民法典》中没有婚姻、没有债和物权范畴为其最大的不足，但其规定知识产权当为一大亮点。

〔5〕魏振瀛主编：《民法》（第6版），北京大学出版社、高等教育出版社2016年版。

〔6〕司法部法学教材编辑部编审，彭万林主编：《民法学》，中国政法大学出版社1994年版；《民法学》（修订本），中国政法大学出版社1999年版。这是与笔者主张最为相似的结构体系。参见王明锁：“对确立具有中国特色的民法体系的新构想”，载河南省民法学研究会编：《中州民法论坛荟萃》，法律出版社1990年版。该文是作者参加河南省民法民事诉讼法学研究会所提交的会议论文，被选编出版，彭万林教授被邀请参加了该年会，并到河南大学法律系做了学术报告。向实：“论我国社会主义民法应当具备的体系”，载《烟台大学学报（哲学社会科学版）》1994年第3期；王明锁：“论罗马法体系的沿革与中国民法的法典化”，载《法律科学（西北政法大学学报）》1995年第5期；“论中国民法法典化”，载《法学研究》1995年（增总）第1期。

权。[1]其特点是有知识产权而没有人身权，债被分为2编，债与继承相连，债比继承靠前。

第三种情形是债与继承联系密切，继承被放在债之前。这种立法模式的代表是罗马法和《法国民法典》。在查士丁尼的《法学阶梯》中，继承位于物权之后、债法之前。《法国民法典》的体系编排是：第一卷人（其中包括婚姻）；第二卷财产及对于所有权的各种变更；第三卷取得财产的各种方法，其中包括继承与债，继承被放在债的前面。[2]在理论上，笔者一直主张的民商法典的体系是通则（总则）、人身权、物权、知识产权、继承、债。债与继承一起，债在继承之后。[3]

债与继承相连，其根据在于继承和债一起构成民商权利支配性权利移转接承的方式，是动态性的权利，两者调整的都是动态关系。债与继承放在一起，而不是让继承与婚姻亲密相随。继承先于债的理由在于：其一，从继承的起源看，继承的产生、发达较债为早。其二，从适用上看，现实生活中胎儿即可继承遗产，而极少享有债权。其三，继承主要发生于家庭成员之间，将继承置于债前，继承即相对与包含婚姻家庭在内的人身权比较接近。其四，继承放于债前，债自然被置于最后。把债放在最后，并非债不重要，而在于使债具有总结性功用。因为民法理论中尚无继承权的专门保护措施，把债放在最后，以其侵权行为之债即可对人身权、物权、知识产权、继承权一并予以保护。其五，债在最后，债的合同中的和解合同与调解合同也可以为继承方面的纠纷提供解决途径。其六，将债放在最后，其内容篇幅比继承多，避免法典有头重脚轻、虎头蛇尾的感觉。其七，《汉谟拉比法典》、罗马法、《法国民法典》《瑞士民法典》《意大利民法典》都是将债置于继承之后的。故为笔者一贯主张，一直到完成《民商法典“人身权编”草案建议稿》时仍然是这种主张，但到接下来的物权、知识产权时开始疑问和发生顺序转变，特别是将中国传统文化五行学说与民商法典结合之后，将继承置于债后的念头逐渐增强，以致出现了与原来的主张抗衡的状态。朝思暮想，来回反复，甚至认为这一难题可以留给立法者去任意裁断，但知行合一与编序条文的继续排列不容将此搁置待定。

---

[1] 张俊浩主编：《民法学原理》，中国政法大学出版社1991年版。

[2] 《法国民法典》，马育民译，北京大学出版社1982年版。

[3] 王明锁：“论罗马法体系的沿革与中国民法的法典化”，载《法律科学（西北政法大学学报）》1999年第5期；王明锁：《中国民商法体系哲学研究》，中国政法大学出版社2011年版。

最终将继承改在债后的理由根据逐步清晰而坚定。其一，从社会发展看，继承早于债，但从发展趋势看，债更有发展前途，与市场经济相适应，债将更为发达。罗马法、《法国民法典》将继承置于债前，正反映了罗马奴隶制时代和资本主义早期的社会经济生活状况。而后，由于契约债的发展，《德国民法典》直接将债放在了法典分编的首编，甚至超过了物权的位置。其二，人一生当中可能会最早享有继承权而不是债权，但人的一生中必然的现象是可设定无数的债，而通常至多发生两次的继承。故不必以偏概全，以偶然代必然。其三，中国人重生世、慎言死。从先管生后管死的境况来看，先定债而后继承更显适当。其四，分量上债多而继承少。先重后轻也并非不可。将继承放在最后，并不一定就是虎头蛇尾、头重脚轻。因为民商法典总体上是一只鹿、虎，是一条龙、蛇，无论如何也不会是虎头蛇尾，怎样也应当是虎头虎尾或龙头龙尾。其五，从五行相生相克来看，人身、物权、知识产权、债、继承，与木火土金水相适，从方位上与东南中西北相通，从人体经络上与心肝脾肺肾相应。水置金后最为相宜，继承为水、为北藏，故将继承放在五权之末正与传统五行照应，通俗明了，易于人民百姓普遍记忆接受。其六，优秀法典，亦如美人才郎。从头到脚，比例当匀称秀丽。按照民商法典各编比例，其头颈胸腹、腰臀腿脚，比例协调、貌美丰润，何而不为？其七，继承虽然多发生在亲属之间，但亲属之间也可发生债之关系，通过债而转移财产。生前赠与、买卖均可。〔1〕在经济落后之社会，通过继承取得财产显得重要。而至商品经济发达社会，人们通过交换获得财产之手段远超通过继承所得时，继承退位债后即更显合理。其八，将继承放在最后，更能头尾相照、前后呼应。人身权为分编之首，言人之出生成长、成家立命，中经物质生活、精神贡献、契债经营、人缘事故，后言死亡世事、遗产处置，此人生两要、头尾相照，完全符合人生规律。唯疑似美中不足者，是继承之保护措施和纠纷协商机制提前，但思继承权之保护实以物产权、知产权等支配权为依据时，貌似之遗憾又实不存在。

故经以上反复思酬酌量，决意将继承权改置于债之后，典之末。

---

〔1〕黄某夫妇有2套房子，有5个子女，小女儿争气，培养出一个大学生。黄老先生想将其中一套房子赠与小女，但生怕生发纠纷，故以买卖之名将该房出卖给小女。而在房款上并未实际交付。名为买卖，实和赠与无异。比用遗嘱、法定继承都更能直接满足心愿、避免纠纷和达到目的。

第八节 继承入典之体系——出塞方知落雁仙

继承权编的体系是当放在民商法体系的整体格局中来观察的。而民商法典的体系先是站在自《汉谟拉比法典》、罗马法、《拿破仑民法典》《德国民法典》《瑞士民法典》《意大利民法典》《泰国民商法典》《日本民法典》《苏俄民法典》这一浩浩汤汤的民商法法治长河的伟岸上予以观览的。民商法典立法长河中，有民商分立与民商合一两域，但民商合一已有的三种模式却被人忽视。《汉谟拉比法典》与罗马法本为民商合一，但法国、德国改民商分立两流。至《瑞士民法典》，又民商并流，合为一域，意大利随之。然其法典名称依为民法典而没商法之体现。可谓之“名不符实、内容庞杂”之民商合一。后至泰国民商立法，法典上直称为《泰国民商法典》，内容上同于瑞意，民商皆融，可谓之“名副其实、内容庞杂”的民商合一。再后是西流东下，溢垮中华法系大堤，自清末审辨改制，国民政府亦持民商合一，虽在内容上化繁为简，但在法典名称上依然固守单纯民法之表述，故此谓“名不符实、内容简约”之民商合一。若从形式与内容两方面思辨，还当有“名副其实、内容简约”之民商合一模式。[1]我国社会主义民商立法，历来主张民商合一，“名副其实、内容简约”的民商合一模式，当是四种模式中所剩之一。中国共产党领导立法，编纂民商法典，似乎是可遇而不可求之良机！应当说，就中国共产党在已近一百年的革命历史中、在领导中国人民已逾七十年的社会主义建设奋斗中所取得的辉煌成就看，定更有智慧和勇气，故此相信在民商合一的立法模式选择上也会更上一层楼！

尊重专业，是现代社会的通用价值。每个专业都有自己的知识体系，但这个专业知识体系一定是要经过反复考量打磨之后才能形成的，并且须有一定的学研旅程。博学之、审问之、慎思之、明辨之、笃行之，人一吾百，人

〔1〕民商合一四种模式：一为“名不副实、内容庞杂”式，《瑞士民法典》《意大利民法典》为代表；二为“名副其实、内容庞杂”式，以《泰国民商法典》为代表；三是“名不副实、内容简约”式，中华人民共和国成立前民法典为代表；四为“名副其实、内容简约”式，当是我国可以选择之模式。此百年难遇、千年难等之良机。如果有人自作清高、不予理睬，将失其新的民商合一模式。若使用“民商法典”之称谓，加上科学简约的内容和严谨的逻辑结构，将成最优秀的一部民商法典，将是中华民族民商立法上的骄傲，将是一派新的迷人风景，并会在世界民商法史册上增光添彩，贡献中国人的智慧。参见王明锁：“民商合一模式的演进及民法典编纂中的创新性选择”，载《北方法学》2018年第2期。

十吾千，虽愚也明，虽弱能强。没有认真地学习思考是过不了这个门槛、上不了那个台阶的。如果只是通过传画览阅或者只站在宫门口张望张望，是难谋真面和难有实感的。若果真如此，将必是等待昭君出塞日，始见真情悔恨迟。

通则、人身权、物产权、知产权、债承权、继承权，当构成中国民商法典的科学体系。其中就继承权编本身而言，《法国民法典》设继承与遗嘱两部分，分继承开始、继承资格、继承顺序、国家权利、遗产的接受放弃、遗产的分割返还、生前赠与及遗嘱的一般规定、遗嘱方式、生前赠与、遗嘱处分等 15 章 383 条。《德国民法典》设继承顺序、继承人地位、遗嘱、继承合同、特留份额、继承权丧失、继承放弃、继承证书、遗产买卖 9 章 464 条。《意大利民法典》的继承编设一般原则、法定继承、遗嘱继承、遗产分割、赠与 5 章 354 条。《日本民法典》设总则、继承人、继承的效力、继承的承认及放弃、财产的分离、继承人的不存在、遗嘱、特留份 8 章 163 条。《越南民法典》设总的规定、遗嘱继承、法定继承、清理分割遗产 4 章 55 条。《土库曼斯坦民法典》设一般规定、法定继承、遗嘱继承、遗嘱形式、继承人替补、特留份、遗赠、遗嘱的变更撤销、遗嘱的执行、接受与拒绝接受遗产、遗产分配、继承人对债权人债的清偿、遗产的保护、继承证书 14 章 191 条。《大清民律草案》继承编为通则、继承、遗嘱、特留财产、无人承认之继承、债权人或受遗人之权利 6 章 110 条。《民国民律草案》为总则、宗祧继承、遗产继承、继承人未定及无人承诺之继承、遗嘱、特留财产、债权人或受遗人之权利 7 章 225 条。《民国民法》继承编分遗产继承人、遗产之继承、遗嘱 3 章 88 条。《继承法》分别是总则、法定继承、遗嘱继承和遗赠、遗产的处理、附则 5 章 37 条；除去附则规定，为 34 条。此次编纂民法典，公布“继承编稿”为一般规定、法定继承、遗嘱继承和遗赠、遗产的处理 4 章 45 条，体例与《继承法》相同，多了 8 条条文，可说是将《继承法》汇入了民法典。

各国继承法律制度，与其国情习惯照应密切，各具特点。相比之下，我国现行继承法的内容比较简单。于当今社会主义市场经济日趋繁荣、人民生活不断提升之社会，似应做适当的调整和充实完善。

第九节　知行合一更上楼——黄河滔滔又新唱

笔者拟就《民商法典“继承权编”草案建议稿（黄河版）》，共 7 章，依次为：总则、遗产转承协议、遗嘱赠与和遗嘱继承、法定继承、继承权的放弃和丧失、遗产的保管和遗产的处理、继受遗产证书。自第1734条到第1825条，计92条。见中卷“继承权编”。

第十节 结语：继承若水上善——唱清黄河不改弦

市场经济，源发始起，涓涓汇集，浩浩汤汤，冲积推涌着人类社会不断前行，修改变换着世界的相貌景颜，震惑牵扭着世人的心灵情感。为使市场长河浸润万物而不致横无际涯，为使社会人类操持善念而不致贪婪自毁，遂有规范层堤与法治伟岸。《汉谟拉比法典》开其宗，《查士丁尼法典》奠其本，成就拿破仑与德、瑞、意、泰等浩瀚壮观之民商法典。中国近代变法改制，纳人类法治智慧精华，形成与古老中华法系相续接、与世界法治文明相融合的民商法范式，开“内容简约、名不符实”之民商合一之新格局。我国市场经济艰难曲折，终成现代世界市场经济汪洋之巨流。法治治理艰难探索，终有中国特色社会主义法治体系之基础。中国历史又进入新的时代，市场经济潮流继续奔腾向前，中国民商法典正在编纂，决然智取“名副其实、内容简约”之民商合一——《民商法典》之模式，当为最佳选择。此不仅与世界民商法伟岸相续，与民商法基础相接，且更能体现中华民族传统，锻造当今中国特色、中国风格、中国气派之民商法科学理论体系学科体系与话语体系。

中华灿烂的传统文明中，无形无象谓之道，有形有象谓之器。此于市场经济，人身权、物产权、知产权、债承权与继承权，[1]为其不可或缺可识可把之五要素。此与中华文明之五行学说完美契合。人身为东木，生长茁壮，立于天地之间，传宗接代，繁衍相袭。物产为中土，厚德载物，万物之基。智识为南火，或光焰万丈，或豆亮灯苗，而燃燃不息，为暗天夜黑之光明，引导人类人生奋斗前行，于千世万物间不断成为新的探索者和胜利者。债承属为西金，贝银币数，变化多端，同于肺经，主呼吸之用。债系双方，进出

〔1〕 就分编称谓，笔者原称人身权、物权、知识产权、债权、继承权。但在研究中，认为将物权加一产字，将知识产权减一识字，成物产权、知产权，将明确两种产权制度，构成完整、科学的产权制度体系，与党和国家关于产权范畴与产权制度改革正相适应。将债加一承字，可以更加准确深刻地体现债的移转承接的价值功用，并与继承权一起构成产权移转承接的动态法律关系机制。如此，不仅准确新颖，还显得齐整庄重。故精斟细酌为“通则、人身权、物产权、知产权、债承权、继承权”。并于完成债权编时即将债权改称为了“债承权编”。另可参见王明锁：“海南会间求教先生，黄河岸边知行法典”，载《中国法学会民法学研究会2019年年会民法典各分编编纂中的疑难问题》（致敬王家福先生征文文集）。

收付，买卖借还。其间之货币，时隐时现，似人像妖，鬼使神差，诱引私欲，链锁由开，致人行于道，或上断魂桥，今朝尚坐高堂上，明宵悔罪在牢房，高贵者忽得卑贱，卑贱者也可贵高。继承者自属北水，善利万物而不争，处众人之所恶，人之将死，其言也善，身隐于土，财转与人，“落红不是无情物，化作春泥更护花”，朽而助生，复转于“人身”之东木。此近于道，合于实，周而复始，人世间征象轮回，我民商法典权利要素之规律，黄河滔涌之新唱！故民商法典各分编可谓市场民商权利法治之五行，千不可臾缺，万不可分改矣！五行之上谓其道，道者为通，故总六编，计一千八百二十五条。

中国近现代法律体系多为舶来品，如若一席盛餐，为“主食酒饮加零点，三荤三素一个汤”之格局。其主食当为根本之餐，顿不可缺，菜不丰盛情形下，更为显要。此根本大法是也。六个菜乃三荤三素三大实体法与三大程序法为是。老酒陈酿为法律史类，让人悟觉到悠久沧桑或甘爽清香；茶饮咖啡为法理法哲学一组，能生形而上之飘然。些许零点要指各色的单行法规与司法解释之类，起着细密补缺之用。那个汤便是国际法部分，于大宴盛餐中是绝少不了的。依此而论，中国法治盛餐体系中最缺薄的是民商法和行政法。这两个荤菜名盘，行政部分还有其丰厚传统与宝贵经验，只认真总结定好标准真正执行就成地道特色。而民商法部分确是最困难的，其原材料外来者多，本土者少，人们对其水土不服和消化不良最为突出，亦缺乏对其正负能量作用后果的切身经验。故制作此道大菜，名师高厨们必当格外铭心用功，使之适合中国人之视觉口味和肠胃消化，而包括烹饪者在内的所有消费者似乎也必须仔细观感品嚼和体悟其中的味道营养，进行反刍性的消化和提出改进意见，如此才能得到有效吸收之功效。这个过程，无不需要新的发现体验和改革创造。由此，想起人民音乐家马可的一句诗来：“在这个大时代里，不怨天，不求人，更别说，‘我正在跟人学习’，（为什么不让人跟我们学习?）是汉子，就应该，自己创造自己！”

人当明其志，事当明其理，器当明其用，法当明其意，法典编纂，自宏至微，均需明其意旨，知其功用，行其至善，方可酌其规范，量其公平，衡其正义，达其稳定和谐文明与更塑社会关系之效力。该民商法典之新体系，通则编植根于市场经济规律之正道，集中反映和体现市场经济之主体、客体、权利、行为、责任五要素；分编之人身权、物产权、知产权、债承权、继承权之序，合道生万物之象，反映和体现木、土、火、金、水之五行之说；适者相合，合而为一，共同构成社会主义市场经济基础上的民商法科学理论体系、学科体系与话语体系，并渗透着向实求是之心与应时更新之志。此体系内容新颖科学、逻辑周密严谨、结构庄重齐整、规则疏简适度，当具中国特色与民族气派，期望展屹于世界民商法之林。我国各界正在关注并热烈讨论的由“总则、物权、合同、人格权、婚姻家庭、继承、侵权责任及附则”共同构成的“民法典草案”，不论是否能在新冠肺炎疫情防控措施松缓之后顺利通过和实施，民商法理论学说的研究和进步都一定会是永远的。故笔者仍然乐于将自己的学研愚见发表出来以供评判。

总结《民商法典草案建议稿（黄河版）》六篇研习成果，可悟得七律一首。曰：

通则精原贯全程，主客权行责分明。
人身东木繁茂盛，物产中土康复兴。
智识南火熊熊燃，债链西金路路新。
继承北水莫忘本，良法善治佑华林。

中　卷

法典草案条文

立法既要以道德为基础，又要以理性为金线。仅仅具有专业知识而不具有德性和实践能力的人是不适合做立法者的。每个立法者制定每项法律的目的就是为了获得最大的善。

——柏拉图

真正的法典是从思维上来把握并表达法的各种原则的普遍性和它们的规定性的。

——黑格尔

如果说民法准则只是以法律形式表现了社会的经济生活条件，那么这种准则就可以依情况的不同而把这些条件有时表现得好，有时表现得坏。

——恩格斯

《民商法典草案建议稿（黄河版）》

1

第一编　通　则[1]

第一章　原则与适用

第一条　本法典以宪法为根据，以市场经济为基础，以科学理论为指导，联系实务经验，确定民商主体，界定客体范围，厘定民商权利，规范民商行为，明确民商责任，正确调整民商关系，保障民商主体权益，服务百姓生活[2]，方便安全交易，促进社会文明进步与全面和谐发展。

第二条　民商事活动应当遵守平等原则。民商主体在民商事活动中具有平等的地位和均等的机会，人人都有通过正当途径获得社会财富和幸福生活的权利。

法律对妇女、儿童、老人、残疾人、劳动者、消费者等特殊群体有特别保护性规定的，依照其规定。

第三条　民商事活动中，应当遵循意思自由的原则。民商主体有权按照自己的意愿进行民商事活动，任何组织和个人不得对民商主体的民商行为进行干涉或者强迫。但是对于从事有关特殊行业和特殊物品经营的民商行为，必须依照法律的特别规定进行。

第四条　民商事活动应当遵守公平正义的原则。民商主体都应当得到其应当得到的那一部分，公平享受社会利益和社会发展成果。

在民商事活动中，法无禁止即可为，为无损害不必禁，鼓励民商主体公平竞争，创造性地经营和生活。

---

〔1〕 由于涉及问题很多，除上述重大问题进行专门论述外，对有些似乎必须指出或者说明的问题笔者将用注释的方式说明。对另外的不少问题即不再指出和说明。

〔2〕 所有官员，只要进入市场，进入民商领域，进行商品的交易和消费，就要脱去官服官袍，放弃官驾官气，成为平民百姓，成为地位平等的民商主体。

第五条 民商事活动中，应当遵守诚信友善的原则，不得尔虞我诈或者欺行霸市，不得损人利己或者贪图利益而规避义务。

第六条 民商事活动中，应当遵守社会公德与善良风俗，遵守社会主义法制，禁止任何人滥用权利。

第七条 民商主体的合法民商权益受法律保护，任何组织和个人不得侵犯或者刁难。[1]

第八条 民商主体资格、民商权利取得等重大事项，国家实行辅助登记证明制度。对依法需要进行登记的，民商主体应当进行登记，取得相关证明文书。法律以此对当事人的民商权益给以充分保护。

对法律未有明文规定必须登记或者证明之事项，任何组织和个人不得强行要求民商主体进行登记或者证明，不得以证明、登记为名而行收取费用之实。

登记行为由国家规定机关进行。有关证明行为，在国家规定机构组织难以证明的情况下，当事人所在的基层组织或者当事人住所地两名以上有良好信誉或威望的知情人也可进行证明，并具有证明的效力。登记证明者对自己所登记证明的事实承担保证真实的责任。[2]

第九条 本法典名为《中华人民共和国民商法典》，并不影响公司法、证券法、劳动法等民商事单行法的制定与存在。但是其他民商单行法及适用性规定，不得与本法典的原则精神和基本内容相违背。[3]

第十条 本法典于　年　月　日公布，于　年　月　日起生效实施。[4]

自本法生效之日起，适用本法规定。《中华人民共和国民法通则》及其相关规定停止其效力。

本法规定与原有相关法律规定不一致的，民商行为发生在本法生效之前的，仍然适用原有相关法律的规定，但是当事人双方同意适用本法规定者除外。[5]

第十一条 在中华人民共和国领域内的民商活动，适用本法，但是特别

---

[1] 第2条至第7条，民商法典的基本原则。

[2] 民商法中的登记证明规定，排除刁难性的不必要性的登记证明问题。

[3] 法典名称与其他民商单行法的关系。

[4] 本法典可以分编陆续公布施行；依中国共产党第十八届中央委员会第四次全体会议决定看，一起颁行已完全可以成功。“万事俱备，东风成就”，参见王明锁：《中国民商法体系哲学研究》，中国政法大学出版社2011年版，第28~31页。

[5] 我国法律中通常在最后专门规定附则一编，有的仅规定颁布和实施时间。首先，从编章结构上极不协调；其次将法的时间效力与空间效力、人的效力相分离；再次，让阅读和使用法律者先知道从什么时间生效更具合理性；最后，《法国民法典》第1条即规定法律的公布及生效时间，更符合认知规律。

行政区基本法和其他法律另有规定者除外。[1]

第十二条 本法之规定，适用于在中华人民共和国领域内进行民商事活动的民商主体，但是法律另有规定者除外。

第十三条 对于民商行为，适用本法。本法与其他法律都没有规定的民商事活动行为，依据习惯。没有相应习惯的，依据本法规定的基本原则。

对民商主体争议的民商行为，法官不得以法律没有明文规定而拒绝受理和审判案件。本法允许法官在穷尽法律规定时，依照本法的目的与原则正确自由裁量，妥当而创造性地审理解决民商事纠纷。[2]

第二章 民商主体

第一节 自然人

第一分节[3] 自然人的民商权利能力

第十四条 自然人的民商权利能力是自然人依法能够享有民商权利和承担民商义务的资格。

自然人的民商权利能力一律平等。

第十五条 自然人的民商权利能力始于出生。出生系指胎儿与母体完全脱离且具有生命体征。自然人出生发生其人身关系成立的法律后果。

未出生的胎儿获得法律所承认之利益取决于其出生。生父母无须就受孕或者对胎儿造成的损害对子女负责。

对胎儿利益当事人有特别约定的，从其约定；没有约定的，依照法律规定。[4]

---

〔1〕 本有第2款为："民族自治地方人民代表大会可以结合当地民族婚姻家庭的具体情况，根据本法基本原则，就人身权编中的婚姻、收养规则制定变通的或者补充性的规定。自治州自治县制定的规定，须报请省、自治区人民代表大会常务委员会批准。自治区制定的规定，须报全国人民代表大会常务委员会备案。"似显赘累，于是删除。

〔2〕 第10条至第13条，为法典的时间、空间、主体、事项的适用范围问题。

〔3〕 使用"分节"结构，重在使各类民商主体都处于一个平等的地位或者机制系统。次在法国、德国等国的民法典中都有分节、小节的结构。如此编制形式，更具合理性与科学性。参见"法国民法典为何能常青？——法典的编纂修订技术及其价值判断"，载王明锁：《中国民商法体系哲学研究》，中国政法大学出版社2011年版，第54~63页。

〔4〕 第2款情形：如子女不得以父母不应当生育自己为由，放弃赡养父母或让父母承担其他责任。第3款情形：如对保留胎儿，当事人约定有财产利益的，从其约定；放弃胎儿的，即失其应得财产利益。有实际纠纷案例依据。

第十六条 自然人的民商权利能力随自然人死亡而终止。死亡系指人的呼吸与心跳完全停止。

自然人在毋庸置疑其死亡的情况下失踪，无法寻回或者辨认其尸首，经有关机关组织证明该自然人不可能生存的，视为该自然人已经死亡。[1]

同一事件中有继承关系的数人死亡，不能确定先后死亡时间的，推定长辈先死亡；辈分相同的，推定没有其他继承人的人先死亡；都有其他继承人的，推定同时死亡。

自然人死亡发生其人身关系消灭的法律后果，但法律规定有不受时间限制保护的人身利益者除外。[2]

第十七条 自然人出生与死亡，应当依法进行登记。在民商事活动中，与自然人出生或者死亡有关的利益关系，以登记部门所登记的时间为准。未经登记的，应当先行补办登记。

第二分节 自然人的民商行为能力

第十八条 自然人的民商行为能力，是自然人依法能够以自己的意思行为实际取得民商权利和承担民商义务的能力。

依据自然人的年龄和智能，自然人的民商行为能力被区分为完全民商行为能力、限制民商行为能力和无民商行为能力。

第十九条 年满十八周岁的自然人是完全民商行为能力人。完全民商行为能力人可以独立进行本法典所允许的各种民商行为。

婚姻方面的行为能力，符合本法典人身权编关于结婚年龄规定的，始具有婚姻行为能力。

年满十六周岁不满十八周岁的自然人，以自己的劳动收入为主要生活来源或者能够维持当地中等生活水平的，视为完全民商行为能力人。

第二十条 年满八周岁不满十八周岁，且不符合前条第三款规定的人是限制民商行为能力人。限制民商行为能力人可以进行与其生活密切、年龄智能相适应的民商行为；其他的民商行为应由其法定代理人代理进行，或者由

---

[1] 现代社会空难、海难、自然灾害事故中此种情况可能出现，有适用价值，故不必进行宣告死亡程序。

[2] 如其著作之署名、修改，其名誉之影响利益。

相对人征得法定代理人的同意后进行。[1]

不能完全辨认自己行为的智能障碍者是限制民商行为能力人。㑆[2]们可以进行与其生活密切、智能健康状况相适应的民商行为；其他民商行为应由其法定代理人代理进行，或者由相对人征得法定代理人的同意后进行。

第二十一条 不满八周岁的未成年人是无民商行为能力人，由其法定代理人代理进行民商行为。

不能辨认自己行为的智能障碍者是无民商行为能力人，由其法定代理人代理进行民商行为。

第二十二条 无民商行为能力人、限制民商行为能力人进行接受奖励、赠与、报酬等纯获利益行为的，其法定代理人对其所获利益进行监督和保护。

第二十三条 因智能障碍因素确认自然人为无民商行为能力人或者限制民商行为能力人的，根据医院诊断证书或者司法鉴定书进行判定；或者由法院按照规定程序进行认定。

第二十四条 无民商行为能力人、限制民商行为能力人的法定代理人由其监护人担任。

监护人由本法典人身权编规定。[3]

第三分节 自然人的住所与居所

第二十五条 自然人的户籍所在地为其住所。自然人经常或者不经常居住的地方为其居所。

自然人的住所是自然人的事务利益主要所在地。自然人的住所应当依法登记。

自然人的经常居住地与户籍所在地不一致的，经常居住地视为住所。经

---

〔1〕 现在民法学界较普遍认为《民法通则》规定10周岁为限制民事行为能力人的年龄偏高，而主张6周岁、7周岁，但似乎缺乏科学依据。此处主张8周岁为限制民商行为能力人的最低年龄，比《民法通则》规定的10周岁小了2岁。8周岁的合理根据是：生理医学方面，《黄帝内经》中有女7、男8的说法；以此可确定7的2倍14周岁为最低刑事责任年龄；8的2倍16周岁可参加工作劳动；劳动收入状况可视为完全民商行为能力人；18周岁为成年人的年龄。教育方面，6周岁入小学，尚需监护人接送，待二三年级时，学过了加减乘除四则混合运算，并有了离开父母独立生活的必要经历。

〔2〕 “㑆”是指他或者她，“㑆们”中包括有男有女或男或女的状况。对该字的见解与论述，参见王明锁：“对‘他、她’及其复数用法方面的一个新见解——兼谈法律人的语言表达”，载《韶关学院学报》2009年第10期。

〔3〕 监护与婚姻家庭中的抚养比与主体资格的关系更为密切，故将现行《民法通则》中的监护规定调整到人身权编。

常居住地是指自然人离开户籍所在地最后连续居住一年以上并愿意永久居住或者虽未连续居住一年但被自然人选择确定为经常居住的地方。

第二十六条 无民商行为能力人或者限制民商行为能力人以其监护人的住所为住所。共同监护人的住所不同的，以与其共同生活的监护人的住所为被监护人的住所。

第二十七条 自然人由其户籍所在地迁出后至迁入另一地之前，无经常居住地的，仍以其户籍所在地为住所。相关事务仍由户籍所在地主管办理。

第四分节 自然人的宣告制度

第二十八条 自然人的宣告制度有禁治产宣告、失踪宣告和死亡宣告。

第二十九条 心神丧失常态不能正常进行交易的人，为禁治产人。禁治产人的利害关系人，可以向住所地的基层法院申请宣告禁治产人为无民商行为能力人或者限制民商行为能力人。

给自己或者家庭的财产造成严重经济损失的浪费人，吸食毒品或者酗酒成性经常影响正常处理事务的人，视为禁治产人，也可以被宣告为无民商行为能力人或者限制民商行为能力人。

禁治产人被宣告为无民商行为能力或者限制民商行为能力的，应设置和适用监护人制度。

被宣告为无民商行为能力人或者限制民商行为能力人的禁治产人，根据其心神行为恢复或者矫正情形，本人或者利害关系人可以向法院申请，要求宣告恢复其为限制民商行为能力人或者完全民商行为能力人。[1]

第三十条 自然人离开自己的住所下落不明满二年的，利害关系人可以向下落不明人住所地的法院申请宣告该下落不明人为失踪人。

宣告失踪发生对失踪人的财产进行代管和清偿的法律后果。

第三十一条 失踪人的财产依次由其配偶、父母、成年子女或者关系密切的其他亲属、朋友代管。代管有争议，或者没有代管人的，由法院指定的人代管。法院指定失踪人的财产代管人，应当根据有利于保护失踪人财产的原则指定。有关组织也可以被指定为失踪人的财产代管人。

第三十二条 财产代管人应当对失踪人的财产进行妥善保管和谨慎处置，因明显过错而给失踪人财产造成损害的，应当承担责任。

---

〔1〕 增加禁治产人的规定，符合社会生活实际，可矫正社会不良风气。同时借鉴了传统民法中的此类规定。

失踪人所欠税款、债务、赡养费、抚育费和因代管财产所需的管理费等费用，由代管人从失踪人的财产中支付。对代管财产的收支状况，代管人应当制作财产代管收付清单。

财产代管人向失踪人的债务人要求偿还债务的，可以作为原告提起诉讼。因财产代管人拒绝支付引起诉讼的，财产代管人应当作为被告。

第三十三条 失踪人的财产代管人已无力履行代管职责申请变更代管人的，或者失踪人的利害关系人以代管人不能依法履行代管职责要求变更代管人的，由法院依照程序审理决定。

第三十四条 自然人离开自己的住所，下落不明符合下列情形之一的，利害关系人可以向法院申请宣告下落不明人已经死亡：

（一）通常下落不明，从失去音讯之日起满五年的；

（二）因意外事故下落不明，从事故发生之日起满三年的；

（三）因战争期间下落不明，从战争结束之日起满四年的。

自然人因犯罪或者为逃避法律责任而下落不明的，不适用宣告死亡的规定。〔1〕

第三十五条 下落不明人被宣告死亡的，其死亡时间以死亡宣告判决中确定的死亡时间为该下落不明人的死亡时间。〔2〕

被宣告死亡的，申请人应当凭死亡宣告判决书由户籍部门对被宣告死亡人进行死亡登记。法院应当在被宣告死亡人住所地和法院所在地进行公告。

自然人被宣告死亡的，发生死亡的法律后果。

第三十六条 申请宣告下落不明人死亡的利害关系人，依次为下落不明人的配偶、父母、子女、其他近亲属与其他利害关系人两个次序。同一次序的利害关系人对于申请宣告下落不明人死亡的意见不一致的，以多数人的意

---

〔1〕 国人习俗，自然死亡，尚守孝3年；只是下落不明，未满5年就宣告死亡，心理上不好承受。故通常为5年，而因意外事故、战争下落不明的，有对死亡的心理准备，各为3年和4年较妥。另适应反腐惩治犯罪行为、防止逃避债务行为，增加因贪腐犯罪，逃避惩罚者，不能适用宣告死亡的规定。

〔2〕 宣告死亡的判决做出时间与推定失踪人的死亡时间不应当是一个时间。2010年应某因事故失踪，2015年作出宣告死亡的判决，推定的失踪人的死亡时间应当是2010年的事故发生时间。学说上有人认为："宣告死亡的判决应确定被宣告死亡人的死亡日期，判决中未确定死亡日期的，以判决宣告之日为被宣告死亡人的死亡日期。"参见魏振瀛主编：《民法》，北京大学出版社、高等教育出版社2000年版，第61页。笔者以为，法院作出宣告死亡的判决，本应确定被宣告死亡人的死亡时间，但竟然未确定被宣告死亡人的死亡时间，此何必进行宣告死亡？何谈为法院判决？如此或者是对法律的亵渎。

见办理；不能区分多数人意见的，应当同意宣告下落不明人死亡的申请。

第三十七条 申请宣告下落不明人死亡的，不必先行申请宣告下落不明人为失踪人。但下落不明人已经被宣告为失踪人，又被申请宣告死亡的，仍然需要符合申请宣告死亡的条件。

第三十八条 被宣告失踪的人重新出现或者确知其下落的，经本人或者利害关系人申请，法院应当撤销对其所做出的失踪宣告。

失踪宣告被撤销的，相应撤销失踪人的财产代管关系，由财产代管人向本人进行财产移交。财产代管期间发生的权利义务关系具有法律效力。

第三十九条 被宣告死亡的人重新出现或者确知其没有死亡的，经本人或者利害关系人申请，法院应当撤销对其所做出的死亡宣告。

被撤销死亡宣告的人在被宣告死亡后的期间内按未死亡对待。

第四十条 死亡宣告被撤销的，恢复其自然人的主体资格与人身关系和财产关系。但是其配偶已经又结婚的，则不能恢复；其子女被依法收养的，需收养人和被收养人同意解除收养关系，才可恢复；其财产已经被处理的，取得财产者应当返还财产及其相关收益，原物不存在的，应当给以公平补偿。

第二节 法 人

第一分节 一般规定[1]

第四十一条 法人是具有民商权利能力和民商行为能力，依法独立享有民商权利和承担民商义务的组织。其民商权利能力是依法能够独立享有民商权利和承担民商义务的资格。其民商行为能力是依法能够以该组织的意思行为取得民商权利和设定民商义务的能力。

法人的民商权利能力和民商行为能力，从法人成立时产生，于法人终止时消灭。

法人的民商行为能力与其民商权利能力的性质和范围一致，以其成立时确定的性质和范围为准。

第四十二条 设立法人，应当具备以下条件：

（一）有独立的名称、组织机构和场所；

（二）有独立的财产、经费或者资信；

（三）有特定的设立人；

---

〔1〕 法人部分贯彻分类管理、方便快捷，降低进入市场门槛，加强事中监督监管的精神。

（四）依照法律规定允许设立。

第四十三条 设立法人，应当依照法律规定程序向主管部门申请设立，提供相应的证明材料和履行相应的登记备案手续或者审核批准手续。

第四十四条 设立法人，设立人应当对设立过程中所产生的民商权利和义务负责。被设立的法人成立后，法人设立过程中所发生的民商权利和义务关系，可以由设立后的法人承担。

第四十五条 法人成立，取得法人资格。法人资格，以经主管机关备案登记并领取营业执照为标志，或者以经主管部门审核登记为标志，或者以主管机关批准成立为标志。

第四十六条 依照法律规定或者法人组织章程的规定，在法人机关中能够代表法人行使职权的负责人，是法人的法定代表人。法定代表人只能是依照规定方式产生的特定的自然人。

第四十七条 法人可以设立分支机构，经法人授权，分支机构可以自己的名义进行民商事活动，由此产生的民商权利义务关系，最终由设立分支机构的法人承担。

第四十八条 法人的法定代表人、法人分支机构的负责人、法人的其他工作人员在执行法人工作任务中所产生的法律后果，由法人承担。

第四十九条 法人以其全部财产独立对外承担民商责任。法人的设立人和投资人以其投入法人的财产数额承担民商责任，但法律有特别规定者除外。

第五十条 法人应当按照法律规定建立财务账簿和会计制度。

法人应当按照规定于设立时及每年年初或者年终制作财产目录和成员名册。成员变更的，应当订正。

法人制作财产目录与成员名册，应当真实反映法人的人、财、物状况，做到账表相符、账账相符、账实相符。

法人应当接受主管部门或者主管机关依法进行的考核与监督。

第五十一条 法人以其主要办事机构所在地为其住所。法人的住所应当确定并进行登记。

法人登记的住所与法人业务实施地不一致的，第三人可将法人业务实施地视为法人的住所。

法人可以因特别的事务活动确定特别住所。特别住所应当登记并公告。

第五十二条 法人变更，应当符合设立法人所应具备的条件，并应当履行法人成立时的程序和手续。

法人发生合并、分立，或者发生名称、住所、性质、业务范围、法定代表人事项的变更，除履行法人成立时的程序和手续外，还应当进行公告。

第五十三条 有下列情形之一的，法人终止：

（1）自行解散；

（2）依法被宣告破产；

（3）因违反法律规定被主管部门依法撤销；

（4）其他导致法人难以继续存在的事由。

第五十四条 法人终止，应当依法进行清算。清算终结的，应当由清算人向主管机关办理注销手续。完成注销的，法人资格消灭。

第二分节 企业法人

第五十五条 企业法人是从事生产、流通、科技、金融等活动，以满足社会合理需要、创造社会财富并获取盈利、增加资本积累为目的的法人。

符合设立法人条件的经济组织，经主管机关备案登记或者核准登记，取得企业法人资格。

从事易燃、易爆、剧毒、放射性等与社会公共安全有关的业务经营的，须经公安与环境保护主管部门审核批准，方能取得企业法人资格。

第五十六条 企业法人包括国有企业法人、集体合作社企业法人和私营企业法人。

在中华人民共和国领域内设立的中外合资经营企业，中外合作经营企业和外资企业，具备法人条件的，依法经主管机关核准登记，取得中国企业法人的资格。

第五十七条 企业法人可以采用公司、合作社等形式进行经营。

公司包括有限责任公司和股份有限公司。

以公司形式成立企业法人，依照《公司法》规定。成立金融、保险等专业领域的企业法人，依照《公司法》及专门规定。

第五十八条 全民所有制企业法人以国家授予它经营管理的财产承担民商责任。

集体所有制企业法人以企业所有的财产承担民商责任。合作社企业法人以合作社所有的财产承担民商责任。

中外合资经营企业法人、中外合作经营企业法人和外资企业法人以企业所有的财产承担民商责任，但法律另有规定的除外。

第五十九条 企业法人应当在核准登记的经营范围内从事经营。

企业法人对它的法定代表人和其他工作人员在企业经营范围内的经营活

动，承担民商责任。

企业法人的法定代表人和其他工作人员，以法人名义从事经营活动，给第三人造成损失的，企业法人应当承担民商责任。

第六十条　企业法人分立、合并或者有其他重要事项变更，应当办理登记并公告。

企业法人分立、合并，它的权利和义务由分立、合并后的法人享有和承担。

法人分立时对原来法人的债务承担没有确定或者确定不明确的，分立后的法人对原来法人的债务承担连带责任。

第六十一条　企业法人终止，应当向登记机关办理注销登记并公告。

第六十二条　企业法人解散，应当自行清算。企业法人被撤销的，由其主管机关组织清算小组进行清算；企业法人被宣告破产的，由主管机关或者法院组织有关机关和人员成立清算组织，进行清算。

清算组织是以清算企业法人债权、债务为目的而依法成立的组织，可以自己的名义进行与清算有关的活动，负责对终止的企业法人的财产进行保管、清理、估价、处理和清偿。

以逃避债务责任为目的而成立的清算组织，其实施的民商行为无效。

第三分节　非企业法人

第六十三条　非企业法人是指企业法人以外的具有法人资格的民商主体。非企业法人包括国家机关法人、事业单位法人、社会团体法人和基金团体法人。

第六十四条　国家机关从依法成立之日起，具有法人资格。事业单位法人、社会团体法人和基金团体法人依法不需要办理法人登记的，从成立之日起，具有法人资格；依法需要办理法人登记的，经核准登记，取得法人资格。

第六十五条　非企业法人的民商权利能力，依照其性质或者依法核准登记的活动范围确定。非企业法人应当在其民商权利能力范围内进行民商活动。

第六十六条　国家机关依其性质，只能进行因行使职权需要所进行的民商活动。国家机关及其工作人员不得从事企业性经营活动，不得与企业共同经营，其工作人员不得在企业兼任职务、领取报酬和获得利益。

国家机关对其工作人员在执行职务中所进行的行为承担责任，对给自然人或者其他法人的合法权益造成损害的，应当承担民商责任。

第六十七条　事业单位法人经主管机关批准成立，依照法律规定或者章程规定进行活动。因其资金来源不同，应当对投资人和社会公益事业同等负责，但不得以营利为主要目的。以营利为主要目的的业务活动，应当改制为企业模式，独立经营。

第六十八条 社会团体法人，经主管机关批准并由团体登记部门登记成立。社会团体法人应当制定章程，依照章程从事社会公益活动。为从事章程允许的活动而进行相应的民商事活动，但不得进行以营利为目的的经营活动。从事以营利为目的的经营活动的，应当改制为企业法人独立经营。

社会团体法人的成员可以是自然人或者法人及其他组织。

社会团体法人的经费主要由收取会费、接受社会赞助、捐款及机关拨款组成。经费收支状况应当向团体成员报告，接受监督。

第六十九条 基金团体法人是对企业、事业单位、社会团体、其他组织或者个人自愿捐赠的资金以特定领域范围的公益事业为目的进行管理利用的非营利性法人。基金团体法人包括基金会法人和宗教团体法人等。

设立基金团体法人，应当经过主管机关批准并办理登记手续。

第七十条 基金团体法人应当依据基金捐献人的目的和基金团体法人的章程进行活动。对于所得捐款及其所产生的收益，只能用于和成立基金社会团体法人宗旨相一致的社会公益性事业。

基金团体法人财产基金的使用管理情况，应当接受捐助人和社会的查询和监督。

基金团体法人不得进行以营利为主要目的的业务活动。开展或从事以营利为主要目的的业务活动的，应当与基金团体法人分离，设立为企业法人，独立经营。[1]

第三节 非法人企业

第一分节 合伙企业

第七十一条 合伙企业是依法成立、由各合伙人依照合伙协议，共同出资、共同经营、共享收益和共担风险，并对合伙企业债务必须有合伙人承担无限连带责任的营利性组织。

合伙企业的合伙人，可以是自然人，也可以是法人或者其他组织。

第七十二条 合伙企业的合伙协议，应当采用书面形式，并由合伙人签

---

[1] 本分节关于非企业法人的有关规定，贯彻和体现了反腐倡廉和政企分开、产权明晰的精神。

字或者盖章。

合伙协议应当包括合伙组织的名称、合伙人各自的出资数额、合伙组织的负责人、合伙盈余的分配、债务的承担、入伙与退伙、合伙的终止事项等内容。

第七十三条　合伙企业应当具备以下条件：

（一）合伙企业人数应当为二人以上二十人以下。超过二十人的，应当以公司的形式进行登记和经营。合伙人不足二人时，丧失合伙组织资格。

（二）合伙企业应当有自己的名称或者字号，名称或者字号中应当标明为合伙。

（三）合伙人应当按照合伙协议缴付出资和分享利益。

（四）合伙人当中必须有人对合伙债务承担无限连带责任。

第七十四条　合伙企业依法应当进行企业登记。合伙组织在登记的经营范围内进行民商事活动。

合伙人之间虽然签订合伙协议，但并未成立合伙企业组织，也未进行合伙登记或者以合伙字号的名义进行民商活动的，以债权编中的合伙合同的规定办理。

第七十五条　合伙企业的财产为合伙人的出资财产和以合伙企业的名义取得的财产及合伙经营积累的财产。

合伙财产为合伙人共同所有，由合伙人按照约定统一管理和使用。

合伙企业应当按照法律规定建立财务会计制度。

合伙的财产和经营活动，应当接受合伙人和主管部门的监督。

第七十六条　合伙企业对合伙组织的负责人和经营管理人员的经营活动负责。

合伙企业对所聘管理人员的行为后果按照聘任合同约定办理。

第七十七条　合伙企业的合伙人对于合伙债务承担无限连带责任。但应先以合伙财产进行清偿。合伙财产不足清偿时，各合伙人应当承担无限连带清偿责任。

合伙人所承担清偿数额超过自己应当承担的数额时，有权向其他合伙人追偿。

第七十八条　合伙协议约定部分合伙人仅以自己的出资数额承担责任时，为一般的有限责任合伙。

合伙协议约定部分合伙人由于自己的原因给合伙造成损失而为合伙债务承担无限责任，其他合伙人以自己的出资数额承担责任时，为特殊的有限责任合伙。

法律承认合伙人关于有限责任合伙协议的效力。

第七十九条 合伙的入伙与退伙，协议有约定的，按照协议约定。协议没有约定或者约定不明确的，对新合伙人的加入，应当经全体合伙人同意，并订立入伙协议；对合伙人的退出，应当随时允许，并为退伙人进行结算。

第八十条 对于入伙与退伙的债务，有约定的，按照约定，没有约定的，入伙的新合伙人对入伙前的合伙企业的债务承担无限连带责任。退伙人对其退伙前的合伙企业债务与其他合伙人承担无限连带责任。

第八十一条 合伙企业解散的，应当依法进行清算。

合伙企业解散后，原合伙人对于合伙企业存续期间的债务仍应承担连带责任。但债权人的债权超过民商责任时效期间的，该责任消灭。

第八十二条 对于合伙企业的规范，还可由《合伙企业法》专门规定。

第二分节 家户企业

第八十三条 家庭由自然人因婚姻或者血缘关系组成。家庭可以家庭组织的形式进行民商事企业经营活动。

家庭应当有家长或者户主。家庭的民商事活动通常以家长或者户主的名义进行。夫妻之间均有代表家庭进行民商行为的资格，但夫妻之间另有约定或法律另有规定者除外。

第八十四条 家庭成员在法律允许的范围内，依法经核准登记，从事工商业经营的，为个体工商户。个体工商户可以起字号。

以字号为名义的个体工商户，以其字号和营业执照登记的家庭成员为其代表人。

第八十五条 农村集体经济组织的成员，在法律允许的范围内，按照承包合同规定从事商品经营的，为农村承包经营户。

农村承包经营户以其承包合同上规定的家庭成员为其代表人。

第八十六条 家户以其家庭财产作为股份投资加入合作社或者公司进行经营的，以其投入的财产数额对合作社或者公司的债务承担有限责任。

以公司、合作社加农户等形式进行联合经营的，经营各方的责任以合同约定承担责任。合同没有约定或者约定不明确的，以前款规定方式承担责任。

第八十七条 家庭、个体工商户、农村承包经营户的债务，个人经营的，以其个人财产承担；家户成员共同经营的，以家户的共同财产承担。

虽以家户成员个人名义登记，但以家户共同财产投资，或者收益主要部分供家户成员共同享用的，其债务应以家户的共同财产承担。

第八十八条 家户的债务，如以其家户共同财产承担清偿责任时，应当保留家户成员的生活必需品和必要的生产工具。

第三分节 个人独资企业

第八十九条 个人独资企业是由一个自然人投资，财产为投资人个人所有，投资人以其个人全部财产对其独资企业债务承担清偿责任的企业。

第九十条 个人独资企业的名称应当与其责任形式和从事的经营业务相适应。

个人独资企业申请领取营业执照后，才可以个人独资企业的名义从事经营活动。

第九十一条 个人独资企业投资人对本企业的财产享有所有权，其财产和相关权利依法可以进行转让和继承。

第九十二条 个人独资企业投资人进行设立登记时，以家庭财产作为个人出资的，应当以家庭共同财产对企业债务承担清偿责任。

投资人将其经营收益转移与家庭成员的，以投资人个人财产承担责任外，享受转移利益人应当承担补充责任，但以其享受的转移利益为限。

第九十三条 个人独资企业因投资人决定解散、投资人死亡、被依法吊销营业执照等原因终止的，应当进行清算，并就其财产依法定顺序进行清偿。

清算结束的，投资人或者清算人应当到登记机关办理注销登记。

第四节 国 家

第九十四条 国家在下列情况下直接作为民商主体：

（一）以国家的名义发行国债；

（二）以国家的名义依法对特有资源享有专属所有权；

（三）以国家的名义对自然人或者法人的财产进行征收、征用；

（四）以国家的名义进行捐助、救济或者赠与、奖励的；

（五）以国家的名义进行损害赔偿的；

（六）以国家的名义接受捐赠或者进行民商交易活动的；

（七）以国家的名义进行其他民商行为的。[1]

---

〔1〕 如果将民商主体依法应当缴纳的税款也作为债务，认定为一种法定之债的话，国家在依法收税的关系中，也处于民商主体的地位。如果债务人违反纳税义务，国家在民商法方面即应当提起诉讼，通过法院判决的方式来实现完税的目的。纳税债务的观点可参见魏振瀛主编：《民法》（第4版），北京大学出版社、高等教育出版社2010年版，第613页。

国家作为民商主体进行民商事活动，与其他民商主体处于平等的地位，不得享有任何特殊权利。

第九十五条 国务院代表国家作为民商主体进行民商行为。国家的民商行为依照法律规定可以通过各级政府进行。

国务院和地方政府依照法律规定，分别代表国家对国家出资企业履行出资人职责，享有出资人权益。

第九十六条 国家各级政府机关依法维护国家和人民的利益。对损害国家和人民利益的行为，国家机关及其工作人员应当依法予以追究。对其失职、渎职、滥用职权等行为造成的损害后果，国家机关及其负责人应当承担法律责任。

第五节 代理人〔1〕

第九十七条 民商主体可以亲自进行民商法律行为，也可以由代理人以本人的名义和资格代为进行，但根据法律规定或者契约约定，必须由民商主体本人亲自进行的民商法律行为，或者法律禁止进行代理的民商行为，则不能由代理人代为进行。

代理人可以是自然人，也可以是自然人以外的其他民商主体。自然人作为代理人，必须是具有完全民商行为能力的人。

第九十八条 代理人分法定代理人、意定代理人和指定代理人。根据法律的直接规定承担代理职责的，为法定代理人。根据当事人的意愿，委托他人作为代理人的，为意定代理人。根据有关机关的指定作为代理人的，为指定代理人。

第九十九条 法定代理人专为无民商行为能力人和限制民商行为能力人的自然人设置。无民商行为能力人和限制民商行为能力人的监护人是其法定代理人。

法定代理人依照法律规定的监护人的职责范围行使代理权。

第一百条 民商主体可以根据自己的意愿，决定代理人。意定代理人根据委托契约所产生的授权范围进行代理，并不得损害被代理人的利益。

意定代理的委托根据依照债编中委托契约和信托契约的规定。

---

〔1〕 代理人在民商事活动中，是以被代理人即上述民商主体的资格出现的，或者所实施民商行为的法律后果是由被代理人享有和承受的，因此将代理人直接放入主体部分，顺理成章，更为明晰，便于适用。

第一百零一条 民商主体由于失踪或者其他特殊情形不能亲自进行有关民商活动，又没有法定代理人或者意定代理人的，由基层组织或者法院为其指定代理人。民商主体已经有财产代管人的，由财产代管人履行指定代理人的职责。

第一百零二条 代理人可以直接以被代理人的名义进行民商法律行为，而使其效力直接归属于被代理人。

代理人也可以以代理人自己的名义进行民商法律行为，其行为后果先由代理人承担，然后移交与被代理人承担。〔1〕

第一百零三条 代理人可以是单独一人，也可以是二人以上。二人以上的代理人共同进行代理的，意定的共同代理人按照约定承担责任，非意定的共同代理人共同承担责任。

第一百零四条 没有代理人资格而以代理人名义进行代理或者代理人资格消灭后仍以代理人名义进行代理的，为无权代理。无权代理和越权代理，除经被代理人追认者外，由行为人承担责任。被代理人对无权代理或越权代理的行为知情而不表示反对的，视为同意，由其承担责任。

因本人原因致第三人合理相信无权代理人具有代理资格的，无权代理人所为行为由本人承担责任；但有第三人疏于审查或者行为人伪造、盗窃相关证件情形者除外。

无权代理人或越权代理人因其行为给本人造成损害的，依法应当承担责任。

对无权代理或越权代理人的行为，第三人知情的，其行为后果由第三人和无权代理人负连带责任。

代理人与第三人串通，损害被代理人利益的，由代理人和第三人承担连带责任。

第一百零五条 代理人应当亲自行使代理权，不得转托他人。需要转托他人代理的，应当事先征得被代理人同意。未经同意的，代理人应当对自己的转托行为承担责任，但在紧急情况下，为了保护被代理人利益而转托他人代理的除外。

第一百零六条 代理人知道被委托的事项违法仍然进行代理的，或者被代理人知道代理人的代理行为违法而不表示反对的，由被代理人和代理人承

〔1〕 包括直接代理与间接代理。理论上简单，适用上方便，融合学说优点，符合实务情形，整齐划一，内外一致。

担连带责任。

第一百零七条 意定代理中授权不明的，被代理人应当向第三人承担责任，代理人负补充责任。

第一百零八条 法定代理人资格因监护人资格丧失而丧失。

非法定代理人资格因代理事项完成、期限届满，或者代理人资格丧失、辞却、被取消等而终止。

代理人资格终止的，不得再以本人的名义和资格进行民商行为的代理活动。

第三章 民商客体[1]

第一百零九条 民商客体是存在于民商主体之外的客观事物。民商主体不得仅以主体自身为中心，而应当尊重和敬畏客体的独立价值，重视民商客体对主体自身的功能作用和价值影响。

民商客体可以是物，可以是人身利益，可以是知识产品或者智力成果，还可以是特定主体之行为。

第一百一十条 作为民商客体的物，具备以下条件：

（1）由民商法规定；

（2）能够为民商主体控制和支配；

（3）具有一定价值，能够满足民商主体的某种需要，或者对人类生活具有不利影响；

（4）存在于自然人的身体之外或者能够与自然人的身体相分离；

（5）占据有一定的空间。空间包括自然空间和网络空间。

物是物权之客体，本法中物与财产可以同义。

本法所称之物，不包括权利。但物与其上附着之权利，可以同时作为民商之客体。

第一百一十一条 物通常以能够满足人类实际生存需要的形式存在：

（一）土地、水流、空气、海洋、森林、矿藏、草原、荒山、湿地、滩涂、岛屿、山峦、丘陵等自然物；

（二）房屋、食品、衣物、工具、设备、用品等人造物。

土地、水流、海洋、空气、森林、矿藏、草原、湿地等重要自然资源，

[1] 本章是关于客体方面的一般性规定，有关客体的具体类型等，将放在以后各编作周详规定。如物中的动产、不动产之类，将放在物权编结合物权进行规定；生命、健康等在人身权编具体界定。

承载人类和养育人类，对人类生存发展不可或缺，除本法典所做规定外，依照专门法规定。

第一百一十二条　物有的以票证的形式存在，代表或者表示着对一定的实物或者利益具有一定的权利或价值。这类物品有：

（1）货币；

（2）债券；

（3）股票；

（4）票据（汇票、本票、支票）；

（5）存款单；

（6）收据、发票；

（7）借条；

（8）提货单；

（9）车船票；

（10）机票；

（11）门票；

（12）邮票；

（13）购物卡；

（14）信用卡；

（15）保险卡；

（16）证书、证明；

（17）其他类似的票证物品。

对于债券、股票和票据，除本法规定外，依照证券法和票据法等专门的民商单行法规定。

第一百一十三条　物有的以文物的形式存在。文物是人类历史遗留下来的在人类文化发展上具有价值的物，如建筑、碑刻、工具、武器、生活器皿和各种艺术品、作品等。

国家对文物进行专门立法，分级别进行管理、保护和利用。民商主体在享受文物利益时，应当珍惜、爱护和保护文物。

第一百一十四条　物有的以动物的形式存在。动物是人类以外的有神经、有感觉、能运动的生物，与人类具有更多的共性。

国家对动物进行专门立法，分级别进行保护和利用。民商主体在民商事活动中，应当珍爱动物和善待动物。对饲养动物不得遗弃或者虐待。对动物进行管理、利用或者享受动物利益，应当改进方式，尽力减少或者避免动物的痛苦。

第一百一十五条 有的物以植物的形式存在。国家对植物进行专门立法，保护植物种类的多样性和对人类生存环境的影响。民商主体在民商事活动中，应当爱护和保护植物，营造良好的人类生存环境。

第一百一十六条 与自然人的身体已经分离或者能够与自然人的身体相分离的东西，也是物。但是对其进行利用，因与人类的伦理道德观念和人身权利关系密切，应当依照相关特别法规定。

第一百一十七条 自然人死亡，其主体资格消灭，其遗体、骨灰也是物。但对遗体、骨灰的保存、处置和管理、利用，应当充分尊重乡情民意，依照丧葬习俗和丧葬法规的规定。

第一百一十八条 有的物以毒品的形式存在。对于毒品，无论是植物中的毒品或者人造毒品，均应遵守法律的特别规定。民商事活动中，对于毒品物质，实行严格的管制和禁止措施，远离毒品和拒绝毒品，禁止吸食毒品。

第一百一十九条 有的物以废物、垃圾的形式存在。对于废物类物品，应当有效处置和科学利用，不得对他人或者公共利益造成不利影响。

第一百二十条 有的物以易燃易爆剧毒放射等严重威胁和影响公众安全的形式存在。对于易燃易爆剧毒放射类物品的生产、储存、保管、运输、流通、使用等一切经营环节，实行严格的行政管控措施。除适用民商法规定外，必须严格遵守行政特别法规定。

第一百二十一条 物有的以虚拟财产的形式表现出来，并以一定的实际财产为基础或者能与一定的实际财产发生转化。网络虚拟财产也属于物的范畴，受到法律保护。

第一百二十二条 作品、发明、设计、商标、商业秘密等知识产品，独立存在于民商主体之外，为民商客体的重要类型。

应当弘扬劳动光荣、技能宝贵、创造伟大的风尚，重视和保护科技成果，促进技术创新，对于重要知识产品成果，给以奖励或者授予民商主体专门利用的权利，促进科学技术进步和社会文明发展。

第一百二十三条 在民商主体的相互关系中，人身利益也是民商客体。

自然人的生命健康、容貌特征、身体自由、隐私信息、名誉荣誉等，即以人身利益的形式成为民商客体。

其他民商主体的名称、信息、名誉、荣誉等，也可以人身利益的形式成为民商客体。

第一百二十四条 民商主体之间相互约定的具有特定意义或者体现特定

利益的行为，也可以成为民商权利义务的客体。

第四章　民商权利[1]

第一百二十五条　民商权利是民商主体依法对特定的民商客体可实现的某种利益或者可实施的一定行为。

民商权利是民商主体生存发展的基本权利，受到国家法律的充分尊重和严格保护。

民商权利有的可以被民商主体自愿放弃，但任何人不得侵害他人的民商权利。侵害他人民商权利的，应当承担法律责任。

第一百二十六条　民商主体依法可以享有以人身利益为内容的人身权利和以财产利益为内容的财产权利。

第一百二十七条　民商主体依法享有对特定客体或者利益进行支配的权利，也享有请求特定的人为一定行为或者不为一定行为的权利，以实现对特定客体的支配或者对利益的享受。

对于权利人一方的请求，被请求一方享有抗辩的权利。

第一百二十八条　根据民商权利的利益性质和客体内容，本法将民商权利规定为人身权、物权、知识产权、继承权和债权等几种基本类型。

第一百二十九条　民商权利基于某种事实或者行为的发生并依照本法的规定产生、存在、变更、消灭。

第一百三十条　关于民商权利的规定，除本章所作一般规定外，其具体内容、取得、行使、保护、消灭等规则，由本编之外的各编分别规定。

第一百三十一条　自然人享有人格权和身份权。自然人的人格尊严不得侵犯，自然人的身份利益受到保护。

第一百三十二条　自然人享有生命权和健康权。

自然人依法享有自由权。自由包括其人身自由和思想自由。

民商主体依法享有自主经营活动的权利，其经营活动和经营方式由民商

---

〔1〕 本章固守并张扬《民法通则》中关于民事权利的一般规定，仍在“通则编”对民商主体之民商权利作基础性规定，是了解认识民商权利与民商法殿堂的初步阶梯；第二步阶梯是民商法典的后面五编；第三步阶梯是公司、证券、海商等单行民商法律；第四步阶梯是各国关于民商法的相关规定与比较适用。作为市场经济社会百科全书的民商法典来说，人人都应当对民商法典的通则编内容熟知和了解，因此民商法典的内容也应当具有科学性、实用性、可阅读性和可欣赏性。当然本章内容需要与后面各编内容很好地衔接糅合并避免重复。本章不分节，即是为了避免与后面编名重复。后面各编内容形成时，本章少数条文可能会有改动。

主体自主决定。

第一百三十三条 自然人享有姓名权，有权决定、使用和依照规定改变自己的姓氏或名字。禁止他人干涉、盗用、假冒自己的姓名。

法人和其他单位主体依法享有名称权。不得侵害、假冒或者故意使用容易与其他主体相混淆的名称。

第一百三十四条 自然人享有肖像权。未经同意，不得拍摄他人的肖像或者将他人的肖像进行传播。未经协议许可，不得以营利为目的使用自然人的肖像。

单位主体依法享有形象标志权。禁止他人擅自模仿或者利用。

第一百三十五条 民商主体依法享有名誉权，禁止用侮辱、诽谤等方式损害他人名誉。

第一百三十六条 民商主体依法享有荣誉权。荣誉权的取得应当遵守诚实信用原则，应当与事实状况一致。

禁止骗取或者用不正当手段获得荣誉，禁止非法剥夺他人的荣誉称号。

第一百三十七条 自然人享有婚姻自主权，禁止买卖、包办婚姻和其他干涉婚姻自由的行为。

第一百三十八条 自然人依法享有家庭成员身份权、亲情权和团聚权，享有家庭生活的安宁权。禁止侵害或破坏他人家庭的稳定与安宁。

第一百三十九条 民商主体依法享有对物进行支配和利用的权利。物的权利归属是民商主体对物进行支配和利用的基本权能。

物权包括自物权和他物权。

第一百四十条 民商主体依法享有的对物进行完全支配和利用的权利是自物权。自物权是完全物权，也称所有权，所有权人有对自己的物进行占有、使用、收益和处分的全部权能。

第一百四十一条 所有权人通过合同约定或者遗嘱决定是对自己财产进行处分的最重要方式。

所有权人行使其所有权，不得对他人、公共利益或者公共环境造成不利影响。

第一百四十二条 民商主体依法享有的对他人具有所有权的物进行支配和利用的权利是他物权。他物权为限制物权，他物权人对物的支配和利用，受到来自物的所有权人约定方面的限制，也受到来自法律规定方面的限制。

第一百四十三条 他物权依照契约的约定或者法律的规定产生。根据财产所有权的权能和与财产所有权的分离状况，他物权包括控占权，占用权，用益权和经营权四种类型。

他物权人行使权利，应当遵守法律规定和契约约定，并不得对公共利益和公共环境造成不利影响。

第一百四十四条　物权人行使物权，应当按照优化环境、方便生活、有利生产、团结互助、公平合理的精神，正确处理相互之间的关系。

第一百四十五条　物权人应当珍惜爱护和合理利用土地，不得污染土地和浪费土地。

对于公用道路，不得私自占用或影响他人使用。

由于地理自然因素，对自己享有物权的土地，应当允许邻人正常通行。

第一百四十六条　物权人应当爱惜保护和合理利用水源，不得对水源造成污染。

物权人应当保护水源清洁，不得向水源、河流、溪流、河道中抛弃废物或排放废水。排放废水的，应当达到国家法律规定的排放质量标准。

物权人应当尊重水的自然流向，不得擅自截水、排水，损害他人利益。应当公平合理地分配和利用水资源。

第一百四十七条　物权人行使物权，应当采取措施，保护空气质量，不得排放有害气体和有害物质，排放的气体和物质应当达到国家法律规定的质量标准。

第一百四十八条　物权人修造建筑物，应当不低于法律规定的质量标准，进行环境绿化和优化环境，保证通风采光要求，不得影响邻人的合法利益。

第一百四十九条　物权人应当珍惜物品和节约利用物品，不得挥霍浪费，并不得随意丢弃废物、扔放垃圾，影响公共卫生。

第一百五十条　物权受到法律同等的尊重和保护。不同民商主体的物权和不同类型的物权受到法律的平等保护，以满足民商主体对物的支配利用和对物质文明的需要。

第一百五十一条　民商主体对知识产品依法享有支配利用的权利，以满足对知识产品或者智力成果的需要，促进物质文明、环境文明、制度文明和精神文明的发展。

第一百五十二条　民商主体依法对创作的作品享有著作权（版权、作品权）。

作品是在文学、艺术和科学领域内，具有独创性并能以某种形式复制的智力创作成果。创作作品的人是作者，也称著作权人。

第一百五十三条　著作权人对作品享有署名、发表、出版和获得报酬的权利。

作品不论是否已经发表，作者对自己的作品均享有著作权。

第一百五十四条 作者死亡后，著作权在法定保护期限内由著作权人的继承人继承或者其他利益关系人保护。著作权中的署名权和修改权不得继承，也不受保护期限的限制。

第一百五十五条 民商主体对自己的发明创造、科学发现和其他科学技术成果享有权利。

第一百五十六条 民商主体对自己的发明创造可以申请国家专利，对获得的专利享有独占和专门利用的权利。

专利权人对自己的专利，可以转让他人利用，并获得报酬或者费用。

第一百五十七条 民商主体在经营活动中，为了使自己的商品或者经营与相似的商品或经营区别开来，可以使用商品标识。对商品标识依法进行注册的，取得对注册商标的专有权。

第一百五十八条 国家实施知识产权战略措施，对知识产权予以严格保护，对侵害知识产权的行为予以法律制裁。对知识产权的保护，应当根据法律规定适用相关国际知识产权协议的规定。

第一百五十九条 对于著作权、发明权、发现权、专利权、商标权等知识产权的取得、行使、消灭等具体规则由知识产权编规定。

第一百六十条 自然人死亡，所遗留物权、知识产权等财产利益，依法由死者亲属中的继承人继承。

第一百六十一条 继承人依法享有取得被继承人所留遗产的权利。其他民商主体不享有继承权，但是可以依照被继承人的遗嘱接受遗赠或者根据法律规定取得被继承人的遗产。

第一百六十二条 继承应当尊重被继承人的意愿。被继承人留有遗嘱的，按照遗嘱继承；没有遗嘱的，按照法定继承。

被继承人生前与他人签订有遗赠扶养协议的，按照遗赠协议办理。

被继承人的遗产无人继承的，按照无人继承遗产处理。但是对被继承人生前进行了必要照顾的人，可以从无人继承的遗产中分得适当的遗产。

第一百六十三条 继承的开始，遗产的范围，继承人及其继承顺序，遗嘱的条件，遗产的分配与分割，无人继承遗产的处理等，由继承编规定。

第一百六十四条 民商主体通过债的方式，可以对自己的人身权、物权、知识产权以及继承权进行保护，更可以通过债的制度对物权、知识产权以及人身权利益进行交换和流转。

债是按照契约的约定或者法律的规定，在特定的民商主体之间产生的特定的权利和义务关系。

按照债的发生根据，债有侵权行为之债、不当得利之债、无因管理之债和契约之债。侵权行为之债和不当得利之债对人身权、物权和知识产权担当民商法的保护功用。无因管理之债和契约之债对物权、知识产权以及人身利益担当流转取得的作用。

第一百六十五条　在债的关系中，享有权利的一方是债权人，负有义务的一方是债务人。

债权人享有请求债务人为一定行为或不为一定行为的权利，债务人对债权人负有为一定行为或不为一定行为的义务。债务人不履行特定义务的，应当承担民商法律责任。

第一百六十六条　债权人为二人以上的，按照确定的份额分享权利。债务人为二人以上的，按照确定的份额分担义务。

第一百六十七条　债权人或者债务人一方为二人以上的，依照法律的规定或者当事人的约定，享有连带权利的每个债权人，都有权要求债务人履行义务；负有连带义务的每个债务人，都负有清偿全部债务的义务，履行了义务的人，有权要求其他负有连带义务的人偿付其应当承担的份额。

第一百六十八条　债权人享有的请求债务人履行特定义务的权利，是请求权。对于债权人的请求权，债务人依法享有以合法事由予以抗辩的权利。抗辩权不成立的，债权人的请求权应当得到保护。

第一百六十九条　债的成立、履行、保全、担保、转移、消灭，侵权行为及其民商责任、契约行为及其权利义务关系、违约责任等，依照债编的规定。

第五章　民商行为〔1〕

第一节　一般规定

第一百七十条　民商行为是民商主体实施的具有民商法律意义或后果的

〔1〕根据上述关于民事法律行为的研究，民商行为是民商法律行为的简称，它不同或者宽泛于《民法通则》中的民事法律行为或民事行为。传统民法理论中的法律行为、我国《民法通则》中的民事行为或者民事法律行为，相当于本章所说民商行为中第二节的原因行为。实际上，传统民商法理论在谈到证券、票据及相关行为时，所言无因证券、无因行为客观上已经承认有原因行为。参见司法部法学教材编辑部编审，谢怀栻：《票据法概论》，法律出版社 1990 年版，第 18、37、45 页。还有的认为物权行为是引起物权变动的普遍的、主要的原因。并把根据合同进行的“请求交付的行为”认为是债权行为，把根据请求而为的“交付行为”认为是物权行为。并认为两者都是民事法律行为。参见张俊浩主编：《民法学原理》，中国政法大学出版社 1991 年版，第 370~371 页。根据笔者的研究，这些行为属于债的关系中的民商权利行为和民商义务行为，而不同于作为契约或者合同的原因行为。

行为，也称民商法律行为。

第一百七十一条 民商行为以民商主体进行的意思表示做出。

意思表示由民商主体的外在行为表示和内在真实意思构成。

进行民商行为，其外在行为表示和内在真实意思应当一致。

第一百七十二条 民商行为包括：

（一）民商原因行为；

（二）民商权利行为和义务行为；

（三）民商违法行为和违约行为；

（四）民商责任行为。

第一百七十三条 民商行为具备以下条件：

（一）由民商主体实施；

（二）民商主体实施了特定行为；

（三）民商主体实施的行为是民商主体行为人的意思表示；

（四）行为具有民商法律上的意义和后果。

第一百七十四条 民商行为可以是主体单方的意思表示；也可以是两个以上主体共同的意思表示。

第一百七十五条 民商行为符合法律规定的，受到法律的保护；不符合法律规定，则不能发生受法律保护的后果；违反法律规定的，应当承担民商法律责任，受到法律的制裁。

第二节 原因行为

第一百七十六条 民商原因行为是民商主体实施的旨在发生、变更或者消灭民商权利义务关系或者旨在取得民商权利的行为。

第一百七十七条 民商原因行为有原始取得民商权利的行为和传来取得民商权利的行为。

原始取得权利的行为是民商主体实施的第一次对某项民商客体内容具有民商权利的行为。

传来取得权利的行为是民商主体之间相互实施的对某项民商客体内容进行转让而取得权利的行为。

第一百七十八条 民商原因行为有的是民商主体具有利益目的而实施的行为；有的是没有利益目的而实施的行为。

第一百七十九条 具有利益目的的原因行为，是旨在特定主体之间发生、变更或者消灭特定民商权利义务关系的行为。

下列行为属于有利益目的的原因行为：

（1）婚姻行为；

（2）收养行为；

（3）契约行为；

（4）遗嘱行为；

（5）其他有利益目的的原因行为。

第一百八十条　有利益目的的原因行为，应当有明确的成立时间和生效时间。

成立或者生效的时间以行为人的约定或者法律规定的时间为准。所定时间可以是日历上将来的具体时间，也可以是行为人约定或者法律规定的特定事物条件发生或者成就时的具体时间。

第一百八十一条　没有利益目的的原因行为，是主体虽然没有在特定主体之间发生特定的权利义务关系的意愿，但实施特定行为后，依照法律规定则在特定主体之间发生相应民商权利义务关系的行为。

下列行为属于无利益目的的原因行为：

（1）侵权行为；

（2）不当得利行为；

（3）无因管理行为；

（4）其他无利益目的的原因行为。

无利益目的的原因行为，其法律后果发生的时间为行为发生的时间。

第一百八十二条　有利益目的的原因行为，符合下列条件的，具有法律约束力：

（1）民商主体合格，有相应的民商权利能力和民商行为能力；

（2）意思表示真实，行为表示与内心意思一致；

（3）所实施的行为不违反法律规定；

（4）行为的形式符合法律规定。

符合前款有效条件的原因行为，法律保护行为人实现所实施行为的目的。

第一百八十三条　不符合前条规定有效条件的原因行为为无效行为。

下列原因行为为无效行为；

（1）主体不合格；

（2）意思表示不真实；

（3）行为的性质或内容违反法律规定；

（4）行为在形式上不符合法律的特别规定。

无效的原因行为，不具有法律上的约束力，法律不保护行为人实现其行为目的。但是法律另有规定，经补正追认或者利益受损人未提出撤销者除外。

第一百八十四条 主体不合格的行为，经资格补正，可以转化为有效的原因行为。资格补正，根据对方行为人的催告或要求做出，不能或者不愿意对主体资格补正的，仍为无效行为。

第一百八十五条 行为人意思表示不真实的，有权提出撤销所实施行为或者要求变更行为的内容，以恢复到行为未进行或者达到行为后果公平的状态，但是行为人能够容忍而没有提出撤销或者要求变更的，仍为有效行为。

第一百八十六条 行为人意思表示不真实的情形有：

(1) 行为人对于主体、行为性质或者内容有重大误解；

(2) 行为人是在被欺诈或者胁迫的情形下做出意思表示的；

(3) 行为人是在处于危难之际的情形下做出意思表示的；

(4) 行为的权利义务关系设置及其后果明显不公平。

第一百八十七条 因意思表示不真实提出要求对行为进行撤销或者变更的，应当在对行为权利义务关系履行之前或者履行之后一年内提出。

行为履行后满一年未提出撤销或者变更的，法律不再予以补救。

要求撤销或者变更行为的请求，应当向人民法院提出。

第一百八十八条 原因行为除适用本节一般规定外，婚姻行为、收养行为、遗嘱行为、侵权行为、不当得利行为、无因管理行为、契约行为应当分别适用人身权、继承和债编的规定。

第三节 权利行为和义务行为

第一百八十九条 民商权利行为是民商主体对民商客体进行支配或者向相对人进行请求的行为。

第一百九十条 民商主体有权对自己的财产、知识产品及人身利益进行支配，可以控制占据、使役利用、收享利益、设置处分等；也可以对他人的财产利益进行支配。

民商主体进行支配性的权利行为，应当节约资源，优化支配方式，保护环境，注重与自然及他人的和谐。

第一百九十一条 民商主体对特定相对人进行请求，是根据契约约定或者法律规定，请求特定人实施特定的行为。

民商主体进行请求行为，不得对相对人的财物利益进行直接支配，而只能请求相对人将特定的财物交付给自己，或者要求相对人为一定之行为。

第一百九十二条　民商主体根据请求人的请求所为之交付行为或者为特定之行为是民商主体的义务行为。

义务行为也即履行行为，包括约定履行行为和法定履行行为。

第一百九十三条　民商权利行为可以放弃。民商义务行为必须实际履行，拒绝履行或者未按照约定或者法律规定进行履行的，将导致承担民商法律责任的后果。

第一百九十四条　义务人根据民商权利人的请求所应当实施的行为，包括义务人交付标的物的交付行为，也包括义务人按照约定或者法律规定应当直接作为或者不作为的行为。

第一百九十五条　交付行为应当由义务人向有权利接受交付的权利人为之。但是当事人另有约定或者法律另有规定的除外。

交付行为的标的应当符合契约的约定或者法律的规定。交付的方式也应当符合契约的约定或者法律的规定，或者以交付的习惯方式为之。

第一百九十六条　权利人请求义务人应当交付的对象为交付的标的。义务人所应当交付的财产物品是标的物；义务人应当进行或者交付的以满足权利人利益需要的行为是标的行为。

第四节　民商违法行为

第一百九十七条　民商主体侵犯他人权利或者违反义务的行为是民商违法行为。民商违法行为产生对违法行为人不利的法律后果。

第一百九十八条　民商违法行为主要包括民商侵权行为和违约行为。

违反法律规定，侵犯他人的人身权、物权、知识产权和继承权的，为民商侵权行为。

违反契约约定，无论是否给权利人造成损失，都构成违约行为。

第一百九十九条　构成民商违法行为的，应当对造成的不利于权利人的后果进行矫正，违法行为人应当承担侵权的民商责任或者违约的民商责任。

第六章　民商责任[1]

第一节　责任的方式与适用

第二百条　民商责任即民商法律责任，是民商主体侵害他人的人身权、物权、知识产权、继承权及其他合法权益或者违反契约约定后依法应当承担的民商法律后果。

第二百零一条　民商责任依法应当由民商违法行为人向民商权利受害人主动实施的补救或者矫正行为。民商违法行为人不主动实施民商责任行为的，由法院根据诉讼结果强制执行。

第二百零二条　民商责任的方式主要有：（一）停止侵害；（二）排除妨碍；（三）消除危险；（四）返还原物；（五）恢复原状；（六）修理、重作、更换；（七）赔偿损失；（八）支付违约金；（九）消除影响、恢复名誉；（十）赔礼道歉；（十一）支付精神损害抚慰金。

第二百零三条　承担民商责任方式，可以单独适用，也可以合并适用。

法院审理民商事案件，除适用上述民商责任方式外，根据情况，还可以予以训诫、责令具结悔过、收缴进行非法活动的财物和非法所得、停业，并可以依照法律规定处以罚款、拘留。

民商违法行为人同时违反行政法或者刑法的，依法追究相应的法律责任。

第二百零四条　行为人因同一行为应当承担行政责任或者刑事责任的，不影响依法承担民商责任；承担民商责任的，也不影响承担其他法律责任。

行为人因同一行为应当承担民商责任和行政责任、刑事责任，其财产不足以支付的，应当先行承担民商法律责任。

第二百零五条　民商责任发生后，当事人依法可以通过和解、调解或者仲裁的方式解决，不能协商解决或者协商达不成一致意见，或者不服仲裁的，通过诉讼方式解决。当事人依法也可以直接通过诉讼方式解决。

第二节　当事人的责任分担

第二百零六条　当事人双方都有过错导致损害发生的，应当分别承担各

[1] 民商责任，违法行为人可以自觉承担，也可以与权利受害人达成和解或调解协议而履行。如果违法行为人不自觉承担或者达成和解或调解协议后又不履行，权利受害人则只能通过诉讼方式予以解决，由法院依照判决强制违法行为人承担民商责任，拒不执行的，便强制执行，进行法律制裁。参见王明锁："物上请求权与物权的民法保护机制"，载《中国法学》2003 年第 1 期；法苑精萃编辑委员会编：《中国民法学精萃》（2004 年卷），高等教育出版社 2004 年版。

自应负的民商责任。

受害人对损害的发生有重大过失的，可以减轻行为人的责任。但行为人因故意或者重大过失致人损害，受害人只有一般过失的，不减轻行为人的责任。

第二百零七条　当事人一方被造成损害后，应当采取适当措施防止损失的扩大；没有采取适当措施致使损失扩大的，不得就扩大的损失要求赔偿。当事人因防止损失扩大而支出的合理费用，由违法行为人承担。

第二百零八条　因不可抗力不能履行契约或者造成他人损害的，根据不可抗力的影响，可以减少或者免除行为人的责任，但法律规定不可抗力发生是行为人承担责任的条件者除外。

不可抗力，是指不能预见、不能避免并不能克服的客观情况。

第二百零九条　当事人一方所承担的民商责任，应当不低于另一方因此所受到的损失。但当事人另有约定或者法律另有规定的除外。

第七章　民商责任时效〔1〕

第一节　责任时效与责任时效期间

第二百一十条　民商权利受损害人要求违法行为人承担民商法律责任，应当在本法规定的责任时效期间内向人民法院提起诉讼。超过法律规定责任时效期间向法院提起诉讼，请求追究违法行为人的民商法律责任，保护权利人的民商权利的，法律不再保护和追究。

第二百一十一条　一般的责任时效期间为二年，法律另外规定的为特别责任时效期间。特别责任时效期间或者不足二年，或者长于二年。不足二年的责任时效为短期责任时效，长于二年的责任时效为长期责任时效。

第二百一十二条　下列的责任时效期间为一年：

（一）身体受到伤害要求赔偿的；

（二）出售质量不合格的商品未声明，受损害人要求商品生产者或者销售者承担责任的；

（三）承租人延付或者拒付租金，出租人要求支付的；

（四）寄存财物被丢失或者损毁，财物托管人要求保管人承担责任的；

〔1〕我们不用消灭时效、取得时效和诉讼时效概念，使用民商责任时效，使一切都变得清晰而简单方便。

（五）通过电子网络交易而产生的网上购物纠纷。

第二百一十三条 涉外契约民商法律关系中的责任时效期间，法律另有规定的，按照该规定办理。

法律或者当事人之契约关于索赔时间和对产品质量等提出异议的时间有规定的，按规定办理。

第二节 责任时效期间的起算

第二百一十四条 责任时效期间从权利受害人知道或者应当知道自己的权利被侵害之日起计算。

义务人应当履行义务之日而未履行的，为权利人知道权利被侵害之日。

第二百一十五条 人身损害赔偿的责任时效期间，伤害明显的，从受伤害之日起算；伤害当时未曾发现，后经检查确诊并能证明是由侵害引起的，从伤情确诊之日起计算。

第二百一十六条 侵害处于缓慢渐进状态，受害人要求侵害人停止侵害、排除妨碍、消除危险、消除影响、恢复名誉的，其责任时效期间，从受害人超过忍耐限度，首次向侵害人提出请求，要求保护权利之日起计算。

第三节 责任时效期间的中止与中断

第二百一十七条 在责任时效期间的最后六个月内，因不可抗力或者其他障碍致使权利人不能行使请求权的，责任时效期间暂停计算，从中止时效的原因消除之日起，责任时效期间继续计算，算满本该具有的诉讼时效期间。

责任时效期间的最后六个月内，权利被侵害的无民商行为能力人没有法定代理人能够代为行使请求权的，认定为其他障碍，适用责任时效中止的规定。

第二百一十八条 责任时效因提起诉讼、权利人提出请求或者义务人同意履行而中断。从中断时起，责任时效期间重新计算。

第二百一十九条 权利人向债务保证人、债务人的代理人或者财产代管人主张权利的，认定为责任时效中断。

权利人向基层调解组织或者有关单位提出保护权利请求的，认定为责任时效中断。调解或处理达不成协议的，责任时效期间从调处之日重新起算；调处达成协议，义务人未按协议所定期限履行义务的，责任时效期间从期限届满义务人仍未履行义务之日重新起算。

第二百二十条 责任时效中断后，权利人在新的时效期间内，再次主张权利或者义务人再次同意履行义务的，为责任时效再次中断。

第四节 最长责任时效期间及其延长

第二百二十一条 本法规定最长的责任时效期间为二十年。

二十年的责任时效期间从权利被侵害之日起计算。超过二十年的，法律不再予以保护。但是有特殊情况的，法院可以延长责任时效期间，对权利人的权利依旧保护。

第二百二十二条 婴儿的继承权受到侵害，或者因不可归责于权利受害人的因素而致权利人长期不能提出权利保护请求的，适用最长责任时效的规定。

第五节 超过责任时效期间的法律后果

第二百二十三条 超过责任时效期间，法律不再依照强制程序追究侵权行为人的侵权责任和违约义务人的违约责任。

不再追究行为人的民商责任，并不影响依法追究行为人的其他法律责任。

第二百二十四条 超过责任时效期间，权利人向义务人提出请求，要求履行义务，而义务人同意履行的，视为当事人之间重新建立起债权债务关系。

第二百二十五条 超过责任时效期间，违法行为人自愿向权利受害人承担民商责任的，不受责任时效期间的限制，权利人有权接受。

第二百二十六条 超过责任时效期间，债务人履行义务或者违法行为人承担民商责任后又以超过责任时效期间为由进行反悔的，法律不予支持。

2

第二编　人身权

第一章　人格权

第一节　生命权〔1〕

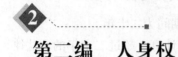

第二百二十七条〔2〕　生命最为宝贵和奇妙，每个人都应当珍重自己的生命和他人的生命。自然人依法享有生命权。〔3〕

第二百二十八条　生命权始于自然人之出生，终于自然人之死亡。生命权不得抛弃，不得转让和限制，非依法律规定，不得剥夺自然人之生命。

第二百二十九条　人人都有维持、延续自己的生命和孕育新的生命的权利。生命权为法律保护之最高利益，一切活动以维护和发展人的生命安全为最高准则，以最大限度和有效措施避免及限制对生命权的侵害与褫夺。

生命权不受任何非法侵犯。

第二百三十条　维护他人或公众利益进行的见义勇为和牺牲自己生命的行为受到社会尊重。国家对因见义勇为付出生命代价者给以褒扬，对其近亲属给以社会救助。

每个人都应当提高自身的自救能力和对他人或公众利益进行有效救助的能力。对他人进行救助，能挺身而出，见义智为。〔4〕

禁止以危及自己生命或生命安全的方式危及他人生命或社会公共安全。

---

〔1〕　本节内容出于通则编第132条关于“自然人享有生命权”的规定，是对自然人享有生命权的精准和细化。

〔2〕　通则编最后一条为第226条，本编不从第一条开始排序，而与上编条文续接。

〔3〕　命案频发，甚为常见；13岁孩子，连害三命之类，实难思议。如果每个公民从小懂得珍重生命，社会秩序和文明程度必大幅提升，刑法适用即可明显下降。法学家梅因有言：“一个国家文化的高低，看它的民法和刑法的比例就能知道，大凡半开化的国家，民法少而刑法多；进化的国家，民法多而刑法少。”

〔4〕　因救助能力欠缺而丧失新生命者甚多，故以此款反应和表达。

禁止以危及自己生命的方式骗取他人的钱财物品或者得到非法的目的。

禁止各种碰瓷行为。

第二百三十一条　自然人因事故或疾病发生生命危险时，发现者应当发扬人道主义精神，积极采取科学有效的救助措施，在救助前或救助过程中不得提出任何报酬性要求。

任何医疗机构必须对伤病者的生命尽力救治，不得拖延和拒绝。

第二百三十二条　伤病者在生命垂危之际，有权根据病情，自愿决定放弃治疗，捐献自己的身体器官或者遗体，并经其近亲属同意。

第二百三十三条　生命难以挽救并给患者造成难以忍受的痛苦时，患者有权决定安乐死。安乐死应当由患者及其近亲属同意并由有资质实施安乐死的医疗机构实施。近亲属之间有不同意见的，应当协商一致，并充分尊重患者的意愿。

不符合条件的安乐死，是对生命的亵渎和对生命权的侵犯。

第二百三十四条　自然人死亡，其亲属应当尊重死者遗愿或者当地习俗及相关法律规定进行安葬。安葬应当简约，应当对生命的谢世给予尊重。

自然人的尸体、遗体、骨灰受法律保护。禁止对尸体、遗体、骨灰、坟墓、墓碑等进行侮辱和损害。

被列入文物范围的坟茔和墓碑，依照文物法规定保护。[1]

第二节　身体权与健康权[2]

第一分节　身体权

第二百三十五条　身体权是自然人依法享有的对自己身体的完整性、完美性和功能活动安全性进行保护的权利。

自然人有权决定对自己身体的血液或者其他组织部分进行捐献，或者转让处置。但是对身体的完整性可能造成永久性损害，或者与法律和公序良俗相抵触的，则不得提供自己的身体器官或肢体组织。

第二百三十六条　胎儿构成妇女身体之部分，为男女共同行为之结果，男方不得强迫女方堕胎，女方不得擅自决定堕胎。但因男方行为违法或者对怀孕妇女进行暴力或其他致感情破裂行为者，女方有权做出去除胎儿的决定。

---

〔1〕本条是对生命消亡后其物质载体转换为物的规定，是通则编第 117 条关于遗体骨灰类客体的衔接和细化。

〔2〕本节是与通则编第 132 条的健康权和人身自由的衔接。

男方死亡的，是否保留胎儿，由女方决定；但与男方或男方之亲属有约定的，依其约定。

父母不得干涉子女对胎儿保留或去除；子女也不得干涉父母对胎儿进行保留或去除。[1]

第二百三十七条 自然人的身体应当受到尊重和保护。禁止非法检查和侵害自然人的身体。

未经本人或其监护人、近亲属同意，不得对权利人的身体实施强制性医疗检查和治疗。[2]但基于公众健康、安全和防止疾病传播，自然人应当接受相应的检查和治疗。

第二百三十八条 对伤病者实施手术治疗，应当得到本人或其监护人、近亲属书面同意。但因伤病者生命危险，来不及等待其有关亲属表示意见的，医疗机构有权以维护患者最大利益做出决定。

第二百三十九条 医疗机构在自然人身体上进行医疗试验的，应当向接受试验者说明真实情况及可能造成的损害，并经本人或其监护人、近亲属书面同意。

第二百四十条 自然人依法享有身体自由权，不得非法限制自然人的身体活动自由。

禁止侵害自然人的身体，禁止家庭成员之间的暴力行为。

第二分节 健康权

第二百四十一条 自然人依法享有身体健康权。健康包括自然人的生理健康、心理健康和精神健康。

第二百四十二条 自然人应当关爱自己的健康和他人健康。任何人不得对他人实施有害健康的行为，并不得进行有损公众健康的行为。

第二百四十三条 任何个人和组织都应当注重维护和营造有利于自然人健康的生活和工作环境。国家为自然人的健康提供公共社会保障，对于有损公众健康的行为实行监管。

国家及时如实发布有关影响自然人健康安全的公众信息，自然人对于影

---

[1] 本条是对胎儿保留或去除的规定，属身体权内容方面的问题；通则第 15 条是就胎儿将来出生之利益的规定，属于权利能力方面的问题。同时针对近年来有子女强迫母亲堕去二胎的现象，作此款规定。

[2] 包括“被精神病”强制住院现象。参见郝振江：“论精神障碍患者强制住院的民事司法程序”，载《中外法学》2015 年第 5 期。

响自己健康的信息享有及时知晓的权利。〔1〕

第二百四十四条　为了救助他人而捐献自己的血液、骨髓及身体器官的行为，受到社会的褒扬和敬重。采集手术由有资质的医疗机构进行，医疗机构根据规定对捐献人给以相应的照顾和补助。

第二百四十五条　医疗机构对病患者进行治疗，应当以价格合理、方便有效、副作用小、尽早恢复病患者的健康为目的，遵守医疗规范和职业道德，不得进行无关的检查和副作用过大或者过度的无效治疗。

第二百四十六条　禁止以任何行为和方式侵害自然人的身心健康。患有传染性疾病者，应当自我珍重和积极治疗，并遵守相关规定，不进行有损他人或公众健康的行为。

禁止以给自己身体或健康造成危险的方式讹诈和勒索他人。

第二百四十七条　对于工作或者公众场所存在的任何可能影响他人生命身体健康的安全隐患，应当及时采取消除措施，或者进行显著提示，以免造成不良后果。〔2〕

第三节　姓名权与名称权〔3〕

第一分节　姓名权

第二百四十八条　自然人的姓名包括姓氏和名字。自然人可以随父姓或者母姓、也可以随父母双方姓氏。名字可以是单字或者双字。但是姓名整体不得对他人造成侮辱或贬损，不得违背社会公德与善良风俗。

第二百四十九条　自然人依法享有决定自己姓名的权利，有权依照规定改变自己的姓名。被收养者，可以使用原来姓名，也可以改用新的姓名。

第二百五十条　无民商行为能力的未成年人的姓名，由其监护人决定。新生的婴儿，由其监护人向户籍登记机构申报姓名登记，将其姓名载入户籍登记簿。户籍登记簿上登记的姓名为自然人的本名。身份证上记载的姓名应当与户籍登记簿上的姓名一致。

---

〔1〕本条针对在公共场所喧哗、抽烟、吐痰等不良行为；针对国家有关部门对于空气污染、天气状况、流行性疾病发生等如实公布的情况。

〔2〕本条针对近年来多次发生的电梯伤人、地面滑倒摔伤等事故现象。支配性权利部分是从正面对相关人身权进行的规定；侵权行为是从违反法律规定侵害相关人身权，并要承担相应民商法律责任方面的规定。两者虽有联系，但角度不同，也不重复。

〔3〕本节是对通则编第 133 条关于姓名权和名称权的衔接，是对姓名权和名称权精准和细化性规定。

第二百五十一条 自然人变更本名，应当向户籍登记机关申请变更登记。为有限制民商行为能力的未成年人变更姓名，应征得本人同意。

变更姓名并不改变或消灭按照原姓名所设立的权利义务关系。

第二百五十二条 自然人有依法使用自己姓名的权利。自然人使用姓名，不得故意与他人姓名混同，欺骗别人、损害他人利益或者获取不正当利益。

同姓名者使用姓名不易辨别的，应当以性别、民族、籍贯、住所予以区别。

禁止自然人转让姓名。转让姓名的行为不生法律效力。

第二百五十三条 自然人应当以其本名进行民商活动，享受民商权利和承担民商义务。使用姓名中发生别字错误的，以身份证上的登记姓名予以更正。

自然人的笔名、艺名、别名、化名、网名、乳名等识别个人身份的称谓，与姓名受到同样保护。

共同笔名的权利由权利人共同行使，权利人另有约定的，按其约定。

第二百五十四条 未经本人同意，不得使用本人姓名。禁止干涉自然人依法行使姓名权的行为。禁止丑化、贬损他人姓名，禁止盗用和假冒他人的姓名。

第二分节 名称权

第二百五十五条 法人或者其他组织依法享有名称权。

名称由字号（商号）、经营行业和组织形式组成，并冠以所在地区划名称。

第二百五十六条 法人或者其他组织的名称依照规定直接命名或者决定名称。法人及其他组织有使用和依法变更自己名称的权利。

第二百五十七条 法人或者其他组织的名称应当依法进行登记或者备案。经登记备案的名称在登记机关管辖区域内有专有使用权。

第二百五十八条 禁止盗用、冒用或不正当使用他人的名称，禁止故意与其他法人或组织名称相混淆的使用行为，禁止对他人的名称进行丑化、贬损。禁止干涉法人或者其他组织依法行使名称权。

第二百五十九条 企业法人或者其他组织的名称可以依法转让。

转让名称的，应当签订书面合同，并进行登记。自名称转让登记完成时，名称权转移。

名称转让后，转让人原有的权利义务关系仍由转让者承担，但转让人与受让人另有约定者除外。

第二百六十条　名称权利人依法可以许可他人在一定范围内使用其名称。

允许他人使用自己的名称进行营业的，应当对使用其名称者的行为承担连带责任。

第二百六十一条　经营者的名称依法可以随经营财产进行继承。

第四节　肖像权与形象权[1]

第一分节　肖像权

第二百六十二条　肖像是指通过绘画、照相、雕塑、录像、电影等造型艺术方式所反映的自然人的以面部为主的形象。肖像包括传统肖像与现代卡通肖像等形式。

第二百六十三条　自然人有权自己或者许可他人为自己制作肖像，并且有权自己利用或者许可他人利用自己的肖像。

要他人为自己制作肖像的，根据契约约定或者法律规定享有肖像权。

第二百六十四条　制作或者拍照他人的肖像，应当征得肖像者本人同意。

利用他人肖像的，应当经肖像者本人同意，并以协议约定使用的方式和范围等事项。

以制作、复制、销售、展示等方式使用他人肖像的，须经肖像者本人或者相关权利人同意，但法律另有规定者除外。

禁止非法使用或者利用逝者的肖像。自然人逝去超过十年的，逝者肖像作品的制作者可以基于艺术目的，对该肖像予以使用。

第二百六十五条　自然人作为模特，由他人制作肖像，除特别约定外，模特者本人不单独享有肖像权。

第二百六十六条　数个自然人的肖像并存于同一载体的，各个权利人都具有行使共同肖像的权利，但不得侵害其他人的肖像。

第二百六十七条　在公共场所、集会等场合制作的肖像制品，或者依照法律规定从事新闻、执行公务、进行诉讼活动等需要制作的自然人的肖像，可以被合理使用。

---

[1]　本节是对通则编第 134 条关于自然人的肖像权和单位主体的形象标志权的续接和精细性规定。

第二分节　形象权

第二百六十八条　自然人可以自己制作或者允许他人为自己制作以肖像、形体、语音等要素为显著特征的形象标识。自然人依法享有形象权。权利人可以自己使用或者允许他人使用自己的形象。

自然人享有单独的语音形象权。禁止擅自使用或者用嘲笑、讽刺、侮辱等手段模仿、贬毁他人的语音形象。

禁止侮辱、丑化、歪曲自然人的形象。

第二百六十九条　自然人以外的民商主体依法享有形象权，对其形象标志享有保护和利用的权利。

禁止擅自模仿、复制和使用非自然人民商主体的形象标志，禁止非法损害非自然人民商主体的形象标志。

第五节　名誉权与荣誉权〔1〕

第一分节　名誉权

第二百七十条　名誉是民商主体在民商事活动中的素质、水平、声誉、诚信等方面的综合性评价。民商主体依法享有名誉权。

第二百七十一条　民商主体具有创造和形成自己名誉的权利，有权维护、支配和利用自己的名誉。

第二百七十二条　禁止以侮辱、诽谤、诋毁、捏造或者歪曲事实等方式侵害或者损害他人的名誉。

违反法律规定或社会公序良俗，被曝光批评或者检举揭发，致使其名誉受损者，当咎由自取。

第二分节　荣誉权

第二百七十三条　民商主体有权根据规定，申请和获得相应的荣誉称号并享有相应的荣誉权。

荣誉权人有权保持、维护和利用自己的荣誉称号。

荣誉权不得转让他人，不得被非法剥夺。

---

〔1〕本节是对通则编第135和第136条关于名誉权和荣誉权的续接和精细化规定。

第六节 信息权与信用权[1]

第一分节 信息权

第二百七十四条 信息包括民商主体在人格、身份、财产、住所、联络、活动等方面的信息。民商主体依法享有信息权。

信息能够以可视性资料的形式得以表现和知悉。个人信息资料包括自然人的姓名、性别、年龄、体征、指纹、血型、民族、信仰、婚姻、家庭、教育、职业、住址、健康、病历、职务、财产、通讯地址、电话号码、电子邮箱、Q微信、银行账号、银行存款、个人保险、升学录取、就业工资、各种密码、低保、残疾等方面的个人信息资料。

民商主体的信息资料还可以是以档案记载、账表登记、数字统计等形式反映的信息资料。

第二百七十五条 自然人、法人等民商主体有权对自己的信息进行设定、保存、保密、封存、修改、利用和消除。

非经本人同意，不得披露、修改、利用和消除他人信息。但根据法律规定已经由权利人向社会公开的信息除外。

第二百七十六条 禁止非法窃取、窃听、刺探、窥视、偷录、偷拍、披露、传播、出卖他人的信息。但因司法需要并有法律规定者除外。

第二百七十七条 通信自由和通信秘密受法律保护。

禁止隐匿、扣留、毁弃或者开拆他人的信件。禁止截获、窃取、复制他人的电子邮件。禁止阻止、妨碍、窃听、录制他人的电话。但依法律规定执行案件侦破者除外。

禁止向他人强行发送邮件或者信息，禁止利用不正当手段影响他人对自己信息权的行使。

第二百七十八条 非经本人同意，不得收集、储存、收藏、转让、传播和公开他人的个人信息。但法律另有规定者除外。

因职业工作与生活需要在一定范围内收集个人信息资料的，应以合法方式进行，并需经被收集人同意。收集人对收集资料必须保密，有权在法定范围内使用。被收集人对该资料享有查阅、使用或者修改的权利。

---

[1] 信息权和信用权是现代市场经济社会新的权利类型，具有综合性的特点，对于民商主体在市场经济社会的生活活动具有重要的影响和作用。属于人身权的权利范畴。

信息资料不得转让、出售、出租和借用，不得由他人非法利用。

第二百七十九条 民商主体有权维护个人信息的真实性和与本人实际情况的一致性。禁止他人利用自己的信息进行民商活动。禁止他人以虚假事实混淆或者替代自己的信息。

第二百八十条 自然人的生命信息或者遗传基因密码受法律保护。未经本人同意，他人不得获取。但是法律另有规定者除外。

第二分节 信用权

第二百八十一条 民商主体依法享有信用权。信用是民商主体在民商活动中能够履约或实现承诺而取得对方或社会的信任。民商主体应当客观公正地记录和保存相关的信用资料，应当合理使用和依法公开信用资料。

民商主体有权利用自己的信用资质进行相关的民商活动和民商法律行为。

第二百八十二条 评判他人信用，应当科学全面和客观公正，具有可操作的评判标准。专门的信用评估机构应当依法进行信用评估和公开信用评判结果。

信用评判结果应当接受社会监督，民商主体有权查阅、复制和使用自己的信用资料。

第二百八十三条 信用等级标准应当科学合理，公正公开，不得违反规定调整有关民商主体的信用等级。

禁止捏造或者散布虚假事实，或者对他人的经营进行损害，以贬损他人信用。

第七节 隐私权与自由权[1]

第一分节 隐私权

第二百八十四条 隐私包括自然人的身体隐私和私生活的隐私。自然人依法享有隐私权。

非经本人同意，不得暴露他人隐私。自我暴露隐私的，不得影响他人，不得有悖善良习俗。[2]

---

〔1〕 隐私和自由在现代社会中的重要性显得异常突出。利用现代电子技术侵害他人隐私、妨碍他人自由者比比皆是，同时二者联系密切，故专节规定。

〔2〕 裸奔、裸蹦、裸游、裸聊等，不仅有悖中华传统文明，而且也不符合现代文明要求，为社会所否认。

第二百八十五条　禁止跟踪、刺探、窥视、偷拍、偷录、披露他人的隐私活动。但基于诉讼证据需要对当事人获取证据资料，或者基于社会公共利益，对于公众人物进行监督者除外。[1]

第二百八十六条　自然人的居住场所和休息空间受法律保护。

未经本人同意，不得打扰或者进入自然人的居住场所或者休息空间。禁止窥视、骚扰、侵入他人的居住场所或者休息空间。但依照法律规定执行搜查任务者除外。

第二百八十七条　自然人享有私生活安宁的权利。

禁止以窥视、窃听、跟踪、邮件、信息、电话等方式骚扰他人的生活安宁。

第二百八十八条　私人的生活方式由自己决定。禁止干涉他人私生活的自由。但自己的私生活，不得对他人造成不利影响。

第二百八十九条　数个权利人享有共同隐私权的，权利人可以各自独立行使自己的隐私权，但以不侵犯他人隐私权为限。

第二百九十条　特定场所人员的隐私受法律保护。禁止在必须裸露身体的场所安装监控设施。有关单位或者部门的监控措施必须有合理限度，并应以明显方式告知，不得有损他人的人格尊严或违反公序良俗。[2]

第二百九十一条　自然人在公共场所的隐私受法律保护。任何组织或者个人在公共场所安装闭路电视、摄像等监控装置的，必须符合法律规定，并应采取明显的警示性措施予以提示。

第二百九十二条　自然人在互联网络平台上的信息隐私受法律保护。网络平台的所有人或者使用人负有为他人使用互联网信息给予保密的义务。未经本人同意，不得披露他人不愿公开的信息，但除法律另有规定者除外。

网站所有人或者管理人应当以显著方式告知网络使用人注意保密或者预防隐私泄漏的措施。

第二百九十三条　医生、律师、司法人员等对因职业关系而获悉的他人隐私，应当保守秘密，不得非法利用和擅自公开他人的隐私。

第二分节　自由权

第二百九十四条　自然人依法享有自由权。自由包括自然人的身体自由、

[1] 如在公交车上进行裙底拍照、某公务人员窥视邻居女孩子洗澡等均为典型事例。

[2] 如宿舍、卧室、休息室、浴室、卫生间、试衣间等场所不得安装有监控拍照等设施。

意思自由和行为自由。

第二百九十五条 禁止非法搜查、拘禁或者以其他方法侵害、限制或剥夺自然人的自由。

第二百九十六条 民商主体享有意思决定自由权。禁止使用欺诈、胁迫、诱导及其他非法手段强迫、妨碍或者改变他人的意思自由。

第二百九十七条 民商主体依法享有参加有关组织或者进行创造活动的自由。不得非法干涉他人的行为自由。

禁止使用胁迫、欺诈等手段强制他人加入有关组织或者进行相关行为。

第二百九十八条 自然人具有创业活动或者经营活动的自由。享有创业、创新、创造、探索、研究、发明、发现、制造、革新、收藏等活动的自由权。有权进行文艺创作、评论和文艺表演等活动的自由。

第二百九十九条 自然人享有居所不受侵扰和安静休息的自由。

自然人依法享有外出观览、旅游、购物、疗养、居住的自由。有权接受或者拒绝接受特定消费或服务项目的自由。

第三百条 自然人享有婚姻自由权，有权自主决定自己的婚姻关系。结婚或者离婚，由当事人自主决定，他人不得干涉。

禁止买卖婚姻或者包办婚姻，禁止以胁迫、欺诈或者其他方式干涉婚姻自由。

第三百零一条 自然人享有性自主权。禁止使用暴力、胁迫、欺诈或者其他非法手段与他人发生性关系，禁止调戏或猥亵他[1]人。

性自主权的行使不得违反法律和公序良俗。

第三百零二条 未成年人的贞操利益受法律保护。监护人对未成年人的贞操负有教育保护的权利和义务。侵害未成年人贞操的，不得因未成年人自愿而免除侵害人的法律责任。

第三百零三条 自然人的婚姻自由不因种族或宗教信仰的区别而受到不同保护。

婚姻自主权的行使不得代理或者附加条件，不得违反法律规定和公序良俗。

已达结婚年龄的被监护人的婚姻关系，由监护人从有利于被监护人的利益进行安排，被监护人有相应识别能力的，应当征询和尊重被监护人的意见。

---

〔1〕“他”是指他或者她。对该字的见解与论述，参见王明锁：“对‘他、她’及其复数用法方面的一个新见解——兼谈法律人的语言表达”，载《韶关学院学报》2009年第10期。

第八节 环境权[1]

第三百零四条 尊重人的生存发展条件与环境。自然人依法享有健全生存和全面发展的环境权，依法享有维持保护环境、优化发展环境和利用享受环境的权利。

禁止一切危害和破坏人的生存发展环境的行为。

第三百零五条 自然人依法享有饮用水安全的环境权。饮用水安全应当得到保障，任何人都应当保持和维护水源的清洁，不得对地表水源和地下水源造成任何的环境污染。饮用水应当符合国家规定的质量标准。

农业、林业、牧业、渔业等一切水源、水域或用水，均不得被混入污染物或者有害物质。

第三百零六条 自然人依法享有蔬菜、粮油等环境安全的权利。蔬菜、粮食、油料、食品的安全应当依法得到保障。

任何人都应当爱护土地环境，应当对土地进行保护和改良，提倡恢复和鼓励施用天然有机肥。化肥、农药等施入土地的产品不得对土壤造成任何污染和损害，不得对人类的生命健康安全造成危害或者潜在的危险。

蔬菜、粮食、油料等产品应当保持其应有的天然性和营养性。粮油食品的生产加工，不得添加任何对人体有害或者破坏其原有营养成分的物质。

对于牲畜的喂养，不得添加将来对人体产生任何不良影响的有害物质。[2]

对于植物和牲畜品种的改良，不得对自然人的生存环境造成任何不良影响或者潜在危害。禁止转变基因类植物和养殖品种的种植和养殖。

儿童专用食品应当达到质量安全的优质标准。[3]

第三百零七条 对生产、加工、筛选、包装、销售蔬菜、粮油种子以及

---

[1] 据报道，由国家质检总局、国家食药监总局、国家工商总局（含地方）发布的、仅2016年2月份便有50项、类不合格产品，涉及人们的吃、喝、穿、住、行、医等。被媒体公布曝光的被起诉、投诉、索赔等47家企业或品牌，涉及网购、食品安全、汽车、家居、日化、地产六大的生活领域。均涉及人的生活生存环境问题。参见《中国消费者》2016年第3期，第8页。

[2] 如上海圣华食品等，国家食药监总局监查出8批次肉制品不合格，涉兽药残留。参见《中国消费者》2016年第3期，第8页。

[3] 对于假奶粉（致婴儿畸形）之类的问题，必须有明确的法律条文规定，从基本法的角度让全民知晓，应当从生产生活实际行动上真正关心和保护儿童利益，绝不能为了自己多赚几个钱而丧失天地良心坑害我们的子孙后代。另如，宝乐惠、金尊婴儿配方乳奶粉1批次检出阪崎肠杆菌。参见《中国消费者》2016年第3期，第8页。

化肥、农药产品的行为应当依法进行监管。禁止一切生产或者销售伪劣或者假种子的行为和销售假农药、假化肥的行为。

对于生产、销售假种子、假农药、假化肥造成的损害，应当按照所造成的损害加倍承担法律责任。[1]

第三百零八条 自然人依法享有药品安全的环境权。一切药品必须符合国家规定的药品标准。药品的成分及其功能作用必须全面显著说明，不得对其副作用进行隐瞒或者含糊其词。药品的原材料应当地道纯正，不得掺杂使假。[2]

不得鼓励和诱导人们大量使用药品或者过分依赖药品。[3]

禁止无证行医和销售中药及医药产品。[4]

第三百零九条 自然人依法享有医疗安全的环境权。

医疗机构的医疗环境应当得到保护。禁止一切非法行医行为；禁止一切以赚钱为主要目的的医疗活动。医疗机构对病患者的病情和治疗方案应当予以善意说明和指导。应当恢复、营造和改善传统医患关系，医患双方应当相互信任与配合，以达到消除疾病、恢复健康之目的。

禁止任何人扰乱和破坏医疗环境。[5]

第三百一十条 自然人依法享有居住安全的环境权。

自然人的居住安全应当得到保障。建筑物必须达到国家规定安全质量标准。建筑材料应当符合建筑质量要求，不得对人体造成伤害或者具有潜在的伤害危险，其不能避免或难以克服的有害物质必须低于国家安全质量标准，且必须进行全面的显著说明。[6]

---

[1] 这里必须举出一个曾经争议的案例。一个地方性法规与《种子法》规定不同，法官依照《种子法》的规定进行了有利于受害人的判决，判决认为地方性法规违反了上位法，故不应当作为判决依据。但该判决受到了极大非议。依据是通常理论认为，特别法有规定的，应当按照特别法规定；宪法不能作为直接的判案依据。对此，笔者始终认为，这种理论观点不妥。一是为地方的任意性规定提供依据，破坏了法治的统一；二是单行法、基本法没有规定时，不能依宪法作为判案依据，是对宪法的架空，是对宪法是根本大法、具有最高法律效力的否定。

[2] 国家食药监总局发布：益尔药业 17 批次召回，抗抑郁药氟哌噻吨美利曲辛片为“淀粉制”。参见《中国消费者》2016 年第 3 期，第 8 页。

[3] 不应当把药品当成普通的食品或者消费品进行销售和消费。

[4] 卖假药者严重扰乱了药品销售秩序，严重威胁着百姓的健康安全。

[5] 这是对于因医疗不满等闹医事件予以禁止的法律条文。如果因医疗发生争议或者纠纷，应当通过正当的法律途径进行解决，而不应当扰乱正常的医疗环境和医疗秩序。

[6] 贵州省工商局发布：双蝶等 139 批次装饰装修材料商品不合格。参见《中国消费者》2016 年第 3 期，第 8 页。

第三百一十一条　自然人日常生活用品的安全应当得到保障。

衣物制造原料的成分不得含有对人体的有害成分，其原料成分和比例应当如实说明。禁止对废旧衣物改制成新的衣物销售。[1]对废旧衣物用品捐赠利用，应当符合卫生标准。

电器用品或其他任何对人体可能造成危害的日常生活用品必须符合质量标准，必须有明显警示性标志和说明。

儿童玩具用品，必须使用优质原材料，必须符合卫生安全标准和使用安全标准，并进行显著提示说明，保证儿童用品的优良环境。

第三百一十二条　自然人依法享有空气质量安全环境权。空气质量应当得到保证和改善。工业物质和废气排放，应当严格控制在国家规定的标准范围之内。各种产品生产对空气环境质量有影响的数据必须真实可靠，不得作假或者隐瞒。

对于垃圾类物品的处理，必须科学环保，不得对人的生存环境造成新的污染。各项处理数据应当公开，不得弄虚作假或者隐瞒。

对空气质量应当如实报告和有效防控。空气中的有害物质含量应当为公众知晓，并应当及时提请注意防护。

禁止在室内外等一切公众场所抽烟。禁止引诱和教唆未成年人染上抽烟的不良嗜好。

第三百一十三条　自然人的休息环境应当受到保护。生产生活噪声和照明应当控制在国家规定的标准范围之内。应当尊重自然人睡眠规律需要，妥善安排工作和休息时间。不得干扰他人正常休息。

不得采取压榨的方式使用他人之劳力。劳动者的劳动权和休息权依照劳动法的专门规定标准。

第三百一十四条　应当具有良好的伦理社会关系环境。禁止一切不文明行为，禁止进行性骚扰。用人单位应当采取合理措施，避免工作场所的性骚扰。

第三百一十五条　自然人依法享有全面发展的环境权。自然人享有公平接受教育，全面发展和根据自身特长深造发展的权利。对自然人的教育发展应当给以正确引导。

禁止制作和传播有害于民众身心健康的恐怖作品和暴力作品。有害于未

〔1〕　湖南省工商局发布：嘻嗳哆等10款儿童服装抽检不合格。参见《中国消费者》2016年第3期，第8页。

成年人身心健康的表演、项目和网络游戏的场所，应当严格禁止未成年人进入和参与。

第三百一十六条 自然人依法享有公平良好的投放资金和使用资金的环境。禁止一切强迫或利诱他人投放、借贷资金和使用资金的行为。禁止强迫、胁迫、利诱他人进行传销或者消费活动。禁止非法垄断和暗线操纵，损害他人利益。

第三百一十七条 自然人依法享有良好的社会安全环境。国家采取一切措施，反对、防止、制止、消除一切违法犯罪行为。公共场所和公众集聚单位应当加强安保和安全措施，避免和防止不安全因素的发生。[1]

第三百一十八条 家庭环境受到法律保护。家庭中应当充满亲情友爱，禁止违法行为和有悖伦理道德的行为。[2]

应当维护家庭的温馨环境。家庭成员应当互相满足亲情需要，适时问候联络、探望团聚。

禁止破坏他人家庭的亲情关系。

第二章 亲 属[3]

第一节 亲属的范围

第三百一十九条 亲属源自家庭，是与自己有血缘关系或者婚姻关系的人。亲属间因不同身份而享有不同的民商权利，承担不同的民商义务。

第三百二十条 亲属包括配偶、血亲和姻亲。夫妻互为配偶，因配偶而生发其他亲属。

血亲是有血缘关系之亲属。包括自然血亲和拟制血亲。自然血亲是因出于同一祖先而具有血缘关系之亲属。拟制血亲是因收养而成立或者因继子女受继父母抚养而成立之亲属。法律确认拟制血亲与自然血亲具有同等的权利和义务关系。

---

[1] 暴力伤亡事件频发，会使人们安全感丧失，安全环境成为重大社会问题。故本章从治本的角度努力提升人的个体素质，从治标的角度努力提升国家社会的管理水平。

[2] 据报道，孙女为要钱打奶奶、儿子为买玩具掐妈脖子、女儿因父亲管教而扇父亲耳光，以及父母侵害子女人身权利等。诸如此类，既悖常伦，也违法律。故将通常所认道德问题从法律角度予以明文。

[3] 上一章是人的全面发展与和谐发展的内容要素。从上一章最后关于人的家庭亲情环境方面引出本章亲属问题，从一个人的外部生存发展条件和环境（家庭外部条件环境）过渡到一个人的内部生存发展的条件和环境（家庭内部条件环境），此乃前后联系的内容和逻辑纽带。

姻亲因婚姻关系而成为亲属，包括配偶的血亲、血亲的配偶和配偶的血亲的配偶。

第三百二十一条　亲属包括长辈亲属、晚辈亲属和同辈亲属。

辈分高于自己的亲属是长辈亲属，包括父母、祖父母、外祖父母、伯、叔、姑、舅、姨等。

辈分低于自己的亲属为晚辈亲属，包括子女、孙子女、外孙子女、侄子女、外甥、外甥女等。

辈分与自己相同的亲属为同辈亲属，包括兄弟姐妹、堂兄弟姐妹、表兄弟姐妹等。

第二节　亲系与亲等

第三百二十二条　亲系表明亲属间的血缘联系。亲系分为直系和旁系。

生自己者或者自己所生者，为直系血亲。为配偶一方之直系血亲者，是直系姻亲。

与自己出于同源，除直系血亲外，为旁系血亲。为配偶一方之旁系血亲者，是旁系姻亲。

第三百二十三条　亲等为亲属间远近亲疏之计算单位。亲等可以下列方法计算和表达：[1]

（一）包含己身的世代统一计算法。包含己身，一辈为一代，从自己上数或者下数，直接表明世代之数目。自己与子女、自己与父母为两代直系血亲。同源于父母的，为两代以内旁系血亲；同源于祖父母、外祖父母的，为三代以内旁系血亲，如堂兄弟姐妹、表兄弟姐妹。

（二）不含己身的世代分别计算法。不含己身，从自己上数或者下数，一代为一亲等者，为直系亲等计算法。父母子女为一亲等直系血亲，祖父母孙子女为二亲等直系血亲。不含己身，从自己上数至己身与对方共同的最近直系血亲，再从该直系血亲下数至对方，以间隔代数之和定其亲等者，为旁系亲等计算法。堂兄弟姐妹为四亲等旁系血亲，叔侄为三亲等旁系血亲。

第三百二十四条　以亲属关系的亲疏程度，将亲属分为近亲属和其他亲属。

法律明确规定为近亲属者，系指配偶、父母、子女、兄弟姐妹、祖父母、

---

〔1〕 本条采用两种亲等计算方法：一是尊重我国婚姻法的原有规定，适应国人习惯，通俗易懂，简单实用；二是适应对外开放，容纳国外有关通常计算方法。

外祖父母。

近亲属以外之亲属为其他亲属。[1]

第三章 婚 姻

第三百二十五条 婚姻是男女依法结婚而确立的夫妻关系，为亲属家庭之基础。

婚姻始于结婚，终于婚姻之解除。

第三百二十六条 婚姻状况有以下情形：

（1）双方初婚；

（2）双方再婚；

（3）女初婚男再婚，或者男初婚女再婚。[2]

第三百二十七条 婚姻应当当事人自主。

禁止干涉婚姻自由，禁止买卖婚姻，禁止借婚姻勒索财物或者骗取钱财。[3]

第三百二十八条 婚姻实行一夫一妻制。

禁止重婚。禁止有配偶者在婚外与人同居生活。有配偶又与人以夫妻名义同居的，视为重婚。

禁止有配偶者进行其他违反一夫一妻制的行为。

第三百二十九条 婚姻实行男女平等。在婚姻的缔结、解除、存续期间，均贯彻之。

应当真诚和慎重对待婚姻。婚姻关系的前两年，为婚姻关系的相互适应期。[4]

第三百三十条 婚姻与亲属之间，依其身份，享有相应的权利，负担相

〔1〕关于近亲属的规定，在我国法律体系中应当协调统一，并应当以民法典中的规定为依据。如我国刑事诉讼法中规定的“近亲属”曾是指夫、妻、父、母、子、女、同胞兄弟姐妹。

〔2〕在现实生活中，婚姻状况通常填写未婚或者已婚，从严格或者准确的意义上看，婚姻状况应当是指已婚情况下的状况。从有的表报，如享受与子女情形有关的利益补贴或者已知已婚情况下的婚姻状况，即应为本条规定情形。故我们可以把未婚、已婚作为广义上的婚姻状况，把初婚、再婚情形作为狭义的婚姻状况。

〔3〕实践中，有的农村几乎是明码标价，要结婚，男方须向女方交付彩礼 10 万，一辆车，一套房，办下来最少 50 万；有的是让全包成钱，等结婚一段后，女方开始不到男方家居住生活，以感情不和为由离婚，结果导致男方人财两空。

〔4〕离婚部分规定，感情不和，分居满 2 年才可离婚。因此在通常情况下结婚未满 2 年是不应当轻率离婚的，应当有一个 2 年的互相适应的时间。

应的义务。

第三百三十一条 婚姻亲属之间，应当注重保护妇女、儿童、老人和没有劳动生活能力者的合法权益。

禁止家庭成员间的暴力行为。禁止家庭成员间的虐待和遗弃。

夫妻应当互敬互爱、相互忠实。

家庭成员间应当敬老爱幼、相互扶助，共同维护平等、和睦、文明的婚姻家庭。

第四章 婚姻的缔结

第一节 婚 约

第三百三十二条 婚约是男女双方为结婚所作的事先约定。

婚约由男女自主订立。法律不要求结婚男女必须缔结婚约。

第三百三十三条 婚约应当由完全民商行为能力人的男女自愿订立。[1]第三人指令或者代为订立婚约，结婚男女不受其约束。

第三百三十四条 婚约的内容和形式由当事人约定。当事人可以就结婚财物筹备，婚前财产归属，结婚日期、地点及典礼方式等进行约定。

第三百三十五条 订立婚约不是结婚的必经程序。男女双方是否结婚，完全以结婚登记时的意思表示为依据。

第三百三十六条 婚约不具有强制执行的效力。婚约可以双方协议解除，也可以单方要求解除。

解除婚约引起的财物纠纷，应公平合理解决。各自为结婚准备的财物仍归各自所有，一方要求解除婚约的，应当返还所收彩礼或赠与物品，但赠与物品属于日常消费品而原物不复存在者除外。

第三百三十七条 无正当理由而拒绝履行婚约，应当就对方因期待结婚而支出的费用和承担债务导致的损失进行合理补偿，并应与双方当事人的经济条件相适应。

因自己过错而使对方有理由拒绝履行婚约的，就对方所受前款规定损失

---

〔1〕 这里订立婚约者的年龄状况，不用“成年”表述，是因为年满16周岁的未成年人在以自己劳动收入为主要生活来源的情况下可以被视为完全民商行为能力人，同时成年不一定具有民商行为能力，因此用完全民商行为能力进行表述更为准确，他们也可以订立婚约。他指他或者她，他们包括有男有女或男或女的状况。关于“他们”的使用，参见王明锁：“对‘他、她’及其复数用法方面的一个新见解——兼谈法律人的语言表达”，载《韶关学院学报》2009年第10期。

也应当进行赔偿。

不务正业、不良嗜好、违纪违法、失去诚信等，构成拒绝履行婚约之正当理由。

第二节 结 婚

第三百三十八条 结婚是男女双方结为夫妻的行为。

结婚应当经国家民政部门进行结婚登记，才发生结婚的法律效力。

第三百三十九条 结婚应当符合下列条件：

（一）结婚之男女，应当达到法定年龄。男、女各自满十八周岁，始得结婚。[1]适当晚婚者可以鼓励。

（二）结婚应当男女双方完全自愿。不允许任何一方对另一方加以强迫或者任何第三者加以干涉。

第三百四十条 有下列情形之一的，禁止结婚：

（一）直系血亲和三代以内旁系血亲或者四亲等旁系血亲；

（二）患有医学上认为不应当结婚的疾病。

第三百四十一条 结婚之男女应当双方亲自到婚姻登记机关进行结婚登记。符合本法规定的，予以登记，发给结婚证书。取得结婚证书，即确立夫妻关系。

未办理结婚登记而以夫妻名义同居的，应当补办登记。未补办登记的，按照同居关系处理。

经补办结婚登记的，婚姻关系的效力从补办登记时起算。

第三百四十二条 结婚登记后，登记双方不论是否举办婚礼，是否已经同居生活，都互为夫妻，发生婚姻关系的法律效力。

未进行结婚登记，仅按照习俗举办婚礼的，不具有法律上的婚姻约束力，有关利益不受法律保护。[2]

---

〔1〕 对于法定结婚年龄，在2016年首发文章中仍然是按照《婚姻法》中规定的“男二十二周岁，女二十周岁”的说法，后来由于生育政策的调整，2021年笔者专门对适婚年龄问题进行研究后，提出修改为“男、女均为十八周岁”更为科学可取。

〔2〕 此类情形，现实生活中颇多，应予专门明文，引起注意，予以纠正，以保护自身合法利益。例1：某男某女经年前典礼成为事实夫妻，过年之后，某女不再回家，而又与另一男子进行结婚登记。该女与后一男子之间的关系受到法律保护，与前男子之间所生纠纷，只能按照同居关系和财产关系处理。例2：某男某女经过门典礼成为事实夫妻，并生一女儿。后某男因事故死亡，在赔偿金方面，某女以死者生前配偶的名义和女儿的法定代理人的名义与死者的父亲、母亲发生诉讼，结果某女只能代女儿分得一份，而自己则不能分到本来可以得到的赔偿份额。其理由根据均在于未进行结婚登记。

第三节　无效婚姻

第三百四十三条　无效婚姻，是指不具有法律效力的婚姻。

有下列情形之一的，婚姻无效：

（一）未达到法定结婚年龄的；

（二）婚前患有医学上认为不应当结婚的疾病，婚后尚未治愈的；

（三）重婚的；

（四）有禁止结婚的亲属关系的；

（五）本人没有亲自到登记机关进行结婚登记的。

第三百四十四条　对于违反前条规定之一的，利害关系人，有权向法院申请，宣告婚姻关系无效。

利害关系人，包括婚姻关系当事人和其他利害关系人。

第三百四十五条　因胁迫结婚的，受胁迫的一方有权请求撤销该婚姻。

受胁迫的一方请求撤销婚姻关系的，应当自结婚登记之日起一年内提出。被非法限制人身自由的当事人请求撤销的，应当自恢复人身自由之日起一年内提出。受胁迫一方提出侵权行为诉讼的，适用民商责任时效的规定。[1]

因受胁迫而请求撤销婚姻关系的，只能由受胁迫一方的婚姻关系当事人本人提出。

第三百四十六条　无效或者被撤销的婚姻，自始无效。当事人不具有夫妻的权利和义务。同居期间所得的财产，按共同共有财产处理。但有证据证明为当事人一方所有的除外。

对重婚导致的婚姻无效的财产处理，不得侵害合法婚姻当事人的财产权益。

无效婚姻当事人所生的子女，适用本法关于父母子女的规定。

第三百四十七条　人民法院根据当事人的申请，依法宣告婚姻无效或者撤销婚姻的，应当收缴双方的结婚证书并将生效的判决书送达当地婚姻登记管理机关，并应当在当事人所在地对判决进行公告。

---

〔1〕在提出诉讼请求时间方面，民商责任时效足以解决问题。诸如在 1 年内提出撤销之类，都是人人可以明白的事情，故没有必要把本来不是问题的东西规定为所谓的除斥期间，将简单问题复杂化、明白问题晦涩化。参见王明锁：“中国民商法典编纂的重大疑难问题——附《中华人民共和国民商法典“通则编”草案建议稿》（黄河版）”，载《晋阳学刊》2016 年第 3 期。

第五章　家庭关系

第一节　夫妻关系

第一分节　夫妻人身关系

第三百四十八条　夫妻关系成立，女方可以成为男方的家庭成员，男方也可以成为女方的家庭成员。成为对方家庭成员的，对方及其家庭成员应当平等友善对待，不得歧视。

第三百四十九条　夫妻双方各自都有使用自己姓名的权利。妻子冠其夫姓，或者丈夫改用妻族姓氏的，尊其意愿。变更姓名的，按照姓名变更的规定办理。

第三百五十条　夫妻可以协商决定夫妻共同或者各自的住所或者居所。

第三百五十一条　夫妻双方都有参加工作、学习和社会生活的自由。一方不得对另一方加以限制或者干涉。

第三百五十二条　夫妻具有同居生活的权利和义务。

夫妻双方可以协商约定计划生育的权利和义务。采取计划生育措施，双方应当互相尊重和体贴，选择适合的方式计划生育。[1]

一对儿夫妻可以生育二到三个子女。[2]

鼓励夫妻进行婚前和怀孕胎儿的健康检查，提高新生儿健康质量。

禁止对胎儿性别进行检查和鉴定。[3]

第三百五十三条　夫妻共同生活，应当互相尊重关怀和体贴爱护，不得粗暴、强迫或者进行暴力行为。

第三百五十四条　夫妻双方应当信任忠诚。禁止婚外不正当男女关系。

第三百五十五条　夫妻有互相扶助、扶养的义务。夫妻一方对另一方不履行扶助、扶养义务时，需要扶助、扶养的一方有权要求对方给付适当的扶助、扶养费用。

---

〔1〕凡事皆可计划，一年之计在于春，一日之计在于晨；国家有规划，个人有计划；所谓计划生育本指国家计划生育政策和法律，但实际上既包括国家的计划生育政策，也包括婚姻当事人个人的生育计划。因此这里对原来“夫妻双方都有实行计划的权利和义务”的表述略有改动。

〔2〕根据人口生育状况的改变，在此增加一款，表明可生子女二到三个。如此将原来的政策改为法律规范，既有指导价值意义，又不违背自愿原则，更有利于保持人们的人口生育观念的相对稳定性。

〔3〕弃婴现象严重、性别比例失调。故此有所反映。

夫妻间不得虐待和遗弃。

第二分节　夫妻财产关系

第三百五十六条　婚姻关系存续期间，所得财产为夫妻共同所有。但夫妻特别约定或者法律规定为夫妻个人财产的，为个人所有。

归夫妻共同所有的所得财产包括：

（一）工作和劳动收入；

（二）经营和投资的收入、收益；

（三）知识产权收益；

（四）各种补贴和公积金收入；

（五）　社会保险金、生活安置补偿费等收入；

（六）继承、赠与、中奖等所得财产。

第三百五十七条　夫妻对共同所有的财产，有平等的支配权。但夫妻对夫妻共同财产进行处分，应当进行协商或者依照约定进行。禁止独断或者擅自处分夫妻共有财产。

第三百五十八条　婚姻关系存续期间，夫妻一方不得请求分割共同财产。但有下列重大理由且不损害债权人利益的除外：

（一）一方有隐藏、转移、变卖、毁损、挥霍夫妻共同财产或者伪造夫妻共同债务等严重损害夫妻共同财产利益行为的；

（二）一方负有法定扶养义务的人患重大疾病需要医治，另一方不同意支付相关医疗费用的。

第三百五十九条　夫妻一方个人财产在婚后产生的收益，除孳息和自然增值外，应认定为夫妻共同财产。[1]

由一方婚前承租、婚后用共同财产购买的房屋，房屋权属证书登记在一方名下的，应当认定为夫妻共同财产。

第三百六十条　除特别约定外，下列财产为夫妻一方个人的财产：

（一）婚前个人财产及其孳息和自然增值；

---

〔1〕本条及下一条中所规定的孳息不是传统民法理论所说的包括所谓法定孳息在内的孳息。孳息也即孳息物，是指“由原物自然所生之新物。取得孳息物及孳息物的所有权，当事人有约定的，按照约定。没有约定或者约定不明确的，孳息物归属于原物所有人。但是，他人为个人财产产生孳息付出了劳务或代价的，按照他人所付劳务或代价确定其对孳息物的共有份额”。对孳息的研究，笔者主张应当改变对传统孳息含义的认识。参见王明锁：“对孳息的传统种类及所有权归属之检讨”，载《法商研究》2015年第5期。

（二）归个人专门使用的物品；

（三）医疗伤亡保险金、伤残补助金、医疗医药生活补助费等费用；

（四）遗嘱或赠与合同中确定只归夫妻一方所有的财产；

（五）其他应当归一方的财产。

第三百六十一条 婚姻关系存续期间，由夫妻一方父母出资购买的财产，产权登记在出资人子女名下或者特别约定为出资人子女的，该财产为夫妻一方的个人财产。

由夫妻双方父母出资购买的财产，产权登记在一方子女名下的，该财产认定为双方按照各自父母的出资份额按份共有。但当事人另有约定的，从其约定。

第三百六十二条 夫妻可以约定婚姻关系存续期间所得的财产以及婚前财产归各自所有、共同所有或者部分各自所有、部分共同所有。约定应当采用书面形式。没有约定或者约定不明确的，依照本法规定确定其产权归属。

第三百六十三条 夫妻对婚姻关系存续期间所得财产以及婚前财产的约定，对双方具有约束力。

夫妻对婚姻关系存续期间所得财产约定归各自所有，夫妻一方对外所负的债务，债权人知道夫妻约定的，以夫妻一方所有的财产进行清偿。但夫妻一方对此负有举证责任。

第三百六十四条 依法规定为夫妻一方所有的财产，不因婚姻关系的延续而转化为夫妻共同财产。但当事人另有约定的除外。

第三百六十五条 夫妻对于各自的个人财产，有权按照自己的意愿支配和处分。

第三百六十六条 夫妻一方死亡的，生存一方应当对婚姻关系存续期间的共同债务承担连带清偿责任。

夫妻有相互继承遗产的权利。

第二节 父母子女关系

第三百六十七条 父母子女是亲属家庭的核心关系。

父母包括亲生父母和非亲生父母。亲生父母系指经生理结合和亲自怀胎所生子女者。非亲生父母系指没有亲自生产子女而成为父母者。非亲生父母包括通过收养他人的子女作为自己的子女而成为养父母者和因再婚而成为他人子女的继父母者。

子女包括亲生子女和非亲生子女。亲生子女包括婚生子女和非婚生子女。

非亲生子女包括养子女和有抚养关系的继子女。

非婚生子女享有与婚生子女同等的权利，任何人不得予以歧视和危害。养子女和生父母间的权利和义务，因收养关系的成立而消除。继父母与继子女间，不得虐待或歧视。

第三百六十八条 父母使子女出生，即应将子女抚养成人。

禁止弃婴、溺婴和其他残害婴儿的行为。弃婴、溺婴等残害婴儿的行为应当承担法律责任。[1]

第三百六十九条 亲生父母对亲生子女必须承担抚养的义务和责任。亲生父母与亲生子女的关系非经他人合法收养不得解除。

第三百七十条 婚生子女系婚姻关系存续期间所生之子女。婚姻关系中之夫妻即为所生子女之亲生父母。子女系婚姻关系存续期间之外出生者，母亲身份由其生出婴儿之事实认定。父亲身份由父亲自认或者母亲指认。对亲子关系有疑义的，依法通过亲子鉴定进行确认。

体外受精所生子女，生者与卵子提供者不是同一人的，生者具有母亲身份。提供卵子者与生母办理收养手续后，具有母亲身份。既非提供卵子也非怀孕生育者，不具有母亲身份；办理收养手续后，具有养母身份；未办理收养手续但与子女形成事实抚养关系的，按照事实收养关系对待。

通过医学人工授精怀孕生育之子女，父母或者有关利害关系人应当用适当的方式指导该子女恋爱结婚时与对方进行排除性血缘关系的医学鉴定。[2]

第三百七十一条 所生子女，可以随父姓，可以随母姓，也可以随父母双方姓氏。

养子女随养父母姓氏，也可以使用原来姓氏；继子女可以使用原来姓氏，也可以改用继父母姓氏。

---

〔1〕 如今社会，遗弃婴儿者仍然不少。社会上设立弃婴岛（从保护弃婴生命权的角度考虑），后有的因弃婴数量之多而予取消。如2013年江苏省试办弃婴岛，到2014年10月底，共接纳弃婴427个(其中99%以上的都是残疾者)，到年底，认为会超过往年的3倍。另据报道，某校一女大学生将婴儿生到卫生间后，整理整理衣服若无其事地又去上课了。2016年7月5日 中央电视台《今日说法》一例：2016年4月30日在南京锁金路，一男子开车，由两名妇女将一名两岁多的女孩儿遗弃在活动广场。于任何社会，人们必须要有“生养”的责任意识和责任心。生养生养，既生即须养——既然生了，就必须养，必须养、育、教。故禁止弃婴是个应从多方面进行思考和治理的问题。

〔2〕 该两款所定内容，现代生活中已经常见，与其视而不见进行规避，或者只规定“禁止通过医学手段进行生育或者通过医学手段进行生育的，依照特别法规定”，不如面对现实，从父母子女关系身份认定的角度在基本法中进行明确规定。该条第三款所要求采取措施，是为了防止不明近亲者结婚的危险，以符合结婚条件中禁止性的规定条件。

第三百七十二条 父母对未成年子女有抚养的义务。

父母对未成年子女不履行抚养义务的，未成年子女有要求父母给付抚养费的权利。抚养费包括生活费和医疗费。对抚养费的请求，由对未成年子女进行直接监护的人行使，或者由民政部门行使。

第三百七十三条 父母对未成年子女有进行教育的义务。

父母应当对未成年子女进行教育，应当让子女参加学龄前儿童教育和完成国家规定的义务教育。

父母对未成年子女不履行教育义务的，未成年子女有要求父母给付教育费用的权利。对教育费的请求，由对未成年人进行直接监护的人行使，或者由民政部门行使。

第三百七十四条 父母应当亲自履行对未成年子女的抚养和教育义务。

不直接抚养教育未成年子女的父母，应当适时对未成年子女进行探望或团聚，并负担未成年子女的抚养和教育费用，直至该子女成年时止。

第三百七十五条 父母有保护和教育未成年子女的权利和义务。在未成年子女对国家、集体或他人利益造成损害时，父母依法应当承担民商法律责任。

第三百七十六条 子女应当孝敬父母，对父母有扶助、赡养的义务。

子女对父母不履行扶助、赡养义务时，无劳动能力或者生活困难的父母，有要求子女给付赡养费的权利。赡养费包括生活费和医药费。

子女对父母的赡养义务，不因父母婚姻关系的变化而终止。

第三百七十七条 父母死亡时，子女应当尽孝安葬。不能亲自尽孝安葬的，应当承担合理的安葬费用。

第三百七十八条 父母和子女有相互继承遗产的权利。

第三节 其他家庭成员关系

第三百七十九条 有负担能力的祖父母、外祖父母，对于父母已经死亡或者父母无力抚养的未成年的孙子女、外孙子女，有抚养、帮助的义务。

有负担能力的孙子女、外孙子女，对于子女已经死亡或者子女无力赡养的祖父母、外祖父母，有赡养、扶助的义务。[1]

---

[1] 对于父母双亡的未成年子女的抚养，从社会保障法的角度，国家社会应当承担起抚养教育的责任，故规定其祖父母有抚养帮助的义务；对于无子女的老年人，从社会保障法的角度，国家社会应当负担起赡养的责任，故规定其孙子女、外孙子女有赡养扶助的义务。

第三百八十条 祖父母、外祖父母与孙子女、外孙子女之间有相互继承遗产的权利。

第三百八十一条 有负担能力的兄、姐，对于父母已经死亡或者父母无力抚养的未成年的弟、妹，有抚养、帮助的义务。由兄、姐抚养长大的有负担能力的弟、妹，对于缺乏劳动能力又缺乏生活来源的兄、姐，有扶养、扶助的义务。

第三百八十二条 兄弟姐妹之间有相互继承遗产的权利。

第三百八十三条 没有父母、兄弟姐妹和祖父母、外祖父母，由叔、伯、姑、舅、姨抚养教育成长的，为寄养关系。虽未办理收养手续，但叔、伯、姑、舅、姨没有亲生子女的，视为养父母与养子女关系。

第六章 婚姻的解除

第三百八十四条 婚姻因夫妻一方死亡而消灭。

夫妻一方死亡，另一方可以再婚，重新建立婚姻关系。夫妻双亡后，可依习俗安葬。[1]

第三百八十五条 婚姻可因人为解除而消灭。离婚是人为解除婚姻的合法途径。离婚使婚姻关系消灭。

离婚有登记离婚与诉讼离婚两种程序。

第一节 离婚的条件和程序

第三百八十六条 夫妻双方自愿离婚的，准予离婚。

双方应当到婚姻登记机关申请离婚。婚姻登记机关查明双方确实是自愿并对子女和财产问题已有适当安排、处理的，发给离婚证书。

自领取到离婚证书时起，男女之间的夫妻关系终止。

第三百八十七条 夫妻一方要求离婚的，可由有关部门进行调解或者直接向人民法院提出离婚诉讼。

法院审理离婚案件，应当先行调解；可以调解和好，也可以调解离婚。

经调解无效，感情又确已破裂的，应准予离婚。

第三百八十八条 有下列情形之一，确定为感情破裂，经调解无效，应准予离婚：

（一）重婚或者与他人同居生活的；

---

〔1〕 社会生活中，因为合葬问题发生纠纷，由于各地习俗不同，故规定依照习俗。

（二）实施家庭暴力或者虐待、遗弃家庭成员的；

（三）有赌博、吸毒等恶习屡教不改的；

（四）因感情不和分居满两年的；

（五）一方被宣告失踪后满一年或者虽然未被宣告失踪但丧失音讯长期未归满三年的；[1]

（六）其他导致夫妻感情破裂的情形。

离婚应当慎重。反对轻率离婚。结婚未满 2 年互相适应期的，一般不予离婚。[2]

第三百八十九条 现役军人的配偶要求离婚，须征得军人同意。但军人一方有重大过错的除外。

第三百九十条 女方在怀孕期间、分娩后一年内或终止妊娠六个月内，男方不得提出离婚。女方提出离婚的，或者人民法院认为有必要受理男方离婚请求的，不在此限。

第三百九十一条 离婚后，男女双方自愿恢复夫妻关系的，必须到婚姻登记机关进行复婚登记。

第二节 离婚对子女关系的安排

第三百九十二条 父母与子女间的关系，不因父母离婚而消除。离婚后，子女无论由父方或者母方直接抚养，仍是父母双方的子女。

离婚后，父母对子女仍有抚养教育的权利和义务。

离婚后，哺乳期内的子女，以随哺乳的母亲抚养为原则。哺乳期后的子女，如双方因抚养问题发生争执不能达成协议时，由人民法院根据有利于子女权益和双方的具体情况判决。

第三百九十三条 离婚后，一方抚养的子女，另一方应当负担必要的生活费和教育费的一部或者全部。负担费用的多少和期限的长短，由双方协议，协议不成的，由人民法院判决。

关于子女生活费和教育费的协议或判决，不妨碍子女在必要时向父母任何一方提出超过协议或者判决原定数额的合理要求。

---

〔1〕 这与宣告失踪、宣告死亡制度等进行衔接。下落不明满 2 年者，可以宣告失踪，失踪后设置财产代管满 1 年，两者之和为 3 年，故没有宣告失踪的，也为满 3 年；宣告死亡，在通常情况下，要求满 5 年。满 5 年宣告死亡的，婚姻关系自然消灭。而以感情破裂为由提出离婚，3 年无音讯者，足矣。参见“通则编”第二章、第一节、第四分节：自然人的宣告制度，第 30 条和第 34 条。

〔2〕 此款与前款第四项相适应。

第三百九十四条　离婚后，不直接抚养子女的父母，有探望子女的权利，另一方有提供便利和协助的义务。行使探望权的方式，由当事人协议；协议不成的，由人民法院判决。

探望子女有不利于子女身心健康情形的，经当事人申请由法院中止探望的权利；中止事由消失后，应当恢复探望的权利。

第三节　离婚对财产关系的处理

第三百九十五条　离婚时，夫妻的共同财产由双方协议处理；协议不成时，由法院根据财产的具体情况，照顾子女和弱者一方权益的原则在离婚判决中判决。[1]

夫妻各方在家庭土地承包等经营中享有的权益，依法予以保护。

第三百九十六条　夫妻书面约定婚姻关系存续期间所得的财产归各自所有，但是一方因抚养子女、照料老人、完成家务、协助另一方工作等付出较多义务的，有权向另一方请求补偿，另一方应予补偿。

第三百九十七条　离婚时，原为夫妻共同生活所负的债务，应当共同偿还。共同财产不足清偿，或者财产归各自所有的，由双方协议按照适当的份额分别清偿；协议不成的，由人民法院在离婚判决中判决。

第三百九十八条　离婚时，如一方生活困难，另一方应从其住房等个人财产中予以适当帮助。具体办法由双方协议；协议不成的，由人民法院在离婚判决中判决。

第三百九十九条　有下列情形之一，导致离婚的，无过错一方有权请求另一方赔偿损失：

（一）重婚的；

（二）与他人同居生活的；

（三）实施家庭暴力的；

（四）虐待、遗弃家庭成员的。

---

〔1〕原来的规定或者理论都是主张照顾女方的权益进行判决。从市场经济发展和社会实际看，规定照顾弱者一方权益进行判决，似乎更符合社会实际和男女平等原则的精神。如某男人赘女家，男方在外打工，收入归女家，盖了房子等，生第二个女孩儿后，家庭关系矛盾加剧，致男方外出时，女方及其父母把第二个女孩儿遗弃。经公安介入查找，男方领回自己女儿。女方起诉离婚，结果法院仅判决两者离婚、男女各抚养一个女儿，而对男方主张的对家庭的贡献则未在判决中得到适当份额或者补偿，有悖公平。另外，司法实务中经常出现对一起诉讼纠纷，分成几个诉讼标的分别处理的情形。给百姓增加了麻烦和讼累。如离婚只判离婚，财产问题不说。故在本节的几个条文中笔者使用由法院在离婚判决中进行判决的说法。

第四百条 离婚时，一方隐藏、转移、变卖、毁损夫妻共同财产，或者伪造债务企图侵占另一方财产的，分割夫妻共同财产时，对进行欺诈、弄虚作假、失去诚信的一方，应当少分或者不分。离婚后，另一方发现上述行为的，可以向法院提起诉讼，请求再次分割夫妻共同财产。〔1〕

第七章 收 养

第一节 一般规定

第四百零一条 未能生育子女的夫妻，或者其他符合条件的成年男女，依法可以将别人的子女收为自己的子女进行抚养。

合法的收养关系受法律保护，维护收养关系当事人的权利。

养父母和养子女的关系为拟制血亲关系，适用于生父母与生子女的关系。

第四百零二条 收养应当有利于被收养的未成年人的抚养、教育和成长。

第四百零三条 收养应当依照本法规定进行，不得违背人口生育法的特别规定，不得违背社会公德。

第二节 收养关系人的条件

第四百零四条 收养人应当同时具备下列条件：

（一）无子女，或者只有一名子女而不能或不再生育者；

（二）年满三十周岁；

（三）有抚养教育被收养人的能力；

（四）未患有在医学上认为不应当收养子女的疾病；

（五）没有赌博、吸毒、酗酒恶习和故意犯罪行为。〔2〕

第四百零五条 被收养人应当是下列不满十四周岁的未成年人：

（一）丧失父母的孤儿；

（二）查找不到生父母的弃婴和儿童；

（三）生父母有特殊困难无力抚养的子女。

第四百零六条 送养人应当是下列的自然人或者组织：

---

〔1〕 该条贯彻诚信原则，应当让不讲诚信者付出应有的代价。所以不用“可以少分或者不分”，而用“应当少分或者不分”。如果进行欺诈，被发现后并不少分，不被发现即可多得，那无疑或者简直是对欺诈的鼓励，是对诚信的侮辱和惩罚。

〔2〕 为减少和矫正现在社会存在的诸多不良现象，如此规定，可警示人们拒绝恶习、提高守法意识，促进文明进步。

（一）孤儿的监护人；

（二）社会福利机构；

（三）有特殊困难无力抚养子女的生父母。

第四百零七条　收养人只能收养一名或者两名子女。[1]

但收养孤儿、残疾儿童或者社会福利机构抚养的查找不到生父母的弃婴和儿童，可以不受收养人无子女和收养两名的限制。

第四百零八条　无配偶者收养异性为养子女的，收养人与被收养人的年龄应当相差四十周岁以上。[2]

第四百零九条　收养三代以内同辈旁系血亲的子女，可以不受被收养人是生父母有特殊困难无力抚养的子女和送养人是有特殊困难无力抚养子女的生父母的限制，也不受收养人与被收养人年龄相差四十周岁和被收养人不满十四周岁的限制。

华侨收养三代以内同辈旁系血亲的子女，还可以不受收养人无子女的限制。

外国人从中国社会福利机构收养孤儿、弃婴或儿童为子女的，可不受收养两名子女的限制。

第四百一十条　收养人收养与送养人送养，应当双方自愿。被收养人有民商行为能力的，还应当征得被收养人的同意。

第四百一十一条　生父母送养子女，须双方共同送养。生父母一方不明或者查找不到的可以单方送养。

有配偶者收养子女，须夫妻共同收养。

第四百一十二条　未成年人的父母都不具有完全民商行为能力的，该未成年人的监护人不得将其送养，但父母对该未成年人有严重危害可能的除外。

第四百一十三条　监护人送养未成年孤儿的，须征得有抚养义务的人同意。有抚养义务的人不同意送养，监护人不愿意继续履行监护职责的，应当依照规定变更监护人。

第四百一十四条　继父或者继母与继子女之间形成抚养关系的，适用生

---

〔1〕根据放开“二孩”的生育规定，应当允许收养两个子女。再则，在公办社会福利院不足的情况下，应当允许自然人个人专门收养残疾儿童和弃婴。对此正像幼儿园、小学等民办学校一样，当由政府教育机构审批和监管。对民办残疾儿童和弃婴的收养，当由民政部门按照社会需要进行审批和监管。

〔2〕原来只强调男性收养女性的，两者的年龄应当相差40周岁以上，根据男女平等原则及社会实际情况，改用现在的表述。

父母与生子女之间的关系。但继父或者继母也可以经继子女的生父母同意，收养继子女为养子女。

第三节　收养的程序

第四百一十五条　收养应当向县级以上人民政府民政部门登记。收养关系自收养人领取到收养登记证书时成立。

收养查找不到生父母的弃婴和儿童的，办理登记的民政部门应当在登记前予以公告。

第四百一十六条　收养关系当事人愿意订立收养协议的，可以订立收养协议。

收养关系当事人各方或者一方要求办理收养公证的，应当办理收养公证。

第四百一十七条　收养关系成立后，公安部门应当依照规定为被收养人办理户籍登记。

第四节　收养关系的效力

第四百一十八条　自收养关系成立时起，养父母与养子女之间的权利义务关系，适用法律关于父母子女关系的规定；养子女与养父母的近亲属间的权利义务关系，适用法律关于子女与父母的近亲属关系的规定。

养子女与生父母及其他近亲属之间的权利义务关系，因收养关系的成立而消灭。

第四百一十九条　养子女可以随养父或者养母之姓氏，可以更改原来姓名。经当事人协商一致，也可以保留原来的姓氏或名字。

第四百二十条　违反本法规定的收养行为，不具有法律效力。

收养行为被人民法院确认无效的，从行为开始时起就没有法律约束力，有关当事人失其利益。

第五节　收养关系的解除

第四百二十一条　收养人在被收养人成年以前，不得解除收养关系。但收养人、送养人双方协议解除的除外，养子女有民商行为能力的，应当征得养子女本人同意。养子女不同意解除，或者不愿意改变生活学习环境条件的，不得解除。

收养人不履行抚养义务，有虐待、遗弃等侵害未成年养子女合法权益行为的，送养人有权要求解除养父母与养子女间的收养关系。送养人、收养人不能达成解除收养关系协议的，可以向人民法院起诉。

第四百二十二条　养父母与成年养子女关系恶化、无法共同生活的，可以协议解除收养关系。协议不成的，可以向人民法院起诉。

第四百二十三条　当事人协议解除收养关系的，应当到民政部门办理解除收养关系登记。自办理完登记时起，收养关系解除。

第四百二十四条　收养关系解除后，养子女与养父母及其他近亲属间的权利义务关系消灭，与生父母及其他近亲属间的权利义务关系自行恢复，但成年养子女与生父母及其他近亲属间的权利义务关系是否恢复，可以协商确定。

第四百二十五条　收养关系解除后，经养父母抚养的成年养子女，对缺乏劳动能力又缺乏生活来源的养父母，应当给付生活费。因养子女成年后虐待、遗弃养父母而解除收养关系的，养父母可以要求养子女补偿收养期间支出的生活费和教育费。

生父母要求解除收养关系的，养父母可以要求生父母合理补偿收养期间支出的生活费和教育费，但因养父母虐待、遗弃养子女而解除收养关系的除外。

第六节　其他规定

第四百二十六条　孤儿或者生父母无力抚养的子女，可以由生父母的亲属、朋友代寄抚养。

代寄抚养中的抚养人与被抚养人的关系不适用收养关系。

第四百二十七条　配偶一方死亡，另一方送养未成年子女的，死亡一方的父母有优先抚养的权利。

第四百二十八条　送养人不得以送养子女为理由违反计划生育的特别规定再生育子女。

第四百二十九条　禁止由别人为自己代孕而获得子女。与待孕所生子女具有父母子女关系的，须经收养程序设立。

严禁买卖儿童或者借收养名义买卖儿童。借收养名义拐卖儿童的，依法追究双方当事人的法律责任。

出卖亲生子女的，依法追究出卖方与买受方的法律责任。

第四百三十条　收养人、送养人要求保守收养秘密的，其他人应当尊重其意愿，不得泄露。

第四百三十一条　外国人依照本法在中华人民共和国收养子女的，应当经收养人所在国同意并提供经驻外使领馆认证过的相关证明材料。

所订收养书面协议，应亲自向省级民政部门登记。要求办理公证的，应到有资格办理外事事务公证部门办理收养公证。

第八章 监 护

第一节 监护人的条件与职责

第四百三十二条 监护是对未成年人和智能障碍人实行监督和保护的制度。

监护人是根据本法规定对未成年人和智能障碍人的人身、财产和其他合法权益进行监督和保护的人。

第四百三十三条 担任监护人应当具备下列条件：

（一）具有完全民商行为能力；

（二）与被监护人具有近亲属关系或其他密切关系；

（三）具有良好品行。[1]

第四百三十四条 监护人应当履行以下监护职责：

（一）保护被监护人的人身和财产权益；

（二）对被监护人进行教育和照管；

（三）代理被监护人实施民商行为；

（四）为被监护人利益管理或处分被监护人的财产；

（五）对被监护人的行为依法承担民商法律责任。

第二节 监护人的确定

第一分节 法定监护人的确定

第四百三十五条 法定监护人是根据法律的直接规定为未成年人和智能障碍人确定的监护人。法定监护人按照法律的直接规定履行监护职责。

第四百三十六条 未成年人的监护人按照以下次序确定：

（一）父母；

（二）祖父母、外祖父母；

（三）兄、姐。

---

〔1〕增加“具有良好品行”的条件要求，意在提高人们的道德观念和增强监护人的荣誉感。其衡量标准，如遵纪守法、没有赌博、吸毒、酗酒等不良嗜好。同时，避免具有非法或不良品行行为的人担任监护人而给被监护人的人身财产造成侵害的危险。

第四百三十七条　智能障碍人的监护人按照以下次序确定：

（一）配偶；

（二）父母；

（三）子女；

（四）祖父母、外祖父母；

（五）孙子女、外孙子女；

（六）兄弟姐妹。

第四百三十八条　在担任监护人的同一次序中，有一人具有监护人资格的，由该具有监护资格的人担任监护人；二人以上都具有监护人资格的，由该二人以上的人共同担任监护人。

在二人以上的共同监护中，与被监护人共同生活的人，为直接监护人。未与被监护人一起生活的监护人，也应当履行监护人职责，或者委托其他人代为履行监护人职责。

没有前一次序的人担任监护人的，由后一次序的人担任监护人。

第四百三十九条　对担任监护人有争议，都愿意担任监护人，或者都不愿意担任监护人的，由具有监护资格的人协商解决。协商确定监护人时，被监护人有识别能力的，应当考虑和尊重被监护人的意愿。协商不成的，由被监护人住所地的居民委员会、村民委员会与民政基层组织根据更有利于被监护人的原则从法定次序的有监护资格的人中指定监护人。对指定不服提起诉讼的，由法院裁决。

第四百四十条　没有法律规定次序的人担任监护人的，由愿意承担监护职责，与需要监护的人的关系密切的其他亲属或者朋友担任监护人。

但是依该条担任监护人的，需经被监护人住所地的居民委员会、村民委员会与民政基层组织同意。符合收养条件的，可以依法办理收养手续。

第四百四十一条　需要监护的人没有具有法定监护资格的人，也没有人愿意为其作监护人的，由需要监护人住所地的居民委员会、村民委员会与民政基层组织协商，确定监护人。协商不成的，由民政组织履行监护人职责。

第四百四十二条　监护人不履行监护职责或者滥用监护职权，致被监护人的生命健康受到严重威胁或损害的，经其他具有担任监护资格的人或者有关组织申请，由法院撤销其监护资格，并重新确定监护人。

第四百四十三条　被监护人具有完全民商行为能力之日起，法定监护关系终止。

被监护人死亡的，法定监护关系终止。

第二分节　意定监护人的确定[1]

第四百四十四条　自然人年老或者患有疾病，预料自己将来不能清醒处理自己的人身和财产事务的，有权根据自己的意思为自己确定将来的监护人。

第四百四十五条　自然人为自己确定将来的监护人的，应当采用书面形式。意定监护人可以是行为人的亲属、朋友或者组织。

第四百四十六条　意定监护人同时具有法定监护人资格的，按照意定监护人确定。

第四百四十七条　在出现或者符合进行意定监护的条件时，意定监护人应当忠实履行监护职责。意定监护人违背监护职责，严重侵害被监护人利益的，经有关个人或者组织申请，撤销其监护资格，按照法定监护的规定重新确定监护人。

第九章　家户与亲属会议

第一节　户与户主

第四百四十八条　以户籍为单位，登记于同一户籍者，为一户或者一家。一家分为数家的，可以另立户籍，并可以编写或者续编家谱。

第四百四十九条　父母在，未婚之男女，另立户籍者，须征得父母同意。男女结婚之后，可以凭身份证书和结婚证书另立户籍，无须父母同意。

第四百五十条　每户，需一人为户主或者家长。

户主或家长，由户籍簿中登记为户主或家长者担任。户主或家长缺位时，由尊长者替补担任。尊长者不愿意担任的，由次尊长者担任，并登记为新的户主。

第四百五十一条　与家长或户主登记于同一户籍簿的亲属，为家属。虽与户主登记于同一户籍并共同生活，但非户主之亲属者，为寄养或者暂住成员。

第四百五十二条　家属以个人名义所得的财产，为其个人财产。

---

〔1〕　我们将监护从监护产生的根据区分为法定监护和意定监护，而不采老年人监护之说。因为老年人监护是从年龄上来说的，相应地就要有其他监护的种类。老年人根据自己的意愿安排所谓的监护，实际上更具有委托或者信托的意义，更具有合同契约之性质。即使不从监护的角度规定，也完全可以利用合同契约制度把自己的事务安排好。所谓的意定监护中还包括有的人患病，预感不佳，而通过事先与人签订合同来契约安排人身财产事务的情形。因此，意定监护科学方便，没有任何歧视，同时也更加反映和贯彻了民商法的平等自愿原则。

家长赠与家属个人的财产，为家属个人所有。

第四百五十三条　家庭中，可以有属于家庭全体成员共同所有的家产。对于家产，家长可以亲自进行管理，也可以委托家属成员管理。

家属成员对于家产有为家庭利益使用家产的权利和进行维护管理的义务。

第四百五十四条　家长与家属，有互相扶助扶养的义务。

一起生活的家庭成员，有独立收入的，应当向家庭交付适当的生活费用。

第二节　亲属会议

第四百五十五条　家庭遇有重大事务或者发生有关争议不能自行解决的，可以召开亲属会议。

第四百五十六条　亲属会议成员，由当事人、家长、监护人、长辈亲属组成。

第四百五十七条　亲属会议成员人数，须为三人至七人。

第四百五十八条　亲属会议议事，由家长或者其他尊长者主持。

议事应当平等民主，友好协商，不得违反法律、不得违背善良风俗和社会公德，不得损害社会公共利益和他人利益。

第四百五十九条　亲属会议形成的决定，亲属会议成员应当遵守执行。

亲属会议形不成统一意见或者当事人反悔或拒不执行的，由主持人告知相关当事人，申请基层社会组织调解解决，或者向人民法院诉讼解决。

第十章　人身证书

第一节　一般规定

第四百六十条　人身证书是用以证明民商主体的人格或者身份状况的书面文书。在民商事活动中，依照法律规定或者当事人约定，需要提供证书以证明自己的人格或者身份的，应当提供相关证书。

第四百六十一条　人身证书具有法律规定性和普遍适用性，民商主体已经提供有相关证明文书的，任何人不得要求其再提供其他相同或者类似的证明材料。

第四百六十二条　民商主体的人身证书由本人持有和使用，不得转让、出租或者转借他人使用。不得抵押、质押，不得非法扣押和没收。

第四百六十三条　出具或者签发人身证书，应当根据规定，如实反映实际情况，不得弄虚作假。

第二节　人格身份证书

第四百六十四条　出生证书用于记载自然人的出生状况，内容包括新生儿的姓名，性别，出生的时间、地点，体重、身长等主要健康状况，出生者父母的姓名、住址、身份证号等主要内容。出生证书由新生儿出生所在医院做出，或者由基层组织做出。

第四百六十五条　户籍证书以户为单位，用以证明家户成员状况及其相互关系。由户籍管理部门核发。户籍证书的内容包括户主的姓名、性别、民族、国籍、出生地、出生时间，家户成员各自的姓名、性别、民族、国籍、出生地、出生时间、地点，与户主的关系。

第四百六十六条　身份证书，由公安机关按照户籍登记簿核发给年满16周岁的公民。居民身份证在全国范围内统一编号，唯一固定，终身不变。身份证书号码不得重复。身份证书依法领取和使用，不得转借、质押或者扣押。丢失身份证的，应当按照规定补办。

第四百六十七条　婚姻证书包括结婚证书和离婚证书，用于证明男女之间的婚姻状况。在计划生育、财产保险、债务清偿、财产继承等关系中，必要时由当事人提供婚姻状况证明。

不得要求自然人提供未婚证明。

第四百六十八条　死亡证书，记载自然人死亡状况。在医院死亡的，须由医院做出，内容包括死者姓名、性别，死亡的时间、地点、死亡原因。

不是在医院死亡的，由死者亲属申请死者所在地基层组织或者医疗机构出具死亡证明。非正常死亡的，由公安或者相关部门出具死亡证书。

根据死亡证书，注销死者的户籍。

第三节　资格身份证书

第四百六十九条　营业证书用以证明民商主体的经营资格和经营范围。国家对营业证书进行简化手续，实行多证合一，一证多用的营业证书制度。

第四百七十条　水平资格证书，用以证明行为人在特定方面的水平和资格。水平资格证书包括：学历证书，学位证书，计算机等级证书，语言水平证书，司法资格证书等。

第四百七十一条　职业能力证书，用以证明行为人从事特定职业的实际能力的证书。职业能力证书包括：驾驶证、教师资格证、医师资格证、会计师执业证、律师执业证 、记者证、海员证、导游证、司炉证、焊工证、法官证、检察官证、军官证、士兵证等。

第四百七十二条　特殊群体成员证书，用以证明行为人为特定组织成员的证书。依此在民商活动中依法可以享受某种优惠待遇。这类证书有：学生证，老年证、残疾人证、失业证等。

第四百七十三条　荣誉证书，是由国家或社会组织核发的用以证明行为人获得某项嘉奖或者奖励的证书。

自然人和法人等单位组织可以取得荣誉证书，并在民商活动中，有权使用自己的荣誉证书。

第三编 物产权（物权）[1]

第一章 总 则

第一节 物的种类

第四百七十四条[2] 物为物权客体。物与民商主体对物进行支配的权利，适用通则编与本编之规定。

第四百七十五条 物因自然属性，有不可繁衍滋生之物与可繁衍滋生之物。不可繁衍滋生之物，在人类社会及其代际之间应当合理开发和节约利用。可繁衍滋生之物，应当尊其繁衍规律，合理发展利用。[3]

第四百七十六条 可自然繁衍滋生出新物者，为原物。由原物自然繁衍滋生出之新物，为孳息物。果树为原物，果实为孳息；母牛为原物，犊牛为孳息。[4]

第四百七十七条 具有共同特质，能以相同品种规格之物所替代者，为可替代物。不具有共同特质，或者不能以相同品种规格的物进行替代者，为

---

〔1〕 第一编“通则编”，发表于《晋阳学刊》2016年第3期，共226条；第二编“人身权编”，发表于《晋阳学刊》2017年第1期，共247条；两编合计473条。

〔2〕 对所拟条文，仍采连续方式。第二编最后为第473条；本编以第474条开始。并言明与“通则编”民商客体章中有关对物的规定和民商权利章中有关对物的权利的规定相衔接。

〔3〕 贯彻资源节约、绿色环保、生态文明之理念，且系对物之分类之创新。我国民间自有“劝君不食四月鱼，万千鱼仔在腹中；劝人不打三春鸟，子在巢中待母归”的明理之说。当今社会，对捕鸟的种类数量已有规定。但对于异草奇花采挖则有分歧。某人在山中采挖兰草14棵，被当地民警蹲守3小时抓获处理。

〔4〕 孳息物，简称为孳息。此处之孳息仅指传统民法理论中的天然孳息，剔除了传统民法中所谓的法定孳息。因为租金利息等所谓法定孳息，并非原物所生，且完全根据契约而定，发生于特定当事人之间，应归债权法，而不属物权法。参见王明锁：“对孳息的传统种类及所有权归属之检讨”，载《法商研究》2015年第5期。

不可替代物。[1]

第四百七十八条　允许民商主体所有并可在其间自由流转的物，为自由流通物。允许民商主体所有但在其间于物的数量、流通时间或程序方式上予以限制的物，为限制流通物。[2]禁止民商主体所有或禁止其流转的物，为禁止流通物。

禁止流通物包括：（一）枪支弹药；（二）毒品；（三）象牙、珊瑚等法律规定禁止流通的生物制品；（四）有害生物；（五）法律规定的其他禁止流通物。

第四百七十九条　可进行实物分割或者分割后并不影响其使用用途和价值的物，为可分物。不可实物分割或者分割后有损其使用用途和价值的物为不可分物。

对不可分物，应当以折价、补偿或者变价的方式分割。

第四百八十条　物因使用即改变或者丧失其原有性能形态的，为消耗物。物因使用并不改变或者丧失其原有性能形态的，为非消耗物。

第四百八十一条　物相互独立，在共同使用中起主要作用的，为主物；在共同使用中起辅助作用的，为从物。

第四百八十二条　依法专门归属于特定民商主体所有的物，为专有物。可属于任何民商主体所有的物，为非专有物。

专有物依照本法及其他法律确定。

第四百八十三条　具有所有权主体的物，为有主物。没有所有权主体的物为无主物。对于无主物，依照本法确定其所有权。

对于物权主体归属不明的物，依照本法明确其物权归属。[3]

第四百八十四条　界石、界桩、界标、警示标识等物，具有神圣性，非依合法程序任何人不得移动或者毁损。

第四百八十五条　物也称财产。一切实物财产，或为动产（可动物），或

---

〔1〕 此处不采传统民法中特定物和种类物的说法。因为作为物权的客体，其实都是特定的。因此传统民法把特定化了的种类物也作为特定物，已经使此种分类失去了意义。

〔2〕 如中药中之雄黄之类，可谓限制流通物，按照规定只能由特定的医院和药店经营出售，特定之药店凭医生个人处方还无权销售给患者，另须基层组织证明患者用该物用途才可销售。凭基层组织证明的必要性和可行性值得研究，与当今行政权简化亦有不合。似应凭中药处方和患者居民身份证即可销售为妥。上述鸟草之类的物种，也有属禁止流通和限制流通物之说；政府组织销毁珊瑚、象牙等生物制品，即属禁止流通物之列。

〔3〕 此处包括所有权主体明确，但他物权主体归属不明的情形。

为不动产（不可动物）。一切虚拟财产，皆视为动产。

第四百八十六条 不能移动或者强行移动后即有损其经济价值的物，为不动产。土地及定着于土地的自然物、植物和建筑物，为不动产。

建筑施工中被整体移动之建筑物，仍为不动产。

第四百八十七条 能够移动且不会造成其价值损害的物，为动产。

车辆、船舶、航空器等为动产。

第四百八十八条 尚未收获的种植物及尚未收摘之果实，与之所附着的土地和果树一起为不动产。种植物或者果实，一经收获、摘落，即为动产。

与矿藏分离之矿产品、与水源分离之水产品，为动产。

第二节 物权类型

第四百八十九条 因物权客体，将物权区分为不动产物权和动产物权。

根据物的类型价值，对不动产物权和动产物权采取不同的公示和管理方式。

第四百九十条 与社会主义公有财产制为主体、多种所有制经济共同发展的基本经济制度相适应，规定物权形式，满足民商主体实际需求，促进社会经济繁荣和文明进步。[1]

第四百九十一条 所有权是物权的基本类型和形式。

所有权包括国家、集体和法人、非法人组织、家户、自然人个人等多种所有权类型。

第四百九十二条 所有权是其他物权的产生基础。他物权根据所有权的内容权能与所有权人的分离情况产生，是民商主体对他人的物进行支配的权利。

他物权包括对归属于他人所有的物进行支配的控占权、占用权、用益权和经营权四种基本类型。[2]

第三节 物权效力

第四百九十三条 依本法成立之物权，受法律保护，任何人不得侵害。

非依本法规定的物权种类和内容设定物权，不违反本法典所定基本原则，

---

[1] 此规定以《宪法》第6条为根据。《宪法》第6条规定：“中华人民共和国的社会主义经济制度的基础是生产资料的社会主义公有制，即全民所有制和劳动群众集体所有制。……国家在社会主义初级阶段，坚持公有制为主体、多种所有制经济共同发展的基本经济制度，……”

[2] 此规定与《通则编》第142、143条相衔接。参见《晋阳学刊》2016年第3期。

对民商主体及社会公益和国家利益无损害的，承认其效力。[1]

第四百九十四条　物权具有归属于特定民商主体的效力。

物权人对归属于自己的物具有支配的效力，并排除他人的侵害和非法干涉。

第四百九十五条　民商主体不得在一物之上设立性质或者内容相互冲突的物权。物权冲突无法实现其目的的，由造成物权冲突的行为人承担民商法律责任。

第四百九十六条　一物之上的数个物权，以各个物权发生的时间次序确定其效力。但法律另有规定或者当事人另有约定的除外。[2]

第四百九十七条　对物权内容进行限制，得依法律规定或者契约约定。

第四百九十八条　物权的取得、行使、转让和消灭，依法律规定发生效力。

第四百九十九条　对物权进行转让的，就同一物具有其他物权的人在同等条件下具有优先受让的效力。

第五百条　以取得物权为目的的，从取得人对物进行控占时起，发生物权效力。但法律另有规定或者当事人另有约定的除外。

原因行为无效或者对物未能交付而没有发生物权取得效力的，有过错的

---

〔1〕 2017年12月16日至17日《今日说法》报道了“三次审判”：甲与乙为婆媳，甲有房产一套，乙自结婚即在该房居住，甲为偿还银行贷款而未告知乙，将该房出卖给了丙（订立了合同并办理了房产过户手续）。丙提起诉讼，要求甲、乙交付房屋。后乙又以自己对该房享有居住权向法院起诉甲、丙，要求确认买卖合同无效而返还房屋。法院对此两次审理分别判决：一是判决乙应当腾房，向丙交付；二是判决乙不享有居住权，驳回乙的诉讼请求。对此，乙提起上诉，二审法院判决卖房合同有效，乙不享有居住权，应当腾房。有关专家解释认为：因为《物权法》没有规定居住权，甲、乙只能是房屋借用关系，故法院不予保护。（哪里有房屋借用契约？乙居住房屋不是对房屋进行支配?）若依笔者研究，正确的理由应当是：甲乙之间根本不存在借用问题，不能不顾事实而无中生有；乙享有的就是居住权；法律没有规定居住权，并不代表实际生活中就没有居住权的存在；关键的问题在于居住权是他物权，是根据所有权（自物权）产生的；居住权得依所有权人的意思产生，也可依所有权人的意思消灭；居住权不能损害所有权人的利益。故法院判决认为乙不享有居住权，并不等于实际中就没有居住权。既然有居住权，所有权人要出卖房屋时，就应当告知居住权人并与其协商以后的居住问题。三个判决的核心都是维护了房屋所有权人的所有权，而忽视了居住权人的利益。此缺憾或不足造成的困难实际上是留给了执行阶段，执行庭人员在执行中实际上重新担当起了审判人员的作用。故执行庭多次调解，以甲之孙女（乙之女儿）为共同情感纽带，使甲乙双方沟通，化解矛盾，并由甲为乙解决居住问题。最后实际上也是甲承认未通知乙就简单卖房的行为欠妥。此案例也充分说明了居住权的现实性和排除物权法定的必要性。

〔2〕 以上两条倡导诚信、避免欺诈。如前注释中所列买卖房屋例，即不得使房屋所有权和房屋居住权发生冲突。居住权在先，新所有权在后，后者应当尊重前者。对所生矛盾冲突，有过错之卖房人应当承担责任。

当事人应当承担法律责任。

第五百零一条 物的交付以现实交付的方式进行。物由一方控占转交由另一方控占的，为现实交付。但是根据当事人约定或者交易习惯进行的交付，也发生现实交付的效力。

通过电子系统交付的，以电子系统规定的显示交付时间发生交付效力。

第五百零二条 民商主体自对物控制占据时起，具有物权效力，受法律保护。但是对物进行非法控制占据者除外。

对控制占据之物的归属有争议的，依照法律规定确定其物权归属。

第五百零三条 因合法建造、拆除、毁弃等方式取得或者消灭物权的，自该事实行为完成时发生效力。

人为因素或自然因素，使物权发生或者消灭的，从物生成或者灭失时发生效力。

第五百零四条 因继承或者受遗赠取得物权的，自被继承人死亡时发生效力。

第五百零五条 因法律文书或者行政决定，导致物权取得、转让或者消灭的，自法律文书或者行政裁决决定的生效时间发生效力。[1]

第二章 所有权（自物权）

第一节 一般规定

第五百零六条 所有权是民商主体依法对归属于自己的财产进行占有、使用、收益和处分的权利。所有权人对自己的物有权进行完全的支配，但应当遵守本法规定的权利行使原则。

所有权人得排除任何组织或者他人的非法干涉；非依法律规定，任何组织或者个人不得限制、侵害或者剥夺他人的财产所有权。

第五百零七条 所有权人有权在自己的不动产或者动产上设立他物权。所有权人设立有他物权的，应当尊重他物权人的权利。他物权人行使权利，不得损害所有权人的利益和其他人的利益。

第五百零八条 法律规定专属于国家所有的不动产和动产，其他主体不能取得和享有所有权。

第五百零九条 为了公共利益的需要，依照法律规定的权限和程序国家

---

〔1〕 判决的生效时间与判决中决定的物权转移时间不一定是同一时间。

可以征收集体所有的土地和单位、个人的房屋及其他不动产。

征收集体组织或者农户所有的土地，[1]应当依法足额支付土地补偿费、安置补助费、地上附着物和青苗的补偿费等费用，安排被征地农民的社会保障费用，保障被征地农民的生活，维护被征地农民的合法权益。

征收单位、个人的房屋及其他不动产，应当取得所有人的同意，并应当依法给予拆迁补偿，维护被征收人的合法权益；征收个人住宅的，还应当保障被征收人的居住条件不被减少和降低。

任何单位和个人不得贪污、挪用、私分、截留、拖欠征收补偿费等费用。

第五百一十条 国家对耕地实行特殊保护，严格限制农用地转为建设用地，控制建设用地总量。不得违反法律规定的权限和程序征收集体所有的土地。

第五百一十一条 依法限制将影响资源环境的林地、山地、草地、湿地等转变为工商业等建设用地，严格保护水土资源和空气质量，坚守科学发展理念，维护生态环境，建设美丽家园。

第五百一十二条 因抢险、救灾等紧急需要，依照法律规定的权限和程序可以征用单位、个人的不动产或者动产。被征用的不动产或者动产使用后，应当返还被征用人。单位、个人的不动产或者动产被征用或者征用后毁损、灭失的，应当给予赔偿。

第二节 国家所有权

第五百一十三条 法律规定属于国家所有的财产，属于国家所有即全民所有。国家所有的财产由国务院代表国家行使所有权；法律另有规定的，依照其规定。

第五百一十四条 矿藏、水流、湖泊、海域，无线电频谱资源、国防资产属于国家所有。

第五百一十五条 城市的土地，属于国家所有。法律规定属于国家所有

---

〔1〕 依笔者专门研究，在集体土地方面，农户可以是集体经济组织的一种形式，这并不意味着对农村集体土地所有权的改变。改革时根据国家政策将土地平均分配给农户，农户土地本质上都是一种责任田，是农村集体土地承包责任制。“责任”一词说明农户对集体土地行使权利是按照国家政策和集体组织的统一安排进行的。现在强调土地承包责任制（土地承包经营权）长期不变，也说明与无期限权利的接近。如此也容易与民法传统物权的自物权与他物权的二分制契合（对此有不同认识，也完全属于学术研究的范畴）。

的农村和城市郊区的土地，也属于国家所有。

第五百一十六条 森林、山岭、草原、荒地、湿地、滩涂等自然资源，属于国家所有，但法律规定属于集体所有的除外。

第五百一十七条 法律规定受国家保护的珍贵的动物和植物，属于国家所有。

第五百一十八条 法律规定属于国家保护的文物，属于国家所有。

第五百一十九条 铁路、公路、电力设施、电信设施和油气管道等基础设施，依照法律规定为国家所有的，属于国家所有。

第五百二十条 国家机关法人对其支配的不动产和动产，享有占有、使用以及依照法律规定进行收益和处分的权利。

第五百二十一条 国家举办的事业单位法人对其支配的不动产和动产，享有占有、使用以及依照法律规定进行收益和处分的权利。

第五百二十二条 国家出资的企业法人，由国务院、地方人民政府依照法律、法规规定分别代表国家履行出资人职责，享有出资人权益。

第五百二十三条 国家所有的财产受法律保护，禁止任何组织或者个人侵占、哄抢、私分、截留、破坏。

第五百二十四条 履行国有财产管理、监督职责的机构和工作人员，应当依法加强对国有财产的管理和监督，促进国有财产使用效率、保值增值，防止国有财产遭受损失，防止自然资源和生态环境遭受破坏。

滥用职权，玩忽职守，造成国有财产损失和自然资源破坏的，应当依法承担法律责任。

第五百二十五条 占有和使用国有财产的，应当遵守国有财产管理规定。违反国有财产管理规定，在企业改制、合并分立、关联交易等过程中，低价转让、合谋私分、违法担保或者以其他方式造成国有财产损失的，应当依法承担法律责任。

第三节 集体组织所有权

第五百二十六条 集体所有权最初来源和成就于农村土地改革和农村土地等生产资料的合作化与集体化，是新中国农村变革的根本成果。农村土地集体所有权是集体所有权的基础，是社会主义公有制的重要组成部分。国家保护社会主义公共财产，禁止侵占和破坏集体财产。

第五百二十七条 农村土地集体所有权实行以村、组、户为基础的多种所有权形式。村民小组为初始的和基本的集体所有权主体；农户（家庭）是在村民小组基础上形成和广泛存在的集体所有权主体[1]；村委会集体经济组织和乡政府集体经济组织也可以是农村集体所有权的主体。

农民集体所有的财产，属于本集体经济组织成员集体所有。

第五百二十八条　对农村集体的土地等不动产，实行集体组织所有权、农户所有权和他物权人经营的权属管理经营方式。

集体经济组织对集体的土地等自然资源统一享有所有权的，为集体公有制的集中所有权形式。将集体的土地等自然资源分配或承包给本集体的农户（家庭）分别享有所有权的，为集体公有制的分散所有权形式。

第五百二十九条　集体所有的财产包括：（一）法律规定属于集体所有的土地和森林、山岭、草原、荒地、湿地、滩涂等自然资源；（二）集体所有的

---

〔1〕中华人民共和国成立后，经过互助组、合作社（初级社、高级社）和人民公社，形成了长期以队（生产队）为基础的三级（生产队、生产大队、人民公社）集体所有制模式。后来，改革的春风从农村吹起，土地被联产承包到户；人民公社撤销改为乡镇政府；生产大队改为村委会一级（为便于管理，有的生产大队分改成了几个村委会）；原来的生产队（生产小队）改为了村民小组。农村集体组织（村委、村民小组）依照农村土地承包法和相关政策与村民小组内的农户家庭签订承包合同，谓“农村土地家庭联产承包责任制”，故家庭和农户也成了集体土地财产所有权的重要施行主体。农户对土地承包经营的权利，在民法中被长期称为土地承包经营权，当今也有主张改称为资格权、社员权、身份权或者承包权的。在深化农村土地改革中，提出三权分置的概念，即指所有权、承包权、经营权分置。这与传统民法理论中的自物权和他物权的二元结构体系难以契合。承包权属于自物权还是属于他物权？从农村土地集体所有权的来源、变革过程、农户与集体的关系、承包合同的性质、农民对集体土地行使权利的状况、改革发展目标等方面考虑，笔者将农户对土地的承包支配经营看作是集体行使所有权的一种方式，是农村土地集体所有权的一种新形式，是由原来的“三级所有”制模式变成了“四级所有”制模式，是集体所有权模式的深化与下沉，是集体所有权主体的落地生根，即属于自物权的性质和范畴，农户对土地享有的是所有权。但是，农户对土地的所有权并不会因此而等同于集体所有制模式形成前的私有制条件下的土地私有权制度。其间最重要的区别在于：私有制条件下农民对土地的所有权是不平等的，是不能变更的，是来源于私自获取的；其趋势是一部分农民被迫与土地脱离而成为无产者和贫困者（正因如此，在中国完成民主主义革命后，即逐步进行社会主义改造，实行合作社，引导农民步入了公有制的社会主义道路）。而现在的农户所有权，其主体是集体组织的农户，农户是农村集体的组成部分；其土地来源是依照法律规定按照农户的人口进行分配承包的；所占有支配的土地数量质量是平等和平均的；对土地的所有权虽然是长期的，但不是永久不可变更的；对土地所有权的行使是必须符合农村土地使用用途的；农户需将土地使用权转让他人时，所转让的只是所有权中的部分权能（经营权），而不是土地所有权；农户对土地的所有权只有在农户自愿放弃或遇其他原因时方可消灭；农户对土地自愿放弃所有权或者农户无人对土地行使所有权时，土地仍回归于农村村民小组等集体组织，即农户的上级集体组织。因此，承认农户对承包支配土地的所有权，不是对集体土地所有权的否定，也不会对农村土地集体所有权的公有制构成威胁和破坏，并且还会使这项制度成为不同于私有制为基础的传统民法中的所有权制度，使之具有中国民商法中的又一项特色。如此探索也符合党的十九大关于深化农村集体土地产权制度改革的精神。

建筑物、生产设施、农田水利等设施；（三）集体所有的教育、科学、文化、卫生、体育等设施；（四）集体所有的企业财产及其他财产。

第五百三十条 农民集体行使财产所有权，为下列事项时，应当依照法定程序经本集体组织成员共同决定：（一）接纳外乡村民为本集体成员；（二）土地等自然资源的分配、发包、收回、调整方案；（三）将土地等自然资源承包给本集体以外的组织或者个人经营；（四）个别土地等自然资源承包经营权人之间承包关系的调整；（五）土地征收补偿费等费用数额的确定、使用、分配办法；（六）集体出资的企业的所有权变动等事项；（七）法律规定或者集体组织三分之一以上成员认为应当共同决定的其他事项。

第五百三十一条 集体财产所有权的行使方式可以依照法律规定或者集体组织成员的共同约定，进行集体组织统一经营或者集体成员分散经营，也可以采取入股、合作、合伙等多种适合的方式进行经营。

第五百三十二条 对于不同集体组织的财产，由不同的集体组织依照规定分别行使所有权：（一）属于村农民集体所有的，由村集体经济组织成员会议直接行使或者由村民委员会代表集体经济组织成员行使。村民委员会代表行使的，必须经村集体经济组织全体成员三分之二以上成员同意。（二）分别属于村内村民小组农民集体所有的，由村内各该集体经济组织成员会议或者村民小组代表集体行使所有权；（三）属于乡镇农民集体所有的，由乡镇集体经济组织代表集体行使所有权。

第五百三十三条 集体组织对其财产行使集体所有权的方式，由集体组织成员根据法律规定，视集体组织的成员状况、财产状况、有利于农民、农村、农业的发展利益自愿决定。

集体经济组织、村民委员会或者其负责人做出的决定侵害集体成员合法权益的，受侵害的集体成员有权请求上一级基层组织予以撤销或者向人民法院提起诉讼。

第五百三十四条 集体经济组织或者村民委员会、村民小组应当依照法律、行政法规以及章程、村规民约行使权利并向本集体成员公布集体财产的状况，接收村民的监督。

第五百三十五条 集体所有的财产受法律保护，禁止任何组织和个人侵占、哄抢、私分、截留、破坏。

第五百三十六条 城镇集体所有的财产，依照法律、行政法规的规定由本集体组织享有占有、使用、收益和处分的权利。

第五百三十七条 由集体的土地等自然资源所有权产生的其他物权，依照本法关于他物权的规定。

第四节　农户集体土地所有权[1]

第五百三十八条　农户为农村农业的重要生产单位，为集体所有权主体的底层形式。集体土地是农村集体最重要的基本财产。农村集体组织根据法律规定，将集体土地分配给集体组织内部的农户（家庭）进行种植和支配。农户对集体组织分配承包给自己的集体土地分别享有所有权。

第五百三十九条　农户集体土地所有权的主体应当是农村集体组织的成员，具有农村集体社员或者村民的资格和身份。

农户成员的资格和身份根据其户籍登记记载确定。

第五百四十条　农户集体土地所有权的客体包括农村集体组织根据法律规定分配承包给农户的集体土地。但是也可以是土地以外的森林、山林、草原、荒地、滩涂等自然资源。

第五百四十一条　农户取得集体土地所有权，以农户户主代表农户与农村集体组织签订集体土地分配或承包合同为依据，并应当为农户颁发农户集体土地所有权证书。农户已经取得的土地承包经营权证书与农户集体土地所有权证书具有同等的法律效力。

第五百四十二条　农户集体土地所有权主体以户为单位，农户每个成员都是农户所有权主体的组成部分。农户成员的增减不影响农户土地所有权的变化。

第五百四十三条　农户对集体土地行使所有权，不得违背法律规定和土地分配承包合同的约定。

第五百四十四条　农户对享有所有权的集体土地，有权自己直接耕种经营，有权转让给其他人耕种经营，也可以以投资、入股等方式交由农业合作社或者公司经营。

农户直接种植经营或者使经营权与农户所有权分离经营，均由农户自主决定。

---

〔1〕将集体土地承包分配到农户，已经是今非昔比。既非孙中山的“耕者有其田”，也非毛泽东1929年所言的“分田分地真忙”。此时的分田到户，是将农民集体公有的土地分配到农户，让农户对集体公有土地承包，让农户对集体公有土地直接行使所有权，让农户对集体公有土地进行看护种植与经营，是实现集体土地所有权的一种新形式，是对集体土地所有权行使和管理方法的改进，这既是一种权利和利益，更是一种主人身份和义务责任的落实。“责任田”的概念是对农户集体土地所有权的一种恰当表达。

第五百四十五条 农户有权取得因土地而产生的相关收益，有权直接以农户的名义领取国家对土地种植的各种补贴或者享受相关的优惠待遇。

农户将土地使用权转让其他人经营的，所享受的补贴和优惠待遇，由农户和经营权人在契约中约定，无约定或者约定不明确的，由农户土地所有权人享有。

第五百四十六条 农户土地所有权保持长期不变。但农村土地专门法有特别规定或者农户所在集体全体农户另有特别约定或者同意的除外。

在农户土地所有权分配承包的期限内，上一级集体组织不得收回或者调整改变农户土地所有权。

第五百四十七条 新入户的村民成员，分配承包集体土地的，由做出接纳该农户的集体组织依照分配承包土地的程序进行。

第五百四十八条 农户集体土地所有权可以在农户家庭内部的成员之间和村民小组集体组织内部的农户之间发生转移。

第五百四十九条 农户全体成员转为城镇固定人口，其户口迁往市镇的，农户丧失农村社员和村民委员会村民的资格，所分配承包的土地所有权交回所在农村集体组织。

第五百五十条 农户自愿放弃其集体土地所有权，或者农户因故无人继续享有所有权的，农户土地所有权消灭，所在集体组织应当收回该农户的土地所有权。

第五节　法人与非法人组织所有权

第五百五十一条 法人对其所有的不动产和动产依照法律或者章程的规定享有占有、使用、收益和处分的权利。

第五百五十二条 国家、集体和个人依法可以出资设立有限责任公司、股份有限公司或者其他企业法人。

投资人对所投入企业法人的财产，按照规定或者出资比例享有资产收益、重大决策以及选择经营管理者等权利并履行义务。

第五百五十三条 非法人组织中的独资企业、合伙企业、家户企业，依照法律规定或者当事人约定，对归属于自己的财产享有所有权。

其他的非法人组织，有归属于自己的财产时，依照法律规定或者当事人约定，对财产享有所有权。可以由非法人组织的负责人代表非法人组织行使

所有权，也可以由非法人组织的全体成员共同决定行使所有权。〔1〕

第六节　个人所有权

第五百五十四条　自然人个人对其合法的收入、房屋、生活用品、生产工具、原材料等财产依法享有所有权。

第五百五十五条　私人合法的储蓄、投资及其收益受法律保护。

第五百五十六条　个人依法对其财产享有占有、使用、收益和处分的权利。

私人的合法财产受法律保护，禁止任何组织或个人侵占、哄抢、毁损、破坏。

第五百五十七条　公民个人有权对自己的合法财产利用契约或者遗嘱的方式进行处置。

自然人对其财产的处置、移转、处理和保护，依照债编和继承编的规定。

第七节　共同所有权

第五百五十八条　同一财产可以由两个以上的民商主体共同享有所有权。包括按份共有和共同共有。

第五百五十九条　按份共有人对共有的财产按照其份额享有所有权，并分担义务。

第五百六十条　共同共有人对共有的财产共同享有所有权，并共同担负义务。

第五百六十一条　共有人按照约定管理共有的财产；没有约定或者约定不明确的，各共有人都有管理的权利和义务。

第五百六十二条　处分共有财产以及对共有财产作重大改变的，应当经占份额三分之二以上的按份共有人或者全体共同共有人同意，但共有人之间另有约定的除外。

第五百六十三条　对共有财产的管理费用以及其他负担，有约定的，按

---

〔1〕在民商主体的类型上，笔者曾使用非法人企业的概念，包括独资企业、合伙企业和家户企业，而没有使用非法人团体或非法人单位、非法人组织的范畴，以为可以满足市场经济之需。参见“中国民商法典编纂的重大疑难问题——附《中华人民共和国民商法典“通则编”草案建议稿》（黄河版）”，载《晋阳学刊》2016年第3期。但在继续的研究中，笔者对非法人企业之外的非法人组织进行考察，认为规定非法人组织也是有意义的。如有的学校的院系也有自己的资金收入。另外，在知识产权主体方面，以非法人组织的名义享有权利者也可存在，如课题组。这些都难以用法人和非法人企业概括。从逻辑上讲，用非法人组织似乎更为周全。

照约定；没有约定或者约定不明确的，按份共有人按照其份额负担，共同共有人共同负担。

第五百六十四条 共有人约定不得分割共有的财产，以维持共有关系的，应当按照约定，但共有人有重大理由需要分割的，可以请求分割；没有约定或者约定不明确的，按份共有人可以随时请求分割，共同共有人在共有基础丧失或者有重大理由需要分割时可以请求分割。因分割对其他共有人造成损害的，应当承担民商责任。

第五百六十五条 共有人可以协商确定共有财产的分割方式。达不成协议，共有财产属于可分物的，可以对实物予以分割；属于不可分物的，应当采取折价或者变卖的方式进行分割。

第五百六十六条 按份共有人可以转让其享有的共有财产份额。其他共有人在同等条件下享有优先购买的权利。

第五百六十七条 因共有财产产生的债权债务，在对外关系上，共有人享有连带债权、承担连带债务，但法律另有规定或者第三人知道共有人不具有连带债权债务关系的除外；在共有人内部关系上，除共有人另有约定外，按份共有人按照份额分享权利、分担义务，共同共有人共同享有债权、承担债务。偿还债务超过自己应当承担份额的按份共有人，有权向其他共有人追偿。

第五百六十八条 共有人对共有财产没有约定为按份共有或者共同共有，或者约定不明确的，除共有人具有家庭关系外，视为按份共有。

第五百六十九条 按份共有人对共有财产享有的份额，没有约定或者约定不明确的，按照出资额确定；不能确定出资额的，视为等额享有。

第五百七十条 家庭关系中因夫妻身份所产生的财产关系，除特别约定外，为共同共有，适用人身权编中夫妻财产关系的规定。

第五百七十一条 两个以上的民商主体共同享有其他物权的，参照本节共同所有权的规定。

第八节 业主的建筑物区分所有权

第五百七十二条 业主对建筑物内的住宅、经营性用房等专有部分享有所有权，对专有部分以外的共有部分享有共有和共同管理的权利。

第五百七十三条 业主对其建筑物专有部分享有占有、使用、收益和处分的权利。业主行使权利不得危及建筑物的安全，不得损害其他业主的合法权益。

第五百七十四条　业主对建筑物专有部分以外的共有部分，享有权利，承担义务；不得以放弃权利的方式不履行义务。

业主转让建筑物内的住宅、经营性用房，其对共有部分享有的共有和共同管理的权利一并转让。

第五百七十五条　住宅街区内的道路、绿地为公共财产。业主享有使用权。

封闭式建筑区划内的道路，属于业主共有，但属于城镇公共道路的除外。建筑区划内的绿地，属于业主共有，但属于城镇公共绿地或者明示属于业主个人的除外。建筑区划内的其他公共场所、公用设施和物业服务用房，属于业主共有。

第五百七十六条　建筑区划内，规划用于停放汽车的车位、车库应当首先满足业主的需要。

建筑区划内，规划用于停放汽车的车位、车库的归属，由当事人通过出售、附赠或出租等方式约定。

占用业主共有的道路或者其他场地用于停放汽车的车位，属于业主共有。

第五百七十七条　业主可以设立业主大会，选举业主委员会。

地方人民政府主管服务部门应当对设立业主大会和选举业主委员会给予指导和协助。

第五百七十八条　下列事项由业主共同决定：

（一）制定和修改业主大会议事规则；（二）制定和修改建筑物及其附属设施的管理规约；（三）选举业主委员会或者更换业主委员会成员；（四）选聘和解聘物业服务企业或者其他管理人；（五）筹集和使用建筑物及其附属设施的维修资金；（六）改建、重建建筑物及其附属设施；（七）有关共有和共同管理权利的其他重大事项。

决定前款第五项规定的事项，应当经相关建筑物总面积三分之二以上的业主同意；决定前款第六项规定的事项，应当经相关业主总人数三分之二以上的业主同意。决定前款其他事项，应当经业主总人数过半数以上的业主同意。〔1〕

第五百七十九条　业主不得违反法律、法规以及管理规约，将住宅改变为经营性用房。业主将住宅改变为经营性用房的，除遵守法律、法规以及管

〔1〕　如涉及建筑物维修资金，需按照建筑物面积决定；涉及新建设施，如对旧楼新安单元电梯，则以单元 2/3 以上户主意见决定；涉及物业管理、费用等，则以全体业主过半数以上同意决定。

理规约外，应当经有利害关系的业主同意。

第五百八十条 业主大会或者业主委员会的决定，对业主具有约束力。

业主大会或者业主委员会做出的决定侵害业主合法权益的，受侵害的业主可以请求人民法院提起诉讼。

第五百八十一条 建筑物及其附属设施的维修资金，属于业主共有。经业主共同决定，可以用于电梯、水箱等共有部分的维修。维修资金的筹集、使用情况应当公布。

第五百八十二条 建筑物及其附属设施的费用分摊、收益分配等事项，有约定的，按照约定；没有约定或者约定不明确的，按照业主专有部分占建筑物总面积的比例确定。

第五百八十三条 业主可以自行管理建筑物及其附属设施，也可以委托物业服务企业或者其他管理人管理。

对建设单位聘请的物业服务企业或者其他管理人，业主有权依法更换。

第五百八十四条 物业服务企业或者其他管理人根据业主的委托管理建筑区划内的建筑物及其附属设施，并接受业主的监督。

第五百八十五条 业主应当遵守法律、法规以及管理规约。

业主大会和业主委员会，对任意弃置垃圾、排放污染物或者噪声、违反规定饲养动物、违章搭建、侵占通道、拒付物业费等损害他人合法权益的行为，有权依照法律、法规以及管理规约，要求行为人停止侵害、消除危险、排除妨害、赔偿损失，并可以向法院提起诉讼。

业主对侵害自己合法权益的行为，可以依法向法院提起诉讼。

第三章 所有权取得

第一节 一般规定

第五百八十六条 财产所有权，通过原始取得和传来取得两类方式取得。

第五百八十七条 财产所有权取得，不得违反法律规定。

第五百八十八条 所有权取得的规定，适用于对他物权的取得。

第二节 原始取得

第五百八十九条 民商主体对特定之物或者财产第一次取得其所有权者，或者依照法律规定直接取得对财产之所有权者，为原始取得。

第一分节 先占[1]

第五百九十条 先占取得适用于对无主物的取得。对于无主物，其所有权归属于最先占有人。

最先占有人是指以自己所有的意思并且对特定无主物最先予以实际控制的人。

第五百九十一条 被所有权人放弃所有权的物，也为无主物。

第五百九十二条 对于受法律特别保护外之动物，按照其本性是野生的，其所有权归属于最先捕获之人。

在对因捕获行为而受伤易于捕获的野生动物继续捕获中，被他人捕获的，其所有权归致动物受伤者和动物捕获人共同所有。但致动物受伤而放弃捕获的，其所有权归最先捕获人。

第五百九十三条 被驯养的野生动物，脱离驯养人的占有控制而返回自然，驯养控占人对之持续追捕的，并不丧失所有权。但驯养人放弃追捕的，其所有权归新的最先捕获人。

第二分节 添附[2]

第五百九十四条 添附是指非人为因素于某物之上添加另外之物，致原物增加。添附之物的所有权归属依法律规定确定。

第五百九十五条 河流冲积致土地增加的部分，归土地所有人所有。

第五百九十六条 河中出现的岛滩归河流沿岸土地所有人所有或者经营。岛滩距离一边沿岸较近者，归该方所有或者经营。

第五百九十七条 河流改道，旧河床归占有沿岸土地的人，以各自沿岸土地的长度为比例所有或者经营。河流若又回到原来河床的，新河床重新成为占有沿岸土地的人所有或者经营。

第五百九十八条 河流将一部分土地连带土地上的生长物成块冲附于下游或邻近土地沿岸的，被冲刷土地所有人有权将被冲之物取回。但被冲地块上的生长物已在下游或邻近土地上生根或成为该土地组成部分的，则属于下游或邻近土地所有人所有。

---

[1] 对先占取得的专门研究，参见王明锁："论无主物与其所有权归属——所有权原始取得方法之先占"，载《学习论坛》2014 年第 5 期。

[2] 对添附取得的专门研究，参见王明锁："论添附与添附物的所有权归属——对我国《物权法》所有权原始取得制度的一项补充"，载《晋阳学刊》2015 年第 4 期。

第五百九十九条 河流泛滥或泥石流使土地土层增加或者形状改变的，并不改变土地性质，土地仍属于原来所有人所有。

第六百条 动产或者相关物品非人为因素而添附于他物（不动产或动产）者，以致难以辨别分离或者分离很不合算的，添附之物归被添附物一方所有人所有。

第三分节 孳息[1]

第六百零一条 孳息是由原物自然所生之新物。果实为果树之孳息，仔畜为母畜之孳息，蛋卵为禽鸟之孳息。

第六百零二条 根据契约所得利息、租金、报酬之类，不属于孳息范畴，依照债编契约法规定。

第六百零三条 取得孳息物及孳息物的所有权，当事人有约定的，按照约定。没有约定或者约定不明确的，孳息物归属于原物所有人。

第四分节 加工（生产）[2]

第六百零四条 生产或者加工是对原物的性能或者形状的人为改造，可以原始取得对产品的所有权。

产品是对原物或者材料进行生产加工而成的新的物品。

第六百零五条 通过生产或者加工取得产品与产品的所有权，依照约定或者通常规则确定其所有权归属。产品的所有权可以归属于产品原材料的所有人，也可以归属于产品生产加工人。

第六百零六条 没有约定或者约定不明而对他人原物进行生产加工，产品没有被改变性状或者产品尚能被恢复到材料原状的，产品所有权归属材料所有人。材料所有人要求恢复材料原状的，由加工人承担恢复原状的责任。

第六百零七条 产品不能被恢复到材料原状，或者恢复到原状明显浪费或者不合理的，产品所有权归属生产加工人。但应当向对方支付合理的材料费用。

---

〔1〕 对孳息的专门研究，参见王明锁："对孳息的传统种类及所有权归属之检讨"，载《法商研究》2015年第5期。

〔2〕 在传统理论中，添附一般包括附合与混合，有时还包括加工。其中的附合是指不同所有人的物的结合；混合系所有人各异之动产混为一起，难得分辨，如"来米与蓬莱米混合、葡萄酒与冰水混合及气体与气体混合"。参见谢在全：《民法物权论》（上册），中国政法大学出版社1999年版，第264页。这里，我们将附合以添附范畴取代；将并无实义价值的混合有意弃置；将具有普遍现代意义的人对物改造加工的行为以生产或者加工概括，作为所有权原始取得的一种独立方式。

第五分节　拾得遗失物

第六百零八条　遗失物包括丢失物、遗忘物、漂流物、沉没物、失散的饲养动物。

拾得遗失物，知道权利人的，应当通知权利人领取。不能通知的，送交公安部门寻找遗失人认领。

拾得遗失物后主动或者无条件返还给失主的，应当予以褒扬。

第六百零九条　拾得遗失物，不知道权利人，遗失物价值明显低微，根据常情，权利人不会找寻或者难以知道权利人或者没有必要寻找权利人的，遗失物可以归属拾得人所有，但遗失物所有人或权利人找来并要求归还者除外。

无民商行为能力人或限制民商行为能力人拾得遗失物的，交由所在学校或者监护人或者警察按照规定处理，或者专门用于善事捐赠。

第六百一十条　拾得遗失物，归还权利人的，如果事前有悬赏协议的，按照悬赏协议，权利人应当向拾得人支付悬赏费用。事前没有悬赏协议，向拾得人支付通知、保管等必要费用，或者支付遗失物一定比例的综合费用或者感谢费的，拾得人可以接受。

第六百一十一条　酒店、旅馆等营业机构拾得遗失物的，应当及时通知遗失物权利人。不能通知的，应当妥善保管遗失物。遗失人领取遗失物的，应当及时返还，并不得收取任何费用。无人领取的，应送交公安部门处理。

第六百一十二条　公安部门收到遗失物的，应当登记，妥善保管遗失物，并通知领取。不能通知权利人的，应当及时发布公告。自公告发布满六个月，仍无人认领的，对于非现金物品，有变卖价值的，交拍卖机构进行拍卖。拍卖价款由送交拍卖部门为遗失人进行保管。没有变卖价值的，由公安部门妥当处理。

对不易保存的物品，可以提前交付拍卖。

第六百一十三条　遗失物为营业部门交送，拍卖价款无人认领的，归国家所有。遗失物为个人送交，超过六个月无人领取的，遗失物被视为抛弃物，由公安部门通知拾得人领回，归拾得人所有或者作善赠物处理。物品已被拍卖的，拍卖价款归国家所有。

第六百一十四条　拾得遗失物，遗失人请求返还而拒绝交还的，强制其交还，并不得提出任何费用要求。拒不交还情节严重，或者进行隐匿，或者将遗失物变卖归自己所有的，按照非法侵占类的侵权行为处理。

第六分节　发现隐埋物

第六百一十五条　隐埋物包括埋藏物和隐藏物。发现埋藏物或隐藏物，权利归属明确的，归隐埋物所有人。权利归属不明，没有较大价值的，其所有权归发现人。具有较大价值的，发现人应当寻找并归还其权利人，权利人应当向发现人支付合理的酬劳费用。

寻找权利人应当以公告的方式进行，公告期间为六个月。

第六百一十六条　自公告发布满六个月，没有权利人出现，为寻找不到隐埋物的所有人。寻找不到所有权人的隐埋物，发现人系在自己所有或经营的土地或其他物中发现的，发现人取得该隐埋物的所有权。隐埋物系在他人所有或经营的土地或其他物中发现的，发现人与土地所有人或经营人或其他物所有人各取得隐埋物之一半。发现人或土地权利人或其他物所有人为两人以上的，其利益在所得隐埋物之一半中分割。

第六百一十七条　隐埋物具有文物价值的，依照文物保护法，应当归国家所有的，归国家所有。接收单位应当根据文物的价值给予上缴的单位和个人进行褒扬；个人上缴的，还应当依照规定给予物质奖励。不够文物级别的，依照前条确定其所有权。

第三节　传来取得

第六百一十八条　民商主体对特定财产是从其他民商主体名下取得所有权的，为传来取得。

第六百一十九条　传来取得包括：

（一）通过继承遗产从被继承人名下取得；

（二）通过当事人协议从他人名下取得；

（三）通过其他途径从他人名下合法取得。

第六百二十条　传来取得所有权的，所有权从财产交付时起转移。但法律另有规定或者当事人另有约定的除外。

第六百二十一条　传来取得主物所有权的，也取得从物所有权，但当事人另有约定或者有特别交易习俗的除外。

第六百二十二条　无处分权人将财产所有权人的财产转让给第三人的，无处分权人的行为构成侵权行为，财产所有权人有权请求无处分权人与第三人的转让行为无效，并要求无处分权人返还财产；或者请求无处分权人承担赔偿责任。

无处分权人与第三人之间的关系，按照转让财产时的契约约定处理。没有约定，第三人返还财产的，由无处分权人向第三人承担民商责任。[1]

第六百二十三条　个人独资企业投资人对本企业财产依法享有所有权，其有关权利可以依法进行转让或继承。

第六百二十四条　传来取得所有权或者其他物权的，依照债编和继承编中的规定。

法律对财产的传来取得有特别规定的，依照其规定。

第四章　控占权

第一节　一般规定

第六百二十五条　控占权是民商主体对他人享有所有权的物或者归属于他人的物直接进行控制占据的权利。

控占权根据法律规定或者当事人约定产生。

第六百二十六条　权利人取得控占权后，有权对他人之物在一定时间和范围内以特定方式进行控制和占据，不得使用、收益和处分。但法律另有规定者除外。

第六百二十七条　权利人的控占权被他人侵害的，控占权人有权请求非法控占人或者侵权行为人返还原物或者承担其他民商责任。

第六百二十八条　控占权因控占权人将所控占之物交付财产所有人或其他有权利控占人后，该控占权消灭。

---

〔1〕　传统民法中有所谓善意取得制度。如甲的财产被乙盗窃后，转移给了丙，或者甲的财产被出借给乙，但乙将该财产赠与或者卖给了丙。理论上认为这些情况下甲通常有权向丙进行追回，但丙在善意的情况下则可以取得所买之物的所有权，甲不得追回。笔者认为甲与乙、乙与丙之间本是两个不同特性的债的法律关系。甲与丙之间根本不存在权利义务关系，故不得由甲直接向丙追还。乙无处分权而出卖甲之物品，属于侵权行为或者违约行为，按照侵权行为之债或者违约行为的规则处理即可，根本不存在甲和丙之间的权利义务关系和善意不善意的问题。故对传统民法理论中的所谓善意取得制度可不予置理。以两个债的权利义务关系考察，简单通俗、事理清楚，方便实用，即可把相关问题表达明白，公正处理。从而免却了从日耳曼法到德国民法演变至今的令人费解、不合情理、易生纠纷、难以适用的所谓善意取得制度，并建立起了适合中国人理解和使用的擅自处分他人财产权的侵权行为和违约行为制度，也坚持和维护了诚信与公平原则。物资匮乏时期，人们注重实物财产返还。在现代市场经济社会，人们已多注重财产价值不受损失，故仍固守于物归所有权人或善意第三人之旧则，已无意义。并且，照样可以平衡和维护物之所有权人的利益和交易的安全。

第二节 保管控占权

第六百二十九条 依保管契约对他人的物进行直接控制占据的权利为保管控占权。

第六百三十条 保管人对所保管的他人之物有控制占据的权利，以保持物的安全和正常状态。保管人对所保管的他人之物，不得使用、收益和处分。

第六百三十一条 在保管期届满之前，保管人享有控制占据保管物的支配权，包括所有权人在内的其他任何人不得占据和控制，但法律有特别规定或者当事人另有约定者除外。

第六百三十二条 保管期限届满，保管人依照规定将保管物交还给保管物的所有权人或其他权利人后，丧失对保管物的控占权。

第三节 承运控占权

第六百三十三条 依承运契约产生的对他人的物进行直接控制占据的权利为承运控占权。

第六百三十四条 在承运期间内承运人对他人所交付承运的物品具有直接控制占据的权利，以保障承运物的安全完好。承运人不得对承运物进行使用、收益和处分。

第六百三十五条 在承运物品期间，包括托运人在内的其他任何人不得占据或控制该物品。但法律有特别规定或者当事人有特别约定者除外。

第六百三十六条 承运物抵达目的地，承运人依照规定或者约定向托运人或者收货人交付物品后，承运控占权消灭。

第四节 担保控占权

第六百三十七条 为促使和保证债的履行，根据担保契约或者法律规定产生的对他人的物进行控制占据的权利为担保控占权。

第六百三十八条 在担保期间内，担保权人对他人所提供的担保物有直接控制占据的权利，不得使用、收益和处分担保物。但是担保物为货币金钱者除外。

第六百三十九条 担保期届满，因担保权人债权的实现或者担保目的实现，担保控占权消灭。

第六百四十条 根据契约约定，债权人有权对债务人一方提供的抵押物、质押物、典当物以及定金和押金进行控占。分别为抵押控占权、质押控占权、典当控占权、定金控占权和押金控占权。

根据法律规定，在债务人不履行债务时，有权对债务人的相关物品进行直接留置控占的，为留置控占权。[1]

第五章　占用权

第一节　一般规定

第六百四十一条　占用权是民商主体对他人的物进行直接控占和利用的权利。

占用权依照法律规定或者当事人约定产生，是财产所有人所有权内容中的占有权能和使用权能与所有权人的分离。

第六百四十二条　权利人取得占用权后，有权对他人之物以特定的用途方式在一定的时间和空间内进行控占和利用，但不得进行处分和收益。

第六百四十三条　在占用权期间内，占用权受到法律保护。占用权受到侵害的，占用权人有权请求侵权行为人承担民商责任。[2]

第二节　借用权

第六百四十四条　借用权（实物借贷占用权），是依借用契约或合同产生，借用人对所借他人之物在借用期间内进行直接控占和使用的权利。

借用权人对所借他人之物有权独立控占和使用，但不得处分和收取利益。

第六百四十五条　借用权人的占用权受法律保护，有权排除他人的非法干涉。

第六百四十六条　借用权因借期届满，向所有权人归还借用物而消灭。

---

[1] 这里的典当物，是指传统上的当物，当物仅可为动产。其可以被当作质押的一种，但它与质押的区别在于，典当质押由专门的营业机构进行，古有专门之当铺，今有典当行之类，为我国传统制度。而质押则不受专门营业机构之限制，任何人均可为之。至于传统典权，笔者将之改造为所谓的典押担保，典押权人既可以对典物进行控制占据，而且可以使用。故被放在他物权中的占用权类别。对典权制度的专门研究，参见王明锁："我国传统典权制度的演变及其在未来民商立法中的改造"，载《河南省政法管理干部学院学报》2002年第1期。

[2] 如借用物丢失或被第三人损毁，失主或受损失人应当是借用人而非借用物之所有权人。因此向侵权行为人提出请求的人应当是借用人，而不是财产所有权人。因为此种关系为侵权行为所生之债的关系。财产所有权人只能向借用人根据借用合同约定到期提出归还借用物的请求，借用人承担的责任属于违约责任。这是两个不同性质的法律关系。极端的例子比如甲将自己的自行车借给了乙，但却将乙所借用的自行车偷走。这时，甲不但是该自行车的所有权人，还是对乙所控占使用自行车的侵权行为人。故乙应当以借用权受害人的名义要求追究甲的侵权责任。否则，当甲依照合同约定要求乙返还借用物时，乙就应当承担不能返还的赔偿责任，而甲则又会取得一辆自行车的不法利益。

第三节 租用权

第六百四十七条 租用权（承租占用权），是依租赁合同或契约产生，承租人对所承租的他人之物在租赁期限内依约定方式进行直接控占使用的权利。

第六百四十八条 租用权存续期间，租用人对租用物有直接控占利用的权利。

租用权在租用期内受法律保护，排除包括租用物所有权人在内的其他任何人的非法干涉。对租用权进行侵害的，应当承担民商责任。

第六百四十九条 租用权因租用期限届满，租用人向租用物所有权人返还租用物而消灭。

第四节 典用权

第六百五十条 典用权（典押占用权），是依典押契约或合同约定，在典押期间，典押权人对他人交付的典押物进行控占和利用的权利。

第六百五十一条 典用权存续期间，典用权人除了对典押物进行控制占据外，还可以对典押物进行使用。在典押期限内，典用人对典押物进行出借、出租或者转典的，应当经典押物所有权人同意。但对出借、出租或者转典的行为，典用权人应当承担责任。

第六百五十二条 期限届满，典押人回赎典押物，典用权消灭。典用期限届满后，典押人应当在一年内回赎，满一年未予回赎的，典押物转归典用权人所有。

第五节 居住权

第六百五十三条 居住权是权利人对他人的房屋进行居住利用的权利。享有居住权的人对特定房屋可以自己居住，也允许为其提供服侍的人共同居住。居住权人无需向房屋所有权人支付费用。

第六百五十四条 居住权根据法律规定或者当事人约定产生。

第六百五十五条 在居住权期限内，居住权人有权对所居住的房屋及其附属设施进行控制占据和使用，不得处分和收取收益。但法律有特别规定或者当事人有特别约定者除外。

第六百五十六条 居住权期限届满，居住权消灭。所居住房屋仍归属于房屋所有权人完全支配。

第六百五十七条 居住权人死亡，根据法律规定或者当事人事先特别约定，允许生前与居住权人共同生活的人继续居住的，可以继续居住；允许居住权人的继承人继承的，可以继承。不允许与居住权人共同生活的人继续居住或者继承的，则不得继续居住和继承。

第六章　用益权

第一节　一般规定

第六百五十八条　用益权是民商主体对他人所有的不动产或者动产依法享有直接控占、使用和收益的权利，是物之所有权的占有、使用、收益三项权利内容与所有权人的分离。

第六百五十九条　用益权依照法律规定或者当事人约定产生。用益权有期限的，期限届满时用益权人将用益财产返还财产所有权人，重归所有权人支配。用益权没有期限的，可以通过继承转移。

第六百六十条　权利人行使用益权，应当遵守法律规定，合理善意地对用益财产进行占用和收益。

任何人不得干涉用益权人依法行使其权利。

第六百六十一条　因征收、征用致使用益权消灭或者影响用益权行使的，用益权人有权依照有关征收、征用和补偿的规定获得公平合理的补偿。

第二节　建设地用益权[1]

第六百六十二条　建设地用益权是在他人享有所有权的土地上建造建筑物、构筑物及其附属设施并进行使用收益的权利。

建设地用益权包括对国有土地的建设地用益权和对集体所有土地的建设地用益权。

第六百六十三条　建设地用益权的取得，必须符合国家对土地进行管理利用规定并依法定程序取得。

对集体土地取得建设地用益权的，必须符合农村城镇建设规划。

第六百六十四条　国有土地上的房屋建设土地用益权期限为70年，工业

---

〔1〕　传统民法理论将在他人享有所有权的土地上建房筑舍的权利称为地上权，而如今在土地上建筑往往涉及地下室、地下车库等问题，故不采地上权之说。现在的物权法理论将在国有土地上建筑房屋设施的权利称为土地使用权。因仅用使用权表达，其权利范围显得狭窄，也不利于权利人珍惜和有效利用土地，同时土地使用权人对土地上的建筑物也有出租而取得收益的权利。故也不采土地使用权之说。笔者根据权利人对土地的实际使用状况和对土地上的建筑物的使用并取得有关收益的情况，使用“土地用益权”这一范畴。

建设土地用益权为30年，商业土地用益权为50年。

第六百六十五条 建设地用益权人有权对取得的土地进行建设开发，并取得相应收益。

第六百六十六条 建设地用益权可以在土地的地表、地上或者地下分别设立。

第六百六十七条 设立建设地用益权，通常采取有偿出让的方式设立。

工业、商业、旅游、娱乐和商品住宅等建设地用益权的取得，或者同一土地有两个以上意向用地者的，应当采取招标、拍卖等公开竞价的方式出让。

第六百六十八条 采取招标、拍卖、协议等出让方式设立建设地用益权的，当事人应当采取书面形式订立土地用益权出让合同。

第六百六十九条 建设地用益权也可以采取无偿划拨的方式设立。

国家严格限制以划拨方式设立建设地用益权。采取划拨方式的，应当遵守法律、行政法规关于土地用途的规定。

第六百七十条 设立建设地用益权的，应当向不动产登记机构申请土地用益权登记。建设地用益权自登记时设立。登记机构应当向土地用益权人颁发建设地用益权证书。

第六百七十一条 建设地用益权人应当合理利用土地，不得改变土地用途；需要改变土地用途的，应当依法经有关主管部门批准并进行变更登记。

第六百七十二条 建设地用益权人应当依照法律规定以及合同约定支付土地出让金等费用。

第六百七十三条 建设地用益权人有权以转让、互换、出资、赠与的方式出让土地用益权，但法律另有规定的除外。〔1〕

第六百七十四条 建设地用益权的转让、互换、出资、赠与，当事人应当采取书面形式订立相应的合同。新的建设地用益权期限由当事人约定，但不得超过原建设地用益权的期限。

第六百七十五条 建设地用益权转让、互换、出资、赠与的，应当向不动产登记机构办理相关登记。

第六百七十六条 建设地用益权人建造的建筑物、构筑物及其附属设施

---

〔1〕 原来规定将抵押与转让、互换、出资、赠与并列为土地用益权人的权利。笔者以为抵押所转移的仅是土地的控占权能，其权利范围远不及用益权范围，抵押之类已经包括在前面的控占权中，故在此不必重复。

的所有权属于土地用益权人，但有相反证据证明的除外。

第六百七十七条　权利人转让建设地用益权的，土地上的建筑物及相应设施一并转让。权利人转让土地上的建筑物及其设施的，该建筑物所占范围的土地用益权一并转让。

第六百七十八条　建设地用益权期间届满前，土地所有权人依法需要提前收回该土地的，应当依法给予补偿或者赔偿，并退还相应的土地出让金。

第六百七十九条　建设地上的建筑物为住宅的，其土地用益权到期的，土地用益权期限无偿自动续期。[1]

非住宅土地用益权期间届满后的续期，依照法律规定办理。该土地上的房屋及其他不动产的归属，有约定的，按照约定；没有约定或者约定不明确的，地上附着物归属于土地所有人。

第六百八十条　建设地上的建筑物倒塌或者消灭的，土地用益权未到期的，土地用益权依然存在。建设地用益权到期的，建设地用益权消灭。

第六百八十一条　建设地用益权消灭的，出让人应当及时办理注销登记。登记机构应当收回土地用益权证书。

第六百八十二条　在集体所有的土地上设立建设地用益权的，应当尊重集体土地所有权人的意愿，并依照土地管理法规定办理。

第三节　宅基地用益权

第六百八十三条　宅基地用益权是指乡村村民依法在农村集体所有的土地上修房筑舍以供居住使用并取得相应收益的权利。

第六百八十四条　宅基地用益权的用途限于农村村民建造个人住宅。

农村的村民每户有权取得一处的宅基地用益权。

第六百八十五条　宅基地用益权人有权占据和利用宅地。宅地用益权的使用范围除了在宅地上修建房舍外，还包括对宅院内空闲地的利用。

第六百八十六条　宅基地用益权的取得，应当符合农村乡（镇）土地利

---

〔1〕无偿自动续期，其正当理由在于：取得国有土地使用权时明确的就是住宅用地；对住宅的权利是所有权，而所有权是无期限的；如果对房屋住宅规定期限，必将难有高质量或经典建筑，将使房屋建筑质量下降，造成安全隐患和资源浪费；房屋开发商取得土地时向政府支付的代价实际上是由房屋所有人承受的；中国城镇土地是国家所有即全民所有，中国公民购买建在自己土地上的住房，何须还要另付土地使用费？购买房屋及其所有权的预期应当是无期限的，房屋的价格买的应当是无期限的房屋及其所有权。所以，住宅房屋，地随房走，有房即应有地，对地不应另收费；不应再另收续期费用。

用总体规划，并尽量使用原有的宅基地和村内空闲地。

农村村民住宅用地，经乡（镇）人民政府审核，由县（市）级人民政府批准，如果涉及占用农用地的，应依照土地管理法的有关规定办理审批手续。

第六百八十七条 宅基地用益权取得，应当依法登记并颁发农村宅地用益权证书。

第六百八十八条 宅基地用益权没有期限限制，宅地上建筑物倒塌或消失的，宅基地用益权依然存在，并可依法继承。

无人继承或者继承人放弃继承的，宅基地用益权消灭，回归宅基地权利人所在村组集体组织所有。

第六百八十九条 村民的宅基地因自然灾害等原因灭失的，宅基地用益权消灭。对失去宅基地的村民，可以重新申请分配宅基地。

农村村民出卖、出租房屋后，再申请宅基地的，不予批准。

第六百九十条 已经登记的宅基地用益权转让或者消灭的，应当办理变更登记或者注销登记。

第四节 其他自然资源用益权

第六百九十一条 依法对国家所有或者国家所有由集体使用以及法律规定属于集体所有的荒山、荒地、水面、滩涂等其他自然资源也可以占有、使用和收益。

第六百九十二条 国家实行自然资源有偿使用收益制度，但法律另有规定或者当事人有特别约定的除外。[1]

依法可以对自然资源进行处分经营的，适用关于经营权的规定。

第五节 非自然资源用益权

第六百九十三条 依照法律规定或者当事人约定，对土地等自然资源以外的不动产或者动产也可以进行控占、使用并取得收益的权利。

第六百九十四条 依照约定如果对他人的房屋享有用益权的，其权利内容大于居住权，有权取得相应的收益。

第六百九十五条 依照当事人约定，权利人对他人的动产也可以进行控占、使用并取得相应的收益。

第六百九十六条 所用益的动产为动植物，并能够产生孳息的，该孳息

〔1〕 河北两位感动世界的老人，当初取得对集体荒滩的使用权时，经集体同意，明确为无偿使用。如此规定，可以适用多种实际情况，也体现了尊重所有权人意思自愿的民商法基本原则。

的归属根据当事人的约定确定。没有约定的，孳息归原物所有权人。〔1〕

第七章　经营权

第一节　一般规定

第六百九十七条　经营权是民商主体对他人享有所有权的物进行控占、使用和一定的处分，并取得相应收益的权利，是物之所有权的占有、使用、一定处分和收益四项权利内容与所有权人的分离。

第六百九十八条　经营权根据法律规定、行政指令或者当事人约定产生。

第六百九十九条　经营权可以定有期限，也可以没有期限限制。

第七百条　经营权依照法律规定经登记产生，或者依照合同约定产生。但自财产所有权人将自己的财产交付经营权人控制占据时，始生效力。任何组织或个人不得对经营权人的经营权非法干涉。

第七百零一条　权利人取得经营权后，应当依法经营，遵守物权行使规则，不得损害财产所有权人及其他民商主体的利益和公共利益。

第七百零二条　经营期限届满，自经营权人将所经营财产交还给财产所有权人时，经营权消灭。

第二节　企业经营权

第七百零三条　国家财产实行统一规划、分级管理、独立经营的原则。国家财产属于全民所有，国有财产可由企业法人依法独立经营。国家将国有财产依法交付企业进行经营管理的权利，为企业经营权。

交付国有企业经营的国有财产可以是国家所有的土地、自然资源或者其他国有财产。

第七百零四条　国有企业在经营过程中对国家投资或者交付的财产享有支配权，有权依法进行控占、使用、处分和取得收益。

第七百零五条　国有企业所经营的财产属于国家所有，经营权人应当遵循安全环保，高效节约的原则对财产进行经营，保障国有财产的生态利益和保值增值，其利益分配按照法律规定进行。

---

〔1〕这里的孳息系指由原物自然产生的新物。如牛犊、羔羊之类。参见王明锁："对孳息的传统种类及所有权归属之检讨"，载《法商研究》2015年第5期。此方面的事例如：甲利用乙的羊群进行积肥或者肥田，其权利通常即包括受益在内，而不是所谓单纯的使用权，但对于所生之羔羊，又是通常受益之外的孳息物。对此，即应适用本条规则，且与前述孳息的一般规定相一致。

国家对国有企业的经营活动依法进行科学引导与管理监督。

第七百零六条 国有企业与非国有企业合并、合资经营，其份额应当处于优势地位，保有独立产品品牌，并应当经国家主管部门审核备案或者批准。

第七百零七条 国有企业以公司的主体形式进行经营的，其组成、组织、活动规则按照公司法规定。

第三节 农地经营权[1]

第七百零八条 农村集体组织或者农户有权对自己的集体土地直接进行耕种经营，也有权将自己所有的土地交由其他民商主体进行经营。

第七百零九条 取得农业土地经营权，应当与集体土地所有权人签订经营权协议。

协议由集体土地所有权人与集体土地经营人签订书面合同。合同一般包括以下条款：（一）双方当事人的名称、姓名、住所；（二）土地的名称、面积、坐落地段、质量等级；（三）经营权的期限和起止日期；（四）土地用途；（五）双方的权利和义务；（六）违约责任。

第七百一十条 经营权人有权对土地进行生产种植和农产品经营，有权对土地进行占有、使用、处分和取得经营收益。

第七百一十一条 土地经营权期限内，经营权人应当向土地所有权人支付约定的利益分成。

第七百一十二条 对于国家发放的土地耕种补贴，根据当事人约定，可以归土地所有权人，也可以归经营权人。当事人没有约定或者约定不明确的，归土地所有权人。

第七百一十三条 农业土地经营权人将土地转由他人经营人的，经营权期限由当事人约定。但是所转让的经营权期限不得超过原经营合同中约定的期限。

第七百一十四条 经营权人将土地的经营权转由他人经营时，应当告知本集体组织，本村集体组织成员在同等条件下有优先受让经营的权利。

第七百一十五条 土地经营权人对土地进行经营，应当遵守物权行使原则，珍惜爱护土地，不得使用有害化肥或物质，不得种植转基因类产品或对土

---

〔1〕 对农地经营的理解和规定，应当不局限于传统农业的粮、棉、油、菜种植，在现代农业和市场经济条件下，可以包括种植花草、药材、苗圃树木等，既可以是露天种植，也可以是大棚种植，但不包括永久性的林木，也不包括厂房设备性的工业化养殖。在经营权终止时，应以保持和完好恢复为农业种植用地为基本原则。

地和人畜有害的产品。[1]不得破坏环境，损害公众利益和土地所有权人利益。

第七百一十六条　集体土地经营权活动，应当接受环境资源部门的检查和监督。

第七百一十七条　农业土地经营可以采取承包、合作、入股等方式进行经营。各种经营权方式受到法律平等保护，不得相互侵犯，并排除其他人的非法干涉或者侵害。

第七百一十八条　国家所有并直接管理使用的农业用地或者国家所有由集体使用的农业用地实行分包经营的，适用本节的规定。

第一分节　农地承包经营权

第七百一十九条　农地承包经营权人可以是本集体组织的农户或者个人，也可以是非农村集体组织的成员。

第七百二十条　成立农地承包经营权，农地承包经营权人应当与集体土地所有权人签订农地承包经营权合同。

第七百二十一条　农村集体组织的农户或者村民取得的农地承包经营权，可以与自己的土地合并经营，也可以对承包的农地单独经营。

第七百二十二条　农地承包经营权的主体为农户的，农户的户主为农户集体农地承包经营权的代表人。

第七百二十三条　农地承包经营权人有权对所承包的土地进行耕作种植经营，其种植作物的品种、种植方式，由承包经营人自己做主，但不得改变土地种植的用途和违反法律规定。

第七百二十四条　农地承包经营权人有权对所承包的土地自己直接经营，也可以将所承包的土地通过合同约定的方式转由他人经营。但应当经原土地所有人同意。

第七百二十五条　承包经营权人将承包土地以出租、转让的方式由他人经营的，其期限不得超过原农地承包经营权合同规定的期限。

第七百二十六条　承包经营权期限到期的，可以协商继续承包，重新签订承包经营权合同。不再承包经营的，将所承包经营的农地交还给土地所有权人。

---

〔1〕转基因类产品等，凡在常理上具有对人类具有危害可能性者，虽然尚无科学实验证明其危害性者，也应当禁止。如已经出现的只能种植某特定主体所生产的种子，但种植过后，其他品种的产品在该土地上已丧失生长能力的，就构成对土地的破坏和人类生存的危险。

第二分节　农地合作经营权

第七百二十七条　集体土地所有权人有权将各自的土地交由农业生产合作社进行规模化合作经营。

第七百二十八条　合作社进行合作经营，应当与土地所有权人签订合作经营协议。土地所有权人可以只以自己的土地进行投资合作经营，也可以与合作社签订劳动合同，同时成为合作社的劳动成员。

第七百二十九条　进行土地合作经营的，合作社应当由合作人共同推举合作社负责人。合作社负责人代表合作社行使合作社的权利，承担相应的义务。

第七百三十条　合作社的投资成员按照各自的投资份额分享权利，分担义务。对合作社的债务合作人承担无限连带责任，但不得以所投资的集体土地承担清偿责任。

第七百三十一条　合作经营期满，继续合作的，重新签订合作协议。合作经营未到期而解散的，应当经合作人协商或者经合作社三分之二以上成员同意。

第七百三十二条　合作经营解散的，土地仍归各合作人所有。

第三分节　农地公司经营权

第七百三十三条　集体土地公司经营权以农村集体土地入股或者公司的招股方式成立。

第七百三十四条　集体土地经营权公司作为独立的民商主体，依法独立承担民商责任。入股投资人以其投资的份额对公司债务承担有限责任。

第七百三十五条　集体土地所有权人或者投资人按照公司章程享受权利和承担义务，并可以通过签订劳动合同成为公司的职工。

第七百三十六条　公司经营权人应当对投资人的土地进行农业等种植性生产经营，不得改变集体土地的种植用途。

第七百三十七条　农业经营公司进行生产经营活动，聘用职工，同等条件下应当优先使用集体土地所有权人的成员。

第七百三十八条　农业经营公司的经营活动或者终止，按照公司法规定。但是经营不善导致破产的，不得以土地所有人所投资的集体土地承担责任，土地仍归原土地所有权人所有。

第四节　林地经营权

第七百三十九条　林地经营权是民商主体在国家所有或者集体所有的荒山、荒坡、荒地、荒滩、荒沟、滩涂、湿地等生态资源上进行果树、林木、藤竹、花草、植被等种植经营的权利，防止荒漠化、石漠化和水土流失，以推进国土绿化，促进生态系统的优化与修复。

第七百四十条　林地经营权人可以是自然人、家户或者公司、企业等民商主体。

第七百四十一条　林地经营权由林地经营权人与林地自然资源资产所有权人签订林地经营权契约。

第七百四十二条　林业经营权可以以承包、投资、入股等市场化方式进行经营。

第七百四十三条　对林地进行承包经营的，承包期限为三十年至七十年；特殊林木的林地承包期，经政府主管部门批准可以延长。

第七百四十四条　林地经营权人有权根据林地资源资产状况进行规划经营，逐步取得合理收益，并使林地自然资源资产得以休养生息和增容增值。

第七百四十五条　林地经营权可以依法转让，也可以依法作价入股或者作为合资、合作造林、经营林木的出资、合作条件。

第七百四十六条　林地经营权人应当按照绿水青山的山水生态理念进行实际林业经营，不得将林业资源转作其他用途，不得对林地资源进行与生态资源保护相悖的行为。

第七百四十七条　国家保护林地经营者的合法权益，任何单位和个人不得侵犯林地经营权人依法享有的合法权益。

第五节　草地经营权

第七百四十八条　根据法律规定或合同约定牧业经营者有权在国家或集体所有的草原、荒漠、荒地、滩涂上养殖、种植并进行牧畜经营的权利。

第七百四十九条　草地的经营权期限为三十年至五十年。

第七百五十条　草地的经营权由牧民或者其他民商主体承包经营，也可以以投资、入股的方式以合作社或者公司的形式进行经营。

第七百五十一条　草地经营权人有权对牧地草场进行改良，促进其良性循环，不得掠夺性经营，不得荒芜草场，不得使草地草场退化或者沙化。

第七百五十二条　草地经营权人，应当按照发展草场牧业、改善生态环境、优化草地资源、提高综合效益的理念进行经营。

国家依法保护其合法的草地经营权。

第六节 水面经营权

第七百五十三条 利用国家或集体所有的水面进行鱼类养殖经营的，为水面经营权。

第七百五十四条 水面经营权的期限依照合同规定。

第七百五十五条 水面经营权人有权利用水面进行渔业类养殖和捕捞，但应当遵守相关规定，不得进行掠夺性捕捞。

第七百五十六条 从事养殖生产应当保护水域生态环境，保持优良水质，科学确定养殖密度，合理投饵、施肥、使用药物，不得造成水域和相关的环境污染。

第七节 矿业经营权

第七百五十七条 矿业经营权人有权根据法律规定的条件和程序对国有的矿藏进行勘探、采挖、经营。

第七百五十八条 矿业经营权的取得由矿产资源部门审核和批准。

第七百五十九条 矿产资源的经营应当按照严格开采范围、科学合理采挖、珍惜节约资源、防止污染浪费、保护恢复环境、提升经济和社会效益的原则进行。

第七百六十条 矿业经营权人进行矿业经营，应当按照国家对矿业资源经营的权限范围、种类数量进行，不得破坏和超限度开采，不得损害国家安全和长远利益。

第七百六十一条 矿业经营权受到法律保护。任何组织或者个人不得侵占和破坏。

第八章 获益权

第一节 一般规定

第七百六十二条 获益权是在控占权、占用权、用益权和经营权之外存在的一种权利。获益权根据法律规定直接产生，无须进行契约约定。

第七百六十三条 权利人对于他人的不动产资源无权进行控占利用，而有权在他人不动产之上单纯获取某种收益。但法律另有规定或者不动产所有人、经营人有特别声明者除外。

第七百六十四条　获益权包括在水资源上的捕捞、在陆地资源上的狩猎或者采集等权利。

第二节　捕捞权

第七百六十五条　自然人依法有权在国家所有的水流、水域对渔业资源进行捕捞和垂钓。

第七百六十六条　企业或专业户，应当凭捕捞许可证进行捕捞。

捕捞证书不得买卖、出租和以其他形式转让，不得涂改、伪造、变造。

第七百六十七条　在禁渔区、禁渔期内禁止捕捞。

第七百六十八条　捕捞者应当使用合理的捕捞工具，不得采用炸、毒、电等破坏性或者毁灭性的方法进行捕捞。

第七百六十九条　禁止使用小于最小网目尺寸的网具进行捕捞。捕捞的获益物中幼类生物不得超过规定的比例。

第七百七十条　禁止捕捞有重要生态价值和经济价值的水生动植物及其苗种。

第七百七十一条　捕捞到禁止放养的生物或者被放生的有害的生物，应当予以灭杀或者交水产生物主管部门处理，不得再行放生。

第三节　狩猎权

第七百七十二条　自然人有权在国家或者集体土地等自然资源上依法进行狩猎或者捕捉有关动物。

第七百七十三条　捕获动物，应当遵守法律规定。禁止猎捕、杀害或者伤害受法律保护的动物。

对于法律允许捕猎的动物，应当遵守关于捕猎动物的时间和数量的规定。

狩猎或者捕获有关动物，不得使用毁灭性或者禁止使用的方法和工具。

第七百七十四条　猎捕野生动物的，应当取得狩猎证书。捕猎者应当凭狩猎证捕猎。

第七百七十五条　禁止在自然保护区、禁猎区和禁猎期内捕猎。

禁止在自然保护区、禁猎区和禁猎期内，进行妨碍野生动物生息繁衍的活动。

第四节　捕捉权[1]

第七百七十六条　自然人有权捕捉法律特别保护外的鸟类、昆虫等进行饲养、欣赏或者支配受益。但土地等自然资源所有人或者经营权人声明禁止进入自己所有或者经营的地域范围内的，不得进入实施捕捉行为。

第七百七十七条　捕获者不得对国家保护的鸟类和昆虫类生物进行捕捉。不得在鸟类繁殖期内进行捕捉活动。[2]

第七百七十八条　对鸟类、昆虫进行捕获，应当使用正当合理的方法和工具，不得进行对环境有害或者灭绝性的捕捉行为。

第七百七十九条　捕捉鸟类、昆虫，法律规定有数额限制的，不得超过法律规定允许的数额。

第五节　采集权[3]

第七百八十条　自然人有权在国有或者集体所有的土地、山林、森林、草地等不动产自然资源上，采摘野果、野菜、菌菇、药材类植物。但是法律禁止采集的植物除外。

第七百八十一条　在国家所有或者集体所有的森林、山林等不动产自然资源上，自然人可以拾集柴薪。

第七百八十二条　对于树木植物进行采伐修整，应当对树木植物生长有利，并不得对植被环境和生态环境造成不良影响。

第七百八十三条　进行野生采集，不得对植物所依附土地、草地植被等造成破坏。土地所有权人或者经营权人禁止他人进行采集的，应当尊重其意愿，他人不得进入采集。

自然人进行采摘，应当自身注意安全保护。对经营性收费采摘活动，经

---

〔1〕之所以规定捕捉权一节，理论上对鸟类昆虫进行合理正当捕捉应当是人类的一项权利；实务上应当让人们知道该如何捕获和怎样行使此项权利。如河南省辉县市一大学生捕鸟和掏取鸟蛋获刑10年；南京某男以捕鸟为生，但用灭绝性的捕获方法，将大批三春益鸟捕获出售和致死，受到了行政法律制裁。此类问题的根源实际上在于人们不知道应当如何行使此项权利。

〔2〕民间有“劝君莫打三春鸟，子在巢中盼母归”之良言。当今文明社会，应当知晓“禁止捕捉三春鸟，需知鸟候繁殖期”。

〔3〕规定采集权一节。“神农尝百草，时珍辨药味。华夏文明浩，万年耀光辉。”古有采葛、采菊、采莲之歌；20世纪电影《青松岭》尚反映进山采拾榛子是否合法之说；而当今生活，“江南有男子，进山采兰草。采兰十几棵，违法被罚缴”。故从理论到实践极有必要进行规定。

营者应当采取适当的安全警示和安全预防措施。[1]无经营性收费的采摘活动，采摘者自担风险。[2]

第六节　取水权

第七百八十四条　自然人享有对国有或者集体所有的土地资源上的自然水源、水流进行汲取的权利。

第七百八十五条　权利人为供生活生产需要取水的，有权直接对源水进行汲取饮用，有权使用通常的取水工具取水使用。

第七百八十六条　权利人汲取源水进行营业经营的，应当经过水资源主管部门批准，并按照批准的方式和计量进行汲取使用。

第七百八十七条　权利人取水用水应当珍惜水资源，爱护和保护水源，不得对水资源造成污染和破坏。[3]

第七百八十八条　权利人汲水取水，不得排斥和影响其他人享有同样的权利。

第七节　采风权[4]

第七百八十九条　自然人有权采风写生和观光游览，欣赏美丽中国之山水，享受自然，陶冶情操。

第七百九十条　观光采风，应当珍惜和爱护资源，维护资源生态环境和生态安全。

第七百九十一条　进行观光采风，应当遵守安全警示规则，不得擅自进入危险地带。对违反警示规则或擅自进入危险地带的，自负风险，并对发生营救措施造成的损失负责赔偿。

第七百九十二条　观光采风，不得对观光采风资源进行刻画、标记等行为，不得擅自改变自然资源面貌，破坏观光采风环境。

---

[1] 如“老人景区爬树摘杨梅坠亡案例”，见广东省广州市人民法院民事判决书［2018］粤 01 民终 4942 号。

[2] 在某地，连续两年中秋节后，都有人因为拾摘板栗、橡子遭马蜂袭击而中毒伤亡的事故。

[3] 现代社会，远非古远社会时期，“吾日出而作，日落而息，凿井而饮，耕田而食”之时代，而是人口众多、技术先进，非依法律规定合理使用，诸多资源均将枯竭矣，皮将不存，毛将焉附？据报道，华北平原因种粮食抽取地下水而致地面下降 2 米，卫星已经能够监测得到。故当尊重自然、保护自然、珍惜自然，与自然共和谐，与自然共生存。

[4] “智者乐水，仁者乐山”，与自然对话，与自然和谐，与自然作比，乃天人合一、超脱时尚，是洁身自好、修身治国之境界追求。“采菊东篱下，悠然见南山”“遥望敬亭山，相看两不厌”“滚滚长江东逝水，浪花淘尽英雄”当专门规定采风权之故。

第八节 探险权〔1〕

第七百九十三条 自然人或者组织有权对大自然进行探险活动。

第七百九十四条 进行探险，应当科学计划，采取安全措施，不应进行盲目探险活动。

第七百九十五条 探险活动，应当妥善配备和处理探险用物品，不得对自然资源造成污染和破坏。

第七百九十六条 进行探险活动，应当安全用火，防止灾害，保证人身安全和自然资源安全。

法律对探险活动有特别规定的，遵照其规定。

第九节 祭念权〔2〕

第七百九十七条 公民个人或者组织有对英雄烈士进行瞻仰纪念的权利。〔3〕

公民个人有前往安葬英雄、先烈或者先祖、亲人的墓地进行祭扫、怀念的权利。〔4〕

第七百九十八条 祭念应当肃穆庄严，感念英雄、烈士、先祖之恩德贡献。

第七百九十九条 祭念者应当文明祭祀，维护英烈形象和民族尊严，保

---

〔1〕 认识自然、解释自然、利用自然、改造自然，乃人类之天性。规定探险权，探讨自然奥秘，有益于人类文明进步，有利于人与自然和谐。

〔2〕 在中华文明与礼仪文化中，祭祀是极为重要的一种，其历史悠久、博大精深。当今无论风俗与习惯中，仍为常普之事。天地人神，均为祭祀之列。为应民俗，国家专门规定春节、清明节、端午节、重阳节等为法定民俗节假日。故于民商事法律中，规定祭念之权，符合社会生活实际，有利于聚善民心、和谐社会关系。“黄帝传人龙，民祀表其宗。扫墓忆忠烈，祭祀敬英雄。”关于祭祀，有祭奠、祭扫之类的概念可以表达，但相比之下，祭祀更显幽远神圣、庄重；祭念范围较广，不失古义又添新辞。其中如果涉及人格身份方面，即归人身权范畴；如果涉及遗体骨灰墓地方面，则属物权范域。专门条文，可参见王明锁：“中国民商法典编纂中对人身权制度的整合与完善——附《中华人民共和国民商法典“人身权编”草案建议稿（黄河版）》”，载《晋阳学刊》2017 年第 1 期。之所以把祭祀作为专门一节排列于此，主要原因在于行使祭念权，除精神意义外，更直接涉及对他人之物（遗体、墓碑、墓地、坟茔、庙宇、祠堂、寺观）的观瞻、利用或支配，故属他物权范畴。

〔3〕 崇尚英雄之民族，方为伟大之民族和有希望之民族。在市场经济时代，物欲横流，对于英雄烈士，国人万万不应忘去，而当崇敬缅怀，学习纪念，唯此，国家方能保全，科技方能创新，民族方能复兴，社会方能和平，人民方能幸福。

〔4〕 怀念先祖，乃知己身何处，从何而来，向何处去？不忘初心过去，珍惜当景现时，计划奋斗未来；感恩报德，传承孝道，敬老爱幼，修身齐家，治国平天下，扬中华传统优秀文化矣。

护环境安全。[1]不得进行有碍观瞻和其他不敬之行为。

第九章　相邻关系[2]

第一节　一般规定

第八百条　相邻关系指权利人基于不动产相邻的事实，根据法律规定对他人的不动产有进行占用或者排除的权利，而不动产所有人或者其他物权人有义务予以宽容许可、相应配合或者接受必要限制的义务。相邻关系，也称相邻权。

第八百零一条　相邻人对待相邻关系，应当尊重自然规律，尊重双方利益，有利于节约资源，有利于改善和美化环境。

第八百零二条　相邻权关系，依照不动产相邻的自然现象和法律规定产生。相邻权人行使和享受相邻权利益，是无偿的。但是行使和享受相邻权利益，给不动产所有人或者其他物权人造成损害的，应当承担相应的民商责任。[3]

相邻人对相邻关系事先有特别约定的，依照其约定。有特别风俗和习惯的，尊重其习俗。

第八百零三条　相邻权包括相邻道路通行权、相邻管线设置权、相邻流水排水权、相邻通风采光权、相邻舒适休息权、相邻树木处置权。

第二节　相邻道路通行权

第八百零四条　相邻道路通行权是指权利人有权从相邻方特定土地道路上通行经过的权利。相邻通行权有相邻徒步通行权和相邻驱车通行权。

第八百零五条　相邻徒步通行权指允许相邻权人步行通过。相邻权人通

---

〔1〕 如维护建筑物安全，保证使用祭器祭品及用物防火安全。

〔2〕 关于相邻权关系，笔者于《民商法典（通则编）》第144条至148条有相关表述，但那是从物权人行使物权的角度进行的规定。本节是对相邻权的专门规定，是将依法律规定和个人约定而在相邻人之间因不动产所发生的相邻关系的系统规定，也是对物权人行使不动产物权行为的限制和细化。关于前者的表述，参见“中国民商法典编纂的重大疑难问题——附《中华人民共和国民商法典“通则编”草案建议稿（黄河版）》”，载《晋阳学刊》2016年第3期。

〔3〕 此类情形，如前往祖先墓地进行安葬或祭祀活动，必须经过他人山林土地的，他人应当许可。但是造成的庄稼或林木损失，他人要求赔偿的，则应当赔偿。这样，充分尊重了自然现象，满足了相邻权人的利益，同时促使相邻权人在行使相邻权时尽力避免给对方造成损失，照顾到了双方利益。又如，甲通过乙地浇灌自己田地里的庄稼，需要通过乙地时，乙应当允许。但甲的行为致使乙的庄稼被淹，造成损失的，乙有权要求赔偿。

过时，或者只能是行人通过，或者也可以牵带动物通过。

第八百零六条 相邻车辆通行权指允许相邻权人骑驾车辆通过的权利。但法律另有规定或者相邻人特别约定，有禁止特别车辆或者特别时段通行者除外。

第八百零七条 民商主体因生产作业需要从他人所有或者经营的土地道路上通行，可能对相邻土地道路造成损害的，应当与相邻人协商约定，并避免给他人造成损失，已经造成损失的，应当承担民商责任。

第三节 相邻流水排水权

第八百零八条 相邻权人根据法律规定或者当事人约定有从他人土地及其附着物上进行排水或者流水的权利。

第八百零九条 对于自然流水，应当尊重水的自然流向。上游相邻人不得擅自改变水的流向，下游相邻人不得擅自堵截水流。

第八百一十条 自然河流两岸之相邻人，不得填堵水流，扩增河岸，以使水流淹漫或者冲蚀对岸相邻人的土地。

第八百一十一条 建筑物上的雨水，应当流滴于建筑物所在土地上，建筑物所有人不得使自己建筑物上的流水，直接滴注于邻人的建筑物或者所使用的土地上。

第八百一十二条 用水排水必须经过相邻人的土地的，应当与相邻人协商，相邻人应当允许。但用水排水人应当采取适当措施，以避免给对方造成损失。造成损失的，应当承担民商责任。

第四节 相邻管线设置权

第八百一十三条 相邻人有从特定相邻土地上埋设管线或者从相邻建筑物上设置管线的权利。

第八百一十四条 铺设电线、电缆、水管、燃气、暖气等，必须利用相邻土地或者建筑物的，该土地、建筑物的权利人应当允许并提供必要便利。

第八百一十五条 管线的设置应当安全、合理，不得给相邻人的人身和财产造成危险或者损害。

第八百一十六条 管线设置完毕，应当清理或者恢复现场原状，避免给他人造成损害。给他人造成损害的，应当承担民商责任。

第五节 相邻通风采光权

第八百一十七条 自然人居住生活，依法享有通风、采光和日照的权利。

第八百一十八条　建造建筑物，不得违反法律规定的建筑标准，不得妨碍相邻建筑物居住人的通风、采光和日照。

建筑物的式样，朝向和高度的设定，当地有民俗习惯的，应当予以尊重。

第八百一十九条　修建收集或者清运垃圾等建筑场所的，应当符合环境保护要求，不得对相邻居住人造成空气污染。

第六节　相邻舒适休息权

第八百二十条　不动产权利人挖掘土地、建造建筑物、铺设管线、安装设施、装修房屋等，不得危及相邻人的人身和财产安全。

第八百二十一条　房屋装修等施工，相邻建筑物已经有较多住户的，施工人不得在法定节假日、休息日或者通常的歇息时间内进行施工。[1]

第八百二十二条　施工人对施工车辆和施工设备，应当采取措施，防止造成空气污染和噪声污染，保护相邻人的人身安全和正常休息。

设施所有人对于不可避免的噪声，应当进行改进和采取隔消音措施，符合有关噪声规定标准，减少和降低噪声对相邻人的影响。

第二百二十三条　机动车辆的使用人或所有人，应当遵守鸣笛的规定。除急救等特种车辆外，不得在夜间鸣笛。

第二百二十四条　经营性或者娱乐性场所以及其他使用音响设备的人，应当遵守通常作息时间的规定，控制播放音量，不得影响邻人作息与生活的安宁。

第八百二十五条　饲养动物，应当遵守相关法律规定，采取安全和卫生及相关防护措施，不得对相邻人的生活休息造成惊恐、骚扰和危险损害。

第八百二十六条　养鸡、养羊等饲养场所的修建，应当远离相邻人村庄，

---

〔1〕 2016年6月的一个周六13时许，家住501的住户找到安装工，为其安装购置的防盗门，机械打孔作业，产生噪声。此时，家住301的住户李某听到噪声，上楼劝阻，要求停止施工。501房屋代管人向李某赔礼道歉，说半小时就好。李某遂回房休息。安装施工完毕，李某老伴发现李某身体异常，急忙拨打120急救。但李某仍因抢救无效死亡。死因为心源性猝死。李某事发前患有冠心病，定期服药。事后，李某妻儿起诉至法院，索赔死亡赔偿金129万。一审判决501住户及安装工对李某突发病症死亡的后果不承担侵权责任，仅判决补偿丧葬费、救护费1.8万余元。李某家属不服上诉。二审认为不足以建立因果关系，终审维持原判。在法律根据上，被告方违反了《环境噪声污染防治法》及《北京市环境噪声污染防治办法》等法律规章中有关装修时间的规定。对该案判决结果，社会网友争论不休。故笔者主张将此类问题规定上升于《民商法典》，有利于提升公众对噪声相邻关系的认知与关注，并有利于减少此类侵害和依法妥当处理此类纠纷。噪声虽然不是造成死亡的直接原因，但却是造成病情发生的条件。如今法律规定和司法实践只注重所谓因果关系，似有太过片面机械之嫌，不符合幸福生活之目的。

不得位置于上风口，并应当采取有效措施，防止空气污染。

第八百二十七条 居住区、居民楼内，不得饲养鸡鸭、蛇蝎等给相邻人造成人身危险和空气污染的动物或者宠物。

第八百二十八条 装饰美化类照明灯具，应当注重环保，节约资源，防止滥用光照，造成视觉污染，影响邻人作息。

第八百二十九条 不动产上不得安装或放置违反法律规定标准的电磁波辐射等有害物质。

第七节 相邻竹木越界权

第八百三十条 竹木伸展越界的，竹木所有人应当修剪处置，未处置而影响相邻人利益的，相邻人有权在分界线处剪除。

树根、藤蔓枝条越界伸至相邻人不动产的，相邻人有权在分界线处自行砍除。

第八百三十一条 越界树木上的果实自然掉落于相邻人土地上的，归相邻人所有。

第八百三十二条 权利人在自己土地上栽种树木植物，应当根据树木植物类型与相邻人土地分界线留有合理的距离，不得使树木根部伸延至相邻人土地，不得使树冠影响相邻人庄稼植物的正常光照。

在共有分界线上长出或者种植的树木为相邻人共同所有，其管理和孳息收益按共有规则处理。

第十章 物权登记

第一节 一般规定

第八百三十三条 根据物是不动产或者动产及其在社会生活中的价值作用，对物权进行分类管理与登记。

第八百三十四条 不动产物权，应当依法登记。但法律规定无须进行登记者除外。

不动产物权登记，具有权利公示的法律效力。权利人以物权登记及因登记取得的物权证书，对抗权利人以外的任何人。未经登记的，不发生物权取得的效力。

第八百三十五条 转让不动产物权，应当进行不动产物权转让登记，未经登记的，不发生不动产物权转让的效力。

第八百三十六条　动产物权，因权利人对特定的动产进行实际占有、控占而发生权利公示的法律效力。

但是对船舶、飞行器和机动车辆的物权，应当登记。未经登记的，该动产不得投入运营或使用。

第八百三十七条　经物权登记取得的物权证书由物权人持有和使用，就证书所记载的特定主体和客体具有权利证明的效力。

物权证书可以用以债的担保，但不得转让、出租或者出借他人使用。

对物权证书不得非法扣押或没收。

第二节　不动产物权登记

第一分节　不动产物权的登记范围

第八百三十八条　对不动产物权进行登记是国家对不动产物权的权利归属及其支配状况的确认和证明。

第八百三十九条　不动产物权的转让，除原因行为和交付行为外，应当依法登记。但法律另有规定或者当事人有特别约定者除外。

第八百四十条　国有土地及其他国有不动产资源所有权依法进行登记，法律另有规定不需要进行登记者除外。

第八百四十一条　建设地用益权应当登记。建设地用益权可以单独登记，也可以与建设地上之建筑物一并登记。

第八百四十二条　房屋所有权应当登记。房屋所在的建设地用益权随房屋所有权一并登记。

第八百四十三条　农村集体土地及其他不动产资源所有权依法进行登记，法律规定不需要进行登记的，可以不登记。

第八百四十四条　农村农户集体土地所有权（农户集体土地承包权）依法进行登记。

第八百四十五条　农村农民的宅基地用益权实行登记制度。

农户在宅基地上的建筑物所有权可以与宅基地用益权分别登记，也可以一并登记。

第八百四十六条　农村集体土地以外的其他不动产资源所有权和承包经营权，法律规定需要登记的，应当登记。

第八百四十七条　不动产登记，由不动产所在地的登记机构办理。

第二分节　不动产物权的登记程序

第八百四十八条　当事人申请不动产物权登记，应当根据不同登记事项提供权属证明和不动产的界址、面积等必要材料。

第八百四十九条　登记机构应当履行下列职责：（一）查验申请人提供的权属证明和其他必要材料；（二）就有关登记事项询问申请人；（三）如实、及时登记有关事项；（四）法律、行政法规规定的其他职责。

申请登记的不动产的有关情况需要进一步证明的，登记机构可以要求申请人补充材料，必要时可以实地查看。

第八百五十条　登记机构不得有下列行为：（一）要求对不动产进行评估；（二）以年检等名义进行重复登记；（三）超出登记职责范围的其他行为；（四）要求提供无关的证明材料或者拖延登记。

第八百五十一条　依法应当进行登记的不动产物权，自登记机构将不动产记载于不动产登记簿时发生效力。登记机构登记记载完成，应当随时向不动产物权人颁发相应的物权证书。

第八百五十二条　不动产权属证书是权利人享有该不动产物权的证明文书。不动产权属证书记载的事项，应当与不动产登记簿一致；记载不一致的，除有证据证明不动产登记簿确有错误外，以不动产登记簿上的记载为准。

第八百五十三条　不动产物权人、利害关系人认为不动产登记记载的事项错误的，可以申请更正登记。不动产登记簿记载的权利人书面同意更正或者有证据证明登记确有错误的，登记机构应当予以更正。

不动产登记簿记载的权利人不同意更正的，利害关系人可以申请异议登记。登记机构予以异议登记的，申请人在异议登记之日起十五日内还应当向法院起诉，满十五日不起诉，异议登记失效。异议登记不当，造成权利人损失的，权利人可以向申请人请求承担民商责任。

第八百五十四条　当事人签订买卖房屋或者其他不动产物权的协议，为保障将来实现物权，按照约定可以向登记机构申请预告登记。预告登记后，未经预告登记的权利人同意，处分该不动产的，不发生物权处分的效力。

预告登记后，债权消灭或者自能够进行不动产登记之日起三个月内未申请登记的，预告登记失效。

第八百五十五条　当事人提供虚假材料申请登记，给他人造成损害的，应当承担法律责任。

因登记错误，给他人造成损害的，登记机构应当承担法律责任。登记机构承担赔偿的，在赔偿后可以向造成登记错误的人追偿。

第八百五十六条　不动产登记簿是确定物权归属和内容的根据，不动产登记簿由登记机构管理，允许任何人进行查询。

不动产权利人、利害关系人可以申请查询、复制登记资料，登记机构应当提供。

第八百五十七条　当事人之间订立有关不动产物权变动的契约，除法律另有规定或者契约另有约定外，自契约成立时生效；未办理物权登记的，不影响契约的效力。

第八百五十八条　不动产登记费按件收取，不得按照不动产的面积、体积或者价款的比例收取。

第八百五十九条　对于不动产，国家实行统一登记制度。

具体不动产的登记范围、登记机构、登记办法、收费标准以及登记机构的责任，由法律或行政法规专门规定。

第三节　动产物权登记

第八百六十条　对动产中的船舶、飞行器和机动车辆及其物权归属，依照法律规定或行政法规进行管理和登记。未经登记的，不得运行或者使用该动产。

第八百六十一条　对于动产物权，国家实行分别登记制度。

属于道路交通工具的车辆，由公安交通管理部门依法登记。特殊车辆，由法律规定的专门管理部门进行登记。

用于水上作业的船舶，由水上交通管理部门依法登记。

航空飞行器的物权，由法律规定的专门部门登记。

第八百六十二条　动产依法登记的，登记机关依法颁发相关证书。作为动产物权人所有权权属和支配使用该特定动产的合法证明。

第八百六十三条　对于船舶、飞行器、机动车辆等动产，实行年检登记制度。

依法需要进行登记的动产未予年检登记的，不得继续使用。

第八百六十四条　动产登记的范围、登记机构、登记办法、收费标准，依照行政法规规定。

第四节　物权证书

第八百六十五条　物权证书证明物权人特定物权的真实性与合法性。

第八百六十六条 物权证书的记载事项应当真实齐全。其记载事项不得擅自更改，擅自更改的证书丧失法律效力。

第八百六十七条 物权证书上登记记载的权利人即为所登记动产、不动产财产的权利人。但法律有特别规定或者当事人有特别约定者除外。

第八百六十八条 物权证书归证书上载明的权利人所有。物权证书配合所登记财产共同使用。物权证书应当妥善保管。物权证书毁损或者灭失的，应当向原登记部门申请，依照补办程序进行补办。因证书毁损灭失而造成的损失由权利人自己负责。

第八百六十九条 物权证书不得转让，转让物权证书所记载的财产的，应当到登记机构办理转让登记和过户手续。

第八百七十条 取得应当进行登记的不动产或者动产的，应当及时办理物权登记。未办理登记的，应当补办。补办登记的物权效力从补办登记的时间开始。

第八百七十一条 原因行为违反法律规定被确认为无效民商行为的，不能产生物权效力。已经登记的，应当撤消登记或者更正登记。

原因行为合法产生的物权，未依法律规定进行登记和取得物权证书的，应当补办登记和颁发证书。未补办登记和领取证书的，不发生物权公示的法律效力，但其财产受本法的同等保护。

4

第四编　知产权（知识产权）

第一章　总　则

第八百七十二条[1]　为与现代市场经济相适应，增强科技实力和创新能力，发展繁荣社会主义智力成果，遵循民商权利的科学类型，本法典设知识产权编，加强尊重和保护知识产权，促进社会全面和谐进步。

第八百七十三条　知识产权是民商主体依法对知识产品或者智力成果进行占有、使用、收益、处分等支配性的权利。除法律特别规定或者知识产权人约定允许外，不经知识产权人同意，任何组织和个人不得利用。

第八百七十四条　知识产权包括专利权、商标权、作品创作者权、作品传播者权和其他知识产权。民商主体在市场经济和社会生活中的一切智识创造成果，均受本法保护。[2]

第八百七十五条　知识产权的范围以本法规定的保护范围为依准。本法规定与参加的世界知识产权条约或者公约规定的范围不一致的，以参加的知识产权条约或者公约的规定为保护范围，但是我国进行声明保留的条款除外。

第八百七十六条　民商主体享有知识产权，依法应当申请或者审核的，以审核批准的时间为权利产生时间；没有规定需要申请或者审核的，自知识成果创造完成时，即取得和享有相应的知识产权。

第八百七十七条　知识产权属于有期限限制的民商权利。在法律规定期

---

〔1〕所拟《民商法典草案建议稿（黄河版）》连续计算条文，第三编“物权”最后一条为第871条，故本编首条为第872条。

〔2〕对知识产权种类的排序，我国理论上通常为著作权、专利权、商标权，而在国际知识产权理论中有的排序为工业产权（专利权和商标权）和版权，有的排序为品牌、商标、著作权、专利、设计以及相关权利，或者专利、著作权和商标。参见［美］卡拉·C. 希比：《国际知识产权简明教程——在全球范围保护您的品牌、商标、著作权、专利、设计以及相关权利》，何群译，经济科学出版社2006年版，第5页。

限内，知识产权具有受法律保护的效力。超过规定期限的，知识产权不再受法律保护，但是知识产权中的人身利益不受保护期限的限制。

第八百七十八条 知识产权人取得的知识产权，在享有知识产权的地域范围内受法律保护。知识产权人的权利需要在其他地区或者国家也受到法律保护的，应当另外申请和取得在相应地区和国家的知识产权。但是根据法律特别规定或者有关国际条约、公约、协定及互惠原则，不需要另外申请即可在其他地区或者国家也受到同等保护的除外。

第八百七十九条 知识产权人享有知识产权，以权利人取得的知识产权权利证书为公示公信的形式。但依法无须取得相应知识产权权利证书即享有权利的，也受到法律保护。

第八百八十条 民商主体取得和行使知识产权，应当遵守本法典规定，并不得损害其他民商主体的合法权益。

第八百八十一条 知识产权受到法律严格保护，任何组织和个人不得侵犯。侵犯他人知识产权的行为，依照本法典债权编的侵权行为之债的规定承担民商法律责任；同时违反其他法律规定的，依照相应法律承担其他的法律责任。

第二章 专利权[1]

第一节 一般规定

第八百八十二条 工业生产领域的发明创造是经济发展、社会进步、国家安全、人民幸福和民族尊严的重要基础。国家鼓励和支持一切有益于人类社会的科学技术的发明创造，依法授予发明创新者相应的专利权，允许其独占利用和收享利益。[2]

---

〔1〕 将专利权排在知识产权制度的首位，首先是因为根据马克思所说：“自然科学是一切知识的基础。”参见［德］马克思：“政治经济学批判（1861—1863 年手稿）摘选”，载《马克思恩格斯文集》（第 8 卷），人民出版社 2009 年版，第 358 页。此外是因为专利与市场经济的产品关系最为直接和密切，专利制度在经济生活中的产生及立法的历史较早、对国家经济社会发展作用巨大，还因为“专利权是标准中知识产权体系的核心与重点”。参见李扬主编：《知识产权的合理性、危机及其未来模式》，法律出版社 2003 年版，第 288 页。

〔2〕 专利权鼓励发明创造的实质在于专利权人从自己独占实施和转让他人实施的过程中取得利益，以补偿前期的成本投入和赚取难以确定的利益，而不应当主要是事前给钱买取民商主体去进行所谓的创造和申请。如果凡是提出申请专利者，即给予确定标准数额的奖励，即必然会出现为取得特定奖励而申报专利的虚假现象（因为申请的不一定属于真实的发明，不一定能被授予专利；即使有的被授予专利，其价值也极不相同），其申报专利的发明创造的真正价值意义将受到质疑。如果将专利申请数量与审核批准数量及专利实际实施使用数量、使用年限、使用收益效果进行比较，即可发现其明

第八百八十三条　民商主体有权对自己生产或者使用的产品，所使用的方法或其改进提出新的技术方案，以期实现更为先进新颖、高效实用的目的，并可以依法取得发明专利权。

第八百八十四条　民商主体有权对自己生产或者使用的产品的形状、构造或者其结合提出新的技术方案，以期实现更为新颖先进、适于实用的目的，并可以依法取得实用新型专利权。

第八百八十五条　民商主体有权对自己所生产产品的形状、图案或者其结合以及色彩与形状、图案的结合作出富有视觉美感并适于工业应用的新设计，以期实现更为美观雅致和受人喜爱的目的，并可以依法取得外观设计专利权。

第八百八十六条　民商主体对自己的发明、实用新型或者外观设计，欲取得相应专利权的，应当向国家专利局提出申请。

向国家专利局申请专利，通过审查，符合专利权条件的，授予申请人相应的专利权。

第八百八十七条　权利人对取得的专利成果，依法享有独占利用、处分支配和收取利益的权利。未经专利权人许可，除本章第七节特别规定的强制许可外，其他任何组织和个人均不得利用专利权人的专利。

第二节　专利权的条件

第八百八十八条　发明专利权的客体（发明）是产品或者方法的新的技术方案。能够取得发明专利权的新的技术方案，应当具备新颖性、创造性和实用性，即在申请日以前没有同样的发明创造，也没有任何人就同样的技术方案在申请日以前向国家专利局提出过申请，并记载在申请日以后公布的专利申请文件或者公告的专利文件中；与已有的技术相比，具有实质性特点和进步；产品能够被制造或者使用，并产生积极的效果。

第八百八十九条　实用新型专利权的客体（实用新型）是产品形状、构造及其结合或者微创性的新技术方案，应当在申请日以前没有同样的发明创造，也没有任何人就同样的技术方案在申请日以前向国家专利局提出过申请，并记载在申请日以后公布的专利申请文件或者公告的专利文件中；与申请日以前在国内外为公众所知的技术相比，具有突出的实质性特点和显著的进步；

（接上页）显差异。因此凡对申请者即予奖励的措施更多地只能是造成虚假的专利增长，而与民商法的诚信原则相违背，与专利制度的本质意旨不合。专利人的利益与专利制度的真正价值应当是从专利实际使用的期限和使用量及收益方面来衡量的。

产品能够被制造或者使用，并产生积极的效果。

第八百九十条 外观设计专利权的客体（外观设计）是产品形状、图案、色彩及其组合搭配的新设计，应当具有新颖性或者独创性，且富有美感和适合于工业上的应用，即与申请日以前在国内外出版物上公开发表过或者国内公开使用过的外观设计不相同且不相近似；富有美感、高雅脱俗、受人喜爱、具欣赏性；并能够用工业生产的方式将外观设计置于产品之上。

第八百九十一条 申请专利的发明创造在申请日以前六个月内，有下列情形之一的，不丧失新颖性：（一）在中国政府主办或者承认的国际展览会上首次展出的；（二）在规定的学术会议或者技术会议上首次发表的；（三）他人未经申请人同意而泄露其内容的。

第八百九十二条 对于下列情形，不授予专利权：（一）科学发现；（二）智力活动的规则和方法；（三）疾病的诊断和治疗方法；（四）用原子核变换方法获得的物质；（五）对平面印刷品的图案、色彩或者二者的结合作出的主要起标识作用的设计；（六）转变基因或者进行基因编辑的植物；（七）动物。

对于非转基因类植物品种〔1〕和对动物品种的生产方法，可以授予专利权。〔2〕

---

〔1〕 实际上，随着社会的发展，对植物新品种也可以授予专利权。参见最高人民法院 2018 年 12 月 19 日发布指导案例 100 号：“山东登海先锋种业有限公司诉陕西农业种业有限责任公司、山西大丰种业有限公司：侵害植物新品种权纠纷案”。先锋国际良种公司是“先玉 335”植物新品种权的权利人，其授权山东登海先锋种业有限公司作为被许可人对侵害该植物新品种权提起民事诉讼。登海公司于 2014 年 3 月向西安市中级人民法院起诉，称 2013 年山西大丰公司生产、陕西农丰种业销售的外包装为“大丰 30”的玉米种子侵害了“先玉 335”的植物新品种权。北京玉米种子检测中心于 2013 年对送检的被控侵权种子依据 NY/T1432-2007 玉米品种 DNA 指纹鉴定方法，使用 3730XL 型遗传分析仪，384 孔 PCR 仪进行检测，结论为待测样品与对照样品“先玉 335”比较位点数 40，差异位点数 0，结论为相同或极近似。对此，大丰公司提出异议，该站于 2011 年委托农业部植物新品种测试中心对“大丰 30”进行 DUS 测试，即特异性、一致性和稳定性测试，结论为“大丰 30”与“先玉 335”为不同品种。审理结果为大丰公司生产、农丰种业销售的“大丰 30”并未侵害“先玉 335”的植物新品种权。驳回登海公司的再审申请。

〔2〕 转基因技术和基因编辑技术对社会发展和人类生存安全具有重大影响，须慎重对待，应从相关法律的角度予以回应，不应当坐视不管。科学技术的进步应当是造福于人类，增强人类的生活幸福感，而不是一味地为了金钱利益而对人类本身进行排挤、侵害，使技术金钱对人类人性进行扭曲，甚至对人类生存安全造成危险（如在没有发明出化解塑料制品技术的情况下，即将塑料制品技术投入使用，已经给人类和海洋生物生存环境造成了极大危害；据说当时实施生产塑料制品技术即遭到这位有良心的发明人的反对，并因此而自杀身亡）。民商法的一个基本准则是避免危险和消除危险，消除危险虽是民商法律责任的一种方式，但毕竟是事后措施，多为时已晚。

第三节　专利权的申请

第八百九十三条　取得专利权，实行先申请原则。同样的发明创造或者技术方案，必须先提交专利申请，才能取得和享有专利权。

第八百九十四条　民商主体在国内申请专利和办理其他专利事务的，可以直接向国家专利局提出申请，也可以委托专利代理机构办理。

第八百九十五条　在中国没有住所或者营业场所的外国民商主体在中国申请专利的，依照其所属国同中国签订的协议或者共同参加的国际条约，或者依照互惠原则办理。

第八百九十六条　民商主体将在中国完成的发明或者实用新型向外国申请专利的，应当事先报经国家专利局进行保密审查。

民商主体可以根据中华人民共和国参加的国际条约提出专利国际申请。申请人提出专利国际申请的，也应当按照前款规定办理。

第八百九十七条　申请发明或者实用新型专利的，应当提交请求书、说明书及其摘要和权利要求书等文件。

申请外观设计专利的，应当提交请求书、该外观设计的图片或者照片以及对该外观设计的简要说明等文件。申请人提交的有关图片或者照片应当清楚地显示要求专利保护的产品的外观设计。

第八百九十八条　国家专利局收到专利申请文件之日为申请日。如果申请文件是邮寄的，以寄出的邮戳日为申请日。如果申请是以电子网络系统发出的，国家专利局电子网络系统显示的收到日为申请日。

第八百九十九条　申请人自发明或者实用新型在外国第一次提出专利申请之日起十二个月内，或者自外观设计在外国第一次提出专利申请之日起六个月内，又在中国就相同主题提出专利申请的，依照该国同中国签订的协议或者共同参加的国际条约，或者依照相互承认优先权的原则，可以享有优先权。

申请人自发明或者实用新型在中国第一次提出专利申请之日起十二个月内，又向国家专利局就相同主题提出专利申请的，可以享有优先权。

第九百条　申请人要求优先权的，应当在申请的时候提出书面声明，并且在三个月内提交第一次提出的专利申请文件的副本；未提出书面声明或者逾期未提交专利申请文件副本的，视为未要求优先权。

第九百零一条　一件发明或者实用新型专利申请应当限于一项发明或者实用新型。属于一个总的发明构思的两项以上的发明或者实用新型，可以作为一件申请提出。一件外观设计专利申请应当限于一项外观设计。同一产品两项以上的相似外观设计，或者用于同一类别并且成套出售或者使用的产品的两项以上外观设计，可以作为一件申请提出。

第九百零二条 申请人可以对其专利申请文件进行修改，但是对发明和实用新型专利申请文件的修改不得超出原说明书和权利要求书记载的范围，对外观设计专利申请文件的修改不得超出原图片或者照片表示的范围。

申请人可以在被授予专利权之前随时撤回其专利申请。

第四节 专利权的取得

第九百零三条 民商主体对自己的科技创新成果，依法向国家专利局申请，经审查授予专利后，取得专利权。

第九百零四条 同样的发明创造只能授予或者取得一项专利权。但是同一申请人同日对同样的发明创造既申请实用新型专利又申请发明专利，先获得的实用新型专利权尚未终止，且申请人声明放弃该实用新型专利权的，可以授予和取得发明专利权。

第九百零五条 两个以上的申请人分别就同样的发明创造申请专利的，授予最先申请的人取得专利权。

第九百零六条 依法取得的专利权，受法律保护，任何人不得擅自利用或者侵犯。

发明或者实用新型专利权的保护范围以其权利要求的内容为准。外观设计专利权的保护范围以表示在图片或者照片中的该产品的外观设计为准。

第五节 专利权的归属

第九百零七条 执行组织单位的任务或者主要是利用单位的物质技术条件所完成的发明创造为职务发明创造。职务发明创造申请专利的权利属于该单位；申请被批准后，该单位为专利权人。

第九百零八条 非职务发明创造，申请专利的权利属于发明人或者设计人；申请被批准后，该发明人或者设计人为专利权人。

对非职务发明创造专利申请，应当予以鼓励，不得刁难、压制或者打击。

第九百零九条 利用单位的物质技术条件所完成的发明创造，单位与发明人或者设计人订有契约，对申请专利的权利和专利权的归属有约定的，从其约定。没有约定或者约定不明确的，单位与发明人或者设计人共同享有专利权。

第九百一十条　两个以上的民商主体合作完成的发明创造或者一方接受另一方的委托所完成的发明创造，其专利申请权和专利权的归属，有协议的按照协议确定，没有协议或者协议约定不明确的，属于完成或者共同完成的民商主体享有。

第九百一十一条　专利申请权和专利权的归属可以转让。

中国民商主体向外国民商主体转让专利申请权或者专利权的，应当经国家专利局办理审核手续。

转让专利申请权或者专利权的，当事人应当订立书面契约，并向国家专利局登记，由国家专利局予以公告。专利申请权或者专利权的转让自登记之日起生效。

第六节　专利权人的权利

第九百一十二条　发明人或者设计人有权在专利文件中写明自己是发明人或者设计人。

专利权人有权在其专利产品或者该产品的包装上标明专利标识。但不得进行虚假说明，以欺诈或者误导消费者。[1]

第九百一十三条　专利权人有权独自实施其专利，也有权允许其他人实施专利。

实施是指为生产经营目的而制造、使用、许诺销售、销售、进口其专利产品，或者使用其专利方法以及使用、许诺销售、销售、进口依照该专利方法直接获得的产品。

第九百一十四条　发明和实用新型专利权被授予后，除特别规定的强制许可外，未经专利权人许可，任何组织和个人都不得实施其专利。

外观设计专利权被授予后，未经专利权人许可，任何组织和个人都不得

---

〔1〕如《中国经营报》记者通过调查发现，金龙鱼食用调和油实有两个版本，其名称、包装相似，一款有“非转基因”标识，另一款没有。二者配方大相径庭，却用着一样的宣传语。其（转基因）配料表显示，转基因原料达70%：49%为转基因大豆油、21%为转基因菜籽油。这款转基因调和油包装上的右侧醒目位置还印有“中国发明专利配方”字样。按照包装上提供的专利号（ZL 2014 1 0256274.7）查询发现，这一专利的名称为“调和油组合物及其制备方法”，主要内容仅是一种新的芝麻油制备方法，用以改善风味。长期以“黄金比例1∶1∶1”占领消费者心智的金龙鱼旗下的多款产品主要原料都是价格较为低廉的转基因大豆油或菜籽油。但随着《食品安全国家标准植物油》（GB2716-2018）（食用油新国标）的落地，许多厂家的调和油配比将被公之于众（最新报道时间：2019年1月27日）。而据以前报道：在中国，嘉里粮油（隶属马来西亚华裔创办的郭兄弟集团香港分公司）旗下的“金龙鱼”食用油，10年来一直以绝对优势稳居小包装食用油行业第一品牌地位。参见王俊井：“金龙鱼1∶1∶1调和油玩转概念营销”，载中国经营网：http://www.cb.com.cn，访问日期：2014年6月5日。

实施其专利。

第九百一十五条 专利权人有权允许他人单独实施自己的专利。专利权人应当与实施人订立专利实施许可合同；实施人应当向专利权人支付专利使用费。

被许可人无权允许合同规定以外的人实施该专利。

发明专利申请公布后，申请人可以要求已经实施其发明的人支付适当的费用。

第九百一十六条 专利申请权或者专利权的共有人对权利的行使有约定的，按照其约定；没有约定或者约定不明确的，共有人可以单独实施或者以普通许可方式许可他人实施该专利；许可他人实施该专利的，收取的使用费应当在共有人之间分配。

除前款规定的情形外，行使共有的专利申请权或者专利权应当取得全体共有人的同意。

第九百一十七条 被授予专利权的单位应当对职务发明创造的发明人或者设计人给予奖励；发明创造专利实施后，根据其推广应用的范围和取得的经济效益，对发明人或者设计人给予合理的报酬。〔1〕

第七节 专利权的强制许可

第九百一十八条 有下列情形之一的，国家专利局根据具备实施条件人的申请，可以给予实施发明专利或者实用新型专利的强制许可：

（一）专利权人自专利权被授予之日起满三年，且自提出专利申请之日起满四年，无正当理由未实施或者未充分实施其专利的；

（二）专利权人行使专利权的行为被依法认定为垄断行为，为消除或者减少该行为对竞争产生的不利影响的。

第九百一十九条 申请强制许可人应当提供证据，证明其以合理的条件请求专利权人许可其实施专利，但未能在合理的时间内获得许可。

第九百二十条 在国家出现紧急状态或者非常情况时，或者为了公共利益的目的，国家专利局可以给予实施发明专利或者实用新型专利的强制许可。

---

〔1〕此规定乃专利激励机制的本义所在。事先即以奖励的方式鼓励提出专利申请，在很大程度上只是增加了专利申请数量。近些年所谓的知识产权人才奇缺，实际上主要是由于专利申请量在事先奖励机制下数量增加，对专利申请进行审查的人员却相对缺乏，故频频开办所谓的知识产权学院来满足知识产权人才缺乏的状况。对此似乎应当有更为理性的认识和客观的分析。事后奖励是对结果的肯定。

第九百二十一条　一项取得专利权的发明或者实用新型比前一已经取得专利权的发明或者实用新型具有显著经济意义的重大技术进步，其实施又有赖于前一发明或者实用新型的实施的，国家专利局根据后一专利权人的申请，可以给予实施前一发明或者实用新型的强制许可。根据前一专利权人的申请，也可以给予实施后一发明或者实用新型的强制许可。

第九百二十二条　国家专利局作出的给予实施强制许可的决定，应当及时通知专利权人，并予以登记和公告。

给予实施强制许可的决定，应当根据强制许可的理由规定实施的范围和时间。强制许可的理由消除并不再发生时，国家专利局应当根据专利权人的请求，作出终止实施强制许可的决定。

第九百二十三条　取得实施强制许可民商主体不享有独占的实施权，并且无权允许他人实施。

第九百二十四条　取得实施强制许可的民商主体应当付给专利权人合理的使用费。使用费数额由双方协商；协商不成的，由国家专利局裁决。

第九百二十五条　当事人对国家专利局关于实施强制许可的决定或者对使用费的裁决不服的，可以依法向人民法院起诉。

第九百二十六条　国有法人的发明专利，对国家利益或者公共利益具有重大意义的，经有关主管部门报经国务院批准，可以决定在批准的范围内应用，允许指定单位实施，实施单位应当按照国家规定向专利权人支付使用费。

第八节　专利权的期限、终止和无效

第九百二十七条　民商主体申请专利权被批准授予的，在规定期限内享有专利权。发明专利权的期限为二十年，实用新型专利权和外观设计专利权的期限为十年，均自申请日起计算。

第九百二十八条　专利权人享有专利权，应当自被授予专利权的当年开始缴纳年费。

没有按照规定缴纳年费或者专利权人以书面声明放弃其专利权的，专利权在期限届满前终止。专利权在期限届满前终止的，由国家专利局登记和公告。

第九百二十九条　自国家专利局公告授予专利权之日起，任何人认为该专利权的授予不符合法律规定的，可以请求专利复审委员会宣告该专利权无效。

专利复审委员会对宣告专利权无效的请求应当及时审查和作出决定，并通知请求人和专利权人。宣告专利权无效的决定，由国家专利局登记和公告。

第九百三十条 宣告无效的专利权视为自始不存在。

宣告专利权无效的决定，对在宣告专利权无效前人民法院作出并已执行的裁判决定，以及已经履行的专利权合同，不具有追溯力。当事人不负返还专利侵权、专利使用、专利转让等费用的责任。但是明显违反公平原则的，应当全部或者部分返还。因专利权人的恶意给他人造成的损失，应当给予赔偿。

第三章 商标权

第一节 一般规定

第九百三十一条 民商主体可以在自己生产或者经营的商品上标注标牌标记，以区别和表明自己的商品质量、品质性能等与众不同，以维护商品商业信誉，保证商品品质和服务质量，保障消费者和生产经营者利益，促进市场经济繁荣发展，最大限度地满足人民日益增长的幸福生活需要。

第九百三十二条 商标是商品上的标志或者商品的牌子。经国家商标局核准并登记注册的商标为注册商标。商标注册申请人对于获得注册的商标享有商标专用权，受法律保护。民商主体在商品生产和商业服务活动中，对其商品或者服务需要取得商标专用权的，应当向商标局申请商标注册。

第九百三十三条 民商主体可以单独申请商标注册，也可以共同申请商标注册。对于共同申请的注册商标，民商主体共同享有商标专用权。

第九百三十四条 法律规定必须使用注册商标的商品，民商主体必须申请商标注册，未经核准注册的，不得进行市场销售。

第九百三十五条 注册商标在其注册所属地区或者国家发生法律效力。注册商标在其他地区或者国家发生法律效力的，应当依法分别申请注册或者根据相关特别法律规定或者条约和公约确定其效力。

第九百三十六条 申请注册和使用商标，应当遵循诚实信用原则。商标使用人应当对其所用商标的商品质量和服务质量负责，禁止欺诈行为。

第二节 商标的条件

第九百三十七条 商品制造或销售者用于商品上的商标为商品商标。商业服务业者用于服务行业方面的商标为服务商标。以团体、协会或者其他组织名义注册，供该组织成员在民商事活动中使用，以表明使用者在该组织中的成员资格的标志，为集体商标。由对某种商品或者服务具有监督能力的组织所控制，而由该组织以外的民商主体使用于其商品或者服务，以证明该商品或者服务的原产地、原材料、制造方法、品质质量或者其他特定品格的标志，为证明商标。

第九百三十八条　任何能够将自己的商品或者服务与他人的商品或者服务区别开来的标志，包括文字、图形、字母、数字、三维标志、颜色组合和声音、气味、触感等，以及文字、图形、声音等要素的组合，均可作为商标进行申请注册。[1]

第九百三十九条　申请注册的商标，应当有显著特征，便于识别，并不得与他人在先取得的商标专用权利相冲突。

第九百四十条　用于商品生产销售和商业服务的标记不得与国家政府或者国际组织的名称、徽记等标志、图形等相同或者相近似；不得带有民族、种族等歧视性；不得带有欺骗性，容易使公众对商品的质量等特点或者产地产生误认；不得有害于社会道德风尚或者其他不良影响。

第九百四十一条　县级以上行政区划的地名或者公众知晓的外国地名，不得作为商标。但是地名具有其他含义或者作为集体商标、证明商标组成部分的除外；已经注册的使用地名的商标继续有效。

第九百四十二条　商品的通用名称、图形、型号，直接表示商品的特性质量、原料成分、功能用途、重量数量及其他特点的标记，不得作为商标注册。但是这些标志经过使用具有显著特征并便于识别的，可以作为商标注册。

第九百四十三条　以三维（立体）标志申请注册商标的，仅由商品自身的性质产生的形状、为获得技术效果而需有的商品形状或者使商品具有实质性价值的形状，不得作为商标注册。[2]

第九百四十四条　在市场上具有较高声誉并为相关公众所熟知的商标，

---

〔1〕 有的商标标识在实践中也会有争议。如 Christian Louboutin 的“红底鞋”商标，最先在法国申请鞋类商标，并且向世界知识产权组织提交申请，后就此国外注册商标申请在中国领土延伸保护，发生纠纷。评审委认定该申请商标为图形商标；一审法院认定申请为三维标志；二审认定申请商标为限定使用位置的单一颜色商标。对此，笔者认为作为商标，其分类如何并不重要，关键在于其具有显著特性和区别性。只要具有明显特性、容易识别，即可作为注册商标，至于算作图形还是三维等，乃次要末节问题，不应影响其作为商标标识注册并受法律保护的本质属性。

〔2〕 三维商标即立体商标，与通常所见的表现在一个平面上的商标图案不同，而是以一个具有长、宽、高三种度量的立体物质形态出现，此种形态可出现在商品的外形上，也可表现在商品的容器或其他地方。但并不是所有的三维标志都可作为商标注册，如仅由通用灯泡形状、麻花形状，剃须刀刀片形状，剪刀形状，轮胎形状、钻石切面形状等并不能作为商标注册。因为这些形状是任何同类商品都必然要具有的形状，而不是区别于其他商品图形形状的标志。

为驰名商标，包括注册驰名商标和未注册驰名商标。

商标使用的时间、范围，商品的质量及其稳定性，公众的信赖程度与口碑，在公众范围内的实际知名度和对商标进行宣传形成的知名度，是影响商标是否驰名的因素。

驰名商标为事实上的认定。不得以驰名商标字样注册，生产经营者不得将驰名商标字样用于商品、商品包装或者容器上，或者用于广告宣传、展览以及其他商业活动。

第九百四十五条 就相同或者类似商品申请注册的商标是复制、摹仿或者翻译他人未在中国注册的驰名商标，容易导致混淆的，不予注册并禁止使用。

就不相同或者不相类似商品申请注册的商标是复制、摹仿或者翻译他人已经在中国注册的驰名商标，误导公众，致使该驰名商标注册人的利益可能受到损害的，不予注册并禁止使用。

为相关公众所熟知的商标，持有人认为其权利受到侵害时，可以依照本法规定请求驰名商标保护。

第九百四十六条 商标中有商品的地理标志，而该商品并非来源于该标志所标示的地区，误导公众的，不予注册并禁止使用；但是已经在不知情的情况下取得注册的继续有效。

地理标志是指标示某商品来源于某地区，该商品的特定质量、信誉或者其他特征，主要由该地区的自然因素或者人文因素所决定的标志。

第九百四十七条 未经授权，代理人或者代表人以自己的名义将被代理人或者被代表人的商标进行注册，被代理人或者被代表人提出异议的，不予注册并禁止使用。

就同一种商品或者类似商品申请注册的商标与他人在先使用的未注册商标相同或者近似，申请人与该他人具有前款规定以外的合同、业务往来关系或者其他关系而明知该他人商标存在，该他人提出异议的，不予注册。

第三节 商标注册的申请

第九百四十八条 商标注册申请人应当按照规定的商品分类表填报使用商标的商品类别和商品名称，提出注册申请。

商标注册申请人可以通过一份申请就多个类别的商品申请注册同一商标。

第九百四十九条 注册商标需要在核定使用范围之外的商品上取得商标专用权的，应当另行提出注册申请。

注册商标需要改变其标识的，应当重新提出注册申请。

第九百五十条　商标注册申请人自其商标在外国第一次提出商标注册申请之日起六个月内，又在中国就相同商品以同一商标提出商标注册申请的，依照该外国同中国签订的协议或者共同参加的国际条约，或者按照相互承认优先权的原则，可以享有优先权。

依照前款要求优先权的，应当在提出商标注册申请的时候提出书面声明，并且在三个月内提交第一次提出的商标注册申请文件的副本；未提出书面声明或者未按期提交商标注册申请文件副本的，视为未要求优先权。

第九百五十一条　商标在中国政府主办的或者承认的国际展览会展出的商品上首次使用的，自该商品展出之日起六个月内，该商标的注册申请人可以享有优先权。

依照前款要求优先权的，应当在提出商标注册申请的时候提出书面声明，并且在三个月内提交展出其商品的展览会名称、在展出商品上使用该商标的证据、展出日期等证明文件；未提出书面声明或者未按期提交证明文件的，视为未要求优先权。

第九百五十二条　商标注册申请等有关文件，可以以书面方式或者数据电文方式提出。

为申请商标注册所申报的事项和所提供的材料应当真实、准确、完整。

第九百五十三条　申请商标注册或者办理其他商标事宜，可以自行办理，也可以委托商标代理机构办理。

第九百五十四条　外国人或者外国企业在中国申请商标注册的，应当按其所属国和中国签订的协议或者共同参加的国际条约办理，或者按照对等原则办理。

第九百五十五条　商标国际注册遵循中国缔结或者参加的有关国际条约确立的制度规定办理。

第四节　商标权的取得

第九百五十六条　对申请注册的商标，经商标局审查完毕，符合本法规定的，予以初步审定公告。

第九百五十七条　商标局对两个以上的商标注册申请人，在同种类商品上，以相似的商标申请注册的，初步审定并公告申请在先的商标；同一天申请的，初步审定并公告使用在先的商标。

第九百五十八条　申请商标注册不得损害他人现有的在先权利，也不得以不正当手段抢先注册他人已经使用并有一定影响的商标。

第九百五十九条 对初步审定公告的商标，自公告之日起三个月内，利害关系人认为不符合商标条件的，可以向商标局提出异议。公告期满无异议的，予以核准注册，发给商标注册证书，并予公告。

第九百六十条 商标注册申请人自予以核准注册公告之日起，取得商标专用权。

第五节 商标权人的权利

第九百六十一条 注册商标的专用权，以核准注册的商标和核定使用的商品为限。

第九百六十二条 商标权人对于注册商标，有权用于商品、商品包装或者容器上，有权用于商品交易文书上，或者商品展览、广告宣传以及识别商品来源等其他商业活动。

商标权人在使用注册商标时，有权标明注册商标字样或者注册标记，并有权合并使用相关防伪技术标识。

第九百六十三条 商标权人使用注册商标，可以变更注册人的名义、地址或者其他注册事项。但是应当向商标局提出变更申请，而不得自行更改。

第九百六十四条 商标权人有权转让注册商标。转让注册商标的，转让人和受让人应当签订转让协议，并共同向商标局提出申请。受让人应当保证使用该注册商标的商品的质量。

转让注册商标的，商标注册人对其在同一种商品上注册的近似的商标，或者在类似商品上注册的相同或者相近似的商标，应当一并转让。

转让注册商标经商标局核准后，予以公告。受让人自公告之日起享有商标专用权。

第九百六十五条 商标权人有权许可他人使用自己的注册商标。许可他人使用其注册商标的，应当签订商标许可使用合同，许可人应当监督被许可人使用其注册商标的商品的质量。被许可人应当保证使用该注册商标的商品质量。

经许可使用他人注册商标的，必须在使用该注册商标的商品上标明被许可人的名称和商品产地。

许可他人使用其注册商标的，许可人应当将其商标使用许可合同报商标局备案，并由商标局公告。

第九百六十六条 注册商标专用权受法律保护。伪造、擅自制造他人的注册商标标识或者销售伪造、擅自制造他人注册商标标识等，构成侵犯他人商标专用权的，依照本法典债权编侵权行为之债进行认定，权利人有权要求侵权人承担民商法律责任。违反其他法律规定的，依法承担其他相应的法律责任。

第六节 注册商标的期限

第九百六十七条 注册商标的有效期为十年，自核准注册之日起计算。

第九百六十八条 注册商标有效期满，需要继续使用的，商标注册人应当在期满前十二个月内向商标局申请办理续展注册；在此期间未能办理的，可以给予六个月的宽展期。

商标局对续展期限的商标应当予以公告。

第九百六十九条 注册商标的期限续展不限次数。每次续展有效期为十年，自该商标上一有效期限届满之次日起计算。

第九百七十条 注册商标有效期届满，在宽展期内仍未办理期限续展的，商标局注销其注册商标，予以公告，商标权丧失法律效力。

第七节 注册商标的无效

第九百七十一条 已经注册的商标，如果发现其违反法律规定的，由商标局宣告该注册商标无效；其他单位或者个人也可以请求商标局依法宣告该注册商标无效。

第九百七十二条 宣告无效的注册商标，由商标局予以公告，该注册商标专用权视为自始不存在。

第九百七十三条 宣告注册商标无效的决定，对宣告无效前已经执行的商标侵权案件的裁决等法律文书以及已经履行的商标转让或者使用许可合同不具有追溯力。但是，因商标注册人的故意而给他人造成损失的，应当承担民商责任。

依照前款规定不返还商标侵权赔偿金、商标转让费、商标使用费，明显违反公平原则的，应当全部或者部分返还。

第四章 作品创作者权〔1〕

第一节 一般规定

第九百七十四条 民商主体有权就科技发明、科学发现、商品特性、使

〔1〕 作品创作者权，通常理论称为著作权；有的称为“作者权”，并且将作者权与作品传播者权合称为“作者权与传播者权”。参见郑成思：《知识产权法》（第2版），法律出版社2003年版，第112页；也有的称为“作品权（著作权）”。参见江平、张佩霖编著：《民法教程》，中国政法大学出版社1986年版，第309页。

用方法等予以阐明；有权就自然现象、社会生活的见解，或者政治、经济、思想、文化等方面的研究予以表达，享有作品创作者权。

作品创作者权亦称著作权（版权），或者作品权。

第九百七十五条 本法所称的作品，包括以下列形式创作的自然科学、社会科学、工程技术、文学艺术等作品：（一）文字作品；（二）口述作品；（三）艺术作品；（四）美术作品；（五）影像作品；（六）民间文化作品；（七）建筑作品；（八）图形作品；（九）模型作品；（十）软件作品；（十一）其他新形式的创造作品。

第九百七十六条 本法所规定作品不适用下列情形：（一）法律、法规，政党、国家机关的决议、决定、命令和其他具有立法、行政、司法性质的文件，及其官方正式译文；[1]（二）时事新闻；（三）历法、通用数表、通用表格和公式。

第九百七十七条 禁止创作危害社会，败坏道德风尚的作品。依法禁止发表、传播的作品，不受保护。

创作作品和行使著作权，应当遵守法律规定，不得损害他人利益和公共利益。

国家著作权机构对著作权依法管理和监督。

第九百七十八条 中国民商主体创作的作品，不论是否发表，即享有著作权。

外国民商主体的作品根据其所属国与中国签订的协议或者共同参加的国际条约享有的著作权，受国民待遇保护。其作品首先在中国境内发表的，依照本法享有著作权。

未与中国签订协议或者共同参加国际条约的国家的作者以及无国籍人的作品首次在中国参加的国际条约的成员国发表的，或者在成员国和非成员国同时发表的，受本法保护。

第二节 著作权人的权利

第九百七十九条 著作权人是指创作作品的人，即作者。但是依照本法其他享有著作权的自然人或者非自然人也可以享有著作权，成为著作权人。

---

〔1〕 政党或国家机关的决议、领导人的公开讲话，在网络环境下应当能够被社会广泛、无偿地传播和使用，不应当被限制。但是有的网络媒体却将党和国家会议的决定、领导人的讲话甚至法律规定设置成付费才能下载查阅，这是违背此项规则的，不利于党和国家大政方针及法律的贯彻与执行。

第九百八十条　作者通常是自然人。但是由法人或者其他组织主持，代表法人或者其他组织意志创作，并由法人或者其他组织承担责任的作品，法人或者其他组织被视为作者。

第九百八十一条　著作权人享有以下与人身密切相关的权利：〔1〕(一) 在作品上签署姓名，以表明特定的作者身份和相应社会责任的权利；〔2〕(二) 决定将作品公之于众即进行发表的权利；(三) 对已完成作品亲自修改或者授权他人修改的权利；(四) 维护作品不被分割、歪曲或篡改，以保护作品形式完整和内容准确的权利。

第九百八十二条　著作权人有权对作品通过传统出版的方式予以发表。出版是指对作品进行复制和发行的行为。将原样作品制作成另外份数的，为复制；向公众提供作品复制件的，为发行。

著作权人有权将作品通过信息网络平台予以发表，供公众直接阅读使用。〔3〕

第九百八十三条　著作权人有权对作品以出租、展览、表演、放映、广播以及网络等方式进行传播；有权对作品进行摄制、改编、翻译、汇编；有权利用媒体网络技术等手段进行使用和传播。〔4〕

第九百八十四条　著作权人的署名权、发表权、修改权和保护作品完整权归著作权人支配，不得转让。著作权人的其他权利，可以全部或者部分转

---

〔1〕 传统理论或者立法直接将署名权等规定为人身权，似有不当。姓名是人身权，署名是签署姓名、使用姓名而已。姓名与使用姓名不应完全等同，故姓名权属于本法典第二编人身权中人格权之内容，这里的署名当是与人身权密切的权利更为妥帖，也可使知识产权与人身权界线比较分明。

〔2〕 作品的署名，不只是名声和荣誉，还是一种社会责任。中国历史上的许多优秀作品，千百年来被世人传颂，尽享其益，但不知其作者是谁，甚为遗憾。现代社会许多人多重名利，而忽略名声与责任。有的刊物发表作品，同时注明“文责自负”字样，以说明作品有问题，当是作者之责任；刊物主要是作品的传播者。

〔3〕 刘德良：《网络时代的民商法理论与实践》，人民法院出版社 2008 年版；刘德良：“网络时代版权法的新理念”，载 http://liudeliang. fyfz. cn/b/884988，最后访问时间：2019 年 1 月 24 日。法学博士、亚太网络法律研究中心主任、北京师范大学法学院教授刘德良教授认为：“传统版权法把版权视为权利人控制作品（复制件）传播的权利，所以版权权能中复制权是核心。这也正是美国版权法叫 copy（复制）right 的缘故。但在网络时代，作品一旦上网，其复制件在网络上的传播成本几乎为零。根据传播学定律：信息传播的成本和控制信息传播的成本呈反向关系，即信息传播的成本越低，控制信息传播的成本就越高；如果信息传播的成本几乎为零的话，那么控制信息传播的成本几乎是无穷大。因此网络时代通过控制作品复制件传播并获得利益的思路与方法都是行不通的。”

〔4〕 本条对现行规定进行了简化。现行规定对广播、放映、翻译、汇编之类进行逐一解释性规定，没有必要。

让他人行使，并依法获得报酬收益。[1]

第九百八十五条 著作权人的权利除依法律规定由著作权人使用或者他人使用外，也可以许可他人使用或者转让他人使用。许可或者转让他人使用的，依照本法典债权编的契约规定。

第三节 著作权的归属

第九百八十六条 著作权属于在作品上署名的民商主体。但是对此有相反证据并足以否定者除外。

第九百八十七条 两人以上合创的作品，著作权归合创者共同享有。未参加创作的人，不能成为合创（合著）作者。

合著作品可以分割使用的，作者对各自创作的部分可以单独享有著作权，但行使著作权时不得侵犯合创作品整体的著作权。

第九百八十八条 自然人为完成法人或者其他组织工作任务所创作的作品是职务作品，著作权由作者享有。但法人或者其他组织有权在其业务范围内优先使用。作品完成两年内，未经组织单位同意，作者不得许可第三人以与组织单位使用的相同方式使用该作品。

第九百八十九条 主要利用其他民商主体的物质技术条件创作，并由提供物质技术条件的民商主体承担责任的职务作品，作者享有署名权，著作权的其他权利根据双方的约定享有。

第九百九十条 受委托创作的作品，著作权的归属由委托人和受托人通过合同约定。没有合同约定或者约定不明确的，著作权属于受托人享有。

第九百九十一条 改编、翻译、注释、整理已有作品而产生的演绎作品，其著作权由改编、翻译、注释、整理人享有，但行使著作权时不得侵犯原始作品的著作权。

第九百九十二条 汇编若干作品、作品的片段或者不构成作品的数据或者其他材料，对其内容的选择或者编排体现独创性的作品，为汇编作品，其

---

〔1〕 媒体报道称：因对阎先生音乐著作权收益分配比例无法达成一致，阎先生妻子和女儿将其子诉至法院，要求对阎先生的音乐著作权之财产权析产，判令阎先生妻子享有2/3，女儿享有1/6。两人表示，阎先生去世前并未对其音乐著作的财产权订立遗嘱，2014年以来，因其子阎某对财产权分配表示不满，多次协商均无法达成一致，中国音乐著作权协会停止支付阎先生的音乐著作权收益。日前，北京海淀法院受理了此案，目前正在进一步审理中。（2018年1月7日北京海淀区法院网）

著作权由汇编人享有，但行使著作权时不得侵犯原本作品的著作权。[1]

第九百九十三条　影像作品的著作权由制片者享有，但是编剧、导演、摄影、作词、作曲等作者分别享有署名权，并有权按照与制片者签订的合同获得报酬。

影像作品中的剧本、歌词、音乐等可以单独使用的作品的作者有权单独行使其著作权。

第九百九十四条　美术等作品原件所有权的转移，不视为作品著作权的转移，但是美术作品原件的展览权由原件所有人享有。

第九百九十五条　著作权属于自然人的，自然人死亡后，著作权中依法允许转移的权利，依照继承编的规定确定其归属。

著作权属于非自然人的，非自然人主体变更、终止后，其财产性权利由承受其权利义务的主体享有；没有承受其权利义务的主体的，由国家享有。

第四节　著作权的期限

第九百九十六条　著作权人的署名权、修改权、作品完整权没有期限的限制，永远受到法律的保护。

第九百九十七条　自然人著作权中的发表权和其他使用、收益性权利的期限为作者终生加五十年。[2]超过该期限的，其权利终止。

合作作品著作权的期限，为最后死亡作者的终生加五十年。

第九百九十八条　非自然人的作品与职务作品的发表权和其他使用、收

---

〔1〕 这里对几种作品的概念，即委托作品、合创作品、原始作品、演绎作品、汇编作品，以马克思、恩格斯《共产党宣言》的最典型事例予以说明：1847 年 11 月共产主义者同盟第二次代表大会委托马克思和恩格斯起草一个周详的理论和实践的党纲（属委托作品）；马克思、恩格斯取得一致认识，并研究了宣言的整个内容和结构，由马克思执笔写成（为合创作品）；马克思最初写成并发表的《共产党宣言》是用德文写成的（为原始作品）；随后被翻译成法文、英文、俄文等（为演绎作品）；《共产党宣言》的英译文本于 1850 年在宪章派领导人乔·哈尼出版的《红色共产党人》杂志上发表，并首次标明马克思和恩格斯是《共产党宣言》作品的作者。1872 年至 1893 年，马克思和恩格斯先后为《共产党宣言》的德文、俄文、英文、波兰文、意大利文版撰写了七篇序言。“共产党宣言”一名来自日语，最初是“共产主义者宣言”的意思，后来在 1904 年 11 月 13 日日本的《周刊·平民报》上，这部著作首次被译成《共产党宣言》。到 1920 年，即《共产党宣言》问世后的 72 年，陈望道从日文译成中文《共产党宣言》出版。现在手头所见的《马克思恩格斯选集》《马克思恩格斯文选》等即为汇编作品。

〔2〕 这里以作者终生加 50 年，即作者第 50 个忌日为权利终止日。如此公平、简明、易记，故不采现行作者死后第 50 年的 12 月 31 日的观点。

益性权利的期限为作品首次发表后五十年。[1]但是作品自创作完成后五十年内未发表的，法律不再保护。

第九百九十九条 影像类作品，其发表权和其他使用、收益性权利的期限为作品首次发表后五十年。但是作品自创作完成后五十年内未发表的，法律不再保护。

第五章 作品传播者权[2]

第一节 一般规定

第一千条 鼓励有益于社会发展和文明进步的作品的传播。作品的传播包括出版发行、表演演出、音像制作、广播播放和网络传播等方式。

第一千零一条 作品传播中，传播者依法享有署名权、修改权、保护作品完整权和获得报酬的权利。但不得侵犯作品创作者的权利。

第一千零二条 传播他人的作品，应当依照事先与作品著作权人的约定，没有事先约定的，应当征得作品著作权人的同意许可，并向作品著作权人支付报酬。

第二节 出版发行者权

第一千零三条 作品出版发行者权包括通过图书、报刊、音像制品等形式对作品进行的出版和发行。

第一千零四条 出版发行者出版发行他人的作品应当和作品著作权人订立出版契约，按照出版契约约定或者法律规定，并向作品著作权人支付报酬。

---

〔1〕 这里以作品发表时间后推50年，即作品发表50周年日，公平、简明、易记，故也不采现行第50年12月31日的观点。发表日是指将作品向公众公开的日期。如以报刊发表的，为报刊出版日；以网络发表的，为网络载体刊登日。

〔2〕 郑成思先生认为："传统理论中的"邻接权"最早出自意大利与德国的用法，与"有关权"相同"。参见郑成思：《知识产权法》，法律出版社1997年版，第5页。我国著作权法理论也使用"邻接权"或"与著作权有关的权利"。刘春田主编：《知识产权法》，高等教育出版社、北京大学出版社2000年版，第78页。也有的称之为"相关权"。马治国、曹新明主编：《知识产权法学》，刘春田审订，人民法院出版社、中国人民公安大学出版社2003年版，第98页。这里使用"作品传播者权"的理由在于：作品的价值，在其创作，更在其传播。将创作完成的作品进行出版、演出、录制、播放，特别在现代网络环境下广泛传播，使之被最大多数人认识、感受、利用才是作品的社会价值和文化价值之所在。故此将所有的传播者的劳动价值和应当享有的权利统一概括为"作品传播者权"并与前章"作品创作者权"工整对仗，不采"邻接权"旧说也更为通俗准确（物权编中用相邻权或者相邻关系通俗明白，甚为恰当；知识产权编使用邻接权则不尽合适）。

第一千零五条　出版者对作品著作权人交付出版发行的作品，按照契约约定享有的专有出版权受法律保护，他人不得在约定期限内出版该作品。

出版者有权重印或者再版作品，但应当通知著作权人，并支付报酬。作品脱销后，出版者拒绝重印、再版的，著作权人有权终止合同，与其他出版人订立出版契约。

第一千零六条　作品出版后，其他图书报刊或网络媒体转载刊登的，除作品著作权人和作品出版人声明不得转载刊登或者摘编外，其他作品传播者可以转载或者作为文摘、资料刊登，但应当按照规定向作品著作权人支付报酬。

第一千零七条　作品出版人可以对作品进行文字技术性修改、删节；对作品内容的修改，应当经作者同意。

第一千零八条　出版改编、翻译、汇编等演绎作品的，应当取得演绎作品的著作权人和原始作品的著作权人许可，并支付报酬。

第一千零九条　出版者对其出版作品的版式设计享有专门使用权，非经出版人同意，他人不得使用。但是超过 10 年的，法律不再保护。该 10 年保护期自作品出版物版权页所刊载的出版日期起算。

第三节　表演演出者权

第一千零一十条　表演演出，包括对自己创作的作品或者对他人享有著作权的作品进行表演、演出等方式进行的传播。

第一千零一十一条　使用他人作品演出，表演者（演员、演出单位）应当取得著作权人许可，并按照约定或者法律规定支付报酬。演出组织者组织演出，由该组织者取得著作权人许可，并按照约定或者法律规定支付报酬。

使用改编、翻译等演绎类作品进行演出，应当取得演绎作品的著作权人和原始作品的著作权人许可，并支付报酬。

第一千零一十二条　表演演出者对其表演享有下列权利：（一）表明表演者的身份；（二）保护表演的形象不受歪曲；（三）许可他人从现场直播和公开传送其现场表演；（四）许可他人录音录像；（五）许可他人复制、发行录制有其表演的录音录像制品；（六）许可他人通过信息网络向公众传播其表演；（七）获得报酬的权利。

第一千零一十三条　表演者所享有的表演者身份和形象不被歪曲的权利，不受权利保护期的限制。表演者的其他权利自表演之日起，超过五十年的，法律不再保护。

第四节　音像制作者权

第一千零一十四条　录音录像制作者制作录音录像制品，应当与被录音录像者订立合同，并支付报酬。但是依法属于合理使用者除外。

第一千零一十五条　录音录像制作者对其制作的录音录像制品，享有许可他人复制、发行、出租、通过信息网络向公众传播并获得报酬的权利。

被许可人复制、发行、通过信息网络向公众传播录音录像制品，还应当取得作品著作权人、表演人的许可，并支付报酬。

第一千零一十六条　录音录像制作者使用他人作品制作录音录像制品，应当取得著作权人许可，并支付报酬。

录音录像制作者使用改编、翻译等演绎作品的，应当取得改编、翻译等演绎类作品的著作权人和原始作品著作权人许可，并支付报酬。

录音录像制作者使用他人已经合法录制成的音像作品制作录音录像制品的，可以不经著作权人许可，但应当按照规定支付报酬；著作权人声明不许使用的不得使用。[1]

第一千零一十七条　录音录像者权利的保护期为五十年，自录音录像制品首次制作完成之日起计算。

第五节　广播播放者权

第一千零一十八条　广播电台、电视台通过广播播放传播作品，包括对自己所创作的作品和他人的作品的传播。广播或播放他人未发表的作品，应当取得著作权人许可，并支付报酬。广播或播放他人已经发表的作品，可以不经著作权人许可，但应当支付报酬。

第一千零一十九条　广播电台、电视台广播或播放已经出版的音像制品，可以不经著作权人许可，除另有约定者外，应当支付报酬。

第一千零二十条　电视台播放他人的影视类作品的，应当取得影视类作品制作人的许可，并支付报酬。

第一千零二十一条　广播电台、电视台有权禁止未经其许可的下列行为：（一）将其播放的广播、电视转播；（二）将其播放的广播、电视录制为音像制品以及复制为音像制品。

[1] 这种情形如近几年有关组织将个别已故或老艺术家的演唱录音（当时没有录像技术）通过配像表演（即新人表演与故人唱腔相结合）的方式将部分优秀剧目重新搬上舞台，展现传统艺术流派的演唱风采。

第一千零二十二条　广播播放者的权利保护期为五十年，自该广播、电视首次播放之日起计算。

第六节　网络传播者权[1]

第一千零二十三条　网络传播者权是指网站、网络客户端、微信平台、公众号、微信群等媒体平台，通过网络技术手段对文字、音像等作品信息进行传播的权利。

第一千零二十四条　网络传播者有权对他人为自己的网络平台提供的信息作品进行独家利用传播的权利。未经网络平台传播者同意，其他网络传播者不得转载或传播。

第一千零二十五条　网络传播者对他人为自己网络平台提供的作品信息进行传播，应当与作品信息提供者签订协议，并按照协议或者规定向作品信息提供者支付报酬。[2]

第一千零二十六条　网络传播者有权对他人提供的作品信息进行技术性审查，并采取技术措施，防止有害作品信息或者垃圾信息进入网络视野，妨碍对原始信息作品的阅读和使用。[3]

网络传播者应当允许作品信息提供者及时撤回、修改或者删除已经进入网络视野的作品信息。

第一千零二十七条　网络传播者对接到公众举报的有害或者不真实信息应当及时审查，对违反法律规定或者侵害他人权利的作品信息应当及时采取禁止传播的技术措施，防止不良影响的扩大。

第一千零二十八条　网络传播者享有的作品信息网络传播权受法律保护。除法律规定的合理使用外，任何组织或者个人将他人的作品、表演、录音录像制品通过信息网络向公众提供传播的，应当取得作品著作权人、表演者、

---

〔1〕 根据2013年1月30日《国务院关于修改〈信息网络传播权保护条例〉的决定》的规定："任何组织或者个人不得故意避开或者破坏技术措施，不得故意制造、进口或者向公众提供主要用于避开或者破坏技术措施的装置或者部件，不得故意为他人避开或者破坏技术措施提供技术服务。但是法律规定可以避开的除外。"此类规定当属行政法范畴，构成计算机网络犯罪的，当入刑法范围，故在此不予规定列出。

〔2〕 刘德良教授认为："作品只要在网络平台上刊载传播，网络平台就应当根据对作品的点击阅读量来从自己平台广告收益中按照一定的比例向作品的作者支付报酬。未来立法重点应当考虑平台付费的具体操作制度和办法。"

〔3〕 如在作品内容中插入"黄毒信息"及链接，以垃圾信息或广告重叠压盖、游移链接于原始作品之上等。

录音录像者的许可，并按照约定支付报酬。

网络传播的信息作品应当注明作品的名称和作者、表演者、演播者的姓名。

第一千零二十九条 网络传播者或者转发转播者对于转发传播的作品信息应当进行核查和甄别，防止对于虚假信息进行传播。发现虚假作品信息的，根据审查结果应当及时进行删除、举报或者更正声明。

依法禁止提供传播的作品和表演，不受法律保护。权利人行使信息网络传播权，不得违反法律规定，不得损害公共利益和善良习俗。

第一千零三十条 对提供信息存储空间或者提供搜索、链接服务的网络服务者，权利人认为其服务所涉及的作品、表演、音像，侵犯自己的信息网络传播权或者被删除、改变了自己的权利管理电子信息的，可以向该网络服务提供者提交书面通知，要求网络服务提供者删除该作品、表演或者音像，或者断开与该作品、表演、音像的链接。

第六章 其他知识产权〔1〕

第一节 发明权与发现权

第一千零三十一条 民商主体对于自己的发明，可以不申请相关专利，但依然享有发明权，对自己的发明有权申报相关的发明权证书。

第一千零三十二条 民商主体对其阐明自然的现象、特性或者规律的科学研究成果享有科学发现权，依法享有相应的人身权益和财产利益。

对于科学发现，发现人依法享有以发现人的名姓对其科学发现成果进行命名的权利；有权享受相应的财产利益。〔2〕

---

〔1〕其他知识产权单设一章，原因在于其具有概括性，于专利权、商标权之外，具有拾遗补阙价值。参见吴汉东主编：《知识产权法学》，北京大学出版社2000年版；笔者在对知识产权法学的研究中将著作权、专利权、商标权以外的知识产权也是单独作为一编的。参见王明锁主编：《知识产权法学》，河南人民出版社1994年版，第261~298页。也有的将“商业秘密”和“反不正当竞争保护”分作两章。参见郑成思：《知识产权法》（第2版），法律出版社2003年版，第122页。

〔2〕本节涉及民商主体对发明等科技成果奖励的申报，获奖所带来的名誉人身利益和奖金财产利益，虽非专利权，但无疑仍属专利法或其他知识产权范畴。正如有学者正确指出的那样：传统的思维方式“只看到了法律对人们违法行为的制裁，忽略了法律还兼有对人们合法行为予以奖赏的一面，如民法对公民一系列权利的保护，专利法对创造发明者的奖励，等等”。参见郝铁川：“宪法是万法之父，民法是万法之母”，载《法制日报》2018年11月7日。

第二节　技术商业秘密权与科技进步成果权

第一千零三十三条　民商主体对在生产经营活动中的技术秘密享有保守秘密、不被他人获悉知晓的权利。对于权利人的技术或者商业秘密，任何人不得泄露、窃取和侵害。

第一千零三十四条　民商主体对于取得的科学技术进步成果，有权申报相关奖励，依法享有相关的人身权益和财产利益。

第三节　厂商名称权与服务标记权

第一千零三十五条　民商主体有权在生产或者经营产品及其包装上使用厂商名称，用以辨别产品生产的经营主体。对于厂商名称，任何人不得仿冒使用。

第一千零三十六条　产品或者服务经营者有权在自己经营的产品或者服务的相关项目上，标明自己的服务标记，以将自己提供的服务和他人提供的服务相区别。

第四节　产地名称权与货源标记权

第一千零三十七条　商品的生产经营者，有权在其产品及其包装上标明其产品的产地名称，用以表明该项产品产于特定的国家、地区或者地方。法律规定必须标明其产地的，应当依法标明。

商品的生产经营者已经把产地或原产地注册为商标的，按照商标权保护。[1]

第一千零三十八条　商品的生产或者经营者，有权在产品及其包装上使用货源标记，以表明产品来自某个国家、地区或者特定的地方。

第五节　质量标志权与环保标志权

第一千零三十九条　商品的生产者或者经营者，有权在自己的商品上或

---

〔1〕2019年1月18日，家乡一位村支书在“庙荒村动态”微信群发表“办年货”信息，说“过了腊八就是年”，提醒人们该准备年货了。同时公布了由国家知识产权局颁发的“庙荒”和“庙荒村”两个商标，即已经将“庙荒”这个地名与“庙荒村”这个村名都依法注册成了商标的信息照片，包含农林牧副、餐饮酒店、旅游养生、传统手工等十个大类一百多个小项。具体将在本地产小米、红薯粉条、山地核桃、大红袍花椒、林州柿饼、五谷杂粮、三生有幸大礼盒、太行山散养土鸡蛋、散养土猪肉、山羊肉等产品或其包装上使用该商标。依此，比原先只在产品包装上注明产品产地的方式更具竞争力，并享有了商标专用权，具有了排斥其他民商主体在同类产品及其包装上使用相同标志的效力，是为农村农副产品进一步商品化、市场化的重要法律手段。

者其包装上标明该产品质量的标志，以表明商品的质量水平或者级别等级。

第一千零四十条 商品的生产者或者经营者有权在自己生产经营的商品上标明相应的环境标志，以表明商品符合国家或国际上规定的环境标准。

第六节 合理化建议权与技术改进权

第一千零四十一条 在社会生活中，任何公民都有权就社会生活中的有关问题发表意见和提出合理建议。对有关机关组织公开听取或征求意见建议的，公民或者组织有权就该问题提出意见建议，按照正当有效的途径发送或者发表自己的意见建议，任何个人或组织不得打击、扣押、篡改、毁损或者灭失。

第一千零四十二条 劳动者有权就生产、经营、管理中的技术性问题提出改进意见，以提高劳动生产效率，取得更好的经济效益或者社会效果。

第七节 正当竞争权[1]

第一千零四十三条 为了社会或个人的进步，为了生产或生活的提高，民商主体有权进行公平正当的竞争。

合理安排时间，改进生产方法，改善工作环境，采取激励措施，提高工作效率，降低生产成本，提升产品质量，增加税后利润，进行民商主体间的公平正当竞争，依法受到法律保护。任何个人和组织不得阻止或者非法干预。

第一千零四十四条 民商主体有权对自己的专利成果在专利产品、产品包装、产品说明书及产品营销、广告宣传等方面进行标注利用，以扩大产品影响和提升竞争能力。

第一千零四十五条 民商主体对自己的商标标识有权在产品、产品说明书、产品包装方面进行广告宣传和实际推广，以增加商品或者服务品牌的知名度，提升竞争能力。

第一千零四十六条 民商主体有权在商品的宣传中使用商品的其他知识

---

〔1〕 现行立法与理论通常从反面称之为“反不正当竞争”，如《反不正当竞争法》。吴汉东主编：《知识产权法学》，北京大学出版社2000年版。此处仍从正面规定，称之为“正当竞争权”。参见王明锁主编：《知识产权法学》，河南人民出版社1994年版；《知识产权法学》，郑州大学出版社2004年版。理由主要在于：反不正当竞争的前提是一定存在和允许正当竞争；要人们不搞“不正当竞争”，当让其先知“正当竞争”；社会科技进步，无不以前人成就为基础，无不是在前人的发明基础之上再行新的创造。因此，知晓已有技术方案或者在已有专利产品的基础上进行新的发明进步，乃是正当的竞争行为。现实中有的将此视为模仿甚至认为是对他人知识产权的侵权行为予以指责，是不合理的，是对侵权行为的任意扩大，对我国的科技进步也是不利的。这也是笔者在前面就中华民族古代科学技术成果对世界人类贡献予以着墨的初衷缘由之一。

产权标识，有权通过正当途径和采取正当手段、措施进行商品的宣传和推销活动。

第一千零四十七条　作品创作者、作品传播者有权对相关作品成果进行介绍、宣传，有权邀请其他人士对相关作品成果进行推介评论，以增进作品成果的知名度和影响力。

第一千零四十八条　民商主体在对产品、服务或知识成果的推介活动中，应当善良本分和诚实守信，不得弄虚作假、吹捧欺诈，不得进行不正当竞争行为。[1]构成不正当竞争或者侵权行为的，依法承担法律责任。

第八节　合理使用权

第一千零四十九条　民商主体对已有的他人的知识产品进行合理使用的，不构成不正当竞争或者侵犯他人知识产权的行为。

合理使用，是指在社会生活活动中，不以营利为目的而对他人知识产品进行使用的行为。[2]

第一千零五十条　民商主体对他人的技术方案或者专利成果研究改进或者进行新的发明创造，在他人的商标标识的基础上构想和设计新的商标或其他标记，在他人作品的基础上进行新的创作，属于合理使用范围，但是不得对他人的知识产品进行剽窃、抄袭等，不得实施侵犯他人知识产权的行为。

第一千零五十一条　属于合理使用的，无须经过原知识产权人同意，也不必向原权利人支付报酬。但是需要尊重他人的劳动成果，指明原知识产品的出处和原权利人的姓名或名称，且不得侵害知识产权人的其他权利。

第一千零五十二条　为个人学习研究或者评判使用他人知识产品的，适

---

〔1〕如《中国经营报》记者在裁判文书网上发现：金龙鱼一款名为“橄榄原香型食用调和油”的产品多次卷入消费纠纷，被认定为不符合食品安全标准，误导、欺诈消费者。2017年4月25日，张家港市人民法院判定金龙鱼橄榄原香型食用调和油标签存在瑕疵，对消费者造成了误导，法院支持了原告依据《消费者权益保护法》第55条的规定主张三倍惩罚性赔偿的诉讼请求。2017年10月30日，银川市金凤区人民法院认定，金龙鱼橄榄原香型食用调和油系由葵花籽油和橄榄油二种配料调和而成，但嘉里粮油公司的油品名称中仅出现了一种配料，即“橄榄原香型”字样，对另一配料即“葵花籽油”却予以忽略，并未出现在产品名称中，系对“橄榄”的突出与暗示。但嘉里粮油公司并未在商品的标签上对橄榄油的添加量进行标示，应当认定为不符合食品安全标准的食品，法院支持了消费者退款及要求被告支付价款10倍赔偿金的诉讼请求。

〔2〕这里涉及对著作权法中的合理使用制度与网络管理条例中的合理使用制度的整合锻萃问题。

当地复制、引用他人的知识作品的，属于合理使用。[1]

第一千零五十三条　为报道时事新闻，在报纸、期刊、广播电台、电视台等媒体中不可避免地再现或者引用已经发表的他人作品的，属于合理使用。

第一千零五十四条　表演使用他人作品，未向公众收费，也未向表演者支付报酬的，属于合理使用。

第一千零五十五条　对设置或者陈列在室外公共场所的艺术作品进行临摹、绘画、摄影、录像的，属于合理使用。

第一千零五十六条　为学校课堂教学或者科学研究，向少数教学、科研人员或者学生提供少量已经发表的作品，且不收取费用的，属于合理使用。

第一千零五十七条　下列为特殊语言文字或使用目的而使用他人作品的行为，属于合理使用：

（一）将汉语言文字作品翻译成少数民族语言文字作品在国内出版发行的；（二）将已经发表的作品改成盲文出版的；（三）不以营利为目的，以盲人能够感知的独特方式向盲人提供已经发表的文字作品的；（四）将中国公民、法人或者其他组织已经发表的、以汉语言文字创作的作品翻译成少数民族语言文字作品，向中国境内少数民族提供使用的。

第一千零五十八条　在国家规定出版的教科书中，汇编或者使用已经发表的作品，可以不经著作权人许可；但应当按照规定支付报酬，注明作者姓名、作品名称，并不得侵犯著作权人的其他权利。

通过信息网络实施国家教育规划，使用他人已经发表的作品制作课件，由制作课件或者远程教育机构通过信息网络向注册学生提供使用的，可以不经著作权人许可，但应当向著作权人支付报酬。

第一千零五十九条　国家机关为执行公务，在公务所设范围内无偿向公众提供已经发表的作品的，可以不经著作权人同意，也可以不向著作人支付报酬。但是国家机关向作品使用者收取费用的，则应当经著作权人同意，并向其支付报酬。

第一千零六十条　图书馆、档案馆、纪念馆、博物馆、美术馆等馆藏单位通过信息网络向本馆馆舍内服务对象提供本馆收藏的合法出版的数字作品

---

〔1〕引用评判，最经典权威文本：如［德］马克思："黑格尔法哲学批判"，载《马克思恩格斯全集》（第1卷），人民出版社1956年版；［德］恩格斯："反杜林论"，载《马克思恩格斯选集》（第3卷），人民出版社1972年版；［苏］列宁："无产阶级革命与叛徒考茨基"，载《列宁选集》第3卷，人民出版社1972年版；毛泽东："唯心历史观的破产"，载《毛泽东选集》（一卷本），人民出版社1972年版，第1398~1406页。

和依法为陈列或者保存版本的需要以数字化形式复制的作品，可以不经著作权人许可，也可以不向其支付报酬。但是馆藏单位获得有经济利益或者与著作权人另有约定者除外。

第一千零六十一条　通过信息网络向特定地区的公众免费提供实用技术作品或者适应基本文化需求的作品，网络服务提供者有权通过自己公告的报酬标准使用他人已经发表的作品。著作权人提出异议的，不得使用或者继续使用。对已经使用的，应当按照规定支付报酬。

依照前款向特定地区公众免费提供作品的，不得直接或者间接从使用作品的特定地区获得经济利益。〔1〕

第一千零六十二条　民商主体使用他人知识产品不符合合理使用，而构成不正当竞争或者侵害他人知识产权行为的，依照债编的侵权行为之债承担民商法律责任或者依法承担其他法律责任。〔2〕

第七章　知识产权证书

第一千零六十三条　知识产权证书包括专利证书、商标证书、版权证书、发明证书、科技成果奖励证书等。知识产权证书由国家知识产权部门依照法律规定的条件和程序颁发。

第一千零六十四条　对于依法取得知识产权证书的，知识产权证书作为民商主体享有相应知识产权独占性利益的有效证明。

第一千零六十五条　知识产权权利人，有权将自己的知识产权证书在生产经营、交易服务等民商事业务活动中使用。

知识产权人转让知识产权的，应当依照知识产权转让协议，办理相应的知识产权权利人变更手续。

第一千零六十六条　知识产权证书受到法律保护，权利人应当妥善保存，正确使用，他人不得侵害。

民商主体在科学技术等领域做出相应成果贡献的，依法取得相关的奖励证书，享有相应的人身权益和财产利益，依法受法律保护。

---

〔1〕依现有规定，强调的是贫困地区。而“贫困”是个变化和逐步被消灭的现象，故以“特定”地区为好。

〔2〕现行规定，如“网络服务提供者为服务对象提供信息存储空间，供服务对象通过信息网络向公众提供作品、表演、录音录像制品，并具备下列条件的，不承担赔偿责任”，属侵权行为责任范畴，当让位于侵权行为之债予以规定，故在此不予涉及。

5

第五编 债承权（债权）[1]

第一章 总 则

第一节 债的发生

第一千零六十七条 债是按照契约的约定或者法律的规定在民商主体之间产生的特定的权利和义务关系。依照这种关系，一方应当将特定之客体标的交付对方，对方承接取受对该特定客体标的进行支配享用的权利。

第一千零六十八条 在本编规定的契约（合同）行为之债、侵权行为之债、无因管理之债和不当得利之债以外，当事人之间产生的特定的权利义务关系，具有债的特性，法律对此有特别规定的，适用特别规定；没有特别规定的，可以依照债的一般规定或者比照最相类似的债的关系进行适用；没有最相类似规定的，依照习惯；没有习惯的，依照通则编的基本规定。

第一千零六十九条 债的关系内容包括债权和债务。债权是债的关系当事人一方享有的请求另一方为一定行为或者不为一定行为的权利；债务是债的关系当事人一方负有的向对方为一定行为或者不为一定行为，以实现对方承接取受权利利益的义务。

在债的关系中，享有债权的一方为债权人；承担义务的一方为债务人。

第一千零七十条 民商主体有权依照契约行为之债的规定，使其物权、知识产权或者人身利益进行流转承接，实现当事人契约行为之目的，满足其生产经营或生活活动的需求。

民商主体的人身权、物权和知识产权受到不法侵害的，受害人有权依照

---

〔1〕《民商法典草案》条文连续计数，上编“知识产权”最后一条为1666条，本编仍然续接。本编关于债的规定，是对“通则编”“民商权利章”中债权基本规定的呼应对接与延展细化；是使为静态性、支配性的物产权、知产权及个别人身权利益开始在市场民商主体之间进行交换承接，是一种民商法治中的曲水流觞。

侵权行为之债的规定请求侵权行为人履行承担民商责任的义务。

发生无因管理或者不当得利行为的，适用无因管理之债和不当得利之债的规定。

第一千零七十一条　债的关系根据民商主体当事人的约定或者法律的规定确定。当事人约定的债的关系，应当有当事人约定之证明。法律规定的债的关系，应当有发生债的关系的事实之证明。

第二节　债的效力

第一千零七十二条　债在民商主体当事人之间具有法律上的约束力。债的关系当事人应当按照约定或者法律的规定，正确履行自己的义务，维护债的关系的严肃性和实现债的目的，保障当事人的权利和利益不受损害。

第一千零七十三条　债的关系依照当事人的约定即对当事人发生约束效力，受法律保护。但是当事人的约定违反法律规定者除外。

第一千零七十四条　根据法律规定直接产生的债的关系，当事人有权进行协商确定债的标的内容。不能协商确定的，权利人有权向人民法院提起诉讼，通过法定程序确定解决。[1]

第一千零七十五条　债的关系中，债权人有权请求债务人依照约定或者法律规定履行其义务；债务人拒绝履行的，债权人有权向人民法院提起诉讼，通过法定程序强制保障实现债权人的权利利益。

第一千零七十六条　债的关系，对当事人产生法律锁链之效力。债务人不履行债务的，非依债权人真实自愿之意思或者法律特别之规定不得解脱。债务人拒不履行，因债权人提起诉讼要求强制履行的，自应当履行之日起，超过一年的，在原应当履行数额基础上增加十分之一之数额进行履行或者合理补偿；并以每超过一年增加十分之一的数额进行计算。[2]

---

〔1〕 非契约所生之债，实际上存在着确定债务之标的数额的问题。而在确定履行标的数额的情形下，往往是由法定之债向约定之债的转化，最终遵循的是民商主体的平等自愿与诚信公平原则。故此债的关系规则明显适用于契约所生关系；而契约所生关系规则本质上又都适用于所有债的关系。但并不能因此以契约合同替代债、以违约责任替代债不履行的责任。

〔2〕 如借款10万元，没有利息。但到期未还被起诉的，超过一年的，还11万；再超过一年的，为12万。有利息的，在本息合计数额的基础上加10%。以此增加失信违约者的利益成本，维护诚信善良人之利益，减少老赖现象。如此机制，也可使借款者三思而后行，抑制超消费、滥贷款之不良行为；借款时要想还款日；还款不能时可举新债还旧债；有困难与债权人诚恳协商得谅解，而不能使债权人变得被动。如此，人们必讲诚信，良善者多，要滑赖账者消，诉讼减，案件少，法院方得回归尚清高、致良知、有权威、持公平、扬正义，明德新民、止于至善之尊位。

对前款规定数额之计算，法律另有对债权人更为有利之特别规定的，依照其特别规定。[1]

第一千零七十七条 债的关系中，债权人有权放弃自己的债权，债务人不得放弃或者拒绝自己应当履行的债务。

第一千零七十八条 债务人的经济状况或者悔错行为得到债权人的同情宽恕或者谅解的，债权人可以对债务人的债务进行减少或者免除。

但是债务人隐匿财产或者以其他弄虚作假行为欺骗债权人而获得同情宽恕或者减免的，在债权人得知真情并取得相应证据后，有权撤销已经做出的宽恕和减免行为，债务人并应当双倍返还从债权人获得之减免利益。[2]

第二章 债的变更与债的移转

第一节 债的变更

第一千零七十九条 对已经发生或者已经存在的债，当事人有权进行协商变更债的内容，以满足当事人新的生产经营或者生活活动的需求。

第一千零八十条 对债的内容进行变更，包括对债之标的品种、数量、规格、质量、价款的变更，以及债务履行的时间、地点、方式的变更。[3]

第一千零八十一条 当事人一方要求进行债的变更，对另一方当事人造成不利影响或者费用增加的，双方应当就相应条件和费用重新进行协商。协商不成的，不发生债的变更效力。

第一千零八十二条 对债的变更，当事人应当有债的变更之证明。对债

〔1〕 杭州市张女士花 70 万购买的进口奔驰 CLS 轿车，到车管所竟无法上牌，原来奔驰 4S 店私自更换了配置，轮胎和轮毂都被换成了小一号，轮胎也不是新的。车主张女士要求 4S 店将轮子重新换回原厂件，并赔偿 5 万元，4S 店不同意。因协商无果，车主起诉 4S 店，要求退一赔三。杭州市滨江区人民法院一审判决奔驰 4S 店构成销售欺诈，按车价款退一赔三，累计款项近 270 万元。4S 店不服提起上诉。2018 年 8 月 3 日，杭州市中级人民法院二审驳回上诉，维持原判。（［2017］浙 0108 民初 4434 号民事判决书中国裁判文书网上可查该案一审［2017］浙 0108 民初 4434 号民事判决书和二审判决书）。

〔2〕 如债务人弄虚作假，欺骗债权人，从而博得同情，被减少债务 1 万元。当债权人发现受骗并有证据证明之后，有权依照该条规定，请求不诚实之债务人偿还 2 万元。此乃“知善知恶是良知，为善去恶是格物”之举也。

〔3〕 一学校与一经营者签订换房协议，学校将自己的一楼换给经营者，经营者将自己的三楼换给学校。在经营过程中，经营者卫生环境经常不达标，影响学校形象。学校说为了学校发展，即要求再换回来。经营者未同意，学校即对经营者在一楼的经营设施进行了拆除，形成纠纷。此即涉及债的变更。传统理论，有的在债的消灭中设“代物清偿”，主张“以他种给付来代替原定给付”。笔者认为所谓的代物清偿实际上是对债的履行标的的变更，以他种给付来替代原定给付，需经债权人同意，故为债的变更，最为简洁清楚、明白易行。参见王家福主编：《中国民法学·民法债权》，法律出版社 1991 年版，第 198 页。

的变更事实当事人发生争议的，其变更约定不明或者无法证明变更的，推定为未变更。

第一千零八十三条　对于已经变更的债，在债的关系当事人之间具有新生之债的法律效力。

第二节　债的移转〔1〕

第一千零八十四条　债的移转是指债的内容没有变更，而债的关系当事人发生更替，包括债权人的更替和债务人的更替。但是根据债的性质、当事人的约定或者法律的特别规定不能转移的，不发生债的移转的效力。〔2〕

第一千零八十五条　债的一方当事人可以将自己的债权转让给第三人，也可以将自己的债务转移给第三人，还可以将自己的债权和债务一起移转给第三人。

债的关系当事人将自己的债权债务一并移转给第三人的，适用债权转让和债务转移的规定。

第一千零八十六条　债权人转让债权的，应当通知债务人。未经通知，该转让对债务人不发生效力，债务人有权拒绝向受转让的第三人履行债务。

根据债的性质、法律规定或者当事人的约定，债权人转让债权无需通知债务人的，则不必进行通知，债务人对新的债权人不得拒绝履行债务。〔3〕

---

〔1〕 用“转让”表达，在于通俗，也合实际，但将债务移转亦称转让总觉不尽妥帖。几经斟酌推敲，还是用“移转”概括。债权移转，为债权转让；债务移转，为债务转移。移转、转移可互用，具普适性特点。

〔2〕 1996年12月11日，国家开发银行与造纸厂签订《借款合同》，借款1000万元。同日，国家开发银行与造纸厂、电力总公司签订了《保证合同》，约定由电力总公司提供连带责任保证。《保证合同》第5条约定，本合同生效后，贷款方和借款方如需变更主合同的有关条款，应征得保证人同意。1999年12月20日，国家开发银行济南分行与信达济南办签订《债权转让协议》，将该笔贷款转让给信达济南办并通知造纸厂。1999年12月31日，国家开发银行济南分行在省级报刊《大众日报》上发布债权转让公告。2001年6月30日，信达济南办向济南市中级人民法院提起诉讼，请求判令造纸厂还本付息，电力总公司承担连带清偿责任。一审判决造纸厂还本付息，电力总公司免责；原告不服，向山东省高级人民法院上诉，二审判决驳回上诉，维持原判。信达济南办不服，向最高人民法院申请再审，经再审改判造纸厂还本付息，电力总公司承担连带责任。如此债权转让案件，审理三次，费时几年，法院案件岂不多哉！

〔3〕 票据权利人转让票据，无须专门通知票据债务人，凭票据背书签名，受让票据权利人即有权请求票据债务人履行票据义务，票据债务人不得行使拒绝权或者抗辩权。（为通俗明白和利于百姓理解起见，传统理论中的抗辩权可以被称为拒绝权；同时抗辩权具有对抗的意思，拒绝权则没有对抗那么激烈，从和谐社会关系，以和为贵，文明协商的角度考虑，拒绝权的概念比抗辩权的概念更为缓和舒静，而非加剧矛盾和对抗激烈。如在公交车上，甲请求乙让座；乙拒绝，不予置理，通常要比对抗辩解文明得多。网传一老人上车要求一女子让座，女子拒绝，该老人便坐到女子腿上，是为该老人极为无理，是非分明，由警方介入处理；而电梯劝阻吸烟案，结果对抗激烈，发生死人之悲剧。由此请求权可以与拒绝权为一对概念。）

第一千零八十七条 因债权转让给债务人造成履行费用增加的，由债权让与人与受让人在债权转让协议中确定承担人。没有约定的，由债的关系中确定的承担履行费用的一方当事人承担。

第一千零八十八条 债务人将债务转移给第三人的，应当经债权人同意。债权人对债务人转移债务的请求未作明确肯定表示的，视为拒绝同意。

第一千零八十九条 债权发生转让，债务人对原债权人的拒绝权，可以对新的债权人行使。债务人转移债务，原债务人对债权人请求的拒绝权，移转于新的债务人。

第一千零九十条 根据债的移转，第三人成为债的关系当事人的，债的关系的移转人不再承受该债的法律关系的约束。

债的移转应当有债的移转的证明。不能证明债的关系发生移转的，不发生债的移转的效力。

第一千零九十一条 债的移转中，又发生债的变更的，同时适用关于债的变更的规定。

债的关系发生移转或者变更后，具有新生之债的法律效力。

第三章 债的履行与债的消灭

第一节 债的全面正确履行

第一千零九十二条 依法产生的债，在特定当事人之间具有的法律锁链约束力，非经债务人履行债务，不得解脱或者消灭。但是有本章规定的债的消灭的其他情形者除外。[1]

第一千零九十三条 债的关系当事人应当按照契约约定或者法律的规定全面正确地履行自己的债务。

全面正确履行债务包括债的履行主体正确，标的正确，标的物的品种、规格、数量、质量正确，债务履行的时间、地点和方式正确。[2]

---

〔1〕 强调债的法律锁链的约束力，在于培养和弘扬债的意识观念。债一定是要还的，不应当躲债、逃债！法律不只是裁判的依据，更当是人们的行为依据。法律不只是法律文本，更当是最直接、最简明、最有效的法律学教科书和宣传书，是人民的权利保障书和行为指导书。强调法律文本就是给法官或专家看的观点是不足取的，是脱离社会实际和人民大众的，民法方面的教训应当是深刻的。

〔2〕 2019 年 4 月 11 日网上热传：陕西西安一女士花 66 万买奔驰，但车未出门就发现发动机漏油。此后，车在店里，经 15 天多次协商，该店的解决方案从退款、换车变成免费换发动机。女子不接受，便坐在该车引擎盖上要说法。多数网友认为，换发动机后，新车的价值就降低了，更何况车没出

第一千零九十四条　债务人履行债务，债权人应当配合。债权人拒绝接受履行，或者不予配合而造成债务人损失或者不能完成债务履行的，债务人有权请求对方承担相应的民商法律责任或者对应当履行的债务依法提存。

债权人分立、合并或者有其他重要事项变更影响债务履行的，应当适时通知债务人。没有通知债务人，致使履行债务发生困难的，债务人可以中止履行或者将债务提存。

第一千零九十五条　债的履行，除按照约定或者法律规定正确履行外，债的关系人应当遵循诚信原则，根据债的性质、目的和交易习惯履行通知、协助和保密的附随义务，并应当遵守节约资源、避免污染、保护环境、方便快捷的原则进行履行。[1]

第一千零九十六条　债务人应当按照约定或者法律规定亲自向接受履行的债权人履行债务，除经债权人同意或者法律特别规定外，不得由他人代为履行。[2]

第一千零九十七条　连带之债中，债务人之一向债权人完成债务履行的，其他债务人不再履行。已经履行过的债务人有权向其他连带债务人进行追偿。

第一千零九十八条　按份之债中，每个按份债务人都有义务向债权人履行自己应当承担的债务份额。一个债务人履行完成的，并不减少或者免除其他按份债务人各自应当承担履行的债务份额。

第一千零九十九条　债务人应当按照债的关系中确定的债的标的的质量、品种、数量进行履行，不得擅自改变其标的内容。其标的质量要求不明确的，重新协商确定。协商不成的，按照国家规定质量标准；没有国家规定质量标准的，按照履行时市场行业内的最优标准。[3]

(接上页) 门就有问题；车主有理有据，要求换车不过分。其实，从债务履行的要求看，为卖方交付的标的物不合格，质量不合要求，为此换车即可。因为对新车进行修理就不是新车了。该车是因买卖契约所生之债之标的，而不是定做承揽加工之产品。但是因 4S 店不明此理，结果使简单问题复杂化。最后声誉严重受损、政府介入，不得不达成换车、退费、补办生日等不利后果的和解协议。

〔1〕 如运送货物，应当合理包装，根据情况对货物进行覆盖，对现场施工进行防尘、除尘措施等。

〔2〕 传统理论，有的在债的清偿消灭中还有第三人为清偿人的问题，认为“第三人为清偿时，与债务人的代理人为清偿有别。第三人的清偿系以自己名义清偿他人债务，故于清偿时应向债权人说明”。参见王家福主编：《中国民法学·民法债权》，法律出版社 1991 年版，第 194 页。对此可以认为，债既然是特定人之间的权利义务关系，当第三人知道债权人与债务人之间的关系，并愿意以自己的名义为债务人清偿债务时，必然是有缘由和协议的。而既有协议，即可为债务移转问题。故依债的移转更为简单明了和方便适用，而不必在债的履行或清偿中另设所谓的第三人为清偿人的制度。

〔3〕 如此要求，其目的在于引导和倒逼债务人提高质量标准，提升供给侧水平。

第一千一百条 债务人应当按照债的关系中所确定的价款或者报酬标准履行。价款或者报酬标准要求不明确的，重新协商确定。协商不成的，按照债的关系成立时的市场价格或者报酬标准确定。〔1〕

第一千一百零一条 债务的履行为金钱给付的，以债务人实际履行地的法定货币进行履行。但是当事人另有约定或者法律有特别规定者除外。

第一千一百零二条 债务人应当按照债的关系中所确定的时间或者期限进行履行。履行时间不明确的，由当事人重新协商确定。协商不成的，债务人可以随时履行，债权人也可以随时要求履行，但是应当给对方必要的准备时间。〔2〕

第一千一百零三条 采用网络传输方式交付履行的，承担交付义务的当事人将标的发送至对方指定的信息系统并能够检索识别的时间为正确的履行时间。

第一千一百零四条 债务人履行债务，将履行标的交付或者移交给债权人，为债务人履行债务完成的时间，也是债权人对履行标的取得支配权或者其他权利的时间。

债的关系当事人对债的标的交付时间另有约定的，从其约定。

第一千一百零五条 债务人应当按照债的关系中确定的履行地点进行履行。履行地点不明确，当事人重新协商确定。若协商不成，给付货币的，确定接受货币一方的所在地为履行地；交付不动产的，确定不动产的所在地为履行地；交付其他标的的，确定履行义务一方的所在地为履行地。

第一千一百零六条 债务人应当按照债的关系中确定的履行方式进行履行。履行方式不明确的，当事人重新协商确定。协商不成的，按照安全节约、方便快捷，有利于实现债权人目的的方式履行。

第一千一百零七条 在债的履行中，债的关系当事人应当按照约定承担债的履行费用。履行费用的负担不明确的，由当事人协商确定。协商不成的，由履行义务的一方负担。

第二节 请求履行和拒绝履行

第一千一百零八条 债务人不得迟延或者提前履行债务，迟延或者提前

---

〔1〕 一饭店老板开业，欲在墙上画几幅画。一美术系学生得知，高兴前往，未说价格。画完之后，老板一直不说给报酬，学生最后提出报酬问题。老板说："还以为帮助做好事呢。要知道还要报酬，就不画了。"对此若协商无果，即可按照一般行业市场价格确定。

〔2〕 甲乙两厂签订合同，约定履行期限为："等需方通知时交货。"合同签订后，供方加班生产，货物堆满仓库，但一直等不到需方让交货的通知。经追问，需方一直推辞，后得知需方有不再要货的意思。形式上需方违约，实则在交货时间约定上即有问题。本质上在于需方违反诚信原则。

履行的，应当与债权人协商，请求债权人同意。债权人要求提前或者迟延履行的，应当与债务人协商，请求债务人同意。对债的关系一方当事人的请求，对方当事人有权拒绝。

当事人一方迟延履行或者提前履行的请求被另一方同意的，发生对债的履行时间变更的效力。

第一千一百零九条　当事人互负债务，没有先后履行顺序的，应当同时履行。一方未履行的，无权请求对方履行。一方在对方履行债务不符合约定时，有权拒绝相应的履行。

第一千一百一十条　当事人互负债务，有先后履行顺序，应当先履行债务的一方未履行的，后履行一方有权拒绝其履行请求。先履行一方履行债务不符合约定的，后履行一方有权拒绝其相应的履行请求。

第一千一百一十一条　应当先履行债务的当事人，有确切证据证明对方有下列情形之一的，可以中止或者拒绝履行：（一）经营状况严重恶化；（二）转移财产、抽逃资金，以逃避债务；（三）丧失商业信誉；（四）有丧失或者可能丧失履行债务能力的其他情形。当事人没有确切证据而中止或者拒绝履行的，应当承担债不履行的民商责任。

当事人依照前款规定中止或者拒绝履行的，应当及时通知对方。对方提供有效担保或者证明影响履行的原因不复存在时，先履行一方应当恢复履行。中止或者拒绝履行后，对方在合理期限内未恢复履行能力并且未提供有效担保或者证明自己的履行能力的，视为以自己的行为表明不愿继续履行或者是对另一方当事人的拒绝。

第一千一百一十二条　当事人双方互负债务，一方当事人提出抵消请求的，另一方可以同意。一方的抵消请求被对方拒绝的，依旧按照债的规定分别履行。

双方同意抵消的，可以不再实际履行，并使债的关系消灭。

相互抵消的债，其标的或者价值数额不等同的，由当事人协商进行找补。对找补的差额由一方履行，并致相互的债务关系消灭。〔1〕

---

〔1〕 传统民法理论中，在债的消灭中有抵消而致债消灭的制度。对于抵消，有的有法定抵消与约定抵消之分。并就抵消的性质有多种观点。有的认为属于清偿或拟制清偿，有的认为属于代物清偿；有的认为是互相免除；有的认为属于独立的种类契约。参见王家福主编：《中国民法学·民法债权》，法律出版社 1991 年版，第 207 页。笔者同意抵消属于清偿的观点。因为多数情况下，两个债务的价值并不等同，而一方向另一方的找补，还是一种实际的履行。即使在双方债务价值等同的情况下，也是由一方提出抵消的请求，另一方同意而代替了双方的互相履行。再则，在传统理论中，认为抵消双方

第一千一百一十三条 债的履行中，出现无法预见、非不可抗力造成的不属于商业风险的重大变化，继续履行对当事人一方明显不合理或者不公平的，受不利影响的一方有权请求与对方协商，以取得对方的同情和谅解，对债的关系进行适当调整。经协商达成新的协议的，发生债的变更的效力。在合理期限内协商不成的，一方可以请求人民法院或者仲裁机构予以变更或者解除债的关系。

第三节 债消灭的其他情形

第一千一百一十四条 债的消灭使债的关系不复存在，债权人与债务人重新回复到债的关系发生前的自由状态，双方不再受债之锁链的约束。

当事人依照债的履行的规定，全面正确履行债务，是债的关系消灭的最为普遍正常和理想圆满的方式。债的关系当事人应当诚信履行债务，使债的关系正常消灭，并实现债的关系当事人事先设定债的关系时的理想目标。

第一千一百一十五条 债因得以全面正确履行而消灭者外，有本法规定或者其他法律特别规定情形的，也发生债的消灭的效力。

第一千一百一十六条 对于已经存在的债权债务关系，当事人有权进行解除。解除债的关系，应当由双方当事人协商确定。当事人协商同意解除的，债的关系因解除而消灭。

第一千一百一十七条 债的关系当事人可以约定债的解除条件或者事由，当债的解除条件或者事由发生成就时，债的关系消灭。

债的关系当事人可以约定债的有效期限，当债的有效期限届满的，债的关系消灭，不再具有法律效力。

第一千一百一十八条 债的解除，需要有债的关系解除的证明。解除意思表示不明确或者无法证明债的关系已经解除的，推定为未解除。

第一千一百一十九条 债权人有权对债务人的债务进行免除。债的关系因债权人对债务人的债务进行免除而消灭。

(接上页) 债的标的的种类应当相同。这是一种假设，而实际生活中并不存在，实际的情况往往是不同种类的，并且如此要求根本没有必要，因为只要双方当事人同意即没有予以限制的道理。另外这里要求种类必须相同，而在传统清偿理论中，又允许所谓的代物清偿。参见王家福主编：《中国民法学·民法债权》，法律出版社 1991 年版，第 197 页。既然如此，而这里为什么要求必须种类相同呢？可见依传统理论，彼此是有矛盾和冲突的。因此，将抵消作为履行的一种方式，即可省却了债的消灭中的所谓抵消一项，使之更为简单明了，适用方便。同时，在市场经济条件下，没有必要规定法定抵消问题，其当没有适用的余地。

债权人对债务人的债务表示免除后，根据债务人的态度情境等，债权人不再对债务人予以谅解宽恕并及时反悔的，发生收回免除的效力，原债的关系继续存在和具有效力。〔1〕

第一千一百二十条 债务人的债务被免除或者解除后，不影响已经履行的债的效力。

债务被部分免除的，构成对债的变更，具有债的变更效力。

第一千一百二十一条 由于债权人的原因使债务人无法履行债务的，为使诚实守信之债务人不再为负债所累，可以将本该向债权人履行的债务交付给提存机关而使债的关系消灭。

第一千一百二十二条 有下列情形之一，债务人难以向债权人履行债务的，债务人可以将债务进行提存：（一）债权人无正当理由拒绝受领；（二）债权人下落不明；（三）债权人死亡未确定继承人、遗产管理人或者丧失民商行为能力未确定监护人；（四）有必要进行提存的其他情形。

第一千一百二十三条 债务人对债务进行提存的，应当事先告知债权人或者其利害关系人。

债的标的物不适于提存或者提存费用过高的，债权人对债务人的提存要求不同意的，债务人有权依法拍卖或者变卖标的物，将所得价款进行提存。

第一千一百二十四条 债务提存完成后，债务人应当将提存情况适时告知债权人或者其利害关系人，债务人与债权人之间的债的关系归于消灭。

第一千一百二十五条 债的关系因债权与债务合并混同为一个民商主体而消灭。混同事实发生，无须债权人和债务人意思表示，即发生债的关系消灭的效力。

第四章 债不履行与不履行的责任

第一节 债不履行的情形

第一千一百二十六条 债的关系当事人没有按照约定或者法律的规定履行债务的，为债的不履行。

第一千一百二十七条 债务人在债的履行期限内，没有为任何履行行为，为债的全面不履行。

债务人在债的履行期限内，虽有履行，但在债的履行标的的数量、质量、

〔1〕 如此规定，在于培养人的知恩感恩的意识观念。

地点等方面不符合约定或者规定的，为债的不正确履行。

第一千一百二十八条 债务人应当对自己因债不履行的行为承担民商责任。

债权人对于债务人的不正确履行有权拒绝，并有权要求债务人承担债未正确履行的民商责任。

第一千一百二十九条 债务人超过期限所为之履行，为迟延履行。

对于债务人的迟延履行，债权人有权拒绝，也有权接受；同时有权要求债务人承担民商责任。

第二节 债不履行的责任

第一千一百三十条 债务人未为任何履行行为，债权人认为还有履行必要的，有权要求债务人承担继续履行的责任，并有权要求债务人承担其他相应的民商责任。

第一千一百三十一条 债权人虽然要求继续履行，但在下列情况下，债权人只能要求债务人承担赔偿损失的责任：（一）实际履行在法律上或者事实上已不可能；（二）债的标的不适于强制履行；（三）债权人在合理期限内未要求履行。

第一千一百三十二条 债务人所做的履行在标的的数量、质量、品种、地点等方面不符合约定的，债权人有权要求债务人予以更换、补充或者采取相应的补救措施，以达到约定履行的效果，并有权要求债务人承担其他相应的民商责任。

第一千一百三十三条 债务人的迟延履行，虽被债权人接受，但债权人仍然有权要求债务人承担迟延履行的责任，并有权要求对已经给自己造成的损失进行赔偿。

对债务人的迟延履行表示接受，也未要求债务人承担民商责任的，视为债权人对债务人迟延履行的宽恕或者对履行时间更延的默认。〔1〕

第一千一百三十四条 对履行标的，当事人约定执行国家规定价格的，债务人迟延履行，如逾期交付标的物，遇价格上涨的，按照原价格执行；价格下降时，按照新价格执行。逾期提取标的物或者逾期付款，遇价格上涨的，按照新价格执行；价格下降的，按照原价格执行。

---

〔1〕 外卖送餐，迟到20分钟。买方有权拒绝接受，也可以宽容接受。但宽容接受的，可以另外要求迟延履行者承担赔礼道歉、降低价格等相应损失的责任。此种规制，在于尊重和培养主体明晰是非责任的意识观念，在此基础上提倡权利人对义务人某些情形下出现过错的宽恕和同情，既要明辨是非，是己之过即勇于认错，承担责任；又不斤斤计较、得理定不饶人。（此处应一古语话：“得饶人处且饶人。”）

第一千一百三十五条　按照约定或者规定由债务人向第三人履行债务的，债务人未履行或者履行债务不符合约定条件的，应当由债务人向债权人承担民商责任。

按照约定或者规定由第三人向债权人履行债务，第三人未履行债务或者履行债务不符合约定条件的，债务人应当向债权人承担民商责任。

第一千一百三十六条　债务人明确表示或者以自己的行为表明不履行义务的，债权人可以在履行期限届满前要求债务人承担民商责任。

第一千一百三十七条　债务人未按照约定或者规定支付价款、报酬、租金，或者不履行其他金钱债务的，债权人有权要求债务人立即履行支付，并承担相应的民商责任。

债务人拒绝履行金钱债务，引起诉讼的，适用第一千零七十六条的规定，以加付十分之一的数额计算。〔1〕

第一千一百三十八条　债务人不履行债务或者履行债务不符合约定或者规定的，依债务的性质不得强制履行的，债权人可以请求债务人负担费用，由第三人替代履行。〔2〕

第一千一百三十九条　债务人不履行债务，当事人事先约定有违约金责任的，应当承担约定的违约金责任。对违约责任没有约定或者约定不明确的，当事人应当重新协商确定。协商不成的，根据情况，可以选择要求债务人承担更换、修理、重作、退货、减少价款或者报酬等补救性责任方式。

第一千一百四十条　债务人未正确履行债务，在采取补救措施后，债权人还有其他损害的，可以请求债务人承担其他相应的民商责任。

第一千一百四十一条　债务人不履行债务给债权人造成损失的，赔偿的损失数额应当相当于全面正确履行后可以获得的通常利益。〔3〕

---

〔1〕如拖欠农民工工资、拖欠报酬的，依照本条债权人有权要求支付。如拒绝支付引起诉讼的，自应当支付之日起，超过一年的，增加1/3的数额。以此增加违法行为人的违法成本，改变长期存在的谁赖账谁有理，赖账时间越长越合算越沾光的现象，以此也使这些纠纷不必进入诉讼程序即可尽快解决，并有效减少法院案件多的压力。

〔2〕如甲与乙达成美容修眼皮协议，因甲之技术问题，两次失败。后达成退费和另请他人修复的协议。

〔3〕如西安“奔驰维权案”，事件车发动机缸体右侧因破损漏油；发动机存在装配质量缺陷，属产品质量问题，本来换车即可，但利之星公司不明此理，更造成消费者车费、精神等损失。最后不仅承担换车退费、补办生日等民商责任后果，还因其“销售不符合保障人身、财产安全要求的商品，以及夸大、隐瞒与消费者有重大利害关系的信息误导消费者”两项违法行为，被处以合计100万元的行政罚款。

第一千一百四十二条 经营者对消费者提供商品或者服务有欺诈行为，国家对消费者利益有特别法规定保护的，按照特别法的规定承担民商责任。

第一千一百四十三条 债的关系当事人事先规定有定金，债务人不履行债务的，债权人有权要求债务人承担丧失定金或者双倍返还定金的责任后果。

债的关系当事人对债不履行的责任后果，事先既约定有违约金，又约定有定金的，债务人不履行的，债权人可以选择要求债务人承担违约金或者定金的责任后果。

第一千一百四十四条 债务人按照约定履行债务，债权人无正当理由拒绝受领，致使债务人因不能正常履行而使相关费用增加的，债务人可以请求债权人负担赔偿该项费用。

债务人履行的债务有利息利益的，在债权人迟延受领期间内，债务人无须支付利息。

第一千一百四十五条 债务人因不可抗力不能履行债务的，根据不可抗力的影响，债务人可以要求部分或者全部免除履行债务，但是法律另有规定或者当事人另有约定者除外。

债务人因不可抗力请求免除债务的，应当提供相关证明。

债务人已经迟延履行债务而发生不可抗力的，不免除其债不履行的责任。

第一千一百四十六条 因不可抗力不能履行债务的，债务人应当及时通知债权人，以减轻可能给债权人造成的损失。债务人没有及时通知的，应当承担给债权人造成的损失的责任。

债务人因不可抗力致使继续履行债务对其严重困难或者明显不公平的，债务人可以请求人民法院或者仲裁机构予以变更或者解除债的关系。

第一千一百四十七条 债务人不履行债务的，债权人应当采取适当措施防止损害的扩大；没有采取适当措施致使损害扩大的，不得就扩大的损害结果要求赔偿。

当事人因防止损害扩大而支出的合理费用，由不履行债务的一方负担。

第一千一百四十八条 债的关系当事人都构成债不履行行为的，各自应当承担相应的民商责任。

当事人一方不履行债务造成对方损害，对方对损害的发生也有过错的，双方应当互相谅解，并可以减轻债不履行一方相应的民商责任。

第一千一百四十九条 债务人未全面正确履行债务的行为是因第三人的行为造成时，债务人仍然应当向债权人承担民商责任。债务人和第三人之间的纠纷，依照法律规定或者当事人约定另行处理。

第五章　债的担保与债的保全

第一节　一般规定

第一千一百五十条　为促进和保障债的全面正确履行，维护生产经营和生活活动秩序，满足当事人正当需求，民商主体有权约定或者依照法律规定对债的关系进行担保。

第一千一百五十一条　债的担保方式包括：保证、定金、押金、抵押、质押、典押、留置，及按揭、违约金等。保证属于人的担保方式，保证以外的方式属于物的担保方式。

《海商法》和其他民商单行法中对担保另有规定的，依照其规定。

第一千一百五十二条　担保的设置，可以由债务人自己提供特定的财产作为担保物，也可以由第三人提供特定的财产或者以第三人的人格信用及财产实力进行担保。

第一千一百五十三条　第三人为债务人利益向债权人提供担保的，可以要求债务人提供反担保。反担保适用担保的规定。[1]

第一千一百五十四条　担保的方式与内容以当事人订立的担保合同为依据。但是法律规定可以直接进行留置担保的除外。

提供担保的标的及其权利依法需要登记的，其担保的设置也应当进行登记。

第一千一百五十五条　设置担保，应当由债权人和债务人，或者被担保人与担保人签订担保合同。担保人包括债务人本人和为债务人提供担保的第三人。

担保合同是被担保合同的从属性合同，主合同无效，担保合同也无效。但是担保合同另有约定的，从其约定。

第一千一百五十六条　担保合同符合民商行为有效条件的，发生担保的

---

〔1〕甲乙七旬夫妇的外甥开的公司向银行借款，担保公司为其进行担保，同时要求反担保。外甥找甲乙夫妇用两套房产为担保公司提供担保。后公司经营不善，外甥一家不知去向。担保公司向银行支付了贷款。后将老夫妇及其外甥告上法庭。经查，其外甥自己的房子早已被抵押。最终法院判决担保公司对甲乙夫妇的两套房产享有担保权。裁定对老夫妇的房产进行拍卖。拍卖成功后，进行了清场执行。法院将按照5年至8年同类地区房屋租金标准对老夫妇进行货币安置。故应当充分认识到“替人担保无小事，能不担保别担保；担保无利难避免，十有八九高风险”。从借款人来讲，“能不借款别借款，借款自谋担风险。不要贪利坑亲友，连累他人没了脸”。根据常理悉心揣摩，当是老夫妇外甥和所谓的担保公司共同设置之圈套。

法律效力。担保合同被确认无效的，债务人、担保人、债权人有过错的，应当根据其过错各自承担相应的民商责任。[1]

第一千一百五十七条 债的担保范围和数额，根据担保合同的约定，可以是：（一）主债权；（二）主债权及其利息；（三）主债权、利息、违约金、损失；（四）最高的特定数额，或者对主债权特定最高数额通过约定的计算方法再得出的最高数额。[2]

第一千一百五十八条 债的担保的法律后果，是当债务人违约不履行债务或者发生当事人约定的实现担保的情形时，债权人可以按照协议的约定，要求担保人代替债务人履行债务，或者以与担保人协议担保的财物归债权人所有，或者协议以折价、变卖、拍卖担保物的价款使被担保债权优先得到清偿，以保障债权人利益的实现。

实现债的担保，需要对担保物进行折价或者变卖的，应当参照市场价格。

第一千一百五十九条 设置的担保方式既有物的担保，又有人的担保的，优先适用物的担保。但是当事人对担保方式实现的时间或者次序另有约定者除外。

第一千一百六十条 债的关系中虽无担保的设置，但债务人怠于行使自己的债权或者故意与第三人进行民商行为，致使债务人的财产不当减少，损及债权人债权利益的实现时，债权人有权请求法院采取保全债权人债权的方式，以维护债权人的正当利益。

第二节 保证担保

第一千一百六十一条 保证人和债权人约定，当债务人不履行债务时，保证人按照约定履行债务或者承担债不履行的法律后果的，为保证担保。

第一千一百六十二条 保证人为债权人和债务人以外的第三人。具有代为清偿债务能力的民商主体，可以作为保证人。

非企业法人不得为保证人。企业法人的分支机构有法人书面授权的，可以在授权范围内提供保证担保。

国家机关不得为保证人，但经国务院批准为使用外国政府或者国际经济

---

[1] 实践中多有保证人或者作为担保人的第三人被欺骗之情形。但司法实务上往往以有其签名而被认定担保有效，从一定意义上鼓励纵容了欺诈现象。

[2] 某高级人民法院咨询笔者案例：当事人在担保合同中明确规定为700万加利息等得出的最高数额，而根据现在法律规定解释一定说就是700万这个固定的数字。应当说违反民商法平等自愿和诚信公平原则；减轻了担保人的责任。故以此表述。

组织贷款进行转贷的除外。

第一千一百六十三条　保证担保，应当以保证人、债务人与债权人共同签订的保证合同为依据。

根据保证合同约定，保证人可以承担补充保证责任，也可以承担连带保证责任。没有约定是补充保证责任的，保证人承担连带保证责任。

第一千一百六十四条　两个以上的民商主体为同一债务进行共同保证的，可以是按份保证，也可以是连带保证。未约定是连带责任还是按份责任的，按照按份保证承担责任。

第一千一百六十五条　保证人按照约定，为债务人承担保证责任后，有权向债务人进行追偿。

两个以上的保证人中的一个保证人承担连带保证责任后，有权向其他未承担连带保证责任的人提出补偿。

第三节　定金担保

第一千一百六十六条　定金担保是双方当事人约定，一方向另一方交付一定数额的金钱，以作为债务履行的担保方式。根据约定一方向另一方交付的用以担保债务履行的金钱，为定金。

定金担保的债权范围、定金数额，以双方当事人签订的定金担保合同为依据。

第一千一百六十七条　依照定金担保，债务人按照约定履行债务后，定金应当抵作价款或者收回。给付定金的一方不履行约定债务的，无权要求返还定金。收受定金的一方不履行约定债务的，应当双倍返还定金。[1]

第四节　押金担保[2]

第一千一百六十八条　押金担保是根据当事人双方约定或者一方的规定，一方向另一方交付一定数额的金钱，以作为履行债务或者损害赔偿的担保方式。为担保债务履行或者损害赔偿由一方向另一方交付的金钱为

〔1〕 赵某在某网店看中一件衬衣裙，网站还推出付定金减价款活动，赵某遂先付定金20元，后按约定支付尾款350元。但收到衬衣裙后，发现不合身，且布料太透。便要求退货退款。卖家收到赵某申请后，只同意退尾款，不同意退定金。20元定金应当退还的理由在于：这里的定金是货款的一部分，赵某收了货，不是不履行债务，选择7天无理由退货，应包括20元定金在内。

〔2〕 押金担保的适用范围广泛，通常在租赁、承包、住宿、服务等方面。如租金、上缴的承包费用；租赁物、承包物返还；旅客住店房价、退房；住院医疗的住院费、医疗费、退病房；其他不履行债务的损害赔偿。

押金。

第一千一百六十九条 押金应当是法定货币，不得以其他物品或者证件替代。

押金数额由押金担保当事人在合同中约定。

第一千一百七十条 债务人依照约定履行债务，在结算和清偿主债务时，押金应当退还。[1]债务人违反债务履行或者给债权人造成损害的，按照约定，押金不予退还。

押金与造成的损失差额较大，清偿有剩余的，可以将余额退还。不足清偿的，债权人有权要求债务人补充清偿。

第五节 抵押担保[2]

第一千一百七十一条 抵押担保是指债务人或者第三人不转移实物财产的占有，而以约定实物财产的价值进行债务履行的担保方式。

第一千一百七十二条 提供抵押物的债务人或者第三人为抵押人，接受抵押物的债权人为抵押权人。抵押人与抵押权人所约定的用于担保债务履行的实物性财产，为抵押物。

第一千一百七十三条 抵押人提供的抵押物，可以是抵押人享有所有权的不动产或者动产，也可以是抵押人有权处分和转让的不动产或者动产。

依法归民商主体所专有，或者依法禁止流转的物，不得作为抵押物。

自然人以自己的房产为他人的债务进行抵押担保的，只能以其所居住以外的房产进行担保，抵押物不得是其唯一居住的房产。[3]

第一千一百七十四条 抵押人可以就某项财产单独抵押，也可以就数项财产一并抵押。

以房屋等不动产进行抵押的，该不动产占用范围内的土地一并抵押；以

---

[1] 某地担保公司办理贷款买车业务，同时收取3500元到10 000元不等的押金。但是在车主还完贷款后，担保公司却一直拖延和拒绝退还押金，引起纠纷。也有的个别车主忘却了押金的存在，等想起来要求归还押金时，该担保公司已经不知去向。在此类情形下担保公司有诈骗之疑。

[2] 以房产进行抵押的，只能是为自己的债务进行抵押担保。用房产为别人的债务进行担保的，只能以一套以外多余的房产进行担保。担保人为继承人以外的人提供担保的，只有一套房产的，担保应当无效。以避免被担保人与债务人串通，损害担保人的利益的现象。如前例中，七旬老夫妇为外甥担保，外甥逃跑，老夫妇被强制执行赶出房屋。债权人知道或者应当知道担保人只有一套房产还签订担保协议的，该协议无效，不具有担保效力。

[3] 本款意在为残阳老人留下最后一个住所，不致上当被骗，并被人民法院依法将其赶出家门。

土地进行抵押的，附着于该土地上的不动产一并抵押。[1]

第一千一百七十五条　按照抵押担保，债务人不履行债务时，债权人有权与抵押人进行协商，以抵押财产进行清偿。协商不成时，有权向人民法院提出请求，以抵押财产进行折价清偿，或者以变卖、拍卖抵押财产的价款优先受到清偿。

第一千一百七十六条　以同一项抵押物向两个以上的债权人提供担保的，以取得抵押权先后次序为清偿次序。两项抵押有未登记的，以登记者先行清偿；两项均未登记的，以抵押合同生效的先后次序为清偿次序。

第一千一百七十七条　抵押权与其担保的债权同时存在。债务人到期全面正确履行债务的，债权消灭，抵押权随之消灭。

第一千一百七十八条　抵押期间，抵押人转让已办理登记的抵押物的，应当通知抵押权人并告知受让人转让物已经抵押的情况。抵押人未通知抵押权人或者未告知受让人的，转让行为无效。

第一千一百七十九条　抵押权因抵押物灭失而消灭。因灭失所得的赔偿金，应当作为抵押财产进行优先清偿。

第一千一百八十条　抵押合同中，当事人约定有为最高的特定债权数额限度内或者在一定期间内连续发生的债权数额或者对主债权特定数额通过约定的计算方法再得出的最高数额进行担保的，为最高额抵押担保。

对于最高额抵押，债务人不履行债务的，抵押人应当对所担保的最高额财产承担清偿责任。

第六节　质押担保

第一千一百八十一条　债务人或者第三人将其特定的实物动产或者证券物品出质给债权人控制占据，以担保债务人履行债务的，为质押担保。

质押担保中，提供担保的债务人或者第三人为出质人，债权人为质权人，出质人向质权人交付的财产物品为质押物。

---

〔1〕 通常对于土地的抵押都表达为对土地使用权的抵押。实际上任何权利与客体都是密切结合而不可分的，说土地使用权，实际上是对权利内容和客体的同时表达；说土地，自然也会有其权利内容的存在。而进行抵押的物品并非一定是主体自己所享有所有权的东西，其权利属性本是物权法已经解决的问题，故此处如同对其他财产的表达一样，不必一定要说明其权利属性。如此，干净利落、简洁明了。如拿宅基地进行贷款抵押，根本不必要说成拿宅基地使用权进行抵押。既然可以拿宅基地进行抵押，就对它有一定的权利，至于是什么权利，并不是此处需要关注的问题。百姓民众中，都是说“俺家的宅基地”，而没人说“俺家的宅基地使用权”。

第一千一百八十二条 质押物包括以下类型：（一）依法允许流通转让的实物动产；（二）依法允许转让的票证物；（三）依法允许进行收藏的物品；（四）财产收益，应收账款，可以转让的基金份额、股权、知识产权中的财产权。

第一千一百八十三条 质押担保的效力自出质人向质权人交付质押财产时发生〔1〕。

以票证物出质的，质权自出质人将票证物交付质权人时成立；没有权利凭证的，质权自质押合同生效时成立；以知识产权中的财产权出质的，质权自办理出质登记时设立。

第一千一百八十四条 债务人履行债务，债权消灭的，质权随之消灭；质权人应当将所控制占据的出质人的质押物交还给出质人。

第一千一百八十五条 债务人不履行到期债务或者发生当事人约定的实现质权的情形，质权人可以与出质人协议以质押财产折价，也可以就变卖、拍卖质押财产所得的价款优先受偿。

质押财产折价或者拍卖、变卖后，其价款超过债权数额的部分归出质人所有，不足部分由债务人继续清偿。

第一千一百八十六条 债务人未按约定履行债务的，债权人有权按照质押合同约定行使质权。质押合同中特别约定，债务人不履行债务，质押财产归债权人所有的，当债务人未履行约定债务时，质押财产可以直接归债权人所有。〔2〕

---

〔1〕 在质押权存在期间，质权人可以对质押物进行的支配行为，属于他物权的性质和范畴。对此在物权编第638条规定：“在担保期间内，担保权人对他人所提供的担保物有直接控制占据的权利，不得使用、收益和处分担保物。但是担保物为货币金钱者除外。”第640条规定：“根据契约约定，债权人有权对债务人一方提供的抵押物、质押物、典当物以及定金和押金进行控占。分别为抵押控占权、质押控占权、典当控占权、定金控占权和押金控占权。”参见王明锁：“中国民商法典编纂中对物权制度的修正整合与创新完善——附《中华人民共和国民商法典物权编草案建议稿（黄河版）》”，载《私法》2019年第2期。

〔2〕 传统民法理论禁止所谓的流质特约。笔者对此进行过专门研究，认为允许流质特约是对当事人意思表示的尊重；是实现担保目的最简便、快捷的方式；质押物与债权价值的大小，当事人最为清楚；在市场经济条件下，质押物的价值也在变化，并非一定是债务人吃亏；传统理论认为债权人利用自己的优势强迫债务人以大额质押物对较小的债权进行担保的情况在现代市场经济条件下已不复存在，即使有此情况，也可以以民商行为显失公平而进行矫正；禁止流质特约，与典当契约、典权契约、实现担保时双方协商作价的措施后果都是相悖的，故没有必要一开始就对此予以禁止。详细论述可见王明锁：“禁止流质约款之合理性反思”，载《法律科学（西北政法大学学报）》2006年第1期。

第七节 典押担保[1]

第一千一百八十七条 根据当事人约定，一方将自己特定的实物财产交付对方控占使用，以获得使用对方的金钱为代价，当债务人不能履行偿还金钱的债务时，所交付给对方控占使用的实物财产归属于对方所有的，为典押担保。

第一千一百八十八条 典押担保中使用对方金钱，将自己的实物财产交付给对方控占使用的人为典押人。占用典押人的实物财产的人为典押权人。典押人向典押权人交付的用以担保的实物财产为典押物。典押权人向典押人交付的金钱，为典价。

典押物可以是汽车等动产，或者是房屋等不动产。

集体土地、宅基地及在宅基地上的建筑物，只能在农村集体组织成员范围内设定典押担保。

第一千一百八十九条 典押担保根据双方当事人订立的典押契约产生。根据典契约定，典押权人应当将约定的金钱交付典押人。典押人应当将典押物交付给典押权人。

第一千一百九十条 在典押期限内，典押人使用典价，无需向典押权人支付利息。典押权人占用典物，无需向典押人支付费用。

第一千一百九十一条 典押期限届满，六个月内，典押人向典押权人偿还典价，以赎回典押物的，典押权人应当接受典价，返还典押物。

典押期限届满，超过六个月，典押人对典押物未予赎回的，发生过期不赎、视为绝卖的后果，典押物归属典押权人所有。

第一千一百九十二条 典押期限届满，六个月内，典押人支付典价，回赎典押物，但因典押物价值变化，致使一方利益损失重大，造成明显不公平的，受损失一方可以请求人民法院依法予以矫正性补救。

---

[1] 典当营业者，以质押物品进行借贷，典当期满，债务人未为清偿者，即丧失典当物者，属于质押担保范畴。因为债权人或者担保权人对于债务人所提供的担保物只能占据控制而不能使用。而典押者，属于中国传统民法中的典权制度。债权人不只对典物予以控制占据，还可以使用。根据约定，到期不赎，视为绝卖。既起到了发挥物的作用的效果，也起到了担保效力。此乃对中国传统典权制度的继承与改造。参见王明锁："剪掉辫子换发型：典权制度的演变及在未来民商法典中的改造"，载王明锁：《中国民商法体系哲学研究》，中国政法大学出版社 2011 年版，第 347~359 页。

第八节　留置担保[1]

第一千一百九十三条　留置担保是债权人按照合同约定已经占有着债务人的实物财产，当债务人不按约定期限履行应当支付的费用或者报酬债务时，债权人有权保留控占债务人的该财产，以确保债务人履行债务和使自己的利益不受损失的担保方式。

第一千一百九十四条　留置担保适用于因保管、运输、加工承揽合同而产生的债的关系。但在其他领域适合于留置的，可以进行留置。[2]

第一千一百九十五条　留置物应当是根据合同约定，一方已经占有的另一方的财产。但是当事人在合同中约定有不得留置的物品时，从其约定。

第一千一百九十六条　债务人违反约定，没有履行债务的，留置权产生。债务人的财产被留置后，于合理期限内仍未履行或者清偿债务的，债权人可以与债务人协议以留置物折价，也可以请求以变卖或者拍卖留置物的价款优先受偿。

留置物被折价需要找补的，应当进行找补。留置物被变卖或者拍卖的，其价款超过债权数额的部分归债务人所有，不足部分由债务人继续清偿。

第一千一百九十七条　债权人对债务人的财产进行留置控占，影响留置物所有权人对物的占用利益的，债务人有权与债权人进行协商，可以另行提供担保以解除和消灭留置控占的权利。

---

〔1〕 案例：2013年10月30日，升东公司委托中基公司代理进口铁矿砂（即涉案货物）。11月10日，涉案货物抵达港口。11月13日，中外运唐山公司与实业港务公司签订《单船装卸合同》，约定唐山公司委托实业港务公司装卸涉案货物。11月18日，唐山公司向中基公司出具《入库单》，载明涉案货物存放区域为实业港务公司C区仓库。唐山公司与中基公司签订有《仓储保管合同》，约定唐山公司负责中基公司进口货物的仓储保管及装卸作业，唐山公司凭盖有中基公司财务部印章的正本提货单发货。另唐山公司与国贸公司签订有《合作协议书》，约定唐山公司按国贸公司《放货通知》办理出入库手续。11月21日，国贸公司与升东公司签署《进口货物港口作业服务协议》，约定国贸公司接受升东公司委托办理进口货物的出入库手续，并为升东公司垫付进口货物海关增值税，升东公司按期归还垫付的海关增值税，并向国贸公司支付服务费。如升东公司未能按期清偿应付款项，国贸公司有权对货物进行拍卖或者变卖，所得价款优先清偿所欠国贸公司的款项。因升东公司未依约清偿国贸公司垫付的海关增值税、服务费、违约金等，国贸公司留置在实业港务公司C区仓库剩余涉案货物。其案涉争议是“国贸公司是否已经合法占有涉案货物，留置权是否已经设立?”当事理论实务上都集中于物权法占有制度中的直接占有和间接占有，焦点为留置权问题。但以笔者之见：依法只有实业港务公司才可能享有留置担保的问题；国贸公司根本不能享有留置担保；国贸公司依约所享有的只能是抵押担保问题；在此民商活动中，升东公司具有不法图谋，而国贸公司不慎而步入了其恶意圈套；国贸公司将约定的抵押担保错位成了法定的留置担保。

〔2〕 在查处干部违纪过程中，有一种措施也叫“留置”。笔者与相关专家交换意见，认为留置是把物放在那里；把人留在那里，实际上是留在那里住下、待查。故叫“留住”似乎比留置更贴切和人性化些。

第九节　其他担保

第一千一百九十八条　在双方买卖的交易中，当事人可以约定采取所有权保留的担保方式。

一方为确保交易价金债权的全部受偿，在向另一方移转标的物的占有时，依照特别约定，仍然保留标的物的所有权。待金钱债权人收到全部的交易价款后，标的物的所有权方转归买方当事人。

第一千一百九十九条　在因楼房预售或者车辆等商品交易所产生的债的关系中，当事人可以约定采取以按揭的方式进行担保。

买受人支付部分价款后，将其依合同取得的商品的期待所有权让渡给银行贷款人以作为取得银行贷款的担保。还款期限内，买受人按照约定清偿所借款项的，商品所有权归买受人。

买受人未按约定还本付息和支付费用的，丧失期待商品所有权。银行有权从对按揭商品进行另卖、拍卖的价款中优先受偿。

第十节　债的保全[1]

第一千二百条　债的关系中，债务人不履行债务，并怠于行使自己的有关债权或者不当处置自己的财产，以损害债权人正当利益的，债权人有权请求人民法院依法采取措施，对自己的债权进行保全。

债的保全为债的代位保全和撤销保全两种方式。

第一千二百零一条　债的保全涉及债的关系当事人以外的第三人。债务人、第三人经债权人请求而同意债权人代位或者自行撤销的，发生债的移转

---

〔1〕案例：乔某因老宅拆迁被A房地产公司安置到一新区两室住宅居住。手续由其女婿张某全权办理。搬入新居一年后，乔某女儿与张某因离婚诉至法院，张某提出乔某现住房为张某所有，要求乔某搬出，并出示张某为所有人的该房产权证书原件（经查真实）。乔某委托律师到房地产公司调查，全部拆迁安置文件下落不明；公司开具的回迁安置单上载明的被安置人为张某。乔某遂向法院起诉，告张某与A公司恶意串通，损害其合法权益，要求法院判决张某与A公司的回迁安置关系无效，将诉争房屋产权变更为乔某所有。A公司在庭审中主张该房系该公司对张某的赠与物；并承认仍欠乔某及其他回迁住宅十几套。经查，该公司濒临破产，已无实际履行能力和可执行财产。笔者认为，真实的保全案例并不多见，实务界、学界多将此案例当作债的保全案例。实际上此例并不符合债的保全要件。乔某、公司、张某三者之间，如果乔某与公司之间存在债权债务关系，公司不积极履行或为逃避履行，而将房子无偿赠与给张某是真实关系，才可以由乔某请求采取保全措施，要求对公司与张某的赠与关系予以撤销。但此为虚假，故乔某主张公司与张某恶意串通，将本该记载房屋所有权人为乔某的房屋所有权人登记为张某，是违法行为，故因原因行为违法而应当予以撤销，将诉争房屋产权变更为乔某即可。

或者变更的法律效力。债务人或者第三人不同意的，债权人应当通过人民法院依法行使代位或者撤销的保全措施。

债权人采取保全措施的费用，由债务人承担。

第一千二百零二条 债务人怠于行使其对第三人享有的到期债权而对债权人的债权造成损害的，债权人有权向人民法院提出请求，以自己的名义代位行使债务人对第三人的债权。但是对专属于债务人的债权不得进行代位。

代位保全成立的，发生债的关系强制移转的效力，由债务人的义务人直接向债权人履行债务。履行数额以债权人的债权数额为限，不足清偿的，由债务人继续承担责任。

第一千二百零三条 债务人放弃债权或者不当处分财产，以损害债权人债权利益的，债权人有权请求人民法院依法撤销债务人的放弃债权或者不当处分财产的行为。

撤销保全成立的，以被撤销的债权或者处分的财产，由第三人向债务人返还，并由债务人向债权人履行，以实现债权人的债权利益。

第六章 契约（合同）行为之债〔1〕

第一节 一般规定

第一分节 契约的效力和范围

第一千二百零四条 契约是民商主体生产经营和生活活动中最常见的民

〔1〕 中国共产党第十八届中央委员会第四次全体会议明确指出："社会主义市场经济本质上是法治经济。使市场在资源配置中起决定性作用和更好发挥政府作用，必须以保护产权、维护契约、统一市场、平等交换、公平竞争、有效监管为基本导向，完善社会主义市场经济法律制度。"其中准确使用"契约"范畴。契约与合同相比，更具历史性、广泛性和科学性；使用契约范畴，有利于培育和张扬契约精神和契约文化。但为与现在立法和实践衔接，照顾口语习惯，本法典草案将契约、合同同义，同时使用契约与合同；一般规定上，称契约，具体契约上，使用合同；有时选用契约或者合同，完全取决于表达上的习惯和顺畅；原则性上用契约，灵活性上用合同。但是无论是契约还是合同，严格意义上都是民商行为法律事实，而依据契约或合同产生的债权债务关系才是本质的、具有法律效力的锁链关系。即使从所谓的"合同法"规定看，其主要和重要部分也不在于合同文本本身，而是在于根据合同产生的具有约束力的关系。故笔者尊崇传统，使用契约行为之债的范畴（罗马法中称契约的债，《法国民法典》称契约或合意之债，《德国民法典》称因合同产生的债，《日本民法典》称契约之债，《中华民国民法》称各种之债）。合同是文本说辞，因合同所生的关系是本质，是锁链；故重视锁链关系比重视许愿说辞要重要得多，社会上重口号、讲话、文件，而轻落实的虚浮之风无不与长期以来将合同与债分离，只要合同不要债具有重要因果瓜葛。

商原因行为。因契约行为所生之债，是文明社会最为理想和普遍的债的类型。

民商主体之间为了设立、变更、终止民商法律关系所订立的协议，为契约。

契约也称合同。订立契约者，为立契人，或合同当事人。

第一千二百零五条　契约行为之债，使民商主体之特定物产权、知产权及相关人身利益在特定民商主体之间流转承接，并具有法律约束力。

有关人身权权益发生、变更或者终止的约定，除适用本法典人身权编的规定外，可以根据其相关契约的性质和内容参照适用本章规定。

第一千二百零六条　契约行为应当由当事人依法订立，仅对参加订立契约的当事人具有法律效力。

当事人订立不同类型内容的契约，在当事人之间产生不同类型内容的权利义务关系。

第二分节　契约的形式和内容

第一千二百零七条　契约或合同的形式是订立合同的当事人的意思表示方式。合同应当反映、记录和保存当事人订立合同时的真实意思，可以是口头形式、书面形式或者其他形式。

书面形式除纸张传统形式外，通过电子数据、电子邮件等方式所表现的内容能够转换为书面文字的，也为书面形式。当事人对合同形式有特别要求或者法律对合同形式有特别规定的，应当遵守其约定或者法律的规定。

第一千二百零八条　合同的内容通常包括以下条款：（一）合同当事人的姓名、名称，见证人或者中人的姓名；（二）交易标的物的名称、数量、质量；（三）物品的价款、劳务的报酬；（四）债务履行的时间、地点和方式；（五）债务人的违约责任，违约金、赔偿金的数额或者其计算方式；（六）发生争议纠纷时的解决方法；（七）合同生效的时间或者条件；（八）对合同形式的特别要求；（九）合同签订的时间、地点和当事人的签名落款。

当事人可以参照行业类别所提供合同的示范文本订立合同，并可以根据情况对所参照范本进行补充和修改。

第一千二百零九条　合同的内容应当完整准确、公平诚信、明白清楚、条理规范，易于理解、不生歧义。对合同的内容条款发生争议的，由订立人重新协商确定；不能确定的，可请具有声望和良好品行的个人或者调解组织、公证机构帮助解释，也可以经法定程序由冲裁人员或者法庭人员进行解释确定。[1]

对于格式合同的解释，应当有利于提供格式合同者的相对方。

第三分节　合同的要约和承诺

第一千二百一十条　当事人订立合同，通常经过要约和承诺两个步骤。

要约是一方当事人向另一方提出的订立合同的意思表示。承诺是接受要约的一方对要约人的意思表示的完全同意。承诺完成，合同成立。

第一千二百一十一条　当事人一方向他人发出邀请，希望他人与自己订立合同的意思表示，为要约邀请。要约邀请不具有法律约束力。但是要约邀请具备合同成立的全部内容者除外。

第一千二百一十二条　要约发出后，当事人反悔的，应当及时撤销要约。但是要约已经被受要约人承诺或者受要约人已经为履行义务做了合理准备的，要约不发生撤销的效力。要约人应当对自己轻率撤销要约的行为承担相应的民商责任。

第一千二百一十三条　受要约人对接到的要约表示承诺后又反悔的，应当及时撤销承诺。但是承诺已经到达要约人的，撤销承诺的行为不发生效力。承诺人应当按照承诺履行债务，或者与要约人协商请求解除已经发生的债的关系，并应当对自己轻率承诺的行为承担相应的民商责任。

第一千二百一十四条　契约应当是当事人双方根据自己的真实意思反复协商之结果。接受要约的一方有权对要约提出补充和修改。对要约进行补充修改的，视为新的要约。[2]

第四分节　合同的成立与生效

第一千二百一十五条　当事人订立合同，意思表示一致，合同即告成立。

当事人采用书面形式订立的合同，自当事人签章完成，合同成立。

当事人的签章包括当事人的签名、盖章、按指印，或者签名加盖章、签名加按指印。

第一千二百一十六条　合同生效是合同成立后在当事人之间产生债权债

[1] 订立合同，首先防患于未然，一旦有争议，可就近由有声望的个人或者组织人员帮助解释。此综合措施，可促使当事人认真行事，提升公民个人或有关组织的声望信誉，可避免纠纷进入诉讼程序，及早化解矛盾，和谐社会关系，减少当事人诉累，节约司法资源。

[2] 由该条可通俗理解和培育人们以下观念：商人乃经常或专门与人商量、商议之人；商业乃经常或专门进行商量谈判之事业；商品即商量着进行交换之物品。如此，平等民主之风必盛，独断专横之气必衰。

务关系的法律约束力。

当事人可以约定合同成立时当即生效，也可以约定另外的生效时间。

当事人约定合同另外的生效时间的，可以是一个特定具体的生效时间，也可以是某项条件发生成就时为生效时间。

第一千二百一十七条　根据当事人约定或者法律规定，合同需要经过公证或者国家主管部门审核批准后，才为合同成立和生效的，则必须完成相应审批手续后，合同方可成立或者生效。[1]

一合同的成立和生效，必须以另一合同的成立和生效为前提条件的，则另一合同尚未生效的，后一合同不发生法律效力。

第一千二百一十八条　合同成立不等于合同生效。合同成立，表明合同当事人双方意思表示一致。合同生效，表明合同在主体资格、意思表示、性质内容、形式要求等方面必须符合法律规定。不符合民商行为有效条件的合同，不发生法律效力。

第一千二百一十九条　当事人采用邮件、数据等形式订立合同的，合同的成立时间以当事人在邮件数据电文中所约定的方式进行确认后成立。

第一千二百二十条　合同成立的地点为合同生效的地点。

采用数据电文形式订立的合同，收件人的住所地为合同的成立地。但当事人另有约定的，从其约定。

第二节　转承物的所有权合同[2]

第一分节　买卖合同

第一千二百二十一条　买卖合同是民商主体一方将自己有权支配的财产及其所有权通过获得价款的方式转移给另一方所有，另一方支付价款并承接取得特定财产所有权的合同。

转移财产所有权并收受价款的一方为出卖人，承接财产所有权并支付价款的一方为买受人。

---

[1] 实践中，有些合同只是双方当事人同意签字，并未经国家机关审核批准，即开始履行。几年过去，土地使用权仍未经审批批准。在该土地上已经耸立的建筑物便成为非法建筑，依法需要拆除。由此造成极大浪费；“贪污和浪费是极大的犯罪”，但人们似乎只知贪污为犯罪，而浪费却被逍遥法外。故须在契约生效问题上，把好关口，未批准者不生效力，不得履行。

[2] 与物权的种类区分相适应，该节为转移实物财产所有权合同。在市场经济生活中，此类合同最为普遍。以买卖、供用、借贷、赠与为序，与将赠与放在买卖之后通常做法不同，重要理由在于前两类有偿，借贷有偿或无偿，赠与为无偿，故从有偿到无偿以序为是。

第一千二百二十二条 买卖合同的内容包括出卖物的品种名称、质量规格、数量、单位、验收标准、附随资料、价款计算、结算方式、交货时间地点等内容条款。

根据买卖合同的内容，在买卖双方当事人之间产生相应的债权债务关系。

第一千二百二十三条 出卖人应当履行向买受人交付约定标的物的义务，或者向买受人交付提取约定标的物的单证，并转移约定标的物所有权的义务。

第一千二百二十四条 出卖人应当保证对出卖物享有所有权或者处分权。出卖人没有处分权致使标的物所有权不能转移给买受人的，构成对买受人的欺诈，应当承担民商责任。

买受人对出卖人没有出卖物所有权知情的，也应当承担相应的民商责任。

第一千二百二十五条 买卖标的物的所有权从出卖人按照约定交付给买受人由买受人支配时转移承接。

出卖人出卖交由第三人转运交付的标的物所有权，从第三人向买受人交付标的物时转移，但是当事人另有约定的除外。

第一千二百二十六条 买卖之债的履行中，标的物意外损毁灭失的风险与其所有权的归属一致，标的物交付之前由出卖人承担，标的物交付之后由买受人承担。但是当事人对此有特别约定或者法律另有规定者除外。

第一千二百二十七条 因标的物质量不符合要求，致使买受人拒绝接受标的物的，其所有权不发生转移。出卖人应当承担履行债务不正确的民商责任。〔1〕

买卖标的物为消费品，法律对消费品买卖有特别规定的，出卖人履行义务不正确的，应当按照法律的特别规定承担民商责任。〔2〕

第一千二百二十八条 分期付款买卖的标的物，自买方交付完全部价款后，发生买卖标的物的所有权转移。分期付款的买受人未按照约定付款的，经催告后在合理期限内仍未支付已到期价款的，出卖人有权解除合同，双方进行返还。买受人已经对标的物进行使用的，应当向出卖人支付高于市场价格一倍的标的物使用费。

第一千二百二十九条 试用买卖的当事人可以约定标的物的试用期间。

---

〔1〕 陕西购车女士发现卖方交付的车辆发动机漏油，而未开出店外，拒绝接受，该车的所有权不发生移转。为卖方交付的标的物不符合质量要求，当承担更换标的物的责任。因卖方违反规定常理，酿成更为不利之责任后果，当为教训。

〔2〕 杭州车主购买“奔驰”，因轮毂被换一案，卖方按消费者权益保护法规定，承担“退一赔三”之责任。

试用期间届满，买受人可以明确表示购买或者拒绝购买。对是否购买未作表示的，视为购买。

试用买卖的标的物在试用期内毁损、灭失的风险由出卖人承担。

第一千二百三十条　出卖人不得将同一物分别出卖给两个以上的买受人。出卖人一物二卖或者一物多卖的，构成欺诈行为。应当按照买卖合同的成立和生效时间进行交付标的物。未能获得标的物所有权的人，有权要求出卖人按照该标的物买卖合同中约定的最高数额进行退款赔偿，并承担其他相应的民商责任。〔1〕

第一千二百三十一条　招标、投标类的买卖交易，按照招标投标的专门法律规定进行。

通过拍卖的程序进行买卖的，依照拍卖法的专门规定。〔2〕

第一千二百三十二条　买卖合同属于有偿性转移实物财产所有权的合同。出卖人向买受人交付约定的财产物品，买受人应当向出卖人支付约定的货币价款。

买卖合同当事人约定以物易物，并转移标的物所有权的，法律尊重其交易习俗，承认其法律效力。〔3〕

第二分节　供用合同

第一千二百三十三条　供用合同是一方通过特定的管网设备向对方稳定提供相关资源，另一方自我控制使用资源用量，于约定时间缴纳资源费用的合同。供用合同中，提供资源的一方为供方，使用资源的一方为用方。

第一千二百三十四条　供用合同的标的物包括水、电、气、热力和网络流量等标准能量资源，其能量资源的质量标准和度量标准应当符合国家规定的统一标准。

第一千二百三十五条　供用合同包括供用水、电、气等能量资源合同类

---

〔1〕应当加大欺诈、不诚信者的违法成本。甲一物三卖，分别约定价款为40万、45万、50万，对已经付款的40万买主不交付买卖标的物者，应当退款赔偿50万，约定有违约金的，还应支付违约金。

〔2〕蒋某委托拍卖公司对一辆二手宝马车进行拍卖。李某在拍卖网络平台获悉该车信息：曾被碰撞、水淹、发生两次事故。拍下该车，并支付车辆价款和竞拍保证金等。车辆交付后，李某发现该车为拼装车。遂起诉，要求确认合同无效，由拍卖公司、保险公司、蒋某共同承担民商责任。审理判决蒋某返还购车款、车辆施救费、运输费、保管费等8万元；拍卖公司返还拍卖佣金、服务费等。蒋某上诉，二审维持原判。

〔3〕以物易物已不常见，意义不大。故承认其效力，但不对其内容专门规定。

型，其内容包括供用标的的类型、质量、计量、价格、结算方式和设备维护等条款。

第一千二百三十六条 供用合同具有社会性质，供方不得拒绝用方的合理要求。供方应当按照规定安全供用约定资源。供方违反质量和安全标准，造成用方损害的，应当承担民商责任。

供方所供资源应当恒定平稳。供方因设施检修、依法限量供用等原因，需要中断供应时，应当按照规定事先通知，以使用方提前准备，避免损失。未按规定通知造成用方损害的，应当承担民商责任。

第一千二百三十七条 供用合同中，供方所提供的计量设备，必须符合国家标准。对于可以由用方自己选用的设备、用具，供方不得强行要求或者限制用方的选用。供方或者用方对国家规定的计量标准，擅自调整，使计量发生不正常变化的，改动方应当承担民商责任。

第一千二百三十八条 用方对所用资源应当按照约定缴纳资费。逾期未交，经催告在合理期限内仍未缴纳的，供方有权停止供应。

用方应当按照规定安全合理使用资源。违反规定造成损害的，应当承担民商责任。

第三分节 借贷合同[1]

第一千二百三十九条 借贷合同是一方将自己的钱款出借给另一方所有，另一方到期归还同等数量的钱款并且加付或者不加付利息的合同。将自己的钱款出借出去的一方为贷款人；借入他人钱款由自己花费使用的人，为借款人。

金融机构与其他民商主体约定使用信用卡发生借贷关系的，属于借贷合同。

第一千二百四十条 借贷是否加付利息，由借贷双方当事人约定。没有明确约定加付利息的，视为不计利息。

借贷加付利息，以及利息的高低和计算办法，由借贷双方当事人约定。但约定的利息不得高于银行同期存款利息的四倍。禁止高利贷行为。

第一千二百四十一条 借款合同的形式由当事人约定，但是应当使用能

[1] 理论界与合同法都使用“借款合同”。参见魏振瀛主编：《民法》（第6版），北京大学出版社、高等教育出版社2016年版，第498页。借贷，借为入，贷为出，系财务会计记账用语。借贷包括传统的金钱借贷和实物借贷。借款合同，表明只是借款，排除了实物借贷；只表示了借，没有反映贷，与实际脱离。故用“借贷合同”。

够证明借款合同存在的有效方式。法人之间、法人与自然人之间的借贷合同应当采用书面形式。

第一千二百四十二条　借款合同应当表明借款的货币种类、使用用途、本金数额、利息或者利率、借款期限及还款方式等。

第一千二百四十三条　订立借款合同，双方应当诚实信用。贷款人不得强行或者欺骗他人贷款。借款人应当如实反映自己的经济财产状况和借款用途，感念对方对自己资金困难时的支持和帮助。

第一千二百四十四条　贷款人应当按照约定的日期向借款人如实提供约定的资金数额，不得预先在本金中扣除将来才需支付的约定利息。利息预先在本金中扣除的，应当按照实际提供的借款数额返还借款并计算利息。

第一千二百四十五条　借款人应当按照约定的日期、数额收取借款。改变约定日期的，应当征得对方的同意和谅解，或者应当承担民商责任。

第一千二百四十六条　贷款人有权按照约定检查或者监督借款的使用情况。借款人应当按照约定予以配合。借款人违反约定的，贷款人有权停止继续支付贷款，或者要求解除合同。

第一千二百四十七条　借款期限届满，借款人应当按照约定的日期或者期限返还借款。约定有利息的，应当按照约定返还本金和支付利息。

逾期返还借款的，应当按照约定承担民商责任。

第一千二百四十八条　借款期限未满，借款人要求提前偿还借款的，贷款人应当允许和接受。但是当事人事先约定不得提前还款的除外。

借款期限届满前，借款人可以向贷款人协商延长借款期限。贷款人同意的，可以延长。但是不得将未还的借款本金和利息一起，作为新的贷款本金计算。

第一千二百四十九条　借贷合同的标的及利息以国家规定货币为类型标准。但是当事人对借贷标的货币有特别需求和约定的，从其特别约定。

自然人之间发生和存在的实物借贷合同，认其效力，尊其习俗。〔1〕

---

〔1〕 本节之感念语词，系由实践中“借款时是亲友、还款时成仇人”之现象来；另实物借贷，如前以物易物。故此规定，对民俗民情以尊重，对民间互助以呼应，可使法律有温煦之情。善良之法律不应是冷冰之条文，不应是死板说教或吓唬，当有温度表达和情感交流，是对人的关爱帮助和指引体恤。不应当全是利益的算计与争执，还当有支持感激与体谅宽容。司法改革，困境重重，案件多多，其重要缘由在实体上利益争执；程序上、思想上远离中国传统，少了地气、和气、正气、大气。如果尚有古人之“千里捎书为一墙，让他三尺有何妨”的胸襟，法院案件就不会有那么多；若有“但愿世间人无病，宁可架上药生尘”的仁爱，医患关系也不会那么紧张。

第四分节　存款合同

第一千二百五十条　存款合同是指一方将自己的收入款项存储于银行金融企业，并按照约定取得利息收益的合同。存款合同也称储蓄合同；将自己的收入款项存入银行的人为存款人或者储户。

第一千二百五十一条　存款合同的一方必须是依法有权办理公众存款业务的金融机构。非依法办理存款业务的民商主体，不得吸纳公民存款。禁止非法集资行为。

第一千二百五十二条　公民个人或者其他民商主体可以将自己的收入款项存储于依法成立的银行等金融机构。存款人可以选择金融机构。金融机构相互间不得采用非法手段招揽存款人。

第一千二百五十三条　存款人进行存款，有权选择存取款的方式。可以办理活期存款或者定期存款，以及定期存款的长短期限。金融机构不得违背存款人意愿，不得将存款业务更改办理投资基金、保险基金等其他业务。

第一千二百五十四条　存款合同应当采用书面存折形式、电子卡形式或者电子卡加书面存折形式。采用电子卡形式的，应当使存款人随时可以转换打印出书面账单形式。

存款合同的内容包括存取款的货币种类、存款期限、利息利率、存取款方式、取款密码、到期未取款是否转存及转存期限等。

第一千二百五十五条　存款人应当以实名办理存取款业务；应当妥善保管存款凭证和取款密码。存款人丢失存款凭证或者泄露密码，存款被冒名提取的，存款人自担其责。

存款人丢失存款凭证的，应当及时向开户银行申请挂失。银行应当及时采取措施，防止给存款人造成损失。挂失前已经造成的损失，存款人自行负责。

第一千二百五十六条　存款人存取款，双方应当当面清点准确。未进行当面进行清点离柜后造成损失的，对方不负责任。但是有证据证明一方有过错的除外。

第一千二百五十七条　银行有权对储户的存款资金进行放贷经营。

储户对存款资金进行支取的，银行应当随时进行支付。但是储户一次提取大量现金可能影响银行通常支付时，应当事先与银行约定。

第一千二百五十八条　银行应当按照约定或者国家规定向存款人计付利息。存款期限届满，存款人有权将存款本金和利息一起，作为本金重新办理存款合同。

存款到期，存款人对于所存款项没有提取的，银行按照约定或者规定自动办理转存手续或者变更为不定期存款合同。

第五分节　赠与合同

第一千二百五十九条　赠与合同是一方将自己的财产物品无偿给另一方所有，另一方表示接受的合同。移转财物所有权的人为赠与人，承接财物及其所有权的人为受赠人。一方无偿给予另一方的财物为赠与物。赠与物可以是金钱或者其他财产物品。

第一千二百六十条　赠与合同从赠与人向受赠人交付赠与财物时成立和生效。但是对于具有救灾扶贫和道德公益性质的赠与合同，已经公开意思表示或者经过公证的赠与合同，合同从成立时发生法律效力，赠与人应当履行赠与的承诺。

赠与财物的所有权移转依法需要办理登记的，应当办理赠与财产移转登记，赠与合同始生效力。

第一千二百六十一条　赠与合同中约定有受赠人有关利用赠与财产的义务的，受赠人应当按照约定履行义务。受赠人违反约定义务的，应当承担民商责任；继续性的赠与，赠与人有权终止继续赠与。

第一千二百六十二条　赠与财物应当安全可靠。赠与财物有瑕疵的，应当明确告知受赠人。赠与人故意隐瞒赠与财物的瑕疵缺陷，给受赠人造成损害的，赠与人应当承担民商责任。

第一千二百六十三条　赠与是赠与人对受赠人的友善帮助。但是赠与人应当尊重受赠人的人格尊严。受赠人应当对赠与人表示感激，有效发挥受赠财物的作用，提升自我价值能力。

长期连续性赠与中，赠与人情况变化，继续赠与有困难的，赠与人有权停止赠与。赠与合同履行后，受赠人做出损害赠与人利益行为的，赠与人有权撤销赠与，要求受赠人返还财产，但是赠与完成满一年者除外。

第三节　转承物的经营权合同

第一分节　企业经营权合同

第一千二百六十四条　民商主体一方将自己的企业发包给另一方进行管理经营的，为企业经营权合同。将自己的企业发包给他人经营的一方，为发包人；对他人的企业进行承包经营的一方，为经营人；所经营的企业，为约定的企业资产和人力资源。

第一千二百六十五条 企业经营权合同的目的，是为了更好提高对企业财产的经营效益，为发包方提供更优质的服务。[1]

企业经营权合同可以是对企业整体的发包经营，也可以是对企业分支部门进行发包经营。

第一千二百六十六条 企业经营权合同应当采用书面形式。

企业经营权合同的内容应当包括经营企业的财产状况，经营的期限、范围和方式，经营利益的分配，企业环境的标准，经营期满后续期或者终止等。

第一千二百六十七条 发包人应当按照约定将企业财物交由承包方管理经营，不得干预经营方的正常经营活动。发包人违反约定的，应当承担民商责任。

发包人对承包人的管理经营有权进行监督和提出建议。

第一千二百六十八条 企业经营者有权对约定企业进行计划安排和经营管理，保障企业财产保值增值，有权按照约定分享所获经营利益。

企业经营者违反约定的，企业发包人有权解除合同，并要求企业经营人承担民商责任。

第二分节 集体土地经营权合同

第一千二百六十九条 农村土地属于集体所有。农村集体组织依法有权由村民委员会、村民小组集体组织对土地行使所有权和直接经营权，也可以由农户作为农村集体经济组织的最小单位享有集体土地所有权，并进行直接经营。[2]

农村集体土地所有权人可以对自己的土地直接经营，也可以将自己的土地通过合同承包或者投资的方式交给专门的公司法人或者其他的民商主体进

[1] 如民办高校将学生食堂承包给专门的餐饮公司进行管理经营，但必须要保证学生和职工的安全、合理用餐，为学校学生教工服务。其经营的地点、设施、时间都应当由学校与经营者充分协商，科学安排；对于收款方式，利益分成，经营者职工的条件、食品的种类、卫生质量、价格标准、材料供应等，发包方都应当进行专门监督。

[2] 依照通说，村民小组（改革前的生产小队）直接对集体土地进行种植经营的为集体土地所有权行使；农户对集体土地进行直接种植经营的为承包经营权；农户将自家承包的集体土地再通过订立合同的方式承包给其他组织或者个人经营的，经营者所享有的为经营权。而依笔者研究，农户对土地的承包经营权实际上为集体经济组织所有权的一种形式，农户本身享有的是农户集体土地所有权，农户将集体土地承包给其他组织或者个人即农户以外的民商主体进行经营的，自然属于经营权性质。参见王明锁："中国民商法典编纂中对物权制度的修正整合与创新完善——附《中华人民共和国民商法典物权编草案建议稿（黄河版）》"，载《私法》2019 年第 2 期。

行经营。

第一千二百七十条 农村集体土地所有人与其他民商主体关于集体土地经营权的移转承接及利益分享的合同，为集体土地经营权合同。

集体土地发包人可以是村民委员会或者村民小组为代表的集体组织，也可以是村民小组中的农户组织。集体土地经营人可以是企业法人或者专门的农业经营公司组织，也可以是善于进行农业种植经营的集体组织的农户或者其他的公民个人。

第一千二百七十一条 农村集体土地经营权合同，可以采用口头形式或者书面形式。承包方是企业法人或者专门的农业经营公司的，应当采用书面形式。

集体土地承包经营权合同的内容应当包括双方当事人姓名或名称，所承包经营土地的地段范围、经营方式、经营期限、经营费用、利益分成及付费分成方式等。

集体土地经营权合同的有效期限，不得超过集体土地承包法规定的期限。

第一千二百七十二条 集体土地经营权合同成立，发包人应当将约定的土地交由承包人进行经营。经营权到期，经营人应当按照约定将经营土地交还发包人。经营人愿意继续经营的，双方重新约定，延长经营期限或者重新订立经营权合同。

约定经营土地的交付与归还，应当与农作物耕种季节相协调。

第三分节 其他自然资源经营权合同[1]

第一千二百七十三条 对集体土地以外的山林、水面、滩涂等其他自然资源，其所有权人有权交由他人经营。发包人与经营人可以订立相关资源经营权合同。

第一千二百七十四条 集体土地以外的其他自然资源类经营权合同，应当以书面形式订立，内容包括所经营的自然资源的类型、地段范围、经营期限，经营费用、利益收获及利益分成等。

自然资源经营权的合同的订立应当依法进行，价款费用应当公平合理。[2]

---

〔1〕 依笔者研究，经营权包括企业经营权、农地经营权（承包经营权、合作经营权、公司经营权）、林地经营权、草地经营权、水面经营权、矿藏经营权。此处不区分集体所有权资源和国有资源。

〔2〕 如山西某人曾以 8000 万元收购 1.5 亿吨的国有煤矿，相当于每吨煤炭 0.57 元，进而一跃成为山西首富。

第一千二百七十五条 集体土地以外的其他自然资源所有人可以自己直接经营，也可以交由非所有人进行经营。订立合同交由非所有人经营的，应当遵守国家资源法规定，不得改变资源用途，不得破坏资源和损害生态环境。〔1〕

第一千二百七十六条 经营权人应当按照约定对所经营的资源进行科学规划管理，保护和改善生态，增加经济和社会效益。经营期间，经营人有权按照约定和法律规定，收取经营成果，但不得对经营资源进行掠夺性收益。

经营人应当按照约定向发包人支付费用报酬或者收益分成。

第四节 转承物的用益权合同

第一分节 国有土地用益权合同

第一千二百七十七条 国有土地所有人与国有土地使用人协商签订的将国有土地出让给国有土地使用人占用和收益的合同，为土地出让合同。

土地出让合同是建设用地用益权发生的重要民商行为。

第一千二百七十八条 土地出让合同的出让方为国家，根据法律规定由政府国土资源主管部门代表行使出让权。土地出让必须符合国有土地利用规划和社会发展规划需要。

国家政府为人民幸福生活、社会和谐发展、文化思想进步等，按照行业科学规划，维护生态环境、珍惜爱护和合理使用国土资源。

第一千二百七十九条 国有土地出让，实行有偿使用。国有土地用益方必须缴纳国家规定的土地出让金。土地出让金的价格应当按照法律规定程序科学评估确定。〔2〕

第一千二百八十条 土地出让合同成立，受让方应当交付约定的土地出让金。出让方应当将合同约定的规划土地交付受让方用益。

---

〔1〕 20世纪40年代起，世界各地的人们开始大量制售和使用剧毒农药。短期内，杀虫、除草，这些农药所带来的危机——污染环境、戕害生命——可能导致巨大的灾难和祸患。美国海洋生物学家、作家蕾切尔·卡森以其独有的敏锐洞察力和远见卓识，认识到了人类与自然及其他生物之间错综复杂的关系，本着对生态环境的高度责任感，以事实为依据，写下了《寂静的春天》，成了里程碑式的警世之作。但是我们现在有的仍然在重复着过去的无知和愚蠢，进行着各种险恶的行为。参见［美］蕾切尔·卡森：《寂静的春天》，黄中宪译，文化发展出版社2018年版。

〔2〕 现行所谓“土地出让金的价格不得低于国家规定价格的最低价”的规定，行政单方决定的意思比较明显；其规定最低价是否科学不无异议；特别是其幅度太大，会为有关部门或个人随意决定时进行徇私贪腐留下极大空间。很多房地产商都是囤地待涨。改革以来的实践应当说也充分证明了这一点。

第一千二百八十一条　土地受让方取得国有土地用益权的，应当按照约定的土地使用用途进行控占使用。

取得土地用益权，又对土地单独通过流转的方式进行转让、互换、出资、赠与的，应当经过土地所有权人进行新的评估和同意。[1]

第一千二百八十二条　土地出让合同的期限按照法律规定的不同的土地使用用途确定。转让土地使用权的，不得超过原土地使用权的期限。土地使用权到期的，应当依照规定进行续期，或者重新订立土地用益权合同。

第二分节　其他自然资源用益权合同

第一千二百八十三条　其他自然资源用益权合同是指国有资源主管部门将土地以外的国有自然资源交由其他民商主体进行控占使用并取得收益的合同。根据其他自然资源用益权合同，用益权人可以有偿使用，也可以无偿使用。

第一千二百八十四条　根据约定，自然资源主管方应当按照约定将相关自然资源交由对方控占使用，并且有权对用益权人的占用收益行为进行监督和指导。资源用益权人应当按照约定对所用资源进行使用收益，不得擅自处分资源和掠夺性利用资源，不得破坏资源的生态环境。

第五节　转承物的占用权合同

第一分节　借用合同

第一千二百八十五条　一方将自己的特定之物交由另一方控占使用，期限届满，另一方将原定之物予以归还的合同，为借用合同。将自己的特定之物交由另一方控占使用者，为出借人；接承他人之特定物进行控占使用者，为借用人。

第一千二百八十六条　借用合同可以口头或者书面形式为之；内容包括借用物之种类名称、数量质量、借用期限。

第一千二百八十七条　借用合同为民商主体间之友好相助行为。出借人

---

〔1〕 现在理论上主张土地用益权人也“有权对土地通过流转的方式进行转让、互换、出资、赠与等”。参见魏振瀛主编：《民法》（第6版），北京大学出版社、高等教育出版社2016年版，第293页。但是甲取得了国有土地使用权，为什么可以转让给他人呢；甲取得权利，为什么又不用；既然不用，为什么可以取得呢；为什么不能把土地给实际真正利用的人呢？现在的理论规定似乎为土地的转手炒卖等获得不法利益留下了巨大的法律空间。房价攀高的重要原因似乎与炒地皮不无关系。房子是用来住的，不是用来炒的；那么，也可以说，土地应当是来用的，不应当是来炒的。

将自己的特定之物借给另方占用，并无价款报偿。出借物有瑕疵的，当告知借用人。

第一千二百八十八条 借用人使用借用物，当爱惜管控，合理使用；使用完毕或者期满者，当及时归还，并以致谢。

借用人占用借物，因管控使用不当，致借用物丢失损毁者，借用人当承担民商责任。

第二分节 租用合同

第一千二百八十九条 一方将自己的特定之物交由另一方占用，期限届满，另一方将原定之物予以返还并支付金钱报偿的合同，为租用合同。

租用合同亦称租赁合同。一方向另一方所交付之特定物，为租赁物。交付租赁物者，为出租人；占用租赁物并偿付金钱者，为承租人。承租人向出租人所付之金钱为租金。

第一千二百九十条 租赁合同的内容包括租赁物的类别名称、数量质量、租赁期限、租金数额及支付方式等条款。

租赁物可以是动产、不动产，或者企业。租赁包括土地租赁、场地租赁、房屋租赁、车辆租赁、器物租赁、企业租赁、柜台租赁等类型。

第一千二百九十一条 租赁期限可长可短，可固定或者不固定。期限不固定的，为不定期租赁；期限固定的，为定期租赁。

定期租赁的期限最长不得超过二十年。二十年期满，可以续期；续期仍以二十年为限。

第一千二百九十二条 租赁期限不满一年的，为短期租赁。租赁期限满一年的，为长期租赁。

长期租赁应采用书面形式；未采用书面形式的，为不定期租赁。

第一千二百九十三条 出租人应当按照约定将租赁物交由承租人控占使用。

出租人应当按照约定履行租赁物的维修义务，保持租赁物在租赁期间符合约定的使用标准。

第一千二百九十四条 承租人应当按照约定占用租赁物。承租人违反约定，致使租赁物损毁灭失的，应当承担民商责任。但是租赁物系因意外风险造成毁损灭失的，承租人不承担责任。

第一千二百九十五条 承租人不得擅自改变租赁物的性能状况。未经出租人同意，对租赁物改变性能状况的，出租人有权要求承租人承担民商责任。

第一千二百九十六条　承租人占用租赁物，不得对租赁物擅自出借或者转租。承租人出借或者转租的，出租人有权解除合同，并要求按照约定期限交付租金。

经出租人同意而转租的，按照其允许转租的约定承担责任，也可以发生租赁债权债务关系移转的效力。[1]出租人知道或者应当知道承租人转租，但是在六个月内未提出异议的，视为出租人同意转租。

第一千二百九十七条　承租人应当按照约定交付租金。由于正当理由，迟延交付租金的，亦应征得出租人谅解。在合理期限内承租人仍未交付的，出租人有权解除租赁合同，并要求承租人承担民商责任。

租金可以提前支付、分期支付或者租赁结束时支付。没有约定提前或者分期支付的，按照租赁结束时支付。

第一千二百九十八条　出租人应当保证租赁物的正常使用。因出租人原因，使租赁物权属发生争议或者被依法查封，导致承租人无法正常使用租赁物的，承租人有权要求解除合同，并要求出租人承担民商责任。

第一千二百九十九条　租赁物为房屋等不动产的，出租人出卖租赁物时，应当通知承租人；承租人在同等条件下具有优先购买的权利。但是租赁物购买人是租赁物的共有人或者出租人的亲属者除外。

承租人接到出租人出卖租赁物的通知在约定期限内未表示购买的，视为承租人放弃优先购买的权利。

租赁物被公告拍卖的，出租人应当在拍卖五日前通知承租人。承租人未参加拍卖的，视为放弃优先购买权。

第一千三百条　租赁期间，承租人发现租赁物危及承租人安全健康的，承租人随时有权要求解除合同，并且有权要求减少二分之一数额的租金。

第一千三百零一条　承租人在房屋租赁期间死亡的，与其生前共同居住的人有权按照原租赁合同继续租赁。

第一千三百零二条　租赁期限届满，承租人应当返还租赁物。返还的租赁物应当符合合同约定或者租赁物的性能使用状态。

第一千三百零三条　租赁期限届满，承租人继续占用租赁物，出租人没有提出异议的，原租赁合同继续有效，但是由定期租赁转为不定期租赁。

---

〔1〕　租赁合同所生关系，为特定主体间的特定权利义务关系，故不应主张承租人的转租行为。承租人不需要继续租赁的，应与出租人协商解除合同；或者有第三人愿意租赁时，将原承租人的权利义务经出租人同意而移转给新的承租人即可。

租赁期限届满，房屋承租人享有以同等条件继续承租的权利。

第一千三百零四条 出租土地、房屋、车辆，对其出租的形式、程序，法律另有特别规定的，依照其规定。

租用共享自行车、电动单车或者电动汽车的，按照出租行业规定标准启用和停用租赁物，并按照规定方式缴纳租费。

第六节 转承物的控占权合同

第一分节 寄存合同

第一千三百零五条 寄存合同是一方将自己支配的特定物交由另一方暂存看管，另一方按照约定返还该特定物的合同。将自己的特定之物交由他人看护的，为寄存人；承接寄存人所交付的物品并对该物进行控占看护的，为保管人；寄存人交由对方看管的物为保管物。

第一千三百零六条 寄存保管可以有偿，也可以无偿。约定为有偿保管的，寄存人应当按照约定向保管人支付保管费。当事人对保管费没有明确约定的，视为无偿保管。

第一千三百零七条 寄存合同可以是书面形式，也可以是口头形式。民商主体因购物、住宿、就餐等，需要存放物品的，按照当事人约定或者交易习惯的形式进行保管。

第一千三百零八条 寄存合同自保管物交付存放时生效。

寄存人向保管人交付保管物的，保管人应当给付保管凭证。寄存物由寄存人按照约定直接存放于特定处所并自我提取或者另有交易习惯者除外。

第一千三百零九条 寄存人交付的保管物应当具有安全性。保管物有瑕疵或者需要采取特殊保管措施的，寄存人应当如实告知保管人。寄存人未告知，致使保管物被损毁的，寄存人自负其责；致保管人或者第三人受损害的，寄存人应当承担民商责任。

第一千三百一十条 保管人应当妥善控制和看护保管物。

保管人不得将保管物擅自转交他人保管。擅自转交他人保管，对保管物造成损毁的，保管人应当承担民商责任。

保管期间，因保管人保管不善造成保管物毁损、灭失的，保管人应当承担民商责任。

第一千三百一十一条 保管人对保管物不得使用。但是当事人另有约定或者按照保管物的性质，使用保管物属于正常保管方式者除外。

第一千三百一十二条 寄存人寄存票证物或者其他贵重物品的，应当向保管人说明，由保管人验收封存。寄存人未说明，因保管人过错造成毁损灭失的，保管人按照一般物品承担限额赔偿责任。

第一千三百一十三条 寄存人领取保管物，保管人应当及时完好返还。保管物生有孳息的，一并返还。

第二分节 仓储合同

第一千三百一十四条 商品交易中，作为大宗货物买卖人的存货人与作为保管一方的专门仓储人约定，存货人向仓储人支付仓储费用，由仓储人为存货人存储大宗货物的合同，为仓储保管合同。

第一千三百一十五条 仓储合同为有偿合同，应当采用书面形式或者仓储行业的格式化合同形式。仓储合同自仓储保管人和存货人意思表示一致时成立。

第一千三百一十六条 存货人交付仓储货物，保管人应当验收，并出具给付仓单、入库单等书面凭证，保管人应当在仓单等验收凭证上签字或者盖章。

仓单内容包括下列事项：（一）存货人的姓名、名称和住所；（二）仓储物的品种、数量、质量、包装、件数和标记；（三）仓储物的存放地点；（四）储存时间或期限；（五）仓储费用；（六）仓储货物的损耗标准；（七）仓储物已经办理保险的，其保险金额、期间以及保险人的名称；（八）填发人、填发地和填发日期。

仓单是权利人仓储存货和提取货物的凭证，仓单的记载应当与实际仓储货物一致。

第一千三百一十七条 储存易燃、易爆、有毒等危险物品的，仓储保管人应当具备法律特别规定的仓储保管资格和条件。[1]

---

[1] 此处应当记住2015年天津瑞海公司危险品仓库爆炸事故惨案。“8·12天津滨海新区爆炸事故”是一起发生在天津市滨海新区的重大安全事故。2015年8月12日23：30左右，位于天津市滨海新区天津港的瑞海公司危险品仓库发生火灾爆炸事故，造成165人遇难，8人失踪，798人受伤，304幢建筑物、12428辆商品汽车、7533个集装箱受损。截至2015年12月10日，依据《企业职工伤亡事故经济损失统计标准》等标准和规定统计，事故已核定的直接经济损失为68.66亿元。经国务院调查组认定，8·12天津滨海新区爆炸事故是一起特别重大生产安全责任事故。2016年11月7日至9日，8·12天津滨海新区爆炸事故所涉27件刑事案件一审分别由天津市第二中级人民法院和9家基层法院公开开庭进行了审理，并于9日对上述案件涉及的被告单位及24名直接责任人员和25名相关职务犯罪被告人进行了公开宣判。天津交通运输委员会主任武岱等25名国家机关工作人员分别被以玩忽职守罪或滥用职权罪判处三年到七年不等的有期徒刑，其中李志刚等8人同时犯受贿罪，予以数罪并罚。

储存易燃、易爆、有毒等危险物品或者易变质物品，存货人应当说明该货物的性能品质，并提供相应证明资料。对违反法律规定或者当事人约定的货物，仓储保管人有权拒绝接收。

第一千三百一十八条 仓储保管人应当安全妥当地保管仓储物，应保管不善造成仓储物毁损灭失的，仓储保管人应当承担民商责任。但是损害是因仓储货物的性质或者存货人的事先不当行为造成者除外。

第一千三百一十九条 权利人提取仓储货物时应当出具仓单，或者根据约定的存货权利人出具的提货凭据提取货物。存货权利人也可以通过背书方式转让仓单，由货物受让人直接提取货物。

仓储货物被提取的，应当进行提货记录或者收回仓单。

仓储存货人应当按照约定向仓储保管人支付仓储费用。

第七节 转承工作成果合同

第一分节 加工承揽合同

第一千三百二十条 加工承揽合同是加工承揽人按照定做人的要求完成工作并交付工作成果，定做人接受工作成果并向加工承揽人给付报酬的合同。

加工承揽包括定作加工、修理复制、测试检验等工作。

第一千三百二十一条 加工承揽合同的内容包括加工承揽的标的类型、数量质量、费用报酬、材料提供、履行期限、验收标准等条款。

第一千三百二十二条 加工承揽人应当以自己的设备、技术和劳力，亲自完成工作成果或者主要工作成果。承揽人将其承揽工作交由第三人完成的，应当经定作人同意，并应当就该第三人完成的工作成果向定作人负责。

第一千三百二十三条 承揽人提供材料的，承揽人应当按照约定选用材料，并接受定作人的检验。

定作人提供材料的，定做人应当按照约定提供材料。承揽人对定做人提供的材料，应当及时检验。承揽人在完成工作中发现需要修改工作范围或者需要更换已有材料的，应当经过定作人同意。

第一千三百二十四条 承揽人应当妥善保管定做人提供的材料以及完成的工作成果，因保管不善造成损失的，应当承担民商责任。

承揽人应当按照定做人的要求保守秘密，未经定作人许可，不得留存复制品或者技术资料。

第一千三百二十五条 加工承揽工作期间，当事人应当按照约定协作配合。承揽人应当认真负责提供承揽加工服务，发现定做人提供的技术要求不合理，或者定作人需要更改承揽要求的，应当及时沟通协商。

加工承揽人应当接受定做人或者约定监督人的检验和监督。

第一千三百二十六条　承揽人应当按照约定期限完成工作，向定作人交付工作成果。承揽人未能按期交付工作成果的，应当按照约定承担民商责任。

定作人对承揽人交付的工作成果，应当及时验收；并按照约定向加工承揽人支付费用报酬。

第二分节　建设工程合同

第一千三百二十七条　在基本建设中，一方将建设工程发包给另一方，另一方完成建设工程并收取报酬费用的合同，为建设工程合同。完成建设工程项目的一方为承包方，接受完成工程项目并支付报酬费用的一方为发包方。

建设工程合同包括建设工程的勘察合同、设计合同和施工合同。

第一千三百二十八条　建设工程合同应当采用协商或者招标投标的形式进行。

建设工程的招标投标，应当依照专门招标投标法律的规定进行。招标投标必须公开、公正、诚信、择优，保证公平竞争，实现优质、安全、高效的宗旨。[1]

第一千三百二十九条　承包人必须具备相应的资质和条件。发包人可以与总承包人订立建设工程合同，也可以分别与勘察人、设计人、施工人订立勘察、设计、施工承包合同。但是不得将应当由一个承包人完成的建设工程分解成若干部分分别发包给几个承包人。

建设工程主体结构的施工必须由承包人自行完成。承包人将自己承包的部分工作交由第三人完成的，应当经发包人同意，并且应当对第三人的工作成果负责。

第一千三百三十条　建筑施工人必须按照设计图进行科学施工，不得擅自

---

〔1〕质量工程中，提倡“百年大计、质量第一”。其实当为千年大计。若百年大计，中华民族岂有长城、敦煌、石窟、都江堰、大运河之类的文化遗产？古人生产力落后，尚眼光久远；现代人科技发达，岂能寸光鼠目，只顾眼前。故产品质量，当谋极致。吾人一年用破三口锅，而德人三代用不坏一口锅。提升产品工程质量，方能真正节约资源和劳动力，人民才能放下辛苦，幸福悠闲，劳动也才不再是谋生的手段，而成为生活的乐趣！

修改建筑结构和施工方案。[1]

对建筑物的使用用途进行变更、对建筑物的结构设施进行更改的，必须进行科学论证，不得为贪图利益而盲目施工。[2]

第一千三百三十一条 国家重大建设工程合同，应当落实国家批准计划，坚持世界眼光、国际标准，中国特色、高点定位，生态优先、绿色发展，改善民生，弘扬优秀文化，延续历史文脉，实现千年大计、质量第一的新发展理念。

国家重大建设工程合同应当按照国家批准的工程项目报告，工程投资计划，工程投资方案，国家规定的程序，相关研究报告等文件订立。[3]

第一千三百三十二条 勘察设计合同的内容包括勘察设计的工程项目名称，所需勘察的地点范围，勘察设计工作所依据的有关基础资料和文件，勘察设计完成的期限，技术质量要求，勘察设计的费用等条款。

工程施工合同的内容包括工程项目的名称地点，当事人名称，立项依据，资金来源，承包范围、施工工期，质量标准，工程造价，材料供应，质量验收，拨款结算，质量保障，技术资料等条款。

第一千三百三十三条 对于建筑工程质量，发包人可以直接进行监督，也可以委托具有监理资质的监理人进行监督。

对于施工进度和需要进行检查的工程项目，施工人与监督人应当及时沟通协商，以确保工程的质量验收与工程进度相协调。

第一千三百三十四条 建设工程竣工，双方应当按照约定进行验收交接。

验收合格的，发包人应当及时接收建设工程。

第一千三百三十五条 勘察设计的质量不符合要求或者未按照期限完成

---

〔1〕 中交二公局第三工程有限公司副总工、高级工程师报告介绍：南沙大桥共使用水泥近3千吨，砂石近3万吨，顺利完成1.8万方砼一次性浇筑，成为国内目前桥梁单次浇筑砼最大方量。

〔2〕 1995年，韩国三丰集团地上五层地下四层的百货商场，地上五层自上而下全部坍塌。死亡人数502人。其悲剧原因即在于地上由原来的四层变成五层，改变顶层使用用途，在顶层安置制冷设备，改动制冷设备地点时直接采用滚动方式进行移动，发现顶楼严重裂缝论证应当及时停业维修时，还继续为追求当天营业利益，致当日晚上客流增加时几分钟内发生全部坍塌的悲惨后果。

〔3〕 如《河北雄安新区总体规划》（2018-2035）为雄安新区未来之城的发展图景，凸显了打造高质量发展全国样板的决心，将是留给子孙后代的历史遗产。习近平总书记反复强调，把每一寸土地都规划得清清楚楚再开工建设；精心推进不留历史遗憾。为此，建设项目地的醒目标语已经以“千年大计”代替了通常长期以来的“百年大计”。时代进步，法律精神亦当进步。大家风范和工匠精神当体现于民商法典，体现于建设工程承包合同。少此，恐会多了建了拆、拆了建的劳民伤财工程。“贪污和浪费是极大的犯罪”，实当随时随地深思矣！

勘察设计义务，造成发包人损失的，勘察、设计人应当承担民商责任。

因施工人的原因致使建设工程质量不符合约定的，施工人应当承担民商责任。

因承包人的原因致使建设工程在合理使用期限内造成他人损害的，承包人应当承担民商责任。

第一千三百三十六条　发包人未按照约定提供场地设备、技术资料、资金费用的，对于造成的损害后果，发包人承担民商责任。因发包人的原因致使工程中途停建缓建，造成承包人停工、窝工等损失的，由发包人承担责任。因发包人变更计划，提供资料欠缺等，造成勘察设计返工、停工等损失的，由发包人承担民商责任。

第一千三百三十七条　承包人将建设工程转包、违法分包的，发包人可以解除合同并要求其承担民商责任。

发包人提供的材料设备不符合强制性标准或者不履行协助义务，致使承包人无法进行工作和完成工作成果的，承包人有权解除合同并要求承担民商责任。

第一千三百三十八条　建设工程合同中，出借资质人与建筑实际施工人对建设工程的质量共同承担质量保证责任，造成损失的，出借资质人应与实际施工人承担连带责任。

第一千三百三十九条　发包人应当按照约定支付价款和酬金。

发包人违约的，应当承担民商责任。但是对于建设工程合同中出借资质人或者实际施工人予以支付的，均免其责任。

第三分节　出版演出合同

第一千三百四十条　出版演出合同是指作品权利人将作品通过出版或者表演的形式予以面世传播的合同。包括出版合同和演出合同。[1]

电影脚本作者与电影制片厂之间的影片合同和电视剧脚本作者与电视台之间的演播合同，与出版演出合同同类，适用于出版演出合同。

---

〔1〕 演出方面的合同，有的称上演合同，有的称演出合同。参见佟柔、赵中孚、郑立主编：《民法概论》，中国人民大学出版社 1982 年版，第 295 页；王家福主编：《中国民法学·民法债权》，法律出版社 1991 年版，第 731 页。上演合同强调的是首次演出，而演出合同包括对已经出版发表的作品的演出。两者的共同之处在于都是对他人作品节目的表演演出，都应当支付报酬；不同者在于，上演是将作品首次搬上舞台或者荧屏，演出还包括对已有节目进行演出。从承揽加工合同的角度，采演出合同的观点。

第一千三百四十一条 出版合同是著作权人将作品交由出版单位出版，出版单位按照规定或者约定向著作权人支付报酬的合同。

出版合同中，作品权利人应当按照约定将作品交付出版社，并应当保证作品的合法性与可复制性；作品不应当有抄袭或者剽窃现象。

第一千三百四十二条 出版者应当尊重作者关于作品的意见；应当按照约定时间予以出版；应当在出版物上标明出版的时间和印刷的数量。

出版者应当按照规定或者约定向作者支付作品样本和稿酬。[1]

第一千三百四十三条 演出合同是双方当事人约定的，由一方为他方演出节目，他方支付约定报酬的合同。演出合同中，演出方应当按照约定的时间上演或者演出所约定的节目。约定有特定演出人的，演出人应当亲自演出，不得由他人替代。

演出方违反约定，给对方造成损失的，应当承担民商责任。

第一千三百四十四条 演出完成，组织或者享受演出的一方应当向演出人按照约定支付报酬。并且还应当按照法律规定代收演出人应当缴纳的税收。[2]

第八节 转承运送行为合同

第一分节 旅客运送合同

第一千三百四十五条 旅客按照承运人的承运路线，支付票价，凭票乘坐承运工具；承运人按照约定承运的路线、时间将旅客运送到约定地点的，为旅客运送合同。

第一千三百四十六条 旅客运送合同自旅客向承运人购买乘坐票证完成时成立；自旅客检票进站或者登坐承运人的承运工具时生效。

第一千三百四十七条 旅客购买乘坐票证，应当使用真实姓名。旅客应当与其所持票证上标明的人为同一人，必要时应当以其身份证件予以证明。

旅客应当按其所持票证上标明的时间、地点和承运班次搭乘承运工具。

第一千三百四十八条 旅客乘坐承运工具，随身携带行李物品的种类、

〔1〕 现实生活中，有的作者出版作品，尚需作者出钱给出版社；作者通过申报项目，获得款项，将其中部分又用于出版，似乎不该是正常现象。有的为相同一个问题，从国家到省市单位，分别都是项目，都获经费。

〔2〕 参见王家福主编：《中国民法学·民法债权》，法律出版社 1991 年版，第 731 页。

数量或者重量体积，应当符合规定，并应当接受安全检查。

第一千三百四十九条　承运过程中，旅客应当自觉文明乘坐，遵守承运规范。乘客违反义务，给承运人或者其他旅客造成损害的，应当承担民商责任或者其他法律责任。[1]

第一千三百五十条　旅客在承运途中需要变更承运的时间、地点或者班次的，应当按照规定办理变更手续。

第一千三百五十一条　承运人应当适时告知旅客需要注意的安全事项。

承运出现晚点等情形，承运人应当及时向旅客进行告知或者说明旅客应当知晓的事项。由于承运人的原因造成晚点，给旅客造成损失的，承运人应当承担民商责任。

第一千三百五十二条　承运人应当规范、文明提供服务，按照约定的班次标准、时间地点和途径路线运送旅客，应当安全准时，并提供符合国家规定质量标准的安全卫生和饮食、救助等服务项目。

承运人违反义务造成旅客损害的，应当承担民商责任。[2]

第二分节　货物运输合同

第一千三百五十三条　货物托运人与货物运输人约定将托运人交付的货物按照约定的时间运输到约定的地点，交付给收货人的合同，为货物运输合同。

第一千三百五十四条　货物运输合同应当标明货物的托运人、运输人和

---

〔1〕实践中乘客殴打司机、强占座位等，当在民商基本法中体现。法律当与道德结合，不再两张皮；提高人的文明素质，乃社会和谐之根本。民商法典是成本最低、权威最高、效果最好的法律宣传教科书，多几个字，即会有极大的宣传和规范效果。法律是教导人民、服务人民和保护人民的故事书，不应是少数人的教义和游戏物。法院案多为患，不是社会安全和谐和人民幸福生活的福音，而是社会道德滑坡和法律法治的悲哀。

〔2〕1992 年 4 月郝育民、张玉生等三人在福州市五一旅社门前一个售票点购买了三张福州到温州的“豪华大巴”票，对方承诺大巴上有卧铺。但坐车时发现是普通客车。司机说，先上这辆，然后送去坐豪华大巴。谁知后来被逼上了一辆条件更差的普通客车。三人被骗，强忍一路，苦不堪言。半夜下车吃饭，记下了该车牌号。次日到达温州，与车主交涉，其态度蛮横地说：“我们就这样做，你们去告吧，看看谁理你？”郝等三人找到邮局，写给了福州市最大领导——市委书记（并不知谁为市委书记）。之后回到山西霍州。没有想到的是，其投诉有了回音。回信说：“你们三位同志 4 月 24 日致信市委书记习近平反映出差我市期间购买去温州的车票，在五一旅社门前被一些人公开骗的来信收悉。市委书记习近平十分重视，立即批请有关部门认真查处，并将结果向你们反馈。”随后，陆续收到反馈处理意见，包括管理处已责令客运站对车辆停业整顿，并处以 150 元罚款，退回多收票款 33.6 元。参见“点滴之间见初心——习近平与一封群众来信的故事”，载新华社 2019 年 8 月 15 日。此处将此事做一说明，对指导编纂民商法典不无深刻启发和影响。

货物的收货人；货物的名称种类、数量质量，发货和收货地点，以及相关情况信息。

第一千三百五十五条 货物托运人所托运的货物，应当具有安全性、合法性和可运输性，必要时托运人应当出具相关证明。

第一千三百五十六条 货物承运人应当对托运人所托运的货物检查验收。验收完毕，货物的控占权从货物托运人转移于货物承运人。承运人对所承运的货物负有控占保管、安全运输的权利和义务。

货物运输过程中，承运货物发生损毁灭失的，承运人应当承担民商责任。但是承运人对此没有过错者除外。

第一千三百五十七条 在承运货物到达收货人之前，托运人需要变更收货地点或者收货人的，可以要求变更。但是由此产生的损失和费用由托运人承担。

第一千三百五十八条 货物运输到达后，承运人应当及时通知收货人提取货物。收货人提取货物，应当验收，并签章证明。收货人接收货物后，运输货物的控占权转移于收货人。

第一千三百五十九条 货物运输完成，托运人或者收货人应当按照约定支付运费和其他相关费用。

第三分节 联运合同

第一千三百六十条 联运合同，是指多种方式联合运输的经营人以两种以上的不同运输方式，负责将托运人所托运的货物从接收地安全运输到目的地交付给收货人，并收取全程运费的合同。

第一千三百六十一条 联运合同应当使用书面形式。

联运经营人与货物托运人就整个运输方式和过程办理一次合同手续，联运经营人收取全程运费，组织安排全程运输，将货物运输到约定地点，交付给收货人。对全程运输总负责。

第一千三百六十二条 联运经营人收到托运人交付的货物时，对承运货物享有控占保管的权利，应当保证联运货物的安全性。

第一千三百六十三条 货物被联运经营人接受承运的，托运人应当按照约定向联运经营人交付全程运费及仓储等相关费用。

第一千三百六十四条 联运经营人在多式联运货物的责任期间，自接收货物时起至交付货物时止，对全程运输享有承运人的权利，承担承运人的义务。

联运经营人可以与参加多式联运的各区段承运人就多式联运合同的各区段运输约定相互之间的责任，但是该约定不影响多式联运经营人对全程运输承担的义务。

第一千三百六十五条　承运人应当保证承运货物按照约定的时间，被运送到约定的地点。

承运货物到达目的地，承运人应当及时通知收货人接受货物。

第四分节　快递合同

第一千三百六十六条　快递合同是指快递企业与用户达成的在承诺的时限内快速将信件、包裹、印刷品等物品按照封装上的名址递送给特定的个人或者单位的合同。

快递企业应当依法经营，诚实守信，为用户提供迅速、准确、安全、方便的快递服务，包括收寄、分拣、运输、投递等主要环节。

第一千三百六十七条　快递合同以书面形式订立，确定快递企业与用户双方的权利和义务关系。

填写快递运单之前，企业应当提醒寄件人阅读快递运单的服务合同条款，并建议寄件人对贵重物品购买保价或者保险服务。

对免除或者限制企业责任及涉及快件损失赔偿的条款，应当在快递运单上以醒目的方式列出，并予以特别说明。

第一千三百六十八条　快递企业应当对递送物品的安全性进行验收，并如实记录收寄物品的名称规格、数量重量、收寄时间、寄件人和收件人名称地址等信息内容。

第一千三百六十九条　快递企业应当科学快速、文明规范分拣作业，按照快件种类、时限分别处理，分区作业和规范操作，并及时录入信息，上传网络。

严禁抛扔踩踏或者以其他方式造成快件损毁。

第一千三百七十条　快递企业应当按照快递服务标准，规范快递业务活动，保障服务质量，维护用户权益，保障通信自由和通信秘密受法律保护。除依法接受法律规定的程序对快件物品进行检查外，防止任何组织或者个人以任何理由侵犯通信自由和通信秘密。

自交付快件物品时起，寄件人和收件人对快件物品的递送状况有及时知晓的权利。

第一千三百七十一条　快递企业应当在承诺的时限内完成快件投递，将快件投递到约定的收件地址和收件人。

快递企业投递快件，应当告知收件人当面验收快件物品的完好性，并签字确认。

第一千三百七十二条 在快递过程中，快件发生延误、丢失、损毁或者内件与登记不符的，快递企业应当按照与用户的约定或者法律规定，承担民商责任。

第九节 转承服务帮辅合同

第一分节 委托合同[1]

第一千三百七十三条 一方力所不逮，委托他方与第三人进行民商行为而签订之合同，为委托合同。委托他人为自己办理民商事务者，为本人，即委托人；接受委托而为委托人办理事务者，为受托人。

第一千三百七十四条 受托人代理委托人与第三人进行民商行为，可以委托人之名义，也可以受托人之名义。

第一千三百七十五条 委托合同可以用书面形式或者口头形式。但其内容应当包括委托人与被委托人、委托事项、权限范围、期限日期、报酬费用等。

委托他人代理，可以有偿，也可以无偿。无明确约定发生争议者，视为有偿。

第一千三百七十六条 委托人应当预付办理所托事务之费用。但是当事

---

〔1〕 1996年1月3日在周某初家，周某初、被告曾在一份内容为“关于周某章遗产一事，由于继承人周某初、周某娥两人在没有能力去办理继承遗产的情况下，由陈某平去办理此事，现陈某平为此花费了大量的精力、财力等，且冒了很大风险，所以周某初、周某娥、陈某平三人商议决定，如果所得遗产，将支取办理遗产案一事的一切费用后，由周某初、周某娥、陈某平三人平均分摊，各得三分之一”的《协议书》上签名。周某初、周某娥起草与签署该《协议书》时的在场人有周某初之妻与陈某平之妻，陈某平因在外开出租车营业，未在场。周某娥在《协议书》签名后回家当晚，又同丈夫、儿子等到周某初处对《协议书》上的签名表示反悔。当时，陈某平开车刚回家，还尚未在《协议书》上签名。1996年1月4日，周某娥还到中国银行上海市分行的有关部门用书面声明的方式对《协议书》宣布作废。后经中国银行上海市分行的有关部门与香港南洋商业银行信托有限公司的共同努力，1997年1月27日，周某初、周某娥各得到了应继承的遗产615 678元港币。原告陈某平诉称：被告周某娥未兑现在《协议书》中的承诺，诉请法院判令被告周某娥支付203 873元的代理费。被告周某娥辩称：没有委托原告办理遗产继承事宜。1996年1月3日确在一份所谓的“协议书”上签过名，当时原告也不在场，回家后，即电告撤销承诺，当晚去原告处要求收回签名的另外两份“协议书”遭拒绝后，第二天即到中国银行上海市分行营业部声明“协议书”作废。另外，原告还有损害被告的继承权顺利实现的行为，因此，请求驳回原告的诉求。

人也可以约定由受托人事先垫付，待办理事务结束时对所花费用进行结算。

第一千三百七十七条　受托人应当按照委托人的授权指示办理委托事务。

受托人不得擅自变更受托事务。需要变更的，应当经委托人同意。因情况紧急，不能取得委托人意见的，受托人应当妥善处理委托事务，并将该情况及时报告委托人。受托人超越权限给委托人造成损害的，应当承担民商责任。

第一千三百七十八条　受托人应当亲自办理委托事务。需要转托他人办理的，应当经委托人同意。紧急情况下不能取得委托人同意的，应当在事后及时告知委托人。委托人不同意的，转托人应当对自己的转托行为承担民商责任。

第一千三百七十九条　受托人应当及时向委托人报告委托事务的办理情况。委托合同终止，受托人应当报告委托事务的办理结果。

受托人处理委托事务所取得的财产等利益，应当转交给委托人。

第一千三百八十条　受托人完成委托事务的，委托人应当按照约定向受托人支付报酬。

受托人转托他人完成委托事务的，完成事务的报酬费用，可以由委托人直接支付，也可以由转托人进行转付。

第一千三百八十一条　受托人在完成委托事务中，由于自己的过错，给委托人造成损失的，应当向委托人承担民商责任。但是受托完成事务为无偿时，可以免除或者减轻受托人的责任。

第一千三百八十二条　委托人或者受托人需要解除委托合同的，应当及时告知对方，并经对方同意。无故解除委托合同，给另一方造成损害的，应当承担民商责任。

第一千三百八十三条　委托人或者受托人死亡、丧失民商行为能力或者破产的，委托合同终止，但是当事人另有约定或者根据委托事务的性质不宜终止的，受托人应当继续办理完受托事务。

第二分节　信托合同[1]

第一千三百八十四条　信托是委托人基于对受托人之信任，将其财产委

---

〔1〕 2003年原告歙县信用联社诉称：与被告庆泰信托公司签订一份资金信托合同，信托期限一年，签订合同后，原告将信托资金人民币2000万元交付给被告管理，并由被告开具了信托财产管理证明书。合同期届满后，被告未按约定归还原告信用社信托资金和收益，致生纠纷，请求法院判决被告承担偿付原告信托资金本金、利息及其他损失费用。

托给受托人，由受托人按照委托人之意愿，以受托人的名义为受益人的利益或者特定目的进行管理的行为。受托人与委托人就授权代表委托人管理财产所订立之合同，为信托合同。

第一千三百八十五条 信托合同的当事人包括委托人、信托人和受益人。受益人是在信托中享有信托受益权的人，可以是委托人或者第三人，也可以是受托人。但是受托人不得是同一信托中的唯一受益人。

委托人交付信托人管理的财产应当是委托人合法所有的财产或者财产权利。

第一千三百八十六条 信托合同应当采用书面形式，其内容应当载明委托人、信托人，信托目的、信托财产、信托期限，受益人及受益方式，信托财产的管理方法、受托人的报酬等。

第一千三百八十七条 订立信托合同，信托财产依法应当办理登记手续的，应当依法办理信托登记。未登记的，信托合同不成立。

第一千三百八十八条 委托人有权了解其信托财产的管理运用、处分及收支情况，并有权要求受托人作出说明。

委托人有权查阅、复制与其信托财产有关的信托账目以及处理信托事务的其他文件。

第一千三百八十九条 受托人应当遵守信托合同的约定，为受益人的最佳利益处理信托事务。受托人管理信托财产，应当恪尽职守，履行诚实信用、谨慎有效管理的义务。

第一千三百九十条 受托人除依照约定取得报酬外，不得利用信托财产为自己谋取利益。

受托人不得将信托财产转为自己的固有财产。受托人应当将信托财产与其固有财产分别管理记账，并将不同委托人的信托财产分别记账管理。

第一千三百九十一条 受托人应当自己处理信托事务。受托人依法将信托事务委托他人代为处理的，应当对他人处理信托事务的行为承担民商责任。

受托人必须保存办理信托事务的完整账目记录。受托人应当每年定期将信托财产的管理运用、处分及收支情况，向委托人和受益人报告。

受托人对委托人、受益人以及办理信托事务的情况和资料负有依法保密的义务。

第一千三百九十二条 受托人有权依照信托合同的约定取得报酬。约定报酬经信托当事人协商同意，可以变更。

第一千三百九十三条　受托人违反信托目的处分信托财产或者因处理信托事务不当致使信托财产受到损害的，受托人应当承担民商责任。

第一千三百九十四条　受托人以信托财产为限向受益人承担支付信托利益的义务。

受托人因办理信托事务所支出的费用、对第三人所负债务，以信托财产承担。

第一千三百九十五条　经委托人和受益人同意，受托人可以辞去委托。

受托人丧失信托资格的，其信托关系终止。

第三分节　行纪合同〔1〕

第一千三百九十六条　行纪合同是当事人约定的一方接受他方的委托，以自己的名义为委托人利益，从事商品买卖等商业贸易活动，并收取报酬的合同。

委托他人的一方为委托人；接受委托的一方为行纪人。行纪人从事的商业贸易行为为专门的行纪营业行为。

第一千三百九十七条　行纪合同应当采用书面形式。行纪合同的内容应当包括办理行纪事务的贸易事项、期限地点、费用报酬等。

第一千三百九十八条　行纪人办理委托事务支出的费用，由行纪人负担，但是当事人另有约定的除外。

第一千三百九十九条　行纪人占有委托物的，应当妥善保管委托物。

委托物发生变化，影响委托人利益的，经委托人同意，行纪人可以处分该委托物。

第一千四百条　行纪人应当遵守委托人要求的价格约定。行纪人低于约

---

〔1〕广西壮族自治区河池中级人民法院再审查明：1999 年 1 月，韦某华通过郑某胜介绍认识林某敬，并与林某敬洽谈原矿买卖事宜。随后，韦某华带林某敬到覃某的矿窿看矿，并商定矿价。同月 18 日，林某敬通过中国工商银行大厂办事处和中国农业银行大厂洪塘储蓄所将 50 万元预付款汇入韦某华账户，并给付现金 9 万元。韦某华收到林某敬预付款共 59 万元。韦某华将该预付款再转给覃某。22 日，林某敬在覃某处拉走锡原矿 593.87 吨，林某敬以每吨 600 元买进，覃某以每吨 570 元卖出，韦某华每吨收取林某敬 30 元的报酬。经结账，林某敬应支付矿款 356 922 元，尚余预付款 233 078 元。24 日，林某敬提出再次拉矿时，韦某华要求林某敬补足预付款够 30 万元后才给再次拉矿。28 日，林某敬将 66 922 元现金交给韦某华，韦某华将此款交给覃某。覃某写收条给韦某华："今收到韦某华交来买矿现金人民币贰拾玖万零捌佰玖拾肆元整（290 894 元）。"同日，韦某华写给林某敬欠条："今欠林某敬交来两次现金人民币叁拾万元整（300 000 元）。"后因覃某承包该矿窿的工作面被封而无法继续供矿给林某敬，林某敬要求韦某华退还预付款，韦某华提出钱已交给覃某，应由覃某返还而引起纠纷。

定价格卖出或者高于约定价格买入的，当经委托人同意。未经同意的，行纪人承担民商责任。

行纪人高于约定价格卖出或者低于约定价格买入的，可以按照约定增加报酬。

第一千四百零一条 行纪人按照约定买入委托物的，委托人应当及时受领。

委托物不能卖出的，经行纪人告知，委托人应当取回委托物。

第一千四百零二条 行纪人与第三人订立的合同，行纪人直接受到该合同的约束。第三人不履行义务致使委托人受到损害的，行纪人应当对委托人承担民商责任。

第一千四百零三条 行纪人完成委托事务的，委托人应当按照约定支付报酬。

第四分节 居间合同

第一千四百零四条 居于中间为委托人提供机会，使委托人与第三人成立交易，自己从中收取佣金而订立的合同，为居间合同，亦称中介合同。居中提供机会介绍，促使委托人交易成功者，为居间人，或中介人。

专门从事居间中介业务者，应当登记，具有专门资格。媒人、牙人者，遵其习俗。

第一千四百零五条 居间合同的形式，涉及不动产交易者，当以书面形式为之。其他者，听当事人之便。

居间合同的内容，应当包括委托人、居间人名称，委托交易事项，期限，佣金报酬，费用负担，违约责任等。

第一千四百零六条 委托人委托之事项，应当不违反法律规定。委托人应当向居间人如实提供相关情况信息。不得隐瞒欺诈。

第一千四百零七条 居间人应当向委托人及时提供相关信息，报告情况，促成交易事项。居间人不得隐瞒或者提供虚假信息。因居间人提供虚假信息而给委托人造成损害的，居间人应当承担民商责任。

第一千四百零八条 居间人完成中介辅助服务，促成委托人与第三人交易成立的，按照约定获得佣金报酬。

居间人进行居间活动的费用，由居间人负担。但是当事人有特别约定者，遵其约定。

第一千四百零九条 委托人接受居间人中介服务后，利用居间人提供的辅助交易机会，直接与第三人订立合同完成交易，以逃避佣金义务的，居间人有权要求委托人按照原来约定支付佣金报酬。

第五分节　物业服务合同

第一千四百一十条　物业服务合同是物业业主和物业服务者就物业服务者在特定物业区域内，为物业业主提供物业卫生环境、生活秩序和物业设施维修服务，由享受物业服务的业主支付费用报酬而订立的合同。

物业服务者包括物业服务公司或者其他物业服务人员。

第一千四百一十一条　物业服务合同应当采用书面形式，合同的内容应当包括业主管理委员会、物业服务者名称，物业服务对象、范围，服务事项，质量标准，费用报酬，服务期限等。物业服务者口头公开作出的有利于业主的承诺，构成物业服务合同的内容。

第一千四百一十二条　首期物业服务，物业服务合同可以由建设单位与参加竞聘的物业服务公司签订，也可以由业主委员会与依法选聘的物业服务者签订。

后续的物业服务合同，应当由物业业主委员会依法进行选聘并直接与物业服务者签订。没有物业业主委员会的，物业服务者应当征求业主代表的意见，做好物业服务。

第一千四百一十三条　物业服务者应当按照约定亲自提供物业服务，不得将物业服务转包给第三人。但是与业主另有约定可以将某项专业业务转让他人完成者除外。

第一千四百一十四条　物业服务者应当按照约定标准提供服务，保障服务区域内的卫生清洁、植物养护，设施维修等，为业主提供舒适安静的生活环境，保障业主的人身财产安全。

对物业服务区域内的违法行为，物业服务者应当及时处理和报告。

第一千四百一十五条　对物业服务范围内的道路、绿地、车位的利用，对设施的添置、改造、利用、维护等，应当经业主委员会决定或者征求业主代表意见。[1]物业管理人不得擅自做主或者擅自利用物业共用设施创收增加自己的收入。

---

〔1〕 河南平顶山某 26 层楼小区，电梯部件老化，2019 年 6 月 6 日被检查不合格通知停运。物业公司根据维修费用承担比例，要求业主按照每平方米 18 元缴纳电梯维修费。部分业主拒缴，已缴的被退还。待第二次检查发现，再次要求停运维修。物业公司执行停运，造成业主爬楼困境。

第一千四百一十六条 物业服务者应当定期及时向业主公开报告物业服务状况、收费、收入和资金使用情况等，接受物业业主的意见和监督；并提醒业主应当注意的相关事项，为业主营造和谐安全的生活文化氛围。

第一千四百一十七条 物业业主应当按照约定向物业服务者支付报酬。

物业业主违反约定拖欠或者不支付报酬费用的，应当承担民商责任。

第一千四百一十八条 业主装修改造物业，应当告知物业服务者，并应当遵守物业服务规范事项，配合检查与监督。

物业业主转让物业权利，应当将转让情况告知物业服务者。

第一千四百一十九条 物业业主依照约定，有权决定解聘物业服务者。

物业服务期限届满，业主决定续聘的，应当续订物业服务合同。

物业服务期限届满，业主没有决定续聘，物业服务者按照原合同继续提供物业服务的，原物业合同继续有效，但是被视为不定期合同。

第一千四百二十条 物业服务合同终止，原物业服务者应当按照约定合理退出，并向业主委员会和新的物业服务者进行物业交接。

业主选定的新物业服务者未能按时接管，原物业服务者应当继续处理物业服务事务，业主应当支付该期间的服务报酬。

原物业服务者，违反约定未进行合理交接的，应当承担民商责任。

第六分节　保安服务合同[1]

第一千四百二十一条 保安服务合同是当事人约定一方为他方提供保安服务并取得佣金报酬的合同。提供保安服务并获得佣金报酬的人为保安人；接受保安服务并支付佣金报酬的人为被保安人。

第一千四百二十二条 提供保安服务的一方应当具有从事保安服务所需要的技能和必要的设备，应当能够达到有效预防和排除危险的安全服务效果，可以是保安公司或者其他保安人员。

第一千四百二十三条 保安合同的内容，应当明确被保安的对象名称，地点范围，职责类型，安全级别，时间期限等。

第一千四百二十四条 保安人应当按照约定为被保安人提供有效的安全护卫保障服务。应当按照被保安人的要求指示尽职尽守，忠实履行职责义务，

---

〔1〕 古代有保镖、镖局；现代有防海盗护航；日常经济社会生活中，门卫、场地、物品、人身安全等多专门保护，保安公司、保安合同普遍存在，故对保安服务合同专类规定。在已有民法学理论中，也曾有保安合同之说。参见张俊浩主编：《民法学原理》，中国政法大学出版社 1991 年版，第 764 页。

对被保安人一方保守秘密。

第一千四百二十五条　被保安人应当按照约定向保安人支付佣金报酬。

对于保安人的保安服务行为，被保安人应当给予必要的协同或者配合。

第七分节　家庭服务合同

第一千四百二十六条　家庭服务合同是自然人或者家庭与家政服务公司或者其他家庭服务人员签订的从事家庭服务的合同。

家庭服务的项目可以是保姆、月嫂服务，也可以是餐饮卫生服务，可以按月按天服务，也可以按小时钟点服务。

第一千四百二十七条　家庭服务合同可以是书面或者口头形式。其内容应当包括服务事项、时间地点、待遇薪酬。

第一千四百二十八条　提供家政服务的人员，应当善良热情，认真负责；诚信勤勉，遵纪守规，履行应尽义务。不得违法失德、贪财欺诈，侵害被服务对象的人身、财产。[1]

第一千四百二十九条　享受家庭服务的一方应当平等对待家庭服务者；为家庭服务者提供约定的饮食歇息条件；按照约定给付报酬。

第一千四百三十条　家政服务合同双方应当互相尊重，交流意见；文明用语，文明服务。禁止打骂、虐待等行为。

一方有违法失范行为的，另一方可随时解除合同，并要求对方承担民商责任或其他法律责任。

第八分节　人身服务合同[2]

第一千四百三十一条　人身服务合同是指自然人以支付费用与相关服务企业或者个人订立的关于提供保健、休闲等相关人身服务的合同。

人身服务包括保健和休闲两路，包括美发修脚、推拿按摩、刮痧拔罐、

---

〔1〕 定家庭服务合同，必提杭州保姆案件，令人痛恨不已。被告最终被执行死刑，虽算罪有应得，可宽慰世人之心，但被告之人性良心，则丧失殆尽。难填的欲壑，泯灭的人性，致犯盗窃、纵火两罪，母子四人死亡，竟还能大言不惭地说出“我虽然烧死四人，但最不至死啊”的叹语并上诉。“恶魔犯下的罪恶，天理难容。上诉是它的权利，但应该为自己犯下的恶果，承担法律责任。”从家庭服务合同的角度，双方是雇佣服务的关系，权利义务当为界线。

〔2〕 山西残联统计显示：2018 年全省城乡持证残疾人就业人数已达 285 137 人，其中按比例就业 5973 人，集中就业 6158 人，个体就业 10 392 人，公益性岗位就业 1104 人，辅助性就业 1092 人，灵活就业（含社区、居家就业）40 207 人，从事农业种植养殖 220 211 人。培训盲人保健按摩人员 826 名、盲人医疗按摩人员 867 名；保健按摩机构达到 551 个，医疗按摩机构达到 44 个；5 人获得盲人医疗按摩人员初级职务任职资格，13 人获得中级职务任职资格。

洗浴面膜、美容休沐等相关服务。

第一千四百三十二条 人身服务合同的项目内容和权利义务，应当文明健康，明码标价。[1]

人身服务合同可以口头形式成立，以实际提供人身服务发生效力。

第一千四百三十三条 提供服务的一方应当具有相应的专业知识和服务技术，不得夸大宣传，坑骗顾客；应当遵纪守法，文明服务。[2]

第一千四百三十四条 享受服务方享受相关服务，应当进行选择服务项目和支付的价格，并应当支付事先选择和约定的价格报酬。

选择服务项目，双方当事人应当相互尊重，不得强迫和欺诈。[3]

---

〔1〕 中国就业报道："洗脚盆里乾坤大，修脚刀下道路宽。"陕西省紫阳县是国家级贫困县，也是劳动力资源和转移就业大县。该县在对紫阳创业成功人士郑远元修脚连锁店及其修脚行业进行全面深入调查、仔细分析研究的基础上，将修脚足疗等技能培训作为提高劳动者素质、解决城乡就业、加快精准脱贫和富民强县的新兴产业主抓。成立了紫阳县修脚产业行业工会，会员由当初的1300名发展到5000余人，使"紫阳修脚师"有了自己的"家"。开通了24小时不间断的实时视频监控系统，随时打开紫阳县修脚培训基地显示屏，分布在全国各地5000多个专业修脚店的近40 000名"紫阳修脚师"的工作、学习、权益保障等情况通过视频监控系统便可一目了然。远元集团"千城万店"滚动发展。紫阳县高桥镇铁佛村的郑远元，14岁外出摆地摊，凭手中一把修脚刀给顾客修脚治脚气、刨鸡眼，经过几年打拼，修（绣）出传奇人生，从"马路医生"一举成为名震三秦、享誉全国的80后修脚创业致富第一刀、"全国诚信企业家"。2016年2月2日，远元修脚集团在紫阳启动"千城万店"，已发展到5000多个修脚店、近40 000名员工，营业收入已超过30亿元，在他公司上班的还有1700多名下岗职工实现再就业并走上脱贫致富的道路。企业员工及效益成倍增长、企业规模滚动发展。郑远元因此成为全国修脚行业的业界精英和家乡紫阳劳动力修脚创业带就业实现脱贫致富的领头雁。荣获"2017年全国脱贫攻坚奉献奖"，受到全国政协主席汪洋（国务院时任副总理）的接见。从2014年4月至2017年底，紫阳整合各类资源、共举办修脚足疗等技能培训200多期，结业学员2万余人，培训后就业率超过70%，有1.5万余名"紫阳修脚师"身怀"脚"技走上就业岗位、实现稳步就业，月工资稳定在4000元以上。目前，紫阳从事修脚行业年薪在50万元至100万元的达100余人。从事修脚产业的脱贫1万余人，超过紫阳年脱贫人数1.5万人的60%。在全国各地开修脚店的就有5000多家，从事修脚行业的从业人员近4万人，年创经济收入超过15亿元，是该县财政总收入3亿元的5倍，支撑起紫阳劳务经济的大半壁江山。成为紫阳创业经济、农村经济、县域经济的一大亮点！"人生不容易，行行出状元。人身可服务，撑得半壁山。关注民间事，法典新活鲜。"

〔2〕 据报道：吴女士做踩背按摩，疼痛难忍，到医院做透视检查，发现三根肋骨断裂。为能够做医疗费报销，按摩店让吴女士做检查时说是摔伤的。按摩店垫付7000元后不再支付赔偿。且不再承认是按摩踩背所致。

〔3〕 夏秋推拿、刮痧、拔罐、洗脸、面膜较多，春冬足浴较多，相对下半年收入高于上半年；男技师收入低于女技师。原因在于女客流量低于男客流量，女性客人较多排斥男性技师。

第十节　转承知产科技合同

第一分节　知产科技研发合同[1]

第一千四百三十五条　为了科学技术成果的创新，将设想变为现实，使未知成为已知，在民商主体之间就某项新的科学技术成果进行研究开发所订立的合同，为知产科技研发合同。

第一千四百三十六条　知产科技研发，包括对自然科学技术、社会科学项目的研发，也包括对基础性理论课题或者具体性技术难题的研发，但是都应当具有创新性，期望取得突破性科学技术成果。

对科技成果研发，当事人委托其他民商主体进行，或者与其他民商主体共同进行研发的，应当订立科技研发合同。

第一千四百三十七条　知产科技研发合同的内容应当包括所研究开发项目的名称，目标标准，内容分工，研发进度，成果形式，验收方法，研发经费，费用报酬，利益分享，成果应用，风险负担，违约责任等。

第一千四百三十八条　因科技成果研发的标的成果已经由他人研发成功并且公开，致使科技成果研发失去意义的，当事人可以解除合同。

当事人发现所研究开发的标的科技成果已经被他人公开的，应当及时通知另一方并采取有效措施。没有及时通知和采取措施致使损失扩大的，有过错的一方应当对此承担民商责任。

第一千四百三十九条　知产科技成果研发合同当事人按照约定确定研发完成的科技项目发明的专利申请权或者奖励申报权。当事人对此没有约定的，申请专利的权利或者申报奖励的权利属于成果研究开发的实际完成人。

第一千四百四十条　科技成果研究开发人转让专利申请权的，合同其他当事人享有以同等条件优先受让的权利。

当事人一方声明放弃专利申请权的，其他当事人有权申请专利。当事人一方不同意申请专利的，其他当事人不得申请专利。

科技成果研发合同一方当事人取得专利权或者奖励权的，其他当事人有

---

[1] 此乃利用他人智力智慧为自己创新成果，促进科学技术进步和社会发展。这种契约模式，不只是自然科学技术、社会科学方面的，国家社会科学基金研究项目也属此类。再如，立法方面，立法机关可以聘请有关单位或者个人，就某项法律进行草案起草，然后以该草案为底稿进行琢磨修订，形成完善、优秀的法律。法律的草案极其重要，如果草案本身差，再怎样修改，也难成精品。原料陈腐残朽，断然雕镌不出精品来。延安时期，毛泽东为《解放日报》修改一文，最后废弃不用，要求换题重写。可见修法改文章者，当比起草者更为高明。千里马常有而伯乐不常有，只有慧眼方能识得真金苗头。

权无偿使用。但是当事人另有约定者，从其约定。

第一千四百四十一条 科技成果研发所取得的成果利益，按照约定进行分享。研究开发失败的，按照约定分担风险损失。

第二分节 知产科技转让合同〔1〕

第一千四百四十二条 一方将他人已经取得的某项知产科学技术成果，以支付报酬费用的方式，变为已有为己所用而订立的合同，为知产技术转让合同。

知产技术成果的转让，包括对专利技术、非专利技术、注册商标和著作作品的转让。

第一千四百四十三条 知产技术转让合同应当采用书面形式。内容应当包括一方向另一方所要转让的知产技术成果名称、权利范围与期限、时间限制、价格报酬等。

订立知产技术成果转让合同应当遵守知识产权人的权利的规定。

知产技术转让不得对知产技术的发展进步和正当竞争进行限制。

第一千四百四十四条 按照专利技术转让合同约定，受让方向转让方支付费用，转让方将专利权移交给受让方，受让方即成为新的专利权人。但是对专利权进行的转让，应当向专利局办理登记手续，并由专利局进行公告，受让人方取得专利权。

第一千四百四十五条 按照专利申请权转让合同转让方将专利申请权移交给受让方，受让方向转让方支付转让费，并成为新的专利申请人。经过申请后，可能成为该项技术的专利权人。

第一千四百四十六条 按照技术秘密转让合同约定，转让方将其拥有的技术秘密成果提供给受让方，明确相互之间的技术秘密成果使用权、转让权，受让方支付约定使用费。

第一千四百四十七条 注册商标转让合同是指商标注册人将其注册商标的专用权依照法定程序转让给其他民商主体的合同。

注册商标转让合同应当采用书面形式，内容应当包括双方当事人名称、商标名称、商标的类型和使用范围、违约责任等。并且由转让人与受让人共

〔1〕 该分节合同的内容标的为知识产权客体成果，对此转让一并规定；该节合同之内容标的也是知产技术方面的，故第六分节医疗诊断服务所体现的仍然是知识技术手段，因此并不同于一般的承揽检查检验合同。

同向商标局提出申请，办理转让登记手续。自商标局公告之日起，受让人取得和享有受让商标专用权。

转让注册商标的，应当订立转让协议，可以将注册商标单独转让，也可以连同商标企业的信誉一并转让。

单独转让注册商标的，受让人应当保证所用商标商品的质量。

第一千四百四十八条　著作权转让合同是著作权人将自己的著作权让渡其他民商主体依法出版使用的合同。

著作权合同应当采用书面形式，应当包括作品的名称、转让权利的种类、地域范围、转让价金、权利的存续期限等。

著作权中著作人的人身性质的权利不得转让。

第三分节　知产科技许用合同[1]

第一千四百四十九条　知产技术成果所有人，向他人收取代价，许可他人使用自己技术成果的合同，为知产技术许用合同。

许可使用合同的标的，可以是专利技术、非专利技术、注册商标、版权作品等智力成果。

第一千四百五十条　知产技术许用合同的内容包括所许可使用成果的名称，使用的时间期限、地域范围、类型方式、费用报酬，以及其他需要约定的条款。

许可使用合同应采书面形式，根据规定需要向知识产权管理部门登记备案的，应当履行其登记备案手续。

---

〔1〕 某建材公司诉称：2013年6月9日，某信息技术公司与某车业公司签订《软件使用许可合同》，约定车业公司向信息技术公司购买BusinessSuite软件，总价款为3 452 964元，车业公司应在当日向信息技术公司支付一期货款1 773 488元。同日，车业公司与信息技术公司签订《软件使用维护合同》，约定购买软件维护服务，价款为688 232元，车业公司应在当日支付一期维护费353 485元。2013年11月15日，建材公司、车业公司与信息技术公司签订《三方协议》，约定将上述两合同项下的信息技术公司的全部权利义务转让给建材公司，车业公司应在2014年6月30日前启动软件项目，并于2014年6月30日前向建材公司支付一期货款1 773 488元及维护费353 485元，合同项下软件系专门为该车业公司采购，无法转卖或退货，车业公司不得退换软件。2014年3月23日，车业公司向建材公司发送《解除合同通知函》，以车业公司内部管理及运营模式达不到项目实施基础为由决定解除《软件使用许可合同》《软件使用维护合同》及《三方协议》。建材公司认为，由于合同项下的软件系专门为车业公司采购，无法转卖或退货，车业公司无正当理由，单方解除合同的行为构成违约，严重侵害了建材公司的合法权益。故建材公司诉至法院，请求判令车业公司继续履行合同，支付一期货款和维护费共计2 126 973元及违约金，并承担本案诉讼费用。（该例涉及软件技术的效果、能否解除退货、债权移转主要问题，同时需寻味的是技术公司为何转让，建材公司又何多此举？）

第一千四百五十一条　专利许可使用合同中，当事人可以约定：（一）专利权人将该专利技术的全部使用权转让给受让方。专利权人无权再许可第三人使用，也无权自行使用。（二）专利权人许可受让方使用约定专利技术，同时保留自己使用的权利，但是不得再许可第三人使用该专利。（三）权利人许可受让人使用该专利，自己也可以使用，同时还可以许可其他民商主体使用。

第一千四百五十二条　注册商标的许可使用，许可人应当维持注册商标的有效性，维护被许可使用人的使用权，监督被许可人使用该商标的商品的质量。

被许可人应当保证使用商标的商品质量，维护商标的信誉。

第一千四百五十三条　著作作品的许可使用，当事人可以约定权利作品的使用范围和使用方式，使用酬金的标准及其支付办法等。[1]

被许可人应当按照约定使用作品，违反约定的，应当承担民商责任。

第一千四百五十四条　根据知产技术许可使用合同，许可人应当履行的债务为：（一）保证被许可技术成果的正当性与合法性，具有约定的目的效果。（二）将约定的标的成果交付被许可人使用。

被许可人应当履行的债务为：（一）按照约定合理使用，不得超越使用范围；（二）不得将许可使用的技术成果擅自转让他人使用；（三）按照约定向许可人支付费用。

第四分节　科技咨询培训合同

第一千四百五十五条　一方为了解决特定技术难题或者提升技术水平，以向另一方支付报酬费用为代价，由另一方给予帮助解决和提高技术水平的合同，为技术咨询培训合同。

第一千四百五十六条　技术咨询培训合同应当约定需要咨询培训解决的问题或者培训所要达到的目的标准，接受技术咨询培训人员的类型范围，提供咨询和培训方的技术水平，咨询培训的时间地点，费用报酬及其支付方式，所需技术数据或者培训材料的提供等。

第一千四百五十七条　根据技术咨询培训合同，需要咨询和培训的一方应当履行的债务是：如实说明所存在的技术问题；提供所需的背景材料和资料数据；接受所完成的咨询和培训成果；支付约定费用报酬。

〔1〕如经作者同意，有的作品被作为中小学教材的范文使用。

第一千四百五十八条　提供技术咨询和培训的一方应当履行的债务是：按照约定的技术人员提供技术咨询或者进行培训；按照期限完成咨询解答报告或者培训项目；提出的咨询报告或者培训应当达到约定的要求。

第一千四百五十九条　需要咨询培训的一方未按照约定提供资料数据，造成咨询培训结果错误或者失败，造成损害的，接受咨询培训的一方应当承担责任。

提供咨询培训的一方应当认真负责地进行专业论证，提供可靠的咨询意见和培训成果。因其不负责任或者转由他人提供咨询培训，导致咨询结果错误，或者培训失败的，应当承担民商责任。

第五分节　科技指导服务合同〔1〕

第一千四百六十条　一方在另一方给予科学技术指导下，进行和完成工作，并对技术指导方提供相应的生活条件或者给予相应报酬的合同，为科技指导服务合同。

科技指导服务合同可不定形式，内容包括需要指导服务的问题项目、条件要求、目的效果等。

第一千四百六十一条　技术指导需求方应当按照为指导服务方人员提供相应的生活条件，按照指导组织和开展工作，进行密切配合，接受工作成果，并按照约定支付报酬。

第一千四百六十二条　技术指导服务方应当按照约定，亲自进行指导服务，真诚为技术需求方提供技术服务，解决技术难题，完成工作项目。

第六分节　医疗诊断服务合同〔2〕

第一千四百六十三条　医疗诊断服务合同是从事医疗诊断的机构或者个人对特定自然人群体或者个体的身体疾病健康问题进行医疗专业技术的诊断提供服务，做出诊断结果或者提出治疗意见的合同。

---

〔1〕河北农业大学老师扎根曲周46年，科技下乡，无偿服务，指导帮助农民治理盐碱，使农业生产获丰收，创造了曲周精神，此乃德高重于法，通民商基本原则，达社会主义核心价值。河北农业大学李保国教授30多年，深入扶贫第一线，示范推广36项标准化林业技术，累计应用面积1826万亩，举办培训班800余次，培训人员9万余人次，许多果农成专家。2016年4月9日，李保国突发心脏病去世的前一天，还在石家庄主持河北省3个山区农业项目的验收会。作为农业科技工作者，把实验室建在了田野里，把论文写在了大地上。

〔2〕包括对落后地区医疗诊断技术提供的服务指导，也包括医疗下乡直接为患者提供的医疗诊断服务等。

第一千四百六十四条 医疗诊断服务的地点，可以是医疗诊断机构所在地，可以是需要医疗诊断服务人的居所地，也可以通过网络平台提供医疗诊断服务。医疗诊断服务的事项，可以是对特定自然人某项病情进行诊断服务，也可以是对特定自然人的整体健康状况提供诊断服务。[1]

第一千四百六十五条 享受医疗诊断服务的一方应当按照规范或者医嘱要求，配合和接受诊断检查，并及时接受和了解诊断结果，反映情况，进行沟通。[2]

接受诊疗服务的一方应当诚实守信，按照约定支付诊疗费用。[3]

第一千四百六十六条 医疗诊断服务方应当认真负责，悉心检查，提供客观的诊断意见。由于水平设备等没有能力提供服务的，应当如实说明情况，不得欺骗和拉拢服务对象。[4]

医疗诊断方，没有履行告知说明义务，在诊疗过程中严重不负责任，造成被诊疗服务方人身损害，构成侵权行为的，按照医疗诊断侵权行为之债处理。[5]

第十一节 混合合同

第一分节 融资租赁合同

第一千四百六十七条 融资租赁合同是出租人根据承租人对租赁物的选择，向出卖人购买租赁物，提供给承租人占用，承租人向出租人支付租金的

---

〔1〕 如针对家庭特定成员某慢性病进行医疗诊断服务，医疗机构针对疗养机构签订的为某类疾病进行诊疗服务等。

〔2〕 如李某自感胸痛，曾多次诊断，结果相同，医生认为李某有精神问题，建议到精神病科检查。李某还是觉得是心脏问题，沟通检查，最后是心脏微血管血流缓慢之问题。

〔3〕 2019 年 4 月某日贵州贵阳某医院诊疗室内，满 20 岁的小李姑娘跪地哭求医生给她做免费人流手术，联系不上其男朋友和父母家人。医生秉承医者仁心免费为小李做了手术。但没想到，手术做完，小李向医师借钱遭拒，遂翻脸不认，要医院还她孩子。后好言相劝，并由民警将其带走。

〔4〕 兰兰到一小型整形机构做双眼皮和隆鼻手术，出现“大小眼”问题，4 年时间，4 次修复，不得解决。“医生”最后全额退还 5000 元手术费，并承诺待自己医术渐长后仍可免费为其进行眼皮修复。主刀医生没有《医师资格证》《执业医师证》和《医学美容主诊医生资格证》。参见《中国消费者》2019 年第 7 期，第 48 页。

〔5〕 如要求矫整六指的，结果被医疗机构疏忽而切掉了大拇指；西安一妇女腹疼，两个医院曾为其手术，但还是腹疼，后省医院检查，疑似腹内有异物，手术发现腹内有手术剪刀一把，已生锈断为三截。该女起诉，一审法院审查认为一个医院手术规范，手术时有清点手术器械记录，另一家手术不规范，没有记录，故判决不规范这家医院承担责任；被告不服，提起上诉，二审法院竟然改判，该医院不承担责任。把艰难的申诉之路推给了患者。

合同。

融资租赁合同中包含有融资、买卖和租用的混合。

第一千四百六十八条　融资租赁合同当采书面形式。

融资租赁合同的内容包括租赁标的物的名称品牌、规格数量、技术性能、检验方法、租赁期限、租金支付、租期满后租赁物的归属等条款。

第一千四百六十九条　出租人应当根据约定的承租人对租赁标的物的选择与租赁物出卖人订立买卖合同，向出卖人交付标的物款项，出卖人应当按照约定向承租人交付标的物，承租人享有与受领标的物有关的买受人的权利。

第一千四百七十条　出租人应当保证出卖人按照约定的期限向承租人交付租赁物，出卖人应当保证租赁物的性能质量，以供承租人正常享有对租赁物的控占和使用。

第一千四百七十一条　承租人应当妥善保管、使用租赁物；对租赁物不得擅自转让或者转租。

承租人应当履行占用租赁物期间的保养维修义务。但是对此另有约定者除外。

承租人应当按照约定向出租人支付租金。

第一千四百七十二条　租赁期限届满，根据约定，租赁物可以归承租人所有，也可以归出租人所有。没有约定的，租赁物归出租人所有。

第二分节　酒店住宿合同

第一千四百七十三条　酒店住宿合同是酒店业为顾客提供住宿饮食服务，顾客向酒店业支付价款的合同。

酒店住宿合同包含房间租用住宿和饮食买卖、洗浴服务等合同的混合。

第一千四百七十四条　酒店住宿合同可以提前拟定，也可以随时入住约定。酒店住宿合同可采用书面或者其他形式。内容包括入住人员情况，住宿标准价格，入住退住时间，饮食服务项目，保管代办事项等条款。

第一千四百七十五条　顾客有权就住房标准价格进行约定，采标准价格或者优惠价格。

约定价格中，可以是单独住宿价格，也可以包括饮食、洗浴、锻炼、寄存、接送、网络服务、代订客票等其他项目的价格。

对住宿所享受项目，合同订立时应当明确标出或者约定清楚。

第一千四百七十六条　顾客入住，应当进行实名登记。入住期间，需要留住朋友的，应当登记留宿人员身份信息。未按要求登记的，应当承担法律责任。

第一千四百七十七条 酒店营业者应当按照行业标准或者特约标准为顾客提供服务。实行一客一换床上用品，保持住宿卫生标准。

酒店营业者应当尊重顾客的合理要求。

第一千四百七十八条 旅客应当按照约定预交房费或者押金。

酒店住宿合同可以是短期合同，也可以是长期合同。长期住宿合同期间，客房不得长期空置，空房期间可以不计房费，但应当告知酒店前台。

第一千四百七十九条 旅客离店，应当进行费用结算，住宿费用以外的消费项目等费用，从押金中扣除或者另行补付。

酒店住宿合同终止，酒店应当向旅客出具正式的住宿费用票据，并退还押金。

第三分节 旅游观光合同

第一千四百八十条 旅游观光合同是旅游公司服务者为游客提供游览观光服务，游客向旅游服务者支付价款的合同。

旅游观光合同可以包含旅客运送、游览观光、导游解说、住宿饮食、寄存保管、保安保险等合同内容的混合。[1]

第一千四百八十一条 旅行社组织的旅游，应当与游客订立书面合同，内容应当包括观光景点、行程安排、交通方式、交通费用、食宿标准、游览门票、导游费用、保险项目、违约责任等。

旅游公司公开的口头承诺，应当作为合同内容的补充。

第一千四百八十二条 旅游公司应当按照约定提供游览项目，不得擅自改变或者取消游览项目和线路。不得擅自加价、降低服务质量或者减少服务项目。

旅游公司应当保障游客人身安全。遇有影响游客安全的情势发生，应当及时与游客沟通，采取相应措施。

第一千四百八十三条 旅行社委托其他旅行社代理销售包价旅游产品并与旅游者订立包价旅游合同的，应当在包价旅游合同中载明委托社和代理社

[1] 导游服务、住宿、吃饭三个不同性质的合同可以混在一起。如“开田差一点就要笑开了，怎么会收费？他差一点就要说出根本不收费的话了，可就在这时，暖暖开口了，暖暖说：三十块。她说得一脸平静。开田有些吃惊地看定暖暖。加上在你家吃住的费用呢？女的问。一人一天再加六十。暖暖答。上次谭老伯来时俺们也是这样收的。行，咱们说定了，先付你两天的。那男的痛快地由衣袋里掏出钱包，抽出三百元的票子就塞到了开田的手里”。周大新：《湖光山色》，人民文学出版社 2014 年版。

的名称、住所、联系方式等基本信息。

旅行社将包价旅游合同中的接待业务委托给当地接待社履行的，应当在包价旅游合同中载明当地接待社的基本信息。

第一千四百八十四条　在旅游合同履行中，旅行社应当向游客说明有关注意事项。不得强行要求或者变相要求游客购买物品。

游客应当听从导游安排，文明游览，爱护环境，尊重旅游地的风俗民情。

第一千四百八十五条　游客应当按照约定支付旅游价款。

旅游行程结束前，旅游者解除合同的，组团社应当在扣除必要的费用后，将余款退还旅游者。

第一千四百八十六条　旅游项目结束，合同自然解除。对于旅游公司违约或者有欺诈、宰客行为的，应当承担民商责任。游客也可以通过消费者权益保护特别法规定进行举报和维权。

第四分节　幸运获财合同[1]

第一千四百八十七条　民商主体之间就某项行为的结果，可能给一方带来幸运机会，并可能获得特定财产所成立的合同，为幸运获财合同。

幸运获财合同，包括交易行为、完成某事项行为和幸运获财内容的混合。

第一千四百八十八条　幸运获财合同，一方可以与特定的主体专门约定，或者与不特定主体公告约定。包括悬赏公告、抽奖合同和输赢打赌的合同。

第一千四百八十九条　为完成特定任务，一方向社会公开许诺，对发现或者提供线索为完成特定任务具有贡献的人进行特定资金奖励的合同，为悬赏合同。

悬赏许诺发出后，对符合条件的请赏人，应当履行许诺。对于获奖者，应当保密和保护。

第一千四百九十条　在商业领域，一方以进行某项交易或者支付较小数额的金钱为代价，可以有机会从另方获取较多或者巨大数额奖金财产而成立的合同，为抽奖合同。

抽奖合同的履行应当诚信公开，公平合理，不得欺诈作弊。体育彩票、福利彩票等社会公益性的抽奖，应当按照专门规定发行抽取和开兑奖。

---

[1] 幸运获财，接近幸运发财，延续民俗，承接地气，生动通俗，有利于使人们对民商法更有学用之兴趣。知晓有时运气获财，虽属偶然，但亦有规范，不得欺诈、违法。获财与发财比，获财偏重获得，多少无拘；发财偏重发，似乎数额、影响大，就此而发。反复改酌，选获财为名。

第一千四百九十一条　自然人之间以输赢为条件，获得某种身心娱乐或者小额经济利益而订立的合同，为输赢打赌合同。输赢打赌在于增加人的生活情趣，不得有损人格尊严和生命健康，禁止订立生死协议。

以营利为目的的赌博行为为法律所禁止，其输赢结果不具有法律约束力。[1]但是赌博发生后，输者不得要求返还其已经自愿给付给对方的金额。构成赌博的，应当追究法律责任。

第五分节　扶养照护合同[2]

第一千四百九十二条　扶养照护合同是指自然人之间或者自然人与其他民商主体之间，就一方对特定自然人的生活进行扶养、照看、护理，并有权取得相应财产报偿而成立的合同。

扶养照护合同包括衣食服务、人身护理、生养死葬、收费获赠等内容之混合。

第一千四百九十三条　在扶养照护合同中，所获财产物品，可以来自被扶养人或者其他特定的当事人，也包括被扶养人依法从社会获得的困难补助、养老补贴、年节礼品等钱款物品。[3]

扶养人应当保障被扶养人的生活需要和生活尊严。

第一千四百九十四条　因失去法定监护抚养人等因素，家庭亲属成员对家庭中的未成年人或者其他需要抚养照顾的人的生活，可以订立有偿抚养的协议。[4]

根据该协议，抚养人有权获得相应的抚养费用，其他当事人应当支付约定的抚养费用。有偿抚养协议的订立和履行，应当怜悯慈善，念及亲情。出现重大变故，需要增加或者减少抚养费用的，可以重新协商或者修改补充。

第一千四百九十五条　特定的老年人或者其亲属与养老机构或个人就支

---

[1] 做本条规定，使生活中娱乐行为的合法性和专门赌博行为的非法性在民商基本法中具有明确法律依据，有利于明辨是非、和谐守法。

[2] 其中包括“遗赠扶养协议”，若在契约中不予规定，继承中依遗赠扶养协议取得遗产即会没有前提依据。而在继承中规定遗赠扶养协议之内容履行及违约之类，则系将契约规则错放于继承之举。

[3] 两名以上子女赡养老人，不可能平均居住照顾出费，故多就居住、饮食、费用、照护等达成协议。

[4] 这里如失去法定监护人的未成年人被亲属抚养成人，包括单亲家庭因父亲外出打工，将未成年子女交由亲属抚养，自己约定出抚养费用，还包括因某种情形将自己的子女寄养于他人的情形，也包括基层组织担任监护人的，监护人将被监护人约定交由特定自然人或者家庭履行义务的情形。如此规定，可减少诸多社会不良现象。

付费用，由养老机构或个人对该特定老年人的生活进行扶养照顾所订立的合同，为付费养老合同。

根据付费养老合同，扶养方有权要求被扶养方按照约定向扶养方支付养老费用，并有权获得社会公益的赞助与帮助；扶养人应当按照约定标准对被养人进行扶养照护，让被养人有尊严地过度晚年。

第一千四百九十六条　农村集体经济组织的成员，可以与其他自然人或者农村基层组织签订遗赠扶养协议。

遗赠扶养协议应当以书面形式订立，内容包括扶养人、被扶养人或遗赠人、见证人姓名，扶养的标准和费用、遗赠财产物品的名称及所在地点，被扶养人的生病治疗和死亡安葬等。

第一千四百九十七条　按照遗赠扶养协议，扶养人应当对被扶养人负有生养、死葬的义务。被扶养人死亡时，其所留房屋等遗产归属于扶养人所有。

第一千四百九十八条　在遗赠扶养协议履行期间，被扶养人反悔的，应当向扶养人偿付其已经支出的扶养费用。扶养人反悔的，不得追索扶养费用，也不再享有将来接受遗赠财产的权利。〔1〕

第十二节　合作合同〔2〕

第一分节　合伙合同

第一千四百九十九条　合伙合同是二个以上的自然人为了共同的目的利益，进行合作投资或者合作经营，共同分享利益并分担风险的合同。

订立合伙合同，可以成立合伙企业，也可以只发生合伙人之间的债的关系。

第一千五百条　合伙合同的当事人，应当是从事非公务事业的自然人。从事公务的人员，不得作为合伙人，不得签订成立合伙企业的合同，也不得签订进行非合伙企业的合伙活动的合同。

第一千五百零一条　订立合伙企业的合伙合同，应当按照合伙企业的规

---

〔1〕 本分节包括四种合同：居家养老、孤残照护、养老机构养老、遗赠扶养协议。前三种有人出费；后一种没人出费，靠将留下的房子赠人养己，亦属无奈之举。

〔2〕 丝绸路带重开起，自古生意多合作。据资料记载：唐高宗时期，长安商人李绍瑾与粟特商人曹氏家族合作做生意。李绍瑾与曹老大一起从位于弓月城曹家店铺提取 275 匹绢，到库车城做生意。但曹老大失踪。李绍瑾也没有与曹家联系。后曹老大之弟曹禄山向官府状告李绍瑾，认为李谋财害命。经官府调查，李绍瑾也承认，确与曹老大合作，从曹家店铺提绢 275 匹，但曹老大究竟下落如何，自己不知；愿意将 275 匹绢如价退回曹家，并愿意协助寻找曹老大下落。说明已是内外商人合作。

定，采用书面形式；约定合伙组织的名称、合伙人的姓名，合伙组织的负责人、组织结构，合伙人的投资、利益分配、风险承担，合伙人的加入、退出，合伙人的违约责任等。

第一千五百零二条 订立非合伙企业的合伙合同，应当约定各合伙人的合作事项、合伙人的出资、利益的分享、亏损风险的分担、违约责任，以及合伙人认为应当约定的内容。

第一千五百零三条 合伙人应当按照约定履行出资的义务。合伙人拒绝按照约定出资的，丧失合伙人资格，并应当承担民商违约责任。

合伙人向合伙人以外的人转让其出资或者财产份额的，须经其他合伙人同意。

第一千五百零四条 合伙事务由合伙人协商决定和执行。合伙人擅自行事给合伙利益造成损失的，该合伙人应当承担民商责任。

合伙有负责人的，负责人的行为对全体合伙人具有效力。但合伙负责人因故意或者重大过失对合伙人的共同利益造成损害的，应当承担民商责任。

第一千五百零五条 合伙人应当依法进行民商行为，维护合伙共同的合法权益。与合伙收益有关系的合伙人，应当如实汇报收支结算结果。合伙人隐匿利益或者虚报开支的，应当承担民商责任。除真诚悔过取得其他合伙人宽恕外，应当自动退出合伙，丧失合伙人资格。[1]

第一千五百零六条 合伙人应当按照约定分享利益和承担亏损。合伙人对合伙财产不足以清偿合伙事务以外的债务的，全体合伙人应当承担连带责任。但是根据约定只承担有限责任的合伙人除外。

清偿合伙共同债务超过自己应当承担份额的合伙人，有权向其他应当承担责任的合伙人进行追偿。

第二分节 联营合同[2]

第一千五百零七条 联营合同是两个以上的法人为了共同的事业目标，

〔1〕 应当培养和教导人们有自尊自爱、自知之明的观念意识。

〔2〕 最为典型的合作合同，如合作办学合同。自然人或者企业法人欲参与教育事业，于是和具有办学资格的学校进行合作。投资方主要投入办学资金；学校一方主要提供师资和教学计划和教学管理。在相互提供优势的前提下，国家社会出现了一大批民办教育学校。待合作期限届满，投资方有了办学经验，有了独立办学的资格，即合作者学校一方撤出，合作办学变成了独立的民办大学。最为典型和具有影响的如民办教育家宇华集团李光宇先生，开始与河南理工大学合作办学，为河南大学理工大学万方科技学院。从2009年开始合作办学。到2016年开始独立办学。学校由此也更名为郑州工商学院，是为独立民办大学，在河南省民办大学排名中位列首位，在全国排名第三位。

进行联合经营而订立的合同。

联合经营的法人，可以是企业法人，也可以是非企业法人中的事业单位法人或者社会团体法人，但不得是国家机关法人。

第一千五百零八条　联营合同应当以书面形式订立。

联营合同的内容应当包括联营的项目名称，联营人的名称，联营的方式，联营人的投资，联营的管理，联营的利益分享，联营的风险分担，联营的期限，联营的清算，联营人的违约责任等。

第一千五百零九条　联营人可以进行法人型的联合经营。按照约定组成一个新的经济实体，独立承担民商责任。新组成的经济实体具备法人条件，经过登记，具有法人资格。

联营人对于该新的经济实体具有管理经营的义务，并按照约定分享利益，对其不利后果按照出资比例承担责任。

第一千五百一十条　联营人可以进行合伙型的联合经营。按照约定各自投资，组成一个合伙组织进行经营。联营人对该合伙型组织按照约定履行义务，对该合伙组织的外部债务承担无限连带责任。

第一千五百一十一条　联营人可以进行比较松散的联合经营。在经营项目、产品品种、材料供应、资金帮助等方面长期稳固合作，但各自独立经营，按照合同各自独立承担民商责任。

第一千五百一十二条　联营人应当按照约定提供项目资金，人员设备等要素，真诚合作，完成合作事项和目标。

联营人应当按照约定分享权利利益，承担义务风险。

联营合作期限届满的，按照合同终止联营关系或者重新订立联营合同。

第三分节　合营合同

第一千五百一十三条　合营合同是自然人与法人合作经营而订立的合同。

合营的一方应当是自然人主体，另一方是法人主体，包括企业法人和非企业法人。公私合营是典型的合营形式。[1]

---

[1] 公私合营在我国具有悠久历史。承认和规定合营合同，从传统方面有利于挖掘民族优秀物质和非物质文化遗产，继承延续、壮大发展民族经济和特色产品，如泥人、糖人、玻璃葡萄、剪纸、中药、北京热豆汁、五香毛蛋等，有的都是家传制作，面临无人延续的境况。由自然人个人提供秘方和制作工艺，法人提供资金设备，乃是可行的合作方式。从现代方面讲，有利于及时把个人的创造发明转换为生产力，提高知识产权人在经营发展中的地位和分享红利，更能凸显知识产权的价值意义。

第一千五百一十四条 合营合同应当采用书面形式；内容包括合营的项目，投资规模，经营范围，利益分享，责任承担。

合营合同中，自然人一方的投资主要应当是独特的配方和技术手段，法人一方的投资主要应当是场地设备和资金保障等。

第一千五百一十五条 合营人应当按照约定履行义务，优势互补，真诚合作，共同促进民族经济和特色产品发展。

第一千五百一十六条 合营人在合营中取得的新的技术成果，由发明创造人享有，但应当允许在合营中独占无偿使用。

第十三节 担保合同[1]

第一分节 保证合同

第一千五百一十七条 为了担保债务的履行和债权的顺利实现，合同当事人可以通过订立保证合同进行担保。保证合同可以单独订立，也可以成为主合同中的附属条款。

第一千五百一十八条 保证合同应当包括：债权人、债务人、保证人名称；保证的范围；保证的方式；保证的期间；当事人认为需要约定的其他事项。

第一千五百一十九条 保证合同应当采用书面形式。

保证合同须有保证人、被保证人和债权人共同签名，始生效力。

第一千五百二十条 保证可以以补充责任保证或者连带责任保证的方式进行担保。

当事人在保证合同中约定，债务人不能履行债务时，先有债权人要求债务人履行，并经依法强制执行，仍不能全面履行债务的，对所剩债务由保证人承担责任的，为补充责任保证。

---

[1] 担保合同在实践中在很大程度上已经走了样、变了味，成了利用光明的合法手段达到卑鄙的目的的手段。法警赵某与周某合伙投资装修工程。合伙期间，周某欠下百万元债务无力清偿。双方协商，由周某向某军借款100万，赵某做担保人。其中50万直接转入赵某账号，算周某清偿欠款。2016年6月，赵某为周某介绍贷款银行，周某以项目建设用款为由，找何某以房屋抵押办理560万元贷款。贷款都进入周某账号。当日即组织结算，用该笔贷款清偿了由法警赵某担保的某军的100万元借款；另外256万元支付到姚某某账户后，又转账到法警赵某妻子的账户数十万。经如此操作后，赵某的百万元债权顺利实现。但何某某却被银行诉至法庭，要求变卖其抵押房产还贷。何某发现周某负债累累无力还款，才明白自己上当受骗。遂通过网络投诉举报法警赵某与周某合谋骗取巨额贷款，并由何某进行担保的事实。

第一千五百二十一条　当事人在保证合同中约定保证人与债务人对债务承担连带责任的，为连带责任保证。

连带责任保证的债务人在主合同规定的债务履行期届满没有履行债务的，债权人可以要求债务人履行债务，也可以要求保证人在其保证范围内承担保证责任。

第一千五百二十二条　保证担保的范围包括主债权及利息、违约金、损害赔偿金和实现债权的费用。保证合同另有约定的，按照约定。

第二分节　定金合同〔1〕

第一千五百二十三条　在买卖交易等活动中，合同当事人可以通过订立定金合同，对主债权债务关系进行担保。

第一千五百二十四条　定金担保应当以书面形式约定。该书面形式可以是独立的定金担保合同，也可以是附随于主合同中的定金条款。

当事人在合同中约定有交付定金的日期的，定金合同从实际交付定金时起生效。

当事人拒绝交付定金的，定金担保不生法律效力。

第一千五百二十五条　定金的数额由当事人约定。但是约定定金数额不得超过主合同标的金额的百分之二十。

第三分节　押金合同〔2〕

第一千五百二十六条　在住宿、租赁等民商事交往中，当事人可以约定，采取订立押金合同和交付押金的方式对债权债务进行担保。

第一千五百二十七条　押金合同以当事人交付押金时成立。当事人拒绝交付押金的，押金合同不成立。

第一千五百二十八条　押金合同应当为书面形式。押金合同可以是两联式的押金收据，也可以为主合同中的附属条款。押金收据由交付押金和收受押金双方各自保管。

第一千五百二十九条　当事人完全履行义务的，收受押金的一方应当完全退还押金。退还押金的，应当收回或者注销押金收据。

---

〔1〕 定金是债的担保方式均无疑义。但定金之产生，当为定金合同。故定金担保与定金合同不应混淆。另外收到定金后，收受定金的一方实际上已经取得了对定金的支配权。此点传统理论并未注意。

〔2〕 押金为实际生活中的常见现象，但被理论学说和民商立法所忽略。其逻辑层理与定金相同。

交付押金的一方违约，给对方造成约定损害的，以押金进行清算。

第四分节　质押合同〔1〕

第一千五百三十条　为担保债的履行，当事人可以以自己的动产进行担保而签订质押合同。根据质押合同，提供质押物的人为出质人，接受质押物的人为质权人。

第一千五百三十一条　质押担保的范围包括主债权及利息、违约金、损害赔偿金、质物保管费用和实现质权的费用。质押合同另有约定的，按照约定。

第一千五百三十二条　质押合同经出质人、质权人签章时成立。

质押人应当按照约定向质权人交付质押物。质权人的质押权利自出质物移交于质权人控占时生效。

第一千五百三十三条　质权人负有妥善保管质物的义务。因保管不善致使质物灭失或者毁损的，质权人应当承担民商责任。

第一千五百三十四条　出质人和质权人在合同中可以约定在债务履行期届满质权人未受清偿时，质物的所有权转移为质权人承受所有。〔2〕

依照前款规定出现明显不公平的后果时，受损失一方可以请求人民法院依照公平原则予以矫正。

第一千五百三十五条　债务履行义务的，债权人应当将质押物返还给出质人。

第五分节　抵押合同

第一千五百三十六条　为担保债的履行，当事人可以签订抵押合同，提供不动产作为抵押担保。提供不动产进行抵押者，为抵押人；接受该不动产

---

〔1〕质押合同、抵押合同是产生质押担保、抵押担保的依据，不达成质押抵押合同，无从谈质押抵押担保。履行质押抵押合同，交付物品或者办理相关手续，方产生质押抵押担保，也产生相应之支配性物权。此为三个逻辑层次问题，但传统理论和法律规定，不仅将抵押质押担保挪入物权，还在物权所谓的抵押权、质押权中规定合同的内容，形成了“一锅煮，一锅烩”的混杂现象。

〔2〕在质押合同中，可以特别约定流质约款，原因在于，质押物通常是动产或者票证物，价格显明，同时质押物已经被转移，为债权人所控占，债务人不履行债务的，也不易从质权人处要回质押物。同时意味着，质押物对于质押人来讲，其使用价值已经降低。故以此规定，简单方便，易于执行，不必再行协商、折价等。如果质押人自感吃亏，自然当依约履行，也不至失其质押物。此明晰公允。另见王明锁：“禁止流质约款之合理性反思”，载《法律科学（西北政法大学学报）》2006年第1期。而对所谓“流抵”，则应区别。参见王振宇、王明锁：“论流担保条款在民法典中的效力选择”，载《郑州轻工业学院学报（社会科学版）》2018年第5期。

者，为债权人或者抵押权人；所提供之不动产，为抵押物。

第一千五百三十七条　抵押合同应采书面形式，内容包括抵押人、债权人名称，抵押物，抵押担保的财产范围，担保的期限等。

当事人在抵押合同中不得约定，当债务人不履行债务时，抵押物直接归债权人所有。[1]

第一千五百三十八条　抵押合同中的抵押物，只能是不动产或者已经登记过的动产。

抵押财产的价值与抵押人所担保的债权价值应当相当。抵押财产价值明显大于所担保债权价值的，抵押人可以在该财产上再次进行抵押。但是以同一项抵押物向不同的债权人进行抵押的，应当经已经取得抵押权人的同意。

第一千五百三十九条　根据抵押合同，提供抵押的人无需将自己的抵押物交付给债权人。但是抵押物需要进行登记的，应当依法进行抵押登记。

未经抵押登记，抵押物被第三人占有的，债权人不得以自己享有抵押权而对第三人提出实现担保债权的主张。

第一千五百四十条　以已经登记的财产进行抵押的，应当办理抵押合同登记，抵押合同自登记之日起生效。

进行登记的部门与抵押物权利登记部门应当一致。

第一千五百四十一条　当事人以其他财产进行抵押的，可以自愿办理抵押物登记。自愿办理抵押登记的部门可以是公证部门或者当事人选定的其他部门。

第一千五百四十二条　办理抵押登记的，自登记时抵押合同生效。抵押人无需向债权人交付抵押财产，债权人对抵押人的抵押物发生担保的效力。

未办理抵押登记的，当抵押物被转让他人后，债权人对抵押物不具有优先受偿的权利。

第一千五百四十三条　抵押人已经将抵押物的控占权、占用权、用益权或者经营权转让他人的，应当在抵押合同中说明，经抵押权人同意；并应当由抵押人将抵押该财产的事项告知控占抵押物的相关权利人，原相关合同继

---

〔1〕　理由是抵押物通常为不动产，估价难度大、价格变动大、在抵押人财产中的地位价值大；抵押物未转移控占。若允许直接归抵押权人所有，让抵押人将抵押物交付给抵押权人，遇抵押人不愿交付，也很困难。同时农村农民之房屋及其宅基地流转受到限制，故允许抵押物直接归抵押权人也会在权利性质上发生矛盾或者冲突。

续有效。

第一千五百四十四条 被担保之债得以履行的，抵押合同的效力终止，并应当撤销抵押登记。债务人违约，未按照约定履行债务的，债权人有权以抵押物依法实现对债的担保。

第六分节 典押合同[1]

第一千五百四十五条 在金钱借贷合同中，为了担保债的履行，当事人可以订立典押合同，以设置典押担保。

第一千五百四十六条 典押合同以书面形式为之，可以是借贷等主合同的附属条款，也可以是典押居主，借贷为次。

第一千五百四十七条 典押合同的内容包括所当事人名称，借款数额或者典价数额，典押物状况，典押期限，典押物回赎，抵押物不回赎的后果等条款。

在典押合同中，当事人可以约定，典期届满，出典物所有人有权回赎典物，过期不赎，视为绝卖，典押物归属典押权人所有。[2]

当事人在典押合同中可以预先约定，典押到期，回赎典物时因为典物价格变动而根据现时价格进行找贴弥补的条款。无此约定的，视为不找贴。

第一千五百四十八条 根据典押合同，典押人应当按照约定的时间将典押物交付给典押权人；典押权人应当按照约定向典押人提供金钱款项或支付典价。

第一千五百四十九条 典押期限届满，典押人有权以偿还借款或者支付典价的方式回赎典物。典押权人应当如约归还。

典押人无意偿还借款或者无力回赎典物的，典物归债权人所有。但当事人约定债权人以变卖典押物价款优先受偿方式实现债权者除外。

第七分节 按揭合同[3]

第一千五百五十条 民商主体在商品房买卖中，为了得到银行贷款并担保贷款的按期清偿，民商主体可以订立按揭合同。

---

[1] 传统典权之制，可古为今用，改造为当今之典押。王明锁："我国传统典权制度的演变及其在未来民商立法中的改造"，载《河南省政法管理干部学院学报》2002 年第 1 期。

[2] 规定典期届满，不予回赎，视为绝卖，是因为典物已归典押权人占用，于出典人言，其使用价值已经降低，而在典押权人，其价值重在使用。若生纠纷，执行起来，物已在典押权人之手，省却移转，并非难事。

[3] 制度互鉴，基于实践，取定按揭担保契约。

按揭合同是将已经确定购买的楼花房产合同转移在银行名下，待购房人分期还清贷款及利息，再将房产合同转归借款人的担保合同。

第一千五百五十一条　按揭合同以书面形式订立。内容应当包括贷款金额、利息、期限，按揭房产的位置、面积，购房合同，还款方式等。

按揭贷款期限必须明确，但不得超过30年。

第一千五百五十二条　根据按揭合同，银行贷款人应当向购房人支付约定的贷款数额；购房人向房屋开发公司支付约定房款。

第一千五百五十三条　购房者按照按揭契约中约定的还款方式和期限分期向银行还款。银行按照约定的利率计收利息。

第一千五百五十四条　贷款期限到期，借款人清偿银行贷款及利息，购房人收回购房合同，取得房屋所有权，按揭合同效力终止。

贷款期限到期，借款人违约，未能清还贷款，对借款人所购房屋，银行可依法实行担保措施。

第十四节　保险合同[1]

第一分节　一般规定

第一千五百五十五条　保险是保险人用投保人缴纳的费用建立保险基金，补偿投保人或者受益人因自然灾害或者意外事故所致的人身损害或财产损害的一种债的关系。建立保险基金，办理保险业务的民商主体，必须是经依法批准的保险公司。

第一千五百五十六条　保险合同是当事人约定一方给付保险费用于另一方，另一方同意在特定事故发生时根据约定予以赔偿的合同。依法专门办理保险业务的保险公司为保险人；根据约定向保险人交付费用的一方为投保人；投保人向保险公司缴纳的费用为保险费。

第一千五百五十七条　保险合同应当采用书面形式；内容包括保险标的、保险风险、保险责任、保险费用、保险期限、赔偿方式等。

第一千五百五十八条　根据保险情形，民商主体可以自愿订立保险合同。但是法律规定必须进行保险的，则为强制保险。根据保险的标的，可以有财

〔1〕 2019年9月，受台风“玲玲”外围环流和冷空气共同影响，湖州安吉地区出现暴雨或大暴雨，致安吉嘉华某小区的地下车库积水超过车库口，停在车库的20多辆私家车被水淹没，其中不少是高档汽车。《保险法》作为民商法的单行法，应当在民商基本法中予以表达。

产保险、人身保险和责任保险。[1]

第一千五百五十九条 订立保险合同，除遵守本法外，还应当遵守保险法的专门规定。

医疗保险、养老保险、就业保险等具有社会保障性质的保险，按照劳动法与社会保障法的专门法规定。

第一千五百六十条 根据当事人所签订的保险种类和类型，当保险事故发生时，保险人应当按照约定向被保险人或者受益人进行赔偿。拒绝赔偿的，应当承担民商责任。

第二分节 人身保险合同

第一千五百六十一条 民商主体可以以自然人的生命、健康为保险标的，与专门的保险公司订立人身保险合同。

人身保险合同是以被保险人的生死、疾病、残疾等为保险事故，当被保险人发生死亡、伤残、疾病或者生存到约定的年龄、期限时保险人根据约定承担给付保险金的责任。人身保险包括意外伤害保险、疾病健康保险和人寿保险。

第一千五百六十二条 以被保险人因遭受意外伤害造成死亡或者残疾为基本保险责任的保险合同，为人身意外伤害保险合同。人身意外伤害保险合同，可以附加被保险人因遭受意外伤害需要医疗或者收入损失的保险责任。

以被保险人因疾病需要医疗或者造成残疾和收入损失等为保险责任的人身保险合同，为健康保险合同。

第一千五百六十三条 人寿保险合同是以被保险人的死亡或生存为保险事故的人身保险合同。根据人寿保险合同，投保人向保险人缴纳保险费，当被保险人在保险期限内死亡或者生存到一定的年龄时，保险人向被保险人或其受益人给付保险金。

第一千五百六十四条 人身保险合同的保险金额，由投保人根据被保险

---

〔1〕 最为常见和普遍的是：购买汽车票，在不知情的情况下，会被强制搭售一份1元至2元的意外商业保险。陕西省工商局为此曾开展过客运车站搭售保险行为的专项检查，但是华商报记者在榆林市长途汽车北站和南站走访发现，售票员在乘客未事先声明不买的情况下，会直接将车票和保险单打印出来出售给乘客，被不少乘客质疑变相强行搭售保险。笔者所在地也有这种情况。乘客投保成了“被自愿”。“车票怎么多了一块钱?”“有保险的嘛!”“我又没说要买保险!”“你又没说不买!”就这样，购买汽车票时，在乘客不知情的情况下，会被搭售一份一两块钱的商业保险。如此看上去一两块钱，好像不是什么大事，但是这是保险公司和运输公司共同强加民意，违反了民商法基本原则和社会主义核心价值观，让人很不舒服、不愉快，最后就会把这些怨气转嫁到社会、政府的头上。所以必须对保险观念进行普及，对保险基本规则在民商法典中予以规定。

人对人身保险的需要和投保人的缴费能力，在法律允许范围与条件下，与保险人协商确定。

订立人身保险合同，应当自愿和诚信，保险人应当向投保人说明保险的事项和内容。

第一千五百六十五条 人身保险的被保险人投保后，在被保险人因保单载明的意外事故、灾难及年老等原因而发生死亡、疾病、伤残、丧失工作能力或者退休等情形发生时，保险人应当给付约定的保险金额。

人身保险合同保险金的给付为定额性给付。

第一千五百六十六条 人身保险的被保险人因第三人的行为而发生死亡、伤残或者疾病等保险事故的，保险人向被保险人或者受益人给付保险金后，不得向第三人追偿，但被保险人或者受益人仍有权向第三人请求赔偿。

第三分节 财产保险合同

第一千五百六十七条 民商主体可以以自己的财产物品为保险标的与保险公司订立财产保险合同。作为财产保险的标的，可以是房屋、设备、车辆、牲畜、文物等特定财产。

第一千五百六十八条 财产保险合同的主要条款应当明确保险标的的类型名称、所在地点，保险金额，保险费用，保险责任，赔偿办法，保险效力的起止期限等条款。

第一千五百六十九条 保险期限内，双方应当按照约定履行协议。投保人和被保险人应当遵守规定，维护保险标的的安全；不得故意损害投保财产而意图获得保险赔偿。违反义务的，自担其损害后果。[1]

保险人可以按照约定对保险标的的安全状况进行检查和提出安全保障建议。

第一千五百七十条 投保人应当按照约定向保险人缴纳保险费；保险人于保险事故发生时在保险责任范围内，应当按照约定诚信赔偿，对被保险人所遭受的损失承担赔偿责任。[2]

---

〔1〕 李某对自己的旧货车进行投保，投保金额为30万元。后李某装煤开车，过一山路，跳下车，让车滑下山崖。不料车到崖边，停了下来。但车已无法倒回。李某便将车撬下山崖。然后报损，要求赔偿。经勘查，认定李某骗保，保险人不予赔偿。

〔2〕 河南山区孟某为养猪专业户，2018年孟某与当地许多养猪户都对猪瘟病进行投保。结果猪瘟流行，保险公司以损失巨大赔不起而拒绝按照约定赔偿，只以每一头死猪给20元费用，用作对死猪深埋处理的报酬。致养猪户对保险公司和国家政策不再信任，也放弃了养猪业。2019年8月以来猪肉价款暴涨，实际上与此不无关系。

第一千五百七十一条 保险事故发生时，被保险人应当及时采取必要措施，防止或者减少损失。保险事故发生后，保险人应当按照保险金额全部赔偿。受损保险标的的权利归于保险人。

第一千五百七十二条 因第三人对保险标的的损害而造成保险事故的，保险人自向被保险人赔偿保险金之日起，在赔偿金额范围内有权向第三人进行追偿。

第四分节 责任保险合同

第一千五百七十三条 责任保险是以被保险人对第三人依法应负的赔偿责任为保险标的的保险。

医疗机构可以与保险人协商，签订医疗责任保险合同。

高层建筑物业管理人可以与保险人协商签订高层建筑物件致人伤亡责任保险合同。

第一千五百七十四条 交通机动车辆的所有人或者驾驶人，应当按照专门法规定进行交通强制保险。

交通强制保险以外的责任保险，由投保人与保险人协商约定。

第一千五百七十五条 投保人与保险人约定，投保人向保险人缴纳保险费用，当投保人或被保险人给第三人造成损害依法应当承担赔偿责任时，由保险人向受害人承担赔偿的责任，或者直接向受损害的第三人赔付保险金。

第十五节 和解合同与调解合同

第一分节 和解合同

第一千五百七十六条 和解合同是合同当事人对于合同债务的履行中出现的违约或者因侵权行为等出现的债的纠纷，通过反省，错误方认识自己错误，主动找到受损一方承认过错，或者通过其他合适的方式进行和解，所达成的协议。[1]

第一千五百七十七条 和解协议的达成，当事人可采用双方认可的形式，

---

〔1〕 如秦魏交恶，魏相公叔痤被俘，秦献公中箭身亡。继任国君嬴渠梁与魏相协议：放魏相回归魏国，两国休战歇兵。公叔痤不敢相信，秦渠梁却说“父仇为私，和战为公，乃真心而为”。属国之和解。2019 年热传云南丽江唐家女孩杀死李家醉酒惹事男孩后，李家主动托人说和，送去现金 6 万元作为安葬赔偿，当为私家和解例，至于刑事责任则另当别论。

内容应当符合实际，公允可行。但是不得以一方意志强加对方，不得强迫。[1]

第一千五百七十八条　对于达成的协议，一方又反悔的，可以不予履行，重新要求通过合适的方式予以解决；也可以直接向人民法院提起诉讼。

第二分节　调解合同[2]

第一千五百七十九条　调解合同是民商主体当事人之间发生纠纷或者出现争议时，邀请有威望的公民个人或者有关的组织参加，就所发生的争议纠纷进行说和，互相承认错误，寻找原因，采取改进措施，增加和谐信任，而达成的协议，第一千五百八十条　调解合同根据情况，可以采用书面形式，也可以是口头形式。进行调解，双方应当平等自愿，诚信友善，邀请第三方参加调解，尊重第三方的意见。参加调解的人，应当秉持公道，认真听取各方意见，从法律道德、人情事理、风俗习惯等方面，摆事实讲道理，不得违反法律，强迫当事人。

第一千五百八十一条　调解合同的形成，可以采用面对面、背靠背，双方参加、单独进行等多种适合的方式，以使有错误的一方当事人认识到自己的错误和愿意改正错误，争做文明公民。

第一千五百八十二条　经过调解达成的协议，根据情况，可以由双方签字同意。对达成的调解协议，双方当事人应当尊重并自觉履行。

纠纷争议大，或者需要专门机构解决的，不得勉强调解。当事人可以不接受调解，直接向人民法院起诉，通过诉讼方式解决。

第七章　侵权行为之债

第一节　一般规定

第一千五百八十三条　民商主体之人身权、物产权、知产权及相关合法

---

〔1〕某孩子出生第二天即被送进监护室，父亲问医生，能否治疗，不行就转院。医生回答说，可以治，你要不想在这里治，可以转。结果孩子父亲同意留院治疗。又过三个小时，孩子抢救无效死亡。医生说是胃出血。父亲想问个究竟，医生不予置理。医政科科长出面调解，态度是给予赔偿。但几次调解未成，从原来答应的5万元降低到1万元，后到1万元也不予赔偿。三天后，孩子父亲买刀装入帆布袋子里，上医院找医生理论，医生待理不理，拿出手机打电话。此时，孩子父亲拿出菜刀，朝医生头上砍去，医生跑出，仍被追砍，桡骨粉碎，倒地死亡，抢救5个小时，亦未成功。酿成刑事命案。尽管杀人者构成杀人罪，但医院医生当负诊断侵权之责而无赖推脱，也属自惹横祸。故当负之责，还是当负为好。

〔2〕本法典草案第二编人身权中设置家户与亲属会议，意在家务家事纠纷，解决于家内，为最基础之调解机制，符合中国传统，也与现设村、镇各级人民调解机制相衔接。

权益，世人当尊重维护，不得亵渎侵犯。如若侵犯，产生侵权行为之债，应当承担民商责任及其他法律责任，以促进社会和谐友善与文明发展。

第一千五百八十四条 因侵权行为，致侵权人与被侵权人之间产生债的关系。被侵权人成为债权人，侵权人沦为债务人，两者间发生债之锁链。被侵权人有请求侵权人承担相应民商责任之权利，侵权人则有义务承担，不主动自觉履行承担，将受到更为不利之法律后果。

第一千五百八十五条 侵权行为之债法律后果的产生和责任承担，应当确认受害人民商权利的存在及其合法性。

侵权人的行为应当具有违法性。行为人的行为属于依法执行职务或者依法允许实施之正当防卫行为的，行为人不承担责任。

第一千五百八十六条 侵权人承担侵权行为的责任后果，应当是对被侵权人的民商权利及相关利益造成了损害。损害包括人身损害和财产损害，直接损害和间接损害，财产损害和精神损害。

第一千五百八十七条 侵权人承担侵权行为的责任后果，被侵权人的损害应当是由侵权人的不法行为造成的，侵权人的违法行为与被侵权人的损害之间具有相应的因果关系。〔1〕

第一千五百八十八条 侵权人实施违法行为，给被侵权人造成损害，主观上或者故意，或者过失，均构成过错。

在故意过错中，侵权行为人应当承担全部责任；在过失过错中，没有尽到常人应有注意者，为重过失，应当承担全部责任或者主要责任；没有尽到细心善良家长之注意者，为轻过失，可以承担一般的责任或者减轻其相应的责任。〔2〕

第一千五百八十九条 侵权人主观上的过错，根据法律规定推定行为人有过错，行为人又不能证明自己没有过错的，应当按照行为人有过错承担责任。

---

〔1〕 甲女之两岁女儿在幼儿园被抓伤，甲女要求幼儿园承担民商责任，幼儿园无理狡辩，称自己不应承担责任。结果使甲女进一步受到心理精神上的伤害，引起流产之后果。幼儿园对幼儿被抓伤的后果本当承担责任，故对甲女流产的后果也当承担相应责任。法律当为诚信者、为好人说话，不当成为坏人之保护伞。如果立法偏爱违法行为人和不讲道理之人，则标准上谬之毫厘，实践上差失千里，必将污浊社会风气，破坏法治、损害道德。

〔2〕 做如此区分，有利于分清是非，分担责任，解决纠纷。在刑法中区分故意和过失，追究其不同责任，有良好效果；在民事中，对待侵权行为，故意和过失承担同等责任，其效果并不理想，似乎也脱离实际。

行为人的行为给他人造成损害，行为人主观上虽然没有过错，但法律规定行为人应当承担责任的，依照其特别规定。

第一千五百九十条　侵权行为危及他人人身、财产安全的，被侵权人有权请求侵权人履行停止侵害、排除妨碍、消除危险等义务，承担相应民商责任。

第一千五百九十一条　侵害他人人身权、物产权、知产权及其他合法民商权益，造成他人损害，承担民商责任的，应当计算受害人的损害后果，确定侵权人的民商责任。

第一千五百九十二条　侵权人承担民商责任，如果知错道歉，表示悔过，得到受害人谅解和宽恕的，可以减轻或者免除侵权人应当承担的相应民商责任。

侵权人不按照法律规定或者与受害人达成的协议履行义务或承担责任的，被侵权人有权依照法定程序请求人民法院强制侵权人承担民商责任。

第二节　侵害人身权所生之债

第一千五百九十三条　尊重和珍爱生命，为法定义务。违反义务，侵害他人之生命者，应当承担民商责任及其他法律责任。

自然人的生命、身体、健康受到损伤或者危害的，应当及时抢救和治疗。

第一千五百九十四条　侵害他人的生命、身体、健康，所发生的抢救费、治疗费、医药费、护理费、交通费、营养费等为治疗康复而支出的合理费用，以及因误工减少的收入，侵权人应当承担民商赔偿责任。

造成残疾的，还应当赔偿辅助器具费和残疾赔偿金；造成死亡的，还应当赔偿丧葬费、死亡赔偿金、精神损害赔偿金、死者生前扶养人的生活辅助金。

第一千五百九十五条　同一侵权行为造成多人死亡的，可以以相同数额确定死亡赔偿金。

被侵权人死亡的，其近亲属有权请求侵权人承担其所应当承担的医疗费、死亡赔偿金、丧葬费、精神损失费等侵权民商责任。

第一千五百九十六条　姓名权和名称权受到法律保护，冒用他人姓名、名称等侵害他人的姓名权、名称权，造成他人损害的，应当承担民商责任。〔1〕

第一千五百九十七条　擅自使用他人肖像、歪曲他人形象等侵害他人的肖像权和形象权，造成他人损害的，应当承担民商责任。

---

〔1〕 冒名顶替他人入学，使被冒名顶替者失去学习和就业机会，冒名顶替者应当承担民商赔偿责任；相关管理责任人应当承担补充连带民商责任及其他法律责任。不对违法者追究法律责任，只能说是对弄虚作假者的纵容，是对社会风气的破坏，是对社会主义核心价值观的挑战和对抗。

第一千五百九十八条 侮辱、诽谤、贬损他人，侵害他人的名誉权和荣誉权，造成他人损害的，应当承担民商责任。

第一千五百九十九条 盗窃、买卖、滥用他人信息，侵害他人信息权、信用权，给他人造成损害的，应当承担民商责任。

第一千六百条 自然人的自由权和隐私权应当得到尊重，侵害他人自由和隐私，造成他人损害的，应当承担民商责任。[1]

第一千六百零一条 违反环境保护标准，侵害生态环境，给他人造成人身或者财产损害的，应当承担民商责任。[2]

第一千六百零二条 侵害他人姓名、名誉、自由等人身权造成财产损失的，按照被侵权人因此受到的损失或者侵权人因此获得的利益进行赔偿。被侵权人受到的损失和侵权人获得的利益难以计算确定，被侵权人和侵权人就损害赔偿数额不能协商一致，向人民法院提起诉讼的，由人民法院根据实际情况合理确定。

第一千六百零三条 侵害他人人身权造成精神损害的，被侵权人有权请求精神损害赔偿。

第三节 侵害物产权所生之债

第一千六百零四条 侵害他人所有权者，应当根据情况，承担排除妨碍、消除危险、返还原物、恢复原状、赔偿损失等民商责任。

第一千六百零五条 侵害他人控占权、占用权者，应当根据情况承担排除妨碍、返还原物、恢复原状、赔偿损失等民商责任。

第一千六百零六条 侵害他人用益权者，应当根据情况承担排除妨碍、返还原物、恢复原状、赔偿损失等民商责任。侵权人取得相应孳息或者利益的，应当返还孳息或者相应利益。[3]

---

[1] 如强奸罪侵犯的客体是受害人的性自由权，是严重的侵权犯罪行为，但对造成的损害，竟然只追究刑事责任，而不追究民事上的责任，不作精神损害上的赔偿，实在不合道理逻辑。参见王明锁："在不起诉制度中应当对民商权利受害人的合法权益予以保护"，载《河南省政法管理干部学院学报》2008 年第 2 期。

[2] 上海案例，办公室装修污染，造成多名上班年轻孕妇流产或产下疾病婴儿，材料公司、装修公司、建筑物所有权人应当共同承担责任。

[3] 这里所说的孳息，只是指根据自然规律由原物所产生的孳息，而不包括传统理论上所谓的房租、利息之类的法定孳息。参见王明锁："对孳息的传统种类及所有权归属之检讨"，载《法商研究》2015 年第 5 期。王明锁："中国民商法典编纂中对物权制度的修正整合与创新完善——附《中华人民共和国民商法典物权编草案建议稿（黄河版）》"，载《私法》2019 年第 2 期。

第一千六百零七条 侵害他人经营权者，应当根据情况承担排除妨碍、恢复原状、赔偿损失等民商责任。

第一千六百零八条 侵害他人物权，致原物已不存在，或者存在但不能恢复原状者，可以适用同类质价之实物或者同价之金钱进行赔偿。

侵害他人物权的赔偿数额中，包括被侵害财物本身的损害，也包括因财物被侵害所造成的其他损害。〔1〕

第一千六百零九条 侵害他人物权，其物权标的具有特殊价值，造成物权人人身损害者，应当酌情承担给受害人造成的人身损害方面的民商责任。〔2〕

第一千六百一十条 侵害他人相邻权等其他物权者，应当根据情况承担停止侵害、排除妨碍、恢复原状、消除危险、赔礼道歉、赔偿损失等民商责任。

第四节 侵害知产权所生之债

第一千六百一十一条 侵害他人的专利申请权，盗窃、假冒、擅自使用他人专利等，给权利人造成损害的，应当承担停止侵害、赔偿损失等民商责任。

第一千六百一十二条 伪造、擅自制造或者擅自销售他人注册商标标识，擅自使用类似商标故意与他人注册商标混淆，侵害他人注册商标的专用权，以取得非法利益的，应当根据情况，承担停止侵害、赔偿损失等民商责任。

第一千六百一十三条 剽窃他人作品，未参加创作在他人作品上强署姓名等，侵害他人作品权的，应当承担停止侵害，恢复名誉，赔礼道歉，赔偿损失等民商责任。

第一千六百一十四条 歪曲、篡改他人作品，擅自发表他人作品，侵害他人作品权的，应当承担停止侵害，恢复名誉、赔礼道歉等民商责任。

第一千六百一十五条 未经权利人同意，盗窃出版他人已经出版或者发

---

〔1〕 如损害房屋，不能居住，其赔偿数额包括修复房屋所需费用，也包括房屋被损不能居住而致居住人另找房屋居住所花费之费用。

〔2〕 将他人的导盲犬或者相依为命的宠物损害，致宠物主人生病住院治疗的，该医疗等相关费用当由侵权行为人承担为是。再如盗窃他人之订婚戒指或者奖杯，不能追回或者因被毁而不能恢复原状者，在计算赔偿数额时，应当在该戒指买价之外另外承担增加计算精神损害数额。现行理论规定，计算损失，过分照顾侵权人之利益和执行之可能性，忽视或轻视了受害人利益之保护，如此规定，无疑在法律上宽容放纵了违法侵权行为。

表的作品的，应当承担停止侵害、赔偿损失等民商责任。

未经作者同意，为了传播作品，扩大作品影响，表明作品的来源和出处，不是为了营利目的，作者不表示反对的，行为人可以不承担民商责任。

第一千六百一十六条 行为人侵害他人的其他知识产权，应当承担停止侵害，赔礼道歉、赔偿损失等民商责任。

第一千六百一十七条 故意侵害他人知识产权，为了获取不法利益，给权利人造成损失应当赔偿的，其赔偿数额以侵权人所获不法利益的两倍计算。[1]

第五节 特殊侵权行为所生之债

第一分节 执法违法侵权之债

第一千六百一十八条 征收国有土地上的房屋，征收集体土地、宅基地及集体土地上的房屋、树木等，应当依法进行公平补偿。未办合法手续或者经人民法院判决而强行拆迁的，应当承担停止侵害，恢复原状，赔礼道歉、赔偿损失等民商责任，并应当追究其其他法律责任。[2]

赔偿的损失数额应当是被违法强行拆迁物的市场价格的二倍，以及被拆迁后给受害人造成的相应的财产损失和精神损失。[3]

第一千六百一十九条 行政、司法、监管等执法者应当依法执法。执法者在执行职务中，违反规定，造成他人人身或者财产损害者，应当承担民商责任。[4]

第一千六百二十条 执行法律审判，造成他人冤枉，被判死刑或受牢狱之灾的，审判机关及责任人应当承担法律责任，按照国家赔偿法进行专门赔偿，[5]并应当赔礼道歉。

---

〔1〕 知识创新，乃“烧脑”之劳，非手脚之功，以打工之举，窃脑力之智，仅以现利赔偿，实不公允，难堵复发，故两倍计，是为合理，也示对知识产权保护之重视。

〔2〕 如强制拆迁构成犯罪的，追究其刑事责任。

〔3〕 以此态度，才可避免违法强行拆迁，避免告状上访，避免矛盾激化，才可赢得民心。如果认为赔偿标准高或不合理，便只能说是对执法违法行为的放纵和包容，说明持此种意见的人本身就是执法违法者。如此规定，在于防患于未然，执法者自觉守法，没有违法，还何来高额赔偿?

〔4〕 如某地交警执勤，某人违章驾骑摩托车驶过，执勤民警遂骑摩托进行追赶。在追赶过程中，执勤民警逆向行驶，与当事人车辆发生碰撞，其中一名当事人被摔倒地身亡。执勤民警逆行追赶即为违法行为，当对受害人进行赔偿。

〔5〕 最高人民法院于5月15日下发通知，公布了自2019年5月15日起作出的国家赔偿决定涉及侵犯公民人身自由权的赔偿金标准为每日315.94元。同日，最高人民检察院第十检察厅下发通知，要求各级人民检察院办理自身作为赔偿义务机关的国家赔偿案件时，执行新的日赔偿标准315.94元。国家赔偿法规定：“侵犯公民人身自由的，每日赔偿金按照国家上年度职工日平均工资计算。”国家统计局2019年5月14日公布，2018年全国城镇非私营单位就业人员年平均工资为82 461元。

第一千六百二十一条　国家机关公务人员执法违法构成侵权行为，给他人造成损害应当承担责任的，由责任人所在机关向受害人承担民商责任。责任机关对其责任人追究行政责任或者其他法律责任。

多个机关或者多个执法人员共同负有责任的，依法分别承担法律责任。

第二分节　安保失职侵权之债

第一千六百二十二条　民商主体在生产生活活动中，应当自觉采取安全保障措施。违反规定，造成自身损害者，当受其害；造成他人合法民商权益之损害者，应当承担民商责任。[1]

第一千六百二十三条　执行安全保卫，玩忽职守，不负责任，造成被保护对象范围内他人人身或者财产损害者，应当承担民商责任。

第一千六百二十四条　对他人特定的人身、财产负有安全护卫责任的，工作疏忽，监管不力，给他人造成损害的，应当承担民商责任。

第一千六百二十五条　在机场、车站、银行、商场、宾馆、饭店、娱乐等场所，其经营者、管理者或者公众活动的组织者，未尽到安全保障义务，造成他人损害的，应当承担民商责任。[2]

损害为第三人行为造成时，由第三人承担民商责任；经营管理或者组织者承担补充连带责任。

第三分节　医疗诊断侵权之债

第一千六百二十六条　从事医务诊疗的机构应当认真负责地为患者提供诊疗服务。患者在诊疗活动中受到损害，医疗机构或者其医务人员有过错的，应当承担民商责任。

第一千六百二十七条　医务人员应当辨证施治，遵守用药规范，兼顾用药的有效性、安全性、适当性、经济性原则，给予合理用药。

医疗机构违反诊疗用药禁忌或者规范说明，给患者造成损害的，医疗机构应当承担民商责任。

第一千六百二十八条　医务人员在诊疗活动中应当向患者说明病情和医

---

〔1〕 如甲乙同车，为朋友关系，甲违章不系安全带或者行驶中接听手机，发生事故，致乙伤亡，甲应当对乙的损害后果承担民商责任。

〔2〕 2019 年月 28 日晚，安徽合肥市一家 KTV 内发生惨案。5 名外卖员酒后见到一女性顾客好看、性感而借酒意强行搭讪调戏，遭到严词拒绝后，冲进该女性家人包厢大骂，发生激烈冲突，致 3 人受伤，该女送医不治身亡。事发时，受害方曾向 KTV 求助，工作人员说这事情他们管理不了，只帮助报了警。对此，社会网友一致认为 KTV 负有安全保护义务，脱不了干系。

疗措施。需要实施手术、特殊检查、特殊治疗的，医务人员应当及时向患者具体说明医疗风险、替代医疗方案等情况，并取得其明确同意；不能或者不宜向患者说明的，应当向患者的近亲属说明，并取得其明确同意。

医务人员未尽到前款义务，造成患者损害的，医疗机构应当承担民商责任。

第一千六百二十九条 因抢救生命垂危的患者等紧急情况，不能取得患者或者其近亲属意见的，经医疗机构负责人或者授权的负责人批准，可以立即实施相应的医疗措施。

第一千六百三十条 医务人员在诊疗活动中未尽到与当时的医疗水平相应的诊疗义务，造成患者损害的，医疗机构应当承担民商责任。

第一千六百三十一条 患者在诊疗活动中受到损害，因下列情形之一的，推定医疗机构有过错：违反法律、行政法规、规章以及其他有关诊疗规范的规定；隐匿或者拒绝提供与纠纷有关的病历资料；遗失、伪造、篡改或者违法销毁病历资料。

第一千六百三十二条 因药品、消毒产品、医疗器械的缺陷，或者输入不合格的血液造成患者损害的，患者可以向生产者或者血液提供机构请求赔偿，也可以向医疗机构请求赔偿。患者向医疗机构请求赔偿的，医疗机构赔偿后，有权向负有责任的生产者或者血液提供机构追偿。

第一千六百三十三条 患者在诊疗活动中受到损害，因下列情形之一的，医疗机构不承担赔偿责任：患者或者其近亲属不配合医疗机构进行符合诊疗规范的诊疗；医务人员在抢救生命垂危的患者等紧急情况下已经尽到合理诊疗义务；限于当时的医疗水平难以诊疗。

在规定配合治疗中，医疗机构或者其医务人员也有过错的，应当承担相应的民商责任。

第一千六百三十四条 医疗机构应当向患者提供诊疗费用清单和用药费用清单。

医疗机构及其医务人员应当按照规定填写并妥善保管住院志、医嘱单、检验报告、手术及麻醉记录、病理资料、护理记录、医疗费用等病历资料。

患者要求查阅、复制前款规定的病历资料的，医疗机构应当及时提供。

第一千六百三十五条 医疗鉴定可以作为判断医疗机构是否应当承担责任的依据；但是对于明显违反用药说明或者常理常识的用药措施，可以不进行医疗鉴定，也可以排除医疗鉴定的适用。

第一千六百三十六条 医疗机构承担的赔偿数额，应当按照医疗侵权行为给患者造成的人身损害赔偿标准计算的实际数额。

患者参加人身商业保险或者医疗社会保险所应当得到的保险利益，应当为患者因保险而享有的合法利益，不应当包括在医疗机构应当赔偿的数额之内。[1]

第一千六百三十七条 医疗机构及其医务人员应当对患者的隐私和个人信息保密。泄露患者隐私和个人信息或者未经患者同意公开其病历资料的，应当承担民商责任。

第一千六百三十八条 医疗机构及其医务人员不得违反诊疗规范实施不必要的检查。违反诊疗规范，实施不必要检查的，造成医疗费用增加的，该部分医疗费用应当由医疗机构自行负担。

第一千六百三十九条 医疗机构及其医务人员的合法权益受法律保护。

干扰医疗秩序，妨碍医务人员工作、生活，侵害医务人员合法权益的，应当依法承担法律责任。

第四分节 交通事故侵权之债

第一千六百四十条 发生机动车交通事故，造成他人损害的，依照本法和道路交通安全法的有关规定承担民商侵权责任。[2]

第一千六百四十一条 因租赁、借用等情形机动车所有人、经营管理人与使用人不是同一人时，发生交通事故后属于该机动车一方责任的，由机动车的实际控占使用人承担民商责任；机动车所有人、经营管理人对损害的发

---

〔1〕 医疗侵权赔偿和医疗保险退费是两个不同的法律关系。不能将医疗保险退费算作为是对患者的赔偿。否则，理论上极端错误，实务上是让患者自己赔偿自己，是由医院拿着国家给患者的保险优惠退费利益作为医院自己对受害患者的赔偿。错误的适用，定然是将极大地减少医院赔偿数额中的医疗费用一项。这无疑也放任和纵容了医疗机构的违规用药、滥用药和不负责任的行为，增加了医患纠纷和医疗案件，加剧了社会矛盾。

〔2〕 现行规定，处处赔偿，条条赔偿，似将人引入和束缚于狭隘之赔偿范围。实际上，当首先为承认错误，道歉赔礼，平复心气，修理恢复，付费医疗，再为赔偿，含实物赔偿、金钱赔偿，甚至尚有其他人情补偿方式。如甲为司机，发生交通事故，致乙死亡。乙为独子，剩有老母。甲诚恳悔过，愿替乙养老尽孝。终得老母宽容，同意收甲为养子。从此甲侍奉养母，也免却了赔不起而坐牢之难。另例，开封辖区一县，甲将邻居乙致伤，构成伤害罪，要甲赔，甲也认错愿赔，就是赔不起，甲被判刑入狱；而不赔，乙家困难，生活不下去，天天找法院要求甲陪；案结了，事未了；后刑案改革，甲可不被收监，改在家打工挣钱赔偿，于受害人、侵权人、国家社会，似都有好处。许多情形下平静和解，并非不可。故笔者多用民商责任，而非仅使赔偿一词。以赔偿了事，方便了赔得起之人，而难却了赔不起之人，同时欲赔偿了事，但实际上许多情况下，是赔不了，执行不了，执行了，事也难了。故在温暖的人情关怀主义基础上，添加金钱赔偿主义，才能使冷冰的金钱煤炭变得温暖和更有意义，也更有益于社会和谐。

生也有过错的，应当承担相应的民商责任。

第一千六百四十二条 当事人之间已经以买卖等方式转让并交付机动车但是未办理登记，发生交通事故后属于该机动车一方责任的，由机动车的实际控占使用人承担民商责任。

第一千六百四十三条 以挂靠形式从事道路运输经营活动的机动车发生交通事故造成损害，属于该机动车一方责任的，由挂靠人和被挂靠人承担连带责任。

第一千六百四十四条 未经允许擅自驾驶他人机动车发生交通事故造成损害，属于该机动车一方责任的，机动车实际控占使用人应当承担责任。机动车所有人或者经营管理人有过错的，分别承担相应的责任。

第一千六百四十五条 同时投保机动车强制保险和商业保险的机动车发生交通事故造成损害，被侵权人同时请求保险人和侵权人承担赔偿责任，属于该机动车一方责任的，先由承保机动车强制保险的保险人在强制保险责任限额范围内予以赔偿；不足部分，由承保机动车商业保险的保险人根据保险合同的约定予以赔偿；仍然不足的，由侵权人赔偿。

第一千六百四十六条 以买卖等方式转让拼装或者已达到报废标准的机动车，发生交通事故造成损害的，由转让人和实际控占使用人承担连带责任。

第一千六百四十七条 盗窃、抢劫或者抢夺的机动车发生交通事故造成损害的，由盗窃人、抢劫人或者抢夺人承担民商侵权责任。盗窃人、抢劫人或者抢夺人与机动车使用人并非同一人，发生交通事故后属于该机动车一方责任的，盗窃人、抢劫人或者抢夺人与机动车实际控占使用人承担连带责任。

保险人在机动车强制保险责任限额范围内垫付抢救费用的，有权向交通事故责任人追偿。

第一千六百四十八条 机动车驾驶人发生交通事故后逃逸，该机动车参加强制保险的，由保险人在机动车强制保险责任限额范围内予以赔偿；机动车不明、该机动车未参加强制保险或者抢救费用超过机动车交通事故责任强制保险责任限额，需要支付被侵权人人身伤亡的抢救、丧葬等费用的，由道路交通事故社会救助基金垫付。道路交通事故社会救助基金垫付后，其管理机构有权向交通事故责任人追偿。

第一千六百四十九条 非营运机动车发生交通事故造成无偿搭乘人损害，属于该机动车一方责任的，应当减轻其赔偿责任，但是机动车实际控占使用人有故意或者重大过失的除外。[1]

第五分节　饲养动物侵权之债[2]

第一千六百五十条　饲养动物应当符合国家规定和采取卫生防疫措施。饲养的动物造成他人损害的，动物的所有人或者控占管理人应当承担侵权责任；造成他人身体损伤的，应当及时采取防疫措施，防止危险和更大损害发生。

但是饲养动物致人损害，是因被损害人的违法行为或者重大过错行为造成的，饲养动物的所有人或者控占管理人可以不承担责任或者减轻责任。[3]

第一千六百五十一条　违反管理规定，禁止饲养的危险动物造成他人损害的，动物所有人或者控占管理人应当承担民商侵权责任。

违反管理规定，未对饲养动物采取安全措施造成他人损害的，动物所有人或者控占管理人应当承担责任，但是能够证明损害是因被侵权人故意造成的，可以减轻责任。

第一千六百五十二条　动物园的动物造成他人损害的，动物园应当承担侵权责任，但是能够证明自己尽到控占管理职责的，不承担责任。

第一千六百五十三条　遗弃、逃逸的饲养动物在遗弃、逃逸期间造成他人损害的，由其原所有权人或者控占管理人承担民商侵权责任。

没有原所有权人或者控占管理人的，由实际引诱或者喂养人承担责任；没有实际引诱或者喂养人的，由治安防疫管理部门承担责任。[4]

第一千六百五十四条　因第三人过错致饲养动物造成他人损害的，被侵

---

〔1〕驾驶员不系安全带、行驶中接打手机造成事故，属重大过错，当承担全部责任。

〔2〕动物被专门作为民商客体中物的一种类型，是指“人类以外的有神经、有感觉、能运动的生物”。因此饲养动物包括家畜、家禽、宠物及专门饲养的蛇蝎、蜜蜂等。参见王明锁：“中国民商法典编纂的重大疑难问题——附《中华人民共和国民商法典“通则编”草案建议稿》（黄河版）”，载《晋阳学刊》2016年第3期。

〔3〕村妇甲带4岁女孩路过乙家门口，与几位妇女碰面说话，女孩拿饼干吃，乙家公鸡扑上，将女孩右眼叨伤，感染致双目失明。女孩母亲起诉，要求赔偿。一审法院认为公鸡叨过人，该采取措施，故判决公鸡主人承担80%责任；女孩家长担20%责任。公鸡主人上诉，说公鸡非狗，非天生咬人之动物，且孩子母亲有失监护，不应担责赔偿。二审改判，鸡主不赔。结果母亲带着失明女孩上访。当时最高人民法院一法官撰文，支持二审判决。

〔4〕对流浪猫狗，有的人定点定时为其提供食物，成了不是主人的主人，并招来危害，故他们应当承担责任；没有这些引诱者或提供食物者的，应当由治安防疫部门承担责任。以此加强对饲养动物的登记管理和采取防疫措施，以免造成公众隐患。

权人可以向动物所有人或者控占管理人请求赔偿，也可以向第三人请求赔偿。动物所有人或者控占管理人赔偿后，有权向第三人追偿。〔1〕

第六分节　商品瑕疵侵权之债〔2〕

第一千六百五十五条　因商品存在缺陷造成他人损害的，该商品的生产者应当承担民商责任。

第一千六百五十六条　因商品存在缺陷造成他人损害的，被侵权人可以向商品的生产者请求赔偿，也可以向商品的销售者请求赔偿。

商品缺陷由生产者造成的，销售者赔偿后，有权向生产者追偿。因销售者的过错使商品存在缺陷的，生产者赔偿后，有权向销售者追偿。

第一千六百五十七条　因运输者、仓储者等第三人的过错使商品存在缺陷，造成他人损害的，商品的生产者、销售者赔偿后，有权向第三人追偿。

第一千六百五十八条　因商品缺陷危及他人人身、财产安全的，被侵权人有权请求生产者、销售者承担停止侵害、排除妨碍、消除危险等侵权责任。

第一千六百五十九条　商品投入流通后发现存在缺陷的，生产者、销售者应当及时采取停止销售、警示、召回等补救措施。未及时采取补救措施或者补救措施不力造成损害扩大的，对扩大的损害也应当承担侵权责任。〔3〕

明知商品存在缺陷仍然生产、销售，或者没有采取召回等有效补救措施，造成他人人身损害的，被侵权人应当承担双倍赔偿的民商责任。〔4〕

第七分节　建筑物件侵权之债

第一千六百六十条　建筑物、构筑物或者其他设施发生倒塌、脱落等造成他人损害的，建筑物设施的所有人、控占管理人应当承担民商责任。但建筑设施所有人或者控占管理人没有过错的除外。

---

〔1〕 用动物所有权人表达更为准确，若实行烈性动物饲养登记制，也有利于证明。用饲养人表达会生歧义。如对流浪猫狗，有人定点定时喂食，这喂养之人是否也该承担责任？故用所有人责任则无冲突。

〔2〕 中国共产党第十八届中央委员会第四次全体会议决定为加强市场法律制度建设而编纂民法典。民法典实乃民商法典，有市场即有商品，市场经济实为商品经济。故从理论到实务，用商品比用产品更确切，更具普适性意义。

〔3〕 三星手机充电时燃烧，将使用人的电脑烧坏，致使用人 5 岁熟睡女儿颈面部严重烧伤。全国同类事例上百起，但三星公司认为是当事人使用旧电池充电所致，拒绝承担责任。而手机本身就有电池，那何来使用旧电池？但其并未引起相关重视深究，仍置社会消费者损害于不顾。

〔4〕 明知故犯的情况下，情节严重，有图财害命之嫌，故双倍赔偿方显公平，有利于促使侵权行为人及早采取措施，避免此类事件发生，体现以人为本之精神。

建筑设施对他人造成损害，是由第三人的行为引起的，建筑设施所有人或者控占管理人承担责任后，有权向相关责任人追偿。[1]

第一千六百六十一条 建筑物、构筑物或者其他设施在建设中发生倒塌造成他人损害的，由建设单位与施工单位承担连带责任。但是建设单位与施工单位没有过错的除外。

建筑物等设施建设中发生倒塌，是由其他责任方的行为引起的，建设单位与施工单位承担责任后，有权向相关责任人追偿。

第一千六百六十二条 建筑物、构筑物或者其他设施上的搁置物、悬挂物，发生滑落、坠落，造成他人损害的，由搁置物、悬挂物的所有人或者控占管理人承担民商责任。[2]

第一千六百六十三条 堆放物倒塌、滚落或者滑落造成他人损害的，由该物的堆放人承担责任。但是堆放人能够证明自己没有过错的除外。

第一千六百六十四条 在公共道路上堆放、倾倒、遗撒妨碍通行的物品造成他人损害的，由行为人承担侵权责任。[3]

损毁、挪移窨井盖设施，造成安全隐患，致人遭受损害的，由行为人承担侵权责任。

公共道路管理人没有尽到看护、警示、清理、更换义务的，应当承担补充的连带责任。

第一千六百六十五条 因道旁树木倾倒、折断或者果实坠落造成他人损害的，由树木的所有人或者控占管理人承担责任。但是树木的所有人或者控占管理人没有过错的除外。

第一千六百六十六条 在公共场所或者道路上挖坑、修缮安装地下设施等，应当设置明显标志和采取安全措施。违反规定，未设置明显标志和采取安全措施，造成他人损害的，应当承担民商责任。

---

〔1〕 建筑物及建筑物上的搁置物致人损害的情况，分别规定更为适当。如甲租住乙的房屋，房屋本身构件毁损掉落致人损害，当由房屋所有人承担责任。租户在房屋阳台上放置物品坠落致人损害的，应由租户承担责任，放在后面专门规定。

〔2〕 这里是建筑物或者物件致人损害，不应当包括从建筑物里面往外抛物致人损害的情形。建筑物上的搁置物坠落，不是行为人的直接违法行为；而从建筑物里面往外抛物是行为人的直接违法行为，其行为性质严重复杂。故将从建筑物内抛物致人损害的情形在后面进行专门规定。

〔3〕 在自行车道上抛撒玻璃瓶碎块为扎破自行车胎，在下高速路段放撒钉子为扎破汽车轮胎，以增加补胎机会，增加修车补胎收益。此类现象多次曝光，在高速路段放钉子的行为应当构成故意损害公私财物罪甚至是危险公共安全事故罪。

第八分节　高危作业侵权之债

第一千六百六十七条　从事高度危险作业，当牢固树立生命至上、安全第一的思想理念，高度重视，谨慎作业。从事高度危险作业造成他人损害的，应当承担民商侵权责任。

第一千六百六十八条　从事核设施、核辐射等生产作业，发生事故，造成他人损害的，应当承担民商侵权责任。但是国家对此另有专门赔偿规定的，按照专门规定进行赔偿。

第一千六百六十九条　航空器造成他人损害的，航空器的控占管理人应当承担侵权责任，但是能够证明损害是由受害人故意造成者除外。

第一千六百七十条　从事易燃、易爆、剧毒、放射性、腐蚀性等高度危险物品作业，造成他人损害的，应当承担侵权责任。但是损害是因受害人故意或者不可抗力造成者除外。

第一千六百七十一条　从事高空、高压、高速轨道运输等高度危险作业，造成他人损害的，经营管理人应当承担侵权责任。但是损害是因受害人的违法行为或者故意造成者除外。[1]

第一千六百七十二条　遗失或者抛弃高度危险物品造成他人损害的，由该物品所有权人承担侵权责任。所有权人将高度危险物品交由他人管理的，由控占管理人承担侵权责任；所有权人承担补充连带责任。

第一千六百七十三条　非法控占高度危险物品造成他人损害的，由非法控占人承担侵权责任。高度危险物品所有人、控占管理人未尽到高度注意管控义务的，承担补充连带责任。

第一千六百七十四条　行为人违法，擅自进入高度危险区域而遭受损害的，从事高度危险作业管理人不承担责任。但是从事高度危险作业管理人未能尽到充分警示和管控注意义务的，应当承担适当的责任。

第一千六百七十五条　从事高度危险作业致人损害，确定应当由从事高度危险作业人承担责任，法律对赔偿数额有特别规定的，依照其特别规定进行赔偿。

---

〔1〕一男孩在自家房屋阳台玩钓鱼竿，将线甩到上面的高压电线上，触电重伤。一审判决电力公司负责。被告上诉。二审根据高压电线架设符合技术标准规范，突破无过错原则，改判被告不负责任。余对之怀疑。后申诉再审，电力部门担责，受害人获赔。坚持高度危险作业无过错责任原则，意在加强改进工作，避免和减少事故发生。

第九分节 损害生态侵权之债[1]

第一千六百七十六条 破坏或者污染水源、水流等，损害水资源生态环境的，应当承担停止侵害、恢复原状、排除妨碍、消除危险、赔偿损失等民商责任。

第一千六百七十七条 破坏或者污染土壤、土地，损害土资源生态环境的，应当承担停止侵害、排除妨碍、赔偿损失等民商责任。

第一千六百七十八条 在自然生态保护区、风景名胜区，进行非法建筑、施工、开采等行为的，应当停止侵害、排除妨碍、恢复原状、赔偿损失、赔礼道歉等民商责任。[2]

第一千六百七十九条 建筑施工、生产作业等容易引起空气污染的，应当采取有效防尘措施。违反规定，损害空气环保的，应当承担停止侵害、赔偿损失等民商责任。

第一千六百八十条 违反规定，乱搭乱建、乱贴乱画，损害和影响视觉美观环境的，应当承担排除妨碍、恢复原状、消除影响、赔偿损失等民商责任。

第一千六百八十一条 违反规定，乱扔垃圾、乱扔杂物、放任饲养动物行为等，损害和影响公众卫生环境的，应当承担排除妨碍、恢复原状、赔偿损失等民商责任。

第一千六百八十二条 违反规定，鸣笛燃爆、制造或者播放音响，损害和影响公众学习生活安静祥和环境的，应当承担停止侵害、恢复原状、消除影响、赔偿损失等民商责任。[3]

第一千六百八十三条 损害生态环境，承担侵权民商责任的，由侵权行

---

〔1〕 本节规定的所保护对象主要为“人身权编”第一章人格权中第八节的环境权；“物权编”第八章的“获益权”和第九章“相邻关系”。在人身权、物权编中规定的是行为人可为和应当怎样为的问题；债编侵权行为之债此处的规定是行为人违反规定，进行所不应当实施的行为后应当承担哪些民商法律责任的问题。前后是肯定与否定、正面与负面、相互照应配合的关系，并不矛盾冲突、彼此重复。因此在侵权行为之债中规定对侵害人格权的民商责任，并不意味着在人身权中不能规定人格权；正像规定侵害物权的民商责任并不能否定和影响物权独立存在的道理一样。

〔2〕 在《民商法典》这种基本法中作如此规定，使人民皆知，料个别人也不敢胆大妄为，投资之结果最后是竹篮打水一场空，类似秦岭保护区非法建筑之类的事件，即可得以避免和有效改正。

〔3〕 早晚的广场舞音响震耳欲聋、夜间汽车防盗鸣笛、凌晨锻炼打鞭鞭，均成为环境公害。法律没有明文，结果出现往广场上倒撒粪便、在墙上张贴画写“早晨打鞭者全家死光光”之类等恶性预防攻击言行，为社会和谐和矛盾升级造成隐患。午间休息时间换门装修，使用电钻形成巨大噪声，同单元住户病人病情加重、下午住院死亡，形成纠纷，起诉至法院要求赔偿。

为人自己进行承担。侵权人不能自己承担的，由侵权行为人支付费用，由其他人采取和实施补救措施。

第一千六百八十四条 损害生态环境，侵权人应当承担民商责任。没有特定受损害人作为债权人要求赔偿的，由国家生态环境管理部门以收取罚款的方式，作为对公众生态环境受损的赔偿或修复费用。

对于因举报生态环境侵权行为的人员，由国家生态环境管理部门从收取的赔偿罚款中给予奖励性补偿。

第十分节 劳工人员侵权之债

第一千六百八十五条 企事业单位的工作人员在工作经营过程中造成他人损害的，由企事业用人单位承担责任。用人单位承担侵权责任后，可以向有过错的工作人员追偿，也可以按照双方根据劳动法签订的劳动合同进行解决。

劳务派遣期间，被派遣的工作人员因执行工作任务造成他人损害的，由接受劳务派遣的用工单位承担责任；劳务派遣单位有过错的，承担相应的责任。

第一千六百八十六条 在个人劳务关系中，提供劳务的人因劳务造成他人损害的，由接受劳务的人承担侵权责任。接受劳务的人承担责任后，可以向有过错的提供劳务的人进行追偿。

提供劳务的人在进行劳务过程中自己受到损害的，由接受劳务的人承担责任；提供劳务的人有过错的，可以减轻或者免除接受劳务的人的责任。

第一千六百八十七条 在个人劳务关系中，提供劳务期间，因第三人的行为造成提供劳务的人遭受损害的，提供劳务的人有权请求第三人承担责任，也有权请求接受劳务的人承担责任。接受劳务的人承担责任后，可以向第三人追偿。

承揽人在完成工作中造成他人损害或者自己损害的，定做人不承担责任。但是定作人对造成的损害有过错的，应当承担相应的责任。

第十一分节 网络用户侵权之债

第一千六百八十八条 网络用户利用网络侵害他人民商权益的，应当承担侵权责任。

网络用户利用网络实施侵权行为，权利人有权通知网络服务提供者采取删屏、断接等排除妨碍责任措施。网络服务提供者接到通知后，应当及时采取措施；如果未采取措施致使损失继续发生或者扩大的，对受害人的损害，网络服务提供商应当承担连带责任。[1]

网络用户如果认为自己的行为不构成侵权的，有权通过网络服务提供者反馈通知被侵权人，并告知其有权通过法定途径进行投诉或者向法院起诉。

第一千六百八十九条　网络服务提供者知道或者应当知道网络用户利用其网络服务侵害他人民商权益，而未采取措施，或者设置障碍给合法权益人进行权利保护造成困难的，与该网络用户侵权人共同承担连带责任。[2]

第十二分节　智能缺失侵权之债

第一千六百九十条　无民商行为能力人、限制民商行为能力人造成他人损害的，由监护人承担侵权责任。监护人尽到监护职责的，可以减轻其侵权责任。

有财产的无民商行为能力人、限制民商行为能力人造成他人损害的，用其本人财产进行赔偿。其财产管理人应当告知和说明。本人财产赔偿不足的部分，由监护人赔偿或者代理赔偿。

第一千六百九十一条　无民商行为能力人、限制民商行为能力人造成他人损害，监护人将监护职责委托给其他人的，由监护人承担侵权责任；受托人有过错的，承担补充连带责任。受害人获得赔偿后，委托人和受托人可以根据委托监护协议再行进行责任分担。

第一千六百九十二条　完全民商行为能力人对自己的行为暂时失去意志或者控制造成他人损害的，应当承担责任。但是受害人对此应当予以谅解和宽容，可以减轻或者免除侵权人的责任。

完全民商行为能力人因为贪杯酗酒或者服用违禁药品对自己的行为暂时失去意识或者控制造成他人损害的，应当承担责任。[3]

---

〔1〕消费者徐某在商家敬某经营的淘宝网络交易平台网点购买了俄罗斯进口奶粉。但在“进口乳品境外生产企业注册名单”中未查见“俄罗斯”，敬某也不能提供进口食品应具备的检疫检验资料。故起诉要求敬某退还5043.50元货款和10倍赔偿金，并由淘宝网络有限公司承担连带责任。经法院审理判决，敬某退还货款及赔偿50 435元。但网络公司对敬某的维权及时审核、涉案商品及时下架，采取了措施，故未判其承担连带责任。判决后，双方当事人均未上诉。参见《中国消费者》2019年第6期，第16页。

〔2〕有网络营运商为了不法利益，故意设置有关网络的进入程序，不特定的一般民商主体很难进入查询和了解相关情况，给有关侵权人的侵权行为提供了方便和庇护。如有著名作家反映，自己的儿童读物作品被侵权，被注册成了商标，但自己不能正常通过网络途径及时了解和掌握情况，给保护合法权益造成了障碍。

〔3〕笔者把人的行为区分为本能行为、自觉行为、被迫行为。在本能反应行为中区分为需求本能反应、防御本能反应、惊恐本能反应、疾病本能反应、药物本能反应几种反应行为，针对不同的行为类型，确定其不同的法律责任后果。参见王明锁：“民事法律行为在行为主义和法律行为类型价值体系中的地位”，载《北方法学》2019年第4期。

第十三分节　高楼抛物侵权之债〔1〕

第一千六百九十三条　楼房住户应当相互守望关照，共同营造和维护高新居住环境，养成良好习惯，不在电梯等共用场所抽烟，不在楼道上放置杂物，不从楼上往下扔物品。行为人违反此三不规则，引起火灾或者他人伤亡的，由公安机关调查，追究住户当事人及户主的法律责任。

造成损害需要承担民商赔偿责任的，以二倍数额进行计算；并应当由户主在社区具结悔过、公开赔礼道歉。

第一千六百九十四条　对举报高层楼房侵权行为或提出管理改进建议的荣誉住户，由物业公司提出经业主管理委员会同意，免收其一至三年的物业管理费用。物业管理费损失从物业经营收入中进行补偿。

第一千六百九十五条　高楼住户或者进入高楼住宅区的人员，违反规定，损害设施、破坏环境、攀爬嬉闹、抄近逾越、无视警示性标示等，致使自受损害的，当自担其责或者可以减轻侵权人的责任，受害人并且应当对造成的共用物损害承担民商责任。

第一千六百九十六条　物业公司应当对高层楼房进行有效监控监管。物业公司有监管不当情形，行为人造成火灾或者人员伤亡，侵权人不能完全承担民商赔偿责任的，由物业公司承担补充连带责任，或者退还、免收受害人三至十年的物业管理费用。

第一千六百九十七条　公安机关暂时不能确定侵权住户或者侵权人的，对受害人的医疗抢救费用，由受害人一方、物业公司和医疗抢救方及时协商先行垫付。垫付人最终有权向侵权人进行追偿。

造成的损害特别严重的，物业公司可以牵头在物业管理范围内为受害人进行募集捐献。捐献所得限于用作医疗费用，物业公司不得从中获得利益或者扣除管理性费用。

第十四分节　教育机构失职之债

第一千六百九十八条　无民商行为能力人在幼儿园、学校或者其他教育

〔1〕　高楼抛物与高楼坠物不同。高楼坠物是静态的物件在特殊或者意外情况下脱落、坠落（如窗台上花盆掉下），造成人员伤亡的，属于物件伤人。高楼抛物是动态的物件在行为人直接作用下的结果（如行为人将手中拿着的烟灰缸、案板从楼上窗户扔下），造成人身伤害的，属于人伤人。在高楼抛物的情况下，物件被行为人作为了伤人的工具。两者性质不同。另外，高楼抛物与平地抛物区别巨大：平地抛出的物处于减速运动，杀伤力较小；高空抛出的物处于加速运动，距离越高，杀伤力越强、危险范围也越大。故将高楼抛物专列一节。

机构学习、生活期间受到人身损害的，幼儿园、学校或者其他教育机构应当承担侵权责任，但是能够证明自己没有过错的除外。

限制民商行为能力人在学校或者其他教育机构学习、生活期间受到人身损害，学校或者其他教育机构未尽到教育、管理职责的，应当承担侵权责任。

第一千六百九十九条　无民事行为能力人或者限制民事行为能力人在幼儿园、学校或者其他教育机构学习生活期间，受到幼儿园、学校或者其他教育机构以外的第三人人身侵害的，由第三人承担责任；幼儿园、学校或者其他教育机构未尽到管理职责的，承担补充连带责任。[1]

幼儿园、学校或者其他教育机构承担补充责任后，可以向第三人追偿。

第十五分节　共同复杂过错之债

第一千七百条　二人以上共同实施侵权行为，或者教唆、帮助他人实施侵权行为，造成他人损害的，应当承担连带责任。

教唆、帮助无民事行为能力人、限制民事行为能力人实施侵权行为的，教唆帮助者独立承担侵权责任。

第一千七百零一条　侵权人实施侵权行为，被侵权人对损害的发生事先存有过错的，可以减轻侵权人的民商责任。

第一千七百零二条　自愿参加具有危险性活动受到损害的，受害人应当自担其责，但是其他人对损害的发生有重大过错者除外。[2]

损害是因受害人故意造成的，其自行担责，其他人不负责任。[3]而因自己的违法行为引起营救搜寻，为此所支出的费用，营救人在事后有权请求被营救人给予补偿。

第一千七百零三条　侵权人实施侵权，被侵权人进行正当防卫或者紧急避险行为，从而给侵权人或者其他人造成损害的，不承担责任。但是对于侵权人造成的损害，进行正当防卫、紧急避险的人，或者其他受到损害的人仍然有权要求侵权人承担民商侵权赔偿责任。

---

〔1〕某幼儿在某幼儿园入园。某日早晨，孩子父亲开车送孩子入园。路上有人打电话，结果将车开到单位上班。直到下午，孩子母亲到幼儿园接孩子。幼儿园说孩子今天就没有来幼儿园。给孩子父亲打电话，孩子父亲才想起送孩子去幼儿园，孩子可能在车上。结果孩子早已死在车里。对此，该幼儿园也当承担一定的次要责任。甲之2岁女儿脸部在幼儿园被其他孩子严重抓伤，园方认为没有责任，实无道理。幼儿园当负主要责任，侵权孩子之监护人当负次要责任为是。

〔2〕可以包括打赌、比拼酒量之类的情形，通常自担其责，但在场恶意鼓动纵容者，也当负责。

〔3〕人人都应珍爱生命健康，爱惜财产物品。但自杀自残者，自毁财物者，其自担自责，自受其果。

第八章 无因管理之债与不当得利之债

第一节 无因管理之债[1]

第一千七百零四条 民商主体没有法定的义务或者约定的义务，对他人的事务进行管理的行为，为无因管理。

无因管理行为成立，在管理人与被管理人或者受益人之间产生无因管理之债的关系。

第一千七百零五条 管理人为他人管理之事务，可以是人身事务或者财产事务。但管理人应当是使被管理事务人获得利益。该利益包括避免既得现实利益遭受损失，或者是既得现实利益能够增值。

第一千七百零六条 管理人开始管理，能够通知被管理事务本人或者对事务负有管理义务之人时，应当及时通知。通知后取得对方同意或者追认的，适用委托合同的约定。

事务紧急或者不能通知的，管理人有权实施无因管理。但进行无因管理，管理人在管理开始后不得任意中断管理行为。

第一千七百零七条 无因管理人对他人事务进行管理，应当尽到善良家长管理之注意义务。因故意或者重大过失，使管理事务遭受不应有损害的，应当承担民商赔偿责任。

无因管理人利用管理的机会侵吞或者损害被管理人或受益人之利益的，应当承担民商侵权责任。

第一千七百零八条 无因管理人在管理中对管理事务的财物收支，应当进行账簿性登记，并保存相应凭据。不得隐瞒收入或者做虚假支出。

第一千七百零九条 管理事务结束，管理人应当及时向被管理人或者受益权利人进行移交。

在无因管理利益的移交中，无因管理人应当将管理事务及其所获得的利益、孳息交付于受益权利人。

---

[1] 无因管理与对拾得遗失物的保管虽有相似之处，但有性质区别。无因管理属特定主体间的关系，开始即知受益人是谁，而拾得遗失物，并不知遗失人是谁；无因管理人只能将管理事务交由受益人，而不能送交公安机关，也不能作为自己所有；而拾得遗失物，没有人认领的，即可交由公安机关处理或者归属于自己所有。其中对遗失物进行管理，支付了费用的，要求遗失人支付的，其根据也不应在无因管理，而在对拾得遗失物的管理。所以两者的管理根据、性质、后果均有不同。参见王明锁："中国民商法典编纂中对物权制度的修正整合与创新完善——《中华人民共和国民商法典物权编草案建议稿（黄河版）》"，载《私法》2019年第2期。

第一千七百一十条　受益权利人应当及时接受移交。

受益权利人接受移交，应当对无因管理人表示谢意；应当支付管理人为自己的管理所支出的合理费用。

第一千七百一十一条　无因管理人在管理中遭受损害的，无因管理受益人应当予以赔偿。

第一千七百一十二条　无因管理受益人出于感谢或者回报，另行给付或者赠与管理报酬或者费用的，无因管理人可以接受。但是对此项利益无因管理人不得自己提出或者要求被管理受益人进行支付。

第二节　不当得利之债

第一千七百一十三条　没有法律规定的依据或者合同约定的依据，一方从另一方获得利益的，为不当得利。不当得利成立，在得利人与受损人之间产生不当得利之债的关系。

第一千七百一十四条　构成不当得利之债，受损失人有权要求得利人将所获不当利益返还给受损失人。不当得利人应当予以返还。

不当利益在得利人的控占期间，产生有孳息的，该孳息也应当返还。

第一千七百一十五条　民商行为不成立或者被确认无效，一方依该行为事先从另一方获得之财产，成为无根据之不当得利。不当得利人应当予以返还。

第一千七百一十六条　债务人履行债务，在履行主体、履行客体或者标的数额上发生错误，另一方不该接受而接受的，成立履行错误之不当得利。不当得利人应当返还。

第一千七百一十七条　支配权人获取权利收益，将他人的权利利益误认为自己的权利利益而收取的，成为收益错误之不当得利。不当得利人应当返还。

第一千七百一十八条　因行为人行为以外的原因，财产物品从权利人的控占流转至被他人控占，造成一方受损一方得利的，成立行为人行为外错误之不当得利。不当得利人应当予以返还。

第一千七百一十九条　没有合法根据，但系行为人自愿给付，致自己利益受损失的，不为不当得利，受损失人不得要求返还。包括：基于道义所为之给付；基于提前履行之给付。

对于超过责任时效之债务，行为人虽非明知，但是属于自愿履行的，不得以不当得利要求返还。

第一千七百二十条 不当得利人在对不当利益控占期间，对不当利益进行了管理经营或者花费了相关费用，致使不得利益增值的，成立不当得利与无因管理之债的混合。不当得利人在负有返还不当利益的同时，有权利要求对方支付相应的管理费用。

第一千七百二十一条 不当得利系因受损失一方错误，致得利人返还不当得利时需要花费费用或者增加负担的，受损失人在要求得利人返还不当得利时，应当对返还不当得利人表示歉意或者给予相应的费用补偿。

第一千七百二十二条 不当得利人已经知道为不当得利后，将不当得利与自己的财产混同进行管理经营的，在返还不当得利时，不得要求对方支付管理费用或者给予补偿。

不当得利人明知为不当利益而予以管理经营，并隐瞒情况欲占为己有不愿意返还的，构成侵权行为，按照非法侵占承担民商责任和其他法律责任。[1]

第九章 债的关系证书

第一节 债的关系存在证书

第一千七百二十三条 在债的关系中，一方请求对方为一定行为以满足自己需求、实现债的目标的，应当提供债的关系存在证书。

第一千七百二十四条 债的关系存在证书是由债权人持有和提供的证明债务人应当履行债务的具有法律意义的书面文书或者能够转化成书面文书的证明。

第一千七百二十五条 在各类合同行为之债中，债的关系存在证书包括各类契约或合同文书。契约或合同证书应当清楚，明确记载有债权人与债务人名称，债务人应当履行的义务。

债务人违反契约或合同约定，应当承担违约责任的，债的关系存在证书还应当包括合同当中的违约责任条款和债务人违约的证明文书。

第一千七百二十六条 在侵权行为之债的关系中，债权人或者受害人，请求债务人或者侵权人承担侵权行为之债的责任的，债权受害人应当持有或

[1] 服务员梁某在机场候机厅清扫垃圾物品时发现垃圾箱旁边不远处有一纸盒，拾起后发现盒子内有金镏子之类，以为是假货，并与同事说明，扔放在了宿舍床下。后失主通过机场管理部门找寻，梁某即说明情况，并全部拿出。结果有关部门按照盗窃罪追究重刑责任。当为不妥。

者提供侵权债务人对受害人进行侵权的事实证明文书，以及侵权行为人给受害人所造成损害事实的证明文书。

第一千七百二十七条　在无因管理之债的关系中，债权人应当提供自己进行无因管理而花费的管理费用或者受到损失的证明文书。

在不当得利之债的关系中，债权人应当提供自己的利益被债务人不当控占获取的证明文书。

第一千七百二十八条　提供债的关系存在的证明文书或者证明，应当真实可靠，不得弄虚作假。不能提供有效文书的，凭当事人的诚信良知作为内心衡量标准。

当事人为此不能确定债的关系存在或者发生争议，又不能成功和解或者调解的，债权人有权向人民法院提起诉讼，请求人民法院依法处理。

第二节　债的关系消灭证书

第一千七百二十九条　债的关系消灭证书是证明原有债的关系已经消灭而不复存在或者不再具有法律效力的文书。

第一千七百三十条　在各类契约或者合同债的关系中，消灭证书包括债务人的债务已经全面正确履行的证明文书，也包括债的关系被解除、提存等证明债的关系已经不复存在的证明文书。

第一千七百三十一条　在侵权行为之债的关系中，债的消灭证书是侵权人已经对债务人的损害进行赔偿支付的证明文书。

第一千七百三十二条　在无因管理之债的关系中，债的消灭证书是无因管理人与被管理人之间关于管理事务费用的移交证明文书。

在不当得利之债的关系中，债的消灭证书是不当得利人将不当得利返还给受损失人的证明文书。

第一千七百三十三条　在债的关系消灭证书中，根据人民法院的裁决、仲裁机构的裁决或者其他机构的决定进行执行完毕的证明属于重要的证明文书。[1]

---

〔1〕对债的关系的证明文书，有的认为“当事人的自认文书具有最强最高的证明效力”，对此笔者斟酌四五，不予采纳，不为法条。因为理论上民商法中的自认与刑法中的口供同出一辙，审判实践中，有当事人的自认文书是在被迫情形下书写签字的，而法院依此认定，造成债务人在法院门口喝农药自杀身亡。为此该法官还被审判，为是否构成枉法裁判罪争论不休。此类典型案例亦非鲜见，故不敢取。

6 第六编 继承权

第一章 总 则

第一节 继承的开始

第一千七百三十四条 国家依法保护自然人对其物质产权和知识产权等遗产利益进行的处分，保护继承人对被继承人的遗产进行继承的权利，保护其他民商主体对死者遗产依法接受的权利。[1]

第一千七百三十五条 继承从被继承人死亡时开始。死亡时间以死亡证明所记载的被继承人的死亡时间为准。

有继承关系的数人不幸死亡，不能确定其先后死亡时间的，按照第十六条规定，推定长辈先死；辈分相同者，推定没有其他继承人者先死；都有其他继承人的，推定同时死亡，彼此不生继承关系，由其各自继承人继承。

第一千七百三十六条 从被继承人死亡时，确定被继承人的遗产数额，确定继承人的人数和资格。

第一千七百三十七条 继承开始时知道被继承人留有受孕胎儿的，应当保留胎儿的继承份额。胎儿出生时是死体的，保留的份额按照法定继承办理。

第二节 遗产的确定

第一千七百三十八条 遗产是自然人死亡时遗留的个人合法财产。包括动产和不动产，以及依法可以继承或者移转的民商权利和利益。

---

〔1〕 甲终生未婚，留有遗产，没有法律规定的继承人。乙曾照顾甲生活。甲死之后，甲之单位丙和乙就甲之遗产归属发生纠纷。显然，此非通常之继承权纠纷，但又当依照继承法进行规范解决。故继承法不只解决被继承人与继承人之间的遗产继承问题，还解决被继承人与非继承人之间的遗产移转问题，既涉及被继承人与继承人之间的亲属关系，也涉及被继承人与其亲属之外的民商主体之间的关系。

第一千七百三十九条　属于被继承人生前所专有的人身权利不得继承。

除属被继承人所专有、不可与被继承人分离的人身权益外，可以继承。

因被继承人人身权利而获得的财产权益，可以继承。

第一千七百四十条　凡自然人享有所有权之各种财产，均得继承。自然人虽不享有所有权，但是依法可以继承者，也得继承。[1]

第一千七百四十一条　属于自然人之知识产权，除专属于权利人之权利者外，均得继承。

第一千七百四十二条　属于被继承人可移转于他人之债权及其利益，可以继承。

第一千七百四十三条　经营权人死亡时未取得的经营收益，列入遗产范围。

第一千七百四十四条　夫妻一方死亡，其共同所有的财产，除有约定者外，其二分之一列入遗产范围。其他共有财产中，死者应得之部分，列入遗产。

第三节　继承人范围

第一千七百四十五条　依照法律规定有权利继承死者遗产的自然人，为继承人。继承人与被继承人具有特定的亲属关系。[2]

第一千七百四十六条　继承人包括本位继承人和代位继承人。[3]

本位继承人包括：配偶，子女，父母，兄弟姐妹，祖父母，外祖父母。

代位继承人包括：（一）晚辈直系血亲，孙儿、孙女，外孙、外孙女。（二）晚辈旁系血亲，侄儿、侄女；外甥，外甥女。[4]

---

〔1〕如对房屋虽然不享有所有权，但是依照法律规定或者当事人事先的约定，享有居住权并且可以继承者，即可继承；土地使用权等他物权也可继承。

〔2〕亲属的范围由“人身权”编第二章作出规定。参见王明锁：“中国民商法典编纂中对人身权制度的整合与完善——附《中华人民共和国民商法典‘人身权编’草案建议稿》（黄河版）”，载《晋阳学刊》2017 年第 1 期。

〔3〕将继承人分类为本位继承人和代位继承人符合实际，也更合乎逻辑。因为在现行继承法和继承法理论中，已经有代位继承人的范畴。既然有代位继承人，就表明代位继承人是继承人的一类，并且有与代位继承人相对应的本代位继承人或者被代位的继承人。

〔4〕规定侄子侄女、外甥外甥女为继承人范围，有利于明确血缘关系和承认社会现实，有利于加强叔伯与侄子侄女、外甥外甥女之间的亲情关系，也有利于公平处理有关继承纠纷，更是对我国现行法律规定的认可与完善。我国《继承法》第 11 条规定有“代位继承人”概念，既然规定为代位继承人，即意味着代位继承人已是继承人的一种类型。如果根据继承顺序，第二顺序的兄弟姐妹为继承人时，其中一个兄弟姐妹已经亡故，此时即应由其子女代位继承。相对于被继承人而言，其侄子侄女外甥外甥女即为代位继承人。

代位继承人不受晚辈辈分的限制。[1]

第一千七百四十七条 当事人虽属继承人范围，但是因实施违法行为、名誉不端，被依法剥夺继承权的，丧失其继承人资格。

当事人属于继承人范围，但是被被继承人以遗嘱方式取消继承权的，不再享有继承遗产的权利。

第四节 继承的原则

第一千七百四十八条 继承遗产实行尊重被继承人生前意愿的原则，维护权利义务相一致和男女平等的原则。[2]

第一千七百四十九条 继承遗产应当体现养老育幼、照顾弱者的原则，应当维护继承人的亲情友爱，酌情继承人状况，张扬公平诚信、团结和睦的精神。

第一千七百五十条 遗产的归属和继承，按照协议、遗嘱和法律规定的次序及协议、遗嘱的时间次序确定其效力。

应当按照公平照顾、有利生产、方便生活的原则对遗产进行分配和分割。

第二章 遗产转承协议

第一节 一般规定

第一千七百五十一条 被继承人生前有权与他人订立遗产协议，提前处理将来所留遗产的归属和料理死后事务。

第一千七百五十二条 遗产转承协议包括遗赠扶养协议和遗产继承协议。但是遗产继承协议与遗赠扶养协议不得同时存在。

第二节 遗赠扶养协议

第一千七百五十三条 自然人生前与继承人以外的自然人或者组织按照第1496条订立有遗赠扶养协议，扶养人按照遗赠扶养协议对被扶养人履行了生养死葬的义务，扶养人有权取得被扶养人所遗留的财产。

第一千七百五十四条 扶养人按照遗赠扶养协议取得遗产，应当具有扶

[1] 爷爷立遗嘱将财产给孙子，是遗赠还是遗嘱继承？孙子是第一顺序代位继承人。不承认孙子女为继承人，根据遗嘱接受遗产就是遗赠；承认孙子女为继承人，根据遗嘱接受遗产就是遗嘱继承。

[2] 将权利义务相一致放在男女平等原则之前，由继承中男女平等实为权利义务相一致原则所决定。

养人与被扶养人生前所订立的书面遗赠扶养协议。没有书面遗赠扶养协议，发生争议的，应当由所在基层组织出具证明。[1]

第一千七百五十五条　集体组织和“五保户”有扶养协议的，按照协议处理。没有扶养协议，死者有继承人要求继承的，按遗产继承处理，但是集体组织有权要求继承人偿还“五保”费用。

由国家或者集体组织供给生活费用的烈属和享受社会救济的自然人，其遗产准许继承人继承。

第一千七百五十六条　被扶养人与扶养人订立有遗赠扶养协议的，不得再订立遗嘱将遗产赠与其他人，但是经扶养人同意者除外。

被扶养人订有遗赠扶养协议，又立有遗嘱的，遗嘱与遗赠扶养协议不得抵触；有抵触者，按照遗赠扶养协议办理。[2]

第三节　遗产继承协议

第一千七百五十七条　被继承人与其法定继承人签订的对将来所留遗产进行继承和对被继承人扶养死葬事项等所订立的协议，为遗产继承协议。[3]

第一千七百五十八条　遗产继承协议应当符合民商行为的有效条件，不得剥夺或者损害没有生活能力又没有生活来源的继承人的应得利益。

第一千七百五十九条　遗产继承协议应当由继承当事人参加，并且由协

---

〔1〕 村民某甲孤独一人，有房屋生活用品等物。晚年生活，全靠侄子照顾，去世之后，也由侄子出钱料理送终。但丧事结束，邻居妇女乙说自己家的女儿是甲之养女，应继承房产，并说甲之户口簿上有记载。对此，甲之侄子甚感惊奇，后说，这是乙为逃避计划生育政策，将其女儿登记在了甲之名下。由此似当指导百姓，依照债权编规定订立遗赠扶养协议，将事实上的遗赠扶养关系转换成具有法律效力的债的关系，并可塞堵欺诈恶念，张扬诚信良善的社会风尚。值得指出的是：按照现行《继承法》规定，某甲的遗产并非无合法继承人继承。因为依继承人顺序，其兄弟即可继承。但其兄弟若先于死亡，则按照代位继承的规定，其侄子不能代位继承。故按照本建议稿规定，则当然由其侄子代位继承。

〔2〕 王某的父亲于2000年病逝，母亲张某于2010年立遗嘱，明确表示在自己去世后其名下唯一的房产由独生子王某继承。王某于2011年出国定居，母亲张某由其侄子张甲照顾。2012年，张某与张甲订立遗赠抚养协议，约定由张甲负责张某的生养死葬，张某去世后，名下房产归张甲所有。张甲悉心照顾张某，2017年张某去世。张甲安葬好张某后欲将房屋过户至自己名下。此时王某回国，要求继承房产。

〔3〕 协议继承自古有之。战国时白氏部族兴达，魏国丞相白圭临终前将其大量财产有的捐赠官署，有的分给氏族支脉，留给独生女儿的房产只两处院落，并对女儿叮嘱商量。此非简单遗嘱，而有对遗产处分的协议性质。

议人签字、加盖印章或者加按指印。[1]

遗产继承协议从协议签订时起生效，但是只包括遗产继承分割内容的协议，则从被继承人死亡时生效。

第一千七百六十条 遗产继承协议可以变更。变更遗产继承协议应当以原有协议的方式进行变更。但是被继承人根据情况，以遗嘱的方式对继承协议进行变更的，发生变更的效力。[2]

第三章 遗嘱赠与和遗嘱继承

第一节 遗 嘱

第一千七百六十一条 遗嘱是被继承人生前对自己将来所留遗产进行自愿处分的单方民商行为。[3]

立遗嘱人有权确定由遗嘱指定的继承人对遗产进行继承，也有权将遗产赠给继承人以外的民商主体。

第一千七百六十二条 立遗嘱人应当具有完全的民商行为能力。不具备完全民商行为能力条件的人所立的遗嘱不具有法律效力。

第一千七百六十三条 遗嘱应当是立遗嘱人的真实意思表示。受欺诈、胁迫等，违背遗嘱人真实意愿所立的遗嘱无效。

伪造的遗嘱无效。遗嘱被篡改的，篡改的部分无效。

第一千七百六十四条 遗嘱的内容不得违反法律和社会公共道德，不得

---

〔1〕 薛老先生有四个女儿，收养了一个儿子。五个子女都已工作成家。两个女儿和儿子在本地，其他两个女儿在外地。一年春节，薛老先生趁子女们都在场，表明将来想把自己的一院房产留给儿子，并与子女们商量，征求意见。对父亲的意见，三个女儿明确表示赞同，大女儿也没提出不同意见。薛老先生高兴，毛笔楷书书写，署名盖印。以为后事办妥。但待薛老先生去世后，大女儿要求继承房产，其他三个女儿都表示应当按照父亲所写文书办理，发生纠纷。据此规定，该文书不发生协议效力。

〔2〕 田某有五个女儿，大女残疾，能顾住自己；二女、三女已出嫁，四女送人抚养，欲以小女招婿上门养老。但小女不愿意而另嫁他人，户口还在当地。2007 年田某与女儿们达成遗产继承协议；拆迁房有老三、老五各一套，老大得现金。相安无事。后田某摔伤，全由老二照顾，其他姐妹只到医院看望一回，逢年过节老五也没去过。后田某到村委会订立遗嘱，将拆迁补偿房全部给二女儿，并且二女儿和女婿一起搬到了老人家。老五知道后，认为应按协议履行，所立遗嘱无效，由此发生纠纷。

〔3〕 经济落后，生活困难，遗嘱中多涉及生活用品；温饱解决，小康社会，遗嘱中多会涉及房产、汽车之类；经济发达，生活富裕，遗嘱中当会更多涉及公司企业、事业发展等事项，故用民商行为表达，显具前瞻性。

明显违背常情事理。〔1〕

第一千七百六十五条　遗嘱应当为缺乏劳动能力又没有生活来源的继承人保留必要的遗产份额。未保留缺乏劳动能力又没有生活来源的继承人的必要的遗产份额的，遗产处理时，应当为该继承人留下必要的遗产，对剩余部分，参照遗嘱确定的数额比例处理。

为缺乏劳动能力又没有生活来源的继承人保留的必要的遗产份额，不得少于该继承人平均继承时应当得到的遗产份额。〔2〕

第一千七百六十六条　遗嘱人以遗嘱处分了属于国家、集体或者他人所有的财产的，该部分的遗嘱内容无效。

第一千七百六十七条　遗嘱人自书遗嘱的，应当由遗嘱人亲笔书写，签名，注明年、月、日。签名应当与其身份证姓名相同，并应当加盖印章或者加按指印。

遗书中涉及死后个人财产处分的内容，确为死者真实意思表示，有本人签名并注明了年、月、日，无相反证据的，可以按照自书遗嘱办理。

第一千七百六十八条　遗嘱人打印遗嘱的，打印成的遗嘱应当有两个以上见证人在场见证。由遗嘱人和见证人在遗嘱的每一页上签名，并于最后页注明年、月、日。

第一千七百六十九条　遗嘱人以录音录像形式订立遗嘱，应当有两个以上见证人在场见证。遗嘱人和见证人应当在录音录像中记载和表明其姓名或者肖像，以及年、月、日。

第一千七百七十条　遗嘱人在危急情况下，可以订立口头遗嘱。口头遗嘱应当有两个以上的见证人在场见证。危急情况消除后，遗嘱人能够用书面或者录音录像形式订立遗嘱的，所立的口头遗嘱无效。

第一千七百七十一条　公证遗嘱由遗嘱人经公证机构办理。公证遗嘱可以在公证机构的住所办理，也可以在立遗嘱人的住所办理。

第一千七百七十二条　遗嘱见证人不得是下列人员：(一) 无民商行为能力人、限制民商行为能力人以及其他不具有见证能力的人；(二) 继承人、受

〔1〕 有以遗嘱将遗产留给情妇而不留给自己子女者。对此引发争论。此类遗嘱若在罗马法中，可谓称不合情理之遗嘱，可被确定为无效遗嘱。

〔2〕 国外立法中，曾有特留份制度。对此我国民法学界也有人主张应规定特留份制度。实际上，我国《继承法》中关于为缺乏劳动能力又没有生活来源的人保留必要遗产份额的规定，完全已经可以达到保护和照顾弱者的目的。同时，我国社会主义制度下的社会保障制度不断完善，故没有必要照搬国外有关立法特别增加一项所谓的特留份制度。

遗赠人；（三）与继承人、受遗赠人有利害关系的人。

第一千七百七十三条 遗嘱人可以撤回或者变更自己已经订立的遗嘱。

遗嘱人立有数份遗嘱，内容相抵触的，以最后的遗嘱为准。

遗嘱人生前的行为与遗嘱的意思表示内容相反，使遗嘱处分的财产在继承开始前灭失或者发生权利转移的，遗嘱视为被撤销或者被变更。

第二节 遗嘱赠与

第一千七百七十四条 遗嘱人订立遗嘱将遗产赠与继承人以外的民商主体的，为遗嘱赠与。根据遗嘱接受遗产赠与的人为受遗赠人。受遗赠人可以是继承人以外的自然人，也可以是法人及非法人组织或者国家。

第一千七百七十五条 遗嘱中指定有受遗赠人的，受遗赠人有权接受遗赠的财产。

遗嘱中对受遗赠人规定有义务的，受遗赠人应当遵守或者履行义务。受遗赠人认为难以完成义务的，可以放弃受遗赠或者返还受遗赠的财产。

第一千七百七十六条 受遗赠人可以自愿放弃接受遗赠的权利，将可得财产谦让与其他更需要帮助接济的继承人。〔1〕

第一千七百七十七条 受遗赠人应当在知道受遗赠后两个月内，作出接受或者放弃受遗赠的表示。到期没有表示的，视为放弃受遗赠。

第三节 遗嘱继承

第一千七百七十八条 被继承人生前订立遗嘱，确定继承人或者继承人的继承份额的，为遗嘱继承。遗嘱继承人可以是本位继承人和代位继承人范围中的一人、数人，或者全部，并不受法定继承中有关继承顺序的限制和继承人中的血亲等限制。

被继承人在遗嘱中也可以指定遗嘱的执行人。

第一千七百七十九条 遗嘱中对继承人附有义务的，继承人应当履行义务。继承人认为不能完成或者履行义务的，应当主动放弃接受相应的遗产。

〔1〕 法律应当教导人们明白规则并能谦让，而不是自私自利。研习揣摩现行我民商之法，似乎正应了所谓的“民法是私法”的一个“私”字，总觉得更使人见利忘义越来越私。其结果必然是法院案件越来越多、案多为患。其中办案人员素质差，一个案件多次审，为重要原因。深层次讲，收取案件诉讼费、以案件标的数额确定级别管辖，均为利益引导。由此推论有些规定本有陋弊，立法层当担其责。现代社会，若能有古人“让他三尺有何妨”之雅量，非社会退步民商法落后，而是社会和谐民商法之高境界也。民商法当讲财爱财取财正道，而不引人贪财争财骗财抢财。此处一注释，多处都涉及。

已经接受的，可以被取消或者返还遗产。

第四章　法定继承

第一节　法定继承的顺序[1]

第一千七百八十条　被继承人对其遗产归属没有订立协议和遗嘱的，继承人按照下列顺序（位）继承：

第一顺序（位）继承人：配偶，子女，父母；

第二顺序（位）继承人：兄弟姐妹，祖父母，外祖父母；

第一千七百八十一条　继承开始后，由第一顺序继承人继承，第二顺序继承人不继承。没有第一顺序继承人继承的，由第二顺序继承人继承。在同一顺序的继承人中，没有先后次序的区别。

第一千七百八十二条　第一顺序继承人中，继子女与继父母之间形成扶养关系的，具有相互继承的权利。第二顺序继承人中，继兄弟姐妹之间有扶养关系的，有相互继承的权利。

继子女与继父母之间、继兄弟姐妹之间相互继承遗产的，不影响亲生子女和亲生父母之间的遗产继承；继兄弟姐妹之间继承遗产的，不影响其亲兄弟姐妹之间的遗产继承。

第一千七百八十三条　被继承人的子女先于被继承人死亡的，由被继承人的子女的晚辈直系血亲代位继承。

被继承人的兄弟姐妹先于被继承人死亡的，由被继承人的兄弟姐妹的子女代位继承。[2]

第一千七百八十四条　代位继承人一般只能继承被代位继承人有权继承的遗产份额。但是代位继承人生活困难或者对被继承人扶养较多的，可以适当多分遗产。

---

〔1〕现在于立法和继承法的理论实务中，都使用“顺序”一词。但仔细推敲，若能改用“顺位”一词则更显恰当。用顺序表达，似未显示出顺序之间的位次差异，如在谈到第一顺序时，往往会有疑问，说在这一顺序中是否还区分次序？即需进一步解释，在同一顺序中，不分先后。再则，称“顺位”能与后面的“代位”相应吻合与一致。

〔2〕一如何某未婚，兄弟早逝，晚年生活，靠一侄女照顾。死后留有房屋等物。按照《继承法》规定，何某侄女并不能当然享有继承权。而依此规定，何某侄女即享有代位继承权，可继承何某遗产。再如，汪某兄弟姐妹三人，兄已逝，姐嫁外乡。己与人同居，生一子。不幸子少溺水而亡。汪某去世，有房屋三间物品若干。依乡成俗，汪之房屋成无人继承之遗产，当归农村集体组织所有；依《继承法》规定，当由其姐继承；而以此规定，其侄子侄女、外甥外甥女均可代位继承。

第一千七百八十五条 丧偶儿媳对公婆，丧偶女婿对岳父岳母，尽了主要赡养义务的，作为第一顺序继承人。

丧偶儿媳或者丧偶女婿被作为第一顺序继承人时，不影响其子女代位继承。

第二节 遗产的分配

第一千七百八十六条 同一顺序继承人具有同等的继承资格，继承人条件相同的，可以均等分配遗产。但是继承人协商同意的，可以不均等。

第一千七百八十七条 对生活有特殊困难的缺乏劳动能力的继承人，分配遗产时，应当予以照顾，多分适当遗产。

第一千七百八十八条 对被继承人尽了主要扶养义务或者与被继承人共同生活的继承人，分配遗产时，可以多分。

有扶养能力和有扶养条件的继承人，不尽扶养义务的，分配遗产时，应当不分或者少分。

第一千七百八十九条 对继承人以外的依靠被继承人扶养的人，或者继承人以外的对被继承人扶养较多的人，可以分给适当的遗产。

第一千七百九十条 对被继承人生活提供了主要经济生活来源，或者在生活劳务等方面给予了主要扶助的，应当认定其尽了主要赡养义务或者主要扶养义务。

第一千七百九十一条 继承人应当本着亲情友爱、互谅互让、和睦团结的精神，协商分配遗产。协商分歧，达不成一致意见的，可以恳请亲属会议或者基层调解组织参与解决，也可以直接向人民法院提起诉讼。

第五章 继承权的放弃与丧失

第一节 继承权的放弃

第一千七百九十二条 继承人放弃继承的，应当在遗产处理前作出放弃继承的表示。没有表示的，视为接受继承。

第一千七百九十三条 继承人可以自愿放弃自己的继承权，但是因放弃继承权，致使不能履行法定义务，损害其债权人利益的，放弃继承权的行为无效。

第一千七百九十四条 遗产处理前，继承人对放弃继承的意思表示可以撤销或者更改。遗产处理后再更改或者撤销的，不再发生效力。

第二节　继承权的丧失

第一千七百九十五条　故意杀害被继承人，或者为了争夺遗产而杀害其他继承人的，不论其杀害行为是否既遂，均确认其丧失继承权。若遗嘱中已经将遗产指定由该继承人继承的，也应当确认该遗嘱内容无效，不得由其继承遗产。

第一千七百九十六条　遗弃被继承人的，或者虐待被继承人情节严重的，丧失继承权。

继承人虐待被继承人情节是否严重，应当从实施虐待行为的手段、后果方面认定，不论是否构成犯罪，均丧失继承权。

第一千七百九十七条　伪造、篡改、隐匿或者销毁遗嘱，情节严重的，丧失继承权。

以欺诈、胁迫手段迫使或者妨碍被继承人设立、变更或者撤回遗嘱，情节严重的，丧失继承权。

第一千七百九十八条　继承人虐待被继承人情节严重，或者遗弃被继承人的，如以后确有悔改表现，且被虐待人、被遗弃人生前又表示宽恕的，可以不再确认其丧失继承权。

第一千七百九十九条　继承人丧失继承权的，其晚辈直系血亲不得代位继承。但是该代位继承人缺乏劳动能力又没有生活来源，或者对被继承人主动尽赡养义务较多的，可适当分给遗产。

第一千八百条　对继承人是否丧失继承权发生争议的，可经基层组织调解认定，提起诉讼的，由人民法院判决确认。

第六章　遗产的保管与遗产的处理

第一节　遗产的保管

第一千八百零一条　继承开始后，得知被继承人去世的继承人或者其他个人、组织，应当及时通知相关的继承人和有关组织。

第一千八百零二条　与被继承人生前一起生活的继承人或者其他个人，应当对被继承人所留遗产妥善保管。任何人不得对被继承人的遗产进行隐匿或者侵吞。隐匿或者侵吞遗产的，应当承担侵权行为的民商责任，构成犯罪的，追究刑事责任。

故意隐匿、侵吞或者争抢遗产的继承人，应当减少或者取消其应当继承的遗产份额。

第一千八百零三条 发现遗嘱或者存有遗嘱的人应当妥善保管遗嘱。对于密封的遗嘱，任何人不得擅自拆封，而应当于全体继承人在场时进行公开。

擅自拆封遗嘱的人，为名誉上不诚信之人，擅自拆封遗嘱者为继承人并有继承份额的，可丧失其继承份额之二分之一。

第一千八百零四条 继承人应当按照本法典第234条的规定，对被继承人妥善安葬。经继承人协商，安葬费用可以从被继承人所留遗产中支出。遗产中没有可随时支付费用的，由继承人支付。

第二节 债税的清偿

第一千八百零五条 保管和处理遗产，应当对实际遗产进行清算。被继承人的应得利益和债权应当归入遗产范围。

第一千八百零六条 继承遗产应当清偿被继承人的债务、缴纳所欠税款。清偿债务、缴纳税款以所留遗产的实际价值为限。超过遗产实际价值的部分，继承人可以自愿偿还。

继承人放弃继承的，对被继承人的债务和所欠税款可以不负清偿责任。

第一千八百零七条 有遗嘱继承和法定继承的，由法定继承人清偿被继承人的债务和所欠税款；超过法定继承遗产实际价值的部分，由遗嘱继承人清偿。

有遗赠和遗嘱继承的，由遗嘱继承人清偿；超过遗嘱继承遗产价值的部分，由受遗赠人用所得遗产清偿。

第一千八百零八条 继承人中有缺乏劳动能力又没有生活来源的人的，应为其保留适当遗产，再按所剩遗产实际价值清偿债务和所欠税款。

继承人应当支付的丧葬费、遗产管理费等，由遗产继承人按照所欠债务清偿。

第一千八百零九条 债税的清偿按照先债务后税款的次序进行。

继承人所承担的债务或者所欠税款，继承人处于缺乏劳动能力又没有生活来源的境况时，所欠税款予以免除；所欠债务，可以减缓清偿。

第三节 遗产的分割

第一千八百一十条 遗嘱中指定有遗嘱执行人的，由遗嘱执行人对遗产执行分割。遗嘱中未指定遗嘱执行人的，由继承人自行执行分割，必要时可以由继承人在亲属会议范围内共同推举具有威信或者公正口碑的人为遗嘱执行人。

第一千八百一十一条　遗嘱执行人应当按照遗嘱的指定，对遗产进行分割，指认移转于相关有权接受遗产的人。

遗嘱中指定有受遗赠人的，应当通知受遗赠人接受遗赠。

遗嘱中没有指定受遗赠人或者受遗赠人放弃受遗赠的，遗嘱执行人按照遗嘱指定的继承人对遗产进行分割。

第一千八百一十二条　被继承人没有订立遗嘱的，由法定继承人按照法律规定的继承人顺序和分配原则进行遗产分割。〔1〕

第一千八百一十三条　被继承人立有遗嘱，但有下列情形之一的，也按照法定继承办理遗产分割：（一）遗嘱未处分之遗产；（二）遗嘱无效所涉及之遗产；（三）遗嘱中指定的受益人放弃或者丧失其受益权利；（四）遗嘱中指定的受益人死亡或者资格终止。

第一千八百一十四条　遗产分割时，应当保留胎儿的继承份额。胎儿娩出时是死体的，保留的份额按照法定继承处理。

应当为胎儿保留遗产份额而没有保留的，从继承人所继承的遗产中扣回。

第一千八百一十五条　有权接受遗产的人在遗产分割前死亡的，其有权接受的遗产转由其法定继承人继承。

第一千八百一十六条　遗产分割应当有利于遗产使用效益和继承人实际需要，兼顾各继承人利益。不宜分割的遗产，可以采取折价、适当补偿或者共有的方法处理。〔2〕

第一千八百一十七条　夫妻一方死亡，另一方继承遗产后再婚的，有权处分其已经享有所有权的财产，任何人不得干涉。干涉者，应当承担侵权行为的民商责任。

---

〔1〕刘某去世，留下500万元房产，其子女两男两女四人商量分割遗产。老二认为父亲刚死分割遗产不妥，等三年后再分。三年之后，老二欲全部独占，理由是自己家生的是儿子，老大家生的是女儿；父亲生病住院期间也曾表示要将房子给孙子，孙子户口也与爷爷在一起。但没有遗嘱证据。其他三子女均主张平分遗产。按照规定，男女平等，当均分遗产为是。

〔2〕遗产分割协议不同于遗产继承协议。遗产继承协议为被继承人生前与继承人一起订立；遗产分割协议是被继承人死后，由继承人对遗产进行分割所订。但是，在实践中，通常将遗产分割协议称为遗产继承协议，甚至说成是放弃继承的协议。如“某老太于1992年去世，所留首饰物品归两个女儿，所留平房一间，由舅公主持，立一份协议，明确两个儿子平分，折价1000元（包括地基），大儿子拿出500元给小儿子，房产归大儿子所有，双方都签了字。现房子面临拆迁，房价翻了几倍，小儿子又提出要平分”。此被解释为遗产继承协议。再如“老人过世后，六个子女协商，由其中一位继承房产，并向其余五位进行现金补偿”。此被解释为五位子女放弃继承权，而获得补偿的协议。

第四节　无人继受遗产的归属

第一千八百一十八条　无人继承又无人受遗赠的遗产，为无人继受的遗产。

无人继受的遗产根据被继承人生前地址和所留遗产类型状况确定其归属。

第一千八百一十九条　被继承人为城镇居民，其无人继受的遗产为不动产的，归国家所有。无人继受的遗产为动产的，归生前与被继承人一起生活或者对被继承人生活予以照顾过的人所有，[1]或者按照社会捐献处理。

第一千八百二十条　被继承人为农村集体组织成员，其无人继受的遗产为不动产的，归其所在集体组织所有。无人继受的遗产为动产的，归生前与被继承人一起生活或者对被继承人生活予以照顾过的亲戚或者邻居所有，或者由所在集体组织负责处理给本集体组织中需要给予生活照顾的人。[2]

第七章　继受遗产证书

第一千八百二十一条　根据遗赠扶养协议或者遗产继承协议取得遗产的，应当以遗赠扶养协议或者遗产继承协议作为相关的证明文书。

第一千八百二十二条　遗赠受领人或者遗嘱继承人取得遗产的，应当以遗嘱作为有权接受遗赠或者享有遗嘱继承权的证明文书。遗嘱继承和接受遗赠的证书可以是单独的证书，也可以是相互共同的证书。

第一千八百二十三条　法定继承人取得遗产的证书为继承人与被继承人存在特定亲属关系的证明。对继承人的资格或者继承权无异议的，可以不提供相关继承的证明文书。

第一千八百二十四条　取得无人继承遗产的，应当提供遗产接受人有权接受该项无人继承遗产的证明。

第一千八百二十五条　继承人或者受遗赠人接受遗产、放弃接受遗产的通信凭证或者证明，人民法院关于当事人继承权的判决文书，也是当事人是否享有继承权或者能否接受遗产的证明。

---

〔1〕上海某教师独身未婚，无亲属，生病住院靠一学生照顾。生前无协议，死后无遗嘱，遗产无合法继承人继受。单位与照顾人发生争议。经法院审理判决，房屋及部分动产归学校所有；部分钱款动产归对其照顾的学生所有。按照其规则，不动产归国家，动产、存款等均可归生前给予被继承人进行过照顾的个人所有更为公允妥当。因为房屋所在的土地本归国家所有，生前地随房走，死后可房随地去。

〔2〕农村集体村民的房屋所在的土地所有权也本为集体所有，故房屋不动产也随地去；其他财产为被继承人生前亲属邻居等对被继承人进行了照顾的人所有或者由集体组织分配给需要这些生活用品之人，也更为现实妥当。

下　卷

相关专题研究

什么叫问题？问题就是事物的矛盾。那里有没有解决的矛盾，那里就有问题。既有问题，你总得赞成一方面，反对另一方面，你就得把问题提出来。

一篇文章或一篇演说，如果是重要的带指导性质的，总得要提出一个什么问题，接着加以分析，然后综合起来，指明问题的性质，给以解决的办法，这样，就不是形式主义的方法所能济事。

——毛泽东

其实地上本没有路，走的人多了，也便成了路。

——鲁迅

在科学的道路上没有平坦的大道，只有不畏劳苦沿着陡峭山路攀登的人，才有希望达到光辉的顶点。

——马克思

1 第一章

民商合一模式的演进及民法典编纂中的创新性选择

第一节 引 言

历史上任何一部新的法律，都不可能完全割断与国内外同质立法之关联，都必然会或多或少地看得到以往相同法律的基因和影子。同时，任何一部新的法律，又都会或多或少地体现出新的社会生活的时代风貌和法学理论研究成果的新近特质。但是，基于对所赖存在社会生活状况的熟认度和立法者对相关法律法学理论发展的认知与把握，以及立法起草者们的理念视野甚至人格胆量的差异，新的立法似乎又都会面临三种不同的命运状况：一是新定法律和以往或已有法律没有什么差别或者雷同。此种情况可被认为是照搬或者抄袭之作。二是新定法律在立法内容和立法技术上不如原来或原有法律。此种情况可被认为是立法上的失败或退步。三是新定法律既继承了原有法律之优秀基因，又凸显了时代科学特性。这样的法律则会是一部被历史记忆并推进法律文化发展进步的法律。对法律好坏的评判标准有很多，且会仁智各见。但内容和形式当是两条最基本的轨迹。好的法律，内容上科学全面、明晰实用，调整社会生活关系能落到实处，简言之，管用；形式上则逻辑严谨、通达优美，人们看着明白舒畅，简言之，好用。历史上的民商立法，也正是顺着这样的基本轨迹发展和演进的。〔1〕中国清末变法，中华法系解体，步入罗

〔1〕 用日本穗积陈重的说法，即法律有实质和形体两种元素。实质善良而形体不美者如同“多病的才子”，形体完备而实质不善者尤为“妖娆之毒妇”，实质与形体两种皆不具备者则为“不具之痴汉”。实质乃法律之精神，形体乃法律之躯体，故法典编纂之目的在于创作“简明正确”和“易知喜欢”的法律条文，以达兼具实质、形体完备之要求。参见［日］穗积陈重：《法典论》，李求轶译，商务印书馆 2014 年版，第 5 页。

马法系。就民商立法，始采民事商事分立模式。后于南京国民党时期，改采所谓民商合一主义。但民商合一并非一种固定模式，实际在国外民商立法史上已有民商合一原始模式、瑞士民商内容合一模式和泰国民商内容形式完全合一模式。当时的民法典尽管被学界称为是仿德日民法，但于民商合一方面，却自觉不自觉地向前发展了一步，创造出了一种民商合一新模式，在民商立法史上树起了一座丰碑，至今仍深刻影响着中国民商法理论学说和民法典的制定样态。中华人民共和国成立后，民法典的制定历程与其经济生活条件相适应，经历了“三起两落久徘徊”〔1〕的曲折过程。其间虽然建立了以《民法通则》〔2〕为基础、为核心、为统领的社会主义民商法体系，但毕竟没有形成独立的民法典或者商法典。这与中国的经济政治、思想文化和国际地位都极不相称，与中华民族伟大复兴的中国梦很不协调。直至“四个全面”战略依次推出，中国共产党第十八届中央委员会第四次全体会议才正式提出编纂中国民法典的重大任务。但在编纂民法典两步走的规划下，并未对《民法通则》进行独具匠心的雕琢打磨或精巧修改以作为将来恢宏法典之首编，而是另定《民法总则》。《民法通则》依然有效，两者不相矛盾抵触者继续施行。对此，社会褒贬不同。后续各编的名称内容，亦分歧甚多。因此重点是就民商合一立法模式进一步深入探讨，对中国民商法典编纂中诸多疑难问题的解决和将来所现矛盾困惑的避免都将具有重要的启发和参考价值。

第二节　《汉谟拉比法典》与罗马法（原始民商合一模式）——性质内容与形式名称的原本意蕴

民商立法是以一国的商品经济关系为基础的。与商品经济〔3〕发展状况相适应，历史上产生过不少相应的有代表性的“民商法典”。察古代法律，莫不为诸法合体。〔4〕但在汉谟拉比时期，其经济生活发达，于著名的《汉谟拉比

〔1〕 参见王明锁：《中国民商法体系哲学研究》，中国政法大学出版社2011年版，第6页。

〔2〕《民法通则》虽然只有156个条文，但其所设定的原则、主体、行为、权利、责任、时效等基本制度和结构体系准确反映了经济规律需求，为中国经济体制改革提供了保障，为中国民商立法提供了发展和完善的方向。因此也被誉为压缩饼干式的民法典或者曰小民法典，在中国民商法史上也具有了里程碑式的意义。

〔3〕 有商品就有市场，有市场必有商品，故商品经济就是市场经济，两者并无本质区别。参见王明锁：“市场经济特质与民商法之品格”，载《河南大学学报（社会科学版）》2007年第1期。

〔4〕 学界常说中国古代立法为“诸法合体，民刑不分”。其实任何古代立法都是如此。所应注意不同者在于中国古代法律为“以刑为主”或“以刑盖法”。根本原因在其经济基础始终为自给自足的自然经济。

法典》中，具有民商法特质的法律条文竟占据了法典282个条文的84%。〔1〕因为其中包括了买卖、租赁、借贷、合伙经营、医疗、理发、卖酒、雇佣耕作、海商、船只租赁、船工雇佣、租船租金等内容。〔2〕在罗马法鼎盛时期，其经济基础和社会生活状况是：公元5世纪至6世纪，东罗马帝国成为一个工商业经济发达的国家，境内拥有了大大小小的城市，其居民差不多占帝国总人口的1/4。首都君士坦丁堡已为百万居民的大都市。〔3〕这里停泊着来自世界各地的船只，成了“东西方之间的一座金桥”。〔4〕为适应复杂的社会经济关系，加之政治、宗教诸因素影响，查士丁尼空前立法，汇集千余年罗马法精华，成就了所谓《国法大全》。其中最有生命力者莫过于有关人之资格、物之种类、源于万民法的诸如买卖、租赁、合伙、寄存等几乎全部契约之债和对人、物进行保护的侵权行为之债的规定。〔5〕罗马法之所以能够成为民商法之滥觞，形成庞大的罗马法系，对后世产生深远影响，根本原因在于其“是简单商品生产即资本主义前的商品生产的完善的法，但是也包含着资本主义时期的大多数法律关系”。〔6〕在于“它对简单所有者的一切本质的法律关系（如买主和卖主、债权人和债务人、契约、债务等）”都作了“无比明确的规定”。〔7〕在于“罗马法中，凡是中世纪后期的市民阶级还在不自觉地追求的东西，都已经有了现成的了”。〔8〕在于它是“商品生产者社会的第一个世界性法律”，〔9〕是“纯粹私有制占统治的社会的生活条件和冲突的十分经典性的法律表现，以致一切后来的法律都不能对它做任何实质性的修改”。〔10〕在于其构建起了科学的民商法基本理论体系和人—法—正义—自由这样一条理路的

---

〔1〕梁慧星先生曾认为这些条文为民法条文。参见司法部法学教材编辑部编审，梁慧星：《民法总论》，法律出版社1996年版，第3页。对梁先生所称民法条文，笔者以为应当说是民商事法律条文。

〔2〕参见《外国法制史参考资料汇编》所载《汉谟拉比法典》，其具体统计分析见王明锁：《中国民商法体系哲学研究》，中国政法大学出版社2011年版，第107页。

〔3〕［美］汤普逊：《中世纪经济社会史》（上册），耿淡译，商务印书馆1961年版，第198页。

〔4〕《马克思恩格斯全集》（第9卷），人民出版社1961年版，第263页。

〔5〕参见［古罗马］查士丁尼：《法学总论——法学阶梯》，张企泰译，商务印书馆1989年版。

〔6〕《马克思恩格斯全集》（第36卷），人民出版社1974年版，第169页。

〔7〕《马克思恩格斯全集》（第21卷），人民出版社1965年版，第346页。

〔8〕《马克思恩格斯全集》（第21卷），人民出版社1965年版，第454页。

〔9〕《马克思恩格斯选集》（第4卷），人民出版社1972年版，第248页。

〔10〕《马克思恩格斯全集》（第21卷），人民出版社1965年版，第454页。

法文化精神，[1]还在于其法典结构体系的逻辑严谨性和立法技术上的先进性。

上述两部法典，从立法演进的角度看，《汉谟拉比法典》中85%的民商法内容成就了其民商法鼻祖的历史地位。罗马法理论中民商法内容的科学体系使其成了后世民商法无可撼动的直接渊源。[2]两者的相同之处无不以其赖以存在的比较普遍的商品经济生活条件为基础，并就其交换主体（人）、交换客体（物）和交换手段（各类契约），以及海上贸易的规则进行统一规定。这就揭示了为什么民商立法在发达国家比较发达。也就是说，作为近现代民商法直接渊源的罗马法从一开始就是以整个商品经济关系为基础的，是为调整商品经济这一人类社会不可逾越且似亘古不变的关系而产生的法律。

首先，从罗马法的内容构成看，罗马法包括公法和私法。私法包括三部分，即自然法、万民法和市民法。自然法乃自然界教给一切动物的法律。自然法产生男女的结合，并从而有子女及其教养。市民法乃每一个民族专为自身治理制定的法律，为这个国家所特有，如“家父”权力，时效婚、祭祀婚(共食婚)、买卖婚的婚姻方式，“曼兮帕蓄”“拟诉弃权”的交易方式等即为罗马市民法重要内容。[3]万民法乃出于自然理性而为全人类制定的法律，因而受到所有民族同样的尊重，[4]如协议婚姻、契约之债、遗嘱继承等。由此对罗马法内容进行分析，其市民法部分随经济交易的日益发展而逐渐衰亡，并自公元212年著名的《卡拉卡拉告示》把罗马公民权赋予一切异邦人后，市民法与万民法的区别已无实际意义[5]并为万民法所取代；其根据自然法，一切人都生而自由、物被区分为众所共有公有等类型规则，对后世影响甚大；“几乎全部契约，如买卖、租赁、合伙、寄存，可以实物偿还的借贷以及其他等，都起源于万民法”。[6]而在后世民商立法中，最具普遍性和最具

---

[1] 参见张中秋“中华法系与罗马法的原理及其哲学比较——以《唐律疏议》与《法学阶梯》为对象的探索”，载［意］S. 斯奇巴尼、朱勇主编：《罗马法、中国法与民法法典化（文选）——从古代罗马法、中华法系到现代法：历史与现实的对话》，中国政法大学出版社2011年版。

[2] 观罗马法律，《十二铜表法》内容混杂，程序在先，实体在后；《法学阶梯》则内容明晰，实体在先，程序殿后。

[3] 这些都为罗马市民法所特有，都随社会发展而衰落消亡。参见黄风：《罗马法》（第2版），中国人民大学出版社2014年版；曲可伸：《罗马法原理》，南开大学出版社1988年版。

[4] 参见［古罗马］查士丁尼：《法学总论——法学阶梯》，张企泰译，商务印书馆1989年版。

[5] ［意］朱塞佩·格罗索：《罗马法史》，黄风译，中国政法大学出版社1994年版，第417页。

[6] 买卖、租赁、寄存、合伙等契约，无不是对商品的直接交易或者与商品的生产和交易有关，从性质上是对商品关系的立法，基因上体现着商品的特质。［古罗马］查士丁尼：《法学总论——法学阶梯》，张企泰译，商务印书馆1989年版，第7页。

生命力的，无疑是其自然法和万民法部分。

其次，从罗马法的适用范围看，查士丁尼说："我们所适用的全部法律，或是关于人的法律，或是关于物的法律，或是关于诉讼的法律。"〔1〕关于人的法律，罗马法规定的主要是自由人、家长、婚姻、收养、监护、保佐，并出现了团体之类的主体。关于物的法律，则包括物、所有权、继承、契约之债和侵权行为之债。关于诉讼的法律，包括了起诉、诉讼担保、抗辩、答辩、命令、审判和公诉。可见，在罗马法中，有关人的规定，实际上是对商品经济生活主体及其资格的规定；有关物的规定，实际上包括现代民法中的权利客体、物权、继承及债的制度（交换的客体对象和手段方法）。〔2〕至于诉讼的规定，则演进分离出了专门的诉讼法。

最后，在罗马法的称谓上，查士丁尼时期并没有把当时编纂的法典称为"民法典"，也没有把罗马法称为民法、更没有将其定性为市民法。而是称《查士丁尼法典》《学说汇纂》《法学总论》及《新律》。〔3〕只是到了资本主义初期，为了资本主义商品经济的发展，资产阶级所孜孜以求的东西，在罗马法那里都已经有了现成的了。由此，罗马法备受关注并且复兴，研究者们遂将《查士丁尼法典》《学说汇纂》《法学总论》和《新律》合称为查士丁尼《国法大全》，又曰《民法大全》。称之为《国法大全》，是非常恰当的，因为其内容范围是与其全部的社会经济生活条件相适应的。而称之为《民法大全》本来也无不妥，因为罗马法本来就包含着"市民法"和"万民法"。其中可以说市民法是衰亡之法，万民法是永生之法。但问题在于现今学界通说多把"民法"狭隘地解释成"市民法"，〔4〕切断了民法本来与万民法以及自然法的天然联系；而罗马法中真正有生命力的和对后世民法有影响渗透力的是万民法和自然法，而不是市民法。可见，将民法的内容渊源仅限于罗马法的"市民法"，将民法译为"Civil Law"，且把"Civil"译释为"市民"，应当说是片面和错误的。请君翻开任何一部英文词典，在"Civil"的词条中，本有"平民的、人类社会的、万民的、市民的、民事的、民用的以及文明、文明的"等多种含义，但不知为何却偏偏仅取"市民"一义？慎重考酌，对"Civil"

〔1〕［古罗马］查士丁尼：《法学总论——法学阶梯》，张企泰译，商务印书馆1989年版，第11页。

〔2〕现在民商法理论中，有人认为婚姻家庭法和继承法是纯粹的民事法律，与以商品关系为适用对象的商法毫无关系。此种观点，无论从主体还是客体方面，都是很需要商榷的。

〔3〕王明锁："查士丁尼与《民法大全》的编纂"，载《河南大学学报（社会科学版）》1998年第1期。

〔4〕参见魏振瀛主编：《民法》（第4版），北京大学出版社、高等教育出版社2010年版，第2页。

或民的解释，正确的理解或解释应当是人，是民，是民商事主体。[1]罗马法时代，基本上是自然人；至近现代，随商品经济发展，法人渐居重要地位，其种类增加，形式亦趋多样。因此，当今中国民商事立法，内容上应当重在继承罗马法基于商品经济关系所制定的“万民法”和“自然法”基因，形式上应当注意包含其民（人）与商（物）两个方面的丰富意蕴。

由上可以得出的基本结论是：罗马法中的市民法因其古板形式不合商品经济规律需求而已枯败衰亡；自然法理念和万民法规范则因反映人类本性及商品经济规律并随商品经济发展而永恒昌荣。

第三节 《法国民法典》与《德国民法典》——内容与形式上被分解为二

商品经济为民商立法之土壤，民商立法始终以商品经济为基础。法国大革命后，拿破仑于1804年颁布《民法典》。其以罗马法为基础，与新的商品经济关系相适应，规定资本主义商品经济条件下的市场主体——人的资格类型和地位等；为维护其财产权利，着力规定主体所享有的各种财产权利及其取得财产的各种方法，其中占重要地位者是以买卖关系为核心起点的各种契约的规定。[2]其内容科学丰富、精细实用；形式上体系合理、逻辑严谨、用语清新、简明通俗，不仅成了“典型的资产阶级社会的法典”[3]，而且“成为世界各地编纂法典时当作基础来使用的法典”。[4]虽过二百余载，仍恢宏屹立，风采依旧。

刚取得胜利的拿破仑，由于担心封建势力利用罗马法中已具雏形的团体进行复辟，因而在商品主体方面于民法典中未敢直面和规定法人团体制度。但商品经济关系发达，并在一些领域已有既定规则，故为照顾和维护商人阶层的特殊利益，便将已经存在的陆上商事条例和海上条例进行归并整理，形成《商法典》。这样一来，从性质、内容上看，商品经济关系的基本理论规则放在了《民法典》，而商品经济关系特定领域的规范则放在了《商法典》；从形式上看，商

〔1〕参见王明锁：“论中国民商立法及其模式选择”，载《法律科学（西北政法大学学报）》1999年第5期。

〔2〕参见《法国民法典》，马育民译，北京大学出版社1982年版。

〔3〕《马克思恩格斯选集》（第4卷），人民出版社1972年版，第248页。

〔4〕《马克思恩格斯选集》（第4卷），人民出版社1972年版，第484页。

品经济关系的基本理论规则被称为民法，而商品经济关系的特别规则被称为商法。由此，也使商品经济关系基本法在称谓形式与实际内容上发生了错位现象，也使罗马法中本来民商一起的规定被一分为二，有了所谓的民商分立立法模式。

民商分立及其名称与内容的错位，虽然未使民法典地位有所撼动，但却影响着商法典的前途命运。因为拿破仑将商人、破产、海上贸易和商事法院审判程序都归入商法典，明显违背其将程序法与实体法分开的科学规则，也违背将商品经济关系主体、客体和交易规则进行统一规定的理念，对商人利益进行特殊规定和适用特殊司法程序，也违背了商品经济平等保护的本质要求；就股份公司方面的规定，也仅有 13 个条文。但由于商品经济关系的发展，对商法典的补充修改遂成难题，以致无法像对民法典那样在原来基础上修订，而不得不以诸多单行法形式既对商法典进行补充，又对现实商品关系予以专项调整。如此便出现了 1867 年《商事公司法》、1885 年《期货法》、1919 年《商业登记法》、1925 年《有限责任公司法》、1966 年《公司法》等。这样，1807 年《商法典》648 个条文最终只剩下不到 150 个条文，并且这 100 多个条文也没有多少保存着初始的内容风貌。到法国达罗慈出版社出版《法国商法典》2000 年版本时，其第一部分为《法国商法典》本身，基本保持原版体例；第二部分则是法国商事法律的重要组成部分，其收入法律条文甚多，实际上已成商事法律的汇编，或者说原本意义上的《法国商法典》基本上已被沦为一个空壳。

德国与法国一样直接承袭了罗马查士丁尼立法的基因〔1〕。1896 年《德国民法典》为总则、债、物权、亲属和继承 5 编。〔2〕其最大特点是构建了包括市场主体（自然人、法人）、客体（物）及法律行为的总则制度。1897 年《德国商法典》第一编包括商人、商业登记、商号、商业账簿、经理权、商业辅助人、学徒、商代理、商事居间人等；第二编为公司与隐名合伙，包括无限公司、两合公司；第三编为商业账簿，有对所有商人的规定，对合资公司和金融机构的补充规定；第四编为商行为，包括一般规定、商业买卖、行纪营业、货运营业、运输代理营业、仓库营业；第五编为海商。可以看出，基于资本主义商品经济关系新的发展，《德国商法典》要比《法国商法典》的内容丰富得多。一方面，除了生产者与消费者之间的商品流转外，工业、手工业、

〔1〕 参见王明锁："查士丁尼《民法大全》的历史影响"，载《史学月刊》1993 年第 4 期。

〔2〕《德国民法典》（修订本），郑冲、贾红梅译，法律出版社 2001 年版。《德国民法典》与《法国民法典》在性质、内容上并无区别，只是在《法国民法典》小总则和三卷的结构基础上改造成了五编制结构体系。详细分析可参见王明锁："论罗马法体系的沿革与中国民法的法典化"，载《法律科学（西北政法大学学报）》1995 年第 5 期。

采掘业等法律关系全部都被包括在内，以致该法典名称中的“商”字已不能彰显该法典的全部内容。另一方面，《德国商法典》本想包括一切，但实际上又容纳不了。如该法典形式上包括海商，总共905条，但实际上从海商第476条开始至第905条，又被另行刊载，从该法典中独立了出来。同时，在民法典人的制度之外于商法典另定商人，在民法典法律行为之外再定商业行为，既有叠床架屋之感和违背商品经济平等之嫌，也有形式名称与性质内容上的错位现象。

第四节 《瑞士民法典》与《意大利民法典》——实质内容统一表达形式或缺

20世纪初，资本主义商品经济进一步繁荣发展，平等观念广泛拓展和普遍深入。至瑞士立法，先定民法典为人法、亲属、继承、物权4编，后将1881年公布的包括合同、公司、商事登记、商业账簿、有价证券在内的债法修订后并入民法典同时实施。如此，《瑞士民法典》的内容与商品经济关系范围趋于一致。商品关系中的人与人格制度受到重视，并被作为首编。其亲属、继承紧跟其后，表明与人法密切。就合同、公司、商事登记、商业账簿、有价证券，纳入民法，完全从商品经济关系着眼，更合逻辑。因为公司实为主体之延展；有价证券乃物或财产之变形；商事登记与人口婚姻登记、房产登记之类并无性质区别，乃国家掌控社会信息之手段；商业账簿也实为政府征税依据之必要，远非商人特殊时代为商人个人之私情隐事。故将这些内容放入民法典理所当然。在形式上，如果将公司组织与行为的规定直接放入法人，将有价证券随物而行，虽然符合逻辑，但会使相关部分臃肿突出。但为避免弊端而将其与合同、商事登记等并列一起，却又使主体、行为、物、登记等制度属性混杂，当为其不足。

《意大利民法典》在内容上秉承罗马法传统，以统一的商品经济生活为规范对象，将法典定为6编，包括人与家庭、继承、所有权、债、劳动（含职业、企业劳动、公司、合作社、参股、企业、智力作品权和工业发明权）、权利的保护。[1]该法典从1942年颁行到2004年修订并无大的变动。与《瑞士民法典》相比，其显著特点：一是将人和家庭作为一编，完全秉承了罗马法和《法国民法典》的做法；二是使继承编紧随其后，而先于所有权，此与《瑞士民法典》相同；三是将劳动单独作为一编，而将公司、企业、合作社、知识产权都囊括在内，有庞杂零乱之缺憾；四是将对权利的保护单独为编，

---

〔1〕 参见《意大利民法典（2004年）》，费安玲等译，中国政法大学出版社2004年版。

内容为财产登记、证据、财产担保方法、权利司法救济、消灭时效制度等，除有庞杂之感外，还有程序与实体混合之嫌。

《瑞士民法典》和《意大利民法典》注重了在内容上与商品经济关系保持一致，实现了法国、德国商法典内容向民法典的回归，但却忽略了将商法典的形式名称向民法典的合并，[1]有名不副实之瑕。同时，其内容上的庞杂和形式上的逻辑缺陷也成了日后诸多民商分立主张者的重要理由，[2]即一部民法典怎能装得下如此丰富多彩的市场经济生活内容呢？人类的智慧是不断进步的，办法总比困难多。这两个问题分别是泰国和中国民商立法自觉不自觉地加以解决的。

第五节　《泰国民商法典》——实质内容统一繁集、表达形式名副其实

泰国民商立法，在内容范围上同于《瑞士民法典》《意大利民法典》，而在名称上创新发展，直曰为“民商法典”。从中国传统对内容与形式即“名”与“实”的关系看，两者应当相符一致。孔夫子说：“名不正，则言不顺。”[3]在当今传统民商合一理论中，所谓民商合一，乃主张只有民法典，而将公司法、票据法等单行商事法律视为民法之特别法。既然承认商事单行法，那商事基本法何在；为什么要将商事单行法视为民法的特别法呢？故此成了诸多商法理论

---

[1] 笔者曾比喻民法典与商法典的关系就像现实中的两个单位，本来为一个单位时，叫什么名称只要习惯了也无所谓，但一旦分开，特别是经过各自发展形成特色或者两个单位本就势均力敌时，你要让其合在一起，就往往不只是内容实质方面的合并，还会有形式名称上的问题。如中南政法学院与湖北财经学院合并就成了中南财经政法大学；河南财经学院和河南省政法干部管理学院合并就形成了河南财经政法大学。是为成功范例。而西南政法大学拒绝重庆大学的合并，就在于其实力雄厚、特色鲜明，且形式上难以兼容表达。此为难合之范例。

[2] 参见石少侠：“我国应实行实质商法主义的民商分立——兼论我国的商事立法模式”，载《法制与社会发展》2003年第5期。

[3] 孔子曰：“名不正，则言不顺；言不顺，则事不成；事不成，则礼乐不兴，礼乐不兴，则刑罚不中；刑罚不中，则民无所措手足。”见《论语·子路篇》。读此，感慨良多！我国民法典制定当今已属五次起草；民商法制度不兴，则刑罚不中。对此进行最好诠释的是最新典型事例即内蒙古农民王某军农闲时收购农民玉米卖给国家粮库被判刑，于2017年2月17日再审改判无罪。二审改无罪，对；一审判有罪，也对。民手足有措乎？所以子路问孔子：如果卫君等待先生去主持政事，您准备从什么做起呢？孔子回答说：首先必须是纠正名分上的用词不当呀！子路又问：这个名为什么去正呢？孔子便回答了上述正名的重要性。但是如何才能做到名正呢？孔子在前面并没有说“实不明则名不正”。参见《毛泽东书信选集》，人民出版社1984年版，第144页。因此，要做到名正，首先还要做到名实。这也方为实事求是矣。

中的一种隐痛。[1]造成这种状况的原因就在于“言不顺”。而对此言不顺问题之解决，正是泰国民商立法之贡献。泰国1923年进行民商立法，其内容包含总则、债权法、合同分则、物权法、家庭、遗产6编，其合同分则中包括保险、票据、股份与公司等所谓商法的传统内容，即在实质内容上与《瑞士民法典》《意大利民法典》相同，但在形式名称上，不再只称民法典，而是称《泰国民商法典》，创立了形式与内容相一致的民商合一新模式，其胆量与智慧当醒目细看。其最大特点在于名称与实际内容相符，实际内容与商品经济生活条件一致。因此是一种名实相符、内容庞杂繁集的真正的民商合一模式。在此情形下，随社会生活发展，再遇商事单行法公布，将其称为民商特别法时，则自然是名正言顺。

从民商立法模式的历史演进看，《泰国民商法典》的称谓应当说是对《汉谟拉比法典》和罗马法关于商品经济生活条件下的内容的完全抽象和概括，是对商品经济关系中的主体、客体和交换手段诸多要素基因的全部继承，也是对瑞士、意大利民商合一模式中实质内容的延续。但就《瑞士民法典》《意大利民法典》及《泰国民商法典》的内容看，尽管立法者都在一部法典中对市场经济生活条件进行了完全的概括，从形式上来看，也并非像民商分立者所说的那样根本不可能。[2]但从民商事实际内容方面看，由于市场经济生活的丰富复杂，事实上也确实很难概括得十分周全妥当与协调。如《法国民法典》《德国商法典》中的公司、票据、证券等，虽然都被《瑞士民法典》《意大利民法典》或《泰国民商法典》进行了概括，但海商法却始终没有被整体包容进去。原因在于海商法的内容是与民商法中的公司、所有权、债的担保、财产租赁、货物运输、财产保险、侵权赔偿等制度相联系的，其条文规则数量很多，如果也将其囊入统一的一部法典中，既会使相互间的内容较多重复，也会使法典条文大量增加。即使德国商法典名义上把海商法包括在内，但实际上海商法仍是独立而行；[3]再如专门的保险制度也具有同样之特性。故海商法之类成为民商法这一氏族

---

[1] 参见赵旭东：“民法典的编纂与商事立法”，载《中国法学》2016年第4期。

[2] 如在民法典编纂中，有的主张将知识产权法定入民法典，有的则认为没有必要和不可能。如果对民商立法内容发展进行考察，不是不必要；如果就意大利、泰国民商立法形式来看，也不是不可能。而缺少的应当说主要是眼界胆略和智慧方法以及欲达目标之高远。

[3] 《德国商法典》总条文为905条，但海商法一编的条文即为430条，与前四编的条文475条几乎相等，以致达到于商法典之外另行刊载的程度。在《法国商法典》中，海商法的篇幅也占主要部分，以致认为《法国商法典》的陆商部分非常薄弱，如果除去后来不被认为是商法部分的破产与商事法院及其诉讼程序后，《法国商法典》几乎可以说就是法国的海商法。在我国的商法教材中，往往也没有把海商法包括进来。参见司法部法学教材编辑部编审，李永军主编：《商法学》(第2版)，中国政法大学出版社2007年版；赵旭东主编：《商法学》，高等教育出版社2009年版。

宗亲中一个相对独立的分支家庭应该是更具合理性和适用性的。

既然没有必要和可能在事实上将所有调整市场经济生活关系的规则统统包括在一部统一的法典中，并使其具有相当严谨的逻辑性、内容上的和谐性与形式上的简明性，既然允许海商法之类的商事单行法律在民商法这个氏族宗亲之外单独以一个小型家庭的形式存在，那么有没有类似海商法那样的制度规则，与民商法典虽然同宗同源，但因其情况复杂或特性明显而也有必要或可以成为一个相对独立的小家庭呢？

第六节　中国近代民商立法——实质内容主次分明、名称形式表达不全

对上述问题的解决方案，不仅存在，而且必要和可行。而使这种合理设想成为现实者，当为中国民商立法之新创造！中国清末变法，始聘日人帮助立法，曾模仿照搬德日民商分立模式。后至南京国民党政府，考察民商立法发展大势，遂改采瑞士民商合一主张。只制定民法典，不制定商法典。尽管有学者认为 1929 年民法典选择民商合一体例并不完全是学理上论证充分的结果，[1]但却走出了一种新的民商合一体例，即对《瑞士民法典》《意大利民法典》内容庞杂繁集的问题予以了改进和解决——民法典只包括总则、物权、债、亲属、继承 5 编，以此为民商法之基本制度。[2]于民法典之外，不仅允许海商法为单行法，且允许公司法、票据法、证券法等也以单行法形式存在。

此种新模式的突出特点在于：其一，与商品经济关系相适应的民法典这样一个大家庭依然存在。其二，不允许法国、德国那样使有关商法的规范独立成商法典与民法典，在形式和观念上平起平坐。其三，使《瑞士民法典》《意大利民法典》和《泰国民商法典》适当“减肥瘦身”，不致过分臃肿。其四，有利于基本法典的科学性和稳定性，同时也更有利于单行法对商品经济关系复杂多变的适应性。[3]如同家庭关系一样，多了几个小家庭，有大家庭根

〔1〕 参见聂卫锋：“中国民商立法体例历史考——从晚清到民国的立法政策与学说争论”，载《政法论坛》2014 年第 1 期。

〔2〕 正如有学者所言：物权、债权从来就是商法的基本法，是民商共同适用的法。参见朱广新：“民法典编纂可吸收商事一般规则”，载《检察日报》2017 年 2 月 15 日。

〔3〕 王利明教授认为：“民法典既要保持体系的稳定性，又要为民法典适应不断发展变化的社会关系留下足够的空间，保持体系的开放性。” 参见王利明：“60 年来中国民事立法的成就与展望”，载［意］S. 斯奇巴尼、朱勇主编：《罗马法、中国法与民法法典化——从古代罗马法、中华法系到现代法：历史与现实的对话》，中国政法大学出版社 2011 年版，第 3 页。

源，有小家庭存在；既有原则稳定性，也有方便灵活性。[1]但这种民商合一新模式的明显不足之处在于，仍然同瑞士、意大利一样使用民法典的称谓，而没有像泰国那样使用“民商法典”的名称，即在当时世界民商立法理念趋势与法典编纂技术上与泰国民商法典相比，对法典内容的协调处理进了一步，但在法典名称的称谓上却退了一步，也即解决了法典内容方面庞杂繁集和臃肿之弊，但依然存在着《瑞士民法典》《意大利民法典》在形式上的名实不符之病。造成此状况之原因，应当说是过多看重了当时《德国民法典》《日本民法典》及《瑞士民法典》，而忽视对泰国民商立法进行考察。

第七节　美国民商立法——内容重在商事、名称过犹不及

就民商立法研究，不能不对与罗马或大陆法系全然不同的另一个法律体系给予适当的关注。英美法系中，虽然不像罗马法系那样具有传统的民法典，但其照样曾受惠于罗马法的滋养和影响。正像马克思和恩格斯在谈到罗马法对英国法律的影响时所指出的那样：“即使在英国，为了私法（特别是其中关于动产的那一部分）的进一步发展，也不得不参照罗马法的诸原则。”[2]英国对罗马法的接受是通过吸收罗马法的某些原则和思想实质并将其逐渐渗入到英国法的概念体系之中实现的。詹克斯在其所著《英国法律简史》中说：“罗马法在英国的影响是秘密的和非法的。”[3]恩格斯也曾引用一位法国人的话说：“你们写下伦敦，而读出来的却是君士坦丁堡。”[4]美国于法律方面历史性地承接了英国的法律传统，同时对罗马法的精神也受惠颇多。美国学者莫里斯曾经确切地指出：“近125年间在美国所制定的一切良好的法律——并且也有许多简陋的法律——大都是从废除封建时代的规则和陋俗而恢复到罗马法的原则，有时甚至还回到罗马法的字句上面去。”[5]在美国的法律中，既有英国法律的传统，也有罗马法之精神，更有美国随商品经济的繁荣而作出的独特发展。美国作为近现代商品经济发达的国家，其民商立法虽然仍遵循着

---

〔1〕如果顺便将这种思路境界延展一下，就又与我国的“一国两制”多法域的理论和现实相吻合了。

〔2〕《马克思恩格斯全集》（第3卷），人民出版社1972年版，第71页。

〔3〕［英］詹克斯：《英国法律简史》，1928年英文版，第20页。

〔4〕《马克思恩格斯全集》（第22卷），人民出版社1965年版，第353页。

〔5〕［美］莫里斯：《法律发达史》，王学文译，姚秀兰、蒋辰、王鹏飞点校，商务印书馆1939年版，第241页。

判例法的传统，但于商品经济关系方面，则径直规定为《美国统一商法典》是为最显著特色。《美国统一商法典》一改法国、德国大陆法系的商法典面貌，完全从实用主义和行为主义出发，包括9篇，分别是：总则，买卖、租赁，流通票据，银行存款收款、资金转让，信用证，大宗买卖，仓单、提单及其他所有权凭证，投资证券，担保交易。其所定内容具体、实际，有什么规定什么、出现什么规定什么、需要什么规定什么。如每篇首先都有对所用概念含义进行解释界定的规定。如第2篇就详细规定了合同、协议、买卖、现货、订立合同的要约、承诺、电子合同、合同解释、履约、交付、违约、毁约、免责、替代旅行、催告、选择权等；第2篇本为买卖但紧接着又规定2a为租赁；第3篇的流通票据则规定了出票、利息、流通、背书、抗辩、签名、提示、拒付、付款等，完全是票据法的内容；第6篇为大宗的买卖；第9篇为担保交易。第3篇的流通证券，第7篇的仓单、提单等凭证与第8篇的投资证券，要在大陆法系的概念中，则都会被列为证券一类。

可以说，《美国统一商法典》真正是从商的意义出发，来规范商品经济关系的，并且紧紧追随着社会的经济生活实际，这是由其自身的法律体系决定的。若从罗马法概念或大陆法体系的角度看，它并没有规定商品经济关系主体的一般资格，见商不见人、见物不见人、见钱不见人、见行为不见主体。即舍去了大陆法系中民的部分，缺少了市场经济关系中人的要素。而事实上，任何的商品都离不开人，离不开民。“民为商之根本，商为民之生命”，〔1〕民、人（自然人、法人等民商事主体）是商品的生产者、消费者、支配者、转让者、分配者等，民与商须臾不可分。如果没有民的存在，商就失去了依归；如果没有商的存在、发展和满足，人也难以由弱变强，甚至会自身难保。人与物或民与商的关系，真乃是人物难分舍、物人两相依。于形式上，放眼世间，除了人和商品、人与物之外，再也没有别的什么东西了。但是，在法律上，任何对商品经济关系的规范，本质上都是对人的行为的规范。因此，可以说，在对作为商品经济关系基本法的法典的名称表达上，只有民而无商者，应谓之不及；只有商而无民者，应谓之过，而过犹不及。如此，唯民商一起才更为科学合理和妥帖真切。

〔1〕参见王明锁：“论中国民商立法及其模式选择”，载《法律科学（西北政法大学学报）》1999年第5期。

第八节 中国民商法典编纂的新模式

法学理论中，长期使用民法和商法两个概念，同时受民商分立观念影响，人们通常忘却了民法与商品经济的天然联系。商品或市场经济条件下的民事立法本质上都是对民事商事行为的统一规范，但民法对商品经济进行规范却似乎有了一种莫名的越俎代庖之感。在中国现今所谓民商合一的《民法总则》中，即难以见到对商或商人、商事、商行为诸类范畴的直接表达，对商事关系的调整实际上仍采取一种错位和隐晦的方式，将之包含在民事权利能力、民事行为能力、民事法律行为、民事代理等范畴之内，而不愿或不敢对商进行直接表明。学术界和立法机关几乎都一边倒地偏向于这种“民商合一”的立场。〔1〕此外，一些独立的“小家庭”却也似乎忘却了原来的民族宗亲，自以为本是天然独支。这导致在我国传统民商合一体系下，也一直存在着所谓的商法典、商事通则等直接的民商分立或者变相民商分立的现象。就是在现在似乎已经定局定论的民商合一体系中，学者们也仍然在有意无意地区分着民事和商事两种不同的关系，认为“随市场经济的建立与完善，曾经的乡土中国很大程度上走向了商土中国，契约大为增加；资本大量下乡，农村社会关系被商化。传统民法典依存的以农业为主的社会基础已经不复存在，至少在交易领域，民法典调整的交易原型多半不再是两个民事主体之间的交易，而是至少有一方是商事主体的交易。此时民法典应如何区隔民事关系和商事关系就成为重大问题和疑难问题”。〔2〕由此可见，在中国的民商立法中，民法和商法的关系依然是一个绕不开、剪不断、理还乱的问题。而解决这一问题最有效的办法，应当是为民法典明实和正名。

（一）法典内容本质上应当明实为市场经济

首先，明确民法典与市场经济的关系，要克服对民法性质内容上的偏见。我国学界不少人认为“传统民法典依存的是以农业为主的社会基础”，〔3〕“只

〔1〕 张谷：“从民商关系角度谈《民法总则》的理解与适用”，载《中国应用法学》2017年第4期。

〔2〕 谢鸿飞：“民法典编纂的法治意义”，载《法学学术前沿》2017年8月29日。

〔3〕 谢鸿飞：“民法典编纂的法治意义”，载《法学学术前沿》2017年8月29日。其中认为民法典的基础是农业为主的社会基础的观点是错误的。因为中国长期是农业为主的社会基础，中国才没有民法典；以罗马法为代表的民法科学，之所以产生于发达国家，是因为其社会基础是发达的商品经济。中国现在进入商品经济社会，故才有民法典编纂之举。这足以说明民法与市场经济的天然联系，民法典的基础应当是商品经济。

有婚姻、继承才是纯粹的民法”，〔1〕仍然把民法意蕴限定于罗马法中市民法的狭隘范围，把民法主要理解为传统温情的家庭规则及一生两遇的继承制度。〔2〕如此似是刻舟求剑。延安时期，毛泽东已经关注到工业的发展和家庭的萎缩，指出“走出家庭”与“巩固家庭”的两重政策。〔3〕因为传统家庭是和自然的农业经济相适应的，而不可抗拒的工业经济、商品经济对传统家庭早已起着极大的冲击隔离或分解作用。吃喝穿住、婚丧嫁娶、生老病死，无不是在逐步地市场商品化和社会协作化。当今“加强市场法律制度建设，编纂民法典”的任务被写于党中央重要文件，为中国民法典的编纂提供了极为重要的政治支持，更是指明了民法典的基础和目标任务。中国的民商法学人当以宽宏的专业视野和严谨的逻辑思维深刻认识民法典的市场经济基础，并以此进行理论创新，克服对传统民法的偏见，努力提升中国民法典的层次水平。正如恩格斯所说：“如果说民法准则只是以法律形式表现了社会的经济生活条件，那么这种准则就可以依情况的不同而把这些条件有时表现得好，有时表现得坏。”〔4〕民法典将是一座恢宏建筑，而建构这样的建筑物，必须要有科学的态度、精准的方案和切实可行的措施。这样一座恢宏建筑能否具有强久生命力，能否成为建筑史上的杰作，乃是对建筑设计者和工匠们的水平的考验。其中必须有航天精神和工匠态度，也必须有伯乐慧眼和马良神笔，更要有对其基础实质和灵魂神气（即市场经济）始终抱有清晰的认识。

其次，应当在立法根据或立法目的方面明确法典以市场经济为基础。自《汉谟拉比法典》和罗马法到现代，民法无不以商品经济为基础，与市场经济同命运。我国法律从近代已步入以商品经济为基础的罗马法系，自21世纪初业已建立起了中国特色社会主义法律体系。当今中国经济又以浩荡之势汇入世界市场之汪洋。为强国富民，实现中华民族伟大复兴的中国梦，中国共产党推进全面依法治国战略，明确提出加强市场法律制度建设，编纂民法典，不仅吹响了编纂中国特色社会主义民法典的嘹亮号角，还指明了民法典编纂的基础、路线和方向。因此，在中国特色社会主义民法典中，完全应当体现其时代特征，于开编条文中明确“本法以市场经济为基础”。如此，法典方有

〔1〕朱广新：“民法典编纂可吸收商事一般规则”，载《检察日报》2017年2月15日。

〔2〕在现代社会，每个人每天都和市场经济密切联系，适用着契约或合同规则。但一个人一生当中都只会当一次被继承人，在通常情况下也只会充当两次继承人。由此可见主要与市场经济相联系的债的制度和主要与家庭及个人所有权相联系的继承制度两者地位之高下，言之天壤之别不应为过。

〔3〕《毛泽东书信选集》，人民出版社1984年版，第237~239页。

〔4〕《马克思恩格斯选集》（第4卷），人民出版社1972年版，第248~249页。

明确的目标和方向，其内容也才会更有凝聚力和逻辑性，所定规则将更有问题意识和针对性，从而为市场经济的稳定发展提供切实有效的服务。

最后，在立法逻辑和技术上应当依次明确市场经济的基本要素。构成市场经济的基本要素分别为人（主体）、商品（客体）、权利（主体对客体的利益属性）、行为（主体取得权利和实现权利的方式）、责任以及责任时效（对主体权利的保护）。其具体的逻辑体系和方法措施是：

第一，在市场主体即人的方面，应当系统规定市场主体的资格和类型，即自然人、法人、非法人企业、国家。[1]如果从市场经济的角度着眼，许多争议的问题将不再成为问题，比如从孩子受父母指派到店里打酱油便认为6周岁即有限制行为能力，将显得幼稚和脱离实际。以是否营利为目的来对法人分类，似乎远不如区分为企业法人和非企业法人更显科学。因为在市场经济条件下，只存在营利多少的问题，如民办学校若选择非营利型法人几乎等同于破产；若选择营利性型法人，其目标价值将可能被扭曲。[2]故此，在市场经济条件下，以营利非营利对法人进行区分，既不符合市场经济规律实际，也会把营利性法人引导到只为营利而不顾其他或丧失社会责任之境地。

第二，应当明确市场经济的客体即商品或物的要素。在市场上，除了人就是商品。商品可以包括通常的实物和票证物，也可以包括知识产品，甚至是劳动力或人身利益。商品要进入市场，必须要有种类范围并符合一定的条件。因此，在法典中，应当对客体进行规定。否则，将是见人不见物，不符合市场实际。

第三，应当明确市场主体的权利。市场上须有安全和秩序，其安全秩序的前提乃是主体对客体具有归属性的支配权。市场主体的权利，在市场主体的权利体系中依次是人身权、物权和知识产权。这是其支配性或静态性的权利。当主体要对其客体进行交换时，则需要债权作为交换的桥梁或手段，使客体在主体间进行流通转换，以使商品交易完成。在市场主体的人身权利中，作为主体的自然人，须有人格尊严、身体自由及其栖息繁衍之处，即婚姻家庭的存在。在主体对客体的支配关系转换中，因自然人死亡而转换为现实生

---

〔1〕 在主体的规定方面，尚有诸多争议。如有人认为国家不是民事主体。对此值得商榷是：如果国家不是民商主体，国家所有权将无所依附，国家责任、国家赔偿、国家公债、国有企业、国有股票、国有资产、人身环境等问题将难以理解，如食品医药环境等诸多普遍性问题，不从国家的角度着眼也将难以解决而成为空谈。

〔2〕《民法总则》通过后，结合相关规定，民办大学总结认为，自己若选择非营利性法人，即为“等死”；若选择营利性法人，则为“找死”。

存者对客体继续支配利用，则要有对财产的继承制度。

第四，应当规定民商行为制度。在物的生产交换消费等过程中，主体所进行的契约签订，对客体的控占利用、收益处分，对相对人的请求抗辩，交付履行，对义务的违反、对权利的侵害，甚至对责任的承担，无不是民商行为的具体表现类型。〔1〕正是通过对此些行为的具体规范，才有所谓的民商事法律行为规范，并由此成就了民商法。因此对这些行为应当明确地予以规定和完善。

第五，应当明确市场主体的法律责任。这种责任是对民商主体权利的保护，也是对主体义务的约束。违反义务，便是对权利的侵害，属于违反法律的行为，包括侵权（人身权、物权、知识产权以及继承权）行为和违约行为（为对债权的保护）。《民法总则》对《民法通则》的这一制度进行了延续，民事责任制度应当得到进一步完善。

第六，应当明确责任的时效制度。当权利受到侵害后，受害人应当在法律规定的期限内要求保护，也即对责任人责任的追究不是没有期限限制的。刑法中尚有追诉时效问题。请求侵权人承担责任的请求权如果超过法定期限即会丧失强制性的保护机会。在民法典制定过程中，有人认为《民法通则》中规定的2年期限太短，主张改成5年或3年。理由是某金融机构未主张权利而损失了巨大利益。问题是为什么别的债权人没有受损？如今经济发展，交易频繁快速，通信交通便捷，技术手段先进，比《民法通则》制定时不知进步了多少倍，反而改成3年，且时效中本就有中断制度，于时效期限内，债权人一个电话信息、一个微信邮件即可使已经进行的时效期间归于无效而重新开始计算。难道说债权人向债务人提出这样一个要求还款的请求，2年时间还不够用？如果真的没有提出，那定有故意弃权之隐情，或者不懂法。

总之，如果明确法典内容以市场经济为基础，许多问题争分都会因此变得简单明了。否则，对《民法总则》的争议评价、赞誉批评、理念角度就不会趋于一致。〔2〕

（二）法典名称形式上表达为民商法典

编纂中国特色社会主义民法典，既然主张民商合一，包含着商事的内容和规范，那么就应当将法典正名为民商法典，并且其早有扎实的理论基础和现实根据。

---

〔1〕参见王明锁：“民事法律行为类型化的创新与完善”，载《北方法学》2016年第4期。

〔2〕邹海林：“民法总则有哪些创新？”，载《社科院专刊》2017年9月22日。

第一，民商并称，与我国民族文化传统完全契合。在中国历史上，民是指平民百姓，不当官的人。商是指商品经营、交易流通，含行商坐贾之说。中国当代，民为公民、民众，自然人，市场主体。商为商品及在商品基础上所产生的一切经营性活动。所进行的商品生产、商品交换、商场商业、商务商会等无不与商品的生产交换相关。民商并论很容易被百姓理解为全民经商、人民经商，发展商品经济，与现在全面深化改革开放、“一带一路”建设、发展市场经济不谋而合，既有底气、地气又有现代新时代气息，得以完全扎根于中国市场经济的肥壤沃土。

第二，民商并称，在法学理论上早成普遍现象。中国人民大学复印资料中心的民法早被改称为《民商法学》。梁慧星主编的国家九五规划教材叫“民商法”系列；梁慧星主编、由法律出版社出版的丛书叫作《民商法论丛》。各大学法学院系的民法教研室，不约而同地改成了民商法教研室；著名的政法大学都有专门的民商法学院；许多省市法学研究会中都有民商法学研究会。中央文件决议中也称“民商”法律。中国共产党第十四届中央委员会第三次全体会议《关于建立社会主义市场经济体制若干问题的决议》提出要“进一步完善民商法律”。中国共产党第十四届中央委员会第三次全体会议也是说加强市场法律制度建设，编纂民法典。但这样的民法典一定是以市场经济为基础和对象的，其性质是调整商品经济关系的法律，而绝不是婚姻、继承和侵权损害意义上的民法典。全国人大会关于《民法总则》的说明将未被列入民法典的单行法称为民商事单行法。因此，将民商事基本法或综合法的“民法典”称为“民商法”或者“民商法典”乃是名正言顺、顺理成章的。

第三，我国司法实务中，也早习惯于使用民商概念。法院之法庭，民庭早包括财产纠纷、婚姻继承、合同侵权、知识产权、公司破产、证券票据、保险海商等民商实务。在司法统计与宣传上，更是民商一起。如有一组关于司法实务方面报道的标题分别为：“青海高院民商事审判工作获省委常委会肯定”“2015 年青海法院审结民商事案三万余件”“最高法首次明确民商事审判六原则”“孟建柱：做好民商事审判工作，加强对产权人权利司法保护”“浙江义乌法院建立涉外民商事纠纷诉调衔接机制”“四川攀枝花中院召开民商事审判业务培训会”“浙江杭州上城法院将民商事纠纷化解在诉讼前”“新疆法院 2014 年审结民商事再审案 1151 件”“四川高院调整一审民商事案件管辖标准”“最高法院调整中院一审民商事标准”。这充分说明，民商一体已经在中国司法实务的土壤中生长、开花、结果，“民商”并称在我国法域中已成为一个新生的极具中国特色的法学范畴，是中国法学话语的科学创造。对此，我们应当发现、使用、张扬。在法学话语体系中，应当特别珍惜和构建与中国特色社会主义市场经济相适应的民商法学专门话语体系。如果在法典名称上不使用民商法典而仍然守旧于民法典，必将与中国司法审判实务中的称谓相脱离。很明显，应当是使落后的理论称谓在适应活生生的社会实践的过程中获得新的发展生机。

第四，使用民商法典称谓，可有效避免不必要的民商分立之争和造成的立法障碍，可有效处理和协调法典内容，加快立法进程。在如今的法典编纂中，诸如安全交易、直接间接代理等争论以及民法典编纂应当吸收和规定商事一般规则之类的说法，无不与既有的民法和商法两个概念相关。再如，九届全国人大宣布要在本届人大颁布中国民法典，但随后就有几位代表提出也要制定中国的商法典。因为人民普遍认为民法就是婚姻家庭、债权债务、赔偿继承方面的法律，商法才与商品市场经济相适应，才是商品市场经济关系最重要的法律。商法和商品经济的天然吻合与民法和商品经济的人为错位造成了民商立法上的诸多困难和疑惑，而面对相关问题的困难选择又往往会使简单问题复杂化。应当说，民商分立与民商合一的固有观念实际上成了当时民法典制定受阻的一个重要因素。现在虽然中央文件关于民法典的规定成了民法典编纂的最大推力，但在《民法总则》制定中，如何规定或处理商事法条文始终是个争论不休的焦点，真乃为“剪不断，理还乱”。其根本原因在于民法典的名称与其商品经济的社会基础存在着不等同或者错位的现象。解决这一问题的根本的和最有效的方法就是将民法典正名为民商法典。

第五，使用民商法典，可以自然而然地成为一种新的民商合一模式。自民商分立与民商合一的范畴出现后，从民商合一立法的形式与内容或者名与实的关系看，民商合一模式可以有四，而已经有三：其一是“名不符实、内容庞杂”式。此为《瑞士民法典》模式，后被意大利仿效。其二是“名副其实，内容庞杂”模式。此为《泰国民商法典》式。其三是“名不符实，内容简约”式。此为我国古代和近代的“民法典”式。于这三种已有模式外，还有一种模式就是“名副其实，内容简约”式。即法典名称为“民商法典”，内容与市场经济完全相应，包括通则（市场经济需求之原则、主体、客体、权利、行为、责任、时效）、人身权（含人格权和婚姻亲属身份权——人权重要内容、各类权利之首要）、物权（物质生态文明建设、支配权、静态权）、知识产权（精神文化文明建设、支配权、静态权）、继承权（支配权移转方式、动态权）和债权（支配权移转方式、动态权）。以此“民商法典”作为市场经济关系之基本法，公司、债券、票据、保险等作为“民商法典”之民商事单行法，理所当然，甚为确切。由此，在之前民商立法的基础上，还自然而然、顺理成章地又创造出了一种新的民商合一模式——“名副其实，内容简约”的模式。如此，在民商立法史上将实现一次新的跨越，何乐而不为？何不逢时堪折而待空枝？

第九节 结语：中国民商法典编纂应当在世界民商法之林新树一帜

当今中国民法典之编纂，实际上是包含商事法在内的民商法典之编纂。学贵日新、法贵有新。新的立法，必须有新时代的新精神、新貌容。如果因循守旧、精神萎靡，内容虚陈，容颜依旧，那样的立法只能是倒腾和折腾，起不到实质有效之作用。[1]拿破仑分别制定民法典和商法典，有其历史缘由，并在罗马法基础上开创了一种立法新模式，为德日所仿效。德国民商立法在《法国民法典》基础上对民法典进行总则部分的扩充和权利类型的调整，于形式上也有新的创造。《瑞士民法典》在罗马法基础上将商品经济生活关系全面包容，开创民商合一模式，为意大利追随，当称道为是。泰国民商立法，于前人基础上又进一步，树起一帜，不应小觑。我国近代民商立法另辟蹊径，克服瑞泰法典庞杂之弊，为中华国人之重要贡献。如今民商立法，虽经三起两落久徘徊之曲折，但于徘徊中却能不断前行，创造出诸如《民法通则》之丰碑，以应社会发展之急需，并形成民商立法之基本体系。当今在四个全面基础上实现中华民族伟大复兴梦的形势下编纂中国民法典，当跃上葱茏，向洋看世，九派三吴，从容善择，若能采“名副其实、内容简约”之模式，必将是一种新气象、新特色，并使中国民商立法于世界民商法之林新树一帜，灿烂高扬！

学贵日新，法贵有新。适逢其时花已盛，看世上何人堪摘？

---

〔1〕如《物权法》将《民法通则》规定的抵押、留置、定金、保证，《担保法》中规定的抵押、质押、留置、定金、保证五种比较完整统一的债的担保制度进行分解，将其中的抵押、质押、留置归入物权，将保证、定金留于担保法，即被认为属于此类。

第二章

论商事账簿及其法律关系的性质

——兼论《商事通则》的不可行

第一节 账簿的含义和种类界定：账簿不只是商事账簿

（一）账簿的含义

账是指钱物出入的记载，也指记载钱物出入的本子；簿指本子。账簿亦曰账册，指记载货币、货物增减出入事项的本子，由具有特定格式、相互联系的账页组成。按登记方式，有日记账和分类账；按所记内容有现金账、物资账、银行账、往来账；按其外表形式有订本式账簿、活页式账簿和卡片式账簿。

民商法理论中，少有对账簿进行的专门探讨。一般只有商事账簿，并将其放在商法总论中予以述说，认为商事账簿是商主体为了表明其财产状况和经营状况而依法制作的账册。〔1〕传统商事账簿以书面形式为之，随着当代社会计算机的普及应用和会计电算化，以电子数据方式记载的会计信息已相当普遍，因此现代会计账簿已经有书面和电子两种形式。

商法理论中，有的将商事账簿区分为形式的商事账簿和实质的商事账簿。前者指商主体依照法律规定而制作的账簿，即法定账簿；后者指商主体所备置的所有账簿，包括商主体按照法律规定备置的账簿，也包括商主体根据其经营需要自行备置的账簿。其中主要包括会计凭证、会计账簿、会计报表，还包括年度决算报告和各种财产债务清册。但是，账簿不同于商事账簿，账簿也不应被区分为商事账簿，理论中使用商事账簿的概念并不科学。其一，商事和非商事的界限很难区分，就像商事主体和非商事主体、商事行为和非商事行为很难区分一样。其二，账簿并非只存在于商业领域，在机关、企业、

〔1〕 范健主编：《商法》，高等教育出版社、北京大学出版社2000年版，第62页。

事业和社会团体、合伙甚至家庭个人等民商主体领域也都存在账簿问题。其三，账簿产生得很早，而商业账簿是近代工业社会的产物。在中国，从宋代开始，官吏报销钱粮或办理移交，即要求编造“四柱清册”，即有账簿存在。在国外，于会计发展史中，埃及被认为是“散页账簿记的故乡”。而所谓商业账簿只是工商业发达后一些国家商事立法的产物。其四，账簿制度与会计制度有着密切联系。会计是账簿的制作者，账簿是会计的记账结果；有账簿就有会计，有会计也就有账簿，若离开账簿就无法成为会计，离开会计也就没有真正意义上的账簿。所以，账簿制度一定是和会计制度相联系的制度。有人将会计区分为政府会计和民间会计，并把民间会计称为商事会计，认为两大会计体系形成两类会计账簿，受法律调整的性质不同，政府账簿属公法调整范围，商事账簿属私法调整范围。这种看法缺少实践基础，〔1〕也缺少立法根据。在我国，会计立法并未区分两种会计制度，也未将政府会计和商事会计分别进行规定，而是统一于《会计法》。由此，会计账簿制度应当是一个统一的概念，不应将账簿人为分割，更不应以商事账簿代替会计账簿。

由上可得出的基本结论是，账簿系由企业法人、机关事业单位和社会团体法人等民商主体为了表明其财产经营状况而依法制作的账本。其主要特征为：其一，账簿是由民商主体制作的账簿。在账簿制度出现的初期，主要是个人，后来随着市场经济的发展，其范围不断扩大至合伙、企业、公司等企业法人。由于国家在经济活动中的地位和作用的显现，制作账簿的主体也包括了国家各级政府机关以及事业单位和社会团体。尽管由于主体的权利能力和职责范围的区别，其所制账簿的内容及繁简程度不同，但其性质并无区别。故我国《会计法》第2条规定：“国家机关、社会团体、公司、企业、事业单位和其他组织必须依照本法办理会计事务。”其二，制作账簿是为了财务管理和资金核算。民商主体制作账簿的目的是加强财务管理和资金核算，并借助货币单位予以计量和有形表现。民商主体的种类不同，其设立的账簿种类及其科目也有区别，如企业、公司等经营营利型法人的账簿内容就会丰富复杂，其主要目的在于对产品进行成本核算和资金管理，其所记载的内容要包括资产、负债、收入、费用、盈亏、往来、银行、现金等；非企业法人的账簿，

---

〔1〕笔者曾对民商法的经济基础进行了比较全面系统且详细深入的专门探讨，归纳出了市场经济的十大特质和民商法的十大品格，认为民商法的理论基础是具有统一性的，都是法律的共同对象。将其人为地分割和区分为公法与私法是欠妥的，也是极为困难和使简单问题复杂化的事情。参见王明锁：“市场经济特质与民商法之品格”，载《河南大学学报（社会科学版）》2007年第1期。

其内容会简单一些，其主要目的是加强资金管理。其三，账簿的设置具有法定性。账本的设置本来属于经营者个人的事情，但随着社会的进步和发展，国家在经济发展（如价格调控、税款征收等）方面的作用日益凸显，加上经济的国际化，国家有必要加强对一国经济状况的了解和掌握，并在此基础上进行必要的计划和调控。如此，国家便以法律的形式，要求相关民商主体进行账簿的设置。民商主体是否必须设置账簿以及账簿内容的繁简程度，均以其经营性质和经营规模的大小状况而依法律规定确定。这时，账簿的设置，已经不完全是民商主体个人的事情，而是直接涉及第三人的利益和社会的公益。因此账簿的设置已经具有了法定性和强行性的特点。

（二）账簿的种类

（1）会计凭证。会计凭证是民商主体在日常经营管理活动中财物收支流动状况的书面证明。会计凭证包括原始凭证和记账凭证两类。原始凭证又称单据，是指在民商交易活动时取得或填制的用以记录或证明发生和完成交易、收支状况的原始书面证明，其主要包括收款单据和付款单据，是进行会计核算的原始资料。按照法律规定，只有经过审核并确认无误的原始凭证，才能作为制作记账凭证的原始依据，并继而作为登记明细账的原始证明。记账凭证又称分录凭证或记账凭单，是根据审核后的原始凭证或原始汇总表，按照交易业务内容予以分类而填制的，可以直接作为记账依据的凭证。记账凭证的作用在于对原始记账单据进行归类整理，确定会计分录，为记账提供更加直接的凭据。

会计凭证是民商主体单位的财务会计部门制作账目时的记账凭证。它反映了其各类经济活动的原始情况，并作为账簿登记依据的书面证明。根据法律规定，民商主体在经营活动中所做出的货币收支、款项结算、货物进出、财产增减、工资发放、折旧费提取、日常的花费等等，都必须由财会经办人员填制会计凭证并经有关人员在会计凭证上签章审核才能以此作为结算的依据。没有会计凭证，不得收付款项、不得进出财物、不得进行财产处理、不得进行往来结算。会计凭证所记载的事项必须客观真实、正确可靠、规范清楚，任何民商主体均不得制作虚假会计凭证。制作会计凭证，在做到客观真实、正确可靠、规范清楚的同时，还要做到证证相符，即原始凭证和记账凭证相符合、相一致。

（2）会计账簿。会计账簿是按照一定的程序和方法，全面分类、连续系统地记载和反映民商主体经营管理业务活动的簿册。它通常由主管部门按一定的格式统一印制，由具有一定格式并互有联系的账册组成。会计账簿种类很多，按其性质和用途可分为日记账簿、分类账簿和备查账簿。日记账簿俗称流水账簿，亦称序时账簿，是按照收支往来活动发生的时间先后逐项记载相关事项内容的账簿。日记账簿包括普通日记账簿和特种日记账簿两种。分类账簿是按照会计科目分类记载全部交易活动内容的账簿，如现金账、银行账、固定资产账等。备查账簿是指对一些日记账簿或分类账簿未能记载或记载不全的交易内容或项目予以补充记载的账簿，这种账簿不占主要地位，只起补充备查的作用。另外，会计账簿还可以分为总账和分账。根据法律规定，在民商交易和经营中，民商主体都必须根据其组织形式、经营性质和营业状况等实际需要，制作适合其经营特点的会计账簿。会计账簿所记载的各项内容都是民商主体编制会计报表、进行经营活动分析、资产审计评估以及在法律诉讼时作为证据材料的重要依据。制作会计账簿，必须做到有收必有付、有付必有收、有增必有减、有减必有增、账账相符、收支平衡。

(3) 财务会计报告。财务会计报告是指民商主体依法向政府提供或向社会披露的反映其财务状况或经营成果的书面文件。财务报告按服务对象可分为对内报告和对外报告；按编制和报送时间可分为月份报告、季度报告和年度报告。根据我国《会计法》的规定，财务报告由会计报表、会计报表附注和财务情况说明书三项内容组成。会计报表是指用货币形式综合反映民商主体在一定时期内的生产经营活动和财务收支状况的一种书面报告文件，主要包括资金平衡表、资产负债表、损益表、财务状况变动表以及其他附表。会计报表附注则是为帮助理解会计报表内容而对报表记载的相关事项所作的解释。财务情况说明书是为了方便会计报表的使用者而对民商主体的财务情况作出的具体说明。制作会计报告，应当做到账表相符，即会计报表和上述账目相符。

根据我国《会计法》的规定，各单位应当定期将会计账簿记录与实物、款项及有关资料互相核对，保证会计账簿记录与实物及款项的实有数额相符、会计账簿记录与会计凭证的有关内容相符、会计账簿之间相对应的记录相符、会计账簿记录与会计报表的有关内容相符。总的来说即为账实相符、账证相符、账账相符和账表相符。

第二节　账簿的法律意义：设立账簿主要不是民商主体的自身需要

账簿的繁荣和账簿立法是与商品经济的发展繁荣相联系的。所谓的商事账簿立法起源于欧洲大陆法系国家，最初只是在商法典中设置相关规则。在英美法系国家，商事账簿设置最初以商事惯例的形式出现。但由于受本国法律传统、政治经济和文化状况等因素影响，账簿立法也呈多种形态：一是综合立法，即在一部综合性法典或调整某一类法律关系中包含设置商事账簿或商事会计的内容，将商事账簿法与其他法律规定在一起的立法模式。观察世界有关国家立法，有些国家分别在民法典、商法典、证券法、税法中规定了会计制度或账簿制度。二是单独立法。这是指将账簿制度或会计制度从综合立法中分析出来，制定单行法的立法模式，如单独制定会计法。目前，包括我国在内的不少国家都采用此种立法模式。三是准则立法形态。是指除国家对账簿制度进行立法规范外，企业团体通过制定会计准则的方式对账簿、会计及其记账行为予以规范。这一立法常常是上述两类立法的补充，在调整账簿法律关系方面发挥着重要作用。

国家之所以对账簿立法颇为重视，在于账簿具有多方面的重要的法律效力，对于加强民商主体的内部管理和外部监督、保障第三人的合法权益和维护社会交易安全都具有重要意义。其一，在民商主体的内部管理上，制作账簿便于民商主体及时和准确地了解自己的经营状况和财务状况，并以此作为经济活动和计算盈余、分配利润的依据，同时通过对经济活动进行分析以作出或调整相关经营决策和发展思路。其二，在对交易相对人方面，通过民商主体制作的账簿可以及时了解该民商主体的经营状况、资信能力，并据此对该民商主体的经营能力和发展前景作出分析判断，进而决定是否与其进行交易、向其进行投资等，以有效维护自身权益。其三，在对社会的管理上，通过民商主体制作的账簿，政府主管部门可以了解掌握民商主体的经营状况，并实现对其经营的年度检验，以确保其他交易主体和社会公众利益的安全。其四，在保证国家财政收入方面，账簿是国家税务部门依法征税的重要信息依据，同时也是纳税人依法维护自己合法权益的有效凭据。其五，于破产法上，对于民商主体的债权人而言，账簿是民商主体进入破产程序后，进行债权清算、确定破产债权的主要依据。其六，在公司法上，对于股份公司来说，账簿是使股东及时了解公司经营状况、决定股息红利、取回剩余财产、计算股票账面价格，从而使股东正确、及时行使相关权利的重要依据。其七，于法律诉讼方面，账簿乃是重要的证据材料。根据规定，只要账簿内容属实，就是具备证据效力的重要书证，比其他证据有更强的证明力。

正因为账簿具有多方面的重要意义，国家法律才不仅规定账簿的类型、形式、建账方法，且明定对账簿的保管措施。如规定民商主体有保管账簿的义务。在我国，《会计法》规定，会计凭证、会计账簿、会计报表和其他会计资料，应当按照国家有关规定建立档案，妥善保管保存。并且专章对公司、企业会计核算进行了特别规定，要求公司、企业进行会计核算，除应当遵守会计法的一般规定外，还应当遵守特别规定，即必须根据实际发生的经济业务事项，按照国家统一会计制度的规定确认、计量和记录资产、负债、所有者权益、收入、费用、成本和利润，不得有与此相悖的任何行为。

第三节 账簿法律关系的性质：账簿法律关系并非平等主体之间的自愿性法律关系

账簿法律关系是指受账簿法律规范调整的、因账簿的设立而产生的核算、监督、记账和保管等行为所形成的账簿当事人之间的权利义务关系。它是由多个主体参与的法律关系，构成了账簿当事人之间的权利和义务，是会计账簿法律制度的核心内容。

理论上一般把账簿法律关系纳入民商法律关系的范畴，也有的认为账簿法律关系是受公法和私法多种性质的法律所调整而形成的法律关系。但对账簿法律关系进行具体分析，可见其更具管理监督方面的性质。

第一，从账簿法律关系主体方面看，它涉及多个当事人主体。它虽然与其他民商主体有关，但实际上只是反映了民商主体之间相互交易的经济货币运转过程而已。对于已经交易完毕的民商主体来说，其意义只是内部经济记录与核算，对交易双方而言，交易完毕其债权债务关系已经消灭，不再是平等主体之间的法律关系。其后的意义主要是和账簿审计、税务部门之间的关系，这种关系从法律性质上说，已是一种具有行政性质的法律关系。

第二，从账簿法律关系内容方面看，即账簿法律关系中当事人享有权利和承担义务的情况看，它在收入、支出方面反映了与已进行交易的民商法律关系；往来账目反映的是有关债权债务关系的发生消灭与存续，但主要是对相关债权债务关系消灭的记录，其法律意义实际上是行政的管理和行政的监督关系。

第三，从账簿法律关系客体方面看，它包括账簿的设置行为、记账行为、核算行为、保管行为、监督行为等。而这些行为都是一种单方的自律性行为，而不是与其他民商主体之间的相对性行为。所以，会计法里的规定是一种刚性的规定，是会计单位必须作为或者不作为的行为。

第四，从账簿法律关系的发生来看，现在的账簿法律关系的发生，主要不是因为民商主体的自愿行为发生的，而是按照会计法的规定必须进行的一种行为。账簿之设立，虽然起源于商人的个人行为，但在现代社会条件下，账簿的设置已经不是其个人的问题了，而是根据法律规定必须设置的事情了〔1〕。

第五，从设立账簿的种类内容上看，其已经远远不是商品经济初期，经营者可以随意记载的了，如一个小理发店、小烟酒店的主人随时记录收了多少钱，而是分目分类、账证齐全、专人记载的事情了。

第六，从账簿所起的作用和意义看，主要的不再是账簿人自己核算了，而是涉及国家和社会利益了；在于对账簿单位自身的核算管理和国家对其经济活动效果进行的监督与统计，而不在于民商主体相互之间进行完毕的民商法律关系。从民商主体相互之间各自计算各自的账、各自进行核算来看即可说明此点；从有的民商交易活动还可以用口头等形式进行，以及交易另一方很可能是一个个体而未记账核算来看也可说明此点。

第七，从违反账簿记载等程序所引起的法律后果看，并非民事责任，而是要接受行政制裁甚至是刑事制裁了。

此外，在我国经济法理论中，会计法和审计法被认为是《经济法》中宏观调控法的重要制度〔2〕。而在我国的商法理论中，则承认商事账簿的规定主要体现于《会计法》《审计法》《会计准则》等法律制度。〔3〕这样实际上就使商事账簿归属于经济法的会计制度了。正因如此，对于账簿法律关系性质的认定，通常比较困难。一般情况下都认为账簿法律关系在法律性质上与一般法律关系不同，它难以被简单地归类到民商事法律关系、行政法律关系和其他法律关系，它既有民商事性质，同时也具有行政性质，甚至还涉及刑事问题，因此它体现的是一种综合性质的法律关系。但任何问题都有主次之分，都有其主要矛盾或矛盾的主要方面，都有其实质的和决定其问题本质的一面，故此应当说账簿法律关系是属于经济行政法律关系性质的法律关系。

账簿制度既然与会计制度密切联系，那么进一步从会计制度方面看，其行政法的性质将更为明显。

从会计法的制定来看，其立法目的是规范会计行为，保证会计资料真实、

---

〔1〕《意大利民法典》除序编外，分人与家庭、继承、所有权、债、劳动和权利的保护6编。在劳动编中规定企业劳动、公司、参股、企业等内容。于其企业劳动中的商业企业特别规定中规定了会计账簿，于其公司中规定了公司簿册与财务报告。这些内容虽然被规定在民法典中，但对会计账簿、财务报告的设置都是企业公司依法应当进行的义务性行为。观其实质，均在于加强管理和社会利益。参见《意大利民法典（2004年）》，费安玲等译，中国政法大学出版社2004年版。

〔2〕杨紫烜主编：《经济法》，高等教育出版社、北京大学出版社1999年版，第460页。

〔3〕范健主编：《商法》，高等教育出版社、北京大学出版社2000年版，第63页。

完整，加强经济管理和财务管理，提高经济效益，维护社会主义市场经济秩序。其中规定的主要内容是会计核算、会计从业人员要求、对会计业务的行政性监督和违反会计法行为的法律后果，而不在于调整平等主体之间的权利义务关系，并且要求国家机关、社会团体、公司、企业、事业单位和其他组织都必须依法办理会计事务。国家实行统一的会计制度，即国务院财政部门依法制定关于会计核算、会计监督、会计机构和会计人员以及会计工作管理的统一制度。对于个体工商户会计管理的具体办法，也由国务院财政部门根据会计法的原则专门另行规定。

从对会计业务的监督看，重要的是为了社会的利益，如要求各单位应当建立健全本单位内部会计监督制度以及稽查制度。记账人员与经济业务事项和会计事项的审批人员、经办人员、财物保管人员的职责权限应当明确，并相互分离、相互制约；单位负责人应当保证会计机构、会计人员依法履行职责，不得授意、指使、强令会计机构、会计人员违法办理会计事项。会计机构、会计人员对违反《会计法》和国家统一的会计制度规定的会计事项，有权拒绝办理或者按照职权予以纠正。有关法律、行政法规规定，须经注册会计师进行审计的单位，应当向受委托的会计师事务所如实提供会计凭证、会计账簿、财务会计报告和其他会计资料以及有关情况。任何单位或者个人均不得以任何方式要求或者示意注册会计师及其所在的会计师事务所出具不实或者不当的审计报告。财政部门有权对会计师事务所出具审计报告的程序和内容进行监督。财政、审计、税务、人民银行、证券监管、保险监管等部门应当依照有关法律、行政法规规定的职责，对有关单位的会计资料实施监督检查。依法对有关单位的会计资料实施监督检查的部门及其工作人员对在监督检查中知悉的国家秘密和商业秘密负有保密义务。各单位则必须依照有关法律、行政法规的规定，接受有关监督检查部门依法实施的监督检查，如实提供会计凭证、会计账簿、财务会计报告和其他会计资料以及有关情况，不得拒绝、隐匿、谎报。

综上，应当认为账簿法律关系属于经济行政法性质的法律关系。这种因账簿行为所形成的具有经济行政性质的账簿法律关系主要表现为以下几种情形：

第一，账簿核算关系。它是指民商主体会计人员、会计机构或账簿人在办理会计核算事务的过程中与他人发生的权利义务关系。这种关系可以发生在平等主体之间，也可以发生在非平等主体之间，但其中多数是单位会计机构与本单位有关工作人员的关系，是一种内部财务管理和财务核算关系。

第二，账簿信息披露关系。它是指民商主体与投资人、交易人之间因相关信息而产生的权利义务关系。当投资人与主体经营权分离时，民商主体如何向投资人、交易人提供信息以及提供何种信息便成了民商主体影响投资人、交易人利益的重要内容。故根据法律规定的民商主体与投资人、交易人之间的信息披露关系即应当受到有效调整。现代社会中，随着民主法治的进步，于非企业方面，要求政务公开、乡务公开、村务公开等，其重要的或核心的内容就是相关机构和单位的财务收支状况的公开。

第三，账簿管理关系。它是指账簿管理机关依法对账簿予以管理过程中形成的管理机关与被管理主体及其账簿制作人即会计之间的律关系。这种法律关系带有很强的行政法律关系色彩。

第四，账簿监督关系。它分为民商主体内部监督关系和外部监督关系两个方面。内部监督关系是指民商主体为了保障资产安全和经营活动合法高效、控制亏损风险，通过设置账簿实现内部制约并由此而形成的法律关系。外部监督主要是指政府的监督，政府监督关系主要是指由财政、金融、税务、审计、物价等部门行使监督权而与被监督人之间形成的法律关系。

第四节　账簿法律关系的法律后果：行政责任和刑事责任

多数国家的法律均规定民商主体必须履行账簿制作义务。如德国商法规定，商人负有义务编制商事账簿。商事账簿的内容包括制作账簿、编造财产清册、提交年度决算报告等。但是，从民商法的立法动因看，法律规定民商主体制作账簿，其主要目的并不在于反映企业相互之间的业务交往，而在于使国家以及社会及时对企业或相关单位的财务状况进行了解，以利于对企业经营或相关单位的财务活动予以监督。由此，所负有的制作账簿的义务即具有很强的行政管理性特征，可以被看成是一种法律上的义务。如果民商主体违反了法律所定之义务，从民商法本身并不能产生权利相对人的侵权行为请求权或其他请求权。[1]而比较明显的是，有关民商主体必然或者可能招致的法律责任是行政处罚的责任和刑事处罚的责任。

从各国民商立法和司法实践经验看，民商主体制作账簿，并非主要依赖于民商主体对该义务之自觉履行。就我国《会计法》的规定看，对于账簿的设置和账簿的记载方法，对从事会计职业的资格、会计的行为、会计人员与

〔1〕 王明锁：“物上请求权与物权的民法保护机制”，载《中国法学》2003年第1期。

单位主管人员的关系等都有详细、具体的规定，若有违法之处，规定的法律责任都是行政责任和刑事责任而并不涉及民商事法律责任。如不依法设置会计账簿的，私设会计账簿的，未按照规定填制、取得原始凭证或者填制、取得的原始凭证不符合规定的；以未经审核的会计凭证为依据登记会计账簿或者登记会计账簿不符合规定的；随意变更会计处理方法的；向不同的会计资料使用者提供的财务会计报告编制依据不一致的；未按照规定使用会计记录文字或者记账本位币的；未按照规定保管会计资料，致使会计资料毁损、灭失的；未按照规定建立并实施单位内部会计监督制度或者拒绝依法实施监督，或者不如实提供有关会计资料及有关情况的；任用会计人员不符合会计法规定的。诸如这些行为，都将被处以行政罚款、行政处分。构成犯罪的，依法追究刑事责任。

第五节　账簿法律关系性质之要求：《商事通则》不可行

在我国民商法理论中，曾有学者力主民商分立或商法独立。后来随着中国特色社会主义市场经济的逐步统一和民商法理论及民商立法的逐步成熟与完善，民商分立或商法独立的主张也即有渐衰之势。但基于商品、商人、商业、商务、商场等客观概念及某些学术情结因素，特别是受深圳市人大常委会 1999 年通过、2004 年修正的《深圳经济特区商事条例》（以下简称《深圳商事条例》）的影响，学界出现了放弃商法独立而主张制定《商事通则》的新现象。有的甚至拟出了《商事通则（建议稿）》，10 章 90 余条，分总则、商人、商行为、商事登记、商号、营业转让、商业账簿、经理与其他商业雇员、代理商和附则。与《深圳商事条例》相比，其不同之处主要是多了商行为一章，其余无非是把商号与营业转让分为两章，把商业雇员改称为经理与其他商业雇员而已。因此，《深圳商事条例》为 8 章 65 条，《商事通则（建议稿）》为 10 章 91 条。这实际上是以往商法理论的新变形。这里撇开其他内容不谈，仅就所谓《商事通则》中商业账簿的 6 个条文的规定看，《商事通则》就是不可行的。

第一，“商业账簿编制义务”条掩盖和混淆了其法律性质。《深圳商事条例》还能如实反映商业账簿的真实根据，规定“商人应当依据法律、行政法规、国务院财政主管部门的规定和本规定建立财务、会计制度”，而《商事通则（建议稿）》则故意隐藏其行政性正当根据，规定“商业账簿编制义务”。而其义务是什么性质之义务；是特定商人之间之义务，还是商人与非特定人之间之义务？则未敢明确或不愿明确，以此掩盖和混淆该规定与经济行政法性质法律关系之间的必然关系。商事账簿及其法律性质的实质决定了《商事通则》不敢正确反映其法律关系的属性，由此又决定了该规定的无价值或不可行的特点。

第二，“商业账簿的编制”条暴露其根据，但其规定又当为《会计法》之规定内容。规定某主体编制商业账簿，毕竟须要有法律根据，否则该要求就是非法的要求，市场主体是完全可以不予理睬、不予执行的。为此，所谓的《商法通则》还是不得不规定其法律依据，但却在义务款项中规定：“编制商业账簿，应按照会计法律规定，体现公允、真实、完整、明了和稳健原则，做到便于理解、相关可比、编报及时。”在编制条规定：“应遵守国务院财政部门会计制度的要求，由编制人签名并盖章。”笔者以曾经做过企业会计的身份对此规定进行分析，此应当为会计法规定的内容。账簿的形式及其编制要求是会计法应当明确规定的，而公允、稳健、便于理解、相关可比都是故作高深。

第三，“资产评估原则”条更是让人感到不可思议。资产包括有形资产、无形资产、动产和不动产等类型，涉及范围广泛、评估内容复杂、程序手段专业。而该条规定“资产评估应遵守国务院财政部门制定的会计准则”。一是这个应遵守什么准则的规定有什么价值和作用；二是有什么资格和理由就资产评估在商业账簿中予以规定；三是所遵守的最终准则不是又回到了国务院财政部门制定的规则上，不又属于经济行政法性质的范畴了吗？

第四，“商业账簿的保存”条规定“商人应遵守会计法要求建立资料档案，妥善保管”，“商业账簿的保存机构、期限由国务院财政部门规定”。这本是《会计法》中明确规定的内容，在这里规定根本没有任何必要和任何意义，同时也承认了此规范属于经济行政法的性质。

第五，“商业账簿的提出”条，出自《深圳商事条例》第 44 条。该条规定：“司法机关、税务机关、审计机关和登记机关依据出资人（股东）、合伙人或者其他利害关系人的申请，可以责令诉讼当事人或商人提交全部或一部分商业账簿。”而在《商事通则（建议稿）》中为：“法院可以根据当事人的申请，或者依据其职权，要求诉讼当事人提出商业账簿或一部分商业账簿或资料。”如此规定，极大地降低了商业账簿的使用价值和应用范围，同时把诉讼程序法应当规定的内容强行拉了进来。因为作为所谓的《商事通则》，又有什么资格规定法院的职权呢？

第六，“商业账簿的解释原则”。该条规定：“商业账簿的解释，应遵守会计法的规定。”如此条文与商业账簿的保存等条文本是会计法内容一样，缺少理论和立法价值与司法实践意义。

第七，如果拿所谓《商事通则（建议稿）》关于商业账簿的规定（共6个条文）与《深圳商事条例》商业账簿的规定（共8个条文）相比，前者不仅没有任何形式上的进步，而且不具有法律规范及其行为体系之间的科学性。通过上述对其各条的简单分析即可看出，其条文除了主要是对会计法内容的重复外，所剩者就是应当由资产评估或诉讼方面的法律所规定之内容。也就是说，所谓的《商事通则》规定的6个条文没有一个条文是真正意义上的民商法性质的条文或者是真正独立而具有理论价值和司法适用意义的条文。而造成这种状况的根本原因，即在于对商业账簿及其法律关系性质在认识上的错误。

第六节　结　语

账簿不只是商业账簿，设立账簿制度并不是民商主体之间平等自愿性的行为，由此产生的账簿法律关系实际上具有明显的经济行政法性质，对于违反账簿法律关系义务的，应当严格依法追究其行政法律责任和刑事法律责任。因此，账簿制度本应是财政法、会计法、审计法等行政法律中的内容，将之看成民商法问题并将其规定到所谓的商法中，实在与民商法的原则、精神相悖，故以此为内容的《商事通则》也不具有可行性。只有把账簿及账簿关系纳入正确的法律调整轨道，才真正有利于建立和完善科学的民商法法律体系和民商法法律制度，也才有利于对社会经济关系的监督和对社会经济秩序的维护。以往过多看重了行政手段，忽视了民商法手段；现今在市场经济条件下，则有时又过多地看重了民商法的方法，而削弱了国家行政干预的应有职能。这种偏失也是在完善民商法制度中应当予以注意的。

3 第三章

民事法律行为范畴的守成与完善

第一节 问题重要之所在

民事法律行为是我国《民法通则》中确立的一个重要概念和基本范畴。《民法通则》第四章规定了民事法律行为的概念、条件和种类，它对于在理论上统摄相关民事法律行为具有重要价值，在实践上辨别和确认民事法律行为的合法与违法，进而为司法裁判提供依据，具有重要的现实意义，在厘清与法理学中业已存在的法律行为范畴及与其他法律部门中的法律行为类型的关系方面也提供了新的路径，是中国特色社会主义民商立法的一个创造。〔1〕但是在近年我国民法学理论的研究中，有不少极具权威和影响的民法著作对民事法律行为范畴颇加非议，甚至放弃民事法律行为范畴，将其恢复至德日民法中的法律行为概念。〔2〕这种观念与做法，不仅使民法学中有关民事法律行为的概念远离现实法律规定，影响到了对现行法律的信仰与运用，还将在学理上使民事法律行为回归到法律行为范畴，使民法学中民事法律行为理论难有新的进展，且使民商法中的民事法律行为与法理学中的法律行为重新混淆，进而影响法理学和部门法学中法律行为理论的繁荣与发展。故笔者将围绕民事法律行为的守成与改进作探讨。

第二节 法律行为之由来

民事法律行为，源于罗马法系的法律行为。罗马法中，有契约行为和侵

---

〔1〕 佟柔：《中华人民共和国民法通则疑难问题解答》（第1辑），中国政法大学出版1986年版，第28~29页；梁慧星：《民法总论》（第2版），法律出版社2001年版，第215~216页。

〔2〕 江平主编：《民法学》，中国政法大学出版社2007年版，第145页；司法部法学教材编辑部编审，彭万林主编：《民法学》（第6版），中国政法大学出版社2007年版，第101页。

权行为等具体"民事法律行为"，也有后世学者在对罗马法的叙述中使用了"法律事实"和"法律行为"概念，[1]但在罗马法著作中，并未形成和使用抽象的具有一般意义的民事法律行为或法律行为概念。[2]有学者研究，法律行为一词最早出现于18世纪德国法学家丹尼尔·奈特尔布拉德于1748年出版的《实在法学原理体系》第一卷。[3]也有学者认为，法律行为一词由德国学者胡果于1805年所著*Pandecten*之Rechtliche Geschaft（应译为法律的行为）中所创，彼时所谓Rechtliche Geschaft，"为对于违法行为之一切合法行为之总称"。[4]还有学者认为，现代民法中的法律行为概念是海瑟在1807年出版的《民法概论——潘德克顿学说教程》[5]一书中首创并赋予其以设权的意思表示的含义；萨维尼在其《现代罗马法体系》第三卷中对法律行为理论进行了精致化，对法律行为理论中的意思表示学说作了重要发展；1863年《萨克逊王国民法典》首次采用法律行为概念，设少数条文。[6]但实际上，使法律行为对后世民事立法与民法理论影响最深远者为1896年颁布的《德国民法典》。该法典在总则编第三章系统规定了法律行为（第104~185条），分别为行为能力、意思表示、合同、条件期限、代理全权、允许追认6节。[7]其后，《日本民法典》第四章规定法律行为，设总则、意思表示、代理、无效及撤销、条件及期限五节。[8]但是中文中的"法律行为"一词系日本学者借用汉字中的"法律"和"行为"两个词，把德语中的Rechts Geschaft译为"法律行为"

---

[1] 参见［意］彼得罗·彭梵得：《罗马法教科书》，黄风译，中国政法大学出版1992年版，第58页。该书将法律事实区分为本义的法律事实与自愿的法律事实，并认为自愿事实的概念往往同法律行为的概念混为一谈。认为法律行为区分为适法行为和非法行为。但彭梵得的著作被认为是"汲取了上世纪德国学说汇纂派的研究成果"。参见桑德罗·斯奇巴尼（意大利罗马大学和萨萨里大学罗马法教授："罗马法传播研究组"成员）为该书所作的前言。

[2] 参见［罗马］查士丁尼：《法学总论——法学阶梯》，张企泰译，商务印书馆1989年版。

[3] 参见张文显主编：《法理学》，高等教育出版社、北京大学出版社1999年版，第100页。

[4] 参见胡长清：《中国民法总论》，中国政法大学出版社1997年版，第184页。该引文"为对于违法行为之一切合法行为之总称"一语不通，似乎应当是"为对于违法行为及一切合法行为之总称"才对。不知是胡氏著作中文义翻译之误还是文字校对之错，尚请方家斟酌。

[5] 潘德克吞乃是罗马查士丁尼《学说汇纂》的另一种称谓。参见徐继强：《西方法律十二讲》，重庆出版社2008年版，第80页。

[6] See Zweigert Koetz, *An Introduction to Compartive Law*, North-Holland Co., 1977, pp. 2-3；董安生：《民事法律行为——合同、遗嘱和婚姻行为的一般规则》，中国人民大学出版社1994年版，第30~32页；龙卫球：《民法总论》，中国法制出版社2001年版，第472~474页。

[7] 参见《德国民法典》（修订本），郑冲、贾红梅译，法律出版社2001年版。

[8] 参见《日本民法》，曹为、王书江译，王书江校，法律出版社1986年版。

的。[1]我国清末变法，《大清民律草案》第五章规定法律行为，设意思表示、契约、代理、条件及期限、无效撤销及同意5节；其后的《民国民律草案》第三章规定法律行为，设行为能力、意思表示、契约等6节。[2]至此，除在民法中形成专门的法律行为制度外，"法律行为"也成了我国法学理论及法哲学中的重要范畴。[3]如此状况必然生发如下问题：法律行为是否为民法体系中的必然概念；法律行为是否只能是民法中的概念，是否也可以或应当成为法理学和法哲学中的基本范畴？为此，笔者作以下分析。

第一，法律行为的概念源于盛产哲学和抽象理论学说的德国，是由德国学者创造的，但是并未被其他相关国家民事立法所采纳。在其之前同样继受于罗马法体系的《拿破仑民法典》也有各种契约与遗嘱的规定，但却被归纳为取得财产的各种方法，而未出现或使用比契约遗嘱更抽象的法律行为概念。在《德国民法典》之后，《法国民法典》在多次修订中也没有接受法律行为范畴。比《德国民法典》晚近半个世纪、与罗马法更具有直接渊源关系的《意大利民法典》包含着多种契约行为，也未使用"法律行为"范畴。[4]而只有《日本民法典》紧随并接受《德国民法典》的模式范畴，并及于我国近代民法。英语之"Juridic act"，法语之"Actes Juridiques"，虽可解释为法律行为之义，但仅为学术上之用语，成文法上则无此名称。瑞士、土耳其及泰国等国民法亦然。因此，正如有的学者基于此事实而指出的那样，"何谓法律行为，民法上无明文解说，因之学者之见解颇不一致"。[5]可见，在民法体系中并非都有法律行为范畴。因此，也就给法律行为的认识和适用留下了极大空间。

第二，法律行为的含义有一个产生、发展和变化的过程，但《德国民法典》采纳时并未能明确界定。理论一般都是遵循着由简单到复杂、由粗陋到精致的轨迹发展的。法律行为被创制之始，其含义并不严谨清晰，可能是对合法行为的表述，也可能是对被法律约束行为的表达，还可能是对各种具体契约和侵权行为的理论抽象，并且可能是意思表示的同义语且仅"以设权的

---

〔1〕参见张文显：《法哲学范畴研究》（修订版），中国政法大学出版社2001年版，第67页。

〔2〕参见《大清民律草案　民国民律草案》，杨立新点校，吉林人民出版社2002年版。

〔3〕系统的民法学著作无不涉及法律行为，另有对法律行为进行研究的理论文章或于法哲学著作中对法律行为的专门研究。如李林："试论法律行为的性质和特征"，载《宁夏社会科学》1987年第2期。

〔4〕参见《意大利民法典》，费安玲、丁玫译，中国政法大学出版社1997年版。

〔5〕胡长清：《中国民法总论》，中国政法大学出版社1997年版，第184页。

意思表示”为限。但不管怎样，事实是法律行为被善于理论抽象的《德国民法典》采纳使用，并成了一个重要的法律范畴和民法中的重要制度，且其被列举之内容范围广泛繁杂，包括行为能力、意思表示、合同、条件期限、代理全权、允许追认等。可以看出，行为能力、条件、期限、无效与意思表示、合同、代理、追认等并非同性质的问题，难说都属法律行为范畴，实际上仅是与法律行为关系密切或对法律行为效力具有一定影响的规则或制度。

第三，《德国民法典》使用法律行为概念，对个别国家民事立法产生了影响，尤以日本和我国近代民法为甚，但这些法典却都未对法律行为进行定义。笔者认为，这些法典对法律行为这样抽象复杂的概念没有进行定义，但对诸如物、替代物、消费物、正当防卫、不动产、动产、从物、孳息之类却都进行了详细明确的定义，也即于德日民众来说，消费物之类的东西要比对法律行为更不好理解。另外，即使因为法律行为是由德国人发明创造而在《德国民法典》中不必定义，但到日本，法律行为已为舶来品，也不可能因对法律行为要比对其法典定义的不动产、动产之类的东西熟悉而不必定义。还有，即使日本民法没有对法律行为进行法律上的定义和解释，但我们也需要弄明白此外来语。但遗憾的是，我国近代民法径直规定“法律行为，违反强制或禁止性规定者，无效”。[1]笔者认为，对于法律行为不是没有进行法律定义的必要，而是因其太抽象复杂不好定义，致使法律起草者们不敢或不愿为之下定义。

第四，法律行为虽然最先被民法典使用，但其所表达的范围却不局限于民法。因为法律行为一词产生于《实在法学原理体系》或《民法概论——潘德克顿学说教程》，胡果的法律行为一说也难说就是对现代意义民法中的法律行为的专门研究，且法律行为又是于《现代罗马法体系》中被精致化的。有意思的是，为什么法律行为成了《萨克逊王国民法典》《德国民法典》中的重要范畴或专门的民法制度？笔者认为，在大陆法学理论的初始阶段，尚无我们现代意义上的法律部门的科学划分，也即后来民法和民法学与当时的罗

[1] 《德国民法典》第100条和第103条分别对收益、果实的分配、收益费用的偿还和负担的分担，或进行定义，或进行释明，但在法律行为一章，首节为行为能力，其首条即第104条则是无行为能力。《日本民法典》第88条是对天然孳息和法定孳息的定义，第89条是对孳息归属的规定；紧接着第四章法律行为的首节为总则，其首条即第90条则径直规定：“以违反公共秩序或善良风俗的事项为标的的法律行为，为无效。”南京国民政府时期的《中华民国民法》第69、70条是对孳息定义和归属的规定；紧接着第四章法律行为之第一节为通则。第71条也径直规定：“法律行为，违反强制或禁止之规定者，无效。但其规定并不以之为无效者，不在此限。”这种规定给人的印象是：似乎“法律行为”对任何人来说都是再熟悉不过的东西了，是任何人都明白和理解的，比前面那些概念更简单、更常见、更具体，根本不存在任何争议或不同看法，于是根本就不值得和不必要对其进行什么解释或定义。

马法、实在法学、潘德克吞学说等并没有明确的界限，以致民法概论可以用潘德克吞学说教程的标题进行表达。这种事实与观念使得在《实在法学原理体系》和《现代罗马法体系》中被创造出来的法律行为概念被当时的《德国民法典》或民法学理论直接使用和接受。而为什么在以罗马法为基础的德国法系中，民法与一般意义上的法并没有严格区分，在《德国民法典》中又可以直接使用并非由现代意义民法所创造出来的法律行为这样一个概念呢？我们知道，于罗马法系，民法学最先发达。自古罗马《十二铜表法》至查士丁尼执政，相继编纂成《法典》《学说汇纂》《法学阶梯》和《新律》，其命名均是一般意义的法与法学、法典，而不是民法。直至罗马法复兴，上述文献还被合称为《国法大全》，只是由于当时资本主义关系的发展，他们所寻找的东西在罗马法中都已存在，发现其内容实际上都是所谓的私法规范，故其名称亦曰为《民法大全》。由此，罗马法也就成了所谓私法和现代民法之渊源，并致学界普遍认为《拿破仑民法典》是按罗马法的《法学阶梯》体系建立的；〔1〕《德国民法典》是以罗马法的《学说汇纂》为基础编制的。〔2〕观其内容，《法学阶梯》和《学说汇纂》所论及的皆是近现代民法之内容。正由于所谓私法或民法规范在罗马法和大陆法系中的绝对优势和崇高地位，私法与法也到了可以等同的地步，《民法大全》也即成了《国法大全》，并致民法哲学和法哲学也难以区别。在法学教育中，罗马法被公认为民法专业课程并由民法学教师讲授，只是随着罗马法的传播与研究的深入，才有专门《罗马私法学》之谓。〔3〕因此，可以说，罗马私法或民法的发达致使罗马私法等同于罗马法、等同于法的现象才是在德国民法中可以直接使用法律行为范畴的真正原因。

第三节　法律行为之含义

尽管法律行为并非多数国家法学理论及民事立法中的概念，德日民法也没有对其下一个明确定义，其实际应用范围也不无疑问，〔4〕但法律行为毕竟

〔1〕 参见佟柔主编：《民法原理》（修订本），法律出版社 1987 年版，第 3 页。

〔2〕 参见曲可伸：《罗马法原理》，南开大学出版社 1988 年版，第 63 页。

〔3〕 参见费安玲主编：《罗马私法学》，中国政法大学出版社 2009 年版。

〔4〕 德日民法中的法律行为是否像已成传统的观点那样，其适用范围仅适用于合同、遗嘱等民事法律关系事实层面中的法律行为，还是也可以适用于民事法律关系客体和内容诸方面的行为？这是一个重要的、值得专门深入探讨的问题。

已经成了我国法学理论和民法学中的重要概念，故不能不对其含义进行研讨和界定。从《德国民法典》到我国近代民法，均未对法律行为进行定义，都只是设法律行为专章，定其相关内容。因此，对法律行为的理解，必须通过对其相关条文进行分析方可得出结论。

第一，法律行为是对一个完整行为有所表述，其成立与生效须有相当的条件；意思表示与法律行为接近，但仅是法律行为的一个方面；行为能力则只是法律行为和意思表示的一个方面或一个必备的前提性条件。其中，区别法律行为与意思表示最为重要。所谓法律行为，如史尚宽所言："法律行为者，以意思表示为要素。"〔1〕又如梅仲协所说："所宜注意者，意思表示虽为法律行为之重要的事实，但法律行为，非即意思表示也。"〔2〕

析两者重要区别在于：①法律行为是行为之一种类，且明显打上了法律烙印，以与未有法律烙印之行为（非法律行为）加以区别。②意思表示是行为的构成要素，同时也未必具有法律的烙印或意义。③法律行为虽然以行为人之意思表示为基本要素，但意思表示并不能构成行为特别是法律行为的全部，即一个法律行为的完成还需要意思表示之外的其他因素。

第二，法律行为之所以能够成为一个法律行为，具有法律之效力，其行为的行为人必须具有法律规定的行为能力。所谓行为能力，根据人的生理发育、年龄增长和精神健康状况，由法律规定。法律行为虽然被打上了法律的烙印，但行为人必须具有行为能力，其行为才可能具有法律之效力。这里应注意的是，有关行为能力对于法律行为效力的影响问题。

第三，法律行为违反法律强制或禁止性规定或有悖于公共秩序或善良风俗者，为无效。这一规定是对法律行为效力的规定，而不是对法律行为本身含义的规定，也即法律行为并非不能或不存在违反法律强制性规定的情况。因此，不能说法律行为本身必须符合法律的规定或者不能违反法律的规定，或者说违反法律强行性等规定的法律行为就不是法律行为，就不能被划入法律行为的概念和范畴。

第四，法律行为需要通过一定的方式进行。由于法律行为是被打上了法律烙印的行为，不同于一般的行为，故其行为方式可能被法律特别规定或者要求。这样就会出现法律行为人为法律行为不依法律特别规定方式的情形。在这种情况下，法律即规定："法律行为，不依法定方式者，无效。"而法律

〔1〕 史尚宽：《民法总论》，中国政法大学出版社 2000 年版，第 297 页。

〔2〕 梅仲协：《民法要义》，中国政法大学出版社 1998 年版，第 89 页。

行为的方式，往往也即行为人为意思表示之方式，故法律行为之方式与意思表示之方式也极易被混同。

第五，法律行为违反强制性规定即为无效的规定，与不依法定方式、无行为能力无效的规定，有联系但也有区别。从一般意义上说，法律行为违反强制性禁止性的规定，应当概况或者包含了不依法定方式和无行为能力者的情况。但从整个规定来看，其重点应当是对法律行为之内容或者其行为意思表示之内容方面所进行的规定，而不是一个总体的规定。其理由在于：①在"违反强制性或禁止性"规定之后，专门规定不依法定方式和无行为能力的情形，说明不是对后面的概括。②在"违反强制性或禁止性"规定之后，还又专条规定了"法律行为，有悖于公共秩序或善良风俗者无效"，也说明违反强制性方面的规定是从法律行为之内容角度就实质对其效力影响的规定。

第六，法律行为、意思表示和行为能力之间互有联系，但所体现的功用价值又有所不同。法律行为是对行为类型的一种概括，表明法律行为是行为之一类。在逻辑上，法律行为的对应概念应是非法律行为。[1]其功用在于对所有法律行为类型的表达与抽象。这是法律行为具有社会性和法律性的要求或表现。意思表示含意思与表示两层意义：意思者，为人之行为之基础，为人之行为内在因素；表示者，为人之行为之表现，为人之行为外在因素。有表示而无意思者，是无意之行为，多不受法律之约束；有意思而无表示者，无以用法律规范约束。只有意思与表示结合，才有必要上升为法律行为并具有法律之效力，这是法律行为具有意志性和可控性的基础与规律所在。法律行为和意思表示都与行为人有关，故为保证法律行为和意思表示之法律意义，法律才又规定行为人（主体）之行为能力及行为之内容、方式等法律行为之效力条件。这是法律对人之行为进行规范控制的依据所在，也是对法律行为的法律效果进行判别的法定依据和法定条件所在。

至此，可以得出如下结论：法律行为这一概念所要表达的是法律行为是打上了法律烙印或具有法律意义的人的行为，是人的行为的一种类型，它以意思表示为基本要素，其行为人的行为能力、意思表示状况、行为的内容及行为的方式等都会影响法律行为的法律效果。如果对其进行简洁定义的话，法律行为即是由法律规范的、具有法律意义或依法可以产生法律效果的人的行为。

---

〔1〕 参见张文显：《法哲学范畴研究》（修订版），中国政法大学出版社2001年版，第69页。

第四节　民事法律行为之产生

从罗马法的各种契约到德国对法律行为的创造和使用，再到日本和我国近代民法对法律行为的引进，都没有对法律行为进行法律定义。直至苏联和我国现代民法理论，才对法律行为进行了定义性表达，并在《民法通则》中使用和定义民事法律行为概念。

任何一部法律的制定或其中概念范畴的使用，都不仅基于立法者对社会生活关系的认识，也以相应的理论研究为条件。民事法律行为概念的产生和在《民法通则》中被使用，也印证了这一规律和轨迹。20 世纪 70 年代末与 80 年代初，我国法学理论进入恢复阶段，[1]在民法学理论中，对民事法律行为来说，经历了一个由“法律行为”向“民事法律行为”转换的过程。《法学词典》将法律行为定义为引起民事法律关系发生、变更和消灭的行为。[2]一些较早的具有奠基和创建意义的民法学教材使用法律行为范畴，认为“法律行为，是指民事主体为了确定、变更或消灭一定的民事法律关系而进行的一种合法行为。它是最广泛的法律事实”。[3]“法律行为是指主体基于意思表示，旨在产生预期民事法律后果的合法行为。法律行为是最广泛、最重要的法律事实。”[4]这些观点基本上是对苏联民法理论观点的移植和继受，因为苏联民法规定“公民和组织旨在确立、变更或终止民事权利和民事义务的行为，称为法律行为”。[5]

对这些观点进行分析，不难发现其中存在的问题。首先，定义与被定义在内涵、外延上并不一致。定义法律行为，却将行为的主体界定于民事主体，将行为的目的界定为民事权利和民事义务、民事法律后果或民事法律关系。这使定义本身的严谨性与科学性受到了质疑。其次，法律行为与法律关系理

---

〔1〕 在中华人民共和国成立初期，法律学科曾有创立发展阶段，在民法方面的重要理论成果如中央政法干部学校民法教研室编：《中华人民共和国民法基本问题》，法律出版社 1958 年版。

〔2〕 参见《法学词典》编辑委员会编：《法学词典》，上海辞书出版社 1980 年版，第 465 页。

〔3〕 西北政法学院民法教研室编：《民法学原理》，未刊本 1982 年版。

〔4〕《中华人民共和国民法原理》（上册），全国第三期法律专业师资进修班民法班整理 1983 年版。

〔5〕 ［苏联］ B. П. 格里巴诺夫、C. M. 科尔涅耶夫主编：《苏联民法》（上册），中国社会科学院法学研究所民法经济法研究室译，法律出版社 1984 年版，第 208 页。同时，该书在译者的话中说明：我国在 20 世纪 50 年代曾翻译出版过苏联的民法教科书，如［苏联］ C. H. 布拉都西主编：《苏维埃民法》，中国人民大学民法教研室译，中国人民大学出版社 1955 年版；［苏联］ 坚金、布拉图斯主编：《苏维埃民法》，中国人民大学民法教研室译，中国人民大学出版社 1956 年版。

论存在矛盾。法律行为与法律关系理论密切相连，即法律行为是法律事实，而法律事实是法律关系发生、变更或消灭的重要根据。但是，这些著作关于法律事实与法律行为的上层的法律关系理论的阐述，则明确清楚地都使用了“民事法律关系”概念。[1]这又使民法理论中的法律关系和法律事实的一致性和统一性受到了质疑。为什么会在法律关系理论中使用民事法律关系概念，而在法律事实理论中使用法律事实和法律行为，却未相应使用民事法律事实和民事法律行为呢？合理的解释应当是：以往民法典和民法理论中已有“法律事实”和“法律行为”概念，但尚未出现“民事法律关系”概念。故此，法律行为与法律事实为固有范畴，而民事法律关系乃新创概念，其理论上的统一性和一致性、概念上的规范性和严谨性尚待不断改进。这种推断也会在对下面材料的探讨中得到印证。

在《法学词典》中，法律关系的概念是：法律规范在调整人们行为过程中形成的权利和义务关系，是法律规范在实际生活中的体现。只有当人们按照法律规范规定进行实践活动形成具体的权利和义务关系时，才构成法律关系。[2]法律事实的概念是：引起法律关系产生、变更和消灭的事实，如进行婚姻登记，产生夫妻之间的权利和义务关系，即为法律事实。法律事实可被分为行为和事件两类：①行为，是以人的意志为转移的法律事实，如参加选举、签订合同等。它包括合法行为和违法行为两种，其中违法行为有的是由于没有履行法律规定做出一定行为的义务，有的是由于作出了法律所禁止的行为。②事件，是不以人的意志为转移的法律事实，如某人死亡，引起一系列与死者有关的法律关系（如婚姻关系、劳动关系等）的消灭和其他法律关系（如继承、领受抚恤金等）的产生。[3]在《法学基础理论》中，还使用了法律关系和社会主义法律关系两个概念，认为社会主义民主与法治同法律关系是不可分的。从某种意义上说，民主和法治是通过法律规定的权利、义务关系（即法律关系）来实现的。“人们根据法律规定而结成的各种权利和义务的关系就是法律关系。”[4]在法律关系产生、变更和消灭的内容中，“每一具

〔1〕 西北政法学院民法教研室编：《民法学原理》，未刊本 1982 年版，第 44 页；《中华人民共和国民法原理》（上册），全国第三期法律专业师资进修班民法班整理 1983 年版，第 82 页；［苏联］B. П. 格里巴诺夫、C. M. 科尔涅耶夫主编：《苏联民法》（上册），中国社会科学院法学研究所民法经济法研究室译，法律出版社 1984 年版，第 85 页。

〔2〕 参见《法学词典》编辑委员会编：《法学词典》，上海辞书出版社 1980 年版，第 466 页。

〔3〕 参见《法学词典》编辑委员会编：《法学词典》，上海辞书出版社 1980 年版，第 467 页。

〔4〕 陈守一、张宏生主编：《法学基础理论》，北京大学出版社 1981 年版，第 347~348 页。

体法律关系的产生、变更和消灭，除法律规定外，还需要一定的情况和条件。这种情况和条件在法学上通常称为法律事实，这是导致法律关系产生、变更和消灭的另一原因”。“法律事实大体上可分为两类：第一是不以人们的意志为转移的事件；另一是人们的行为。”行为又可被分为合法行为与非法行为。〔1〕《中国大百科全书（法学）》认为：“法律关系：由法律规范所确认和调整的人与人之间的权利和义务关系。同时也使用社会主义法律关系范畴。并认为有些法律关系如财产关系、买卖关系直接体现生产关系，有些法律关系如公民与国家机构及国家机构之间的政治生活方面的法律关系，并不直接体现为生活关系。”〔2〕

由以上观点可以看出：法律关系、法律规范、法律事实、法律行为、法律事件这些概念是具有统一性的，即都不是只限定于某一个法律领域，而是可以包括民法、劳动法、选举法等。法律关系将不限于某一种法律关系，依不同法律部门将被区分为多种法律关系，甚至可以依其社会性质被区分为社会主义法律关系和非社会主义法律关系。这就明显地为民事法律关系、民事法律行为、民事法律事实等民法理论中的专门范畴的出现提供了科学的理论基础和逻辑依据。

事实上也正如此，《中国大百科全书（法学）》认为，法律事实是法律规范所确认的足以引起法律关系产生、变更和消灭的情况。法律事实通常可被分为法律事件和法律行为两类。并明确采用和确定“法律行为”和“民事法律行为”两个概念词条。认为“法律行为”指能发生法律上效力的人们的意志行为，即根据当事人的个人意愿形成的一种有意识的活动，它是在社会生活中引起法律关系产生、变更和消灭的最经常的事实。而“民事法律行为”是自然人或者法人基于意思表示而设立、变更、终止民事权利和民事义务的行为，也称民事行为。大多数民事法律关系均是通过民事法律行为实现的。它是一种最重要、最常见的法律事实。〔3〕至此，在我国民法理论中便产生了“民事法律行为”这一民法中应当专有的新的概念范畴，并且也被立法上接受和确定。但在《民法草案》第四稿中，还没有出现“法律行为”或“民事法律行为”概念，只是在其民事主体编的公民、法人和国家之后，直接对代理

〔1〕陈守一、张宏生主编：《法学基础理论》，北京大学出版社1981年版，第360~361页。

〔2〕中国大百科全书总编辑委员会《法学》编辑委员会、中国大百科全书出版社编辑部编：《中国大百科全书（法学）》，中国大百科全书出版社1984年版，第99~100页。

〔3〕中国大百科全书总编辑委员会《法学》编辑委员会、中国大百科全书出版社编辑部编：《中国大百科全书（法学）》，中国大百科全书出版社1984年版，第102页。

进行了规定，认为公民、法人或者作为民事主体的国家，都可以通过代理进行“民事活动”。[1]直至1986年颁布《民法通则》第四章专门规定“民事法律行为和代理”制度，不但确立了“民事法律行为”这一概念，还对“民事法律行为”进行了法律上的定义。《民法通则》第54条规定：“民事法律行为是公民或者法人设立、变更、终止民事权利和民事义务的合法行为。”至此，民事法律行为概念被立法确认，也成了我国民法学理论中的重要内容。[2]应当自豪地说，民事法律行为概念的产生，是我国民法学理论中的一个创造，是对民商法理论的重要贡献，具有重要价值和意义。首先，民事法律行为概念的使用，在民事立法史上创造了一个新的部门法概念，它正确地反映了民商法领域中的法律主体为了设立、变更或终止其民事权利和民事义务的行为范畴。其次，民事法律行为的法律定义，结束了传统民法典对法律行为不下定义的历史，开创了对民事法律行为内涵、外延进行深入研究的新局面。最后，民事法律行为的产生，使民事法律行为与其他法律行为有了明确的界限与区别，进而可以促进民事法律关系和其他法律关系等相关理论学说的繁荣与发展。

第五节　民事法律行为之瑕疵

一、民事法律行为瑕疵之表现

民事法律行为这一新的重要范畴被我国民事立法确立后，随着《民法通则》的实施得到了广泛的讨论。但在对其给予充分肯定的同时，也发现其存在着一个严重的问题。根据《民法通则》第54条的规定，民事法律行为是合法行为，本质上是合法的，必须具有合法性特征。[3]但难以否认的是，实践中确有大量的不合法的合同、遗嘱等“民事法律行为”，而这些“民事法律行为”不符合法律规定，并非在该行为开始时就可明确，而往往是在因该行为发生纠纷时才对其合法性进行甄别和判断。为避免这一理论上的矛盾和实务

---

〔1〕《民法草案》（第四稿）多次使用了“民事活动”一语。

〔2〕最高人民法院《民法通则》培训班编辑组、全国法院干部业余法律大学：《民法通则讲座》，北京市文化局出版处1986年版；全国法院干部业余法律大学民法教研组编写，马原主编：《中国民法教程》，人民法院出版社1989年版；司法部法学教材编辑部编审，佟柔主编：《中国民法》，法律出版社1990年版。

〔3〕《民法通则讲话》编写组：《民法通则讲话》，经济科学出版社1986年版，第125页；全国法院干部业余法律大学民法教研组编写，马原主编：《中国民法教程》，人民法院出版社1989年版，第111页；司法部法学教材编辑部编审，佟柔主编：《中国民法》，法律出版社1990年版，第164页。

上的尴尬，立法上还使用了民事行为的概念。[1]理论上也认为：“凡是公民、法人等民事主体进行的能够产生一定民事法律后果的行为，都是民事行为。但是，并非一切能够产生民事法律后果的行为都是民事法律行为。只有符合法律规定的条件，因而能够按照行为人事先所追求的目的设立、变更、终止民事权利义务关系的民事行为，才属于民事法律行为。”[2]但是，为避免合法的“民事法律行为”无效后果的矛盾，却又出现了如下新的麻烦：

第一，重叠概念出现。使用民事行为概念，即民事行为的范围大于民事法律行为的范围，民事行为中包括民事法律行为、无效民事行为和可撤销的民事行为。使用无效民事行为概念，必然出现有效民事行为，即民事行为包括合法民事行为（民事法律行为）与不合法民事行为（无效和可撤销民事行为）问题。如下所示：

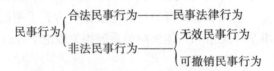

民事行为
- 合法民事行为——民事法律行为
- 非法民事行为——
  - 无效民事行为
  - 可撤销民事行为

第二，矛盾并未消除。理论上仍然存在民事行为合法与非法的问题，同时在实务中，民事主体旨在发生一定民事权利义务关系的行为，在行为开始时究竟应称之为民事行为还是民事法律行为？

第三，问题更为复杂。在使用民事法律行为的同时，又使用民事行为范畴，这使传统民法理论中的一个法律行为范畴变成了民事法律行为和民事行为两个概念。民事行为包括民事法律行为和无效民事行为，但法律上使用的

---

〔1〕《民法通则》第58条规定：“下列民事行为无效：（一）无民事行为能力人实施的；（二）限制民事行为能力人依法不能独立实施的；（三）一方以欺诈、胁迫的手段或者乘人之危，使对方在违背真实意思的情况下所为的；（四）恶意串通，损害国家、集体或者第三人利益的；（五）违反法律或者社会公共利益的；（六）以合法形式掩盖非法目的的。无效的民事行为，从行为开始起就没有法律约束力。”第59条规定：“下列民事行为，一方有权请求人民法院或者仲裁机关予以变更或者撤销：（一）行为人对行为内容有重大误解的；（二）显失公平的。被撤销的民事行为从行为开始起无效。”第60条规定：“民事行为部分无效，不影响其他部分的效力的，其他部分仍然有效。”第61条规定：“民事行为被确认为无效或者被撤销后，当事人因该行为取得的财产，应当返还给受损失的一方。有过错的一方应当赔偿对方因此所受的损失，双方都有过错的，应当各自承担相应的责任。双方恶意串通，实施民事行为损害国家的、集体的或者第三人的利益的，应当追缴双方取得的财产，收归国家、集体所有或者返还第三人。”

〔2〕全国法院干部业余法律大学民法教研组编写，马原主编：《中国民法教程》，人民法院出版社1989年版，第111页。

不是含义宽泛的民事行为而只是民事行为中的一部分。

二、民事法律行为瑕疵之缘由

因民事法律行为生而携带的瑕疵，《民法通则》实施后多有非议。也有否定民事法律行为者，认为“民事法律行为这一概念来源于苏联”。[1]但明确的事实是，在苏联民法学中并没有发明和使用“民事法律行为”概念，而是依旧使用德日民法典中的“法律行为”。其与德日民法典中对法律行为不同的态度和做法是：①对法律行为在法律上下了明确定义。规定“公民和组织旨在确立、变更或终止民事权利和民事义务的行为，称为法律行为”。[2]②法律行为的定义将行为界定为旨在确立、变更或终止民事权利和民事义务的行为。因此，在民法理论中相应出现了民事法律关系的概念。[3]③在对法律行为的法律定义中并没有限定其合法性问题，即法律行为并非被限于合法行为。④在苏联民法学理论中，对法律行为的合法性问题存有争论。这在其教育部审定作为法学专业大学生的教科书时有十分明确的表述，认为“法律行为指的只是合法行为。根据多数人的见解，合法性是法律行为的决定性特征之一。同时，也有一种见解认为，合法性只是在确定已经实施的法律行为的法律后果时才有意义，但不构成法律行为的要件。应当认为，第一种观点更符合法律行为的实质”。[4]由此可以看出，苏联民法并没有发明和使用民事法律行为概念，而只是给传统民法典中的法律行为下了一个明确定义，并在理论上采纳了部分学者的见解，给法律行为贴上了一个合法性的标识。由此，我国民法学理论初建过程中和《民法通则》制定中的贡献在于：①将传统民法中的法律行为改为民事法律行为，发明和使用了民事法律行为范畴，以此使民法中的法律行为和其他法律行为相区别。②发明和使用民事法律行为概念，可以使民事法律行为和民事法律关系、民事法律事实理论相统一；克服了苏联民法中在法律事实层面使用法律行为概念而在法律关系层面使用民事法律关系概念所存在的不协调状态。③不仅发明和使用了民事法律行为概念，还为其下了

〔1〕江平主编：《民法学》，中国政法大学出版社2007年版，第151页。

〔2〕［苏联］В. П. 格里巴诺夫、С. М. 科尔涅耶夫主编：《苏联民法》（上册），中国社会科学院法学研究所民法经济研究室译，法律出版社1984年版，第208页。

〔3〕［苏联］В. П. 格里巴诺夫、С. М. 科尔涅耶夫主编：《苏联民法》（上册），中国社会科学院法学研究所民法经济研究室译，法律出版社1984年版，第205页。

〔4〕［苏联］В. П. 格里巴诺夫、С. М. 科尔涅耶夫主编：《苏联民法》（上册），中国社会科学院法学研究所民法经济研究室译，法律出版社1984年版，第208~209页。

法律上的定义。但是，在做出这些贡献的同时，却不恰当地将民事法律行为限于了合法行为，并由此产生了新的矛盾或瑕疵。

三、民事法律行为瑕疵之解决

由上述分析可见，我国在继受和发展苏联民法的法律行为时，不足主要表现在三个方面：

第一，在学说上接受了苏联民法理论中“法律行为是合法行为”这一本有争议的学术观点。苏联民法理论明确说明另有见解认为合法性只是在确定已经实施的法律行为的后果时才有意义，因此不构成法律行为的要素。苏联民法理论认为第一种观点更符合法律行为的实质，〔1〕但其在法典中并没有认定法律行为是合法行为。至于其合法性的观点是否真的为多数人意见或者说该观点究竟是否科学合理，我们则并未深究，而是简单地随其所谓多数人观点，在民法理论上也认为法律行为是合法行为，将其定义为“民事主体为了确定、变更或消灭一定的民事法律关系而进行的一种合法行为”。〔2〕“法律行为：是指主体基于意思表示，旨在产生预期民事法律后果的合法行为。”〔3〕

第二，在叙述与研究方法上，忽略了苏联民法理论中关于法律行为合法性的争论。苏联民法理论关于法律行为的定义并没有说其合法，只是在分析法律行为的特性时才说“法律行为指的只是合法行为”。〔4〕并且，在叙述时明确交代对于法律行为合法性问题是有不同见解的，笔者只是认为“第一种观点更符合法律行为的实质”而已。〔5〕这种做法还为研习者留下了思考的空间。但在我国民法学中直接叙述和将法律行为在理论上定义为合法行为，封闭了研习者对法律行为合法性争议情况的了解和思考。

第三，在法律规定上，将苏联民法理论中本有争议的“法律行为合法性”的观点“法定化”了。尽管苏联民法理论中所谓的主流或多数人的观点认为“法律行为指的只是合法行为”，但这只是理论上对于法律行为的不同理解或

---

〔1〕［苏联］B. П. 格里巴诺夫、C. M. 科尔涅耶夫主编：《苏联民法》（上册），中国社会科学院法学研究所民法经济研究室译，法律出版社 1984 年版，第 208~209 页。

〔2〕西北政法学院民法教研室编：《民法学原理》，未刊本 1982 年版，第 73 页。

〔3〕《中华人民共和国民法原理》（上册），全国第三期法律专业师资进修班民法班整理 1983 年版，第 166 页。

〔4〕［苏联］B. П. 格里巴诺夫、C. M. 科尔涅耶夫主编：《苏联民法》（上册），中国社会科学院法学研究所民法经济研究室译，法律出版社 1984 年版，第 208 页。

〔5〕［苏联］B. П. 格里巴诺夫、C. M. 科尔涅耶夫主编：《苏联民法》（上册），中国社会科学院法学研究所民法经济研究室译，法律出版社 1984 年版，第 209 页。

学理上的解释，而在其《民法典》对法律行为所作的定义中，只是“公民和组织旨在确立、变更或终止民事权利和民事义务的行为”，并未规定“合法”二字。但是，我国民法理论与立法却不仅将法律行为合法性的一种观点变成了唯一的或者统一的观点，将关于法律行为合法性的争论过程简省成了似乎从来就是统一一致的情况，更是将法律行为合法性“法定化”了。

第六节　对民事法律行为之守成与完善

一、民事法律行为之守成

民事法律行为是法律行为的一种，法律行为和民事法律行为并不一定都是合法行为。

第一，从人的行为体系方面看，法律行为是人的行为的一类。人的行为是一个庞大的行为系统，具有复杂的表现形式和多样的层次结构，诸如经济行为、政治行为、道德行为、法律行为、社会行为、个人行为等。其中所谓的道德行为，并非都是符合道德规范的行为，而是“在一定的道德意识支配下表现出来的有利于或有害于他人和社会的行为，它包括道德的行为和不道德的行为”。与道德行为相对的不是不道德的行为，而是非道德行为。所谓非道德行为，是指“并非出于道德意识，也不涉及他人和社会利益，既无道德意义，也不能从道德上进行善恶评价的”行为。〔1〕同理，在法律行为方面，于法律意识支配下表现出来的对他人或社会有利、不利的行为就应当是法律行为。与法律行为相对应的，不应当是不合法的或者违法的行为，而应当是非法律行为。非法律行为，则应指非出于法律意识，或无法律意义，不能从法律上进行合法违法评价的行为。故法律行为应当包括合法的行为与违法的行为。大概正因如此，在德日民法典对法律行为的规定基础上产生的传统民法理论中才会有法律行为违反强行法而无效的情形。〔2〕

第二，从汉语词义方面看，法律只是对行为的修饰，并不表明行为必须是合乎法律规定的行为。在法律行为概念中，行为是主词；法律对行为起限定修饰的作用。法律应当是指具有法律意义的，或者能够引起一定法律后果的，而不是指合法违法的意思。故法律行为，应当是“指具有法律意义的或

〔1〕罗国杰主编：《马克思主义伦理学》，人民出版社 1982 年版，第 466 页。
〔2〕史尚宽：《民法总论》，中国政法大学出版社 2000 年版，第 332 页。

能够引起一定法律效果的行为”。[1]而在法律行为之前再加民事二字，是对法律行为的修饰限定，或者是对行为的进一步限定修饰，表明其行为具有民事法律意义或能够引起一定的民事法律效果。

第三，从法律对于法律行为的定义看，除我国《民法通则》外，都没有直言法律行为是合法的行为。德国、日本民法对法律行为没有直接定义，但其中都包括法律行为的有效与无效问题。从逻辑上推断，法律行为当有合法与违法之分。而对法律行为作出明确定义的苏俄民法典也只是规定“公民和组织旨在确立、变更或终止民事权利和民事义务的行为，称为法律行为”，[2]并没有规定法律行为是合法的行为。

第四，从主体从事合同等具体民事法律行为的实务看，并不是所有合同都是合法的。社会经济生活要求和法律允许人们利用合同进行各种交易，合同是最重要的民事法律行为，是最常见的具有民事法律意义的行为。但是，判断一个合同的合法与违法，往往不是在合同的开始，而是在合同出现争议与纠纷之后。在这种情形下，如果说合同必须是合法行为，那么合法的行为就不应当出现违法和无效的情形；如果因合同违法或无效，则也不能阻止合同的签订。因此，无法保证合同都是合法的，并因此说民事法律行为一定是合法行为。

第五，从民事法律行为的含义和民事法律行为的有效要件方面看，其定义和有效要件不能混淆，即民事法律行为的定义是一个概念，其有效要件则是另一范畴。从定义方面说，规定“民事法律行为是民事主体旨在发生、变更或终止某种民事权利义务关系的法律行为”已经足够，其特征在于所实施的是一种具有法律意义的行为，是一种民事法律意义的行为，其行为的主体是民事主体，其目的是发生、变更或消灭某种民事权利义务关系。民事主体实施该种行为，仅是其主观意愿而已，其所实施的行为究竟是否能够得到法律的承认和保护，则要看其行为是否符合民事法律行为的有效要件。其有效要件是：①民事主体合格，即行为人具有民事权利能力和相应的民事行为能力。②民事主体意思表示真实，即行为人所做的表示行为是自己内心的真实意思。③内容不违法，即行为主体所实施之行为的性质与内容不违反现行法律的规定。④形式符合要求。在法律对某种行为的形式具有明确要求的情况下，该行为应符合法律规定。只要具备此四个有效条件，该民事法律行为即

---

〔1〕 张文显：《法哲学范畴研究》（修订版），中国政法大学出版社 2001 年版，第 68 页。

〔2〕 参见《苏俄民法典》第 41 条。

为有效的民事法律行为。反之，即成为无效的民事法律行为。

综上所述，民事法律行为并不都是合法的行为。因此，对于民事法律行为并不需要废除，也无须退回到法律行为范畴，而只需将其定义中的合法二字删除，将其定义为“民事主体旨在发生、变更或终止某种民事权利义务关系的行为”，或者“民事主体实施的具有民事法律意义、能够产生民事法律后果的行为”。

二、民事法律行为之完善

在对我国《民法通则》确定的民事法律行为这一重要范畴坚持守成的前提下，也需对其进行变革或完善。

(一) 称谓上的变革与完善

即民事法律行为可以被简称为“民事行为”甚或“民商行为”。

第一，民事法律行为被简称为民事行为，有其相当的科学合理性。在我国现有民法学理论中，有的把民事法律行为简称为法律行为，或曰“民事法律行为又称法律行为”。[1]从法律行为概念产生，到苏俄民法及我国民法理论，所谓的法律行为，实际上指的也都是民法中的法律行为，即民事法律行为，但这种称谓没有反映出民法中的法律行为特性。至我国《民法通则》使用民事法律行为，才使这一概念名副其实。现在如果仍将民事法律行为继续简称为法律行为，不仅无法体现其归属与特质，也有碍于法哲学及其他法律部门中法律行为理论的完善与发展。特别是在我国法理学与法哲学中，法律行为已成为涉及各部门法学的一个基本范畴。正如张文显先生所言：“在民法、经济法、行政法、诉讼法等法律领域，只有具有特定法律地位的人依照特定的权利和义务规定行事，才是有效的法律行为。否则，其行为就是无效的法律行为。”[2]因此，将民事法律行为退回到法律行为的称谓或继续简称为法律行为或仍与法律行为的概念相混淆，实在是没有道理和不合时宜的。而把民事法律行为称为民事行为则有其科学合理性。其理由在于：在民法学理论中，民事法律主体通常被称为民事主体；民事法律责任通常被称为民事责任。在其他法律部门中，刑事法律责任被简称为刑事责任，行政法律责任被简

---

〔1〕 全国法院干部业余法律大学民法教研组编写，马原主编：《中国民法教程》，人民法院出版社 1989 年版，第 111 页；司法部法学教材编辑部编审，佟柔主编：《中国民法》，法律出版社 1990 年版，第 161 页。

〔2〕 张文显：《法哲学范畴研究》（修订版），中国政法大学出版社 2001 年版，第 84 页。

称为行政责任。这已成通例，故将民事法律行为简称为民事行为是科学合理的。

第二，在民法学理论中，早有学者对民法中的法律行为按照民事行为的概念进行论述。如“民事法律行为”是自然人或者法人基于意思表示而设立、变更、终止民事权利和民事义务的行为，也称民事行为，它是一种最重要、最常见的法律事实。[1]“民事行为是公民或法人确立、变更或消灭民事法律关系的行为。”[2]这些定义在行为的主体、目的范围和法律性质方面与民事法律行为并无区别。在现今的民法理论中，又有将“民事法律行为”改称为“民事行为”的。[3]这是对民事法律行为理论进一步探索与发展所得出的更为合理的结果。

第三，在我国现今民商法理论中，更有主张民商真正合一者。[4]基于此，又进一步提出了民商行为、民商主体、民商权利、民商责任等新的概念范畴。[5]因此，从真正民商合一和更为前沿的角度看，使用民商行为的概念也未尝不可。

（二）意蕴上的变革与完善

据上分析，法律行为的本意实际上应当是指由法律规定的具有法律意义或能够产生法律后果的行为。与此相对应的应当是非法律行为。非法律行为是不具有法律意义的行为。法律行为包括合法的法律行为和非法的法律行为。故民事法律行为或民事行为其本意也应当是指由民法规定的由民事主体实施的具有民事法律意义或能够产生民事法律后果的行为。与此相对应的应当是非民事法律行为。非民事法律行为首先包括非法律行为，即非由法律规范和调整的行为；其次包括非民事法律行为，即虽为法律规范和调整，但不是由民事法律所规范和调整的行为。[6]民事法律行为既然是指由民法规定的由民

---

〔1〕 中国大百科全书总编辑委员会《法学》编辑委员会、中国大百科全书出版社编辑部编：《中国大百科全书（法学）》，中国大百科全书出版社1984年版，第102页。

〔2〕 王作堂等：《民法教程》，北京大学出版社1983年版，第78页。

〔3〕 魏振瀛主编：《民法》（第3版），北京大学出版社、高等教育出版社2007年版，第137页，及后记。

〔4〕 参见王明锁：“论中国民商立法及其模式选择”，载《法律科学（西北政法大学学报）》1999年第5期。

〔5〕 参见王明锁：《中国民商法体系哲学研究》，中国政法大学出版社2011年版，第118页；王明锁：《票据法学》，法律出版社2007年版，第81、94、106页。

〔6〕 当然，这并不排除在有些情况下，某种行为既是民事法律行为，也可能属于其他性质的法律行为，如民法中的侵权行为在有的情况下也是行政法中规定的违法行为甚至是刑法中规定的犯罪行为；再如纳税行为既是民法中规定的民事主体对于自己财产的处分行为，也是行政法中规定的纳税行为。

事主体所实施的具有民事法律意义或者能够产生民事法律后果的行为，就不仅仅包括民事法律关系事实层面的行为，也应当包括民事法律关系要素方面的行为。在此方面，张文显先生早已将立法行为、执法行为、司法行为及行使权利的行为和履行义务的行为等行为类型列入了法律行为的范畴。[1]据此，笔者以为在民法学中，民事行为的范围应当从法律事实层面的行为拓展为民事法律关系所有层面的行为。

第一，在现有民法理论中，所谓的民事法律行为和法律行为都是指旨在发生、变更或终止民事权利和民事义务关系的行为。实际上主要是指各种合同和遗嘱这两类民事法律事实层面的行为。但是，在对民事法律行为的分类上，除了单方、双方、独立、辅助等类型外，还有债权行为、物权行为、处分行为、义务行为、管理行为、给付行为等。[2]而这些类型显然是不能都被包括在民事法律关系事实层面的。

第二，在处分行为、义务行为、给付行为方面，这些行为都有着不同的归属和法律属性。就处分行为而言，应当是物权行使中的一种行为；义务行为与给付行为是一种重叠关系，当是一种履行义务的行为；管理行为的范围似乎更为宽泛，包括对物的管理和对事物的管理。显然，这些行为有的是权利内容方面的行为，有的是履行义务的行为，很难与合同、遗嘱这样的民事法律事实层面的行为等齐并论。

第三，在现有民法理论中，通常都承认在民事法律行为之外，还存在着民事法律关系的客体行为。[3]尽管还曾有过将民事法律行为与民事法律关系中的客体行为相混淆的现象，[4]但却都承认行为是民事法律关系的客体之一类。可见，在民事法律关系事实层面的民事法律行为和在民事法律关系客体要素层面的行为是不能等同的，也是不能替代、包含的。

第四，在民法中所承担的责任实际上也是民事主体必须实施的一种行为。这是指违反民法规定的主体应当向权利受害人承担的民事责任行为，如返还

---

〔1〕 张文显：《法哲学范畴研究》（修订版），中国政法大学出版社 2001 年版，第 83~89 页。

〔2〕 史尚宽：《民法总论》，中国政法大学出版社 2000 年版，第 309~324 页。

〔3〕 通说认为民事法律关系的客体主要有四类，即物、行为、智力成果和人身利益。如债务人的作为和不作为是债权的客体。[参见前引魏振瀛主编：《民法》（第 3 版），北京大学出版社、高等教育出版社 2007 年版，第 35、122 页。] 在通说观点的形成中，有人认为物和行为都可以作为民事法律关系的客体；有人认为民事法律关系客体是物、行为、智力成果等；有人认为体现某种客观实际利益的行为才是民事法律关系的客体。参见《法学研究》编辑部编著：《新中国民法学研究综述》，中国社会科学出版社 1990 年版，第 60 页。

〔4〕 魏振瀛主编：《民法》，北京大学出版社、高等教育出版社 2000 年版，第 132 页。

原物、赔礼道歉、赔偿损失等。在侵权行为之债的情形下，民事责任行为和民事义务行为于形式上具有趋同性，但其本质属性并不相同，即民事义务行为是当事人自觉依法履行的行为，民事责任行为则是义务人在民事权利受害人向法院提出请求，于法律强制力直接影响下而实施的行为。

法律行为是由德国民法创立和使用的法律概念，苏俄民法也使用了这一范畴。但法律行为在法律规定上并不要求必须是合法的行为。我国民法在引进苏联民法理论中的法律行为概念时，将理论上“法律行为具有合法性特点”的这一本有争议的学术观点直接作为权威的、科学合理的观点，并把这种观点上升为《民法通则》中民事法律行为合法性的法律属性，由此引发了民事法律行为理论的诸多矛盾和问题。经过客观详细的考察论证和理论分析，更为合理的做法应当是将法律行为的概念让位于法理学和法哲学，在民法中则应坚守民事法律行为范畴，如果对其进行变革完善的话，则应当将民事法律行为在名称上改称或简称为民事行为，在内涵上拓展为包括民事事实行为、权利行为、义务行为、客体行为和责任行为，并以此形成民事法律行为的类型体系。

4 第四章

民事法律行为类型化的创新与完善

第一节 民事法律行为的由来、困惑与前景

中国共产党第十八届中央委员会第四次全体会议提出了编纂民法典的任务。而民事法律行为乃是民法典殿堂的重要结构与支柱性制度之一。但民事法律行为制度在我国目前的民法理论中却遭遇或面临着巨大的困惑和迷茫的前景。

民事法律行为源于法律行为。罗马法有具体的契约、遗嘱，但未抽象法律行为。〔1〕法国民法有继承、契约等取得财产之方法，尚未概括出法律行为。〔2〕意大利民法也没使用法律行为。〔3〕法律行为范畴直接源于德国。《德国民法典》第三章为“法律行为”，以抽象概括以后之合同、遗嘱。〔4〕“1900年《德国民法典》终于直接运用潘德克吞体系的研究成果来进行构造”，因此其也被称为《潘德克吞民法典》。“潘德克吞法学中的法律行为理论奠定了民法总论的逻辑基础。”〔5〕其抽象化与体系化的典范是法律行为概念。有了法律行为这一上位概念，也就有了债权行为、物权行为等下位概念，这些概念构成了一个完整的抽象概念体系。正是法律行为概念体系的产生，使得《德国民法典》所代表的严格体系化思维和立法技术都达到了一个前所未有的高度。〔6〕可见，法律行为成了德国民法典大厦的核心支柱，并影响深远。日本民

---

〔1〕［罗马］查士丁尼：《法学总论——法学阶梯》，张企泰译，商务印书馆 1989 年版。

〔2〕《法国民法典》，马育民译，北京大学出版社 1982 年版。

〔3〕《意大利民法典（2004 年）》，费安玲等译，中国政法大学出版社 2004 年版。

〔4〕《德国民法典》(修订本)，郑冲、贾红梅译，法律出版社 2001 年版。

〔5〕杨代雄：“潘得克吞法学中的行为与法律行为理论——民法典总则诞生的序曲”，载《西南政法大学学报》2005 年第 6 期。

〔6〕李少伟：“我国民法典应采用潘德克吞立法模式”，载王利明主编：《中国民法学年刊 2010》，法律出版社 2011 年版，第 172 页。

法用之,[1]我国套之[2]。

民事法律行为为我国《民法通则》首创和使用,[3]但与苏联民法中法律行为应当合法的理论观点密切相关。[4]我国民法理论，原如苏联民法同采法律行为。[5]至《民法通则》，创造“民事法律行为”概念。[6]此后民法理论上始用“民事法律行为”，如佟柔主编《中国民法》[7]，张俊浩主编《民法学原理》[8]，王利明主编《民法学》[9]，郑立、王作堂主编《民法学》[10]，魏振瀛主编《民法》[11]。2002 年形成的《民法（草案）》第一编总则第四章仍为民事法律行为。[12]当然，也有同时使用“民事行为”与“民事法律行为”两个范畴的。[13]

使用民事法律行为，将传统法律行为界定为民事法律行为，认为传统民法上无效法律行为是一个自相矛盾的概念,[14]由此创设民事法律行为和其上位概念民事行为，同时认为民事法律行为是合法性行为。学界曾给予很高评价，认为这一制度作为观念的抽象，不仅统辖了合同法、遗嘱法和收养法等具体的设权行为规则，还形成了民法中不同于法定主义体系的独特法律调整

---

〔1〕《日本民法典》第四章为法律行为。《日本民法》，曹为、王书江译，王书江校，法律出版社 1986 年版。

〔2〕《大清民律草案》第五章、《民国民律草案》第三章、《中华民国民法》第四章皆为“法律行为”。参见杨立新主编:《中国百年民法典汇编》，中国法制出版社 2011 年版。

〔3〕佟柔:《中华人民共和国民法通则疑难问题解答》（第 1 辑），中国政法大学出版社 1986 年版，第 28~29 页；梁慧星:《民法总论》（第 2 版），法律出版社 2001 年版，第 215~216 页。

〔4〕王明锁:“民事法律行为范畴的守成与完善”，载《北方法学》2013 年第 1 期。

〔5〕佟柔主编:《民法原理》（修订本），法律出版社 1987 年版。该书第八章为法律行为。需说明者是：该书虽为 1987 年版，但并未能把 1986 年颁行的民法通则的规定修改进来，仍是以前法律行为的概念。

〔6〕《民法通则》第四章第一节为“民事法律行为”。第 54 条规定“民事法律行为是公民或者法人设立、变更、终止民事权利和民事义务的合法行为。”

〔7〕司法部法学教材编辑部编审，佟柔主编:《中国民法》，法律出版社 1990 年版。

〔8〕张俊浩主编:《民法学原理》，中国政法大学出版社 1991 年版。

〔9〕王利明主编:《民法学》，中国广播电视大学出版社 1995 年版。

〔10〕郑立、王作堂主编:《民法学》（第 2 版），北京大学出版社 1994 年版。该书第六章为民事法律行为。

〔11〕魏振瀛主编:《民法》，北京大学出版社、高等教育出版社 2000 年版，一直到 2006 年第 18 次印刷。

〔12〕参见杨立新主编:《中国百年民法典汇编》，中国法制出版社 2011 年版。

〔13〕如《现代民法学》第三编为民事行为论，第九章为民事行为，第十章为民事法律行为。余能斌、马俊驹主编《现代民法学》，武汉大学出版社 1995 年版。

〔14〕顾昂然:《新中国民事法律概述》，法律出版社 2000 年版，第 35 页。

制度；不仅可以对现有的民事主体之间的行为进行调整，而且能够涵盖许多新的交易形式，并对其进行规范；以完备系统的理论形态概括了民法中一系列精致的概念和原理，形成学说中令人瞩目的独立领域。〔1〕

但是我国《民法通则》民事法律行为合法性的观点，在学说上又引发了新的矛盾，如认为合同和遗嘱是民事法律行为，但实务上又确有不合法的合同和遗嘱，或者认为我国《民法通则》创设民事行为的上位概念，将合法的民事行为称为民事法律行为，将不合法的民事行为称为无效的民事行为或可变更、可撤销的民事行为，由此形成了与传统民法完全不同的一套概念体系，认为"这一新的概念体系纯属添乱"。〔2〕

由此，在中国民法学的研究中，对于民事法律行为概念运用中出现的矛盾和问题，其思考和解决的耐心似乎不足。随后便对之采批判、抛弃、一边倒的态度。有的不仅将民事法律行为与法律行为混同，而且与行为混同，认为民事法律行为即法律行为；"行为、民事法律行为又称法律行为，它是指民事主体旨在设立、变更、终止民事权利和民事义务，以意思表示为内容的行为"；〔3〕有的原来使用"民事法律行为"，后改采法律行为；〔4〕或者笼统认为"民事法律行为这一概念来源于苏联"，便放弃民事法律行为，将其恢复至德日民法中的"法律行为"；〔5〕或者将民事法律行为改称为民事行为。〔6〕

但非此即彼，简单回复和使用法律行为概念会引发新的更大、更多的缺陷和矛盾。因为"法律行为"已成我国法学理论及法哲学中的重要范畴，〔7〕使用法律行为即会使民法中的法律行为与法理学或法哲学中的法律行为成为

〔1〕 董安生：《民事法律行为——合同、遗嘱和婚姻行为的一般规则》，中国人民大学出版社1994年版，前言。

〔2〕 柳经纬："关于中国民法学体系构建问题的思考"，载王利明主编：《中国民法学年刊（2010）》，法律出版社2011年版，第5页。

〔3〕 王利明："关于我国民法典体系构建的几个问题"，载《法学》2003年第1期。

〔4〕 司法部法学教材编辑部编审，彭万林主编：《民法学》，中国政法大学出版社1994年版，第六章为"民事法律行为"；1997年修订版，第七章为"法律行为"；1999年修订版第七章为"法律行为"；2002年修订第3版第七章为"法律行为"。

〔5〕 江平主编：《民法学》，中国政法大学出版社2007年版，第145、151页；司法部法学教材编辑部编审，彭万林主编：《民法学》（第6版），中国政法大学出版社2007年版，第101页。

〔6〕 魏振瀛主编：《民法》（第3版），北京大学出版社、高等教育出版社2007年版，第137页及后记；第4版第137~139页。

〔7〕 系统的民法学著作无不涉及法律行为，另有对法律行为进行研究的理论文章或者于法哲学著作中对法律行为的专门研究。参见李林："试论法律行为的性质和特征"，载《宁夏社会科学》1987年第2期；张文显：《法哲学范畴研究》（修订版），中国政法大学出版社2001年版，第67页。

同位概念。此外，在我国其他部门法中，已经有相应的法律行为概念，如经济法律行为、行政法律行为、刑事法律行为、诉讼法律行为、劳动法律行为等。如果将民法中的法律行为以法律行为替代，就会使民法中的法律行为与其他法律部门中的法律行为相冲突。[1]将我国《民法通则》创造的民事法律行为退回到法律行为，将是对我国民法学理论发展的极端不负责任，是一种学术自信丧失的表现。因此，我们对民事法律行为不应当轻言放弃或者退却，而应当坚守改进、砥砺前行。

首先，在称谓上可以将民事法律行为简称为民事行为或者民商行为；其次，在性质上，民事行为可以包括合法的民事行为和违法的民事行为；再次，在意蕴上，民事行为不仅包括民事事实层面的民事主体设立、变更、终止民事权利义务关系的行为，还可以包括民事权利行为、民事义务行为、民事客体行为、民事违法行为，甚至民事责任行为，形成多层次、多类型的民事行为体系。如此，民法典中调整和规范的民事行为，即不再局限于现在民法理论中所谓的合同和遗嘱行为，而可以拓展至传统民法中所谓的支配行为、请求行为、物权行为、婚姻行为、收养行为等更为广阔的行为空间，更切合民法实际规范的内容和调整的行为范围，使其更具科学性、系统性、针对性和有效性。

如果依然将民事法律行为类型定限在“引起民事法律关系发生、变更或消灭”的原因层面，而对静态性权利方面的支配行为、动态性权利方面的请求行为和履行行为，对违反民法规定的侵权行为和违约行为以及违法行为人所应当承担的责任后果行为，不放在“民事法律行为”视野之下，不仅有违“法律是行为规范”的本义，还会使客体行为、物权行为、债权行为、侵权行为等诸多被现行理论与法律承认的行为类型在民法总论中的“民事法律行为”方面难以体现，使民法理论中有关行为的类型体系出现诸多矛盾、空白或逻辑上的混乱，而且也影响了人们对相关行为主义理论认识的深化和对人的行为进行有效的法律调整。故本章将在固守民事法律行为这一由中国民法前辈学人创造的科学范畴的基础上，突破传统，围绕民事法律行为的类型化体系进行改进完善，以期完善发展具有我国特色的民事法律行为的理论体系。

---

〔1〕 张文显先生认为：“法律行为应当是各部门法律行为（宪法行为、民事法律行为、行政法律行为、诉讼法律行为等）和各类别法律行为（如合法行为、违法行为、犯罪行为等）的最上位法学概念（或法学范畴）。”参见张文显主编：《法理学》，高等教育出版社、北京大学出版社 1999 年版，第 100~101 页。

第二节　传统民事法律行为与民法调整对象的矛盾与脱节

法律是具有国家强制力的行为规范，是对主体的行为进行的规范、调整或约束。因此凡由法律规定的具有法律约束力或者能够引起法律效果的行为都是法律行为。[1]由于人们的行为目的和性质特点不同，依此掌握不同方法手段的法律部门对行为进行规范调整应当形成不同的法律行为，如行政法律行为、民事法律行为、刑事法律行为和诉讼法律行为等。[2]

但我国《民法通则》规定的民法的调整对象是平等主体的公民之间、法人之间、公民和法人之间的财产关系和人身关系。[3]在理念和法律价值目标上，人们也通常会毫不犹豫地根据民法所调整社会关系的属性或人的自然权利观念将民商事主体所享有的权利划分为人身和财产两个广泛范畴。美国大法官斯托里也曾说："一个自由政府的基本准则似乎应当是，要求把人们的人身自由权和私有财产权视为神圣不可侵犯的权利。"[4]故与民法调整的财产关系和人身关系相适应，我国民法理论中保护的民事权利也无不被概括或区分为财产权和人身权两种基本类型。但是，这种"关系调整说"或"权利保护说"的表达实际上掩盖了法律对人的行为进行规范和调整的本质属性。因为就法律而言，无论是传统法学派别中的规则说、命令说和行为说，还是中国现代马克思主义法学学派，都认为法律是对人的行为的规范。[5]社会关系的

---

〔1〕 张文显：《法哲学范畴研究》（修订版），中国政法大学出版社 2001 年版，第 68 页。

〔2〕 张文显主编：《法理学》，高等教育出版社、北京大学出版社 1999 年版，第 101 页。

〔3〕《民法通则》第 2 条；魏振瀛主编：《民法》，北京大学出版社、高等教育出版社 2000 年版，第 3 页。

〔4〕［美］伯纳德·施瓦茨：《美国法律史》，王军、洪德、杨静辉译，中国政法大学出版社 1989 年版，第 23 页。

〔5〕 规则说者认为："法律政令者，吏民规矩绳墨也。"（《管子·七臣七主》）该说认为："法是人们赖以导致某些行动和不作其他一些行动的行为准则或尺度。"（［意］阿奎那：《阿奎那政治著作选》，马清槐译，商务印书馆 1963 年版，第 104 页。）命令说代表者英国法学家霍布斯认为："法是国家对人民的命令，用口头说明，或用书面文字，或用其他方法所表示的规则或意志，用以辨别是非，指示从违。"（Edited by G. C. Christie，T. Hobbes，*Leviathan*，*from Jurisprudence-Text and Readings of the Philosophy of Law*，West Publishing Company，1973，pp. 336~337.）美国法律行为主义的代表人物布莱克则认为："法存在于可以观测到的行为中，而非存在于规则中。"（D. Black，"The Boundaries of Legal Sociology"，from *The Yale Law Journal*，vol. 81，p. 1096.）马克思主义法学者则认为，法律是国家制定或认可的并靠国家强制力保证实施的，反映由特定物质生活条件所决定的统治阶级意志，以权利义务为内容，以确认、保护和发展统治阶级所期望的社会关系和社会秩序为目的的行为规范体系。（张文显主编：《马克思主义法理学——理论、方法和前沿》，高等教育出版社 2003 年版，第 137 页。）

产生与存在，其前提条件一定是两个人以上及两个人当中的至少一个人要向另一人实施一定的行为。因此行为是各种社会关系相互之间的连接线，是各种社会关系发生的基础。正如人体经络是联系人与身体外界环境及人的身体各部器官一样，是一事物与他事物相连相通的路径与桥梁。因此，当某类社会关系被法律所规范和调整时，其本质或前提是对社会主体的行为进行的调整或规范。只有就人的行为进行规范和调整，其行为所涉及或生发的社会关系才会稳定有序和符合国家统治者的意志。当某些行为被放入民法的时候，该行为就必然是具有民法上的效力或影响的行为，否则该行为就不会有民法上的价值和意义。

民法所规定的行为，也就是民法中的行为，本应当是一个概括性的范畴，应当系指由民法规定或由民法进行规范、调整、约束的行为。被民法所规范和约束调整的行为，不仅应当包括诸如合同、遗嘱等能够引起民事法律关系发生的行为，还应当包括作为权利义务内容的行为，包括违反民法规定的行为及应承担的民事法律责任行为。如对于交付、处分、违约、侵权等行为，民法都规定了其类型和要件。也正如有学者已经指出的那样，“法律规范行为，民法规范平等关系中的行为”，〔1〕而平等关系中的行为，明显不只是合同、遗嘱和无因管理、不当得利之行为。但令人遗憾的是，现在的民法理论却都是仅将民法中规定的能够引起民事法律关系发生变化的事实或原因层面的行为作为民事法律行为或法律行为进行的研究，并未涉及民法所规范调整的其他行为及其类型，或曰根本未将其视为民事法律行为范畴中的内容或类型。

第一，传统民法理论所涉及的行为实际上只是作为法律事实或原因层面的行为。如有的把法律行为作为私权之得丧的主要原因，认为法律行为为重要之法律事实行为；〔2〕有的将法律行为作为权利之取得及丧失之法律事实中的行为的重要一类；〔3〕有的在民法总论中更设法律事实专编，其中含人的行为，主要包括法律行为及法律行为之代理；而非法律行为又称事实行为，或曰准法律行为、无因管理、不当得利、侵权行为、缔约过失及其他事实行为；〔4〕有的则在民事权利变动中对民事法律行为进行研究，直接表明民事法律行为

〔1〕 参见李锡鹤：《民法哲学论稿》（第2版），复旦大学出版社2009年版，第411页。

〔2〕 ［日］富井政章：《民法原论》（第1卷），陈海瀛、陈海超译，杨廷栋修正，王兰萍点校，中国政法大学出版社2003年版，第219~220页。

〔3〕 梅仲协：《民法要义》，中国政法大学出版社1998年版，第40~41页。

〔4〕 江平主编：《民法学》，中国政法大学出版社2007年版，第143~144页。

属于民事权利变动的原因，同时将民事法律行为和代理及诉讼时效并列，也表明民事法律行为属于法律事实的范畴，属民事权利变动之因素。[1]

第二，传统民法所论及的民事法律行为的分类，实际上主要是就事实层面行为中的合同行为和遗嘱行为的规定。但理论界在对民事法律行为进行研究时，又无不对民事法律行为进行多角度的类型分析，分单方、双方、多方民事法律行为，财产行为和身份行为，有偿行为和无偿行为，诺成行为与实践行为，要式行为与不要式行为，主行为与从行为，独立行为与辅助行为，有因行为与无因行为，以及生前行为与死后行为、债权行为与物权行为等，[2]甚至极尽分类繁复之能，但却没有对事实层面的行为有任何新的突破。同时，不少行为多有交叉，也并非都可以适用此类区分标准。在说明诺成行为和实践行为时，举例说诺成行为如借贷合同，实践行为如赠与合同；而到论说借贷合同时，又回头说借贷合同既可是诺成合同，也可是实践合同。如此以后者证前者、以前者论后者的循环论证，似乎毫无价值。

第三，从所谓民法分论中的行为理论来看，则主要集中于各类合同和遗嘱。其中包括了买卖、赠与、租赁、承揽、借用、借款、运送、保管、委托、行纪、居间、合伙等法定合同，也包括了口头、书面、录音等形式的遗嘱。这些都被认为是民法的核心内容。[3]显然，民法总论中的行为仍然只包括民法分编中的法律事实层面的行为，而对于物权、人身权等静态性权利来说，其权利内容的实施行为并没有被包括进去。如法律明确规定“财产所有权人对自己的财产依法享有占有、使用、收益和处分的权利”，但如何占有、使用、收益、处分，则不得而知。就因合同所生债权而言，其债权内容——请求与履行之行为，也没有被涵盖其中。

第四，从我国《民法通则》和学界对民事法律行为的定义看，侵权行为未被包括到民事法律行为的范畴之内。因为民事法律行为被认为是民事主体实施的以发生民事法律后果为目的的行为，是以意思表示为基本构成要素的合法行为。[4]其形式包括口头形式、书面形式和默示形式。[5]其重要特质是

---

〔1〕 魏振瀛主编：《民法》，北京大学出版社、高等教育出版社 2000 年版，第 133 页。

〔2〕 魏振瀛主编：《民法》，北京大学出版社、高等教育出版社 2000 年版，第 136~140 页；杨与龄编著：《民法概要——债编及亲属编再修正》，中国政法大学出版社 2002 年版，第 50 页。

〔3〕 参见江平主编：《民法各论》，中国法制出版社 2009 年版。

〔4〕 王利明主编：《民法》，中国人民大学出版社 2000 年版，第 98 页。在法律上，《民法通则》第 54 条规定：“民事法律行为是公民或者法人设立、变更、终止民事权利和民事义务的合法行为。”

〔5〕 魏振瀛主编：《民法》，北京大学出版社、高等教育出版社 2000 年版，第 140~142 页。

必须合法。很显然，这些特征属性对于侵权行为来说是不能适用的。但侵权行为又确实是民法中所规定的具有重要法律意义和后果的行为，是民法所规范调整的行为。

第五，从民事法律行为与代理的关系看，代理只是对部分民事法律行为(合同)的代理，并不包括权利的行使和义务履行方面的行为。我国《民法通则》第四章规定“民事法律行为和代理”，即明确表明了代理和民事法律行为的关系，也表明了法律中规定的民事法律行为及其可被代理的范围。有些情况下，债是可以由他人代为请求或代为履行的，支配行为也是可以代为支配的。但这些行为也未能被包括到现行民事法律行为的代理之中。

第六，从民法中涉及或者规范的诸多权利行为或相关行为看，也不属于民事法律行为的范畴或不能被包括到现行民事法律行为理论当中，如所有权中的占有、使用、收益、处分，婚姻关系中的抚养、扶养、赡养，继承法中规定的对遗产的保管、分割、继受等。再如支配、占有、撤销、请求、抗辩、担保行为，以及先占、加工、拾遗、收取孳息等，分明是人的行为，〔1〕在民法中占据重要地位，理论上也无不论及，但都难以与现行通说民事法律行为的类型相契合。

第三节　对民事法律行为进行新的解读与界定

由上可见，目前民法总论所规定的行为实际上仅限于债权法中的合同与继承法中的遗嘱这两种民事法律事实层面的民事行为，而没有涵盖民法中所规范约束的其他行为。即使像有的学者已经指出的那样，民法规范的行为应当包括无民事效力的行为和有民事效力的行为，但由于其所列出的行为仍然局限在设立、变更和终止民事关系方面，〔2〕也没有能够正确抽象和概括出民法所规范和约束的全部行为的类型，因此这对全面解析和把握民法中的行为的特性、表现方式及其所引发的民事法律后果都是不利的，对于从根本上梳理和解决我国民法理论中的法律行为、民事法律行为、民事行为这几个重要范畴的内涵及其相互之间的混乱关系仍然没有提供新的视野与方法。由此，

---

〔1〕对于其中的先占、添附、孳息，笔者已从取得所有权的行为的角度进行了专门研究。可参见王明锁：“论无主物与其所有权归属——所有权原始取得方法之先占”，载《学习论坛》2014年第5期；“论添附与添附物的所有权归属——对我国《物权法》所有权原始取得制度的一项补充”，载《晋阳学刊》2015年第4期；“对孳息的传统种类及所有权归属之检讨”，载《法商研究》2015年第5期。

〔2〕李锡鹤：《民法哲学论稿》(第2版)，复旦大学出版社2009年版，第411页。

笔者对民事法律行为作如下的解读和界定。

首先，民事法律行为是人的行为。行为虽有人类行为和非人类行为之分，但我们所谓之行为，专指人的行为，[1]即"行为是受思想支配而表现在外面的活动"。[2]但从人的行为与其意思联系的方面看，有本能行为、自觉行为和被迫行为。其各类行为对社会关系的影响与其地位并不相同。人的行为，本质上在于其社会性，因此就其所涉及的内容范围和受到外在规范约束的角度看，有经济政治、艺术教育、生活习俗、宗教信仰、道德法律等方面的行为。其中被法律予以规范调整的行为，对于社会关系的稳定和谐与文明进步具有十分重要的意义。

其次，民事法律行为是一种法律行为。法律行为在立法中出现于《德国民法典》和《日本民法典》，但这两部法典并未对法律行为进行定义。[3]故所谓的法律行为多是学说上对其作出的种种解释。其中有的认为法律行为是法哲学或者法学基础理论中的一个一般的概念，有的则认为法律行为是指以意思表示为核心要素的主体为追求该意思表示中所含效果在私法上的实现的行为。[4]实际上仅指民法中的行为，故此应当认为法律行为是由法律主体实施的并受法律所规范约束的行为，或具有法律意义能够引起法律后果的行为，[5]既包括合法行为也包括违法行为，[6]应当包括民事法律行为、刑事法律行为、行政法律行为和诉讼法律行为。但不管何种具体的法律行为，其共同的特性均是具有法律效果和法律约束力，即受到国家强制力约束的行为。

再次，民事法律行为是由民法规定和约束的行为。民事法律行为虽然与其他法律行为一样具有共同的特性，但其之所以被称为民事法律行为，就在于它是法律行为的一个种类，因此既不应当将我国现行《民法通则》规定的民事法律行为倒退或恢复至德日民法中的法律行为概念，也不应当将法律行为与民事法律行为等同看待，即不应当将法律行为作为民事法律行为的简称。[7]

---

〔1〕由于在法律上，人包括自然人与法人等法律主体，故在行为上也当然包括法人等法律主体的行为。

〔2〕参见中国社会科学院语言研究所词典编辑室编：《现代汉语词典》（修订本），商务印书馆1996年版。

〔3〕参见《德国民法典》（修订本），郑冲、贾红梅译，法律出版社2001年版；《日本民法》，曹为、王书江译，王书江校，法律出版社1986年版。

〔4〕江平主编：《民法学》，中国政法大学出版社2007年版，第145页。

〔5〕张文显：《法哲学范畴研究》（修订版），中国政法大学出版社2001年版，第68页。

〔6〕史尚宽：《民法总论》，中国政法大学出版社2000年版，第332页。

〔7〕王明锁："民事法律行为范畴的守成与完善"，载《北方法学》2013年第1期。

民事法律行为的明显标志即在其主体具有平等自愿性，其法律效果由民法规定并被限定于民法范围进行评价，既可表现为合法的法律后果，如合同有效的后果，也可表现为不合法的法律后果，如合同无效之情形。

最后，民事法律行为，应当是指由民法规定的由民事主体实施的具有民事法律意义或民事法律后果的行为。实际上可简称为民事行为。[1]它不仅包括民事法律事实或原因层面的行为，也包括民事法律关系要素方面的行为，如客体中的行为，权利内容中的行为；不仅要包括理论上已经承认的如合同等民事行为，更要包括理论上虽然尚未公认但民事法律中所实际规定和约束的民事行为，如使用、处分、给付、签署姓名等，这些民事行为可能是法律所允许的，也可能是法律所禁止的，但都应当是由民法所规定的。由此，民事法律行为的类型即不能再被继续局限于民事法律关系的发生原因层面的"民事法律事实"中的行为，[2]而应当涵盖和拓展到民事法律关系要素，即客体中的行为和内容中的行为，以及违反民法规定的行为及其应当承担的民事责任行为。

第四节　民事客体行为应是民事法律关系客体要素中的民事法律行为类型

一、客体行为是独立的一类行为

行为是民事法律关系的重要客体之一，或认为债权法律关系的客体即是行为，此已为我国民法学界所普遍认同。[3]这些观点是正确的，但作为民事法律关系客体之一的行为，又绝不像有的著作说的那样，是民事法律行为。[4]作为民事法律关系客体的行为，乃是民事法律关系的构成要素，而不是指产

[1] 刑事法律责任可以简称为刑事责任，民事法律责任可以简称为民事责任，刑事法律行为可以简称为刑事行为，行政法律行为可以简称为行政行为，民事法律行为也可以简称为民事行为。

[2] 民事法律事实，是指引起民事法律关系的发生、变更或者消灭的事实或客观现象。民事法律事实可被分为行为和自然事实两类。参见魏振瀛主编：《民法》，北京大学出版社、高等教育出版社2000年版，第35~36页。

[3] 司法部法学教材编辑部编审，彭万林主编：《民法学》（第6版），中国政法大学出版社2007年版，第54~58页；佟柔主编：《民法原理》（修订本），法律出版社1987年版，第35页；王利明主编：《民法》，中国人民大学出版社2000年版，第44页；魏振瀛主编：《民法》，北京大学出版社、高等教育出版社2000年版，第132页。

[4] 有的认为：行为是民事法律关系的重要客体之一。详见第八章"民事法律行为"。魏振瀛主编：《民法》，北京大学出版社、高等教育出版社2000年版，第132页。

生民事法律关系的“民事法律事实”中的行为。具体言之，作为民事法律关系构成要素的客体的行为，只存在于债权民事法律关系的领域。在民商法律关系中，权利的类型划分实际上是以客体的不同特质为标准的，如物权的客体是物，人身权的客体是人格和身份，知识产权的客体是知识产品，而债权的客体是行为。〔1〕但是，作为民事法律关系发生、变更或消灭的原因层面上的“民事法律事实”中的行为——现在通说中主要为“民事法律行为”〔2〕——则无论如何也难以成为民事法律关系权利类型划分的标准。因此，客体之行为，是指作为民事法律关系即民事权利和民事义务关系客体的行为。民事权利是民事主体依法享有并受法律保护的利益范围或者实施一定行为以实现某种利益的可能性。〔3〕如民法规定的财产所有人对自己的财产享有的占有、使用、收益或处分的权利；债权人依法享有的要求债务人为一定行为的权利。在每一项权利中，都既包括了权利的利益内容，也包括了为享受法定的权利利益而可以实施的不同特性的行为。

民法调整的平等主体之间的财产关系和人身关系包括静态的关系和动态的关系。从静态关系方面看，其客体或者是物，或者是知识产品，或者是人格与身份。在这种情形下，其行为均表现为主体对其客体的支配，该支配性的行为，属于其权利内容的行为，不存在客体行为的问题。但从动态民事法律关系方面看，其客体则是行为。在这种情形下，就会出现两种不同特点的行为：一种行为是债权人向债务人提出请求的行为，即要求债务人履行债务的行为；另一种行为则是作为客体的债务人的行为，如债务人向债权人履行

〔1〕 苏联民法学家认为：“债的客体是各种行为（交付财产、完成工作、支付款项等）或不实施行为。”参见［苏联］B. П. 格里巴诺夫、C. M. 科尔涅耶夫主编：《苏联民法》（上册），中国社会科学院法学研究所民法经济研究室译，法律出版社1984年版，第420页。在我国民法学理论领域，佟柔较早认为债权的客体为物和行为，并提出把债的客体统一为行为的观点。对此可以认为，物和行为是债权法律关系客体者，为债权客体复合说；认为只有行为是债权法律关系客体者，则为债权客体单一说。其实，行为是债权的客体，物只是债的客体——行为的对象即标的的一种——标的物。要想他人为一定行为，只能是请求他人为之，而不能强制、强迫其为之。强制、强迫他人为一定行为者，或因违背民商法平等自愿原则而无效，或难以达到当事人原本之目的，或已不再属于民商法之范围。故后来多数著作都直接把行为作为了债权法律关系的单一客体。关于债的客体及标的的多种见解，还可参见王家福主编：《中国民法学·民法债权》，法律出版社1991年版，第5~6页。

〔2〕 在我国现代民法学中，民事法律事实即传统民法学上讲的法律事实，由于法律事实这个概念已发展成为法理学上的基本概念，而且1986年颁布的《民法通则》将“法律行为”改称“民事法律行为”，我国民法学者遂将“法律事实”改称“民事法律事实”。参见魏振瀛主编：《民法》，北京大学出版社、高等教育出版社2000年版，第35页。

〔3〕 房绍坤主编：《民法》，中国人民大学出版社2009年版，第16页。

债务的行为。这两种行为尽管都属于民事法律关系内容的范畴，但却有着重要区别。债务人履行债务的行为，如保管人所为的保管行为、借款人所为的偿还债款的行为、货物出卖人所为的交付货物的行为，都属于该动态性法律关系中的民事权利的对象行为，属客体性质的行为。而债权人所为的向债务人提出履行债务的请求行为，则是债权权利内容本身的行为，即不属于客体性质的行为。〔1〕因此它被放在下述权利内容之行为范畴，而未被列入客体行为之内。

这里，有必要进一步说明民事法律关系客体行为与使民事法律关系产生、变更、消灭的原因方面的行为——民事法律事实中的行为〔2〕的关系。因为这种行为与动态性法律关系中的客体行为密切相关。如果没有这种行为，动态性民事法律关系就不能出现或者产生，也就不会有如上所说的债权人的请求行为和债务人的履行行为。这种行为主要就是现代民法理论通说中所谓的“民事法律行为”。民事法律行为虽然与民事法律关系具有密切的联系，但它是属于民事法律关系得失变更的民事法律事实中的行为，是法律关系的原因层面上的行为。这种行为最为常见的即为各种各样的合同行为，如没有签订买卖合同，买受人就不会具有请求出卖人交付货物的行为，出卖人也不会有向买受人交付货物的行为。这种由各种合同构成的民事法律行为既不是动态法律关系中内容方面的行为，也不是权利客体方面的行为。这种行为理应属于民事法律关系事实层面的行为范畴。但令人十分不解的是，于被我们视为权威的民商法理论中，民事法律事实层面的“民事法律行为”却被与民事法律关系层面中的客体行为混同和等同了。作为面向21世纪课程教材和全国高等学校法学专业核心课程教材的《民法》曾认为：“行为是民事法律关系的重要客体之一。详见第八章民事法律行为。”而该书第八章的民事法律行为是什

〔1〕 有学者认为：“债权人行使债权时所能支配的，除自己的人身（行动、行为）外，无可支配者。因此作为债权支配对象的债权客体是权利人的人身，具体地说，是行使债权时的具体行为。”并进一步认为：“债权的基本权能为受领，客体是受领行为。债权的救济权能为请求，客体是请求行为。主体行使债权基本权能即为受领行为；行使救济权能，即为请求行为。”参见李锡鹤：《民法哲学论稿》（第2版），复旦大学出版社2009年版，第283页。此观点实际上混淆了债权内容行为与债权客体行为的区别，也混淆了动态性权利的债权为请求权，物权等静态性权利为支配权的性质。

〔2〕 我国现代民法认为：作为民事法律事实的行为，依其是否合法，可将行为分为合法行为和违法行为。前者如依法签订合同，后者如侵权行为。依行为人的意思状态，可将行为分为表示行为和非表示行为。表示行为就是《民法通则》中规定的民事行为和民事法律行为，非表示行为即事实行为，如使得遗失物、无因管理等行为。参见魏振瀛主编：《民法》，北京大学出版社、高等教育出版社2000年版，第36页。

么呢？是“公民或法人确立、变更或消灭民事法律关系的行为”；“是指公民或法人设立、变更、终止民事权利和民事义务的合法行为”。[1]也即《民法通则》第四章规定的民事法律行为。可见，这里是把民事法律关系事实或原因层面中的行为与作为民事法律事实后果的民事法律关系层面中的客体行为混淆和等同了。这在逻辑、理论、实践上均有不妥，因此很需要予以澄清。

二、客体行为作为独立民事法律行为类型有其合理依据

为什么一定要把客体行为单独作为民法中的一类行为，并着重强调不应当和其他的民法中的行为相混淆呢？

第一，客体行为是社会民事生活中重要的一类行为。在社会生活中，人们所为的社会行为有的是主动的，有的是被动的。客体行为，就属于被动行为中的重要一类。被动的社会行为，是指一般情况下在他方请求下所为的行为。行为人所为该类行为，不仅需要符合请求权人的合法或正当的要求，且不能被行为人自己免除。依照法律规定或合同约定，这种行为必须由义务人亲自履行。否则，双方当事人之间的法律关系就不能消灭。正是由于这样的重要特性，该种社会关系在罗马法中被称为债（obligation），[2]或为法律上的链锁（juris vinculum）。[3]事实上，社会生活中许多客体行为都是因为没有得到正确实施或履行才使纠纷发生并影响社会关系稳定与和谐的。

第二，客体行为有其存在的社会实践根据。此自古有之，但于商品交往不发达之社会，客体行为不为常见现象。而现代市场经济相当发达，民法中的客体性质的行为更多显现并应当受到重视。客体行为是因权利人请求而由义务人所为之行为。其显著特质是：这种行为通常与义务履行行为相重合，即客体行为通常也就是义务行为。客体行为是被动的行为，通常都是根据权利人的请求而实施的。可以说，无请求即无履行；无履行，也就没有客体行为。客体行为的外在根据在于合同的约定或者法律的规定，其内在根据在于它能满足权利人的利益要求，也使履行人自己得到了相应的回报或报偿。因此，其后果或者是法律关系的解除（因交付或履行而使债的关系消灭），或者是相应法律责任的出现与承担（因未交付或履行而使违约责任发生）。

第三，客体行为在民商法理论中是被认可为单独一类行为的。行为作为

---

〔1〕 魏振瀛主编：《民法》，北京大学出版社、高等教育出版社 2000 年版，第 132、133、135 页。

〔2〕［罗马］查士丁尼：《法学总论——法学阶梯》，张企泰译，商务印书馆 1989 年版，第 158 页。

〔3〕 魏振瀛主编：《民法》，北京大学出版社、高等教育出版社 2000 年版，第 302 页。

单独类型的法律关系客体，在民法理论中经过了一个逐步被确立的过程。于民法理论初始阶段，先是物为客体（包括一部分人也被当成了物〔1〕），后认为物和行为都可以作为民事法律关系的客体，〔2〕甚至曾经设想把民法中的客体都统一为行为，认为“体现某种客观实际利益的行为才是民事法律关系的客体”。〔3〕认为物权、知识产权等静态性权利的客体也是行为，但因为实践上物权等静态性权利客体的客观明显性，使得物权客体为物的理论难以动摇，并逐步形成了行为是债权法律关系客体的基本共识与通说。尽管有的著作仍然停留于对行为客体在发展过程中的表述，〔4〕甚或像上述《民法》〔5〕一书还把作为客体的行为与民事法律事实中的行为相混淆，但却都承认行为是法律关系客体的类型。

第四，客体行为在民法中具有重要的学术价值和理论意义。在民法理论中，尽管多数著作都提出了行为也是客体的一类，但却没有对客体行为作进一步的梳理与分析，以致出现了如上书中所说的“行为是民事法律关系的重要客体之一，详见第八章民事法律行为”的不妥。这不仅是对承认行为是民事法律关系客体的观点的自我否定，更是对读者的一种误导。把刚刚提出的一个新问题一下又空转到了另外一个新的问题之中，并将二者完全等同，结果使读者如坠云雾，而民法理论对此却未能引起重视。因此，明确承认客体行为并辨析客体行为与民法中其他行为的界限，对于繁荣民法理论、促进学术发展具有重要意义。

三、客体行为作为民事法律行为类型有其具体的表现形态

客体行为有积极行为和消极行为。在民事法律关系的客体行为方面，主要表现为行为人的积极行为。积极行为通常都是行为人根据事前与权利人的约定或者法律的已有规定所为的特定行为。这些行为分别体现在各种因合同所生的债权债务关系当中，其主要形态为债务人根据约定或者法律规定向债

〔1〕如按照罗马法的规定，有些人受自己权力的支配，另有一些人受他人权力的支配。后者包括处于家长权力下和处于主人权力下。参见［罗马］查士丁尼：《法学总论——法学阶梯》，张企泰译，商务印书馆 1989 年版，第 17~18 页。

〔2〕佟柔主编：《民法原理》，法律出版社 1983 年版，第 31~32 页。

〔3〕佟柔、赵中孚、郑立主编：《民法概论》，中国人民大学出版社 1982 年版，第 25 页。

〔4〕江平主编：《民法学》，中国政法大学出版社 2007 年版，第 19 页。该书认为：“在债权法律关系中，客体可以是物，也可以是行为，甚至有学者主张只能是行为。”

〔5〕魏振瀛主编：《民法》，北京大学出版社、高等教育出版社 2000 年版，第 132 页。

权人履行债务的行为。在因合同所生之债中，债务人的行为都是根据事前的合同约定来进行的，必须符合事前合同所约定的行为条件，如行为的主体、内容和方式等。否则，该客体行为即因不符合合同约定而不能产生预期的法律效果。在因法律直接规定所产生的债权债务中，债务人的行为也要根据权利人的请求而启动，其行为内容范围是根据法律规定进行的，但由民商法中的自愿特质所决定，该行为的内容范围并不排斥或者反对债务人与债权人根据新的情况和意愿进行适度的变更或调整。这种行为的表现形态主要体现在侵权行为之债、不当得利之债和无因管理之债方面。需要指出的是，侵权行为之债所体现的客体行为，并非侵权行为本身，而是侵权行为人因侵权行为实施后依法应当向权利受害人承担的义务或责任行为，〔1〕这些客体行为的具体表现形态为停止侵害、排除妨碍、恢复原状、返还原物、赔偿损失、赔礼道歉等。在侵权行为之债的关系中，义务行为和客体行为也具有重合性。但由于法院的判决，债务人在法律强制力的作用下所为之行为则应当属于典型的责任行为。

四、客体行为的类型不应当等同于义务行为类型

客体行为与义务行为虽然会有重合，但却不应将二者完全等同。两者的不同存在于以下方面。其一，客体行为不同于静态权利义务关系中的义务行为。在静态的权利义务关系中，其义务行为都是消极的不作为的义务，如在物权关系中，义务人的义务是不作为，是对权利人的物和权利人对物的支配行为不予干涉或不予妨碍。这时，权利人的权利客体是物，而不是义务人之行为，即义务人的义务行为不是物权的客体。因此，我们所说的客体行为只存在于动态性权利义务关系中，而义务行为则既存于动态性权利义务关系中，也存在于静态性的权利义务关系中。其二，客体行为在动态性法律关系中也是可以和义务行为相区别的。尽管在动态性法律关系中，义务行为和客体行为不好区分，但从理论上说，法律关系既然有主体、内容和客体三个要素，客体是作为内容（权利和义务）的对象，客体行为与义务行为就应当是有区别的。从实务方面看，义务行为可以是尚未具体实施的履行行为，是权利人尚未请求但已有约定的行为。而客体行为则是因权利人请求而由义务人具体履行实施的行为。其三，客体行为也不同于责任行为。客体行为主要是合同

〔1〕 在一般情况下，有时义务也可以是责任。但在准确的意义上，义务和责任应当是有严格区别的。即义务与权利相对，责任是违反义务的后果。无权利即无义务，无义务也就谈不上责任。责任是对义务违反者的制裁，同时也是对权利的保护。

之债中对义务行为具体和实际的履行。若义务人违反义务即未按照事先约定具体履行（义务行为或客体行为），便会出现另外一种行为，即责任行为，如支付违约金。但在静态法律关系中侵犯权利人的权利后也会出现责任行为。因此，责任行为既出现在对合同等债的权利的保护方面，也会出现在对静态性权利的保护方面。若从更为严格详细的角度分析，违反动态性义务和静态性义务所出现的直接后果仍然可以算作是一种义务，即由权利受害人与义务违反人协商解决，由义务违反人在法律强制力动用之前直接弥补权利人之损害。〔1〕但只有在义务人不自觉或不愿意对权利人的损害进行弥补或双方达不成一致意见时，权利人通过法律程序从而在法律强制力的直接干预下由义务人所为的对权利人损失进行弥补的行为才是严格的责任行为。如此，对于建立多渠道社会纠纷解决机制与促进社会和谐有着十分重要的理论价值和实践意义。

第五节　民事事实行为应是民事法律关系原因层面的民事法律行为类型

行为存在于法律关系要素及其产生原因当中。在法律事实或原因层面，“行为是主体和权利之间的桥梁、媒介”。〔2〕民事法律事实是由民法规定的能够引起民事法律关系发生、变更或消灭的客观事实。在民事法律事实中，包括行为事实和自然事实。〔3〕自然事实是指非由人的行为所构成的事实状态，而是根据自然规律所发生的有关事件或事实。自然事实也可使民事法律关系得失变更，故也为民法所规定。自然事实引起民事权利义务关系得失变更的原因不仅在于该事实本身，还在于法律对特定自然事实之规定。〔4〕自然事实

〔1〕参见王明锁：“物上请求权与物权的民法保护机制”，载《中国法学》2003年第1期；“侵权行为之债及其立法路径选择”，载《中国法学》2007年第4期。

〔2〕《民法通则》颁布后，江平教授曾对《民法通则》中规定的主体、行为和权利的关系进行过论述。江平：“主体·行为·权利”，载《北京日报》1986年6月20日。

〔3〕“民事法律事实可分为行为和自然事实两类。行为事实是指由人的行为构成的事实。自然事实是指非人的行为构成的事实，又可分为事件和状态。人的生死、孳息产生、时间经过等。”魏振瀛主编：《民法》，北京大学出版社、高等教育出版社2000年版，第36页。

〔4〕根据笔者研究，添附即是指“非人为因素于某物之上添加另外之物，致原物增加”的事实，故对添附之物的所有权归属，依法律规定确定。“孳息是由原物自然所生之新物。取得孳息及孳息的所有权，则应依当事人约定或者法律之规定。”分别参见王明锁：“论添附与添附物的所有权归属——对我国《物权法》所有权原始取得制度的一项补充”，载《晋阳学刊》2015年第4期；“对孳息的传统种类及所有权归属之检讨”，载《法商研究》2015年第5期。

虽然也被列入了民事法律事实的范畴，但却不属于民事法律事实中的行为范畴。

民事法律事实中的行为（行为事实），也可称民事事实行为，是指公民或者法人设立、变更、终止民事权利和民事义务的事实行为。此定义与我国《民法通则》中对民事法律行为的定义基本相同，只是以“事实”替代其中“合法”二字。其理由在于：增加事实二字，改民事法律行为为民事法律事实行为，是为了与民事法律关系中的其他行为明显区别开来，不会再出现使民事法律关系事实层面的行为与民事法律关系客体、内容要素层面上的行为相混淆。去掉合法二字，是使其后果更加符合实际，可有效避免因其必须合法而致民事法律事实行为重新出现理论实务及逻辑方面的矛盾，同时也是对长期以来我国民法学界民事法律行为合法性来源方面的错误观点的矫正。〔1〕

由此，使民事法律事实行为的概念表明其以下特定含义：其一，是人的行为，而不是事件。其二，是民事法律事实层面的行为，而非民事法律关系内容客体中的行为。其三，该种事实行为由法律规定，具有法律上的约束力。其四，是民商事领域中的法律事实行为，而非其他法律领域的法律事实行为。

对于民事法律事实行为，从不同角度可有不同分类。如有单方与双方、有偿与无偿、诺成与实践、定式与不定式等民事法律事实行为。〔2〕此外，还有一种更有意义的分类尚未见有探讨，即民事法律事实行为可以被区分为有民事法律目的之行为与无民事法律目的之行为。

（一）有民事法律目的之事实行为

民事法律事实行为，指依法能够引起民事权利义务关系得失变更之事实行为，即把非引起民事权利义务关系得失变更的其他法律事实行为排除在外。为了把能够引起民事权利义务关系得失变更的事实行为和其他的事实行为及不具有法律意义的行为区别开来，我国《民法通则》使用了民事法律行为的概念。因此，《民法通则》所说的民事法律行为，就是民事主体为了设立、变更或者终止民事权利义务关系的行为，即有民事法律目的之事实行为。

---

〔1〕 民事法律行为必须合法的观点，乃片面效仿苏联民法学中关于民事法律行为有关观点所致。参见王明锁：“民事法律行为范畴的守成与完善”，载《北方法学》2013年第1期。

〔2〕 对于其中的定式与不定式的概念，现在的民法理论还是使用要式与不要式的称谓。但这种分类并不科学。因为任何法律行为都有一定的形式，没有一定形式的法律行为是不存在的。所谓的要式，实际上是指特定的方式；所谓的不要式，实际上是指不需要法律规定的特定方式。因此笔者已在多处使用定式与不定式这一新的提法。详见王明锁：《票据法理论与实务》，河南大学出版社1997年版，第11、55、99页；王明锁：《票据法学》，法律出版社2007年版，第43、81页。分别使用定式证券、不定式证券和票据行为的定式性等，并相应提出了使用定式法律行为与不定式法律行为的概念。

对于“民事法律行为”，通说上认为必须是合法行为。但法律行为合法性的观点在理论与实践上都遇到了极大的挑战和难题。因为其中的合同无疑是重要的民事法律行为。但合同是否合法，实践中往往是在合同履行中或是在纠纷发生后才出现合同是否合法与有效的争议，结果有的就出现了非法合同的概念，即合同是合法行为，但又有非法合同。在这种情况下，在逻辑上是说不通的。为避免这种矛盾，据说《蒙古国民法典》《俄罗斯民法典》和《越南民法典》便使用交易的概念取代法律行为概念，但使用交易概念时又会将单方行为排斥在行为体系之外，故有的学者在理论上认为应当采纳国际通用的关于法律行为的定义，即“法律行为是民事主体基于意思表示，设立、变更和终止民事法律关系的行为”。可是，这同样不能解决问题。因为英美法系国家并不使用法律行为概念，此定义也并非国际通用定义。再则，该观点最后还是承认法律行为大部分是合法行为和应当是合法行为，同时又说会有不合法的法律行为存在。〔1〕这本身还是矛盾。另有学者在理论上为回避民事法律行为合法性的矛盾，主张将《民法通则》中的民事法律行为的概念改称为民事行为。〔2〕这虽有相当的合理性，在一般情况下这样称谓未尝不可，但直接去掉法律二字，改称民事行为，似乎抹掉了民事法律事实行为的法律规定性特点。实际上，民事法律行为的合法性，也只能是指法律允许民事主体进行该类行为，但某一具体行为究竟是否符合法律规定的具体要件，是否具有法律效力，尚需要根据具体规定进行司法判断。法律对行为的规定性与行为的合法性并不是等同的概念与范畴。前者属于法律对某类行为的事先规定和预期，后者则是行为人实施行为与法律判定之结果。受行为人自身的利益、品行以及对法律规定性的认知情形等因素影响，行为人实施的行为结果与法律的规定性难免会存在一定的差异。因此，如果使用“有民事法律目的之事实行为”的概念，便比较确切地表明了其真实含义，也可有效避开法律行为合法性的矛盾，即这是从行为人实施行为的目的上着眼的。行为人的目的是否能够实现并不是行为人一厢情愿的事情，还需要依照法律进行评判，其结果自然会出现合法与不合法两种情形，这在实践上符合实际，在理论逻辑上也说得通。

有民事法律目的之事实行为属于民事法律事实行为的重要类型，包括双

---

〔1〕参见司法部法学教材编辑部编审，彭万林主编：《民法学》（第6版），中国政法大学出版社2007年版，第101~104页。

〔2〕房绍坤主编：《民法》，中国人民大学出版社2009年版，第74~75页。

方的事实行为和单方的事实行为，如合同、遗嘱。有民事法律目的之事实行为的最大特点是：该种行为的实施，行为人具有明确的民事法律目的，并期待产生预期的受法律保护的利益后果。至于行为人实施行为时的预期判断与事实上法律规定的有效性发生差异，只能是个别情形，而并非具有普适性特质。因此，对于个别与法律规定有效性不一致的情形，法律则赋予行为人通过相应的方式进行矫正或补救（如变更、撤销、认定无效或追认等）的权利，即矫正或补救到行为人双方利益的平衡上来，以达到社会关系的公平与正义。

（二）无民事法律目的之事实行为

无民事法律目的之事实行为是指行为人实施的本无发生民事法律关系或民事法律后果的目的，但依法却引起某种民事法律后果的行为。这种事实行为的实施，行为人往往缺少民事法律目的，该行为所引起的法律后果往往并非行为人行为时的预期后果。这种事实行为有的合乎法律规定，有的是不违反法律规定，还有的是违反法律规定。不违反法律规定的行为不应直接等同于合法行为。合法行为的前提是法律事先已有明确规定，即规定了某种行为的含义及其构成要件并受到法律保护的行为。不违法行为只是不违反现行法律的明确规定，或者说是法律没有明确禁止该类行为。这种行为在一般情况下也可以说合乎法律规定，因为法律无禁止即应当合法。[1]但是也并不一定就合乎现行法律规定，因为对某种行为，法律是否规定其合法，或者规定其是否为法律所禁止，并不是在任何情况下都能被立法者所正确认识并及时用法律手段进行调整和规定的。

无民事法律目的之事实行为，可包括传统民法理论中除了合同、遗嘱之外的其他民事法律事实层面的行为。如无因管理、不当得利、拾得遗失物、发现埋藏物以及侵权行为等。但对于这些行为还需要进一步区别其不同特性。无因管理、不当得利的法律后果尽管可能不是行为人当时所预期的，其取得或返还利益并非行为人之目的，但其行为本身则是法律所许可的，是合乎法律现行规定，或者至少不是现行法所禁止的。侵权行为则为法律所明确禁止。

---

〔1〕人之行为，如果行为时必须符合现有法律规定才可以实施，则要求法律必须超前、明确、细致、具体，但现实往往是因为法律规定上的滞后、不明确、不具体等因素而判定行为人的行为不合法，进而限制、约束了主体行为的自由或主体自由行为，也限制了人的主观上的能动性和客观上的创造性。但如果不违反法律的现行规定即认为是合法行为、是法律所允许的行为，其后果则大不相同，即主体可以自由想象、自由行为，使人的想象力、创造力最大限度地发挥，从而使社会生活更加丰富多彩，使人的个性广泛张扬，使人的欲望、利益充分满足，进而促进社会的进步。这也是对人的行为的一种具体的解放。

行为人实施相关侵权行为时，并没有对给他人造成损害进行赔偿的目的。在有的情形下，尽管侵权行为人具有对他人的人身进行伤害或者对他人财产进行损害的主观意图，但民事上赔偿的后果却不是侵权行为人所追求和预期的。行为人实施侵权行为使他人的人身或财产受损，已经使民事权利义务关系发生了变化，已经是一种民事法律后果了，即受害人人身或财产利益受损及受害人有权利要求赔偿和侵害人有义务赔偿。而依据侵权行为之债的规则或侵权行为法的规定，让侵权行为人承担的民事法律责任后果实际上已经是另外的一个民事法律关系了，是法律直接规定的又一法律关系结果。这一法律关系结果的发生需要靠受害人向侵权行为人提出赔偿或者要求承担其他民事责任的请求。对此，如果用公式进行表达的话，第一个事实行为及其法律关系的变化是：侵权行为→他人人身或财产受损；第二个事实行为及其法律关系的变化是：侵权行为受害人提出请求→受害人有要求恢复其受害利益的权利和侵权人应当进行恢复受害人利益的义务；第三个事实行为及其法律关系的变化是：受害人起诉→侵权行为人通过法院对受害人承担民事法律责任和受害人利益终于得到恢复或保护。因此，不应跨过受损害人的请求行为而将侵权行为人与其承担的民事法律责任后果直接挂钩。正因如此，受害人的请求行为将被归入权利内容的行为，而侵权行为则被列入民事违法行为，含于无民事法律目的之事实行为当中。

第六节　民事权利行为是民事法律关系内容要素中权利方面的民事行为类型

民事法律关系包括民事权利和民事义务两项内容。[1]但民事法律关系并不只是债的法律关系，还包括债之外的民事法律关系，其内容自然也不只是债之内容中的权利义务关系，还包括支配权等权利内容。[2]因此，民事权利行为是指民事主体所享有的并受法律保护的利益范围及实施的行为。它可以单独的一项权利内容存在，也可以多项权利内容即权能的形式表现出来。在后种情况下，该权利行为通常表现为彼此相互联系且具有密切逻辑关系的组合性行为方式。

---

〔1〕 魏振瀛主编：《民法》，北京大学出版社、高等教育出版社 2000 年版，第 33 页。

〔2〕 司法部法学教材编辑部编审，彭万林主编：《民法学》（第 6 版），中国政法大学出版社 2007 年版，第 59 页。

在民法理论中，民事权利的形态种类不同，其权利内容行为也有区别。于物权中，权利内容表现为对财产或物的占有、使用、收益和处分。占有是对物的控制与占据，同时表明属于所有权之权能；[1]使用是对物的利用；收益是对物进行利用并取得利益；处分是对物的处置。这在社会经济生活中最为常见，在民法理论中这种权能被普遍认可，有时还被称为"权利束"，但总起来称支配更为简明通俗、科学合理。

在人身权方面，其内容行为对其客体即人格与身份也有支配的性质。民事主体之自然人对自己的生命、健康、姓名、名誉、荣誉、身份等客体都享有权利，他人不得侵害。公民在对自己人格权的行使上，其行为或是对自身人格的尊重、爱护，或是对自己名誉、荣誉的尊重与维护，或是对姓名的确定与使用等。在对生命权尊重、爱护、救助之外，在某些情形下，也可能对自己的生命、健康做出不利的处置行为，如舍己救人，捐献血液、器官，实际上是主体对自己的健康或生命进行处置的方式。自残自杀、拒绝救治于一般情形下并不构成犯罪，其理论依据应当亦在于此。

知识产权方面，行使知识产权的行为体现为对知识产品的控制支配等，如对知识产品（作品、商标或专利发明等）进行使用和对其利益进行转让等。在理论与实务中，对自己来往信件的支配处置则既涉及对信件于物权方面的支配，也涉及对信件内容著作权方面的支配，其中甚至关涉有关当事人的名誉和隐私方面的人身利益，因此比对一般的物权或知识产权的支配要复杂得多。

在继承方面，继承人的权利内容行为表现为根据法律或遗嘱规定，对遗产进行保管、分割或取得遗产归其支配的权利行为。通过继承完成，则转化为物权中主体对物的支配行为。

债的关系方面，其内容权利行为表现为请求。请求是债权人向债务人提出的要求债务人履行债务的行为。但是在债之行为方面，通常表现得比较丰富、复杂。在债之权利上，不像上述静态权利那样主要体现为单方权利，而是双方都为权利人，如买卖之债，买卖双方同时都是权利人，卖方请求买方向自己交付货款的行为和买方向卖方请求交付货物的行为都是权利内容行为。这里，其内容权利行为从两方面都体现为请求性的行为。而根据请求买方向卖方支付货款和卖方向买方交付货物的行为则为权利客体（或内容义

---

[1] 此处的占有只限于所有权权能的范畴，不是指传统民法中游离于自物权和他物权之外的"占有"。参见王明锁："论所有权占有权能与他物权控占权二元制法律体系的构建"，载《法律科学（西北政法大学学报）》2009年第6期。

务）之行为。在债之客体（或义务）行为方面，通常也是在主体两个方面都会存在。

权利内容行为在法律关系中居于主导地位。没有权利行为的主动实施，通常即不会引起义务行为之进行，但内容中之权利行为一般是可以依照法律规定根据行为人的意愿而放弃的。在权利人放弃自己权利利益时，内容之义务行为即因此被予以免除。

第七节 民事义务行为是民事法律关系内容要素中义务方面的民事行为类型

民事义务行为和权利行为都属于民事法律关系中的内容行为，具体是指根据民法规定或者合同约定应当向权利人履行之行为。在静态性权利方面，义务人是不特定的，其义务都是不作为，可谓无行为。在动态性权利方面，义务人与权利人都是特定的，其义务通常都是作为，可谓有行为。关于不作为，在法学理论中往往也被作为行为的一种方式。从一般意义上说，行为的“行”是指行动，是行、是动、是有方向有距离的、是要触及什么东西的；而“为”，是做、是作、是有目的和要有某种结果的。而不作为，是不行、不动，不作、不为的，是静的。但是，从某些特殊情形或某种特殊意义上说，有意识、有目的地静，则是一种自我约束。而约束，也可以是动、是为、是行为。若前者为积极行为，此自我约束可谓是消极行为。这在哲学与通常理论上是能够说得通的。但是，在法律所调整和规范的行为上，却是通常意义上的行为和作为。[1]故行动、行为、作为是在研究权利义务内容时所关注的重点。

民事义务行为从其主体的主观态度和对客体的功用方面看，可以被分为积极义务行为和消极义务行为。在静态性法律关系中，义务主体的义务多为不作为或者消极的行为；在动态性法律关系中，义务主体的义务则多为作为或者积极的行为。

民事义务行为从其与法律的规定性方面看，该义务行为体现为以下情形：

---

〔1〕 中外法学中，对于权利和义务的关系，几乎均从权利角度论之。就权利的释义，尽管可分为资格说、主张说、自由说、利益说、法力说、可能说、规范说与选择说等多种学说，但权利义务之核心内容则直接或间接地都应当体现为行为。对八种说法的归纳与论述，可参见张文显主编：《马克思主义法理学——理论、方法和前沿》，高等教育出版社 2003 年版，第 281~291 页。

第一，法律规定民事主体负有不作为的义务。这包括在任何情况下都不许作为的情形和法律规定在特定时间和场合才不许作为的情形。为法律所禁止的行为、实施某种行为后即要受到某种法律惩处的行为，都属于对不作为义务行为的规定。

第二，法律规定民事主体负有作为的义务。对于作为义务行为的规定，包括法律的直接规定和当事人事先的约定。但约定民事主体负有的作为的义务，该行为依旧不能违反法律的通常规定，不能对他人的权利利益造成损害。进行民事义务行为，必须符合法律规定或当事人的有效约定。否则即构成民事违法行为。

第八节　民事违法行为是行为人违反民事法律关系秩序的民事行为类型

民事违法行为是指违反民法规定的行为，本质上是对法定义务的违反，是对法定权利的侵害，民事违法行为与民事权利义务联系密切。对于权利和义务的存在形态，有学者在法理学中进行过系统分析。[1]但是，在民法理论中，权利可以有法定权利和约定权利，义务也可以有法定义务和约定义务，并且权利还可以被区分为静态权利和动态权利，义务也可以被区分为积极义务和消极义务。积极义务的内容是作为，消极义务的内容是不作为。但不论是对何种义务的违反，都构成对法律规定的违反。只是在静态权利义务关系中，通常违反的是消极义务，而在动态权利义务关系中，通常违反的是积极义务。

违法行为是法律规定的行为中的重要类型，在民法中指违反民法规定的行为。因此，在民法中有积极的违法行为和消极的违法行为之分。积极的违法行为是指行为人以作为的方式违反了法律的禁止性规定，从而破坏了法律所维护的正常的民事法律关系或利益关系秩序，这种情形主要是对静态权利的侵害；消极的违法行为是指行为人以不作为的方式违反了法律的规定，从而破坏了法律所预期或当事人所期望出现的利益关系秩序，这种情形主要是对动态权利的侵害。

民法中的违法行为可被区分为侵权的违法行为和违约的违法行为。前者

---

〔1〕张文显主编：《马克思主义法理学——理论、方法和前沿》，高等教育出版社2003年版，第291~300页。

即侵权行为，后者即违约行为。

(1) 侵权行为。侵权行为是指法定主体违反民商法律规定，对他人的人身权、物权、知识产权以及继承权的侵害行为。侵权行为主要是对静态性权利的侵害，是对法律规定义务的直接违反。违反法律规定，构成侵权的，在侵权行为人和受害人之间产生因侵权行为所生之债。受害人有权要求侵权行为人对给自己造成的损害进行赔偿或者进行相应的补救。侵权行为人根据受害人之请求有义务就给权利人造成的损害进行补救或者赔偿。

传统民法理论将侵权行为的后果当成一种债的法律关系进行处理，有其充分的合理性。理由在于债是一种法律关系，具有民商事法律关系的性质，可以遵循民商法的平等、自愿、公平等原则，可以由双方当事人协商解决，从而有利于节省司法资源和促进社会关系的和谐。但是，在现代民法理论与立法方面，则有对侵权行为的关系直接以侵权行为法或侵权责任法形式出现的主张与做法。把侵权行为与法律责任直接联系，就缺少了中间一个重要的可以平等协商与相互谅解的缓冲环节。我国前些年司法改革中重审判、重判决而轻调解、轻协商的倾向实际上就是民事实体法中忽视这个环节并在程序法中的延伸。结果是许多案件“案结事未了、虽判人不服”，诸多纠纷从司法路径涌入信访之途，极大地影响了司法公正与司法公信，甚至使法院的案件审判直接与信访问题联系了起来，有的审判机关为了使当事人不上访，在利益结果上竟然由案件当事人双方的协商变成了审判机关与双方当事人之间的协商，从而严重僭越了法律规定和法律允许的范畴，严重影响了司法审判功能。[1]这在民事实体法中是很值得对侵权行为之性质进行深入探讨和研究的。[2]

---

〔1〕民事实体法上的忽视侵权行为之债的功能作用与民事程序法上的调解被冷落似乎存在着某种联系。这种表现是：在民事审判改革过程中，曾针对在调解方面存在的强行调解、久调不决与和稀泥的弊端，以判决方式结案风靡一时，颇具特色的调解方式被冷落一旁，以致普遍地“法院不再以法官的调解结案率作为评价和考核的指标，相反以当庭宣判率和裁判文书的质量来评价法官的工作成绩”。但以此相应对比的现象是：民事一审裁判息诉率自 1988 年至 1994 年呈波浪型态势，即从 1988 年的 94.13%下滑至 1991 年的 93.33%，接着回升至 1994 年的 94.74%，并达到历史最高点。此后，除 2007 年从 2006 年的 90.66%升至 90.91%外，一路下滑，从 1995 年的 94.74%一直降至 2009 年的 89.67%。该统计可参见 1989 年至 2002 年的《中国法律年鉴》和 2003 年至 2010 年《最高人民法院公报》上历年全国法院司法统计公报。关于调解在民事审判改革中的状况研究可参见的重要文章是吴英姿：“法院调解的‘复兴’与未来”，载《法制与社会发展》2007 年第 3 期；陈杭平：“反思民事诉讼模式改革——从司法的纠纷解决力切入”，载《法制与社会发展》2008 年第 4 期；苏力：“关于能动司法与大调解”，载《中国法学》2010 年第 1 期。

〔2〕参见王明锁：“侵权行为之债及其立法路径辨析”，载《中国法学》2007 年第 4 期。

（2）违约行为。违约行为是指民商主体违反事先合同约定的行为。合同或契约就是“法律”，这是市场经济条件的必然要求，是诚信理念与原则在法律领域中最为广泛、具体的体现。为满足民商当事人之合理需求，近现代法律遵循规律、提倡人性、以人为本、以需为重，充分尊重当事人意愿，允许当事人在几乎所有的社会经济生活领域进行平等协商，如对婚姻之结合与分离，均主张自主自愿；没有子女者，可收养他人子女，或采“人工授精”者；对没有监护者，可协议进行监护；对财产之分割，最有效可取之办法也是平等协商；遗产的继承分配，最受尊崇之办法是订立遗嘱或签订遗赠扶养协议，进行遗赠或者根据遗嘱内容进行继承；即使是法定继承，其实质也是根据普遍的人之常情来规定法定继承人的范围与继承数额，符合被继承人之本意。若将遗嘱继承和法定继承对立，实际上是就法定继承缺乏本质认识的表现。

违约行为存在的最为广泛之领域，莫过于合同所生之债的范围。在各种各样的合同中，其行为内容、条款形式，无不是民商当事人充分协商之结果。对于霸王合同或者合同的霸王条款，从尊重当事人意愿的根本原则出发，法律则予以反对和不予承认。而对于在平等自愿基础上达成的协议，法律给予充分保护，如若违反，则应承担相应的民商法律责任。

对于违约行为后果的性质，是否也像侵权行为后果一样，可以引起一个侵权行为之债的法律关系？从严格的逻辑角度看，合同义务人违约或者不履行事先确定的义务，同时也是对合同权利人权利的侵犯，因此违约行为也是一种侵权行为，其后果也应当是一种侵权行为之债。对此，似乎也应当按照上述侵权行为之债的路径进行处理。但是，对于违约行为的后果也当成侵权行为之债进行处理，并不具有科学合理性。其一，侵权行为和违约行为所损害的权利特质不同。侵权行为是对静态性权利的侵害，违约行为是对动态性权利的侵害。其二，侵权行为与违约行为的性质不同。侵权行为是对法定权利的直接侵害，而违约行为是对当事人约定权利的侵害。其三，两种行为对民法自愿原则违背的情形与程度不同。侵权行为人所实施的行为并未与受害人进行过协商，是完全违背权利人意愿或超出权利人的预料的。违约行为发生，则由于事前双方当事人的平等协商，权利人对义务人违约通常是有所预料的。其四，权利人对两种行为所造成的损害后果的预见情况不同。对于侵权行为的后果，权利受害人对其损害的程度范围是没有预见的，而对于违约行为的后果，权利人对违约行为所造成的损害范围会有所预见，甚至是已有规定。其五，对两种行为的损害后果若以相同方式处理则不符合效率原则。对侵权行为给予债的发生效力，有利于当事人协商，可以提高纠纷解决效率。

而对违约行为后果，因其事先对于违约责任后果已经多有明确规定而再当成侵权行为之债进行处理，则显然没有必要，也不符合效率原则。其六，将违约行为当成侵权行为之债处理，不符合诚信公平原则。在事先的合同中，通常都对违约后果有明确约定。若一方违约后再按照侵权行为之债处理，即通常会依照某些非强制性规定等理由而改变事先的约定后果，从而使遵守协议的行为人受损，违约行为人则会得到非分利益。[1]因此，对违约行为与侵权行为不应当混同或合并为一种行为，即不应当把违约行为当成侵权行为。

第九节　民事责任行为是行为人对自身违法行为进行矫正的民事法律行为类型

责任有许多含义，但是在法律学领域，责任指的是法律责任。作为法律责任，有行政责任、民事责任和刑事责任三大类型。在刑事责任和行政责任中，其责任方式通常是某种惩罚或某种惩戒。这些责任方式往往由行政机关或司法审判机关作出，由责任承担人被动地直接接受惩罚，并不需要由责任人向受害人再履行什么行为，如行政处罚中的警告，罚款，没收违法所得、没收非法财物，责令停产停业，暂扣或者吊销许可证、暂扣或者吊销执照，行政拘留，以及由法律、行政法规规定的其他行政处罚方式，如责令具结悔过等。刑事惩罚中的死刑、无期徒刑、有期徒刑、拘役、管制，以及罚金、剥夺政治权利和没收财产等都是由责任行为人被迫接受的。但是，在民商法中，其责任方式往往是通过责任人向受害人履行相应的行为来实现的。所以，民商法中的责任行为是指民商当事人由于违反法定义务或者约定义务而给权利人造成损害后，由义务责任人向民商权利受害人做出的补救或者补偿性的责任行为方式。

根据我国《民法通则》第 134 条的规定，承担民事责任的方式主要有：

---

〔1〕如在一起种子买卖纠纷案件中，依买卖双方事先约定，违约方要按照事先的议价承担双倍赔偿责任。但卖方违约后则认为应当按照地方、法规定价，而不能是事先的议价，也不应当按照事先约定承担赔偿责任。对此，有人支持后种主张。再如某女欲通过非正常途径出国并让其男友出 20 万元费用，其男友及母亲表示反对。在没有办法的情况下，为防止该女出国及出国后变卦反悔，约定 20 万元费用为借用。如果回国后结婚则 20 万元不用返还；如果回国后不与男友结婚，则须偿还 40 万元。但该女出国后与另一男同居，两年后回国果然反悔，不与原男友结婚。该男友之母便要求按协议执行，返还 40 万元。对此有人却解释为应按无息借贷处理。此两例虽非典型地将违约行为改为侵权行为进行处理，但其相关主张的共同点都是推翻了当事人事先平等自愿所达成的协议，结果都是使投机取巧、善于欺诈者受益，而使诚信者受损吃亏，其价值导向与民法的平等、自愿、诚信、公平等原则相悖。

停止侵害，排除妨碍，消除危险，返还财产，恢复原状，修理、重作、更换，赔偿损失，支付违约金，消除影响、恢复名誉，赔礼道歉。这些方式，包括违约责任与侵权责任。其中又可分三种情况：一是赔偿损失，这是适用范围最为广泛和最为常用的责任方式，既适用于违约行为也适用于侵权行为；二是支付违约金和修理、重作、更换，这是比较典型的违约行为责任方式；三是其余的主要为侵权行为的责任方式。另外，在学理上有的还把继续履行也作为违约责任。以上这些民事责任方式既可以单独适用，也可以合并适用。

但这些责任方式的适用，通常都必须由责任人为相应的行为，因此民事法律责任本质上也是一种行为，且都是作为的行为方式。学界有人认为，民事责任中的非财产责任是不作为、精神抚慰等非以财产为内容的民事责任，如消除影响、停止侵害、赔礼道歉、恢复名誉等。[1]但对此似有必要商榷。其主要理由是：其一，在作为和不作为两方面，不作为能使现有社会关系不生变化，而作为能使现有社会关系发生改变，如停止侵害适用的前提是损害正在发生，要停止就是一种作为，并使现存的某种损害关系不再继续，实际上已是一种改变。其二，责任的适用前提是某种现有的社会关系被违法行为人侵害或者破坏了，正因如此才需要对被改变或破坏了的社会关系进行恢复或修整。其三，作为一种责任，如果其行为方式是不作为，则根本不可能使已经受损的社会关系得以变化或恢复。其四，拿上述观点中所举消除影响、停止侵害、赔礼道歉和恢复名誉来说，任何一项责任行为方式实际上本身就都是一种特定的作为的行为方式。如没有责任人以适当的方式向受害人表示歉意，何来赔礼道歉？没有责任人将侵夺的钱财物品实际返还给受害人，又何来返还原物？消除影响、恢复名誉又何尝不是如此？都要由侵权行为人通过适当的方式对权利受害人的名誉进行恢复，以消除给受害人造成的不良影响；即使是停止侵害，也要由侵权行为人主动或被动但需要有效地停止尚在进行的侵害行为。因此，这些行为都是积极的行为，以作为的方式才能实现。

正因为民事责任行为的适用，通常必须要靠违法行为人自己积极主动实施，才能使受害人被损害的利益关系得以修复，所以在社会生活实践中当违法行为人消极或拒绝进行其责任行为时，将使得该民事纠纷难以解决，并使法院的判决难以执行。可见，民事责任的行为属性与特质也正是民事案件执

---

〔1〕 参见王利明主编：《民法》，中国人民大学出版社2000年版，第535~536页。

行难的重要原因。[1]

依我国《民法通则》规定，除上述民事责任外，人民法院审理民事案件，还可以予以训诫、责令具结悔过、收缴进行非法活动的财物和非法所得，并可以依照法律规定处以罚款、拘留。对这几种责任方式的性质，理论上有不同看法。有的认为这是民事责任的范畴，理由是被规定在《民法通则》当中，同时《民法通则》指明了前面的主要方式，那么后面的就是非主要方式了。但这种说法并不合适。正如上述，民事责任行为的特点在于其通常是要由违法行为人通过自己的行为向权利受害人进行承担的，而这五种方式则具有直接强制性，不是由违法行为人与权利受害人直接协议，也不是因受害人向违法行为人提出请求并由违法行为人向权利受害人直接进行的。罚款，其款项要上缴国库，拘留则是由有关司法机关直接对行为人采取强制性措施。训诫、具结悔过也不是直接针对权利受害人作出的。《民法通则》“人民法院审理民事案件，还可以予以训诫”的规定，应当说是针对民事案件的审理而言的，是为了保证案件审理的正常进行而做出的，其责任方式尽管在民法中进行规定，但不应属于民事法律责任行为方式，而应当属于行政法律责任的范畴。

第十节　结　论

民事法律行为当是民法中的所有行为。我国当今民事立法及理论上的民事法律行为只是指民法中的诸多行为中的民事法律事实中的行为，并没包括诸如支配行为、请求行为、履行行为、侵权行为和责任行为等。民法中的行

---

〔1〕 刑事责任的承担，其方式是直接的暴力强制，所以容易执行；行政责任方式的承担，也带有比较直接的强制性，故也比较容易执行；而民事责任方式的承担，其强制性比较间接，通常都必须由违法行为人自己亲自为相应的行为才能使损害得以补救或者得到平息纠纷的效果，故在违法行为人不予配合或拒绝为相应责任行为的情形下，通常就比较难以执行。在司法实践中，加强民事案件的执行，其前提应当是保证案件处理结果的公正。如果案件处理结果不公正或者有问题，那么越加强执行及其执行力度，恐怕就会越麻烦，纠纷会越来越乱，执行会越来越难！据笔者调查，确有一些所谓的执行难案件实际上都是由判决本身有问题造成的。其责任恐怕不应当在于老百姓和当事人，而在于有关人员处理纠纷的态度和水平。马锡五审理案件之结果之所以为双方当事人心服口服，并能做到百姓满意，其根本原因在于处理案件前已经作了周密详细的调查，案件事实认定清楚，适用法律正确，既合情又合理。在民商法理论与实践中，如果充分考虑到民事责任的行为性质及民事责任的承担通常都要由违法行为人自己以作为的行为实施的情形，将会极大地丰富和发展民法中的行为理论和提升民事案件的执行效果。因此，研究和强调责任之行为及其实施的作为方式是很有理论价值和现实意义的。

为不只包括合同和遗嘱属于民事法律关系事实原因层面的行为，也应当包括民事法律关系各层次范围的由民法规定具有民事法律意义或具有民事法律效果的行为，是一种系列性的行为类型。这个行为类型的基本体系是：民事法律事实行为（民事事实行为）、民事客体行为、民事权利行为、民事义务行为、民事违法行为和民事责任行为。在民事内容权利上主要是人身权行为、物权行为、知识产权行为、继承权行为和债权行为；民事事实行为主要是合同行为与遗嘱行为；人身权、物权和知识产权的内容行为均为支配行为，继承权和债权行为的内容主要是请求行为和履行行为。从民事法律行为各种类型的生发变换过程看，其类型体系通常为如下两组行为情形：

第一组行为情形：支配行为（如占有、使用、收益、处分）→事实行为（如合同、遗嘱）→请求和履行行为（含客体行为）→支配行为（如占有、使用、收益、处分）；

第二组行为情形：支配行为（如占有、使用、收益、处分）和请求行为→违法行为（侵权行为和违约行为）→请求和履行行为→责任行为（如恢复原状、返还原物、赔偿损失等）→支配行为（占有、使用、收益、处分）。

对此略加说明的是：

第一组行为是常见性、常态性和理想性的社会行为状态。市场经济条件下，民商主体对自己的客体（财物、知识产品、人格身份）享有支配性的行为权能；若进行交易变换则要进行签合同、立遗嘱等事实行为；随后即在特定当事人之间产生相应的请求、被请求和履行给付行为；当被请求人满足请求人请求之后，双方当事人就会出现新的支配行为状态。

第二组行为也是常见现象，但不是常态性和理想性的行为状态。民商主体对自己的客体（财物、知识产品、人格身份）享有支配性的行为权能，但该正常的利益支配关系被另外的主体所实施的侵权行为破坏了，从而不能再正常满足权利人的利益要求，此时在侵权行为人和权利受损害人之间便会产生一种债的关系——受损害权利人即要请求侵权行为人返还或赔偿所被侵害的物品或利益。如果侵权行为人自觉履行责任行为或经法院裁判承担民事法律责任满足了受损害人的要求，则最后也会使物权等权利行为人的支配行为重新恢复到一种正常的秩序状态。

民事法律行为在法律行为中具有基础和广泛的地位，对于民事法律行为的价值类型体系，构建中国特色的社会主义法律行为类型及其价值体系具有十分重要的价值；对于丰富和发展行为主义法学，拓展和提升国家对社会关系的调控效力范围也具有积极的推动意义。

5 第五章

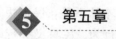

民事法律行为在行为主义和法律行为类型价值体系中的地位

在我国民法典编纂过程中，民事法律行为是一个复杂而极具争议的重要问题。[1]民事法律行为源于德国民法中的法律行为，为我国《民法通则》所创新和发展，形成了民事法律行为的概念。但因我国《民法通则》中关于民事法律行为合法性特征所生之矛盾，致民法学界基本上都主张将民事法律行为恢复为德日民法中的法律行为。此观点直接影响到了我国民法典的编纂。

民法典首编的总则草案专家稿、全国人大常委会法工委稿以及经全国人大常委会初步审议稿都曾将民事法律行为改为法律行为。以张文显先生为代表的法理学者和少数民法学者则认为民法典应当继续使用民事法律行为的概念。基于此，经全国人大常委会二次审议的民法总则草案稿才将法律行为恢复成民事法律行为。在随后的讨论中，多数民法学者仍坚持认为应当使用法律行为，也有原来主张法律行为者基于某种考虑而改采折中或妥协意见，认为全国人大二次审议稿虽然仍用《民法通则》中的民事法律行为，但已去掉其合法性表述，已与德国法中的法律行为相同。之后颁布实施的《民法总则》最终使用了民事法律行为这一概念表述，坚守了《民法通则》所创造的这一重大特色。但是，在现今不少学者的论著中，民事法律行为依旧被解读为德国民法上的法律行为。为何会出现此种反复现象？在对《民法总则》的解释和适用中，究竟又当如何认识民事法律行为？同时将民事法律行为的概念与民事主体、民事责任等并列起来考察，还会生发如下思考：既然民事法律责任

〔1〕 有学者认为："民事法律行为概念问题虽受诸多学者反对，《民法总则》仍沿袭了《民法通则》的这一术语。因为参与立法的其他部门法专家提出了这样的诘问：法律行为是各个部门法共同享有的上位概念，民法用了法律行为，以后其他部门法怎么办？立法机关为平息诘问，凝聚共识，提升立法进度，而最终采取守成立场，直接回到《民法通则》。"参见魏磊杰："中国民法典编纂的政治学"，载《中国法律评论》2017 年第 6 期，第 119 页。

可以被简称为民事责任，那么民事法律行为能否被简称为民事行为而非法律行为？既然民法典编纂坚持民商合一，那么民事法律行为又是否能够被称为民商事法律行为、民商法律行为抑或民商行为？为此，笔者在以往研究的基础上，[1]拟将民事法律行为放置于行为主义价值体系的广阔视野和法律行为的宽宏背景中进行探究，以为我国民法典编纂过程中关于民事法律行为的价值取向和创新选择提供更为坚实的理论与实践基础。

第一节　行为在人类社会思想价值体系的基本轨迹

天体星空和道德法则是人类怀着仰慕敬畏或恐惧好奇的心态不断进行思考和反省的两种东西。[2]希腊人最早将观察的目光投到了人类自身在事物秩序中的位置以及人类社会治理的最佳方式，将对人类与法律和正义关系的探讨演变成了有教养之士的专门活动，其先哲先贤在关注探索城邦组织目的中不断地揭示着人类于互相交往中如何来规制自己的复杂行为。原始政治行为、人类自然本能行为、自然规则与约定规则、法律的惩戒与侵害行为、惩罚与赔偿、自愿交往与非自愿交往等，都在柏拉图的《法律篇》和亚里士多德的《尼各马可伦理学》中被广泛论及，并形成了法律、正义、法治、惩罚等近现代法律规则渊源方面的理论思想。[3]罗马帝国时期，法学理论发达繁荣，其中从法律角度对人类自身的关注和研究也达到了新的水准。罗马法对人及其行为的关注与研究，主要集中在对人的资格身份及释放、支配、结婚、收养、监护、保佐等行为方面。对物的研究，除对物作出的极具价值的类型化分析外，更多的是对赠与、遗嘱、继承、占有、保证、买卖、租赁、合伙、委任等具体的、被后世法学理论称为“法律行为”所进行的描述。在对诉讼的研究中，先是对侵权行为和准侵权行为进行抽象概括，后是对诉与诉权、抗辩与答辩、命令与公诉等诉讼中的行为进行论述。[4]罗马法虽为人、物、诉讼

〔1〕 参见王明锁：“民事法律行为范畴的守成与完善”，载《北方法学》2013年第1期，第31页；“中国民商法典编纂的重大疑难问题——附《中华人民共和国民商法典“通则编”草案建议稿》(黄河版)”，载《晋阳学刊》2016年第3期，第118页。

〔2〕 [德] 康德：《康德谈人性与道德》，石磊编译，中国商业出版社2011年版，第36页。

〔3〕 [爱尔兰] 约翰·莫里斯·凯利：《西方法律思想简史》，王笑红译，法律出版社2010年版，第1~34页。

〔4〕 [罗马] 查士丁尼：《法学总论——法学阶梯》，张企泰译，商务印书馆1989年版，第239页。

三位一体的系统结构，但本质上是以行为为核心内容的。罗马法在对人的行为的研究上，主要集中于适法行为与违法行为。适法行为主要是契约，违法行为主要是侵权，但其并未形成“法律行为”概念，〔1〕更没有形成法律行为的思想价值体系和类型的法哲学体系。1804 年《法国民法典》把罗马法中各种散置的取得财产的行为方法集中统一，并将之区分概括为继承与债两个部分，各种契约和遗嘱为其具体的行为方式。1900 年《德国民法典》开创民法典五编制体系，于总则编规定“法律行为”，以此统领债编中的契约和继承编中的遗嘱等具体行为，由此被后世不少学者奉为圭臬。正如罗道尔夫·萨科在其《比较法导论》中所说：“人文科学的目的在于了解人类的行为方式，并研究这些行为方式自身特有的逻辑及其自身特有的原因。如果说人文科学不对这种逻辑和原因进行探讨，那是因为它们尚未做出杰出的研究。”〔2〕

第二节　行为及行为主义的价值体系

行为是一个具有广泛含义的科学范畴。在现代社会中，几乎所有的学科都在用“行为”这一概念描述着各自对象的运动、变化或活动。特别是在心理学领域出现的行为主义学派，将一切物体的变化、一切生物和动物的活动及人的情感和思维活动都叫作行为。〔3〕“在行为主义者看来，思维是由细微的语言动作构成的，这些细微动作代替了外观的动作”，并且由华生把这样的动作和思维过程等同了起来。〔4〕“当然，肯定还有不属于语言的思维形式，这些行为主义者是以姿态、手、脚、颈、身躯以及特别是眼的动作来解释的。”〔5〕由于行为主义作为一门独立的心理学派是在巴普洛夫、别赫捷列夫和华生的实验室中诞生的，因此以行为主义者的看法，一切物的运动变化特别是所有动物的动作活动都属于行为范畴。

可是，绝不应当将这种行为思想置于法学领域。其一，人之外的物的运

〔1〕曲可伸：《罗马法原理》，南开大学出版社 1988 年版，第 268~269 页。

〔2〕［意］罗道尔夫·萨科：《比较法导论》，费安玲、刘家安、贾婉婷译，商务印书馆 2014 年版，第 6 页。

〔3〕罗国杰主编：《马克思主义伦理学》，人民出版社 1982 年版，第 462 页。

〔4〕［美］加德纳·墨菲、约瑟夫·柯瓦奇：《近代心理学历史导引》，林方、王景和译，商务印书馆 1980 年版，第 340 页。

〔5〕［美］加德纳·墨菲、约瑟夫·柯瓦奇：《近代心理学历史导引》，林方、王景和译，商务印书馆 1980 年版，第 340 页。

动形式不应被列入行为范畴。天体运转与苹果落地都不是其自身思维和行为的结果，当属物理学范畴。其二，人与一般动物不同。人除“三种关系”之外，还有人与物的关系，也决定了人的社会价值体系。〔1〕其三，人的理性是人优越于其他动物之所在。人内心的神性、人的社会倾向性是人性的天然取向。人作为有理性的动物依靠公共事务、社会利益，凭借具体的友谊和家庭结成一体，服从一个共同的法则，同属公民或社会成员中的一分子。其四，动物和生物虽然也有其行为，但它们在法律价值思想体系中一向是被列入权利客体之一即物的范畴之内的。〔2〕《德国民法典》第 90a 条关于“动物不是物”的观点是难以解释和被接受的。〔3〕无论从逻辑的角度还是从认知的角度，动物都只能是物的一类，属于人的财产范围。法律中动物伤人的责任，由动物的饲养人或者管理人来承担，本质上都是对人的行为的规范。其五，人为地球上最高等之动物，于各种关系中影响力最大、破坏力最强。可见，只有以人的行为为核心，才可正确理解人类社会的思想及其体系，也才可以真正理解社会控制规则的价值所在，并据此真正构建和谐的人与人及人与自然的关系。因此，我们所谓之行为即指人的行为。

第三节　人的行为及其对社会价值目标的实现

对于人类社会的价值目标，尽管见仁见智，但许多价值目标与规范法则是多数人所共同认可的。公平正义、平等自由、和谐幸福、生存发展、公序良俗、德性责任，以及服从天命、顺从自然、热爱人类、达观和善者比比皆是。正如奥勒留在《沉思录》中所认为的那样，宇宙本是一个合目的的体系，其任何事物的产生总是有着某种目的。人是为某种目的的存在，是为某种功用和义务的存在。人是为社会造出来的，人生下来就负有世间的某种责任，

---

〔1〕 奥勒留在《沉思录》中认为“每个人都可以从三种关系来认识自己”，即人的理性情欲关系、人与神的关系和人与他人的关系。其实人的理性与情欲关系不应当统称为人与自然的关系。因为人与自然的关系可以包含人与物体、物品的关系在内，而人的理性与情欲的关系则仅指人的自身情感内心关系。参见［古罗马］马可·奥勒留：《沉思录》，何怀宏译，中央编译出版社 2008 年版，第 126 页；唐凯麟主编：《西方伦理学名著提要》，江西人民出版社 2000 年版，第 87 页。

〔2〕 罗马法对鸟兽鱼虫及其行为的后果，都是从人的行为的角度进行考察和规定的，即使对于树木植物生根的现象，也是从人类天然理性的角度直接规定其权利归属的。参见［罗马］查士丁尼：《法学总论——法学阶梯》，张企泰译，商务印书馆 1989 年版，第 48~59 页。

〔3〕 王明锁：“对物权客体——物的含义与种类的新解读——就物权立法的新建议”，载《河南省政法管理干部学院学报》2005 年第 6 期，第 6 页。

甚至说生存的目的就是行动，就是行为。〔1〕因此，当希腊哲学家开始在物理世界之外反思人类境况的时候，当他们发现自身以及他们的邻人生活在城邦之中并探索这种组织的目的的时候，该问题的答案便开始揭示人类如何在相互交往中规制自己的行为——这个一切社会生活关系的基础性和根本性的问题。〔2〕黑格尔认为，所谓人“不外是他的一系列行为所构成的”。〔3〕马克思也说：“对于法律来说，除了我的行为以外，我是根本不存在的，我根本不是法律的对象。我的行为就是我同法律打交道的唯一领域，因为行为就是我为之要求生存权利，要求现实权利的唯一东西，而且因此我才受到现行法的支配。”〔4〕“在任何法律系统中，决定性的因素是行为，即人们实际上做些什么。如果没有人们的行为，规则不过是一堆词句，结构也不过是被遗忘的缺乏生命的空架子。除非我们将注意力放在被称为‘法律行为’的问题上，否则就无法理解任何法律系统，包括我们自己的法律系统在内。”〔5〕美国行为主义法学家布莱克指出：“法律存在于可以观察到的行为中，而非存在于规则中。”〔6〕而在中国法学理论中，也无不把法与法律定义为行为之规范，将法与法律的对象确定为行为及行为之关系。这些都说明了行为在人类社会价值体系中处于核心基础性地位。

一般意义上，行为是“受思想支配而表现在外面的活动”，〔7〕是人类与自然之间及人类个体与群体相互之间的连接线，是各种社会关系发生的基础。柏拉图以为是人们为抵御大自然的威胁才懂得联合他人并建立城邦而自保的，涉及了人类的原始政治行为和行为之目的。〔8〕被称为“行为科学鼻祖”的亚里士多德则认为人类是因其本性而成为趋于建立城邦的造物者，在其伦理学著作中，详细、系统地考察了人类行为的各个方面，认为人的功能与本性绝不是生命，而是“人的行为根据理性原则而具有的理性生活”。〔9〕其关于行

〔1〕 唐凯麟主编：《西方伦理学名著提要》，江西人民出版社 2000 年版，第 88 页。

〔2〕［爱尔兰］约翰·莫里斯·凯利：《西方法律思想简史》，王笑红译，法律出版社 2010 年版，第 10 页。

〔3〕［德］黑格尔：《小逻辑》，贺麟译，商务印书馆 1980 年版，第 293 页。

〔4〕《马克思恩格斯全集》（第 1 卷），人民出版社 1956 年版，第 16~17 页。

〔5〕 L. Friendmann, *An Introduction to American Law*, Stanford University Press, 1984, p. 46.

〔6〕 D. Blank, “The Boundaries of Legal Sociology”, *Yale Law Journal*, Vol. 81, 1972, p. 1086.

〔7〕 中国社会科学院语言研究所词典编辑室编：《现代汉语词典》，商务印书馆 1983 年版，第 291 页。

〔8〕［古希腊］柏拉图：《法律篇》，张智仁、何勤华译，上海人民出版社 2001 年版，第 76 页。

〔9〕 罗国杰主编：《马克思主义伦理学》，人民出版社 1982 年版，第 463 页。

为的研究对后世影响深远。

行为在广义上可包括人类行为、动物行为，甚或生物行为；[1]在中义上也可包括人类行为和动物行为。因为人与动物完全可以用言语肢体等行为方式予以沟通交流，使人与宠物或相关动物相互沟通。这使人与动物之间有许多的共通性。但我们选取行为仅指人之行为的狭义说，其重要理由是，自人类社会产生以来，人一直占据着中心地位，对社会的发展变化起着主导的作用；其行为决定或影响着天地自然环境及其他生物、动物的前途和命运，甚至严重影响到了人类自身的生存发展与命运前途。故对行为的研究，广义上可有生物行为学、动物行为学和人类行为学，中义上可有动物行为学和人类行为学，但在狭义上行为学仅指对人的行为所进行研究的科学。因此，我们所说的行为主义在一般意义上不同于心理学体系中的行为主义。所谓行为，依《辞海》的释义是：“（1）心理学上泛指有机体外观的活动、动作、运动、反应或行动。（2）法律名词。民事法律关系客体之一。民事法律关系中权利人行使权利、义务人履行义务的活动。如运送合同中的运送旅客或货物的行为，保管合同中保管行为。”依《现代汉语词典》的解释，行为是“受思想支配而表现出来的活动”，其专指高级心理即思想意识的表现。对以上解释，《辞海》的第一种释义与行为主义心理学的解释一致，失之过宽，而其第二种释义又过于狭窄。[2]《现代汉语词典》的解释则简明切当。行为即指人的行为，其含义是指一个人要做什么（行为动机、目的、意识、思想），正在做什么（行为类型、形态），或者已经做了什么（行为结果），即把内心意思通过一定的形式表达了出来。[3]人之行为的核心是行为的类型与形态。行为可被分为语言行为和动作行为，积极行为与消极行为；又可被分为视觉行为、听觉行为、嗅觉行为、味觉行为和触觉行为。“非礼勿听、非礼勿看”，是从视听的角度来对人的行为所作的规范与约束。“盲人摸象”则是通过触觉行为对

---

〔1〕另有认为行为是生物适应环境变化的一种主要手段，表现为生存行为，如取食、御敌、繁衍后代等，而研究生物行为的学科被称为“行为生物学”。还有认为行为谓举止行动，指受思想支配而表现出来的外表活动，曾亦作“行伪”。《荀子·非十二子》言：“今之所谓处士者，无能而云能者也，无知而云知者也，利心无足而佯无欲者也，行伪险秽而彊高言谨悫者也。”

〔2〕理由是，刑法中有犯罪、惩罚行为，行政法中有命令、执行行为，民法中有合同行为、侵权行为、支配行为、请求行为等。这些都是行为，都属于法律名词术语，而绝不应当将行为仅仅解释为民事法律关系客体之一的行为，因此这种定义方式不够科学、严谨。

〔3〕《民法总则》第六章规定了“民事法律行为”，第 133 条规定了“民事法律行为是民事主体通过意思表示设立、变更、终止民事法律关系的行为”，说明民事法律行为就是意思表示，但第二节又规定“意思表示”，两者重复。

物进行接触。“君子动口不动手”也是基于修养差异和社会影响而对人的行为所作出的相应要求。在人的行为中，因不同行为的作用范围及社会效果不同，社会对不同行为的认知评价与约束态度也不同。因此，对人的行为的规范约束，已有犯罪行为学、组织行为学、领导行为学、行政行为学、经济行为学、消费行为学、法行为学等多种学说。这是从行为的类型上划分的，而如果从对行为进行规范的性质上看，则可以有行为经济学、行为道德学、行为法律学等。

第四节 人的社会行为价值及其类型体系

在人的行为价值链条体系中，除了少数纯属个人私密行为外，绝大多数的行为均与社会发生直接或间接的联系。由于“人的本质不是作为生物体的个人的抽象，而是人的社会关系的总和”，[1]故人的行为的本质也在于其社会性；而人的社会行为，就其所涉及内容范围和受到外来约束与规范的角度看，即有经济行为、政治行为、艺术行为、日常生活行为、宗教行为、习俗行为、道德行为、法律行为等。在研究法律行为的价值链条时，除了需要密切联系其与习俗、道德行为的关系外，还必须研究其与本能行为、自觉行为和被迫行为方面的关系，由此才可能进一步深入理解法律行为的本质和价值功用，更加科学合理地对人的行为进行法律上的规范与约束，并为民商法、行政法、刑事法中的责任理论提供更为宽厚的行为主义思想基础。

本能行为。人是高等动物，虽与一般动物具有本质区别，但仍然具有动物的一般属性，具有本能的意识与本能的行为。人的本能行为，反映着人的天性，是人的生理机能或生理自然规律的应然表现。注重人的本能行为，是对人的天性的尊重，是对自然天理的顺应。对于人的本能行为进行研究，有利于运用社会规范对人的行为进行合理的规范和约束，有利于正确看待和处理由人的本能行为对社会关系所造成的损害后果。作为人之个体，对自我本能行为的约束程度反映着该个体对某种外在影响的认识态度及自治能力。如明显超出常人的理性认识和约束自治能力，往往是比较特殊或者可被称为英雄模范的人。本能行为是人在社会生产生活活动中遇到某种外来的或内在的客观因素影响时，所做出的必然性或普遍性的反应行为。人的本能行为大体可以有如下类型：①需求本能反应行为，即行为人基于生存需求而在饥饿等

---

[1] 罗国杰主编：《马克思主义伦理学》，人民出版社 1982 年版，第 465 页。

方面出现某种紧急需求时所做出的具有应然性或必然性的反应行为。对此类行为所生之不利后果，社会规范上即应予必要的宽容或从轻处理。②防御本能反应行为，即行为人遇到外来侵害时而本能采取的防御或抵抗行为。如受到来自动物或他人的侵害时，为免受伤害而采取的防御性反抗行为。此类行为在法律上往往被规定为正当防卫行为或者紧急避险行为，不仅不会被当作违法犯罪行为惩处，还会被看成合法行为而受到相应鼓励。③惊恐本能反应行为，即人体遇到某种外来力量冲击或精神受到某种严重刺激而受惊恐慌时所做出的某些本能反应行为。对这种本能反应行为所造成的后果，往往当由造成惊恐状态之相关人予以承担。刑法中，由于不可抗拒和不可预见的原因所引起的行为损害即不是犯罪。④疾病本能反应行为。这是指行为人的身体精神患有某种疾病，当疾病发作时所出现的某种本能反应行为。民法中，根据精神病患者能否辨认自己行为的情况而将其认定为无民事行为能力人或限制民事行为能力人，该类民事主体所为的民事行为即不具有法律效力。其后果或者直接无效，或者需要由其监护人追认后方发生相应法律效力。⑤药物本能反应行为。这指的是当人体使用某种药物后，根据该种药物的药理药性致人的身体出现的某种必然性反应行为。如使用安眠药物后出现的嗜睡行为、酗酒之后出现的醉酒失态行为等。

上述本能行为是在相应环境下一般都要出现的必然性反应行为，正常情形下行为人在主观方面是难以控制的。故对此类行为进行法律规范，不仅应当注重对该类本能行为进行相关的法律约束，更应当对相关环境因素进行改良，在某些情况下对该类行为的后果甚至应当予以必要的容忍和宽恕，而不应一味加重对该种本能行为的强行约束和惩罚。实践中，对醉酒行为的规范重点应当放在对特定人群饮酒行为的限制以及对酒后驾驶行为的禁止上；对于药物、加工食品机理作用的反应行为，法律规范的重点就应当放在药品和食品制造者事先对药物、食品品质的说明及医生对病患者的嘱咐说明上，可被称为“反应说明规则”。依照此规则，在酒类产品上，完全可以要求厂家在酒盒上醒目标注“饮酒会有不良反应、司机酒后禁止驾车”之类的说明。于烟草包装方面，不少国家和地区均要求烟草生产经营者在烟盒上印制烟草不良反应的文字和图片，亦属“反应说明规则”之例。在加工食品方面，应当要求食品加工者明确标明是否为转基因食品和食品添加成分及其对人体机能的影响。

自觉行为。如果说本能行为是行为人在潜意识或者不自觉的情形下所为之行为的话，那么自觉行为就是基于行为人的主观意识并在其主观意识支配下所实施的行为。自觉行为名目繁多、类型复杂，如生产、生活、经济、政治等方面的行为。对于自觉行为，因其行为人的意识状况不同，其自觉性程度亦有区别，由此对在其主观意识支配下所实施的行为后果的认识也会有相应差异。故对不同人群的自觉行为进行的规范约束就有不同要求。同时，由于不同的自觉行为及其对社会关系的影响作用上的区别，对不同种类、不同层次的自觉行为需要以不同的机制和规范进行约束。由此便出现了道德、纪律、法律、制度、规则、规程、习惯、风俗、宗教等各具特点的社会规范，并且使受不同规范约束的社会行为也被打上了不同性质和不同层次的印记。依此，又可以把自觉行为主要区分为道德行为、纪律行为、法律行为、习惯行为等。

被迫行为。被迫行为是行为人在外来强力作用下迫于无奈而进行的行为。这种行为既不是自觉的反应行为也不是本能的反应行为，而是外力强迫作用的结果。其外来强力既可能是自然力，也可能是他人强力。外来强力有的是对行为人正常行为的扭曲，有的则是对行为人非常行为的校正，故对该类行为有的应当承认其效力，有的则不应当对行为人发生实际效果。对于被迫行为，因为行为人的行为并非出于自己的意愿，而是在自己不能正确表达自己真实意志的情形下实施的，故根据“原因自由不得抗辩”的规则，我们在这里也可以确定一项与上述规则相对应的规则，即“原因不自由亦可以抗辩”的规则。〔1〕

第五节　法律行为是具有多元特性的社会行为

对人的行为进行法律上的规范与约束，是自国家和法律产生即出现的社会现象，也是法律的本质作用与价值功能所在。换句话说，法律如果离开了对人的行为的关注与规范，也就根本没有存在之必要了。中外古今法律无不是对人的行为的规范与约束，重要的行为无不被打上了法律或国家强制力的烙印。所区别者，无非是直接或间接而已。但是将行为与法律明确连接在一起，在法典上明确提出法律行为的概念并建立起法律行为这一制度的则为《德国民法典》。该法典于总则编第三章专门规定了法律行为，包括行为能力、意思表示、合同、条件与期限、代理与全权、允许与追认 6 节。且不说这些

〔1〕“原因不自由亦可以抗辩规则”最典型的事例，民事上是因欺诈胁迫而认定民事行为可以撤销或无效，刑事上是因刑讯逼供而对冤假错案的平反昭雪。但其根本问题应在于有效避免原因不自由之情形。

规定是否对所谓法律行为进行了应有的科学阐释以及逻辑上是否严谨，更遗憾的是该法典并未对法律行为进行明确定义。日本追随德国在总则编规定了法律行为，但也没有指明何谓法律行为。而《法国民法典》和《瑞士民法典》等法典则没有规定法律行为，也没有建立统一的法律行为制度。需要注意的是，德国民法中所谓的法律行为，并非其法典对法律行为进行了定义，而是学说上对其所作的种种解释。有人认为法律行为是法哲学或者法学基础理论中一个一般的概念，还有人认为法律行为是指以意思表示为核心要素的主体为追求该意思表示中所含效果在私法上实现的行为。[1]但从文义上思考和对社会实际观察，法律行为应当是指由法律主体实施并受法律规范约束的行为，它不仅包括所有法律所规范调整的行为，也包括任何一部法律中所规范约束的全部行为，这些行为可能是法律所允许的，也可能是法律所禁止的，刑法中的犯罪行为和正当防卫行为、民法中的合同行为和侵权行为在这两个方面的体现最为典型。因此法律行为是具有多元特性或者多种类型的社会行为。如此对法律行为进行定义和解释，尚有如下理由：

其一，人之行为的多样性是法律行为多元类型的社会基础。人为社会之人，其行为具有社会性。这些行为的性质及其对社会的影响作用不同，故针对不同行为及其对社会关系的影响作用就出现了诸多不同的法律部门或不同性质的法律规范，以采用不同强制形式和程度的方法手段来对不同性质、不同层次的行为进行相应的规范和约束，以期实现对社会关系的调整。其二，人之行为的发展变化是法律行为多元类型的历史基础。从社会发展角度看，人类早期社会必有具体之法律行为，但其类型化尚不明显或未具普适性，故于《汉谟拉比法典》和罗马法中都尚未出现一般法律行为范畴。至资本主义时期，法律行为发展的普适性突显，故始出现一般法律行为概念。而社会更进繁荣，不同类型的法律行为必亦增生细化，故法律行为类型不断展现乃属规律性反映。其三，经济关系的繁荣复杂是人之行为及法律行为多元类型的经济基础。随着社会发展，大量的客观事实使经济关系日益复杂。近代以来出现的银行、票据、股票、债券、航空、电讯、网络等领域的经济社会关系，极大地增加和丰富着法律行为的具体类型，如票据行为、借贷行为、期货行为、炒股行为、网络行为等。在这种情形下，法律行为类型的细化即成必然现象。其四，法学理论的进步是法律行为具体细化的学术基础。在我国，旧中国法学秉承德日法学理论，于法律行为方面并无新的进展。社会主义法学

[1] 江平主编：《民法学》，中国政法大学出版社 2007 年版，第 145 页。

理论的产生衍变则经历了两个30年：先是引进初创、遭受挫折的30年；后是重新萌发、生长壮大、不断开花结果的30年。中国民法学开始也使用法律行为概念。但随着法学理论的发展，民法中出现了民事法律行为范畴，并引发了法学基础理论及其他部门法理论对法律行为的重视与探讨。因此在法学基础理论方面出现了法律行为的普适性概念，进而将法律行为具体细化为民事法律行为、行政法律行为、经济法律行为、诉讼法律行为等则属于学术理论繁荣发展之结果。前有邯郸学步之鉴，后属独立创新之明。其五，法律行为应当是社会行为体系中的单独类型。根据行为对社会关系的影响及社会主流价值的评判，可以有道德行为、纪律行为、法律行为等。道德行为受社会或职业道德规范约束或评价；纪律行为受党政军企等集团纪律规范约束或评价；法律行为则受国家各种法律的规范约束与评价，包括行为人所为的符合法律规范要求的行为和违反法律规范要求的行为，都具有国家强制效力，对合法者予以保护，对违法者予以制裁，这是任何社会对其社会成员行为的最基本要求，为最重要的行为类型。正如有人在就法律制度的力量影响进行论述时所说的那样："在整个国家，要不是这种强大的和几乎察觉不到的力量控制着行为者和旁观者的期望，决定着人们的行为结果，那么交易就不能成交，机构就不能建立，婚约就不能缔结，死亡也就不会发生。"[1]对于法律行为，根据其适法性可分为合法行为与违法行为；[2]根据其法律部门的属性也完全可以且应当区分为不同法律性质的法律行为。

第六节　法律行为应当具有丰富的类型体系结构

法律行为在社会行为价值体系中是独立的重要体系。价值是一个普遍的概念，"这个普遍的概念是从人们对待满足他们需要的外界物的关系中产生的"。[3]行为主义的价值即在于行为人以自己的行为作用于外界物质从而使自己或者相对人得到某种需求满足的意义。在法律行为方面，行为人之行为由于事先得到了法律上的承认或认可，且事后通常又都可以得到法律的维护和

---

〔1〕［美］伯纳德·施瓦茨：《美国法律史》，王军、洪德、杨静辉译，中国政法大学出版社1989年版，第8页。

〔2〕从法无明文不为罪、法无禁止即合法的标准判断，将行为截然区分为合法与违法两种类型是符合逻辑和合理的。但认为合法需要以法有明文为前提时，于社会生活实践中则会有既不违法也不合法的行为存在。为避免此种现象，也把自觉行为区分为违法行为与不违法行为两种，没有中间地带。

〔3〕《马克思恩格斯全集》（第19卷），人民出版社1963年版，第406页。

保障，其行为人或相对人的目的更有顺利及时实现之可能，法律行为在行为主义价值体系中也更占据突出地位。其表现是：其一，法律价值体系和行为主义价值体系都是社会价值体系中的子体系。法律行为的价值体系体现在行为价值与法律价值两个方面，具有双重的价值和意义。其二，法律具有的规律性使行为人目的的实现具有了更多的可能性和预见性。行为人通过自己的行为实现自己的目标价值，在通常情况下只能是行为人的一种表征和愿望，事实上能否实现，则由于行为人自己的行为本身和相对人及其他情况而难以确定。但是，在具有法律规范调整的情形下，行为人依据法律规定进行作为或不作为，便使其行为具有合法性特征，进而容易实现自己的价值目标。其三，法律具有的强制性使行为人目的的实现具有了最可靠的保障。在社会生活中，有时行为人尽管真诚行事、合情合理、符规合俗，但行为之相对人却悖理妄为，致使行为人之合理目标不能实现，这必然会使社会秩序处于混乱或无序状态。而在法律这种具有最高强行性约束的情形下，行为人和行为相对人都必须相互受到规束。这种情形下的社会关系将处于一种有序的和谐状态。由此可见，法律行为是法律体系中的重要制度，其价值在法律和行为主义价值体系中处于须臾不可缺的重要地位。

法律行为有着自身的类型体系结构。对于法律行为，依据不同层次和不同法律的规定，从国家宏观利益到民生微观利益，可以区分为国家法律行为、宪政法律行为、刑事法律行为、民事法律行为和诉讼法律行为等几种基本类型。

第一，国家法律行为。国家是社会关系特别是国际关系中最重要的行为者，其构成要素是人民、领土、主权政府及对外交涉的能力。国家法律行为也称国家行为，是指由国家或国际实体所进行的具有法律效力的行为，可分为对外国家行为和对内国家行为。对外国家行为系指经宪法和法律授权的专门国家机关在国际事务中代表整个国家行使国际法上的权利和履行国际法上的义务的行为，属国际法上的行为范畴。这种行为是以国际法意义上的主权国家作为法律实体的，其目的为国家安全和国家利益，用于处理国家间关系的对外国家行为，如建交、断交、援助、谈判、宣战等。对内国家行为则指经宪法和法律授权的有关国家机关在对国内全局性、重大性国家事务中代表整个国家对内实施的统治与协调行为。这种行为以公共权力意义上的国家为法律实体，是用于处理国家与公民、法人或其他组织间重大关系的对内国家行为，属国内法上的行为范畴。国家行为不是行政机关以自己的名义对单个或特定对象实施的行政管理行为，即不是具体行政行为，而是宪法、法律授权的特定主体代表整个国家以国家名义实施的行为。国家行为不能被提起行政诉讼，是被排除在行政诉讼受案范围之外的。

第二，宪政法律行为。这里将宪法方面的法律行为和行政法方面的法律行为统称为宪政法律行为，同时宪政法律行为中也包含行政的方面。但严格意义上宪法与行政法是两个独立的法律部门，当有宪政行为与行政行为之别。[1]宪法乃国家根本法，主要规定国家的性质与形式、公民的权利与义务、国家的机构与职权等，于法律行为上规定着机构的产生、职权的行使、人员的任免等。行政法则根据宪法制定，属基本法范畴，其内容广泛复杂、形式灵活多样。行政法律行为可被简称为行政行为，指国家行政机关或其他行政主体依法实施行政管理并产生法律效果的行为，其类型在理论上有抽象行政行为与具体行政行为、内部行政行为与外部行政行为、羁束行政行为与裁量行政行为等。具体作为型的行政行为，如许可、确认、奖励、征收、处罚、强制、监督、裁决、拘留、罚款、吊销许可证和执照、责令停产停业、没收财物，限制人身自由或对财产的查封、扣押、冻结等行政强制措施。不作为行政行为，如认为符合法定条件申请行政机关颁发许可证和执照，行政机关拒绝颁发或者不予答复的，申请行政机关履行保护人身权、财产权的法定职责而行政机关拒绝履行或者不予答复的，行政机关没有依法发给抚恤金的。行政机关的违法行为，如行政机关违法要求履行义务，行政机关侵害自主经营权行为，侵犯其他人身权、财产权行为等。对行政行为进行类型化研究，有利于行政体制改革的深化，有利于依法行政。

第三，刑事法律行为。刑事法律行为系指为刑事法律所规定的具有刑事法律后果的行为。刑事法律行为以其对社会的危害情形及刑事法律对其态度，可分为两种类型。一是犯罪行为。这是由刑法规定并受到刑罚惩处的行为。犯罪行为被所有统治阶级法律所重视和规定，其区别仅在于种类多少、繁简有异，视情势增减，对其惩罚趋轻趋重多有变化而已。通常刑事法中，杀人、放火、投毒、强奸、抢劫、抢夺、盗窃、诈骗等[2]均为各国刑法常见之犯罪行为。我国《刑法》经多次修改补充后，总共罪名 450 个，涉及对 450 多种行为进行刑法规范。基于对某些行为社会危害后果的实际考量，被取消死刑

[1] 参见叶必丰："宪政行为与行政行为"，载《北大法律评论》2001 年第 1 期，第 275 页。

[2] 至于在某些地区的部族中允许盗窃，那不过是原始习俗，并有宗教禁忌物之保护措施，则另当别论。参见［日］穗积陈重：《续法窗夜话》，曾玉婷、魏磊杰译，法律出版社 2017 年版，第 38 页。

的行为也在变化。可以看出，刑法规定的犯罪行为，其特性是具有严重的社会危害后果，且达到了应当进行刑罚处罚的程度。二是非犯罪刑事法律行为。这是指犯罪行为之外的刑事法律行为。该类行为虽非犯罪行为，但却是刑法所规定的并将产生相应法律后果或发生相应法律效力的行为，如正当防卫、紧急避险、投案自首、中止犯罪等行为。这些行为不能被认为是违法犯罪行为，也不能被认为是可以免责范畴的行为。就刑事法律行为进行价值上的类型化分析，对于刑法功用的有效发挥，改变刑法方面死刑偏多偏重、生刑偏少偏轻的现象极为有利，对于建立有中国特色的刑法学理论也有重要意义。

第四，诉讼法律行为。诉讼法律行为是指由诉讼法规定的法律行为，包括行政诉讼法、刑事诉讼法和民事诉讼法中规定的三类诉讼法律行为。刑事诉讼法律行为由刑事诉讼法规定，主要有立案、侦查、拘留、执行逮捕、预审，批准逮捕、提起公诉、检察、审理、判决，以及通知、撤销、监督、执行等行为。行政诉讼法律行为由行政诉讼法规定，包括提起行政诉讼、决定受理、对具体行政行为是否合法进行审查、对行政案件进行审理、依法实行合议、回避、公开审判和两审、调取证据、指定的鉴定部门鉴定、对证据采取保全措施、送达法律文书、裁定、判决、强制执行，以及根据情况采取的训诫、责令具结悔过或者罚款、拘留等措施。〔1〕民事诉讼法律行为由民事诉讼法规定。民事诉讼最为普遍、最为基本，体现的诉讼法律行为最为常见。其基本的民事诉讼行为有法院的诉讼行为和当事人的诉讼行为。其中，法院的诉讼行为和刑事诉讼法、行政诉讼法规定的诉讼行为有相同之处。在当事人诉讼行为方面，则有起诉、上诉、撤诉、举证、质证、调解、同意等。

第五，民事法律行为。民事法律行为也即民法中的行为。它应当是一个概括性范畴，系指由民法规定或由民法进行规范、约束、调整的行为。我国《民法通则》《民法总则》和学界认为民法的调整对象是平等主体的公民之间、法人之间、公民和法人之间的财产关系和人身关系。在理念和法律价值目标上，人们也通常毫不犹豫地根据人的自然权利而将民事权利划分为人身权和财产权两个广泛范畴。美国大法官斯托里也断言：“一个自由政府的基本准则似乎应当是，要求把人们的人身自由权和私有财产权视为神圣不可侵犯

〔1〕 这里值得提到的是我国《民法通则》第134条规定的人民法院审理民事案件，除适用民事责任方式外，还可以“予以训诫、责令具结悔过，收缴进行非法活动的财物和非法所得，并可以依照法律规定处以罚款、拘留”。

的权利。”[1]但是，这样的表达实际上掩盖了法律对人的行为进行规范和调整的本质属性。因为就法律而言，无论是传统法学派别中的规则说、命令说和行为说，还是中国现代马克思主义法学学派，都认为法律是对人的行为的规范。[2]社会关系的产生与存在，其前提条件是两个人以上及两个人当中的至少一个人要向另一人实施一定的行为。行为是各种社会关系相互之间的连接线，是各社会关系产生的基础。正如人体经络是联系人与身体外界环境及人的身体各部器官一样，是一事物与他事物相通的路径与桥梁。因此，当某类社会关系被法律所规范和调整时，其本质是对社会主体的行为的规范。只有首先就人的行为进行规范和调节，其行为所涉及的社会关系才会稳定有序和符合国家的原意。当某些行为被放入民法中的时候，该行为就必然会具有民法上的效力或影响的行为，否则该行为将会没有民法上的价值和意义。故民事法律行为应当是指被民法所规范约束的所有行为，而不应当仅是民事法律事实中的行为。

第七节　不应再把《民法总则》中的民事法律行为解释或等同于法律行为

我国民法典编纂于《民法总则》专家建议稿和全国人大常委会法工委草案稿中，都把《民法通则》中的民事法律行为改成了法律行为。而张文显教授和个别民法学者主张应当在民法典中使用民事法律行为概念，后来的审议稿即恢复使用民事法律行为。对此，原来力主使用法律行为观点的学者认为，现在所用民事法律行为已经与《德国民法典》中的法律行为完全一样了，这实际上

〔1〕［美］伯纳德·施瓦茨：《美国法律史》，王军、洪德、杨静辉译，中国政法大学出版社 1989 年版，第 23 页。

〔2〕规则说者认为：“法律政令者，吏民规矩绳墨也。”（《管子·七臣七主》）“法是人们赖以导致某些行动和不作其他一些行动的行为准则或尺度。”（［意］阿奎那：《阿奎那政治著作选》，马清槐译，商务印书馆 1963 年版，第 104 页。）命令说代表者英国法学家霍布斯认为：“法是国家对人民的命令，用口头说明，或用书面文字，或用其他方法所表示的规则或意志，用以辨别是非，指示从违。”（Edited by G. C. Christie，T. Hobbes，Leviathan，*Jurisprudence-Text and Readings of the Philosophy of Law*，West Publishing Company，1973，pp. 336～337.）美国法律行为主义的代表人物布莱克则认为：“法存在于可以观测到的行为中，而非存在于规则中。”（D. Black，“The Boundaries of Legal Sociology”，*Yale Law Journal*，Vol. 81，1972，p. 1096.）马克思主义法学者则认为，法律是国家制定或认可的并靠国家强制力保证实施的，反映由特定物质生活条件所决定的统治阶级意志，以权利义务为内容，以确认、保护和发展统治阶级所期望的社会关系和社会秩序为目的的行为规范体系。（张文显主编：《马克思主义法理学——理论、方法和前沿》，高等教育出版社 2003 年版，第 137 页。）

是一种不严谨的说法，绝不能因此认为民事法律行为就等同于法律行为。

第一，民事法律行为与法律行为相区别是法律行为多样化的逻辑基础。从法学理论内容看，中国法学基础理论开始并没有现在所说的法理学或法哲学之类的理论学说，也没有法律行为和法律关系的概念。后来中国法学理论全面发展，法学理论一般学说便汲取部门法（特别是民法学）的已有成果，出现了法律行为和法律关系的概念及其类型化现象。但作为法学一般理论的法律行为和法律关系却与作为部门法的民法学中的法律行为和法律关系的概念相同，结果即出现了明显违反逻辑常理的情况。为避免此种情形，于部门法的民法中最早使用民事法律行为和民事法律关系，继而在行政法中使用行政法律行为和行政法律关系等概念即显得顺理成章和符合逻辑。

第二，民事法律行为与法律行为相区别是中国法学理论有所进步和创新之结果。民法理论似乎有种不太正常的现象，即把《德国民法典》奉为圭臬，对其不愿越雷池一步。应当说，这是一种学术迷信，妨碍着民法学理论的发展。当然与此同时也有努力创新者，如有的学者基于民商合一之理由，使用民商法律关系、民商法律行为、民商法律责任等新的范畴；在《民法总则》中继续规定民事法律行为，是对传统民法学理论的贡献和促进。把民事法律行为与法律行为相区分，应当说是一种进步与创新，是中国法学理论进入反思与成熟阶段的一个重要的标志性成果，是中国特色社会主义法学理论体系中的重要组成要素。对此，应当坚持和张扬，而不应停滞，更不应当退步。《民法总则》承续《民法通则》以民事法律行为范畴是科学合理的。

第三，民事法律行为和法律行为相区别是构建中国特色民商法学理论的重要内容之一。学界有人试图把我国民法中出现的民事法律行为重新恢复到原来的法律行为，或者说让我国民法理论中的民事行为和民事法律行为重新回到德国民法中的法律行为，应当说是对中国民法理论的发展和创新缺乏自信的表现。民法先贤们曾说，民法理论要“经由罗马法，超越罗马法”。这是在心灵深处科学反思后的一种醒悟，是一种坚定的自信和对理想信念的追求，是应当遵从和认可的。这对中国特色民法学理论的发展具有重要的激励作用。

第四，法律行为多元化类型已是我国多个法律部门中的共同现象。随着中国特色社会主义法学理论的形成和发展，我国诸多法律部门中早已出现了法律行为类型化的普遍现象。除民法中的民事法律行为、民事行为及与其密切相关的民事法律关系的概念和理论外，如在劳动法中有劳动法律行为，民事诉讼法中有民事诉讼法律关系与引起民事诉讼法律关系发生变更和消灭重要法律事实的诉讼行为等。[1]

第五，民事法律行为与法律行为应当是一种从属关系。法律行为一词最早于1805年由德国胡果在《日耳曼普通法》一书中提出时实际上是民法学中的专有概念。但随着法学理论的发展，法律行为逐渐被引申为一个法学理论概念，即凡是具有法律意义的行为都可被称为法律行为。[2]法律行为本为民法中的概念，但后被其他法律部门与法律学科借用。故为了与其他法律部门或学科中的法律行为相区别，我国《民法通则》使用了民事法律行为概念。由此，民事法律行为与法律行为即成为从属关系，民事法律行为也就成了法律行为的一种，[3]而不等同于法律行为。

---

〔1〕 参见郭捷、刘俊、杨森编著：《劳动法学》，中国政法大学出版社1997年版，第72~75页；江伟主编：《民事诉讼法》，高等教育出版社、北京大学出版社2000年版，第48~50页。

〔2〕 刘兆年：《民事法律行为》，法律出版社1987年版，第3~4页。

〔3〕 佟柔：《中华人民共和国民法通则疑难问题解答》（第1辑），中国政法大学出版社1986年版，第28~29页。

6 第六章

论无主物与其所有权归属

——所有权原始取得方法之先占

第一节 引 言

所有权的原始取得是所有权取得的重要方式，是所有权法律关系的开始。其中主要有先占、生产、拾得遗失物、发现埋藏物、添附、收取孳息等。〔1〕对于无主物，自古采先占之方法。罗马法对先占无主物的情况曾有详细规定。在以法国民法、德国民法为主要代表的大陆法系民法中，也都有关于无主物先占的明确规定。但我国《民法通则》及《物权法》主要对拾得遗失物返还等问题进行了特别规定。依照我国法律的规定，似乎已无先占无主物的情形。但是，在客观实务中，无主物的情况却并非绝无仅有。理论上，对于先占的认识并不一致，对于先占无主物的具体情况也较少有专门研究。故笔者在对所有权原始取得方法进行较为系统全面关注的情况下，认为很有必要对无主物及其所有权归属问题进行新的探讨。

第二节 无主物的含义与种类

一、无主物的含义界定

无主物，是指没有被任何主体（自然人、法人、国家、非法人单位）所支配、尚无所有权归属的物。依罗马法规定，物成为个人所有，可有各种不同方式。可按自然法取得，可按市民法取得。对所有权之取得，认为从古代法

〔1〕 司法部法学教材编辑部编审，彭万林主编：《民法学》（修订第3版），中国政法大学出版社2002年版，第237~241页。

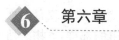

开始阐述较为适当。[1]故先占多被放在所有权取得之首位。事实上，人们对物进行支配的归属，无论从历史发展现实观察还是凭理性想象或推论，均可认为，人类最早对物的支配及其归属的确定，都是依照自然法原理或自然而然的规则进行的。正如保罗在《论告示》第54卷中所指出的那样："物之所有权始于对物的自然占有，可被自然占有之物为在地上、海上或天空获取之物。因为这些物立即为首先占有它们的人所有。同样，在战争中获得之物，海上产生的岛屿以及在海滨发现的石头、宝石及珍珠，为首先占有它们的人所有。"[2]人们根据制定法取得物的支配权或所有权，是在建立国家、设置长官并制定法律时才出现的。况且，制定法也必须根据人类社会生活的自然规则进行，或者只是对自然规则进行认可或者记述而已。任何违背自然规则的制定法，一定是缺乏正义或不公平的法，是坏恶之法，是难以得到良好执行并终究会被修改废除甚至被推翻之法。人们对物的最先或最早的支配或所有权归属，实际上无不开始于对无主物的先行占有、支配和取得。亦如盖尤斯在《日常事务》第2卷所言："不属于任何人之物，根据自然理性归先占者所有。"[3]制定法对于无主物适用先占原则的规定，本质上只是国家法律对于根据自然理性已经占有的事实的确认和发展而已，并将对无主物事实上的支配占有关系以所有权的形式固定下来。随着人类对物的占有控制的范围的不断扩展和制定法的不断完善，无主物范围日益衰减，以致今日社会似乎到了罕见无主物的地步。但尽管如此，仍然有无主物存在。

二、无主物的种类

无主物为民法中物之一类，没有所有权的归属，事实上也没有任何主体对之进行控制和占有。[4]罗马法规定："某些物依据自然法是众所共有的，有些是公有的，有些属于团体，有些不属于任何人，但大部分物是属于个人的

---

[1] [罗马] 查士丁尼：《法学总论——法学阶梯》，张企泰译，商务印书馆1989年版，第49~50页。

[2] [意] 桑德罗·斯奇巴尼选编：《物与物权》，范怀俊译，中国政法大学出版社1999年版，第61页。

[3] [意] 桑德罗·斯奇巴尼选编：《物与物权》，范怀俊译，中国政法大学出版社1999年版，第61页。

[4] 从所有权归属的角度可以将物区分为公有物、私有物和无主物。无主物也可被区分为国家主权范围外的无主物（如公海中的动植物）和国家主权范围内的无主物两大类。参见王明锁：《中国民商法体系哲学研究》，中国政法大学出版社2011年版，第170~172页。

财产。”[1]依其特性，在我国法律规定境况下，无主物似有以下几种：

（1）无主之自然不动产。指没有人对之享有所有权的自然不动产，如没有所有权归属的土地、岛屿、湖海等。这方面的情形有的涉及由国际法进行规范和调整，但其根源却在民法。随着国家科学技术的发展、人类对该类自然资源支配力的增强，这方面的无主物已极为少有。

（2）无主之自然动产。指没有人对之享有所有权的自然的动产类物品，如公海中之动植物、海滩上之贝壳、河流中之石块、土地中之木石、山野中之药材等等。其中，如依照法律规定属于文物或者受特别保护之植物等，则不属无主自然动产之范畴。其价值地位显然不能与无主之自然不动产同等看待。故在社会生活实践中尚有较广之适用。

（3）无主之动物。这主要指国家动物保护法所保护范围之外的动物。动物为人类生存提供了重要资源。但人类活动导致动物种群及其数量急剧减少，甚至使许多动物面临灭绝危险。因此国家法律对于动物采取分类区别性保护措施，即对于有些动物，法律禁止人们捕杀。凡是受国家特殊保护的动物都应当属于国家所有，任何捕杀行为都是对国家所有权的侵害。但是，受保护范围之外的动物，仍然属于无主物范畴。在社会生活实践中，其适用性虽为无主自然动产类物品之延伸，但其理念原则却有着自身的特殊性。

（4）抛弃物。抛弃物是被所有权人弃掉之物。物为人所用，但当出现某些情形，所有权人认为某物对自己已经没有什么利益或者成为一种负担时，为了减去此种负担而弃掉，即形成抛弃物，如将废旧物品、家具衣物等抛弃甚至是因自然灾害而使牲畜饲养人将牲畜弃之。[2]抛弃物在社会生活中也还有相当的适用性。

（5）无人继承的遗产。无人继承的遗产本属个人所有的财产。但财产所有人死亡后，依照遗嘱或者法律规定，死者没有继承人或者其继承人均放弃继承的，即会使这些财产成为无主物，需要法律对此重新确定其所有权归属，确认新的所有人。

在我国，以上五种所谓的无主物，其实只有三种具有无主物取得及其所有权归属的意义。在土地等资源方面，国家已经对此作了明确规定，或者归国家所有，或者归集体所有，故没有归个人所有的情况。对于无人继承的财

[1]［罗马］查士丁尼：《法学总论——法学阶梯》，张企泰译，商务印书馆1989年版，第48页。

[2]据报道，近年来美国一些地方遇到大旱，不少养马人因没有饲料和水喂养马匹，而将马匹丢弃。

产，继承法已经明确规定了无人继承遗产的归属，故也不存在对其所有权取得与归属问题进行另外的研究。[1]因此，只有无主的自然动产、国家专门保护之外的动物和抛弃物三类东西才是我们所关注的主要对象。

第三节　对无主物的先占原则

一、先占的性质与含义

先占，即先行占据。占是占据、占控、占有、占住等意思。体现了人对物的空间支配要素。凡物必占有一定空间，物具有不可入性。一个座位，甲若坐下，甲之外的任何人都没法再以同样的方式占据或落座该位置。某人将一金块攥在手里，此人之外的任何人也不能再将此金块拿到自己手里。先是时间在先、次序在前，是首先的意思。体现了人对物在时间或次序上的支配要素。由于物的稀缺性，即会出现几个人都要占据控制某物的现象。这样，就可能出现需要确认或者确定其支配人和所有人的情形。但由于不同人的内在因素或外在条件环境的影响，几个人通常不可能同时对某物进行占据和控制。此即出现了先占问题。

二、先占的自然合理性

人们对物的支配取得，最远古者，莫不出于鱼鸟虫兽、石块木棒、土地洞穴之类。土地洞穴满足人之栖身之处，木棒石块乃获取食物之具，果兽鱼鸟之类则满足人之食物。人们在获得这些本属无主之物的时候，根据自然理性要求，归最先占有者，乃天经地义、理所当然。因为后来者再占，必引起纷争打杀。而欲平和，避免争斗，似乎只能是实行先占规则，即谁最先占有该物，此物就归属于谁。并且，所谓的占有，实际上即具有“所有权”的意义。罗马法学家帕比尼安在《论定义》第2卷中写道：“占有不仅是一种事实，而且是一种权利。”[2]只是到后来，人们制定法律时，根据这种占有的事

---

〔1〕我国《继承法》第32条规定：“无人继承又无人受遗赠的遗产，归国家所有；死者生前是集体所有制组织成员的，归所在集体所有制组织所有。”但需要指出的是，在公民个人遗产中，有相当部分或者主要部分都是生活物品。对此，均归国家所有或集体组织所有实际上是不现实的，并不符合社情民意。参见王明锁：《中国民商法体系哲学研究》，中国政法大学出版社2011年版，第172页。

〔2〕［意］桑德罗·斯奇巴尼选编：《物与物权》，范怀俊译，中国政法大学出版社1993年版，第209页。

实而确认该占有具有所有权的性质。亦如马克思所说："私有财产的真正基础，即占有，是一个事实，是不可解释的事实，而不是权利。只是由于社会赋予实际占有以法律的规定，实际占有才具有合法占有，即私有财产的性质。"〔1〕因此，根据此天经地义的占有原则，取得所有权的物，包括各种物之类型，大到土地岛屿、山川洞穴，小到鱼鸟虫兽、石块竹木。涉及动物者，以最先捕获者为据；涉及非动物者，以实际占有支配为据。大概由于动物处于动之状态，变化难测，但又为人类重要食物来源，故罗马法对于取得动物之所有权的规定最为详细。〔2〕

三、对动物先占及其所有权归属的确定

除受法律特别保护而禁止捕获的动物及已有饲养人的动物外，总体上可属无主物范畴之动物，在此范围内的基本规则是：凡生长在陆地、海里和空中的一切动物，一旦被人捕获，即属于捕获者所有。具体有特殊强调说明者，野兽飞鸟是在自己场地或别人场地并不重要，但主人可以禁止其他人进入其场地狩猎。你所捕获之动物，只要在你的看管之中，都认为属你所有。但动物逃逸，恢复其天然自由，即不再属于你，而重新属于无主物范畴，又可归最先占有者所有。

你使动物受伤而易于捕获，但在你捕获之前，尚不属于你所有。〔3〕因为你尚未对受伤的动物进行控制和占有。当有人捕获了你使之受伤的动物时，该动物归你还是归捕获人，罗马法对此没有研究。对此可以认为：当你仍然在对受伤动物进行追捕但其却被他人捕获的，该动物应当属于捕获者和你共同所有；当你已经放弃对受伤动物进行追捕而其被他人捕获的，则归捕获人所有。

按照其本性是野生的动物，只有你捕获它们，才属于你所有。在你树上聚集的蜜蜂，在你未将它们捕获控制或收于蜂箱之前，不能认为属你所有。鸽子、孔雀其本性也是野生的，与你养的蜜蜂一样。罗马法对此有一规则，只要它们具有复返的意思，就认为始终属你所有，若它们不再具有复返的意思时，它们就不再属于你，而属于无主物，归最先占有者。对此可商榷的是：

〔1〕《马克思恩格斯全集》(第1卷)，人民出版社1972年版，第382页。

〔2〕［罗马］查士丁尼：《法学总论——法学阶梯》，张企泰译，商务印书馆1989年版，第50~51页。

〔3〕［罗马］查士丁尼：《法学总论——法学阶梯》，张企泰译，商务印书馆1989年版，第50页。

如何判断它们是否具有复返的意思？这是难以确定的问题。故可以认为：蜜蜂等具有野生本性的动物，凡脱离占有、饲养者的控制，返回自然未归者，即不再属你所有，而属于最先占有人。

与此有明显不同的是，鸡、鹅等被饲养的动物，其本性已经不再是野生的，故它们偶然或已经越出你的视线，不论它们在什么地方，仍应认为属你所有。意图为自己所有而保持这些动物的人，按照罗马法即构成盗窃罪。依照笔者的研究，如果这些动物是走失的或者是因权利人疏忽而未将它们赶回的，拾得人应当按照遗失物的规则处理。如果失主找来即还，不应构成犯罪。如果进行隐瞒、企图占为己有或已经将之变卖，则按非法侵占罪论处更为适当。

无主动物之外的无主物，其范围甚广。如在海滩上发现珍宝或其他东西，根据自然法则，即归最先占有者所有。对于已经被人抛弃的物品，也适用先占规则，即有人认为他人所抛弃之物对自己尚有用处而捡拾的，也归先占者所有。

第四节　先占取得所有权法律条文的拟定

对于先占原则，在法律上罗马法最先作出了明确规定。其后，法国、德国、瑞士、日本民法对无主物的占有问题都有规定。但多依罗马法例，对野兽、蜂群、所饲养之非家畜之动物，其规定具体、详细。在理论上，也将无主物多限于动产。〔1〕而观察现实生活之实例，对于不动产也有因先占而取得权利的，如对于山中可以栖身之洞穴、巨石、树木等，在有的情况下也适用先占的规则。笔者虽然是从所有权的角度来对先占进行研讨的，但在他物权方面，有时对于某一片荒地的开垦与种植使用，先占的规则也在起着定分止争和使物尽其用的作用。因此，笔者所论的先占规则，对于无主的不动产，并不排斥其适用。

我国《物权法》对无主物及其先行占有没有规定，不仅不符合多数国家地区民法规定之通例，而且也不能满足现实生活之需要，故笔者就先占取得所有权问题拟定以下条文：

第××条　无主物是没有人对之享有所有权的物。对于无主物，其所有权

〔1〕　谢在全：《民法物权论》（上册），中国政法大学出版社1999年版，第235页。

归最先占有人。

第××条　抛弃物原先曾有人对之享有所有权，但被抛弃后，即为无主物，亦适用先占原则，其所有权归最先占有人。

第××条　对于受法律特别保护外之动物，按照其本性是野生的，其所有权归最先捕获人。

被驯养的野生动物，脱离驯养人的占有控制而返回自然者，驯养控占人在对之进行持续追捕的，并不丧失其所有权。但驯养人放弃追捕的，其所有权则归新的最先捕获人。

对因捕获行为而致受伤易于捕获的野生动物继续捕获中，被他人捕获的，其所有权归致动物受伤者和动物捕获人共同所有。但致动物受伤而放弃捕获的，其所有权归最先捕获人。

第五节　对先占取得所有权事例的适用分析

一、钓鱼列岛

中日所争之钓鱼岛，最初也为无主物。适用最先占有原则。中国人最早发现该岛，最早登上该岛，据权威报道，这在历史文献中均有明确记载。[1]在中日出版的有关地图中也表明钓鱼岛属于中国领土。[2]1885年，日本曾企图占据钓鱼诸岛，后害怕引起清朝的疑虑乃至纷争，故决定“暂时不轻动”，阴谋未得逞。1895年中日甲午战争之后，日本内阁决定在钓鱼岛上建立航标，编入日本领土。可见，钓鱼岛本就属于中国固有领土。甲午战争后被日本通

〔1〕 日本主张对钓鱼岛拥有主权主要理由之一是：日本人古贺辰四郎在1884年发现该岛。此点意在声称日本人为钓鱼岛列屿的发现者。而沈复《册封琉球国记略》明确记载见到钓鱼岛的时间是1808年，比日人古贺辰四郎的“发现”早76年。并且在1372年，中国人杨载已经首先驻足钓鱼岛。明永乐年间出版的《顺风相送》对钓鱼岛有详细记载。其间明人在钓鱼岛采珠集药、捕鱼开发从未间断过。这在明嘉靖十三年（1524年）陈侃所著《使琉球录》中也有记载。

〔2〕 日本学者村田教授从中国历史文献资料查找到了钓鱼岛自古属于中国而非琉球的证据。自明代以来各种中国地图和文献都把钓鱼岛、黄尾屿、赤尾屿标注在中国版图内。如1562年，明代的胡宗宪、郑若曾编纂的《筹海图编》卷一收录的《福建沿海山沙图》和卷二收录的《福建使往日本针路》，并查证琉球和日本有关资料，发现所记载琉球范围并不包括钓鱼岛。作为记载历代琉球国王治世的历史书，蔡铎1701年编纂，由其子蔡温1724年改订的《中山世谱》明确记载了琉球的范围。在日本人林子平编写的地图《三国通览图说》（1768年）中收录了一张《琉球三省并三十六岛之图》，其中把琉球与日本、中国分别着色表示。在图中绘有钓鱼岛、黄尾屿、赤尾屿，与福建、浙江是同一种颜色。

过不平等条约强行侵占，第二次世界大战后本应完全归还中国，只因美国“恶意行为”使矛盾复杂化，但不能因此改变钓鱼岛为中国最先发现、最先占有，历来为中国渔民捕鱼场所海域并应属中国固有领土之事实与法理依据。

二、钻石乌木

数年前齐鲁大地一农妇田间劳作，锄到一块硬物，拾起发现乃一块天然钻石，显比以往人们拾到过的大得多。农妇甚是高兴，消息不胫而走。随后有甲厂上门购买，约价 10 万，第二天付款取货。甲刚走，乙厂上门，农妇说钻石已卖与甲。乙见货，说出价 20 万，并当天付款。于是农妇将钻石卖与乙，甚喜。次日甲携款取货，钻石已被乙买走。甲怒，遂以农妇违约、该钻石为特定物、合同成立时已转移所有权为由，向法院起诉，要求钻石归己所有。甲、乙与农妇均到庭，法院审理、当庭判决，认为：该天然钻石，地里发现，块头罕见，虽就此一块，不为国家矿藏，亦属所有人不明之埋藏物。而对于所有人不明之埋藏物，依《民法通则》第 79 条规定，应归国家所有。甲、乙与农妇之合同均属无效，钻石收归国有。甲、乙傻眼，农妇气愤，悔不该张扬出卖钻石，并嫉妒别人也拾到钻石出卖就没事。当时笔者认为对此应当论说一番，但想来此例罕见，意义不大，故此作罢。但后来川蜀乌木一例，与其几无差异，稍有区别者，乃钻石变成了乌木，农妇变成了农夫。农夫吴某与人春节期间在地里闲聊信步，发现脚前一截木头，踢踢并顺势挖去，结果乃罕见乌木，价值几千万。消息自然走红曝光。此事当地政府无经何种法定程序，最多以 7 万元奖励，即收归“国家所有”（乡镇政府主管）。据说是有人举报，此物为所有人不明之埋藏物，当归国家所有等云云。[1]结果一时间舆论沸腾，各方争论；多数专家认为当归国有，而多数网民对此并不认同，认为收归国有乃小人之举，系国与民争利等。但其法理依据，或甚是牵强，或根本无何理由。对此依笔者之见，审视钻石、乌木，既非国家矿藏，也非他人埋藏或者隐藏，实均乃天然之物，从未有人对之享有过所有权，又绝对难以列入国家文物法、矿藏资源法规定的国家财产范畴，理当属于无主物。故该天然钻石和乌木理应归属最先发现和最先占有者所有，并不能因其

---

〔1〕 对此有的专家认为乌木在河道内，河道属于国家，故乌木也自然当属国家，而实际上乌木发现于 26 号地块，该地块为吴某承包经营地块；有的专家说属于所有人不明之埋藏物，依《民法通则》第 79 条规定当属国家所有；有的专家说乌木为所有人不明之埋藏物，依《物权法》第 114 条规定，应当参照拾得遗失物的有关规定，收归国有。2012 年 7 月 26 日《今日说法》专门报道，但争议仍存。

罕见或价高而改变先占之规则，更不能因有人嫉妒而强行剥夺其正当之所有权。

三、圈养野猪

东北一养殖户专门圈养野猪。一次因栅栏围网不严致野猪基本全部逃逸，发现后派人设法追捕，并施计使野猪归来。[1]在追捕过程中，饲养人不失对野猪的所有权，但对其放弃追捕或没有追捕到的野猪，如果于栅栏外有人捕获野猪，则理应归于新的捕获者所有。

四、捕貛之归属

20世纪六七十年代，在笔者家乡山区，有社员使用猎枪或地炮之类的工具打猎。其中印记最深者，有一种叫貛的动物，农历四至九月最值得捕获。老话说“四五六一堆儿肉，七八九赛油篓，秋收之后皮包骨头”。故多数是在秋天，某社员天黑时到山上在貛经常路过的地方装上地炮，并在村中声张说明，以提醒人们注意安全。待夜间貛碰着地炮引线时将其打住。如果没有打住，清晨天不亮就把地炮拆除，以防打伤行人。大家知道装了地炮，晚饭后都静等炮声。若一听炮响，说明貛被打住了（当然也有打了空炮的）。好多人都会跟随装炮人去一起找貛。有当场打死的，但绝大多数是貛受伤后还要跑很远，人们便拿着灯笼手电跟寻着受伤貛滴的血迹，最终将貛找到抓获。回来后，大家兴高采烈，叙说着自己找貛的作用贡献。貛通常当晚被剥皮收拾。大约十来斤重的貛被收拾后，装炮人会把貛肉分给所有一起去找貛的大人，根据人的多少每人分得个二三两，并也赠送给关系亲近的邻人。这样一些人家第二天就凭这二三两貛肉包顿饺子改善一下，解一下只有过年才可见到肉的馋。今日想来，由于装炮人的贡献大，其他一起去找貛的人只是起辅助作用，即使他先抓住了受伤的貛，也不能归他所有。大家都一起分点肉，体现了共有的意思。但其绝对不属于共同共有，而属按份共有而已。当时民风淳朴，对分肉多少从未有过争执。当然有时会有人用商量的口气让分肉者给自己的块稍大些或再给稍添上点。但如果现今社会生活中仍遇此类事情，我们所拟上述规则完全可以适用。在此有必要再提一下，每次地炮响后所带来的并非都是乐趣。有一次后半夜炮响，人们起床去找，但跟着血迹，跟到了一

[1] 开始时在栅栏野外发现野猪后，多人围追堵截，结果野猪被越追越远，均不见了踪迹。后改为在平时喂食时照旧敲锣。结果，逃逸和失散的野猪听到锣声后，陆续都跑了回来。

位社员的家门口。谁都知道受伤的獾是不会向人家里跑的，大感不妙。清晨大家悄悄传知，该社员起大早为了去“偷”砍些树枝柴火，却碰响了地炮。后来据说腿里被打进了二十多个地炮子儿，还有几个最终也未能取出，腿瘸了，有点残疾。那时也没有什么法，也没什么纠纷。受伤者觉得自己起早去“偷”砍柴了，很丢人。打獾者也很不好意思，见人总觉得做了什么坏事似的，从此好像再也没装炮打过獾了。不过人们大多也不提此事，慢慢就淡忘了，后来的年轻人也根本不知道有过这等事。而若以今日之法理论，对装炮打獾的人是否要负法律责任肯定需要论争一番。

第六节　结　语

无主物为物的一类，构成财产之组成部分。尽管其在现代社会生活中的范围有限，但仍有对其进行法律上的规范和调整的价值。况且，从所有权原始取得的角度，对无主物的规范，必须以先行占有的方式才能确立，并以此为据而生发出其他的所有权移转和取得方法。因此，我国物权法对无主物原始取得规定的缺失应当得到新的重视和完善。

第七章

论添附与添附物的所有权归属

——对我国《物权法》所有权原始取得制度的一项补充

第一节 引 言

我国《物权法》虽然在民商事立法上具有里程碑式的重大意义，但于诸多方面还存在着有待完善的地方，也是不容忽视和否认的事实。[1]其中，有关所有权取得的制度即亟待整合、补充和完善。如《物权法》第九章为“所有权取得的特别规定”，但并不能从前列章节中找到关于“所有权取得的一般规定”，其前所规定者仅为所有权的定义、保护和种类的一般规则而已。于所有权取得的特别规定中，也仅涉及所谓的“善意取得”和拾得遗失物、发现埋藏物及有关所谓“孳息”的规定，且逻辑、制度上混乱颇多；[2]而对于先占、生产、添附之类在社会生活中依然存在并具有相当普适性价值意义的行为或事实规则，则尚属空白。[3]学术界在民法物权理论的所有权取得制度中对此也少有专门研究，笔者仅就添附问题进行研讨，以期为细化物权法实务规则和进一步繁荣民法学理论提供新的参考。

---

〔1〕 王明锁：“论物权法对和谐社会构建的价值意义——兼谈物权法之主要缺憾”，载《河南省政法干部管理学院学报》2009年第3期。

〔2〕 如善意取得本是主观方面的判断规则，却和拾得遗失物等客观方面的行为事实规则放在一起，同时草率改变《民法通则》中的规定，将拾得漂流物与拾得遗失物分离，而与发现埋藏物混在一起。对诸多社会生活中普遍实际存在的重要的所有权的原始取得方法却根本未予涉及，充分暴露出我国民商法理论中有关学说对社会生活实际的疏远性。

〔3〕 笔者试图对有关所有权取得制度进行系统研讨，但由于多种因素进展缓慢。现只有“论无主物与其所有权归属——所有权原始取得方法之先占”成文发表，载《学习论坛》2014年第5期。

第二节　对传统民法理论中添附的解读与改进

论及物的原始取得方法，我国《物权法》虽对添附没有规定，但传统物权法理论都涉及添附问题。所谓的添附，理论学说上有两类主张。第一种主张认为：添附者，为附合、混合及加工三者在学术上之总称。其原因在于：附合、混合为物与物之结合；加工为工作与物之结合，均有添加结合之关系，俱为动产所有权得丧之原因，有共同之效力，故三者总称为添附，并为通说。〔1〕第二种主张认为：添附，一般是附合、混合的通称。广义的添附，包括加工在内。但在实际上是将先占、加工、附合、混合、天然孳息等并列为所有权的原始取得方式。〔2〕

在立法上，添附制度源自罗马法，有久远的历史背景。不过从罗马法理论中并不能看出是将加工、混合与附合归并或合称为添附的。依罗马法规定，添附与加工虽然有某种意义上的重合，但加工论说的是用他人材料加工成某物，如将木板加工成船只，将羊毛加工成衣服之类；混合是指将两个人的麦子混杂一起，或将蜂蜜与葡萄酒混合配成蜜酒之类；添附是指在他人木板上绘画，植物定着于土地之类。〔3〕但至所谓集罗马法之大成者的《德国民法典》，舍弃添附范畴，产生附合概念，与混合、加工并列为“动产所有权的取得与丧失”一节的第三小节。其所谓附合系指动产因附合于土地而成为土地的重要组成部分或者数动产因相互附合而成为一个合成物的重要组成部分之类；混合指数动产因相互混合或者融合而难以分割之类；加工系指将一件或数件材料加工或改造成一个新的动产之类，并将书写、绘画之类归视为加工之列。〔4〕如此，附合、混合、加工实际上已经各有所指，含义逐渐清晰。至

---

〔1〕谢在全：《民法物权论》（上册），中国政法大学出版社 1999 年版，第 254 页。这种主张为我国民法学著作普遍仿效。如张俊浩主编：《民法学原理》，中国政法大学出版社 1991 年版，第 396 页；余能斌、马俊驹主编：《现代民法学》，武汉大学出版社 1995 年版，第 576 页；梅仲协：《民法要义》，中国政法大学出版社 1998 年版，第 541~543 页；司法部法学教材编辑部编审，彭万林主编：《民法学》（修订第 3 版），中国政法大学出版社 2002 年版，第 240 页；魏振瀛主编：《民法》（第 4 版），北京大学出版社、高等教育出版社 2010 年版，第 267 页。

〔2〕中国大百科全书总编辑委员会《法学》编辑委员会、中国大百科全书出版社编辑部编：《中国大百科全书（法学）》，中国大百科全书出版社 1984 年版，第 574~575 页。

〔3〕参见［意］桑德罗·斯奇巴尼选编：《物与物权》（第 2 版），范怀俊、费安玲译，中国政法大学出版社 2009 年版，第 71~79 页。

〔4〕《德国民法典》（修订本），郑冲、贾红梅译，法律出版社 2001 年版，第 232~233 页。

《日本民法典》，分别规定不动产的附合、动产的附合、混合、加工，其中附合准用于混合的情形，并将附合、混合、加工概括统称为添附。[1]《大清民律草案》《民国民律草案》和《中华民国民法》皆于动产所有权一节对附合、混合、加工分条予以规定。[2]与《德国民法典》规定相同的是，采用附合、混合、加工三个概念，没有使用添附一语；所不同者，没有专节从所有权取得的角度对此三种情况进行归类，也没有对附合、混合与加工分别进行描述性规定，故条文显得比较简单。之后，我国民法理论不仅对附合、混合与加工的概念全盘接受，而且采用《日本民法典》的做法，将罗马法中的添附作为了附合、混合与加工的共同的上位概念。这样，不仅使罗马法中具有特定含义的添附成了一个独立的范畴，对添附与附合进行了不必要的区分，还使加工被混在添附之中，与混合一起，使加工失去了明显特性，增加了加工完全应当成为独立的所有权原始取得方式的难度。为此，根据社会生活实际和民法所有权原始取得制度的基本原理，我们需要对添附及其相关概念进行新的界定和发展。

第一，添附与附合完全可以是一个概念范畴，不应当是具有包容性和并列性的两个概念。在我们的语境中，附有附加、附带、附随、附着的意思，即是另加的、不是主要的意思；合是合在一起；附合便是一个主要的东西，又附加了一部分，两样东西合在一起的意思。添是增加、增添，在原有物之外，又增加了同类物品的意思。故添附或附合都是在原有物基础上添加或附加上了另外的东西，使两者结合，由此需要确定添加部分的权利归属。在罗马法中，对此种现象的表达规范，所用为添附概念，实际上是指植物移植生根于土地、以他人材料在自己土地上建筑、河流冲积物添附于土地之类。[3]《法国民法典》承袭罗马法，使用添附范畴，专门规定"物的附加及归并的添附权"一章。其第551条规定："一切附加及归并于原物之物，根据以下规定的原则，归属于原物所有人。"其后分"关于不动产的添附权"和"动产的添附权"[4]，该规定实在是通俗明白、全面客观、逻辑严谨。《德国民法典》则将罗马法中的具体描述凝练成概括抽象的概念，将所谓的附合表述为"动产因附合于土地而成为土地的重要组成部分，土地的所有权扩及于该动产"。很

---

〔1〕《日本民法》，曹为、王书江译，王书江校，法律出版社1986年版，第48页。

〔2〕参见杨立新主编《中国百年民法典汇编》，中国法制出版社2011年版。

〔3〕［意］桑德罗·斯奇巴尼选编：《物与物权》（第2版），范怀俊、费安玲译，中国政法大学出版社2009年版，第77、79页。

〔4〕《法国民法典》，马育民译，北京大学出版社1982年版，第120页。

明显，其所表述的也正是材料附着于土地之类，两者所指和规范的社会生活实际上完全相同。所不同者，罗马法与《法国民法典》用“添附”表示，而《德国民法典》则用“附合”表述。《意大利民法典》虽然也使用添附与附合两个概念，但是所表达的与罗马法的添附所表达的内容完全一样。[1]因此在我们的民法学物权法理论中，使用“添附”或者“附合”之一即可，没有必要使用两个意思相同并可以相互替换的概念。

第二，就“添附”与“附合”或者“附加”进行选择，以添附为宜。添有添加、增加、增添的意思，附有附加、附合的含义。“添附”即有在原有物之外增加或额外增添的意思；本为一物，通过添加，在原来基础上又附加了新的东西，总体比原有的多了，但原来之物和后加之物还是能够界分的，其主从关系也是明显的，即原来的物为主，可谓“原有物”；后来添加的为辅、为次，可谓“添加物”。所谓附合，则是添加相合，似乎不能表达原来之物与后加之物之间的界分，所反映的主附关系的意思也不甚明显。同时，在社会经济生活实际中，物与物相添相加，几乎都是有主附之分的，完全等量相同者，实不多见。故使用添附这一概念，从内容到形式，都能更好地反映社会客观实际，且能使我国民法中的有关概念进一步科学化、民族化和大众化。我国传统民法理论将附合列为添附的下属概念，将其与混合、加工一起作为添附的内容，既不符合添附或者附合的固有含义，也使得所规定的混合与加工脱离社会生活实际。因此，笔者在这里所说的“添附”就是专指某物（添加物）添加并附合到了另外之物（原来物）上的客观事实状态，从而需要解决和确定添加过后的物的所有权归属的情况，并不包括传统理论中所谓的加工和混合，也不再使用附合的概念。

第三，加工应当是一种单独的所有权取得制度，不应当被添附包容。所谓添附，指一物因某种自然因素与另外的物相添加并成为另一主要物的一部分。这时即需要确定添加部分的所有权归属问题，是物与物自然地添加、附合在一起。而加工，是指由于人们的主观意思通过人的劳动生产和加工活动将不同的材料融合或添加、附合在一起，成了一个新的物属品种。从而确定该新的物品的所有权归属的问题。归纳起来，加工虽然也可以是物与物的结

---

[1]《意大利民法典（2004年）》，费安玲等译，中国政法大学出版社2004年版，第230~233页。该法典的“所有权的取得方式”的第二分节，虽名为：添附、加工、附合与混合，但是其添附与附合所表达的都是材料与土地、淤积地、冲刷地等，甚至第945条直接表达为“岛屿与土地的附合”，而在罗马法中，这都是用“添附”一个概念来表达的。可见，添附与附合意思相同，是完全可以相互替换的。

合，但其重要特点一定是人力，有人的劳动，物与物不是非人力作用下的简单结合，其结果一定是产生了新物，其品质性能和功能作用发生变化；添附的特点则是自然因素，没有人的劳作，结果并未产生新物，物之结果在性能上没有变化，即只有量变而没有质变。因此，两者确有明显界线，不应当把加工作为添附的一种。

我国传统或现今民法理论中，都没有加工或生产取得物的所有权的独立的方法，而只有在所谓的添附中有对加工的论述。其就加工所举事例也皆如“将他人之建筑材料建成房屋，将他人黄豆制成豆浆、坯布染成花布、蚕茧缫成丝线，将他人布料制作成服装，将破旧汽车修理改造重新使用”等。〔1〕而这些都是根据当事人之意思所为，本有合同或契约为据，其所有权归属自不是问题。即使不是双方当事人之意思所致，其所具事例，如果稍有生活常识或略加思考，建立该方面的规则，即可认为或是虚拟想象，或本无实义，或已同于生产甚或违规避法，若有争议纠纷，依照其他规定自然可以处理解决，根本无涉所有权原始取得问题。

所论加工，都是对原有材料进行人的劳动，使原有物属材料在形态、性能、功用诸方面发生改变，如将麦子磨成面粉、将豆子制成豆浆豆腐、将木料建成房屋、将布料制成衣服、将铁矿石冶炼成铁块、将金块锻造成饰品等。显然，这种所谓的加工，实际上就是社会的生产，是生产活动或生产手段的不同表达而已。对于所生产或加工成的新的物品的所有权归属，通常都是基于利益分配而由当事人事先约定的，如承包、承揽、生产加工等合同。当事人事先有约定的，应当按照约定。而偶无约定者，可按照常理确定。无约定、约定不明或者依照常理也不能确定的，新的物品或者产品没有被改变性状或者产品尚能被恢复到材料原状的，产品所有权可归属材料所有人；产品不能被恢复到材料原状，或者恢复到原状明显浪费或者不合理的，产品所有权归属生产加工人，但应当向对方支付合理的加工或者材料方面的费用。〔2〕

将加工从所谓的添附中分析出来，其理由主要在于传统理论所说的附合、混合都是物与物的自然添加，而加工或生产则一定是人对物（一种物或多种物）进行了处理，人为因素占处重要地位，即没有人的智能因素，那银块无

〔1〕 谢在全：《民法物权论》（上册），中国政法大学出版社 1999 年版，第 254~273 页。

〔2〕 这在罗马法和诸多国家民法中，虽然加工被局限于添附范畴，被认为是物与人的工作、劳动的结合，但都有明确规定。我国《物权法》对此缺乏规定。由于笔者旨在重点解决添附作为所有权原始取得方式的问题的，故不将加工或生产作为专门问题详细论述。

论如何都是不会变成饰品的，并不是机械简单地对某物添加上了人的劳力。在罗马法时代，由于加工生产的情况在社会经济生活中尚没有占据主要地位或成为社会普遍现象，人的智能因素尚不突出，主要的生活现象中，物与物的简单或机械融合添加现象比较普遍，故将少量的所谓的物与劳动力的结合添加也放在众多物与物的结合添加中并没有什么不合理之处。但在当今市场经济占主要地位、以商品生产为中心的社会，在人的智能、科学技术早成为重要生产力的社会，仍然将生产加工湮没在少量的物与物结合添加的旧有规则中，实在不妥。故完全应当将生产或加工从所谓的添附当中解救出来使之成为另一全新的所有权原始取得的独立制度，且使传统的添附制度也得以纯正和净化。

第四，传统物权法理论中的混合在现实社会生活中实用价值不高。民法物权法理论中所谓的混合，系指所有人之动产相互混合成为一物，由此需要确定其原始取得所有权问题。事例为不同品种大米混合、米谷与其他微粒固体混合、液体与液体混合、气体与气体混合。〔1〕此仅想象逻辑分类而已，实务上适用价值不高，理论上在多数情况下也不符合罗马法中混合之本意。在罗马法中，其所谓的混合多指两人自愿将各自的材料混合，是对于基于混合而产生的新物所有权归属的确定。如把各自的酒混合、把金条和银块熔化混合，即使不同的材料合成新的物品。如把酒和蜜合成蜜酒、把金和银合成金银合金。当然也有基于自愿或偶然因素将麦子混合混杂的情形。〔2〕其中，把酒与蜜合成蜜酒、把金银合成金银合金之类，无疑已经添加了人的智力和劳动。对此，如果未经他人同意而将他人的蜂蜜与自己的酒混合，合成蜜酒，已属侵权范畴。如果是自愿的，则属于共同所有或已有约定。如果由于偶然事件而非所有人的意图，致使彼此的材料，无论种类是否相同，发生混合时，法律后果自然可属于共同所有。而只有后种情形，似乎才具有所有权原始取得的法律意义。并且，这种情况下关于所有权的确定，正如《德国民法典》第948条的规定，即“数动产因相互混合或者融合而不可分割的，准用第947条的规定”，即关于“附合于动产”的规定。由此，混合无非是动产添附或附合的一种更为具体的形式而已，并无什么特别到需要对之单独建立确认所有权

〔1〕谢在全：《民法物权论》（上册），中国政法大学出版社1999年版，第264页；梅仲协：《民法要义》，中国政法大学出版社1998年版，第543页。

〔2〕［罗马］查士丁尼：《法学总论——法学阶梯》，张企泰译，商务印书馆1989年版，第53～54页；［意］桑德罗·斯奇巴尼选编：《物与物权》（第2版），范怀俊、费安玲译，中国政法大学出版社2009年版，第73页。

原始取得制度的规则的地步。另外，如果有人没有经过你的同意而将你的小麦和他的小麦混杂并为他一个人全部占有，你可以提出恢复你原有小麦的诉讼请求。至于鉴定彼此小麦原有的质量，则由审判员裁量。〔1〕而这种情形实际上已经属于侵权行为的范畴。因此，若就上述关于混合的事例，审察当今现实生活，可得出的结论是：传统民法理论所谓的固体与固体、液体与液体、气体与气体因混合而生纠纷者并未见过。〔2〕由此为之建立专门的确定其所有权原始取得的规则也没有必要。

综上，添附，是指一物由于自然或非人为因素而添加到了另外物属之上，致使本来为原来两个所有权归属发生附加性变化，即需要重新确定该被添加后的物的所有权归属问题。物与物发生添附情形，组构新型物属，不是物之所有人意愿之结果，而是非人为因素所致。传统理论在关于添附上认为的“使用他人之木料供自己房屋之建筑”〔3〕和“在他人之建筑物上糊贴壁纸或粉刷油漆”〔4〕之类，均是人为因素，或属加工、管理范畴，或属侵权行为之列，实属对添附本意的曲解，也根本不应将之列入添附的概念范畴。

第三节　对社会经济实际生活中添附情形的审析

根据上述结论，添附系指物与物因自然或非人为因素添加附合一起，使原来之物有所增加，形成新的物属状况，致使需要确定其所有权归属，并为所有权原始取得制度之范畴。对现实生活中有关添附的情形进行审视分析，可有如下情形。

（一）不动产与不动产之添附

我国传统民法物权法理论中就不动产方面的添附，仅有动产与不动产之添附，均未涉及不动产与不动产之添附问题。究其缘由，也未见交待或者探讨。但审视我国社会现实，结合和借鉴罗马法及其他国家民法中的已有规定，不动产与不动产之添附，不仅实际存在，理论上成立，并且完全应当成为添

〔1〕［罗马］查士丁尼：《法学总论——法学阶梯》，张企泰译，商务印书馆1989年版，第54页。

〔2〕如有学者举例为：“甲之蒸馏水一斤与乙之葡萄酒三斤混合，酒可视为主物，由乙取得全部之所有权”。参见杨与龄编著：《民法概要——债编及亲属编再修正》，中国政法大学出版社2002年版，第276页。对此，真不知该种状况从何发生？又所谓混合物全部之所有权由乙取得，乙是否愿意接受？其有何用？

〔3〕梅仲协：《民法要义》，中国政法大学出版社1998年版，第543页。

〔4〕谢在全：《民法物权论》（上册），中国政法大学出版社1999年版，第260页。

附之重要一类。

1. 因河流冲刷之添附

山洪暴发，河流冲刷，若将甲之土地的一部分冲走，结果或散于河流，或附着于乙之土地。这种情况在山区丘陵地带的暴雨季节多会发生。被冲刷的地块减少，并有的被添附到下游的邻地上。被冲走的地块是否还属于原来的土地所有人，即成为问题。这时，刚被冲走的土地及土地上的附着物仍然属于被冲土地所有人所有一定有其道理，实际上除了取回被冲走土地上的附着物外，欲取回被冲走的土地部分已均无可能。但是，当被冲土地长期附着于邻地，或者由被冲土地一起带走的树木庄稼果实等附着物在邻地上生根或成为该邻地的组成部分后，其附着物也已难取回，并亦丧失其取回之合理性。此种情形若以罗马法规定，被冲土地及其上附着物即被认为属于邻地的所有人所有。[1]《法国民法典》第559条，对此类现象也有规定。[2]

2. 因河流冲积之添附

河流经过致泥沙淤积，使沿河相关土地部分增加的，该增加部分属于沿河相关土地所有人所有。正如罗马法所言：“冲积是令人察觉不到的增益，冲积增加的部分，以至于谁也不知道在某一时间增加了多少。”[3]如果河流两边的土地不属于同一个所有人，由于河流的自然冲积，使一边所有人的土地减少，另一边土地所有人的土地增加，自然各受其利、各受其害。这也是罗马法中认为合理的规则。河流冲积，自然所为，不必怨天尤人。

3. 因河流改道之添附

河流改向变道，自然会使河流旁边的土地面积发生变化。如罗马法所规定，如果河流完全离开它的自然河床，开始流向他方，旧河床归占有沿岸土地的人以各自沿岸土地的长度为比例所有。如果过了一个时期，河流回到原来的河床，新河床重新成为占有沿岸土地的人所有。[4]

4. 因河流泛滥和泥石流之添附

河流泛滥可以使土地上的土层增加或者发生改变，但并不因此而改变土地权利归属的性质，即土地被全部淹没的情形不发生所有权变更的问题，“一

---

〔1〕［罗马］查士丁尼：《法学总论——法学阶梯》，张企泰译，商务印书馆1989年版，第52页。

〔2〕参见《法国民法典》，马育民译，北京大学出版社1982年版，第122页。

〔3〕［罗马］查士丁尼：《法学总论——法学阶梯》，张企泰译，商务印书馆1989年版，第51～52页。

〔4〕［罗马］查士丁尼：《法学总论——法学阶梯》，张企泰译，商务印书馆1989年版，第52页。

旦水势退去，土地无疑仍属于原来所有人所有”。[1]泥石流发生，上游土地被流冲至下游土地的，有时下游土地甚至被上游流冲下来的泥流所全部掩埋，但待泥石流稳固后，被淹没土地的土地所有权仍归下游土地所有人。如果被掩埋土地归上游土地所有人的话，他便会成为上下两部分土地的所有人，而下游土地所有人则会成为无地之人。因此，被掩埋土地仍归原土地所有人，则并不影响上游所有人继续拥有土地所有权，仅各受其害而已。故公平合理，现实可行。

（二）动产与不动产之添附

在社会生活中，大量的添附事例是上述关于河流使土地增减变化的情形。因为根据笔者对于添附含义的分析界定，除不动产与不动产的添附之外，添附种类已无多少情形。但从理论的科学完整和逻辑严谨上看，仍然可作动产与不动产之添附和动产与动产之添附分类。其于动产与不动产添附之类，有如下情形。

现代社会生活，人工水产养殖者多，在此种情形下，有如某水库或养殖场的鱼虾之类随水流进入水库下游的水域、稻田或者荷塘，致使稻田荷塘里有鱼虾长成。此种情形，一是非人力所为，二是取回困难，故须表明被流冲走的鱼虾的所有权归属问题。对此，该鱼虾即可归属稻田荷塘所有人或者经营人所有。再如甲之燕子、蜜蜂在他人之建筑物上筑巢生活的，该燕子、蜜蜂即归属建筑物所有人所有。

此类问题，《法国民法典》第564条规定：“鸽、兔、鱼移居在他人的鸽舍、兔园或池塘时，除以诡计诱致者外，归属于移入的鸽舍、兔园或池塘的所有人。”此规定也属于典型的动产与不动产添附方面的事例。

（三）动产与动产之添附

动产与动产之添附，在社会生活中实不多见。传统民法物权法理论中，所举事例为“使用油漆涂饰他人之桌椅、以他人铁钉修钉家具”[2]之类。但依笔者之见，此乃无稽之谈。因为真有此种现象，必然或是故意所为，或属加工、侵权行为所致，完全不属添附之范畴，也根本无须以所有权原始取得之规则解决和确认其所有权问题。以下为笔者所见实例：甲、乙同在打麦场上打麦，各有区分，忽一阵大风，将甲之麦刮到乙之麦上。此非传统上所说之混合，因为有主有次，有附有属，尚可辨分，为典型之动产与动产之添附。

---

〔1〕［罗马］查士丁尼：《法学总论——法学阶梯》，张企泰译，商务印书馆1989年版，第52页。

〔2〕谢在全：《民法物权论》（上册），中国政法大学出版社1999年版，第262页。

再有，传统上所谓之混合，谓固体与固体混合、液体与液体混合、气体与气体混合，看似逻辑严谨、考虑周全，但稍加思考分析，即不妥。因为若为当事人意思所致，即根本不存在确定其所有权归属问题，本不必论及；若非人力所致，那气体之混合或液体之混合，如当今石油管道破裂，石油流入江河；燃气管道破裂，与氧气混合等，均乃大事故也，还什么气体所有权归属之确定？而动产固体间之混合，以动产与动产之添附表达更为恰当。因为两者之混，多能辨别和有主次之分，完全等量者鲜有发生。即使偶有发生，也可以添附论处。

第四节　对因添附原始取得所有权之法律条文的拟定

就添附及添附物原始取得所有权的情况，笔者所拟法律条文如下：

第××条　添附是指非人为因素于某物之上添加另外之物，致原物增加。添附之物的所有权归属依法律规定确定。

第××条　河流冲积致土地增加的部分，归土地所有人所有。

河中出现的岛滩归河流沿岸土地所有人所有或者经营。岛滩距离一边沿岸较近者，归该方所有或者经营。

河流改道，旧河床归占有沿岸土地的人以各自沿岸土地的长度为比例所有或者经营。河流若又回到原来河床的，新河床重新成为占有沿岸土地的人所有或者经营。

第××条　河流将一部分土地连带土地上的生长物成块冲附于下游或邻近土地沿岸的，被冲刷土地所有人有权将被冲之物取回。但被冲地块上的生长物已在下游或邻近土地上生根或成为该土地组成部分的，则属于下游或邻近土地所有人所有。

第××条　河流泛滥或泥石流使土地土层增加或者形状改变的，并不改变土地性质，土地仍属于原来所有人所有。

第××条　动产或者相关物品非人为因素而添附于他物（不动产或动产）者，以致难以辨别分离或者分离很不合算的，添附之物归被添附物一方所有人所有。

这里，需要特别说明的是：依照我国现行法律规定，土地、滩涂资源或者属于国家所有，或者属于集体组织所有，个人并不享有所有权。这意味着个人对于河流冲积等部分并不能取得所有权。出现上述情形，也仅取得占用权或者经营权而已。因此出现上述有关情形时，有时会出现集体取得该土地所有权的情形，而且个人他物权的取得也可以适用有关所有权取得的规定。

第五节 对添附取得所有权实际事例进行适用的分析

黄河入海口，每年12亿吨泥沙淤积，使陆地向海中延伸推进三公里，是为最大的自然添附，原土地滩涂权利人对添附之部分也自然取得新的权利。黄河每年4亿吨泥沙流积于河床，水流改向变道，使两边河岸滩涂增减变化，亦为常事。黄河滩上，多有农民种植。麦收之后，雨量增加，河水上涨，滩地多被淹没，待河水消减后退，重新种植，仍为滩地原占有人占用耕种，就所淤积添附之处，即取得相应之权利。淮河之滨，每逢夏季，洪水泛滥，也多淹没农田庄稼，待水消退，也涉及此类问题。凡此种种，不一而足。

近年四川、云南地震灾区，山体滑坡，河水改道，堰塞湖形成、泥石流冲积，无不使土地状况有所变化，故亦需添附之规则予以表达规范。

村民郭某在黄河滩上占有三亩多滩地种植。后因伤害罪被判刑2年。服刑期间，其所占滩地被自家哥哥取土烧砖。郭某出狱后，起诉要求自家哥哥赔偿损失或者把自己所种滩地恢复到原来状态。而被告说滩地并非原告所有，无权提出要求，并说待雨季黄河泥沙淤积后自然恢复，故拒绝原告诉讼请求。对此，法院认为处理起来没有法律依据，一般拒绝受理此类案件。但若以笔者所拟上述条文，诸类问题均可得到较好说明与调整。

第六节 结 语

恩格斯曾说："如果说民法准则只是以法律的形式表现了社会的经济生活条件，那么这种准则就可以依情况的不同而把这些条件有时表现得好，有时表现得坏。"〔1〕反观我国民法，存在的普遍性问题有二：一是许多应当以法律形式表现的社会经济生活条件却没有得到表现；二是有的虽然表现了，但表现得不怎么好。添附，本是现实生活中客观存在的社会现象，它涉及物与物之间的变化关系。从财产所有权原始取得的角度，对之进行民事立法上的反映，有利于明确和稳定人们对物的归属、支配关系，对于促进物的管理和利

〔1〕《马克思恩格斯选集》（第4卷），人民出版社1972年版，第248~249页。

用具有重要意义。我国《物权法》对添附制度未予规定，不仅没有反映这一客观社会生活条件，也使我国物权法理论与相关国家的物权法理论存在差距。因此根植于我国社会经济生活条件，借鉴已有物权法理论，创制出具有自己特色的添附制度规则，构建我国的所有权原始取得制度，是在完善我国《物权法》过程中应当重视的一个问题。笔者所拟条文，可供参考，并欢迎方家批评指正。

8 第八章

对孳息的传统种类及所有权归属之检讨

第一节　引　言

我国民法学界一般将物区分为原物与孳息物，其中孳息又被区分为天然孳息与法定孳息两种类型。[1]随着市场经济的发展，法定孳息与天然孳息并列作为财产所有权原始取得范畴的矛盾日渐显现。故虽有学者开始质疑孳息的传统分类，但仍从罗马法关于孳息的主流观点予以解释，试图将已在我国学界形成的孳息范畴与类型重新去迎合大陆法系国家关于对孳息的规定。[2]虽然也有学者发现法定孳息与天然孳息具有本质的区别而应当分属不同领域，但是依然难以割舍或放弃法定孳息的概念，并且一定要将利息、租金、红利、稿酬等在各种不同性质特点下的民商事交易行为中一方向对方支付的对价限定于和天然孳息本质含义相去甚远的法定孳息之下。[3]实际上，对于孳息种类的认识在古老的罗马法中就有分歧，[4]并且随着社会的进步和经济的发展，

---

〔1〕参见司法部法学教材编辑部编审，佟柔主编：《中国民法》，法律出版社 1990 年版，第 56 页；魏振瀛主编：《民法》（第 5 版），北京大学出版社、高等教育出版社 2013 年版，第 127~130 页；司法部法学教材编辑部编审，彭万林主编：《民法学》（修订第 3 版），中国政法大学出版社 2002 年版，第 63 页；张俊浩主编：《民法学原理》，中国政法大学出版社 1991 年版，第 323 页；王利明主编：《民法》，中国人民大学出版社 2000 年版，第 92 页；中国大百科全书编辑委员会《法学》编辑委员会、中国大百科全书出版社编辑部编：《中国大百科全书（法学）》，中国大百科全书出版社 1984 年版，第 628 页；谢在全：《民法物权论》（上册），中国政法大学出版社 1999 年版，第 123 页；司法部法学教材编辑部编审，梁慧星、陈华彬编著：《物权法》，法律出版社 1997 年版，第 40~41 页。

〔2〕参见张子亮、宁红丽："关于天然孳息概念的辩疑"，载《学习论坛》2014 年第 8 期。

〔3〕参见隋彭生："天然孳息的属性和归属"，载《西南政法大学学报》2009 年第 2 期；隋彭生："法定孳息的本质——用益的对价"，载《社会科学论坛（学术研究卷）》2008 年第 6 期。

〔4〕黄风：《罗马法》（第 2 版），中国人民大学出版社 2014 年版，第 101 页。

有关国家民法对于孳息的规定也并不相同。[1]我国近现代民法中关于孳息的认知本是在罗马法、大陆法系的基础上逐步形成的，并有不同的演进。如果为了解决传统孳息分类遇到的矛盾难题而再退回到罗马法关于孳息的原有理解上，即使能够准确地解释清楚国外本不相同的关于孳息的含义及类型，也很难适应我国的传统文化语境，很难给出令人满意的方案。因此对孳息含义与种类的研究应当立足我国现行民法规定，而不是退回到历史的起点。

我国关于孳息含义与种类的理论，在民事法律及相关司法解释中得到了忠实的反映和体现。《合同法》使用了孳息概念，《物权法》明确将孳息区分为天然孳息和法定孳息两种类型。并且，两者都是从孳息的所有权归属或者所有权取得的角度对孳息进行规定的。对物进行原物与孳息的划分，在本质上就是要界定孳息这一新生之物的所有权归属，因此《物权法》把孳息专门列入“所有权取得的特别规定”章。其第116条规定：“天然孳息，由所有权人取得；既有所有权人又有用益物权人的，由用益物权人取得。当事人另有约定的，按照约定。法定孳息，当事人有约定的，按照约定取得；没有约定或者约定不明确的，按照交易习惯取得。”如此规定，并未圆满解决实践问题，实践中的财产收益问题突出表现在夫妻离婚时关于财产所生收益的归属上。根据《最高人民法院关于适用〈中华人民共和国婚姻法〉若干问题的解释（三）》[以下简称《婚姻法解释（三）》]第5条的规定，孳息和自然增值属夫妻个人所有。这一规定首先改变了传统民法中通常将收益和孳息等同或者收益包括孳息与利润的观点；[2]其次，将孳息与自然增值并列，但对两者的具体含义，收益、孳息和自然增值的关系以及孳息是否还包含着自然孳息和法定孳息两种类型的问题并未明确。而且，这一规定还带来了孳息归属法律适用的新矛盾和困难。

孳息包括自然孳息与法定孳息的传统理论，就自然孳息而言，虽然能够自圆其说，但实践中有关没有人力参与经营而产生自然孳息和关于自然孳息所有权归属纠纷的案例却极为罕见。[3]于法定孳息而言，皆是对款项或者房

---

〔1〕如《法国民法典》上的孳息包括天然孳息、法定孳息和人工孳息；《德国民法典》中则没有人工孳息的规定。

〔2〕参见魏振瀛主编：《民法》（第5版），北京大学出版社、高等教育出版社2013年版，第242页。被称为典型法定孳息的利息和租金究竟应当被算为利润还是继续为法定孳息，即成为难以解决的矛盾和问题。

〔3〕在笔者搜集的50余件所谓要求返还原物和孳息的案例中，基本上都是返还存款、房屋、车辆、借款、宅基地等方面的纠纷，审判所适用法律条文虽然多引用《物权法》第243条，但只有一起

屋进行必要的管理经营方可取得的，才可被称为孳息的利息和租金。而利息、租金的产生，已经不像自然孳息那样是依据物的自然性能或自然变化规律产生，也不像物的自然增值那样是被动消极或于“静”的状态下的自然增值，而是将款项进行借贷、投资，将房屋进行出租，即让婚前的个人财产“动”了起来，是对婚前个人财产的某种出让而从受让并利用该财产经营的一方依法得到利润或收益的一部分。对此，依照《婚姻法解释（三）》的规定，属于孳息的租金、利息也应当属于婚前个人财产的所有人所有。而这显然又会与夫妻共同财产的取得途径发生矛盾和冲突。

因此笔者认为，欲彻底解决以上矛盾和问题，就必须对孳息的含义和种类重新进行界定，改进《物权法》关于“天然孳息所有权归属”的规定，并将之付诸司法实务加以检验。

第二节　孳息的含义与种类

一、关于孳息含义的法律规定与新的解读

在罗马法上，孳息是指从某物中分离出来的、被视为该物收益的部分；盖尤斯认为家畜产的幼仔归善意占有人和用益权人；对于与自然孳息相对应的所谓民事孳息中所包含的利息，彭波尼则认为不应视为孳息。[1]查士丁尼的《法学阶梯》对孳息及其归属则简单直接地表述为“根据自然法，你所有的动物所生育的小动物归你所有”，[2]其余并未论及。《法国民法典》第546、547条关于孳息的规定与罗马法类同，都是直接从权利归属的角度对小动物或天然果实进行规定的。《德国民法典》在总则中对物的种类进行专章规定，第99条和第100条分别规定了果实与收益两个并无实质区别的概念。《日本民法典》亦在总则设物的专章，于第88条规定了天然孳息和法定孳息，于第89条规定了孳息的归属。可见，天然孳息与法定孳息的概念类型起于日本。其后，中华人民共和国成立前的各民法或其草案均移植日本法的规定，明确了天

（接上页）纠纷涉及的是牛犊归属认定和返还的问题；其他都是涉及返还原物与赔偿损失或者返还不当得利的问题，实际上与该条规定的旨意并不相合。有学者在分析所搜集到的案例后有类似发现。贺剑：“‘理论’在司法实践中的影响——以关于夫妻个人财产婚后孳息归属的司法实践为中心”，载《法制与社会发展》2014年第3期。

〔1〕 参见黄风：《罗马法》（第2版），中国人民大学出版社2014年版，第100页。

〔2〕［罗马］查士丁尼：《法学总论——法学阶梯》，张企泰译，商务印书馆1989年版，第51页。

然孳息与法定孳息，同时又有所发展。

观察世上之物，根据其自然属性可分两类：可繁衍孳生之物与不可繁衍孳生之物。前者是指可以同种类孳生繁殖致使其数量增加的物；后者是指根据其本性，于相同种类上不能自己繁衍孳生、数量上不能增加的物。在所有的物中，除不可孳生繁衍者外，均可滋生繁衍出新物，使该类物种繁衍生息、数量上不断增加。〔1〕对可以繁衍孳生出新物者，可谓之原物或者本物，也可称为母物。由原物所产生的物，被称为孳息或孳息物。其中孳有滋生繁衍之意思，息有子息后代之含义，物指民法上所说之物。故孳息一定是由原物孳生繁殖出来的新物，并与原物相独立。孳息和原物加在一起，数量上一定比原物要多；孳息虽为原物所生，含有原物基因，但绝不是原物的组成部分，其质量性能与品质特征和原物并不等同或相同。不过，《意大利民法典》第820条规定："动物的幼崽、金属矿、石矿、石灰矿的矿产品是自然孳息。"也有学者认为，从矿山所产出之矿石也属孳息，与果树生果同类，并将瓜果直接作为了土地之孳息。〔2〕此类观点值得商榷。不仅是因为矿山、矿石属于不可繁殖与滋生之物的类别，还是因为矿产品实为人工开采之产品；虽然矿石也以新的形式呈现，但采挖之矿石只是改变了矿藏的形态和位置结构，并未改变矿的质量或增加矿之总量，故其当属所有权原始取得中生产劳动产品或者加工产品之范畴。而瓜果则当为果树秧苗之孳息而非土地之孳息，因为瓜果与秧苗果树不同，且种植的秧苗果树亦非土地之孳息，应为生产劳动产物。总之，孳息物应当属于由原物孳生繁衍之物的范畴，是由同类物繁衍滋生之结果，与原物合在一起，数量、质量上一定要比原物为多。此当为孳息之本义。

二、对传统孳息种类的商榷与改进

孳息一般被分为天然孳息和法定孳息。〔3〕天然孳息是指根据自然规律由原物所生的孳息；法定孳息是指通过就原物实施一定法律行为而由原物派生出来的孳息，如租金、利息、承包金等；人工孳息则指用原材料加工制造之

〔1〕 但由于生态环境变化，特别是近代以来人类工业生产生活活动的影响，使越来越多的物之种类面临着灭绝的危险。从法律上关注物之种类变化，维护、恢复或拯救人类生存环境，使人与自然和谐相处，乃近现代法律之紧迫的重要任务之一。

〔2〕 参见杨与龄编著：《民法概要——债编及亲属编再修正》，中国政法大学出版社2002年版，第46页。

〔3〕 也有学者认为还包括人工孳息。参见司法部法学教材编辑部编审，彭万林主编：《民法学》（修订第3版），中国政法大学出版社2002年版，第238页。

产品，[1]或称加工孳息，或说由产生孳息的加工人收取孳息等。[2]其中以下问题有待探讨。

（1）人工孳息问题。将产品作为人工孳息是对孳息与产品特性的混淆，是不承认生产加工为原始取得物之所有权独立方法所产生的错误结果。产品是人们通过对原材料进行劳动加工（劳动力与生产资料的结合）后所获得的一种新的物品，其属性或性能虽然发生了改变，但仅仅是形态的改变，其质量、重量与原材料相比，只能是减少而不会增加。这里，没有人的加工活动无论如何都不会有新的产品。孳息与产品的不同之处在于：孳息与原物相加，是质量、数量上增加而不是减少；其产生也并非依赖于人的劳动或加工行为。其中虽然有人的活动因素存在，但人的活动或行为因素绝不是主要或者决定性因素，人的劳动或行为因素只起一定的辅助作用，是外因或者条件因素。故将生产劳动之产品归为孳息、将用原材料加工制造的产品称为人工孳息是不合理的。

（2）法定孳息问题。将利息、租金之类所谓的法定孳息算作孳息是对孳息本义的曲解。孳息本有滋生生息之义。孳息之产生，其决定性因素在于原物根据自然规律乃自然产生，而非人为决定。大陆法系国家的民法理论和民事立法往往把孳息区分为天然孳息与法定孳息，认为法定孳息是指根据法律规定通过就原物实施一定的法律行为而取得的由原物派生出来的孳息，租金、利息、股息、红利皆是，甚至包括承包金和迟延支付的利息等。[3]

这种理论认识和法律规定并不妥。其理由如下：其一，租金、利息无论如何都难以从原物产生。在天然孳息方面，果树不加人的任何劳动即可结果。而房屋租金则是经由人的经营活动而产生的。其二，租金、利息是资金、原材料和人工复杂生产活动之间的利益分配。资金放入银行，若不被人用来在经营过程中购买原料并对之进行加工利用，照样不能增值。只有人们使用本金购买原材料并对之进行生产加工，生产出新的劳动产品并将该其通过市场出卖后变换成货币才有增值的可能（并非必然或一定增值），产生出所谓的利息、红利。若以马克思剩余价值学说论，该多出部分甚至与资本无涉，而只

〔1〕司法部法学教材编辑部编审，彭万林主编：《民法学》（修订第3版），中国政法大学出版社2002年版，第238页。

〔2〕参见魏振瀛主编：《民法》（第4版），北京大学出版社、高等教育出版社2010年版，第129页。

〔3〕参见魏振瀛主编：《民法》（第4版），北京大学出版社、高等教育出版社2010年版，第129页；司法部法学教材编辑部编审，彭万林主编：《民法学》（修订第3版），中国政法大学出版社2002年版，第238页。

为生产加工人即活劳动者之创造。[1]其三，所谓"法定孳息"与天然孳息的取得时间不同。天然孳息一定是根据自然规律达到一定时期后方能取得，而法定孳息则可以在没有使用或利用本金原物的情况下收取。这进一步说明了利息租金并非本金原物所生。其四，租金、利息并不一定在经营本金原物中产生。将资金投入生产过程，如果生产经营成本过高，生产出的产品质量低劣，于市场上将没有销路，甚至出现不能收回资金成本的结果。这时，本金原物不是增加而是减少，更不必说孳息了。其五，法定孳息乃是人为的一种规定。其可有可无、可多可少，均由人根据情况确定，有的借贷可无利息，并不像自然孳息那样瓜熟蒂落从无更改，一切都自然而然。其六，租金、利息的规定与是否使用本金原物无关。资金、原材料实际上不论是否增值，不论是否对原物本金进行使用，若按照事前约定或法律规定必须支付租金利息时则必须向原物本金权利人进行支付。这说明利息租金与对本金原物的使用完全可以没有关系。天然孳息若离开原物则根本无法产生。其七，天然孳息的产生与原物之间有着生物学意义上的天然联系，所生孳息承袭着原物的基因。而所谓法定孳息与本金原物之间可以没有任何关系。支付的租金、利息可以是支付者（承租人、借款人等）以自己的工资或者借贷新的款项进行支付，也可以不同于原物的物品进行支付。其八，租金、利息都是一方主体向另一方主体进行支付的。在支付之前，租金利息已经具有确定的主体及所有权归属；租金、利息之类既不是新的产品，也不是由原物所生的物品，根本就不存在谁第一次取得其所有权的问题。其九，租金、利息的取得实际上属于传来取得。作为所谓法定孳息的租金、利息之多少、有无，决定性因素在于特定主体（如承租人和出租人、出借人与借贷人）之间的民事法律行为，本质上是人们对于生产资料和劳动加工等各个环节就利益收入的一种分配或者再分配。于社会经济生活中，租金、利息都是在合同签订时约定的。如果从所有权取得的方式看，明显属于传来取得，而非初次取得所有权的原始取得。最简明的道理在于租金都是出租人从承租人手中取得的。租金本属于承租人的收入，甚至可能在承租人没有产生利益的情况下也需要向出租人支付租金。其根本因素不是原物产生租金，而是根据"契约就是法律"的精神，承租人、借贷人、经营人等应当向相对人支付事先所约定的利益。租金、利息的有无及支付方式都是在债法制度中予以规定的，分别归属于租赁合同、借

---

[1] 参见王明锁：《中国民商法体系哲学研究》，中国政法大学出版社2011年版，第260~264页。

贷合同、承包经营合同等。这充分说明租金、利息都是根据合同约定从另外的民事主体手中取得的，显然属于传来取得。主张法定孳息的学者也承认："天然孳息之收取，应依物权法之规定；法定孳息之收取，应依债权法之规定。如利息租金及其他收益等，应依民法债篇关于租赁消费借贷或合伙之规定，归属于债权人。"[1]因此将取得租金、利息之类的东西与取得果实、幼畜之类的东西一起作为原始取得所有权的例子明显有误。如果租金、利息属于原始取得的话，那么取得运输费用、保管费用、买卖的价金等也都应当放在原始取得了。

因此，孳息就应是由原物天然滋生之新物，不应当有人工孳息和天然孳息与法定孳息的种类区分。民法理论将孳息物区分为天然孳息与法定孳息，应当说是对孳息的片面理解，将孳息的取得都作为原始取得不妥，也是对国外有关孳息规定的简单照搬，并未能对之进行合理化吸收并使之本土化、现代化和科学化，更谈不上自身的创造和创新。

第三节　孳息所有权归属的确定及其法律表达

孳息本与原物相对，为原物所生之新物。其与原物独立或分离，没有人对之已经取得或者享有过所有权，故于孳息产生即应确定孳息的所有权归属。孳息之所有权本质上应当归属于原物所有人。其基本理由在于：其一，在孳息未与原物分离的情况下尚构成原物之重要部分。确定孳息归属于原物所有人有利于孳息进一步成熟和物的效益增值。其二，孳息与原物分离的情况下，如果孳息是牲畜的话，仔畜生长尚需要母畜的喂养和保护。仔畜随母畜为动物之天性，将孳息的所有权归属于原物所有人符合天理常情。同时，由原物所有人对原物和孳息一起进行管理可以有效节约成本。其三，原物所有人对原物进行管理经营的目的就是使原物能够更好地产生孳息和增加效益。因此在孳息与原物分离的情况下，不管孳息是否为动物类孳息都应当将孳息所有权归属于原物所有人。这既是原物所有人的期望，也是自然规律的要求。因此将孳息之所有权确定给原物之所有权人应该是自然而然的事情，似乎根本无需再对此规定进行说明。但从另外一方面考量，则完全有规定的必要。

但遗憾的是，《物权法》第116条的规定似乎恰恰与上述规律相违背。根据该条的规定，其逻辑次序是：其一，原物所有权人与用益物权人有约定的，按照约定确定孳息的归属，可能归所有权人，也可能归用益物权人；其二，

[1] 梅仲协：《民法要义》，中国政法大学出版社1998年版，第86页。

没有约定，有原物所有权人又有用益物权人的，孳息就当然归用益物权人；其三，只有在仅有原物所有权人，而没有用益物权人的情况下，孳息才归属原物所有权人。

《民法通则》和《物权法》对物的概念和种类都没有进行专门规定，《物权法》只是在对所有权取得的特别规定〔1〕中明确了遗失物、埋藏物、天然孳息与法定孳息几种相关物的权利归属。综上所述，可以发现《物权法》第116条关于孳息的规定存在问题，有必要进行改进：其一，没有对孳息进行定义却将其区分为天然孳息和法定孳息。在法国、德国民法中，将劳动收入称为果实并无不妥，因为其是从物的一般概念对孳息进行审视的。由于我们是从所有权的原始取得对孳息进行规定的，因此我们在使用孳息一词时便不应当将劳动收入、租金、利息、红利之类的收入分配也称为孳息，而只需规定天然意义上的孳息。其二，规定“天然孳息由所有权人取得”的表达不够确切。因为没有表明是哪个所有权人，而对原物没有所有权并非意味着对其他物也没有所有权。即使如此规定，也应当表明是由原物之所有权人取得。其三，租金、利息等所谓的法定孳息是交易活动中发生的，属于传来取得所有权的范畴，因此不应当在此规定。其四，自由平等是民法的本质特征和基本精神，孳息所有权归属也应尊重当事人之意思。应当而且可以将当事人的约定作为前提因素，让市场真正起决定性作用。其五，既有原物所有权人又有对原物具有用益物权人的情况，是基于原物与其所有权人的分离产生的。这种分离一般源于约定，故应当先从其约定。没有约定时，即应归属原物所有人。〔2〕因此，在无约定的情况下孳息归属于原物所有权人最为合理。其六，原物从所有权人转归用益物权人支配利用时，其根据之有无、内容之如何，似乎全然不顾。而事实上，原物从所有权人转由用益物权人支配使用和取得收益，绝对不可能没有根据或无缘无故，而应当主要是基于合同的约定，即使个别情形下基于法律的规定，该法律的规定也必须尊重和符合原物所有权人的意愿。其七，在既有原物所有权人又有用益物权人的情形下，孳息当然归用益物权人，实际上正违背了上述孳息应当归属于原物所有权人的自然法理和自然规律的要求。其八，法律本质上是调整人与人之间的关系的，规定孳息归属于原物所有权人，实质上是有其他人存在的情况下才有其价值。但

〔1〕所有权取得的特别规定，在我国民法学理论上属于所有权原始取得的范畴。

〔2〕参见［罗马］查士丁尼：《法学总论——法学阶梯》，张企泰译，商务印书馆1989年版，第61页。

依照物权法规定，只有在没有与此可能发生争议的用益物权人的情况下，孳息才归属原物所有人，其规定本质上已失去意义。故对孳息及孳息所有权归属所拟更为科学合理、通俗简明、方便适用的法律条文应当是：

第××条　孳息物是由原物所生之新物。

取得孳息物及孳息物的所有权，当事人有约定的，按照约定。没有约定或者约定不明确的，孳息物归属于原物所有人。

他人为原物产生孳息付出了劳力或代价的，按照他人所付劳力或代价给予补偿。

第四节　传统孳息理论的司法检验及改进

对于孳息及其所有权归属已如上述，将孳息区分为天然孳息与法定孳息的缺陷也很明显。而将这种并不科学的类型区分运用于我国婚姻法的司法实践时又产生了新的矛盾。

《婚姻法解释（三）》第5条使用了收益和自然增值两个与孳息相关的范畴。[1]为进一步说明孳息理论在婚姻司法实践中将要出现的矛盾，有必要对孳息与收益和自然增值之间的关系作一分析。①收益是财产所有权的一项内容。我国民法规定所有权为占有、使用、收益和处分四项权能，[2]并在理论上都强调收益是财产所有权中最重要、最基本的一项权能。[3]但学界对收益的解释并不相同。多数学者都将收益解释为孳息，如认为收益是指“收取所有物之天然孳息或法定孳息而言”，[4]或者认为收益是“指收取物所产生的果实或利益，在法律上也叫孳息。可分为天然孳息和法定孳息”。[5]当然，也有学者将收益的含义解释得比孳息的含义大，认为“收益权能是收取由原物产生出来的新增经济价值的权能，包括天然孳息、法定孳息，以及由运用原

---

〔1〕 有人认为“本条规定集中反映了我国立法技术的落后（创造概念但未解释概念），且不论其与《物权法》等相关规定的冲突。”李鹏明：“婚姻法司法解释（三）个人解读（上）”，载《中国公证》2012年第1期。

〔2〕 参见《民法通则》第71条和《物权法》第39条。

〔3〕 参见司法部法学教材编辑部编审，彭万林主编：《民法学》（修订第3版），中国政法大学出版社2002年版，第235页。

〔4〕 谢在全：《民法物权论》（上册），中国政法大学出版社1999年版，第123页。

〔5〕 转引自中国大百科全书总编辑委员会《法学》编辑委员会、中国大百科全书出版社编辑部编：《中国大百科全书（法学）》，中国大百科全书出版社1984年版，第572页。

物进行生产经营活动而产生的利润等”,[1]利润则是把物投入社会生产过程、流通过程所取得的利益。[2]笔者认为，这些对于收益的解释均或多或少地脱离了中国语境的实际。因为在《现代汉语词典》中，收益是指生产上或商业上的收入；据《辞海》的解释，收益是指利润或个人所得，工资、利息、稿费等收入皆为收益。[3]显然，收益远比孳息的含义广泛，故将收益解释为孳息或等同于孳息的观点都是不妥当的。②孳息是一种收益，收益包含着孳息。收益本是财产所有权中的一项权能，在多数情形下是所有权人通过对自己财产的利用或者处分所得到的利益。所谓收益，可直接解释为收取的利益。这种利益包括财产所有权人对物进行使用而得到的实际需求满足和精神文化上的享受；可以是来自财产所有人的物的本身的增加；也可以是来自将财产交由他人使用或者经营后向使用经营人所收取的回报，如借贷人支付的利息、承租人支付的租金、经营人所支付的红利；还可以是财产所有人购买彩票而得到的中奖利益等。这里将传统意义上的孳息（自然孳息和法定孳息）作为收益的一类是完全说得通的，但《婚姻法解释（三）》将孳息作为个人财产的规定与此则是矛盾和冲突的；与《婚姻法》中关于夫妻在婚姻关系存续期间所得的财产（当然包括生产、经营的收益）归夫妻共同所有的规定也是相悖的。③自然增值也是一种收益。《婚姻法解释（三）》中所谓的自然增值只是增值的一种。增值应当是指原物价值的增加或增加的价值，除自然增值外，更多的应当是非自然的增值。自然增值系指由于原物在形态上变化或市场价格上涨而使原物价值增加。从增值物的情形看，自然性增值可以有动植物自然性增值和非动植物自然增值两种情形。动植物自然性增值是由于原物在形态上变化而增值，如树木、牲畜随其成长变化而增值。非动植物自然增值是由于市场价格上涨而使原物增值，也即非原物形态变化而增值，如房价上涨之情形。原物形态变化而自然增值者只能是动植物之类。非原物形态变化而自然增值者则可能是一切物品。自然增值可被称为被动增值，非自然增值可被称为主动增值、加工增值或经营性增值。在对增值的权利归属上，显然只有自然增值可以归属于婚前个人财产，而经营性增值则只能归相关主体共同所有。

[1] 司法部法学教材编辑部编审，彭万林主编：《民法学》（修订第3版），中国政法大学出版社2002年版，第235页。

[2] 参见魏振瀛主编：《民法》（第4版），北京大学出版社、高等教育出版社2010年版，第239页。

[3] 参见《辞海》编辑委员会编：《辞海》，上海辞书出版社1990年版，第1653页。

但如果对经营性增值再进行细化分析的话，还可有两种类型：一种是从经营的对象看，可以是对动植物进行经营和对非动植物进行经营。对非动植物进行经营的，即产生通常的收入增值。对动植物进行经营的，则会产生孳息和孳息外的增值。另一种是从经营者的人数看，则产生单独的经营性增值和共同经营性增值。若按照《民法通则》第29条规定的“债务承担原则”，单独进行经营的增值可归经营者个人所有，共同进行经营的增值则归经营者共同所有。

综上所述，收益的含义最广。收益包含着孳息和增值。增值又包含着自然性增值和经营性增值。显然，所谓的利息、租金之类，理应包含在经营性增值之内。由此又可以说明传统民法理论将利息、租金作为孳息的不妥之处。而依上述笔者关于传统理论中的法定孳息被剔除到孳息之外的话，则完全可以与《婚姻法解释（三）》中的规定发生契合，使《婚姻法解释（三）》第5条的适用也消除了相关的矛盾：其一，夫妻一方个人财产在婚后产生的孳息为个人财产。这种孳息当然是指笔者所主张的“由原物自然所生之新物”。因此将《婚姻法解释（三）》所说的孳息理解或限定为传统理论中的天然孳息是科学合理的。如此，该解释对孳息的适用即真正地对接了孳息的本义。其二，自然增值包括原物形态变化和市场价格上涨而使原物的增值，也为个人财产。但是，原物形态变化增值上有他人付出劳务或代价的，可以按照他人所付出的劳务或代价情况确定应当享有的适当份额。其三，经营性增值，利息、房租、红利、中奖等都应被认定为夫妻共同财产。但是在经营性增值上只以一方财产为基础且只有财产所有人一方进行经营并有特别约定的，所得增值方可为夫妻一方财产所有人所有。

如此解析，《婚姻法解释（三）》第5条在司法适用中将不会有什么问题。

第五节　余论：关于孳息规定在司法实务中应当注意的两个问题

一、应当区分孳息与无主物、所有权人不明之埋藏物的关系

无主物是没有被任何主体所支配、尚无所有权归属的物。无主物可以存在于地上、地下、水中等任何地方。但对地下之无主物，实务中有的认为是土地之孳息。例如，各地发生的乌木事件。[1]有专家认为乌木在河道滩地内，

〔1〕 参见雍兴中：“身价暴涨，地下乌木变国有?”，载《南方周末》2012年5月31日。

河道土地属于国家，故乌木为孳息，自然应属国家所有；也有人认为土地有承包经营人，乌木应当归属于承包经营人。[1]这两种观点的立论前提都是乌木为土地河床之孳息。若以此为既定前提，又以孳息由原物产生、所有权应归原物所有人进行推论，乌木之归属不言自明，当属国家政府。但以事实和理性辨析，乌木并非土地河道之孳息，故乌木之例并不能适用有关孳息之规定。

其理由如下：其一，土地上自然生长的草木可为土地孳息，即孳息应是植物、生物，是能够繁殖或生长的物。而乌木并非该土地河床上所生长出来的物，也不可能生长繁殖。其二，土地与其上自然生长着的草木可谓土地与孳息关系，而此处所言之物是乌木，是经千年碳化所形成的特殊木材，而非还在生长着的草木。其三，适用土地与草木为原物和孳息关系时，作为树木的孳息应在土地之上，土地则在树木之下。而此两者相反，乌木被土地河床掩埋，处于土地河床之下。其四，中国土地所有权最长也只能从中华人民共和国成立时算起，土地承包经营权的存续时间则更短。此处发现之乌木绝不是在中华人民共和国成立之后产生的，而是经沧海桑田变化之物，根本不能认为是今日土地之孳息，故也不能以原物和孳息关系为由认为归属于今日土地所有权人或者承包人。

还有的认为土地中的物应是埋藏物，而所有权不明之埋藏物也应归国家所有，故上述乌木应归国家所有。[2]但埋藏物理应系指有人将之埋藏，无人事先埋藏者怎么能成为埋藏之物？人们之所以将土地中的物轻易错误地认为是土地孳息或者为埋藏物，原因主要在于我国民法尚缺乏对无主物先占规则的承认。实际上，乌木属无主物范畴，应以无主物对待处理。换言之，乌木应归属于吴某的理由不是乌木为其承包土地的孳息，而是土地承包人吴某在自己所承包的地里首先发现并先行控制占有了该无主物。[3]

二、应当区分孳息自然产生与人工辅助作用的关系

对于孳息自然产生与人工辅助作用的关系，我们可以通过杨某与侯某返

〔1〕 参见徐霄桐、李丽："民法专家激辩天价乌木归国家还是归发现者"，载《中国青年报》2012年7月7日。

〔2〕 参见曾娜："埋藏物的权属纷争与宪法解答——以'天价乌木案'为例"，载《昆明理工大学学报（社会科学版）》2013年第4期；孙道锐、周旭东："埋藏物权属法律问题研究——以乌木纠纷为视角"，载《湖北警官学院学报》2014年第5期。

〔3〕 王明锁："论无主物与其所有权归属——所有权原始取得方法之先占"，载《学习论坛》2014年第5期。

还牛与牛犊及请求支付饲养费案[1]进行分析。

侯某与杨某为同村村民，两家均养有水牛，平时均在该村河滩上放养。2009年7月某日夜，杨某将水牛拴在河滩上未牵回家。次日早，杨某到河滩看牛时，发现自家一头已怀孕的母牛有流产症状，随后这头怀孕母牛死亡。杨某即认为自家母牛之死亡系由侯某家的水牛与其抵架所致，便找村干部及侯某到场解决。因侯某未到场，杨某便将侯某家的一头怀孕水牛扣留牵至自己家中。该母牛在2009年8月底和2010年8月初先后产下两头小牛，一直由杨某占有饲养，未向侯家返还。侯某于2010年7月提起诉讼。杨某对母牛及所产两头小牛的所有权属于侯某以及自己应当将这三头牛返还无异议，双方当庭达成协议，杨某同意在2010年8月18日下午通过法院将母水牛及所产两头小牛返还给侯某。但杨某在中午时反悔，认为法院应将其反诉请求合并审理，并得到合理处理后，才同意返还水牛。开庭时杨某又提出自己在占有母水牛及所产水牛期间，为牛治病和配种支出150元。侯某只同意支付50元配种费用，其他费用不愿支付。杨某在自家母水牛死亡后仍饲养有3头水牛；审理过程中，双方一致认可该案争议的母水牛及所产两头小牛价值为12 000元。在该案纠纷发生前，杨某以侯某之牛抵伤自家的母水牛，将侯家一头水牛扣留，并以侯某未对自己赔偿为由将扣留的该母水牛卖掉。

原审法院依照《物权法》第34条、第243条的规定判决杨某在判决生效后3日内返还侯某母水牛一头及母水牛所产两头小牛；若不能返还原物，应向侯某支付12 000元赔偿款；驳回杨某的反诉请求。杨某对一审判决不服提起上诉。二审法院查明的事实和证据与一审相同。但二审法院认为：上诉人称其水牛为被上诉人的水牛抵死证据不足，而强行将被上诉人的水牛占有，系违法行为，其所占有的水牛及孳息两头小水牛应予返还。上诉人在占有期间为该牛的生存和繁殖付出了大量费用和劳务，基于公平原则应予考虑，但鉴于上诉人一直使用该头牛及对该头牛占有的非法性，酌定以被上诉人补偿上诉人2000元为宜。对上诉人杨某的上诉理由予以部分支持。认为原判认定事实清楚，适用法律不当，处理欠妥。故依照《民法通则》第4条、《民事诉讼法》第153条第1款第2项的规定判决撤销一审判决；判令杨某在本判决生效后3日内返还侯某母水牛一头及该母水牛所产两头小牛，若不能返还原物，应向侯某支付12 000元赔偿款；判令侯某给付杨某2000元补偿款。

---

[1] 参见河南省南阳市中级人民法院［2010］南民一终字第840号民事判决书。

笔者认为，该案中杨某将侯某的水牛扣押属于非法行为。其一，扣押行为是对侯某财产所有权的侵害，构成侵权行为，应承担侵权责任。其二，该侵权民事责任的后果是原物存在的情况下，应当返还原物及原物所生孳息；不能返还原物的，则应当赔偿损失。一审法院完全可以引用《民法通则》第134条的规定，引用《物权法》第34条也无不当。其三，杨某因扣押行为违法而主观上存在恶意，即不应当引用《物权法》第234条关于应当支付善意占有人所支出的必要费用的规定。〔1〕其四，二审法院认为原审判决适用法律不当、处理欠妥，故而直接引用《民法通则》第4条关于民法基本原则的规定，使得《物权法》第34条和第134条实际上成为虚置性条文，致使真正属于孳息归属纠纷的典型案例失去了其在法律适用上的价值。其五，根据本书的建议性条文，可以确认母牛与两个小牛归侯某，但侯某向杨某支付2000元管理饲养的代价费用。因为在该案中，母牛生产孳息，毕竟有饲养者的辅助性劳动支出。

〔1〕顺便指出的是，《物权法》第234条的规定本身也存在错误。其中，“不动产或者动产被占有人占有的”，理应包括经财产所有权人同意的合法的占有，既然是合法的占有，在约定的期限内，权利人请求返还原物及其孳息以及支付必要费用都会失去合理依据。

9 第九章

论隐藏物与埋藏物及其所有权归属

第一节 引 言

拾得遗失物、发现埋藏物在民法物权理论中都属于所有权原始取得范畴。我国《民法通则》对拾得遗失物和发现埋藏物的权利归属分别进行了规定。但在《物权法》中，则是将拾得遗失物单独规定，将发现埋藏物、隐藏物与拾得漂流物定于一起，随后要求参照拾得遗失物的规定处理。当今民法典的草案稿对发现埋藏物、隐藏物问题仍与物权法一样简单对待。这种做法忽视了发现埋藏物、隐藏物与拾得遗失物所具有的不同的独立特征和在所有权原始取得制度中的独立地位，使得发现埋藏物及隐藏物的权利归属缺乏针对性和确定性，对正确处理埋藏物、隐藏物的权利归属以及编纂科学周密的民商法典都具有重要影响。故对埋藏物、隐藏物及其所有权归属进行单独探讨具有现实的理论价值和实践意义。

第二节 埋藏物与隐藏物所有权归属法律规定的演变

在作为现代大陆法系民商法渊源的罗马法中，未见有对拾得遗失物及其权利归属的规定，但却有关于埋藏物及其归属的规定和学术争论。[1]如果他权人在别人的土地上发现了埋藏物，他只为那个人取得了部分埋藏物；如果他在其家父或主人的土地上发现了埋藏物，它便全部属于家父或主人。[2]以

---

〔1〕 查士丁尼:《法学总论——法学阶梯》，张企泰译，商务印书馆1989年版；黄风:《罗马法》(第2版)，中国人民大学出版社2014年版。

〔2〕［意］桑德罗·斯奇巴尼选编:《物与物权》(第2版)，范怀俊、费安玲译，中国政法大学出版社2009年版，第65页。在罗马法中，他权人与自权人相对。自权人也即家父，不受任何来自家庭权力的支配，充分享受与家庭有关的各项财产权利和人身权利；他权人是指处于他人权力管制之下的

此规定，作为他权人的发现者，往往只是为别人取得了埋藏物的所有权。因为他权人是没有独立获得财产权资格的。这是罗马法早期关于埋藏物权利归属的具体规定。至查士丁尼时期，发现人的地位、资格和功劳成绩被凸显出来。认为埋藏物如果是在发现者自己的土地上被发现的，则"遵循自然衡平，把它授予发现人"。如果埋藏物是在他人或者公共的土地中发现的，发现者将取得一半，另一半归土地所有主或者国库所有。如果埋藏物是在君主的土地中发现的，则一半归发现者，另一半归君主所有。[1]这里，埋藏物依其所处埋藏土地的权利归属不同，或者全部归发现人，或者一半归发现人。

至《德国民法典》，则在详定拾得遗失物规则之后，设"发现宝藏"专条。规定："发现因长期埋藏而不能查明其所有权人的物（宝藏），并因发现而占有该物时，其所有权的一半归属于发现人，另一半归属于宝藏埋藏所在地的物的所有权人。"[2]德国民法的规定与罗马法相比，在于既规定了拾得遗失物的权利归属问题，也单独规定了发现埋藏物的权利归属问题。并且规定发现埋藏物之后，需要查找或查明埋藏物的所有权人。在不能查明的情形下，埋藏物一半归发现人，一半归土地所有人。以此推论，在自己的土地上发现埋藏物，又不能查明所有权人的情形下，埋藏物即完全归属于发现人。但其规定长期埋藏，似非必要。因为问题的本质在于其所有权是否明确，而不应视其埋藏时间之长短。

日本民法对埋藏物的规定与德国民法的规定基本相同。《日本民法典》第240条规定了遗失物的拾得；第241条规定"埋藏物的发现"，认为"关于埋藏物，依特别法规定进行公告后六个月内，其所有权人不明时，发现者取得其所有权。但是，于他人物内发现的埋藏物，发现人与其物所有人折半取得其所有权"。[3]日本民法与德国民法的规定相比，细化和明确了查明埋藏物所有权人的方法和时间。这种规定更具有操作性和可行性，即以公告的方式查找，若公告满6个月，所有人仍然不明，所发现埋藏物归属于发现人。如果系在他人土地中发现埋藏物，则发现人与土地所有权人各取其半。

我国近代民法主要从德日民法典，也于拾得遗失物规定后，在第808条规定，"发现埋藏物而占有者，取得其所有权。但埋藏物系在他人所有之动产或不动产中发现者，该动产或不动产之所有人与发现人，各取得埋藏物之半"。

（接上页）人，不能拥有自己的财产，所取得的东西均归家父所有。

〔1〕黄风：《罗马法》（第2版），中国人民大学出版社2014年版，第103~104页。

〔2〕《德国民法典》（第2版），郑冲、贾红梅译，法律出版社2001年版，第240页。

〔3〕《日本民法》，曹为、王书江译，王书江校，法律出版社1986年版，第47~48页。

并于第 809 条进一步规定：“发现之埋藏物足供学术、艺术、考古或历史之资料者，其所有权之归属，依特别法之规定。”与德日民法规定相比，我国近代民法的规定注重了公众利益的需要，如果所发现埋藏物为文物之类具有重要价值者，则依特别法规定，可属于国家所有。非文物之类的埋藏物，则仍以发现人与土地所有权人各取其半的规则处理。同时认为埋藏物可处于动产之中，这为隐藏物概念的出现提供了新的思路。

从以上可见，对埋藏物规定的主要特点：其一，埋藏物具有独立的法律属性和法律地位，没有和遗失物混在一起。其二，发现埋藏物后，应当查找和查明其所有权人，如果所有权人不明，埋藏物系在发现者自己土地中发现，则完全归发现人所有。如果埋藏物系在他人土地上发现，则发现人与土地所有人各取其半。其三，对查明埋藏物所有人规定了明确期限。其四，对埋藏物的价值进行区分，发现有重要价值的埋藏物可以确定归国家所有。其五，对埋藏物所有权归属的规定愈加具体精细。其六，埋藏物发现人的地位和贡献被重视。

第三节　我国民法关于埋藏物、隐藏物范畴的规定

我国《民法通则》第 79 条第 1 款规定：“所有人不明的埋藏物、隐藏物，归国家所有。接收单位应当对上缴的单位或者个人，给予表扬或者物质奖励。”第 2 款是对拾得遗失物、漂流物或失散的饲养动物应当归还失主的规定。其特点：一是出现了隐藏物概念，与埋藏物放在一类；而漂流物、失散的饲养动物与遗失物为另一类，两者泾渭分明。二是所有人不明的埋藏物和隐藏物，不管其类型价值如何，统统归国家所有，没有归发现人所有的说法。三是国家或接受单位对上缴者给予表扬或物质奖励，即用民事方法之外的措施予以处理。四是埋藏物被规定在遗失物之前，有独立地位；遗失物应返还失主，且需公告，公告满 6 个月无人认领的，归国家所有。

我国《物权法》对《民法通则》的规定进行了改变，于第 114 条规定：“拾得漂流物、发现埋藏物或者隐藏物的，参照拾得遗失物的有关规定。文物保护法等法律另有规定的，依照其规定。”其特点：一是埋藏物、隐藏物丧失了独立的法律性质和法律地位，附随漂流物而与漂流物混在一起。二是把漂流物从遗失物中分出，成为统领埋藏物、隐藏物的新的物属类别。三是遗失物规定位于埋藏物、隐藏物规定之前；第 109 条到第 113 条是对遗失物的归属进行规定，而在第 114 条规定发现埋藏物或隐藏物，要求参照拾得遗失物

的规定处理。

就我国物权法对于埋藏物、隐藏物规定的变化看，埋藏物与漂流物列在一起，参照拾得遗失物规定处理，不仅使埋藏物、隐藏物的规定失其独立法律地位，且使埋藏物与漂流物、遗失物、失散的饲养动物的分类逻辑发生混乱，混淆了其法律特性。

第一，埋藏物当有其独立法律特性。埋藏物，系指埋藏于土地的物。生活中常见者为埋藏于某块土地、建筑物或生长着的树木之下，或与某固定物相距一定距离的地方。埋藏物的特点：一是为动产类物品，其种类价值多样，但常见为金银物品；二是埋，即对物进行支配，有人将其故意埋于特定地方，指物的存放位置；并且此点也与遗失物明显不同。所谓遗失，绝非权利人故意所为。三是藏，反映埋者动机目的，不让外人所知。故墓葬者，均不能以埋藏物论。因为墓葬者，被埋者为尸体遗骸，为其亲属祭祀目的，[1]其他均为随葬品；且墓葬者，常有明显标志，地点为人所知；目的不是藏，并非不让他人知晓；埋葬物随亡者下葬，为永久之举；其主体明确有属，有人祭祀照管。故若有人挖掘盗窃，即为违法犯罪行为，与发现隐埋物不可同论。而古墓自有文物价值，故依文物特别法规定。埋藏物系为有主，而非无主之物，[2]仅日久年长或非人所愿而至所有权人不明而已。但有人将埋藏物直接作为无主财产的一种，[3]实则是对无主物与埋藏物的混淆。

第二，隐藏物与埋藏物类同，但也有其特点。隐藏物，即隐藏于土地以外的其他物中之物。其特性：一是隐藏物亦为动产类物品，且易隐于他物，

---

〔1〕 谢在全：《民法物权论》（上册），中国政法大学出版社 1999 年版，第 251 页。

〔2〕 无主物系无所有权人或者被所有权人抛弃其所有权的物，对于无主物适用先占原则。对于无主物的探讨，参见王明锁："论无主物与其所有权归属——所有权原始取得方法之先占"，载《学习论坛》2014 年第 5 期。当时笔者对无主物及其所有权归属所拟条文是："第××条　无主物是没有人对之享有所有权的物。对于无主物，其所有权归最先占有人。第××条　抛弃物原先曾有人对之享有所有权，但被抛弃后，即为无主物，亦适用先占原则，其所有权归最先占有人。第××条　对于受法律特别保护外之动物，按照其本性是野生的，其所有权归最先捕获人。被驯养的野生动物，脱离驯养人的占有控制而返回自然者，驯养控占人在对之进行持续追捕的，并不丧失其所有权。但驯养人放弃追捕的，其所有权则归新的最先捕获人。对因捕获行为而致受伤易于捕获的野生动物继续捕获中，被他人捕获的，其所有权归致动物受伤者和动物捕获人共同所有。但致动物受伤而放弃捕获的，其所有权归最先捕获人。"惜当时未能随文，现予说明。笔者对孳息和添附进行研究的两篇文章，附随了所拟改法律条文。参见王明锁："对孳息的传统种类及所有权归属之检讨"，载《法商研究》2015 年第 5 期；"论添附与添附物的所有权归属——对我国《物权法》所有权原始取得制度的一项补充"，载《晋阳学刊》2015 年第 4 期。

〔3〕 孙善伟："我国埋藏物发现制度问题研究"，载《法制与社会》2012 年第 26 期。

多为现金、证券、字据、金银之类的稀缺贵重而体积较小的物品。二是隐，将物品隐于土地以外之物当中，即物中有物。从逻辑上说，埋于土地者也可为隐，故两者仅细微差异。三是藏，目的是使被隐之物不被他人看到，不让他人知道或者找到。因此，通常存放于屋室、抽屉、箱柜当中的物品，不为隐藏物。隐藏物常见者多为隐藏于房墙、屋顶、洞穴或如被褥等其他物件，虽然隐藏有时也可以成为保管的特殊方式，但与通常的保管物不同。[1]

我国民法出现隐藏物概念，为其创造。但隐藏物与埋藏物的共性都在于为动产，主体目的均在于藏，不想为人知晓；所不同者，仅在藏的方式（埋、隐）和地点（埋于土地、隐于他物）不同。但此区别并不影响其法律特性。就埋而言，其实也是隐的方式，以土为隐而已。正如有学者将埋藏物定义为“隐藏于他物（动产或不动产）中的动产”[2]一样，有相当之道理。故为概念更为简约全面，又为保持创造与发展起见，可将埋藏物与隐藏物合并为“隐埋物”一个概念范畴，并对其进行统一的科学定义，即所谓隐埋物，是指隐埋于土地或者其他物中之物。如果照顾传统，也可以认为隐埋物是埋藏于土地或者隐藏于土地以外的其他物品的物，包括埋藏物和隐藏物。其共同特点为隐埋物皆为动产，金银财宝、文物文书、货币证券等被藏于土地或其他物中，均可成为隐埋物。隐埋物须为特定主体故意所为。进行隐埋，多为临时之举，待隐埋原因消除，还愿取出继续利用。由此，需要特别指出的是，于现代社会，因地震、泥石流等自然灾害，有的物也被隐埋。对此类被隐埋的物，有人认为也属于埋藏物，按照埋藏物规则处理。[3]笔者认为，此类被隐埋之物，不是主体故意所为，不具有藏的含义，故不应归属于埋藏物。对此处理的规则应当是：于灾害救助期间，无论如何都不能当成埋藏物对待，而必须为受灾人或受灾群体所有。若时间久远，被人发现，又已经没有其所有权人的，应归于无主物范畴。因为在所有权关系要素中，主体消灭，而客体存在，又无人继承者，即成为无主物。[4]如果主体事先对物进行支配埋藏

---

〔1〕 甲、乙为夫妻。甲之收入每月交由乙保存，为共同财产。一天早上，另屋一床棉被被爱犬撕得粉碎，百元人民币满地都是。乙惊讶，责问甲。甲最后承认系自己将私自扣攒下来的2800元钱隐藏于棉被之中所致。

〔2〕 梅仲协：《民法要义》，中国政法大学出版社1998年版，第540页。

〔3〕 李晓伟：“论发现埋藏物制度——兼论其在震后的适用”，载《中国不动产法研究》2010年第0期。

〔4〕 我国《继承法》第32条规定：“无人继承又无人受遗赠的遗产，归国家所有；死者生前是集体所有制组织成员的，归所在集体所有制组织所有。”即对无人继承的无主财产，也是不允许归自然人个人或私人所有的。

或者隐藏，而由于某种因素致其所有权人不明者，才成为所有人不明之隐埋物。

第四节 对隐埋物所有权归属进行法律规定的根据

一、隐埋物为法律专门规定之缘由

隐埋物之所以被放在所有权原始取得中进行规范。其缘由在于：其一，隐埋物有被隐埋者忘却或者失去支配的可能与现实。隐埋物开始为特定主体所为，目的是暂时藏匿且不让他人知晓，但天有不测风云，人有旦夕祸福，隐埋行为人可能因故死亡或者发生其他变故，致使其对隐埋物失去支配的可能，进而出现隐埋物所有权不明之情形。其二，隐埋物日后可能被他人发现。此时，因为隐埋物被发现而不知其所有人或者可能在发现人与隐埋行为人之间发生隐埋物所有权归属之争议。其三，隐埋物若被他人发现，而没有人主张所有权时，应将其所有权确定给发现人还是其他主体即是一个需要解决的问题。故法律上对发现隐埋物的，均作专门规定。

二、发现隐埋物，其所有权之确定依据

隐埋物被发现后，如果有证据证明隐埋物的所有权人，以前述通常规定，自然应归隐埋物之所有权人。[1]但没有证据证明其权利人的，就需要法律根据常理人情确定其所有权的归属。依据人情常理，物品因故需要隐埋时，其权利人通常会将物品隐藏于自己的房墙屋壁或某种物件中，或者将之埋藏于自己所有或者支配利用的土地，而通常不会也不便将自己的物品埋藏于别人的土地或藏匿于别人的相关物件中。因此，在难以证明隐埋物的所有人时，土地私有制情形下，发现的埋藏物即可确定为土地的所有权人；埋藏于宅地院落土地的物，即可确定为该宅地院落和房屋之所有人。而隐藏于房屋建筑或其他物品当中的物，自然也应当归属该建筑物或包藏物的所有权人。同时，由于发现人的行为，才使得隐埋物得以重归社会生活，发挥效用，故法律多规定该隐埋物由发现人和土地或其他包藏物所有人各得其半。但是，在土地或房屋等包藏之物所有权发生变动的情况下，其隐埋物被发现，其一半是属

[1] 但于社会生活实践中，此类纠纷也多发生于埋藏物发现人与其所有权人甚至土地所有权人三者之间。对此容当后述。

于现所有人抑或属于原所有权人，又不无疑问。

每个国家的立法，莫不基于其本国国情，以满足社会之需，并随社会发展而臻至完善。因此，就某种规则言，并非任何国家都有或者完全相同。如果以别国法律之有无而定取舍，以越万里跨千年之规则来调整今时之社会关系，则无异于刻舟求剑。故自己创造自己的规则乃最为可取。于隐埋物发现方面，罗马法已见争论。依德瑞民法，有学者认为埋藏物当为“经久埋藏”或包含“经久”之观念。[1]而实际上，埋藏是否经久并非其特性。隐埋物之所以于民法物权中规定，本质是因其所有权归属不明而已。如果隐埋物虽经久埋藏，但所有权明确，自然也不会适用物权中隐埋物之规定。然虽新近所埋之物，但其所有权归属不明时，则亦可适用。另外，考察某物是否为经久埋藏，其时间长短，并非法律关注之要。故不应以德瑞观念来桎梏我国民法典编纂中关于隐埋物之规定。

但是，从另一方面看，人之所以为人，又有其共同特性或某些共同认知理念。此即罗马法大部分为万民法之规则并为多数国家继受之缘由。上述罗马法首认发现者之功，规定发现者可取得隐埋物的全部或部分之所有权。我国近代民法又专门规定，发现之埋藏物足供学术、艺术、考古或历史之资料者，其所有权之归属，依特别法之规定。此区别对待，甚为可取。

第五节　我国《民法通则》与《物权法》对隐埋物规定之不足

我国《民法通则》第 79 条第 1 款规定：“所有人不明的埋藏物、隐藏物，归国家所有。接受单位应当对上缴的单位或者个人，给予表扬或者物质奖励。”其不足之处在于：其一，所有的埋藏物、隐藏物，不论其种类怎样，价值如何，皆归国家所有。实际上没有必要也不可能。如此规定，将会使法律成为虚设，或至少难以全面落实。其二，埋藏物、隐藏物被发现，重见天日，继续发挥效用，在很大程度上系由于发现人之行为，但却不承认发现人对其享有所有权之可能，这与罗马法以来的通常做法差距甚大，与现代社会公平正义观念也多有不合。其三，规定接受单位应当对上缴的单位或者个人给予表扬或者物质奖励，乃行政性规范，不具有民商事法律之效力。

《物权法》对此有所改进，将发现和上缴隐埋物界定到了民事法律关系当中，不再规定由接受上缴的单位对上缴者给予表扬或物质奖励，而是要求参

---

〔1〕 梅仲协：《民法要义》，中国政法大学出版社 1998 年版，第 541 页。

照拾得遗失物的规定处理。同时强调“文物保护法等法律另有规定的依照其规定”。但是,《物权法》规定也有缺陷。

第一，仍不主张所有人不明的隐埋物可以归发现人和土地所有人或土地使用人或其他物的所有人；仍不论隐埋物的价值区别，一律归国家所有。这与《民法通则》和《物权法》规定的自愿、平等、公平、诚信的原则并不协调。

第二,《物权法》将隐埋物与拾得漂流物一起规定，是对遗失物与隐埋物特性之混淆。漂流物系指漂流于水的物，显而易见；也不是物之所有人故意将物隐藏于水中之物，而是由于主体意愿外的因素使物落入水中，更具遗失物之特性，故不应在隐埋物条文中出现。遗失物多系权利人自己疏忽所致，而隐埋物是权利人故意所为；遗失物之权利人对遗失物已失其控制占有，隐埋物之隐埋本为权利人对物进行控制占有之方式，只是由于某些原因使得对于隐埋物权利归属不明之情形。遗失物多在众人可见之处，而隐埋物则被埋藏隐掩，多难被人发现。只有当遗失物因某种因素被埋掩于土地者才可能转化为隐埋物,[1]两者才有相通之处，但其仍因不是权利人故意所致而与隐埋物具有区别。

第三，文物法之外还允许其他法律对发现隐埋物进行规定也不合理。物权法为调整财产归属和利用的基本法，对待具有文物价值的隐埋物，文物法若有规定，按照文物法规定理所当然，但物权法却说“文物保护法等法律另有规定的依照规定”这在实务上让许多部门都有了插手插足之理由，并进行对利益的争抢和对麻烦的推诿；理论上缺乏科学性和严谨性，与中国共产党第十八届中央委员会第四次全体会议决定所倡导的立法精细有效等原则精神并不相合；更与十八大以来由“有法可依”向“科学立法”的转变意旨相悖；立法技术层面上似乎也是一种不尽负责或推诿责任的表现。

第四，参照拾得遗失物的有关规定并不能解决问题。因为按照有关遗失物的规定，失主领取遗失物时应当向拾得人或者保管遗失物的有关部门支付保管费等必要费用。这里遗失物的所有人是明确的，拾得遗失物即是对遗失物的控占，是一种负担；而隐埋物是其所有人不明，同时对发现隐埋物不予取出，则并不控占和附有负担，因此费用的计算及由谁支付保管等必要费用，仍为未解决之问题。

第五，我国民法中的规定只是着眼解决所有权不明的隐埋物的所有权归

---

〔1〕 魏振瀛主编:《民法》(第4版)，北京大学出版社、高等教育出版社2010年版，第266页。

属问题，在隐埋物所有权明确时，对隐埋物与发现人甚至土地所有权人之间的关系并未关注。即当隐埋物的所有权人出现时，发现人的利益如何保护？若更涉及土地所有权人即第三人，又如何处理？社会生活实践中，此类纠纷也多发生于埋藏物发现人与其所有权人及土地所有权人三者之间。

笔者在此可以将隐埋物发现所生发或可能存在的民事法律关系用一个图表示：

(1) 隐埋物的隐埋人——
- 隐埋人是隐埋物的所有权人
- 隐埋人不是隐埋物的所有权人

(2) 发现人

(3) 隐埋物的容藏物（土地）权利人——
- 在发现人的物中发现隐埋物
- 在他人的物中发现隐埋物
- 在公有（国家、集体）物中发现隐埋物；
- 在他人使用的公有土地上发现隐埋物

由此，对三方面的利益关系都应当予以关注。

第六节　对隐埋物法律规定之改进建议

根据以上论证分析，在编纂我国民商法典物权法编的过程中，应当就我国《民法通则》和《物权法》中关于隐埋物发现的规定进行改进与完善。这里不只提出主张，且对隐埋物发现及其所有权归属拟就如下参考性条文建议：

第××条　隐埋物包括埋藏物和隐藏物。埋藏于土地的物，为埋藏物；隐藏于土地以外的物，为隐藏物。

第××条　发现的隐埋物，没有较大价值，且所有权不明的，归发现人所有。

发现的隐埋物，具有较大价值，其所有权不明的，发现人应当通过公安部门以公告的方式寻找发现人。公告期间为六个月。公告自发布满六个月，仍没有权利人出现的，为寻找不到隐埋物所有人。

第××条　寻找不到所有权人的隐埋物，发现人系在自己所有或经营的土地或其他物中发现的，发现人取得该隐埋物的所有权；隐埋物系在他人所有或经营的土地或其他物中发现的，发现人与土地所有人或经营人或其他物所有人各取得隐埋物之一半。发现人或土地权利人或其他物所有人为两人以上的，其利益在所得隐埋物之一半中分配。

第××条　隐埋物所有权人出现，隐埋物所有权人、隐埋物所处物的所有人为不同主体的，隐埋物所有权人与发现人、隐埋物所处物的所有人各得其半。隐埋物所有权人与隐埋物所处物的所有人为同一人的，发现人得其四分之一。

第××条　隐埋物具有文物价值的，依照文物法应当归国家所有的，归国家所有。接收单位应当根据文物法规定给予上缴的单位和个人进行表扬或物质奖励，并对发现人在发现埋藏物过程中的劳力付出给以合理补偿。不符合国家规定文物级别作为文物收藏保护的，依照本法确定其所有权。

第七节　依所拟条文对有关隐埋物发现事例的试用分析

事例1：20世纪70年代，村民李某在集体共同耕种的土地上劳作，在地块石岸内发现200多块银圆。此涉及发现人、土地所有权人、银圆所有权人三方主体。该村民及时上缴给当时的人民公社，名义上归了国家。该村民受到了公社的广播表扬。若此事发生在当今社会，肯定不会是原来的处理办法。因此依笔者上述，对发现之埋藏物的处置应当是：那土地原来是私有的，该埋藏物当为该发现人与原来土地所有人各得1/2。由于当时无人提出或不敢提出为自家所有，但无论如何土地还是集体的，那银圆便应当是该集体组织成员之先辈们（为防战祸或者运动）所埋藏下的，故属集体所有，由集体成员分配更具合理性。其发现人可得一半，另一半由集体土地的其他社员分配，各得一份。如此比上缴公社、名义上归了国家要好得多，也更有历史纪念的价值意义。如果该银圆被证明是某家人埋藏，则该家应得其半，发现人与集体土地所有权人或他物权人得其另半，即发现人可得1/4。

事例2：2003年1月19日下午，陕西眉县马家镇杨家村农民王某贤等五人在村北土崖上取土时，发现了一个约2米见方的土窖，窖内藏着大量青铜器。五人商量认为应属国家文物，随即报告宝鸡市文物局，最终使27件旷世国宝得到保护，此发现也被称为“21世纪重大考古发现之一”。[1]事后王某

---

〔1〕所发现27件青铜器，系西周青铜器窖藏，经专家认定，这批青铜器为西周最著名的单氏家族所有，青铜器全有铭文，总字数达4000多个，其中字数最少的为11个，最多的一个四足盘有370多个字，是国内已出土青铜器铭文字数最多的一件。出土青铜器数量之多、形体之大、铭文之长、内容之重要、保存之完好，在我国文物出土史上极为罕见。其中一件青铜器上，完整地记载了西周12个王的名号，这在以前的考古中绝无仅有。这些铭文，为破解周朝诸王时代划分提供了可靠参考，之前关于西周时期诸王时代的划分、诸多历史之谜等，随这批文物出土，有可能被破解，且对研究“夏商周断代工程”及西周历史文化有十分重要的意义。

贤等五名村民荣获当年中国首届年度“杰出文化人物”称号，先后受到文化部、国家文物局，陕西省委、省政府领导接见。国家文物局授予五人“文物保护特别奖”，省市县文物部门也进行表彰奖励、发放慰问金，并举行立碑仪式，组织欧洲旅游等。这在全国均属首次。此例中，所发现显属文物范畴，当为国家所有；虽知本为西周单氏家族所有，但年代久远、朝代更替、家族系续，实难考证所有权归于何人，因此只能归国家所有，而文物部门所采取之方式，既有利于国家，也有利于发现人，值得效仿。〔1〕但有的隐埋物即使属于文物的范畴，也不一定要属国家所有。文物不仅有级别区分，而且公民个人也可以成为文物所有人。因此只有根据文物保护法应当属于国家规定的文物级别与类型时才应确定为国家所有。

事例 3：张某与陈某系某县农民，两人为邻居。1962 年陈某购买了急于外迁的张某的房屋，并将其中一间破屋作为牛棚使用。1988 年 5 月，陈某在翻建房屋、清理牛棚时，发现了一个装有银锭的坛子。依上述研究，该项埋藏物应由发现人陈某与原房屋所有人张某各得其半。而不应归国家所有。张某系农民，不是土改时应当列为土改对象的户主。

事例 4：山东一农妇于田间耕作时发现了一块天然钻石。甲厂上门购买，约定次日付款。甲厂走后，乙厂上门，当天付款购买。次日甲携款取货，钻石已被乙买走。甲以钻石为特定物，所有权从契约成立时转移、农妇违约而向法院起诉。法院审理认为：该天然钻石，不为国家矿藏，亦属所有人不明之埋藏物。依规定，甲、乙与农妇之合同均无效，钻石收归国有。此孤零钻石，不是矿藏，但何人埋藏而可成埋藏之物？又是否可达文物价值？径直归国家所有？此种做法显然寒了民众之心。

事例 5：川蜀一农夫在自己承包地内发现一截木头，结果是罕见乌木。当地政府未经法定程序，以 7 万元奖励收归“国家所有”（乡镇政府主管）。依据是有人举报，此物为所有人不明之埋藏物，当归国有。〔2〕一时舆论沸腾，

---

〔1〕在这些有关奖励表彰方式中，最具中国特色者有二：一是立碑表彰；二是被领导人接见。另专门组织五位农民前往意大利、法国参观考察，使他们开阔文物视野、提升文物价值观念，并进行演讲报告，成为重要名人，也是前所未有。

〔2〕对此有的专家认为乌木在河道内，河道属于国家，故乌木也自然当属国家；而实际上乌木发现于 26 号地块，该地块为吴某承包经营地块。有的专家说属于所有人不明之埋藏物，依《民法通则》第 79 条规定当属国家所有；有的专家说乌木为所有人不明之埋藏物，依《物权法》第 114 条规定，应当参照拾得遗失物的有关规定，收归国有。2012 年 7 月 26 日《今日说法》专门报道，但争议仍存。

各方争论；多数专家认为当归国有，而多数网民对此并不认同，认为收归国有乃小人之举，系与民争利，许多专家在网民笔下也都成了“砖家”。

依上述研究，钻石、乌木非国家矿藏，非他人所隐埋，亦不属文物范畴。〔1〕钻石、乌木实乃天然之物，其所在不是人力隐埋而为，也从未有人对之享有过所有权，又难列入国家文物法、矿藏资源法规定的属于国家财产的范畴，故应属无主之物，归最先发现和最先占有者所有。〔2〕

事例6：轰动一时的“狗头金”一例与上述天然钻石一例相同；“捕鱼者从江底打捞出巨大乌木”例与上述在地里发现乌木例相同，均应当按照无主物规则确定其所有权归属。但为平衡最先发现和取得无主物所有权人与社会公众之间的利益关系与心理状态，可以对此类获利巨大者，作为忽发大财的幸运者，建立和按照如同获得幸运大奖者的做法，依法需缴纳一定比例数额的税收，适当平衡，而非在民法上一律规定为国家所有。

第八节　结　语

在编纂民法典过程中，如果继续让民法典过多地承受不应当承受的平衡社会公平正义的秤砣负担，那么民法的天平便会发生倾斜。同样，如果民法典一味放弃其本该承受的正义砝码，不仅本身不再具有公平正义的衡器性质，更会失去民众对民法典的关注关切与崇尚信仰。因此民法典草案物权编，应当合理平衡隐埋物所有人、发现人、土地权利人或隐埋物所处物权利人三者的利益关系，以达民商法平等自由、公平正义、公正法治、诚信友善之基本精神。

〔1〕文物系指“历代遗留下来的在文化发展史上有价值的东西，如建筑、碑刻、工具、武器、生活器皿和各种艺术品等”。参见中国社会科学院语言研究所词典编辑室编：《现代汉语词典》，商务印书馆1978年版，第1193页。

〔2〕参见王明锁：“论无主物与其所有权归属——所有权原始取得方法之先占”，载《学习论坛》2014年第5期。

后　记

以“黄河版”命名《民商法典草案建议稿》，“通则编”成文刊出，时年民商法研讨会上息惊周座。有惊诧敬意并要求向上提交版本者，也有塞听作哑无应不屑一顾者，还有问我为何叫黄河版者？我说是为了与红色和绿色相区别也。问者戏言：人家红色绿色，你这不成黄色了？这是通常都能预料到的。我肃答：我这黄河黄色版，不是你所想的所谓黄色。我们的祖先驰骋徜徉于黄河两岸，踩踏着黄色的泥土，汲喝着黄河的源水，吃食着黄色的黍米，我们都是炎黄子孙，继享着黄河的血脉文明，我们都是黄色的皮肤，还期盼穿戴上黄色的服饰，分享黄色的赏物；黄色是一种高贵圣洁，是一种民族底色，是一种成熟的收获，是一种大气的风格。对方尴尬默然。后来有转载推崇者，更有用心研习者。一位新秀说：“以黄河命名确实很有意思。第一，黄河是中国的象征，以黄河命名，反映这是根植于中国的东西；第二，黄河名震海内，以黄河命名，表明老师的期望与自信；第三，黄河水自古流急浪大，以黄河命名，说明老师为此付出了很大的心血；第四，自古常言黄河清圣人出，以黄河命名，透露出老师学以致用的追求以及通过民法助力国家法治建设的期待。”虽其自谦为猜，然当实说：此言诚真善美。再后来，还有人将学问研究与河南段的黄河相比，说有“宽直高”的特点。另外我在继承编中有个总结性表达，于疫情期间成黄河咏一首，曰：黄河黄土黄种人，黄河气象多奇雄。浪涛黄河涌入海，四海五洲共太平。总而言之，以黄河版标识，意在民商法典根植于黄河水土，滋养于华夏文明，标举出大国风范，彰显出国人情怀，透发出中华五千年的思想文化，并使之磅遮奔腾、张扬有度、浑然雄壮、大仁博爱入海融洋、连洲接壤，向世界奉献出中华民族的民商法律成果和学术智慧。但这都是由滴水汇集汩汩溪流才形成雄壮壶口之魂，出三峡而大流东向与海相接放展于天下。

我生于太行山村，门前有流水，屋后连高山。吃过食堂饭，穿过补丁衫。

上学写字读书，放学割草喂猪。初中学过毛选，高中课程不齐。毕业回村劳动，挑推割种耕耘。建筑打工到山西，挖沟搬砖带和泥；白天手指磨见血，晚上被咬拍臭虫。打工过后逢机遇，拖拉机站学会计；龙庙残殿办公住，账票款项样样清。丁巳之年复高考，年后上学入省城。

大学开始，哲学政经、科社共运、历史党史、写作外语等都属所学科目；《共产党宣言》《反杜林论》《国家与革命》等属原著选读。这些课都由郑大本校老师讲授。其间自购并系统阅读毛选马恩四卷、列宁著作数篇和斯大林选集两卷；艾思奇的《辩证唯物主义和历史唯物主义》、李达的《唯物辩证法大纲》、冯定的《平凡的真理》等都陆续读过。己未年底，所在政治系分为哲学经济政法三系，我报经济未能如愿。年后政法系又分，我被分到法律系。法学专业课基本由外校老师讲授，如北京大学的李志敏、魏敏、杨殿升、张玉镶，西南政法学院的常怡、卓之干，湖北财经学院的蒋碧昆等；个别课由本校或实务界老师讲授，如肖乾刚、潘永隆、叶高峰等。我和每位老师都有交流。李志敏教授给研究生讲授的《中国古代民法》和参与的《英汉法律词汇》出版后还都专门寄给我，信是用毛笔写的，亦属珍贵书法作品。

辛酉年底毕业，分入位于王屋山的中央第二政法干部学校。该地原为三线工厂，有闲置礼堂、宿舍、食堂、医院办公生活全套设施，应急实施“两法”，遂成“三长”（全国法院院长、检察院检察长、司法局局长）培训基地。法学课均由来自北大、人大、北京政法学院、社科院法学所的教授研究员讲授，如孙国华、郭玉昭、王启富、王向明、杨春洗、杨敦先、王作富、张佩霖、杨振山、王明毅、巫昌祯、闫端、杨荣新、徐杰、陶髦等；业务课由最高人民法院、最高人民检察院的领导专家讲授，如马原等。我任教学干事，每期负责班内150余人各门课的学习辅导，每天上午与学员一起到千人礼堂听课，下午参加班组讨论交流。资料上除老师的讲义外，还有民法草案三稿、四稿，全国师资进修班所编教材，学校选编的《民法资料》（包括胡耀邦、彭真、江华等批示讲话、最高法民事审判文件民事案例等）；在图书馆能够览阅到史尚宽、李宜琛、郑玉波等人的著作；假期曾跟随律师参与案件代理。

从小学到大学，从农村到城市，从学习到工作，从家庭到社会，从实践到理论，以上成了第一阶段的知识积淀。

“三长”培训完成，学校解散分流。1985年初，我被调入河南大学正在筹建的法律系，进民法民诉法教研室，与同来的穆景平蔺宗兰赵宝华等老一代法律人一起参加《民法通则》草案稿的讨论，提供意见；并开始给学生讲课。《民法通则》颁布后，我给函授夜大电大班上课，使用江平和张佩霖编写的《民法教程》，用功最多。其次读得最及时、认真的是最高人民法院《民法通则》培训班编印的《民法通则讲座》，由顾昂然、王家福、江平、柴发邦、佟柔、赵中孚、魏振瀛等10位专家讲授。再次我给本科生上课用的是佟柔等编写的《民法概论》《民法原理》及《中国民法》；主讲过《法学概论》中的民法民诉婚姻法和罗马法、票据法。1987年主持出版《中华人民共和国民法通则条文释义》(张佩霖审定)。期间我开始对如何构建具有中国特色的民法体系进行探讨，形成了《对确立具有中国特色的民法体系的新构思》（载《中州民法论坛荟萃》法律出版社1990年版）一文；1993年我参加郭明瑞主编的《票据法学》，后来独著有《票据法理论与实务》和《票据法学》。为协调民法学课时，我主张独立开设知识产权法，并于1994年主编出版《知识产权法学》。1994年彭万林主编的高等政法院校规划教材《民法学》出版，该教材的内容体系与我已发文章所主张民法体系一致，故成为我长期使用并最为欣赏的教材之一。后来改用了魏振瀛主编的面向21世纪的《民法》教材，还讲授过魏老师主编的《民商法理论与实务》。其他读用得最多的著作是王利明、郭明瑞等合著的《民法新论》，社科院法学所编著的《民法学研究综述》，梁慧星等编著的“95”规划民商法系列，中国政法大学出版社出版的《民法大全选译》及相关系列作品。

在逐步明晰民法学基本体系的基础上，我又不断重温经典、学习改革开放理论、密切联系中国实际，进一步厘定市场经济特质、民商合一模式、人身权地位、占有权能与占有关系、他物权体系、物上请求权、典权之存废、侵权行为性质、流质特约效力、法典编修技术等基础或枝干性问题。特别是2008年我被选派参加了中央党校四部委组织的社会科学骨干班学习，现场聆听了时任中央党校校长习近平同志关于学习党的十七大报告的讲话，并到井冈山重温革命斗争史，进一步提高了对构建具有中国特色、中国风格、中国气派的社会科学理论体系和话语体系的责任感和使命感，又对民商法典的价值体系、法典化的条件步骤等重大问题进行新的探讨，并形成了《中国民商法体系及民商法法典化的再思考》（《中国法学》2008年纪念改革开放30年专刊）一文及最后形成的《中国民商法体系哲学研究》（中国政法大学出版社2011年版）一书。

以上从理论与实践、教学与研究、基础与枝干、市场与学说、历史与现代、政治与法学等方面，相互反复酌量，应当是成了第二阶段的研究积淀。

党的十八大开始之年，我从法学院党务行政岗位上退了下来，这使我能更多集中思考民商法典理论的实际操作问题，以使科学的理论体系变为现实的条文法典，遂在上课时与民商法研究生说明打算并着手实施。至2014年中国共产党第十八届中央委员会第四次全体会议召开，提出编纂民法典的任务，更坚定了我的目标激励了我的热情。因目标明确思路清晰扎实推进，很快便完成《民商法典编纂的重大疑难问题》首文，选投黄河之魂所在之山西的《晋阳学刊》，五万字长文得编辑侯玉花、主编孙晋浩先生认可并在2016年第3期发表；第二篇《民商法典编纂中对人身权制度的整合与完善》也很快成文并得继续支持于《晋阳学刊》2017年第1期发表。而至第三编物权，因父亲去世，我备受痛苦打击和难以集中精力有所延宕，本来也可于2018年发表，但《晋阳学刊》伯乐退换，其他刊物要我将原本六七万字缩减至两万字，有的虽经编辑强力申请特办，但还是终审被拒。迷茫之际冒昧改投北京大学易继明教授，得及时审阅认真对待，很快由杨帆答复，被安排在《私法》第32卷，其间后三编也于2019年年底完成，被陆续排在《私法》第33、34和37卷。六年内完成民商法典草案建议稿理论与条文六编，使我记起查士丁尼的一句感慨："我们好像横渡大海一样，由于上苍保佑，终于完成了一件曾经认为是无望的工作。"也自然忆及拿破仑曾有的自诩名言："我的光荣不在于打胜了四十多个战役，滑铁卢会摧毁这么多的胜利，但不会被任何东西摧毁的，会永远存在的，是我的民法典。"

事实上，这次理论实践结合、民商合一、天人合一、知行合一，一气呵成的民商法研究新成果，当属天高云淡之际的成熟收获，当属人生第三阶段结总性之实果。

秋收成果离不开春夏劳作，也离不开环境的天时地利与人和。

天时者，为中国和这个改革开放的新时代。中国是一个天翻地覆的中国，是一个中国人民站了起来和站立站稳了的中国。新时代是中国人民逐步富起来强起来的新时代，是中华民族伟大复兴的新时代，是中华法系有机会得以复活的新时代，是中华民族的自信心和创新精神重新不断喷发的新时代，是中华民族的创新能力逐步展现于世界面前并为人类重新贡献聪明智慧的新时代。中国长时间没有商品经济及与之相应的民商法典，改革开放、商品经济发展及民商法治的急切需求使我们不得不对这样的时代课题进行不断思考，意在这张民商法治的空白大纸上去大胆地描绘最新最美的既理想又现实的壮丽画图。

地利者，自处中原沃土黄河岸边，得大河古今滋养，体山岳四方效应，李悝卫殃老庄，安洛郑汴濮商，王屋之愚公，太行之天河，豫西之河洛，豫东之桐焦，北之甲骨、南之大别，观之北斗、察之五行，古魏宋之繁商，今路带之港枢。大河之水西来天上，黄河之涛东奔大海。此地景，可见人物智流全貌，可窥世事组织担当，可生民商法治思想。

人和者，众。虽匹马单枪之形，然群智众慧之实。父母养育、儿时童趣、老师教导、邻里关系、同学谈说、亲友关爱、同事论争、领导意见、学术纷纭、后生催盼，无不是思想见解之细胞，小池汇积之细流。自河大开始讲课、教学相长、多激励督促。1997 年元旦学生刘辉与另一同学上门，送我《影响世界的 100 位名人》一书，于扉页赠言："谨以此献给一位我尊敬的老师，一位思想富有哲理、独特新颖的老师，一位启迪学生思维的老师。"这使我更加明白了应当达到的境界和努力的方向。尽管河大法学时事多变，我没离没弃，30 年一直厮守在"明德新民、止于至善"的门楣之内的铁塔湖畔。当我开始从民商法典理论向法典条文现实转换进行结总之时，我被聘走进河南理工大学万方科技学院（后为郑州工商学院），未做督导管理之事，而甘愿承担起法学本科生民法学的教学任务。一些河大民商法毕业研究生听说后，一面心疼着我，一面又说这是"万方学生的福气"。上课与写作，自己检验着和促进着、勤苦着和快乐着；学生也转变着和提升着。因为有学生能够说出"民法课不只是知识，而且是一种思想和文化"的话来，能够做出让我为其"购买的《私法》第 32 卷"上签名留念的事情来。"听老师的讲课是幸福，看老师的著作是荣幸。"这使我在郑东新区校园的操场上又听到了布谷鸟悠远的鸣唱，又重现了教学科研的继续耕耘，其中更无一篇命题作文，没有一篇无病呻吟，没有一项经费资助，没有一项申请项目，也没有申报奖项。学术不是手段，也不是为学术而学术，而是为了解决实际的社会问题。本书所载全是心得之见，是问题解析，是对亲遇社会纠纷案件中的是非曲直、酸楚苦痛之缘由所在的思考总结，是对民商规则的知行合一，是对中国民商法乡愁故事之咏唱，是对中国民商法治注融天下之向往，是对中国创新特色之自信，也是对后学贤达之期许。相继成文后，有同行好友学生说，这些文章分散篇长，阅读困难，若能结集显为方便。此亦合吾意，故汇集成书，至于散在《法学家茶座》上的九篇文章和其他值得品阅之物，不在此中。

书分三卷，一为基本问题，二为法典条文，三为相关专题。诸多观点不合旧流陈说，为诸多大腕大咖朋友所慎言。民事法律行为文，先有杂志编辑说"种类意义重大，很值得研究，但观点太超前，不便刊用"；还有审阅意见为“涉及民法的理论体系，需要做整体的重新构建，而这是个浩大的工程。所以不能采用”。后直到被《北方法学》识璧而面刊。故全书观点微宏甚多，不周不全失误之处定有存在，尚诚待高手批评播正。

法院像医院。医院医身体之疾病，法院治行为之侵害。医院病人挤乃是灾难，法院案件多并非庆事。而法律是医病之良方手术，民商法更是治病良方手术之最优之策。上医治未病，是科学有效之预防。中国防疫举措乃民族智慧制度优势之所能，是人民至上、生命健康至上价值之所择。

2020年疫情暴发，实不寻常，学生毕业也未典礼。但还是有学生专做了视频发送老师，感谢教诲与四年陪伴。我深情目睹，曾留言四句：“疫情无情人有情，人间最是师生情。俯仰之间日已昨，来日更记毕业情。”两年已过，疫情仍在；网上上课，似成常态。故将留言抄于此，接改陆游诗句曰：“民商学问无遗力，知行合一久历成。书上得来终为浅，绝知良法出践行。”

疫情肆虐，俄乌战发。国被制裁，财被收没。私权谓神圣，倏忽成虚说。国在法在家方在，国强法良人才安。眼观而静思，省悟而良多。

书成付梓，感谢中国政法大学出版社对学术著作遴选出版的重视。1990年，同事送我一本“汉译世界学术名著丛书”：查士丁尼著《法学总论——法学阶梯》，我如获至宝爱不释手，并给在京好友去信，为我又买一本，收后留字扉页“王保喜代购90.6.5”。此后我在办公室或家中，均可随时研析。故曰“经由罗马法、超越罗马法”绝非虚妄之言。这次成书出版，希冀从看书到出书再能成为一个新跨越。特别感谢出版社丁春晖主任等同仁的学术敬业精神和辛勤付出；感谢河南大学法学院、知识产权学院蔡军院长等领导的关注支持。己深知，若无这些真诚支持帮助，梦想可能会成空想。

完成民商法典编纂及其草案（黄河版）的研究，油然忆起父母在那困难年代对我们养育之不易；感谢全家人对我的理解支持和关心；感谢单位同事对我的帮助与宽容；特别还要感谢读者对我的抬爱与赞赏。《中国民商法体系哲学研究》一书出版后，曾有一位在京博士买不到此书，后好不容易碰到后，一下便买了两本。这与我当年再买《法学总论》是何等之相似？这次《民商法典编纂研究》出版后，期望能有更多的此类及相关故事发生。

研究学问，大家都推崇王国维使用宋人“独上高楼，望尽天涯路；衣带渐宽终不悔，为伊消得人憔悴；蓦然回首，那人却在灯火阑珊处”词句表达的三重境界。深有体会，此言善哉。但我却体悟得还存在并应该有一种新的更高的学术三境界，即：“看万山红遍……怅寥廓，问苍茫大地，谁主沉浮”；

“千秋功罪，谁人曾与评说……安得倚天抽宝剑，把汝裁为三截？一截遗欧，一截赠美，一截还东国。太平世界，环球同此凉热”；“俱往矣，数风流人物，还看今朝。”吾言可当否？

王明锁

2022 年 7 月

于开封市·龙亭区

河南大学·仁和院·观荷望塔斋